# RELATIONS
## DE DIVERS
## VOYAGES
### CVRIEVX,
QVI N'ONT POINT ESTE' PVBLIE'ES,
OV

Qui ont esté traduites d'Hacluyt, de Purchas, & d'autres Voyageurs Anglois, Hollandois, Portugais, Alemands, Espagnols ;

Et de quelques Persans, Arabes, & autres Autheurs Orientaux.

*Enrichies de Figures de Plantes non décrites, d'Animaux inconnus à l'Europe, & de Cartes Geographiques de Pays dont on n'a point encore donné de Cartes.*

### TROISIEME PARTIE.

### A PARIS,
Chez SEBASTIEN MABRE-CRAMOISY, Imprimeur du Roy, ruë S. Iacques, aux Cicognes.

MDCLXVI.
*AVEC PRIVILEGE DV ROY.*

Table des Pieces de cette troisiéme Partie.

AMBASSADE des Hollandois à la Chine, traduite sur deux Manuscrits Hollandois.

Route du Voyage des Hollandois à la Chine traduite d'un Manuscrit Hollandois.

Grammaire de la Langue des Mogols traduite d'un Manuscrit Arabe de la Bibliotheque de Monsieur Gaumin.

Description Geographique de la Chine traduite d'un Autheur Chinois par le Pere Martinius.

Rapport que les Directeurs de la Compagnie Hollandoise des Indes Orientales ont fait à leurs Hautes Puissances, premierement de bouche, & en suite delivré par écrit, touchant l'estat des affaires dans les Indes Orientales tel qu'il estoit lors que la Flotte qui est depuis peu arrivée en ces Païs, partit de là, conformément aux lettres & avis que l'on en a eus.

# AMBASSADE
## DES HOLLANDOIS
## A LA CHINE,
OV
VOYAGE DES AMBASSADEVRS
de la Compagnie Hollandoise des Indes Orientales vers le Grand Chan de Tartarie, maintenant Empereur de la Chine.

Traduite sur deux Manuscrits Hollandois.

DEDIEE AV ROY.

A PARIS,

Chez SEBASTIEN MABRE-CRAMOISY Imprimeur du Roy, ruë S. Iacques, aux Cicognes.

MDCLXVI.

AVEC PRIVILEGE DV ROY.

# AVIS

## SVR LE VOYAGE DES AMBASSADEVRS de la Compagnie Hollandoise des Indes Orientales vers le Grand Chan de Tartarie, à Peking.

Es gens de lettres de l'Europe ont presque tous eu la mesme opinion des Relations qui ont paru jusqu'icy de l'Empire de la Chine : & bien loin de recevoir la pluspart de celles que nos Voyageurs en ont donné au Public, il y en a eu plusieurs qui ont soustenu qu'ils n'y avoient jamais mis le pied. Celle de Marco Polo a passé pour suspecte mesme de son temps, on l'en avoit tourné en ridicule, & on l'appelloit Messer Marco Millioni, à cause qu'il ne comptoit que par millions lors qu'il parloit des richesses de cet Empire. Les plus retenus avoient dans ces derniers temps suspendu leur jugement, & attendoient avec une impatience curieuse ce qu'ils en devoient croire, & principalement quelque Relation de ces Marchands qu'on a trouvées si souvent veritables, qui les écrivent sans déguisement ; & ne sçachant rien de ce qu'ont dit les autres, ne rapportent simplement que ce qu'ils ont veu. En voicy une qui les doit satisfaire : car on peut dire que ce sont plusieurs Marchands Hollandois qui l'ont faite, puisque Nieuhoff, qui en est le principal auteur, nous avertit qu'elle est toute selon le sentiment des Marchands des Indes Orientales, que la Compagnie Hollandoise avoit envoyez à Pekin en qualité d'Ambassadeurs. Le principal merite de cette Relation est la verité. I'ay crû

ă ij

*que sur tout la traduction en devoit estre fidele, que c'é-toit là le seul ornement qu'elle pût souffrir. Ceux qui la liront se peuvent asseurer qu'elle est en tout conforme à deux copies Hollandoises que j'en ay manuscrites, dont l'une est signée Nivvhoff. Ie me suis bien gardé par cette raison d'y rien changer, & encore plus d'y inserer des passages de ces autres auteurs qui ont écrit de la Chine, de peur de mesler ce qu'ils rapportent souvent sur des oüy-dire, avec ce que ces gens-cy ont veu. Il n'y a qu'un seul endroit où il a voulu parler de l'histoire de Temurleng, où je croy qu'il se trompe; car il n'a jamais entré dans la Chine, si l'histoire de la Chine est veritable. Cette Relation est courte à la verité, mais il faut faire justice à son Auteur, & faire reflexion sur ce que les Hollandois ayant esté toûjours enfermez en leur logis à Canton & à la Cour de Pekin, comme il dit, aprés cette confession il auroit eu mauvaise grace de s'étendre à faire une description des Provinces de la Chine, d'en marquer l'étendüe & les bornes, de faire le denombrement & l'estime du nombre d'hommes qui les habitent, de marquer leurs revenus, & enfin d'entrer dans un détail que nous ne devons attendre que de ceux qui l'ont traduit des Chinois mesmes, que je donneray avec quantité d'autres particularitez, dans la suite de ce Recueil. Outre la Relation du Voyage des Ambassadeurs, Nievvhoff nous en a donné aussi une autre manuscrite qui a pour titre,* Route du Voyage des Ambassadeurs; *je l'ay jointe à la* Relation *comme une piece tres-curieuse: il y a une description de Canton & de Pekin tres-exacte; la maniere de faire la Porcelaine y est expliquée, avec des avis importans qu'il donne aux Directeurs de la Compagnie Hollandoise des Indes Orientales, des lieux où elle doit établir son Commerce & ses principaux magazins, l'interest qu'elle a d'en exclure les autres Nations, & beaucoup d'autres particularitez de cette nature, qui pourront servir un jour aux marchands François, qui seront employez aux Indes. Il leur marque aussi les Marchandises les plus propres pour la Chine, qui est un secret important pour le Commerce : mais entre ces marchandises je n'en trouve point une qu'on y porte maintenant : les Hollandois pour rendre à ceux de la Chine leur Thé, se sont avisez de secher des feüilles de sauge, de les rouler, & de les preparer à la maniere dont on prepare le Thé, & de les porter aux Chinois, comme une chose tout à fait rare; & ce commerce leur a si bien reüssi, que pour une livre de feüilles de sauge, on leur donne maintenant dans le pays quatre fois autant de Thé, qu'ils vendent icy fort cherement. Ie n'ay point inseré dans la Relation les figures des villes, car je trouvay qu'elles n'avoient point de rapport à la description qu'il en donne; & j'eus quelque soupçon que c'estoit plustost des veües de paysages faites à plaisir, outre que toutes les villes de la Chine estant semblables, comme nous l'asseurent leurs Cosmographes mesmes, qui en a veu une, les a veües toutes : j'ay crû par cette raison qu'il suffisoit de mettre les veües de Pekin & de Nankin, les deux principales villes de la Chine. La figure de l'animal qui porte le Musc, est déja dans la premiere partie de ce Recueil: celles des plantes & de quelques animaux de ce pays se peuvent voir dans la seconde Partie avec la description qu'en a donnée le Pere Boym. I'ay negligé comme inutiles les autres figures qui ne nous donnent nulle nouvelle connoissance, & qui ne servent point à la description: celles que j'ay crû necessaires, sont gravées de la grandeur de celles de l'original; principalement la carte du voyage des Ambassadeurs, que j'ay fait copier fort soigneusement d'un dessein que j'en ay de la main mesme de l'Auteur. I'ay fait aussi graver ce chemin ou navigation dans une Carte Marine, comme estant une des plus curieuses pieces*

de cette Relation ; car il y a bien de l'apparence que des gens qui auoient autant navigé que ces Hollandois, ont marqué fort exactement leur chemin & leur route: & ainsi elle servira de regle pour examiner les cartes qu'on nous donnera desormais de la Chine. Quant à ce qu'il dit que Pekin est la ville de Cambalu, & le Cathay la partie septentrionale de la Chine, il n'y a plus lieu d'en douter, tant les raisons du P. Martinius sont pressantes, & sans replique la conviction que Monsieur Golius en a publiée: car ayant commencé à nommer au P. Martinius le nom des heures, ou pour mieux dire des parties par lesquelles les Chinois divisent le jour & les divisions de leur année, il trouva que les noms Cathayens estoient les mesmes que ceux qui sont usitez dans la Chine. La chose est maintenant trop claire pour en rapporter icy quelques autres preuves que j'en ay. Il y a des termes dans cette Relation que les Hollandois mesmes ne m'ont pû expliquer, ils ne connoissent les estoffes de la Chine, que sous les noms Chinois, de Pelings, Hokum, Focas &c. & pour ce qui est des poids & des Monnoyes, selon leur recit,
Le Theyl vaut un écu cinq sols de nostre monnoye.
La Mas, huit sols.
Le Catti est un poids de vingt onces
Le Picol pese cent vingt-cinq de nos livres.
Pour la Grammaire des Tartares, elle n'est point de Nieuhoff, mais traduite d'un Manuscrit Arabe de Monsieur Gaumin qui a pour titre Dictionaire des Monguls. Le mot de Monguls, Mogols, Mongals ou Mugals, c'est un mesme nom appliqué en general à tous ces peuples qui sont depuis la Moscovie jusqu'aux Terres d'Iesso. Les Tartares qui sont maistres de la Chine, se nomment eux-mesmes Moncheu, selon que le rapporte le P. Martinius Martinii. Ie croy que ces peuples nommez Minchin dans la Relation des Samoiedes de la premiere partie de ce

Recueil font auſſi *Tartares*, & peut-eſtre que le mot de *Moncheu* eſt l'origine de celuy de *Mogol*. Car le meſme mot ſera touſiours rapporté diverſement par un *Italien*, par un *Samoiede*, & par un *Portugais*.

J'ay eſté obligé de joindre icy une Relation traduite d'un Autheur Chinois par le P. *Martinius*. Ceux qui ont quelque gouſt pour les Livres demeureront d'accord que c'eſt une des plus curieuſes pieces qui ait paru il y a long-temps ; combien de choſes elle nous apprend pour l'Hiſtoire naturelle dont nous n'avions point entendu parler : que ces gens de l'extremité du monde à noſtre égard ſont polis : qu'ils ont de ſoin du commerce, de la navigation, de l'agriculture, & des autres arts : & que leur felicité & leurs richeſſes marquent bien que les ſoins que l'on en prend maintenant icy ſont dignes du regne d'un grand Prince.

Depuis trente ou quarante ſiecles dont ils font voir les Hiſtoires, au lieu de s'appliquer aux diſputes de l'école, qui ont occupé miſerablement preſque tout ce qu'il y a eu des meilleurs eſprits dans noſtre monde ; ils ont rapporté toute leur eſtude à perfectionner les arts à la forme de leur gouvernement, à preſcrire les devoirs des hommes les uns envers les autres : & vous voyez chez eux autant de monumens dreſſez à la memoire de ceux qui leur ont appris quelque practique utile, que de Trophées & de marques de leurs conqueſtes. En effet *Yvoquen* qui a rendu la Chine preſque par tout navigable, & celuy qui luy apprit l'uſage de la Bouſſole, n'ont pas moins merité de ces peuples que leurs conquerans & ceux qui ont étendu les bornes de leur Empire. L'impatience que nos voyageurs ont de retourner à la Chine, marque mieux la bonté de ce pays que tout ce que j'en pourrois dire ; car c'eſt à ceux qui y ont eſté que l'on ſe doit rapporter dans ces jugemens, & il faut qu'il leur plaise bien fort pour forcer l'amour naturelle que les hommes ont pour leur patrie, & pour obliger des personnes qui se peuvent à peine promettre dix ou douze années de vie, à en passer trois ou quatre dans une navigation tres-ennuyeuse pour y retourner. Les Chinois veulent toûjours dire les choses avec esprit ; cela augmente en quelques endroits la difficulté que nous avons naturellement à croire ce qui nous est nouveau. La description par exemple des puits de feu fait de la peine d'abord ; je me suis souvenu depuis que j'en avois veu de semblables dans des montagnes de soufre, où la flamme se fait des ouvertures, & demeure long-temps attachée aux bords du trou qu'elle a fait : cette terre qui brusle se peut transporter aisément, & conserve long-temps apres sa chaleur. Nous avons eu en France la fleur qui change trois fois en un jour de couleur : Martinius dit qu'il n'en sçait pas le nom, cependant elle est décrite dans nos Livres de Plantes, sous le nom de Rosa Sinensis ; mais ce changement luy est commun avec beaucoup d'autres plantes qui paroissent tout autres quand elles s'esclosent aprés que le Soleil a donné dessus, ou lors qu'elles se passent. Ie croy avoir aussi trouvé l'arbre dont ils font des chandelles, & que c'est le Laurus Regia de Tobias Aldinus, ou plustost de Pietro de Castelli, qui est le veritable autheur de l'Hortus Farnesianus, car ses fueilles deviennent rouges comme du corail, & ses bayes semblent estre d'une nature à pouvoir entretenir quelque temps le feu. Il y a quelque chose à dire au rapport des mesures Chinoises aux nostres. Martinius met mal le nom de M. Polo, qu'il entend Paulus : on a corrigé beaucoup d'endroits de la Traduction, comme le pourront voir ceux qui voudront prendre la peine de s'en éclaircir en les comparant ; il y reste encore des marques que l'on n'a pas pris grand soin de la politesse du stile ; mais cette negligence

*Rhodes. Martinius. Gruebre.*

est d'autant plus excusable, que l'on cherche toute autre chose dans cette sorte de Livres que des preceptes pour bien parler, ou pour écrire correctement une langue.

La Relation de l'estat des affaires de la Compagnie Hollandoise des Indes Orientales, qui est à la fin de ce Volume, est une piece authentique, & que je puis asseurer avoir esté leuë dans l'Assemblée de Messieurs les Estats.

I'ay laissé une espace vuide dans la Carte Chinoise, entre la Chine & les pays qui nous sont connus du Mogol, du Persan & des Tartares, à cause que j'espere plus que jamais de les pouvoir remplir avec fondement, sur la description d'Abulfeda, que le Signor Abraham Echellense avoit commencé à me transcrire d'un Manuscrit du Vatican, & que Messieurs Vossius & Golius m'ont fait copier depuis sur trois Manuscrits Arabes de la Bibliotheque de Leyde.

La Flora Sinensis devroit estre jointe à cette Relation, car ces deux pieces nous donnent un supplément de l'Histoire naturelle de la Chine: les figures de la Flora sont exactement imitées de celles de l'original, je n'ay pas mesme voulu que l'on changeast rien à la figure du Bananas, quoy qu'elle ne ressemble pas tout à fait à une de ces plantes que j'ay eüe tout un esté; j'ajousteray seulement à sa description, que celle qu'on m'envoya des Indes, & qui est peut-estre la seule qui ait esté veüe en France, avoit un tronc de cinq pouces de diametre, on l'avoit coupé pour l'envoyer plus aisément; elle jetta d'abord de sa racine des jets semblables à ceux des canes ou roseaux quand ils commencent à pousser, les feüilles se deplierent ensuite d'environ deux pieds de long & de quatre ou cinq pouces de large: pour le fruit; car on m'en avoit envoyé une grappe, je le trouvay bien plus petit que la figure ne le represente, je n'y remarquay point cette *figure de la croix que beaucoup de gens croyent y avoir veuë, ny ce bouton au bout du fruit de la figure du Pere Boyon, ce qui m'a fait croire que cette espece pouvoit estre differente de celle qui est décrite dans nos livres de Plantes, d'autant plus qu'on m'asseure qu'il y en a à S. Thomé, dont le fruit a plus d'un pied & demy de long. Cet endroit ne me permet pas de m'étendre autant que ie voudrois sur l'histoire naturelle de ce pays.*

### ERRATA.

#### Voyage des Ambassadeurs.

PAge 31. ligne 30. haitomou, *lisez* aitou. Page 33. lig. 10. qu'ils creu, *lisez*, qu'ils avoient creu. Page 35. lig. 26. Pierre Boyer, Iacques Keysel, *lisez*, de Goyer & de Keisel. Pag. 38. Manicordions, *il y a dans l'Hollandois* Claapcordions, c'est à dire Clavessins. Pag. 38. lig. 17. & avoient aussi, *lisez*, elle avoit. Page 39. ligne. 30. la Marée, *lisez*, le courant de l'eau. Page 41. ligne 42. *estez*, chascune. Page 41. lig. 53. qui valent chacune, *lisez*, ensemble. Page 43. l. 50. ville ancienne, *lisez*, bastie à l'antique. Page 44. ligne 29. esperviers, *lisez*, mats de sapin. Page 46. ligne 13. chemin royal, *lisez*, canal. Page 47. ligne 40. estoit assis sur un coussin, *lisez*, elle fit asseoir sur un carreau de M. d'hostel Nieuvvhoff, & l'on écrivit. Page 49. ligne 11. pleine, *lisez*, court. Page 53 que la Hollande avoit tousiours esté de mesme nature, *lisez*, que le gouvernement de Hollande avoit toûjours esté le mesme. Page 55. ligne 17. ils marquerent, *lisez*, ils y marquerent. Page 56. lig. 6. lieu où l'on plaide, *lisez*, à un lieu où l'on plaide, ou à un College. Page 56. lig. 41. elephans en relief, *lisez*, en garde. Page 67. *lisez*. iardin de plaisance aux quatre coins du Palais de l'Empereur. Page 68. clausterre, *lis.* clouterie. Pag. 68. pistolets, *lisez*. pistollet.

#### Route des Hollandois à Pekin.

Page 3. ligne 12. *effacez*, les oblige. Page 4. ligne 4. à ly 300, *lisez*, à 300. ly: ligne 17. de peage, *lisez*, ou peage: lig. 25. un beau temple, *adjoustez*, servy de plusieurs Prestres, il est sur le bord d'une crevasse: on a basty un pont, &c. lig. 28. anaa *lisez*, ana. Page 5. terre glaise, *lisez*, cuite. Page 6. ligne 17. trois fois, *lisez*, trois autres fois. Page 7. fort d'une galerie, *lisez*, porte dans une galerie. Page 8. l'offrande de celuy, *lisez*, à celuy. Page 8. bocarts, *lisez* beaux arcs de triomphe. Page 10. ligne 1. la haut, *lisez*, le haut. Page 14. lig. 8. capable de diviser, *lisez*, elle divise. Page 15 lig. 35. tout vis à vis, *effacez*, tout. Page 16. riviere de Kian, *lisez*, Guei. Page 17. ligne 8. au millet, *lisez*, au salsifix. Page 22. apartemens, *lisez*, apointemens. Page 57. lig. 11. qu'ils n'ont jamais, *lisez*, que de là ils ont, lig. 12. qu'aprés le, *lisez*, presque au temps du,

### EXTRAIT DV PRIVILEGE DV ROY.

LE Roy par ses Lettres Patentes données à Paris le 8. iour de Iuin 1662. signées, Par le Roy en son Conseil, IVSTEL, & scellées du grand seau de cire jaune; a permis à Girard Garnier de faire imprimer, vendre & debiter, en tous les lieux de l'obeïssance de sa Majesté, un RECUEIL DE DIVERSES RELATIONS DE VOYAGES, contenant entre autres l'Ambassade des Hollandois à la Chine, & ce conjointement ou separément, en un, ou plusieurs volumes, en telles marges & caracteres, & autant de fois que bon luy semblera, durant l'espace de dix ans, à compter du jour que chaque volume sera achevé d'imprimer pour la premiere fois. Faisant sa Majesté tres-expresses defenses à toutes personnes de quelque qualité qu'elles soient, d'en rien imprimer, vendre, ny distribuer, ny aucune carte ny figure, sous aucun pretexte que ce soit, sans le consentement dudit Garnier, ou de ceux qui auront son droit, à peine de confiscation des exemplaires contrefaits, des caracteres, presses, & instrumens qui auront servy ausdites impressions contrefaites, de tous dépens, dommages & interests, & de trois mille livres d'amande; comme le contient plus amplement ledit Privilege.

*Registré dans le Livre de la Communauté des Libraires, le 17. Novembre 1664.*
MARTIN, Syndic.

Achevé d'imprimer pour la premiere fois le 25. Octobre 1664.

## VOYAGE DES AMBASSADEURS
# DE LA COMPAGNIE HOLLANDOISE
### des Indes Orientales, enuoyés l'an 1656. en la Chine, vers l'Empereur des Tartares, qui en est maintenant le Maistre, traduit d'vn Manuscrit Holandois.

**L**es Hollandois ont tousiours tasché d'entrer en la Chine depuis qu'ils ont commancé de nauiger aux Indes Orientales, esperant que les marchandises qu'ils en tireroient, leur pourroient seruir pour le commerce du Iapon, qui leur promet beaucoup de profit.

La difficulté qu'ils ont trouué du costé de la Chine vient, à ce que l'on dit, d'vne prophetie qui court parmy les Chinois, qu'vne nation estrangere d'hommes blancs de visage, qui couurent d'habits tout le corps, mesme les mains, viendroit vn iour des extremitez de la terre pour se rendre Maistre de leur pays, enfin le Iesuite Martinius Martini* estãt arriué à Batauia sur vne fregate Portugaise de l'Isle de Macassar, apprit aux Hollandois que l'Empereur des Tartares estoit le Maistre de la Chine, & qu'il auoit accordé la liberté du trafic dans le port de Canton à tous les estrangers : sur cette relation, qui venoit d'vne personne bien informée, pour auoir demeuré prés de dix ans dans la Chine, le haut Conseil de Batauia ordonna que l'on enuoyeroit de l'Isle Formosa à Canton, pour s'éclaircir de la verité de cette nouuelle.

*Allemã venu des Philipines à Macassar.

Le Marchand Frederick Schedel en partit le 20. Ianuier 1653. sur vne fregate chargée de la valeur de 46727. écus en marchandise, & aprés auoir nauigé 9. iours, il arriua à l'embouchure de la riuiere de Canton, sous vne place nommée Huntaimon ; le Mandorin Haitomw, qui auoit le commandement de ces Mers, & le departement des estrangers vint à son bord auec deux vaisseaux pour le receuoir de la part des Gouuerneurs de Canton; mais estant venu auec luy iusques au deuãt de la ville, il le quitta, sans luy dire vn seul mot, & prit le chemin de la terre, auec vne contenance fiere; on fit passer Shedel auec ceux de sa suitte, & ses presens, dans vn autre meschant vaisseau, & on le transporta à l'autre costé de la ville, où il receut visite d'vn Portugais, nommé Emanuel de Lestierro, & aussi de quelques Officiers qui se disoient enuoyés de la part du Roy, pour luy monstrer vn logement, qu'on luy auoit destiné hors de la uille ; son Interprete Tienqua le vint trouuer sur le soir auec quelques Officiers Tartares, qui le menerent dans vn Temple hors des murailles de la ville; les Prestres de ce Temple passerent la nuict à chercher par le moyen de leurs clochettes & de leurs coquilles, quel seroit le succés de son voyage.

Cependant quelques Mandorins vinrent dans ce Temple par ordre du Roy, ils ouurirent les coffres où estoient les presens, en tirerent auec mespris ce qu'ils y trouuerent, principalement la lettre de creance de Schedel qu'ils ietterent à terre : enfin ils traitterent les Hollandois, comme s'ils fussent venus pour épier leurs pays, & y traiter quelque trahison, faisant principalement reflexion sur ce que Schedel leur dit, que la lettre dont il estoit chargé n'estoit addressée qu'à vn Roy, quoy que dans l'inscription elle fut addressée à deux.

Il y a deux Gouuerneurs dans la ville de Canton, d'esgale puissance, qui portent tous deux le tiltre de Roys, celuy qui auoit escrit la lettre, & l'interprete Tienqua en estoient informez, mais ils n'en auoient pas aduerty Schedel; on luy presenta aprés vn papier écrit en lettres Chinoises auec le sein, & le cachet du Gouuerneur & du Conseil de Macao, & on luy dit que l'on sçauoit assez ce que c'estoit que les Hollandois & le suiet de leur voyage en ces quartiers-là, auec d'autres reproches qui leur auoiēt esté suggerés par les Portugais, & par ceux de leur faction; ils faisoit en vain des protestations du contraire, qui ne luy seruoient de guere, car son interprete Tienqua l'auoit quitté, & il ne se pouuoit pas seruir de ceux des Portugais, enfin vn Mandorin, auquel il fit present de cinq ou six pieces de vin, le tira de cette peine, entreprit sa protection, menaça ceux qui parloient contre luy, & en deffendant sa cause, il monstroit de temps en temps le Ciel du doigt ; cela les rendit vn peu plus retenus.

Le iour suiuant Schedel eut ordre de venir à l'audience du plus vieil des Roys de Canton nommé Pinguamong ; le peuple le suiuit en foule iusqu'à la porte de son Palais, luy fit diuers affronts par le chemin, vn entr'autres luy monstra de loing des chaisnes, qu'il mettoit à ses pieds pour luy faire entendre que l'on le meneroit en prison; d'autres presentoient des poux à ceux de sa suitte, enfin deux Mandarins l'introduisirent à l'audience : le Roy les receut dans la sale d'audience, qui est au milieu de son Palais, assis sur vne estrade carrée couuerte de tapis, accompagné d'enuiron deux cens des principaux du pays, entre lesquels estoit le Mandarin Haytomw, dont nous auons parlé cy-deuant, tous les Seigneurs de sa Cour superbement habillés à la mode des Tartares ; il agrea les presens que luy presenta Schedel, receut bien ce qu'il dit pour sa iustification contre ce que ses ennemis luy imputoient, & prit tant de plaisir à l'entretenir qu'il le fit approcher de son trosne, & prendre rang entre les principaux , luy fit diuerses questions sur la Hollande, & sur la maniere de son gouuernemēt: aprés que Schedel eut pris congé de ce Prince, le Mandarin Haytomw nous conduisit auec la mesme lettre & semblables presents à l'audiance de l'autre Roy de Canton, nommé Siguamongh; cette audience se passa comme la premiere, mais il remarqua qu'il estoit vn peu plus affectionné aux Portugais; La mere de ce Prince, qui estoit arriuée l'année precedente de Tartarie, eut la curiosité de voir les Hollandois, & enuoya querir Schedel pendant son audience ; le receut dans vne salle decouuerte au milieu de ses Demoiselles, & luy fit toutes sortes de caresses & d'honnestetez, Schedel fit sonner sa trompette & toutes les Dames de cette Cour te smoignerent en estre fort satisfaictes: aprés en auoir pris congé, il retourna à l'audience du Prince que la curiosité de sa mere auoit interrompuë: au sortir de cette audience le mesme Haytomw le conduisit chez le Grand Mandarin Toutang qui est la troisiesme personne de cette Prouince : ce Mandarin se contenta de le voir d'vne fenestre, & le renuoya sans luy donner audience; de là on le conduisit dans vn logement hors de la ville, sur le bord de la riuiere ; où on transporta son bagage, qui estoit dans ce Temple, dont nous auons parlé cy-deuant.

Le Gouuerneur de Macao, pour empescher ce commencement de commerce, auoit gaigné par presens & par l'entremise des Iesuites le Mandarin Haytomw, auoit deputé au Roy de Canton, & escrit vne longue lettre, dont le contenu estoit que les Portugais de Canton auoient apris que certains estrangers nommez communement Hollandois, auoient enuoyé vn vaisseau à Canton pour y obtenir la liberté du commerce; que sur cet aduis, ils auoient cru estre obligez d'auertir ces Princes, que ces estrangers estoient gens intraitables, méchans, perfides, autant dans l'interieur que dans leurs actions; qu'ils n'auoient point de pays, ny de demeure arrestée, & qu'ils ne subsistoient que par les brigandages & pilleries qu'ils faisoient par mer & par terre; que s'estant fortifiés par ces mesmes voyes, & rendus puissants par vn grand nombre de vaisseaux, & d'artillerie, ils ne demandoient la liberté d'entrer & de traffiquer en la Chine que pour le dessein de les piller vn iour , que pour le mesme dessein ils s'estoient rendus maistres de l'Isle de Taiouan , & qu'ils auoient attaqué presque en mesme temps Macao , les Manilles , & bloqué auec leurs vaisseaux la ville d'Aymuy ; qu'ils se pouuoient souuenir qu'il n'y auoit que vingt-trois ans, qu'ils estoient venus auec deux vaisseaux, à l'embouchure de

*Vn autre manuscrit porte que on luy donna vne superbe collation, que non seulement Schedel , mais tous ceux de sa suitte, insques à son Negre auoient chacun deuant eux vne petite table couuerte de 32. écuelles d'argent semblable à celle que l'on auoit seruie deuāt le Roy & les autres Seigneurs de sa Cour.*

de la riuiere de Canton, que le fage Magiſtrat qui y commandoit alors leur en auoit deſſendu l'entrée, bien informé de leurs mauuais deſſeins, qu'ils auoient ſur ce refus deſolé la ville de Hantamiou, que par ces raiſons on ne leur auoit iamais voulu permettre l'entrée du Royaume; qu'au contraire on les auoit conſiderez comme les peſtes de l'Eſtat : que depuis ils auoient fait alliance auec le Pirate Coxſinga, qui eſtoit vn nouueau ſuiet de les conſiderer comme ennemis des Tartares; & enfin il les prioit de receuoir cet aduertiſſement, pour vn effect de l'intereſt qu'il prenoit à tout ce qui regarde le repos & le bien de l'Eſtat de la Chine.

Les Pori ou Philoſophes de Canton gagnés par les Portugais, aſſeuroient que les Hollandois auoient touſiours paſſé pour de tres-mauuaiſes gens dans la Chine; & qu'ils crû eſtre de leur deuoir de remontrer les conſequences de leur entrée dans le pays & dans la Prouince de Canton à ceux qui en auoient le gouuernement; dans ces entrefaites Schedel auoit mis de ſon coſté le Mandarin Haytowe, qui ſçeut ſi bien faire par ſes perſuaſions auprés des deux Roys, qu'ils reſpondirent aux Portugais, qu'ils prenoient l'affaire tout autremēt qu'ils ne ſe l'eſtoient imaginée, qu'ils conſideroient le commerce de ces eſtrangers, comme vn moyen de fournir la Chine de commoditez dont elle manquoit, & de la deſcharger de celles dont elle ne trouuoit point le debit; que ce commerce augmenteroit les droits du Royaume, & qu'enfin les Hollandois ne leur paroiſſoient point tels, qu'on les auoit depeints; qu'ils les conſideroient comme Marchands de bonne foy, & que s'ils auoient eu iuſques alors vne mauuaiſe reputation dans la Chine, il leur ſeroit aiſé de leur en donner vne meilleure ; qu'ils eſtoient reſolus de les enuoyer iuſques à Pequin, & de faire au moins vn eſſay de ce commerce ; que neantmoins on les remercioit de leur aduis & de leurs remonſtrances.

Les Roys accorderent en ſuitte à Schedel la liberté du commerce; on la publia par ſix fois, & on luy permit de tenir vn contoir ou factorerie à Canton; ils prirent de ſes marchandiſes, & en donnerent la ſomme de 77817. l. quoy qu'elles en valuſſent à peine la moitié. Grand profit à la verité, mais qui euſt eſté encore plus grand d'vn quart, s'il luy eut eſté libre de vendre partie de ſes marchandiſes aux Marchands du pays; de cette ſomme il en depenſa 28612-9-12. en impots, faux frais, & en quantité de preſens, qu'ils fut obligé de faire.

Il luy reſtoit encores des marchandiſes pour la valeur de 9382-3-12. il reſolut de laiſſer dans le pays ſon ſecond Marchand nommé Piete bolle auec trois ou quatre autres Hollandois pour en trafiquer ; mais il trouua les choſes fort changées, lors qu'il alla prendre congé du plus ieune des Roys de Canton ; car vn Commiſſaire nouuellement venu de la Cour de Pequin, ſe entendre à ce Prince, que cette permiſſion de demeurer dans le pays eſtoit de grande importance & qu'elle meritoit bien qu'il ſçeut le ſentiment de la Cour de Pequin auparauant que de l'accorder, ce Prince dit d'abord la choſe à Schedel comme par forme de conſeil, adiouſtant en ſuite qu'il ſeroit mieux qu'il ramenaſt auec luy tout ſon monde, parce qu'autrement, ce diſoit-il, le Roy de Batauia ( il entendoit parler du General des Hollandois ) croiroit que i'euſſe arreſté icy ſon monde en priſon, en adiouſtant qu'il auoit encore d'autres raiſons particulieres pour en vſer de la ſorte, & que tout ce qu'il faiſoit en cela eſtoit à l'auantage de ceux de ſa nation ; ſi bien que Schedel fut obligé de partir & de s'embarquer ſur ſa fregatte : Ceux du haut conſeil de Batauia, voyant l'heureux commencement de cette affaire, & les lettres des deux Roys de Canton, qui leur offroient leur amitié, & leur conſeilloient d'enuoyer des Ambaſſadeurs à l'Empereur de la Chine auec des preſens conſiderables, pour obtenir la permiſſion qu'ils demandoient, reſolurent d'en eſcrire à leurs Superieurs en Hollande, & cependant de tenir la negotiation ſur pied, en enuoyant vne ſeconde fois à Canton, ils choiſirent pour cet effet Zacharias Wagenaer, & luy donnerent deux fregattes & la valeur de 10086. 3-1. en marchandiſes; il arriua aprés vn mois de nauigation ſous l'Iſle de Hautomiou à l'emboucheure de la riuiere de Canton; il fut auſſi-toſt conduit iuſques à Waughe,

Seconde Partie. (?) E

village à trois lieuës au deſſus de Canton; l'impatience le prit d'attendre ſi long-temps les ordres des Gouuerneurs, il enuoya à terre Schedel qu'on luy auoit donné pour adjoint, contre l'aduis des Interpretes, qui vouloient qu'auparauant l'on en demanda la permiſſion à ceux de Canton; Schedel fut trouuer d'abord l'Haitomou, qui le renuoya vers le Tontang. Il ne trouua point chez luy, ny ſon Secretaire; ce qui l'obligea de retourner vers le bord de la riuiere, ſans ſçauoir où il deuoit paſſer cette nuit là; il vit venir en grand haſte les Interpretes, qui luy dirent qu'il gagna promptement ſon vaiſſeau, & qu'ils s'eſtoient trouuez en grand danger de perdre la vie pour l'amour de luy; mais comme il leur fit connoiſtre qu'il eſtoit reſolu de paſſer là la nuit, l'Interprete Tienqua luy offrit ſa maiſon & s'embarqua auec luy pour y aller, en remontant la riuiere : Schedel eut quelque ſoupçon de luy, & ayma mieux retourner ſous les murailles de la ville, où eſtant auec beaucoup d'autres vaiſſeaux, il ſeroit plus en ſeureté : le jour ſuiuant de bonne heure, il entra dans la ville ou l'on luy donna vn logement par la permiſſion du Roy; mais ayant eſté voir le Secretaire du Toutang, il trouua que les affaires alloient mal pour luy; les Portugais & ceux de leur faction auoient tant fait à la Cour de Pequin, que l'on auoit eſcrit aux Roys de Canton que la Cour de Pequin auoit eſté informée que les Hollandois eſtoiët vn peuple ſans foy, auec lequel on ne pouuoit prendre aucune aſſeurance; qu'ils n'auoient oſé paroiſtre à Pequin de peur d'y eſtre connus, & que par cette raiſon il les falloit obſeruer de bien prés à Canton; principalement s'ils y retournoient ſans auoir enuoyé vn Ambaſſadeur à l'Empereur à Pequin : il ſe rencontra auſſi qu'il eſtoit arriué là vn Capitaine de Macao qui faiſoit inſtance, que l'on luy permit d'arreſter par prouiſion les vaiſſeaux & les marchandiſes de la Compagnie Hollandoiſe, diſant qu'elles auoient eſté priſes ſur ceux de ſa Nation; & pour les rendre plus diſpoſés à luy accorder ſa demande, il auoit apporté trois années de tribut, que ceux de Macao payent à la Prouince de Canton.

Enfin l'affaire eſtoit en tres-mauuais eſtat, quoy que l'on entretint Schedel, & qu'on luy donnât à entendre que ce retardement venoit de l'adreſſe d'vn certain General d'armée, qui eſtoit arriué depuis peu de Pequin auec pluſieurs milliers d'hommes, pour ſe ſaiſir de la perſonne du plus ieune des Roys de Canton au retour de l'armée qu'il commandoit contre quelques rebelles, qui eſtoient du coſté du Sud. Wagenar attendoit cependant des nouuelles dans ſon vaiſſeau, & ſe voyoit obſerué de fort prés par deux vaiſſeaux Chinois, qui auoiët ordre du Roy d'empeſcher que perſonne n'en approchaſt; enfin Schedel le vint trouuer, & peu de temps aprés luy le Secretaire du Toutang auec les Mandarins, qui aduertirent de faire retirer ſes vaiſſeaux à vn mille hors de la veuë de la ville, iuſques à ce que le General d'armée qui y eſtoit venu de la Cour de Pequin en fut party, & firent chacun en particulier leur preſent à Wagenar.

Les preſents eſtoient des fleurs artificielles & deux pieces d'eſtoffe de ſoye, qui deuoient ſeruir de marque, que l'on receuoit les Hollandois comme amys; Wagenar leur donna à chacun vne cuiraſſe, quatre caſques, & quatre bouteilles d'eau roſe.

Les vaiſſeaux Hollandois remonterent le iour ſuiuant vn peu plus auant dans la riuiere, la fregate nommée l'Eſturgeon toucha, les Mandarins menerent Schedel à Terre, aprés auoir laiſſé deux Tartares pour enſeigner aux Mariniers Hollandois, le lieu où ils deuoient ietter l'ancre; nonobſtant ce témoignage d'amitié qu'ils venoient de receuoir, ils ſe trouuerent encore en cet endroit obſeruées par des barques, qui ne permettoient point que l'on leur apportaſt aucun rafraichiſſement.

Le Mandarin Haitomou vint aprés auec vn grand cortege prendre Wagenar, pour le mener à terre, il trouua deux autres Mandarins qui le receurent dans la maiſon que Schedel auoit choiſie; Taikoctſi dont nous auons parlé cy-deuant, l'y vint voir auſſi, & on fit entendre à Wagenar qu'il euſt à ſe tenir preſt pour aller à l'audience; on leur auoit amené pour cet effect deux cheuaux, mais fort maigres & en tres-mauuais eſtat : comme il eſtoient ſur le point de

# À PEKIN.       35

monter à cheual, le Mandarin Haihomou reuint auec deux Officiers, & leur fit vn meſſage auquel ils ne s'attendoient pas, & des queſtions de meſmes, quel eſtoit le ſujet de l'ennui qu'ils auoient de voir le Roy, & ſi ils n'auoient point apporté de preſens pour le grand Seigneur de Pequin, & pour le Tourang, le grād Mandarin de Canton; leur concluſion fut que les Portugais leurs auoient ſuſcité beaucoup de trauerſes, & qu'ils ne pouuoient auoir audience qu'il ne leur en couſtat vne ſomme conſiderable d'argent : Wagenar leur dit qu'il ne feroit point de violence pour preſenter les lettres & les preſens de ſes Superieurs, qu'il eſtoit encore moins diſpoſé de donner de l'argent pour cet effet, que neantmoins il ne plaindroit pas quelque argent pour obtenir la permiſſion de traffiquer à Canton cette année là, & pour auoir audience du Roy: Haitomou aprés auoir porté cette reſponce reuint auec le Secretaire du Tourang, & luy dirent pour concluſion qu'il ne deuoit point eſperer d'auoir audience du Roy, mais que s'il remettoit ſa lettre entre leurs mains, ils la preſenteroient à ſa Maieſté; il la leur donna, peu de temps aprés l'Interprete ordinaire du Roy la rapporta encore toute cachetée, auec cette reſponſe, que puis qu'il n'auoit ny lettres ny preſents, pour le grand Seigneur de Pequin, ils ne deuoient point eſperer de voir le Roy de Canton ny l'entendre parler.

Le Commiſſaire voyant qu'il perdoit le temps, partit auec ſes deux fregattes pour retourner à Batauia, car les Chinois eurent bien l'effronterie de luy demander 10000. teyls d'argent, ſans vouloir entendre parler de la permiſſion du commerce, & ſans luy promettre autre choſe que la faueur de preſenter ſa lettre, & celle de luy faire auoir audience. *9. Dec. 1655.*

Cependant les Bewinthebers ou Directeurs de la Compagnie des Indes Orientales, auoient reſolu dans l'aſſemblée des 17. à Amſterdam, que l'on enuoyeroit de Batauia vn Ambaſſadeur au grand Can, l'on deſtina pour cet employ auec vne meſme authorité les Marchands Pierre Boyer & Iacques Keiſel, auec vne ſuite de 14. perſonnes, entre leſquels eſtoient les ſous Marchands Leonard de Leonardi & Henry Baron, pour leur ſeruir de conſeil, ſix gardes, vn Maiſtre d'hoſtel, vn Chirurgien, deux Interpretes, vn trompette, vn tambour, & deux autres ſous Marchands, pour auoir ſoing du commerce à Canton, cependant que les autres iroient à Pequin : la cargaiſon que l'on deuoit mettre ſur les deux fregattes pour ce voyage, eſtoit de 175650. l. & pour preſent au grand Can des Tartares des draps, des Kerſies & autres manufactures de laine, toutes ſortes d'ouurages de fil, comme mourus, betſilles, ſolempouriis, ſocnew ; percallen toutes ſortes d'eſpiceries, comme muſcade, canelle, cloud de girofle, auec du corail rouge, de l'ambre iaune, bois de ſandal, petits coffres verniſſez, lunettes de longue veuë, miroirs de toutes grandeurs, plumes, des armes complettes & diuerſes autres ſortes de curioſitez, qui pouuoient valoir enuiron 39433-8-4. y compris le preſent que l'on deuoit faire aux deux Roys de Canton, de la valeur de 10000 l. Le principal point de leur inſtruction eſtoit d'eſtablir vne ferme alliance entre l'Empereur de Tartarie & la Compagnie des Indes Orientales, auec la liberté de traffiquer dans ſes Eſtats, aux meſmes conditions que ceux du pays, & d'en tirer des aſſeurances par eſcrit. *14. Iuil. 1655.*

*Indiens nōs de diuerſes ſortes de toiles.*

*Il y a apparence que c'eſt des liures, mais l'original ne marque point ſi c'eſt des liures ou des florins.*

Le dixhuictieſme d'Aouſt les Ambaſſadeurs arriuerent ſur vne de leurs fregattes au hauvre de Haitomou, l'autre auoit eſté ſeparée par vne tempeſte qui les auoit battuës le long des coſtes de la Cochinchine, & ne les reioignit que 48. iours aprés à Canton; auſſi-toſt qu'ils furent arriuez dans ce havre, deux barques les approcherent pour les garder; le ſous Marchand Baron mit pied à terre à l'inſtance des Tartares, qui le ſouhaitterent, on le mena iuſques dans la chambre de lit du Gouuerneur d'Hantomiou, qui vint au deuant de luy, luy demanda le ſuiet de ſon voyage, & s'il n'eſtoit pas de la troupe de ces Hollandois, à qui on auoit refuſé le ſeiour de Canton il y auoit deux ans; ſix iours aprés vn Mandarin enuoyé exprés de Canton, pour voir les lettres de creance des Ambaſſadeurs, & celles qui eſtoient addreſſées au grand Can, les fit venir à la maiſon du Gouuerneur, & les receut aſſis deuant vne table *18. Aouſt.*

Seconde Partie. (?) E ij

fort haute enuironé de soldats ; les Ambassadeurs luy montrerent de loing leur lettres, dont il se contenta : on les fit seoir sur des chaires, & après vn entretien de peu de paroles, ils prirent congé & s'en retournerent à leurs vaisseaux.

28. Aoust. Le vingt-huictiéme d'Aoust le Vice-Admiral d'vne armée, qui estoit sur cette coste, & celuy qui estoit nouuellement entré dans la charge de Haitomou, arriuerent de Canton expressement pour accompagner les Ambassadeurs ; ils les receurent dans vn Pagode, auec beaucoup de demonstration d'amitié ; les firent asseoir sur des chaires, & après qu'ils eurent mis leurs lettres de creance sur la table, le Haitomou prit la parole & leur fit diuerses demandes, qui les surprirent. S'ils n'estoient pas ces Hollandois à qui deux ans auparauant l'on auoit refusé la demeure de Canton ? quelles marchandises ils portoient ? de quoy estoit chargé leur seconde fregatte ? commment elle s'estoit separée d'eux ? combien de monde & combien il y auoit d'artillerie sur chaque vaisseau ? pourquoy ils n'estoient pas venus l'année precedente ? de quelle datte estoient leurs lettres ? auec quel dessein elles auoient esté escrites ? de quel part elles venoient ? à qui elles estoient addressées ? mais sur tout quels presens ils auoient apportez pour l'Empereur ? s'estonnant qu'ils n'eussent point de lettres pour le Toutang de Canton ? & que celles qui estoient destinées pour l'Empereur eussent si peu d'apparence ; que des lettres addressées à vn si grand Prince deuoient estre au moins presentées dans vne boite d'or ; enfin ils leurs dirent qu'ils passeroient le lendemain dans leurs vaisseaux pour prendre leurs presens, les Ambassadeurs y retournerent auec leur suite.

Le iour suiuant les Chinois vinrent comme ils l'auoient promis, accompagnez d'vne grande suitte de gens de la Cour, & de vingt vaisseaux fort ornez de quantité d'etendars & de banderolles ; on leur mit entre les mains les presents, aussi-bien ceux qui estoient destinées pour l'Empereur, que pour les Roys de Canton & pour le Toutang : les Ambassadeurs auoient renforcé ceux qui estoient destinez pour les Roys de Canton, tellement qu'ils pouuoient monter ensemble à la somme de 38588-2-2. ils prirent dans vn de leurs vaisseaux, les Ambassadeurs auec Baron leur Secretaire & quatre autres de leur suite ; mais comme ils furent arriuez à la veuë de Canton, les Chinois mirent pied à terre & les Ambassadeurs demeurerent deux heures dans ce vaisseau, attendant l'ordre que l'on leur porta de la part du plus vieux des Roys de Canton, qui estoit de mettre pied à terre, & d'aller prendre logement hors de la vill, ou Schedel auoit logé l'autre voyage ; le Bailly de Canton les garda dans ce logement & leurs fit fournir les choses necessaires.

31. Aoust. Le Mandarin Poetsiensil Tresorier de l'Empereur, & qui tient la quatriéme place dans le gouuernement de la ville de Canton vint trouuer les Ambassadeurs auec les deputez Chinois, qui leur firent encore les mesmes questions sur leurs noms & leurs qualitez ; leurs demanderent s'ils n'auoient point de copie de la lettre qu'ils auoient apporté pour l'Empereur ? si elle n'estoit pas escrite sur d'autre papier, que celle qui estoit addressée aux Roys de Canton ? comment s'appelloit le Prince qui les auoit enuoyés ? murmurant tousiours du peu d'apparence qu'auoient leurs lettres de creance.

Les Ambassadeurs faisoient cependant instance pour auoir audience des Roys & pour la permission d'aller à Pequin : les Cainois prirent les lettres de creance sans faire de responce sur ce point, & estants reuenus l'apresdinée, ils leurs demanderent si le Prince ou le Gouuerneur de Hollande n'auoit pas vn sceau ou cachet pour ses lettres ? comment ils comptoient leurs années ? & sur le fait de l'audience ils respondirent que les Roys de Canton & le Toutang ne leur pouuoient donner audience, qu'après auoir receu responce à la lettre qui auoit esté escrite à Pequin sur leur arriuée ; ils firent neantmoins remonter dans la riuiere vne de leurs fregattes, & leurs firent esperer que les Roys les viendroient voir en personnes.

5. Septemb. On fit rentrer les Ambassadeurs malgré eux dans leur fregatte, sous pretexte

# A PEKIN.  37

qu'on ne pouuoit pas receuoir des Ambassadeurs dans la ville de Canton sans la permission du Grand Can : le Mandarin Poctsiensie, & l'Haitomou, leurs rapporterent aprés les lettres de creance ouuertes & leurs dirent que les Roys de Canton, à qui elles estoient addressées, ne leurs pouuoient point faire de responce qu'aprés auoir receu les ordres de Pequin; ils prirent encore vne autrefois les presents, qui estoient destinez pour le Grand Can.

Enfin aprés que les Ambassadeurs eurent attendu trois semaines dans leurs fregattes, ils eurent ordre de mettre pied à terre auec leurs suite, furent receus auec beaucoup de courtoisie, neantmoins tousiours gardez par deux Officiers & vn bon nombre de soldats, qui ne leurs laissoient pas mesme la liberté de mettre la teste à la fenestre de la ruë; deux iours aprés vn Mandarin les vint trouuer de la part des Roys de Canton, & leurs dit que pour paruenir à leurs fins & aux desseins qu'ils auoient pour le commerce de la Chine, ils deuoient faire estat de trois cents mille teils en argent, dont ils seroient obligez de regaler les Conseillers de Pequin & les Gouuerneurs de Canton, & se resoudre encores à faire beaucoup d'autres presents à diuers Mandarins : Les Ambassadeurs luy respondirent qu'ils n'estoient point venus pour payer en deniers contans la permission du commerce de la Chine, & que s'il n'y auoit point d'autre moyen de l'obtenir, ils aymoient mieux s'en retourner sans attendre dauantage : le Mandarin s'en retourna fort mal satisfait, dit qu'il n'auoit point eu ordre de leurs faire cette proposition, & qu'en tout cas, il falloit attendre la responce de Pequin. 26. Sept.

Enfin les Ambassadeurs pour trancher toutes ces difficultez, trouuerent à propos d'offrir aux Roys de Canton 35. milles teils, quand ils seroient venus à bout de leurs affaires; mais comme on les pressoit tous les iours de donner cet argent par auance, ils firent semblant d'estre resolus de sortir du pays : on appareille les voiles & on commence à rembarquer le bagage, les Roys leurs enuoyerent vn ordre de demeurer iusqu'à ce que l'on eut nouuelle de Pequin, les Ambassadeurs donnerent enfin vne promesse de la somme qu'ils auoient promise, les Roys en furent si contens, qu'ils voulurent regaler les Ambassadeurs d'vn superbe festin.

Proche de leurs logemens hors la ville, on auoit dressé dix tentes magnifiques dans vne pleine; les deux Roys y estoient assis auec le Toutang sur vn mesme tapis, la tente la plus proche du costé gauche estoit destinée pour les Ambassadeurs, entre les deux aisles, sur lesquelles ces tentes estoient arengées, estoit vne tente pour les musiciens, & aux deux pointes de ces aisles, les ioüeurs d'instruments, deux Mandarins vinrent prendre les Ambassadeurs, & aprés les auoir presentez aux Roys, les conduisirent dans la tente qui leur auoit esté preparée; on vit paroistre le Maistre d'Hostel qui fendant la presse s'auançoit pour faire seruir; il auoit vne veste de soye bleue, auec des dragons & autres figures d'animaux releuez en broderie; deux Officiers mirent vne table deuant chacun des Roys & le Toutang, elles estoient couueres de tafetas rouge cramoisy, on en seruit vne autre deuant les Ambassadeurs, couuerte de toutes sortes de viandes, de pieces de four & de sucre apprestées d'vne maniere particuliere; chaque table estoit couuerte de plus de quarante petits plats d'argent, aprés que l'on eut beu le coup de la bien venuë, on decouurit les viandes, & on pressa les Ambassadeurs d'en manger; les Roys parurent de fort belle humeur durant ce repas, & firent faire par leur Maistre d'Hostel plusieurs questions aux Ambassadeurs sur leurs pays; ils les pressoient aussi souuent de boire, on le leur presentoit dans des couppes d'or, que l'on rinsoit à mesure qu'il auoient bû; Les Ambassadeurs firent presenter vn verre de vin d'Espagne aux deux Roys, & au Toutang, ils le trouuerent si bon qu'ils ne voulurent plus boire aprés de leurs fanfor : nous estions surpris de voir tant de magnificence parmy ces infidelles, mais le grand ordre auec lequel ils estoient seruis, nous estonnoit encore dauantage; chacun de leurs Officiers faisoit sa charge auec vne ponctualité admirable, au trauers de la foule & de tout le peuple : les fils des deux Roys paroissoient encore plus

Seconde Partie. (?) E iij

cauils & plus courtois que les autres, on leur presenta à chacun vn verre de vin, ils se presenterent à genoux deuant la tente des Roys, baisserent trois fois la teste iusques à terre, & puis se retirerent sous vn pauillon que l'on auoit dressé pour eux. Les Roys prirent grand plaisir à entendre vne epinette des Hollandois : leur musique est differente de la nostre, mais quoy qu'ils se seruent d'instruments fort differents des nostres, ils ne laissent pas d'estre fort sçauants en musique, ont l'oreille fort bonne, & sçauent accorder diuers instruments : ils eleuent leur voix d'vne maniere fort touchante, & la conduisent auec beaucoup de science.

L'instrument le plus ordinaire dont ils se seruent est monté auec des cordes de soye, & ressemble assez à nos manicordions, mais il est encore plus rond; ils ont la guiterre, & vn autre instrument que l'on touche auec vn baston, ils accordent leurs voix auec ces instrumens & auec vn autre nommé singa, qu'ils touchent auec vn petit baston, & dont ils tirent des accords admirables ; à la fin du repas ils prirent congé des Princes, accompagnez de plusieurs Courtisans & d'vne troupe de Caualiers Tartares. Ce bon traitement estoit vn des effets de la promesse que les Ambassadeurs auoient donnée, & auoient aussi porté le Toutang, qui est le Chef du Gouuernement politique de la ville de Canton, d'escrire à la Cour de Pequin, que les Hollandois estoient venus dans le pays pour offrir à l'Empereur leur alliance & luy rendre leurs hommages, accompagnez de presens; Les Roys pour les obliger escriuirent vne autre lettre en leur faueur, où ils informoient cette Cour que les Ambassadeurs n'estoient pas seulement venus pour saluer sa Maiesté Imperiale, mais aussi pour demander la permission de venir trafiquer auec leurs vaisseaux, & d'y resider comme sujets.

Aprés cinq ou six mois de temps, deux ordres de l'Empereur arriuerent à Canton pour response à ces lettres ; le premier portant que les Ambassadeurs pouuoient venir à Pequin auec vingt personnes de leur suitte & quatre Interpretes, pour y traiter du nombre des vaisseaux & du temps auquel ils y seroient; que cependant le reste de leur trouppe & de leurs gens demeureroient dans leurs vaisseaux sans faire aucun traffic, iusqu'à ce que les Ambassadeurs fussent reuenus. Le second mandement estoit plus doux & portoit, que sa Maiesté auoit desia accordé la liberté du commerce aux Hollandois, mais que deuant toutes choses, ils en deuoient venir faire des remerciements ; en suite de ce mandement on permit aux Ambassadeurs de prendre vne maison plus grande, d'y mettre à couuert leurs marchandises & d'en trafiquer.

1656.
22. Feu.

Comme ils estoient sur le point de partir de Canton pour leur voyage, ils demanderent audience au plus vieux des Roys de Canton; il les receut quoy qu'il eust mal aux yeux. Ce iour là toute leur suite marcha armée à la teste du Cortege, & les Ambassadeurs à cheual auec le Mandarin Pretsensia qu'on auoit fait Haitomou, & celuy qui sortoit de cette charge ; ils presenterent à ce Roy, la lettre qui luy estoit adressée, auec vn memoire du present que l'on luy faisoit ; aprés l'auoir parcouruë, il la remit entre les mains de l'Haitomou pour estre enregistrée, & s'excusa auprés des Ambassadeurs de ce qu'il ne leur pouuoit faire responce, qu'ils n'eussent eu audience de l'Empereur de Pequin; de là ils passerent au Palais du ieune Roy, pour faire la reuerence deuant son Trosne, dressé fort superbement dans vne auant-salle de son Palais, & couuerte d'vne peau de Tigre; car le Roy en estoit party le 30. Decembre auec ses troupes, pour faire la guerre dans la Prouince de Quam-sy; il auoit passé fort proche de la loge des Hollandois monté sur vn cheual gris pommelé, armé de son arc & de ses fleches, on auoit dressé par son ordre sur le bord de la riuiere plusieurs tentes & pauillons, sous ces tentes il fit vn regale au vieux Roy de Canton & aux principaux de la ville ; les Ambassadeurs y furent conuiez & traitez magnifiquement, sous vne tente qu'on leur auoit dressée exprés; cependant tous les amis du Prince prenoient congé de luy, & luy souhaittoient vn

## À PEKIN. 39

bon succez dans ces entreprises & vn heureux retour : aprés qu'il eust receu les compliments de tout le monde, il monta sur vn superbe vaisseau, qui l'attendoit au bord de la riuiere qui coupe cette pleine ; il se mit sur le tillac à couuert d'vn daiz de soye cramoisy, & passa vne seconde fois deuant la loge des Hollandois ; son Lieutenant receut en son absence la lettre que les Ambassadeurs luy deuoient presenter, auec vn memoire des presents qui luy estoient destinez ; mais il les renuoya le iour suiuant : les Ambassadeurs furent en suite voir la Mere du plus ieune des Roys ; cette bonne Dame ne parut point cette fois là, pour euiter la contrainte à laquelle l'eut obligée la presence des Mandarins Chinois qui estoient en leur compagnie : ils passerent en suite chez le Toutang, mais comme il estoit ennemy mortel des Hollandois, il ne les voulut point voir, & se contenta de leur faire dire qu'il les remercioit de la peine qu'ils auoient prise : ils furent enfin chez le Commissaire de l'Empereur qui estoit arriué peu de temps auparauant de Pequin ; on fit entrer les Ambassadeurs par la principale porte de son Palais, il parut auec vn bonnet de fourrure & habillé plustot à la Persane qu'à la Chinoise, les fit seoir à sa droite, leur Interprete se mit à genoüil & luy exposa le suiet de leur visite ; il dit deux ou trois mots pour responce, & prit aprés vne contenance si arrestée & si immobile qu'vne statue ne l'est pas dauantage : tous ses gens durãt l'audiance estoient rangez à sa gauche, & si bien dressez à côprendre ses volõtez par le moindre mouuement de ses yeux, qu'il se faisoit seruir sans parler : de là les Ambassadeurs allerent dans vne maison qui tenoit aux murs de la ville, où ils receurent visite de diuers Mandarins & Officiers : Le vieux Roy traita aprés dans son Palais les Ambassadeurs, les galleries estoient magnifiquement ornées de toutes sortes d'armes, on plaça à sa droicte les Ambassadeurs ; tous les Mandarins & Officiers de Canton estoient rangez sans siege à sa gauche auec le Magistrat de la ville à la teste ; le Roy estoit assis sur vn grand banc carré, mais peu eleué, & se iouoit auec quelques-vns de ses enfans, qui auec vne gayeté de personnes de leur âge, luy montoient sur ses espaules ; ils estoient fort beaux de visage, habillés fort superbement : les Interpretes nous dirent qu'il en auoit 56. quoy qu'alors il n'en eut que neuf auprés de luy, dont le plus ieune n'auoit pas cinq ans. On fit aprés vn mesme regale aux Ambassadeurs chez le plus ieune des Roys, & comme il estoit à l'armée, son Secretaire les traita en son absence ; on leur fit vn fort grand repas, pendant lequel on leur donna la Comedie ; le bruit des instruments qui iouoient en mesme temps empêchoit que l'on ne peût rien entendre : la Reine Mere venoit de temps en temps à la fenestre pour voir ses conuiez & paroissoit de fort belle humeur, elle nous parut fort petite de taille delicate, le tein brun & d'vne humeur fort viue & fort eniouée ; les Ambassadeurs en entrant firent vne reuerence à sa Chaire, & firent le mesme en sortant.

Ils partirent enfin de Canton pour aller à Pequin, voyage qui se fait tout par eau iusques à quatre lieuës de Pequin, si l'on en excepte la montagne de Namhering : Ils auoient loüé vn superbe vaisseau pour leurs personnes, auec quatre autres qui leur auoient esté destinés aux despens de l'Empereur, sur lesquels ils mirent ceux de leur suite auec les presens ; Le Toutang de Canton, qui est Chef du gouuernement politique de la ville, & de tous les Docteurs, dont il est composé, leur donna pour conducteur le Mandarin Pingsentomou auec le tiltre de Haitomou, accompagné de deux Officiers d'armée, qui deuoient commander vne trouppe de soldats Tartares, & deux autres Officiers subalternes ; si bien que toute leur flotte estoit composée de vingt vaisseaux. *17. Mars 1656.*

Comme ils furent entrez dans leurs vaisseaux, ils arborerent le Pauillon du Prince d'Orange ; les vaisseaux ramerent le long du bord de la ville, qui les salua de quelques coups de canon, & leur souhaitta bon voyage : il falut aprés faire tirer à la corde pour surmonter la marée, qui les gagnoit : De ville en ville l'on faisoit partir des couriers pour aduertir les Gouuerneurs de l'arriuée des Hollandois, & leur porter l'ordre de les receuoir auec honneur : la mesme chose se pratiqua dans toute la suitte du voyage.

## 40 VOYAGE DES HOLLANDOIS

Xantsui.
Le Magistrat de la ville de Xantsui, fit border la riuiere de deux compagnies de gens de pied, il leur enuoya aussi quelques rafraischissemens ; mais comme il le faisoit par l'ordre de l'Empereur, les Ambassadeurs ayant esté aduertis que le present ne valoit pas la dixiéme partie de ce que portoit l'ordre de ce Prince, ils creurent qu'ils ne le deuoient pas receuoir, & les remercierent le plus ciuilement qu'il leur fut possible, ce qu'ils pratiquerent aussi dans les autres villes ; ils firent dresser leur tentes hors les portes de la ville, & les Tartares de leur escorte firent tirer au but pour les diuertir : vn de leurs Capitaines gagna le prix, car de 56. pas il donna trois fois de suite dans le but, qui estoit grand comme la main : le Secretaire du vieux Roy de Canton, qui deuoit s'en retourner deuers son Maistre, les traitta aussi sous sa tente auant que de partir.

Dans le temps qu'ils estoient à Xantsui, il passa par la ville vn Officier de la Cour de Pequin, qui deuoit informer à Canton sur les maluersations du Commissaire ordinaire qui y auoit esté enuoyé.

Sinjum.
Le Magistrat de la petite ville Sinjum, vint dans vn vaisseau au deuant d'eux & les receut auec beaucoup de cordialité ; on ne receut point neantmoins les rafraichissements, qu'il presenta aux Ambassadeurs, par la mesme raison que nous auons dit cy-deuant. En continuant leur nauigation ils passerent sous la merueilleuse montagne de Sangrounthap, delà ils entrerent dans la riuiere de Ynte, qui passe au dessous d'vne autre montagne de difficile accez nommée Sanjaugem, delà au village de Quantonhou proche d'vne petite ville ruinée nommée Iangtah : puis à Conjamsiam fameux Pagode ou Temple d'Idoles, où la flotte s'arresta iusques à ce qu'ils eussent tous fait leurs prieres & leurs offrandes.

Les Ambassadeurs entrerent dans ce Pagode, ils y virent plusieurs Idoles sur vn autel, & le nom de ceux qui y estoient venu faire leurs offrandes & leurs sacrifices graués sur les murailles de ce Pagode.

Ils passerent aprés diuers villages, & virent d'vn costé & d'autres plusieurs campagnes semées de grains, auec de petits forts carrés d'espace en espace, pour seruir de retraitte aux paysans contre les voleurs & les boutefeus ; la marée estoit si forte au deuant de ces villages, que quelques-vns de leurs batteaux estoient demeurez derriere, la force ayant manqué à ceux qui les tiroient ; mais ils se trouuerent bien-tost secourus par ceux du pays, qui leur presterent la main. Au commencement de la nuit le vaisseau des Ambassadeurs fut porté sur vne roche taillante, sur laquelle il toucha de son fond; tout le fond de calle s'en emplit d'eau, & ils auroient coulé à fond, si Dieu ne les eut tiré de ce danger : ils arriuerent le jour suiuant deuant vn lieu fort agreable. Le Mandarin Pingsantanum fit dresser sa tente sur le bord de l'eau & donna à disner aux Ambassadeurs, ils eurent vne grande tempeste sur le soir, suiuie d'éclairs & de tonnerre ; vn des Ionques, sur lequel estoit chargé le present de l'Empereur, perdit son mast, fut ietté sur le bord de la riuiere, & ne se sauua que par la diligence extraordinaire de ceux de son equipage : grand nombre de vaisseaux qui n'estoient point de la flotte des Ambassadeurs, échoüerent & se perdirent par ce mauuais temps.

De là ils firent dresser leurs tentes sous les murailles de la ville de Sucheu, le Magistrat Gouuerneur de cette ville les receut assis dans vne chaire magnifique, accompagné de plusieurs Gentils-hommes à cheual, leur fit presenter quelques rafraichissements qu'ils receurent, à cause que ce regale venoit de la part du Gouuerneur, & qu'on ne le leur faisoit point comme les autres, par l'ordre de l'Empereur : les Ambassadeurs pour respondre à cette honnesteté, firent vn present de choses curieuses au Gouuerneur.

Numhung.
De là ils passerent la montagne appellée par les Tartares les cinq testes de cheuaux, & virent vne estenduë de pays admirable aux enuirons de Sutquien : ils rencontrerent aprés vne montagne deuant laquelle ils passerent auec mille dangers, tant le fond de la riuiere en cet endroit est sale & plain de rochers; de dix vaisseaux il n'en passe pas vn sans y souffrir quelque domage, ceux du pays nomment la montagne par cette raison les cinq diables d'enfer.

Enfin

# DE PEKIN. 41

Enfin ayant paſſé la petite ville de Suchen, ils arriuerent dans la ville de Nanhung, la plus Septentrionale & la derniere des villes de la Prouince de Canton, & où commence la riuiere de Canton.

Les Ambaſſadeurs firent dreſſer leurs tentes ſur la pente d'vne coline en vn lieu fort agreable, le Magiſtrat & le Gouuerneur de la ville qui leurs auoient eſcrit vne lettre pleine de complimens ſur leur arriuée les vindrent voir incontinent aprés, demeurerent auec eux iuſques au ſoir, & leur firent mille ciuilitez; le Gouuerneur principalement qui les pria à diſner dans ſa maiſon, & les traitta magnifiquement; on les pria par deux fois de ce diſner, les gens de leur eſcorte leurs firent cortege iuſques à la porte du Gouuerneur qui les receut au ſon de ſes trompettes, & de ſes haubois; on les mena dans vne grande ſalle, où le Magiſtrat de la ville & les principaux Officiers de guerre, vindrent auſſi-toſt; car ils eſtoient priés de ce feſtin: le Preſident de la ville s'en excuſa. Il eſt à croire que c'eſtoit vn Chinois, leur maniere dans ces feſtins merite qu'on les deſcriue particulierement: Les conuiés eſtoient aſſis ſur des chaires tous d'vn meſme coſté de la table, l'autre coſté demeurant libre pour ſeruir plus commodement les plats & pour verſer à boire: l'on ſeruit d'abord deux plats deuant chacun des conuiez, le Maiſtre d'Hoſtel eſtoit debout à coſté du Gouuerneur : tout le monde commença à meſme temps à toucher aux viandes, aprés qu'il en euſt donné le ſignal par vne parole: ce Maiſtre d'Hoſtel voyant que l'on ne touchoit plus au premier ſeruice fit deux ſignes, l'vn quaſi immediatement aprés l'autre: au premier on verſa à boire, & au ſecond, l'on ſeruit le ſecond ſeruice auec le meſme ordre que le premier, & ainſi iuſques au ſeizieſme; car on les regala dautant de ſeruices: durant le diſner, on leur donna la Comedie, ils furent aprés faire vn peu d'exercice dans le iardin en attendant la collation, qui fut ſeruie comme le diſner; ſur la fin les Ambaſſadeurs remarquerent que tous les conuiez mettoient la main à la bource pour donner quelque choſe aux Comediens, & aux domeſtiques du Gouuerneur. La meſme couſtume du pays veut auſſi que l'on mette cet argent aux pieds du Gouuerneur; il receut celuy des conuiez, mais lors que les Ambaſſadeurs luy porterent vn preſent de ſix theils cachetés dans vn petit ſac de papier, auec quelques autres curioſités des Indes & de l'Europe, il le refuſa pluſieurs fois.

Les Ambaſſadeurs partirent pour paſſer la montagne & arriuer à la ville de Nanniam, ils laiſſerent derriere le ſous-marchand Baron, & quelques autres de leur ſuite, auec ordre de ne partir que le iour ſuiuant, & de faire charger le reſte de leur bagage par d'autres crocheteurs, car ils n'en auoient pas aſſez trouué ce iour là: ils leur commanderent auſſi, que chacun d'eux porta vne banderolle iaune, où eſtoit eſcrit le nom de l'Empereur, & des Ambaſſadeurs, afin qu'il ne ſe meſlaſt point parmy eux des gens qui ne fuſſent pas de leur trouppe: les Ambaſſadeurs ſe firent porter dans des Palanquins pour paſſer plus aiſément la montagne, leur train eſtoit compoſé de 450. porteurs, de 100. ſoldats qui leurs auoient eſté donnez pour garde, & d'enuiron 50. ou 60. Capitaines, ſoldats, ou valets, qui s'eſtoient ioints à leur trouppe au ſortir de Canton: ces porteurs que ie viens de dire s'eſtoient loüés à raiſon de huict mas d'argent, qui valent chacune vn eſcu quatre ſols. Le Mandarin Pingſentauw qui fait autant de dépence qu'vn Prince en nos quartiers, auoit pris plus de mil hommes pour paſſer la montagne, à chacun deſquels la Compagnie deuoit payer le meſme ſalaire. L'on s'arreſta la nuit ſur cette montagne à vn village nommé Suſan, où ils trouuerent qu'vn Officier de guerre qui en auoit le gouuernement; il fit chercher vn peu de ris, & de ces boiſſons fortes, qui ſont en vſage dãs le pays, auec vn porc pour les Ambaſſadeurs, tous les païſans s'eſtoient enfuis de ce village, & auoient abandoné leurs maiſons à ces nouueaux hoſtes. Le iour ſuiuant l'on monta à cheual de bon matin, & ſur le midy l'on paſſa la montagne qui ſepare les Prouinces de Canton & de Kiauſi. L'on gagna la ville de Nanjan ſans auoir rien veu ſur ce chemin, qu'vne petite ville deſerte, & quelques Officiers du vieil Roy de Canton, qui venoient de Pekin, où ils auoient acheté vne

Seconde Partie. (?) F

centaine de cheuaux pour ce Prince. Ils trouuerent au port de cette ville vn de ces Officiers qui leur presenta vne lettre pleine de complimens sur leur arriuée, on les conduisit dans vne maison qu'on leur auoit preparé, où le Gouuerneur vint immediatement aprés, accompagné des principaux de la ville; les complimens acheuez de part & d'autre, l'on leur fit vn grand soupper aux dépens de la ville: ils furent aprés visitez par deux Seigneurs Tartares, qui auoient esté despechez de Pekin de la part de l'Empereur, pour feliciter les Roys de Canton sur la victoire qu'ils auoient remportée l'année precedente sur les Chinois de la Prouince de Quam-si, & sur le triomphe de treize Elephans qu'ils auoient enuoyés à Pekin. Ces Tartares leurs portoient aussi pour recompence des nouueaux titres d'honneur, vne superbe veste tissuë d'or & de soye; ils tesmoignerent aux Ambassadeurs que leur Nation estoit fort aise de voir d'aussi braues gens qu'ils paroissoient estre, venus du bout du Monde pour saluer leur Empereur: ils les asseurerent aussi que l'Empereur les attendoit auec grande impatience.

Ils trouuerent là beaucoup de difficulté à auoir des vaisseaux pour aller à Nanquin. Le Commissaire qui les deuoit fournir n'en pût trouuer aussi-tost qu'il l'auroit souhaitté, & comme vn iour le Mandarin Pingsentaw luy en fit vne rude reprimende; il prit la chose tellement à cœur, qu'il se fut tué de son cousteau, si vn des gens de ce Mandarin ne l'en eust empesché. Le sous Marchand Baron estant arriué à Nanjan auec tout son bagage & le reste de la suitte de Pingsentaw, toute la trouppe s'embarqua sur treize vaisseaux, iusques-là on auoit naugié contre le cours de l'eau, tousiours auec beaucoup de danger & de peur. De là en auant l'on n'en courut pas moins, quoy que l'on descendit tousiours. Vn iour la petite barque, où estoit l'Ambassadeur Iacques Keyser eschoüa, l'on eut bien de la peine à la mettre à flot, & elle fut ouuerte en deux endroits: on la deschargea pour trouuer les voyes d'eau, qui furent aussi-tost bouchées; les Mandarins firent donner le foüet au Marinier de cette barque auec des courtroyes d'vn cuir fort espais, & l'on auroit fait le mesme traictement au Pilotte, si les Ambassadeurs n'eussent demandé sa grace; de là ils passerent plusieurs villes & villages, dont les habitans auoient deserté. Ils vinrent deuant la grande ville de Kancheu, & passerent la nuict à la porte Simon, c'est à dire porte qui regarde le Couchant: les principaux Officiers de cette ville les vinrent aussi-tost trouuer dans leurs vaisseaux. La pluye & le mauuais temps qu'il faisoit alors, ne les empescha point de leur rendre cette ciuilité.

Les Ambassadeurs furent voir le Grand Toutang de cette ville, il les receut dans le principal de ses appartemens, les fit seoir à son costé gauche, & leur fit diuerses questions touchant la Hollande, leur demanda combien elle estoit esloignée de l'Europe & du Portugal, quelle estoit la forme de leur gouuernement? En quel temps leur estat auoit commencé? Si leur Religion estoit la mesme que celle des Portugais? S'ils disoient leur *Pater noster* comme eux? d'où l'on pouuoit assez connoistre l'intelligence qu'il auoit auec les Iesuistes. Nous sçeumes aprés qu'ils auoient baptizé la principale de ses femmes, il fit sonner les trompettes des Hollandois dans sa sale, & considera auec plaisir leurs armes. L'autorité de ce Toutang s'estend iusques à Kiansy, Fochien, Hucquam, & Quansi, i'entens sur tout la partie de ces Prouinces dont les Tartares sont les Maistres; aussi le titre qu'on luy donne en Chinois, porte quelque chose de plus que la qualité de Toutang. Les Ambassadeurs resolurent de luy faire vn beau present, considerant que leurs vaisseaux qui vont à l'Isle Formosa, & au Iapon, sont souuent obligez de prendre de l'eau sur les costes de la Prouince de Fokien, qui est de son Gouuernement; il les refusa fort ciuilement, leur disant qu'il ne le faisoit point par vn esprit de mespris, qui estoit assez naturel au Chinois; mais pour se conformer

# A PEKIN.

aux Loix de cet Éstat, qui ne permetrent pas aux Officiers de rien receuoir d'vn estranger auparauant qu'il ait eu audiance de l'Empereur; qu'au retour du voyage qu'ils alloient faire à Pekin, ils feroient traités comme les Naturels du pays, & que les Chinois viuroient auec eux, comme auec leurs freres: l'on enuoya vne seconde fois l'Interprete pour l'obliger de receuoir les presens, mais il les refusa.

Ils se démelerent aprés de dixhuit rochers fort dangereux, & arriuerent deuant la ville de Vannuagan, dont le Magistrat vint voir les Ambassadeurs, & demeura auec eux enuiron vne heure: La flotte continuant sa route, s'arresta deuant le village de Pekitstoian, où les mariniers se fournirent de nouuelles voiles, & de diuerses choses qui leurs manquoient. Ils arriuerent le mesme soir deuant la ville de Tejosden, & furent visitez par vn Mandarin, qui estoit arriué là auec deux mille cheuaux qu'il auoit achetez pour le plus ieune des Roys de Canton. Ce Mandarin les asseura aussi que l'on les attendoit auec grande impatience à Pekin.

Ils passerent aprés deuant les petites villes de Kingnanfoe, Kickienzeen, virent plusieurs beaux villages, & maisons de plaisir, qui estoient sur le bord de la riuiere, & deux tours qui se respondoient l'vne à l'autre de chaque costé, auec quatre autres petites villes; arriuerent enfin deuant vn Temple qui est vis à vis la petite ville de Singuangeen; le Superieur du Temple, nonobstant le mauuais temps, s'hazarda dans vne petite barque pour venir au deuant d'eux & leur faire compliment.

Ils arriuerent aprés deuant la grande ville de Kiansky, deuant laquelle il y auoit tant de vaisseaux, qu'ils auroient eu bien de la peine à s'en débarasser & passer outre, si les autres ne leurs eussent fait place, les considerant comme des gens qui alloient trouuer l'Empereur. Ils ietterent l'ancre deuant vne porte nommée *Quanullmon*, c'est à dire, la belle porte; le Magistrat leur enuoya aussi-tost quatre grands vaisseaux, afin qu'ils pussent continuer leur voyage auec plus de commodité; car dans le chemin qu'ils auoient fait depuis la montagne iusques là, il y a tant de rochers à passer, & la riuiere a si peu de fonds, que l'on est obligé de se seruir de petites barques. Le Mandarin Pingsentamw prit pour luy les deux plus beaux de ces vaisseaux; mais les Ambassadeurs, en ayant tesmoigné quelque mécontentement, il leur en rendit vn qu'il auoit desia occupé.

Le iour suiuant vn des Ambassadeurs nommé Pierre de Boyer, fut auec le Secretaire Baron rendre visite au Toutang de cette ville. Iacques Keyser son Collegue n'y fut pas ce iour là, à cause qu'il se trouua malade. Le Toutang les receut d'vne maniere fort ciuile, & se fascha fort contre leurs Interpretes, lors qu'il apprit qu'ils estoient venus à pied: il en fist mesmes des reprimandes aux Mandarins des Roys de Canton, les traittant d'asnes & de lourdauts, d'auoir souffert que des gens venus de si loing pour feliciter leur Empereur sur ses victoires, parussent en public à pied, auec si peu de decore & de bien-seance.

Au sortir du Palais on leur presenta des cheuaux de la part du Gouuerneur, sur lesquels ils monterent pour gaigner leurs vaisseaux.

Le Toutang refusa vn present que les Ambassadeurs luy voulurent faire, par cette raison, qu'ils n'auoient point encores eu audiance de l'Empereur.

En continuant leur voyage ils passerent deuant vne ville nommée Voetsing, où se tient l'estape de la Porcelaine; les Ambassadeurs y entrerent auec dessein d'en acheter quelques pieces les plus rares; mais ils trouuerent vne si grande foule dans les ruës, qu'ils ne purent seulement approcher des boutiques, leurs qualitez d'Ambassadeurs ne les exemptant point de la presse, outre que les Marchands n'auoient point dans leurs boutiques de monstre de la pourcelaine qui se vendoit: ils entrerent aprés en la Mer ou Lac de Poyan; ils remarquerent sur le bord de cette Mer qui regarde le Midy, tant de villes anciennes & de raretez, que l'on ne les sçauroit assez admirer.

Ils ietterent aprés l'ancre deuant la ville de Ongsiou, autrement Hucouw, pour y faire leurs prouisions, & y attendre les autres vaisseaux qui estoient demeurez derriere. Tous les habitans sortirent hors de la ville pour voir les Hollandois; mais

Seconde Partie. F ij

leurs trompettes ayans sonné la charge, ce peuple peu accoustumé à ce bruit, en prit vne telle espouuante, qu'il se sauua aussi-tost dans sa ville.

Au sortir de cette Mer ils se remirent sur la riuiere de Kiam, comme ils estoiét arrestés proche d'vne source qui est sur ses bords, & qu'ils y attendoient le beau temps & vn hôme de leur trouppe, ils leur prit enuie de mettre pied à terre dans vne Isle qui en est proche, semée de ris, & bordée d'arbres sauuages; en se promenant ils descouurirent vn Tigre qui leur fit gaigner leurs vaisseaux plustot qu'ils n'auroient voulu: les mariniers voyant que le cuisinier des Hollandois alloit allumer le feu pour faire leur cuisine, ils vinrent trouuer les Ambassadeurs, se ietterent à genouil deuant eux, & les prierent les mains iointes, d'empescher que l'on n'alluma du feu, à cause, disoient-ils, qu'il y auoit dans cette Mer vn vieil diable marin, qui prenoit tantost la forme d'vn gros poisson, tantost celle d'vn dragon, mais qui estoit tousiours de cette mauuaise humeur de ne pouuoir souffrir la fumée des viandes roties: que si l'odeur de quelque cochon, ou de quelque poule rotie luy prenoit au nez, il tourneroient contre eux les eaux & les poissons, & qu'ils couroient risque d'y perdre la vie auec leurs vaisseaux; les Ambassadeurs leur accorderent aprés s'en estre fait prier long-temps pour se diuertir, & ce iour là on ne leur seruit rien de cuit à disner; à peine les mariniers estoient-ils sortis de la chambre que l'on découurit deux ou trois grands tons qui sautoient dessus l'eau, comme ils ont accoustumé de faire: les Chinois en penserent mourir de peur, criant que ces poissons estoient des emissaires de ce diable qu'ils apprehendoient tant: le iour suiuant ils passerent deuant la ville de Pinseyhun, & virent vne colonne dressée au milieu de la riuiere, qui separe les Prouinces de Kiancy, & de Nanquin; mais le vent s'estant renforcé, il falut se ranger le long du riuage, car les Tartares de leurs escorte ne pouuoient souffrir le branlement du vaisseau, ny se guerir de la crainte de leur diable marin. Le Gouuerneur de la ville de Tongniemu, qui est la premiere ville de ce costé là, de la Prouince de Nanquin, escriuit vn billet de compliment aux Ambassadeurs, vne autre personne de sa part leur presenta en suite vn regal de rafraichissemens qui ne crurent pas deuoir accepter: l'on ne trouue rien à acheter dans cette ville que des espreuiers, si bien que l'on la prendroit plustot pour vne ville de Noruege, que pour vne ville de la Chine.

Ils passerent aprés la petite ville de Tonling, celle de Nangjen, & les tours de la ville de Sytioesae situéé plus auant dans les terres, ils virent encore vn petit Temple basti sur vne roche, au milieu de la riuiere, puis la petite ville de Tiktiang, celle de Ocfoe. Ils approcherent enfin de Nanquin, & estant entré dans vn canal long d'vne demy lieuë; ils ietterent l'ancre deuant le Havre, vis à-vis la porte appellée SinSimon, à cause qu'elle est du costé de l'eau.

Le iour suiuant les Ambassadeurs allerent rendre visite aux trois Gouuerneurs de la ville, ils se firent porter dans des Palanquins, ceux de leur suite monterent à cheual, ils furent conduits à cette audiance par l'Agent du ieune Roy de Canton, qui reside en cette ville, & par deux Mandarins de Canton qui estoient venus auec eux; car le Mandarin Pingsentauw n'estoit pas encore arriué. Le premier Gouuerneur leur donna audiance dans son plus bel appartement, il estoit Chinois né dans la ville de Leaotong, mais du reste extrememement ciuil. Les Ambassadeurs luy presenterent le memoire du present qu'ils luy vouloient faire, mais il le refusa, à cause qu'ils n'auoient pas encore veu l'Empereur; aprés auoir pris congé de luy, ils furent trouuer le second Gouuerneur, il estoit aussi de la mesme Prouince de Leaotong, & ne leur parut pas moins ciuil que le premier; il donna à lire à vn de ses Officiers le memoire des presents que l'on luy auoit destinés; & il ne le prit point par la mesme raison qu'auoit allegué son Collegue; ils furent chez le troisiéme Gouuerneur, qui demeuroit dans la premiere enceinte de la maison Royale, qui est hors de la ville; il receut les Ambassadeurs sans les faire attendre dans vne grande chambre carrée, sa femme assise auprés de luy: il y auoit tout au tour de la chambre des lits de repos fort larges, & des chaires, auec vn fougon au milieu pour la tenir plus chaude. C'estoit vn Tartare de

# A PEKIN.  45

Naissance, mais d'vne humeur fort douce; il n'entendoit point la langue Chinoise, & ses fils luy seruoient de truchemens, sa femme auoit l'air fort resolu, & d'vne humeur guerriere leur fit diuerses questions; elle prit principalement plaisir à considerer les armes des Hollandois, tira elle-mesme vne de leurs espées hors ou fourreau: la sale parut en vn moment aprés toute pleine de Dames Tartares; l'on apporta en mesme temps au milieu de la salle vn grand vaisseau plain d'vne boisson composée, qu'elles prenoient auec des cuilliers, & qu'elles presentoient à leurs hostes. Au sortir de là, l'Agent du ieune Roy de Canton les mena chez vn Gentil-homme Tartare, qui venoit d'arriuer de Pekin, c'estoit vn ieune Tartare d'vne action libre & resoluë; il estoit logé dans vn Palais presque tout ruiné, qui auoit autresfois fait partie de ce Palais Royal dont nous auons parlé: il n'y auoit pour meubles que 2. ou 3. vieils bancs, & quelques vaisseaux pour preparer le Tée; ses mulets, ses cheuaux, ses asnes, & ses dromadaires couroient çà & là dans la plaine; il presenta aux Ambassadeurs du Tée meslé auec du lait. De là l'Agent les mena chez luy, où ils furent traitez, & sur le soir ils retournerent dans leurs barques: vn moment aprés l'Ambassadeur Iacques Keiser se fit porter dans vn Palanquin, pour voir la ville auec ceux de sa suite; des Dames Tartares l'appellerent & le firent entrer dans leur principal appartement, c'estoit vne large gallerie qui croisoit tout leur Palais, & dont le plancher estoit de belles pierres grises; elles leurs firent seruir vne petite collation, s'excusant sur l'absence de leurs maris de ce qu'elles ne leurs faisoient pas meilleure chere: ces Dames leur parurent fort resoluës & fort libres: elles admiroient principalement les epées des Hollandois, & ne pouuoient comprendre comment elles se laissoient ployer si ayzément, & retournoient si-tost en leur premier estat: en sortant les Hollandois prirent quelques morceaux des thuilles, pour monstrer la dureté & l'incorruptibilité des materiaux de ce Palais. Keyser aprés auoir pris congé de ces Dames Tartares s'alla promener hors de l'enceinte des murailles de la ville, & fut voir le Pagode de Paolimpi, les Prestres luy en ouurirent toutes les portes, & luy en firent voir le dedans, où il y auoit bien milles Idoles, mais il admira principalement la tour de porcelaine qui est au milieu de la place de ce Temple. *Voyez la figure.*

Vn Iesuiste qui estoit à Nanquin nommé Emanuel de Lisbonne, vint faire compliment aux Ambassadeurs sur leur arriuée, & les pria de luy faire l'honneur de prendre vn mauuais repas chez luy: les Ambassadeurs permirent au Secretaire Baron & au Maistre d'Hostel d'y aller, il les receut fort bien, il auoit inuité aussi plusieurs Chinois qui tesmoignerent vne grande ioye de l'arriuée des Hollandois; ils se battoient la poictrine en leur presence, & faisoient le signe de la croix pour monstrer qu'ils estoiēt Chrestiens; les Ambassadeurs s'informerent là du Iapon, & auroient esté fort aises d'y pouuoir écrire, mais on leur dit que le commerce en estoit deffendu, que les Chinois de Chincheo, & de Anhan, qui connoissent Coxinga, les y auoit mal traitez, & que ceux de Nankin s'en estant plaints à la Cour il y a plus de trois ans, l'Empereur répondit sur cette plainte qu'ils eussent à s'abstenir de ce commerce. Il seroit à souhaiter pour le proffit de la Compagnie des Indes Orientales, que les autres Nations en fussent aussi exclus.

Les Ambassadeurs aprés auoir demeuré quatorze iours dans cette ville, s'embarquerent vn matin sur des vaisseaux que l'on leur fournit au nom de l'Empereur. Ces vaisseaux sont fort grands, & fort bien bastis; ils passerent vn pont de quarante batteaux, & virent à l'extremité des murailles de la ville à deux lieuës ou enuiron de la porte deuers l'eau où ils auoient mouillé l'ancre, vn beau Pagode, où le Mandarin Pingsentauw s'arresta auec toute la flotte pour offrir au diable des pourceaux masles, des boucs, & du sang de coq, afin qu'il leur fit auoir vn heureux voyage.

Diuers gueux se presenterent à eux deuant la ville de Iuriansen, entre autres deux qui se frappoient comme des belliers si rudement la teste l'vn contre l'autre, qu'ils en faisoient horreur à ceux qui les voyoient; ils continuent ce spectacle iusqu'à ce qu'on leur donne l'aumosne, ou que l'vn des deux demeure mort sur

Seconde Partie. (?) F iij

la place, ce qui arriue fort souuent. Ils en virent vn autre qui estoit à genoüil, & murmuroit en luy-mesme quelques parolles, se frappoit auec vne si grande force que la terre en retentissoit ; d'autres se faisoient brusler ie ne sçay quelle drogue sur la teste, & l'y laissoient brusler en sorte que l'on sentoit l'odeur de leur peau rostie; ceux-là crient continuellement iusques à ce qu'on leur donne quelque chose, D'vn autre costé on voyoit des aueugles qui vont par trouppes, & se battent si cruellement la poictrine & le dos auec des pierres, à la cadence de certaines paroles, qu'ils en sont tout couuerts de sang. Les Tartares paroissoiët fort touchez de ces spectacles, & faisoient des presents à certains de ces gueux qui vendent le vent, esperant par leur moyen auoir vn temps fauorable ; les Hollandois au contraire s'en mocquoient, & ne leurs donnoient rien, disant qu'ils ne craignoient que Dieu seul, & point du tout le diable; l'on commence là à entrer dans vn chemin Royal, qui a esté fait auec plaisir, & est bordé des deux costez de beaux villages & de belles pleines semées de rys; mais toutes les terres si bien cultiuées, que l'on croit estre au milieu d'vn paradis terrestre. Au costé gauche du chemin est le fameux Pagode de Kingang plein d'Idoles, & plus auant vn autre au dessus, auec vne tour de belle architecture, autour de laquelle il y a six galleries.

Voyez la figure.

Estant arriué deuant la ville de Ienkeuw, le Mandarin Pingsentauw alla visiter le grand Commissaire qui y estoit arriué depuis peu, pour se faire payer des droits qui sont deubs à l'Empereur. Il leur presenta de la part des Ambassadeurs quatre aulnes de drap rouge, pour se rendre fauorable dans la visite qu'il deuoit faire : Les Ambassadeurs furent obligés de s'arrester en cette ville, & d'attendre leurs Mandarins qui s'estoient allé diuertir auec les Dames du pays, fameuses dans toute la Chine pour leur beauté, & pour l'adresse qu'elles ont de plaire aux hommes; sur la droite de ce chemin ils virent plusieurs coupoles de pierres, & le fameux tombeau de Sultan Hey; ils arriuerent à Midy au village de Scompersin, autrement Saopro à trois milles de Ionkeu, au trauers duquel passe le chemin Royal. Il fallut faire là vne station pour complaire à la femme de Pingsentauw; ceux de ce village estoient occupez aux preparatifs de la feste de la cinquiesme lune : ils auoient entre autres spectacles extraordinaires preparé deux petites chaloupes qu'ils appellent icy Longscheu, c'est à dire chaloupe anguille qui passoient continuellement d'vn vaisseau à vn autre pour diuertir le peuple : le corps de ces petits bastimens representoit vne anguille, & l'on voyoit au derriere diuerses representations de serpens faites de soyes de diuerses couleurs, qui representoient ces bestes fort naturellement : Ils firent entrer les Ambassadeurs dans leus vaisseaux, & crierent tous qu'ils fussent venus à la bonne heure, d'vn pays si esloigné : l'on leur fit vn present, dont ils parurent fort contents, & souhaitterent aux Ambassadeurs toutes sortes de prosperitez dans leur voyage ; ils auoient desia fait venir des cheuaux & des palanquins proche leurs vaisseaux pour aller saluer le Gouuerneur de la ville de Hoianingam, il pleuuoit, & il leur fit dire qu'ils ne prissent pas la peine de faire cette visite; le Mandarin Pingsentauw leur donna à disner dans la ville, & sur le soir vn Iesuiste Gascon, qui y demeuroit les vint voir dans leurs vaisseaux, leur fit beaucoup de ciuilitez, mais il ne pouuoit comprendre comment ils auoient peû penetrer si auant dans la Chine, ny le suiet d'vn si grand voyage; ils continuerent à monter la riuiere, fort surpris de voir tousiours de beaux iardins des deux costez, & vn nombre infiny de jonques & d'autres vaisseaux: ils passerent deuant le village de Penseiquam où le chemin de la riuiere estoit baré auec des cables & de petites barques : il fallut s'arrester dans le fameux village de Sinsiampa, à l'entrée duquel est vne écluse qui se ferme auec de fortes portes. Ce village a le priuilege d'vne ville, auec vne doüane, dont trois Officiers ont la direction : vn de ces trois doüaniers, qui estoit de la ville de Chincheo, & par cette raison peu amy des Hollandois, voulut visiter tous les vaisseaux de la flotte, horsmis les deux des Ambassadeurs, n'y ayant point, ce disoit-il, d'apparence que huict vaisseaux aussi grands que ceux-là, ne fussent chargez que de presents pour l'Empereur : iufques là toute leur flotte auoit paſſé ſans rien payer, comme eſtant aux Ambaſſadeurs, il ne receuoit point cette raiſon, nõ plus que ce qu'on luy diſoit que deux de ces vaiſſeaux appartenoient au vieil Roy de Canton : il en vint iuſques à dire aux Ambaſſadeurs, vous allez à la Cour, vous y pourrez faire vos plaintes, ſi ie vous ay traité autrement que ie ne deuois, pour moy i'ayme mieux perdre ma charge, que de manquer aux ordres que i'ay receus; ils virent proche du fameux village de Kihaia, des Chinois qui auoient des oyſeaux nommé Lompa, qui ſont dreſſés à prendre du poiſſon : ils acheterent quelques carpes qu'ils auoient pris, entre leſquelles y en auoit d'vn pied de long, & qui peſoient trois quartrons; ils demanderent au Maiſtre de ces oyſeaux peſcheurs, ſi il leur en vouloit vendre vne couple, il leur reſpondit qu'il ne s'en pouuoit pas deffaire, & que ſa maiſon n'auoit point d'autre ſubſiſtance que celle-là, & ſur la queſtion qu'on luy fit, de quel pays venoient ces oyſeaux, il reſpondit qu'il n'en ſçauoit autre choſe, ſinon qu'il les auoit eu de ſon pere qui les tenoit de ſes predeceſſeurs; il adiouſta qu'ils multiplioient, mais qu'il falloit beaucoup de temps pour en tirer race : ils eurent auſſi en ce quartier le plaiſir de la chaſſe du lievre, ils le manquoient ſouuent, n'oſant pas s'engager trop auant dans vn pays qu'ils ne connoiſſoient pas. Les Tartares battoient beaucoup de pays, & faiſoient leur poſſible pour diuertir les Ambaſſadeurs, & ne pouuoient aſſez admirer l'addreſſe de ceux de leur ſuite, qui tiroient quelquefois en volant vn faiſant ou quelqu'autre oyſeau.

Les Ambaſſadeurs furent traités magnifiquement par les Agens du ieune Roy de Canton en la ville de Tinneng, dans l'abſence du Gouuerneur, qui eſtoit ſorti auec tout ſon Conſeil, pour faire tracer vne digue, contre les inondations de la riuiere iaune.

Le Gouuerneur de la ville de Lincing ou Minſing, les receut ſur le quay, où aborderent leurs vaiſſeaux; Pingſentauw, & les autres Mandarins ſe ioignirent à ſa troupe, l'on apporta des chaires ſur leſquelles ils s'aſſirent, les Ambaſſadeurs furent auſſi-toſt appellez, & le Gouuerneur leur fit des excuſes de ce qu'il ne les receuoit pas dans ſon Palais à cauſe qu'ils n'auoient pas encore eu audiance de l'Empereur, il refuſa par cette meſme raiſon le preſent que les Ambaſſadeurs luy voulurent faire. Il mourut en cette ville vn trompette Hollandois, que l'on enterra par la permiſſion du Magiſtrat dans vn Pagode de Lincing : ils paſſerent deuant la ville de Tunchan de la Prouince de Pekin, où il y a tant de ionques & d'autres vaiſſeaux, qu'ils eurent bien de la peine à s'en demeſler, & à paſſer outre : les Ambaſſadeurs enuoyerent vn de leur ſuite auec douze ſoldats Tartares pour voir le Lion de fer fondu, qui eſt dans la place du marché de cette ville; mais les Chinois leurs fermerent la porte au nez, & ils furent obligez de retourner ſans auoir pû ſatisfaire à leur curioſité. De là l'on arriué en la ville de Sanglo ou Sangſiomou, la femme du Gouuerneur enuoya querir les Ambaſſadeurs par vn ſoldat, elle les receut dans vne grande ſale, aſſiſe ſur vn eſpece de troſne au bas duquel eſtoient trois Dames Tartares ; à ſon coſté gauche eſtoit aſſis ſur vn couſſin ſon Maiſtre d'oHſtel, & eſcriuoit par ſon ordre toutes les particularitez de Olanca ; car c'eſt ainſi qu'ils nomment la Hollande; ils prirent congé le plus ciuilement qu'ils purent en ſortant; elle leur fit des excuſes, & elle leur dit que ſon mary eſtoit allé à la Cour, que ſans cela, elle les euſt prié de demeurer vn iour ou deux chez elle, pour ſe remettre vn peu de la fatigue du voyage; les Interprettes dirent aux Ambaſſadeurs que le mary de cette Daine eſtoit en grande conſideration auprés de l'Empereur : on luy enuoya par cette raiſon vn petit preſent qu'elle receut auec plaiſir; les Ambaſſadeurs paſſerent la nuict deuant vn village nommé Toinau, qui eſt au deſſous d'vn petit Chaſteau, où il y a garniſon de Tartares : cette meſme nuict le feu ſe prit au ioncque du Mandarin des Roys de Canton. Tout le peuple du pays courut aux armes, croyant que les voleurs euſſent attaqué les Ambaſſadeurs; les Tartares couperent les cordes de ce ioncque pour le laiſſer aller au gré de l'eau, mais les Hollandois le ſecoururent ſi à propos, qu'ils en eſteignerent le feu.

Le iour d'aprés ils passerent deuant les petites villes de Sinctujeu, Sincohen & de Seingleiheen ; Au costé du Couchant ils virent vn grand parc fermé d'vne muraille, & vn beau bois de haute-futaye; les Ambassadeurs auoient grande enuie d'y entrer, mais les Interpretes leur dirent que c'estoit vn Cloistre de Religieuses, où il n'estoit pas permis aux hômes de mettre le pied:ce soir là tout le pays parut en alarme, les paysans diuisez en plusieurs trouppes, chacune ayant les enseignes deployées marchoient en bon ordre pour se deffendre contre les sauterelles , qui ont accoustumé de les venir attaquer tous les ans auec vn vent d'Est, & mangent toute la campagne, comme si le feu y auoit passé: les paysans s'arment de drapeaux qu'ils font voler en l'air, & font vn si grand bruit, qu'il semble que la terre en doiue abismer.

Le iour suiuant ils ietterent l'ancre deuant la fameuse ville de Tiencieu, pour y passer la nuict , & prendre leurs mesures pour le reste de leur voyage;le Gouuerneur de la ville & le chef des Bourgeois vinrent aux vaisseaux faire compliment aux Ambassadeurs ; mais Pingsentauw negotia en sorte que ces Officiers le visiterent deuant les Ambassadeurs : l'on trouua à propos de faire partir le Mandarin des Roys de Canton, pour porter la nouuelle à la Cour de l'arriuée des Ambassadeurs, l'on fit preparer vn festin dans vn agreable Pagode, à cause que la trouppe estoit sur le point de se separer.

Le Mandarin Pingsentauw en fut prié & les principaux du voyage , pour arrester ensemble de quelle maniere ils se gouuerneroient à la Cour, & y instruire leur Interprette, comme ils auoient faict durant le voyage de ce qu'il deuoit dire , & de ce qu'il deuoit faire , & sur tout de ne respondre iamais sur aucune affaire , sans auoir auparauant consulté auec eux; la responce : si l'on leur demandoit s'ils estoient venus tout droict de Hollande , quel tiltre l'on donne au Gouuerneur General des Indes Hollandoises? quel pays il a sous son gouuernement ? comment les Hollandois s'y estoient establis ? ce que signifie vne Republique ? & semblables questions : sur tout de n'en dire pas plus qu'on leur en demanderoit, de peur d'embarasser l'esprit des Tartares , qui n'ont pas l'apprehensiue fort prompte. L'on traitta aussi dans cette conference , des moyens de nous rendre fauorable les principaux de cette Cour, & d'obtenir de l'Empereur la liberté du commerce dans tout cet Estat. Le Mandarin bien instruit par cette conference, partit la nuict à cheual pour aller à Pekin, les Ambassadeurs continuerent leur voyage par eau, de Tiensu passerent à Goesime , ou Hoogsuxoc, où le principal Officier de la ville les traitta magnifiquement dans sa maison, & pour ne luy point ceder en courtoisie, on luy enuoya vn present qu'il ne voulut point receuoir , mais bien quelques bouteilles d'eau de rose qu'il fit demander & qu'on luy enuoya aussi-tost.

Ils passerent deuant la petite ville de Focheen , & enfin arriuerent à la rade Royale de Sianfianwou à quatre miles de Pekin, où finit le chemin par eau : le Mandarin que les Ambassadeurs auoient enuoyé, les y vint trouuer, & le iour d'aprés, on leur amena vingt-quatre cheuaux, quelques chariots & charettes : & cela par ordre du Conseil de Pekin. Quand tout fut prest, les Ambassadeurs prirent le chemin par terre pour aller à Pekin dans cet ordre. Deux trompettes marchoient à la teste de la trouppe , aprés eux vn estendart auec les armes du Prince d'Orange, & les Ambassadeurs en suitte auec quelques Seigneurs Tartares, les Officiers & les Soldats, qui les auoient accompagnés depuis Canton, & marchoient aprés: ils estoient suiuis du bagage, & des valets des Ambassadeurs, & des Mandarins, tous fort lestes & fort braues : vn autre estendart fermoit cette trouppe , le chemin estoit tellement plein de chariots, de charettes, de cheuaux, de mulets , d'asnes , de vaches, de bœufs, d'hommes, que nous croyons marcher dans vne armée; mais tout cela auec vn grand desordre , car ce chemin estoit tellement rompu, & si sale, qu'il sembloit lors que nous arriuasmes que l'on eust traisné les hommes & les cheuaux dans la boüe.

Aprés auoir passé la ville de Tongsiu, & plusieurs villages fort agreables, ils disnerent dans vn Pagode, & sans perdre de temps, se remirent en chemin , trauerserent

# A PEKIN.

tent vne belle campagne, qui fourmilloit de monde, & se trouuerent dans le faux-bourg de Pekin : aprés auoir passé deux portes fort hautes, ils mirent pied à terre deuant vn Pagode, où l'on les conduisit pour les faire reposer & attendre leur bagage. Vn Eunuque du Roy qui auoit vn faucon sur le point, leur vint faire compliment sur leur arriuée, comme aussi les Residens des Roys de Canton, & quelques autres Courtisans; On leur seruit quelques viandes auec des fruits à la glace, & de l'eau rafraichie à la glace, leur bagage ayant esté visité par l'Eunuque que nous venons de dire, & les chariots ayant esté comptés, on les conduisit dans le logement qui leur auoit esté destiné par l'ordre de l'Empereur ; c'estoit vne grande place fermée d'vne muraille assez haute, auec trois portes sur l'auenuë; entre chacune de ces trois portes, il y auoit vne pleine, ce logement estoit assez proche du Palais du Roy, & dans la seconde enceinte de la ville.

Les Ambassadeurs y firent venir leurs presents, ils trouuerent que tout ce qu'ils auoient apporté, estoit en bon estat, remercierent Dieu d'vn si heureux voyage, & le prieret pour le bon succez de leur negotiation, & pour la reussite d'vne entreprise pour laquelle la Compagnie auoit fait de fort grandes despences; l'on compta aprés tous ceux de l'Ambassade à la maniere du Iapon, & sur le soir deux Officiers Tartares auec douze soldats, vinrent mettre vn corps de garde à la porte de leur logement, sous pretexte de tenir la main à ce que les ordres que l'Empereur donneroit pour les bien receuoir fussent ponctuellement executez, tout le monde leur paroissoit fort content de leur arriuée : Le jour suiuant le Mandarin Pingsentauw, auec les Residens que les deux Roys de Canton tiennent à Pekin, les vinrent voir, & vn moment aprés vn des Conseillers d'Estat auec le premier Secretaire de ce Conseil, nommé Tonglouwia, Chinois de Nation, mais neantmoins fort traittable ; ce Secretaire auoit auec luy deux autres Mandarins Tartares, nommés Qualonga & Holonga, le dernier estoit Secretaire de ce Conseiller que ie viens de dire, quoy qu'il n'entendit point la langue Chinoise; ils dirent aux Ambassadeurs qu'ils venoient pour les feliciter sur leur arriuée de la part de l'Empereur, & des Conseillers d'Estat, & aussi pour sçauoir des nouuelles de leur santé, combien ils estoient d'Ambassadeurs? quel estoit le nombre de ceux de leur suite? leurs presents qu'ils portoient, pour s'informer aussi particulierement de leurs personnes, sçauoir le lieu de leur naissance, & de quelle part ils venoient? aprés que les Ambassadeurs eurent respondu par ordre à toutes ces questions, les Mandarins leurent la liste de tout le train des Ambassadeurs, selon qu'elle leur auoit esté enuoyée de Canton; ils appellerent par nom les vingt-quatre personnes qui y estoient marquées, & firent sortir les autres valets qui n'y estoient point compris; ils compterent aprés les presents sur vne autre liste, qui estoit aussi venuë de Canton, s'informant curieusement d'où chaque piece venoit, comment on l'auoit faite? à quoy elle estoit propre? combien il y auoit de mois de voyage depuis Pekin iusques à ce pays-là, & estant satisfaits des responces que leur firent les Ambassadeurs, ils loüerent la beauté des presents, & dirent que ceux que l'on auoit apporté l'année precedente de Liqueo s'estant trouué gastés, sa Maiesté les auoit renuoyés sans les vouloir voir: ils se remirent à leur demander s'il estoit vray que les Hollandois demeuroient tousjours sur Mer ? s'ils occupoient quelque terre dans le monde? comment s'appelloit leur pays? où il estoit situé? quel estoit le sujet de leur ambassade ? le nom de leur Roy? quel âge il auoit ? Aprés que les Ambassadeurs les eurent satisfaits sur ces questions, ils dirent qu'ils s'étonoient fort de ce que l'on leur demanda ? s'ils demeuroient sur Mer, comme s'il estoit possible d'y estre continuellement, sans auoir de demeure en terre, & adioustoient qu'ils feroient bien voir vn jour, que ceux qui leurs auoient faits ces faux rapports estoient des menteurs; qu'ils auoient vn pays nommé la Hollande, qu'ils en ioüissoient depuis plusieurs centaines d'années: les Mandarins leurs demanderent en quel endroit du Monde il estoit, si l'on y pourroit aller de Pekin par terre, & en combien de temps, par quel pays il faudroit passer : les Mandarins ne laisserent pas de demeurer dans leur premiere doute, que les Hollandois n'auoient point

Seconde Partie. (?) G

d'habitation en terre ferme, que s'ils en auoient, qu'elles n'estoient que dans des Isles, & leur en demanderent vne Carte ou description ; les Ambassadeurs leur firent voir vne Carte Generale du Monde, où ils leurs firent voir la situation de la Hollande, & des Pays-bas, leur monstrant aussi les autres endroits du monde, où ceux de leur Natiō traffiquent. Les Mandarins pour rapporter plus particulierement toutes ces choses à l'Empereur, escriuirent les noms de tous ces pays sur des petits billets de papier, attacherent chacun de ces noms sur l'endroit de la Carte, que l'on leur auoit marqué, & la porterent à l'Empereur sur le sujet du gouuernement de la Hollande, & du Prince qui les auoit enuoyé ; ils dirent que leurs pays n'auoit iamais esté vne Monarchie, qu'ils auoient tousiours esté gouuerné aristocratiquement, & tascherent de leur expliquer l'assemblée des Estats Generaux & des autres Colleges, qui ont part au gouuernement ; qu'outre ceux là, il y en auoit vn autre establi par l'autorité de tout le pays, dont la iurisdiction s'estendoit sur les affaires des Indes, que c'estoit par l'ordre de ce Conseil addressé au Gouuerneur General, qu'ils auoient esté enuoyez à l'Empereur de Tartare, pour le feliciter sur les victoires & sur la conqueste de la Chine, & luy souhaitter vne longue vie, auec toute sorte de prosperités, mais ils ne purent faire comprendre à ces Mandarins cette forme de gouuernement, ny aussi la figure que fait le Prince d'Orange dans cet Estat : la ieunesse du Prince leurs rendit la chose plus facile, & leur donna lieu de croire que le Prince & l'Estat de la Hollande auoient enuoyé cette Ambassade, & que les Estats Generaux, & sa mere gouuernoient iusques à ce qu'il eut attaint l'âge de maiorité.

Ils demandoient si le pere de ce Prince auoit transferé en la personne d'vn autre le gouuernement du pays, où s'il auoit choisi quelqu'vn pour en auoir soin pendant la minorité de son fils ; les Ambassadeurs respondirent, comment pourroit-on donner à vn autre ce qui appartient à vn Prince, n'a il pas sa mere, & quand elle seroit morte, n'auroit-on pas choisi les principaux du pays ; les Mandarins leurs demanderent en suitte, estes-vous parens de vostre Prince ? car iamais Ambassadeur estranger n'a baissé sa teste deuant le throne de nostre Empereur, qu'il n'ait esté du sang du Prince qui l'enuoyoit, & ainsi adiousterent-ils, les Ambassadeurs de la Corée, & ceux des Isles de Liqueo, qui vinrent l'année passée, estoient l'vn le frere, & l'autre le Genre des Princes de ce pays : s'ils n'eussent point esté de cette qualité, iamais l'Empereur ne leur eut donné audiance.

Les Ambassadeurs leurs dirent qu'ils estoient fort esloignés d'estre parens de leur Prince, que ceux qui les auoient enuoyez ne sçauoient rien de cette coustume, que ceux de cette condition chez eux, ne sortoient pas aysément de leur pays, & que dás les Ambassades, l'on employoit les personnes qui auoient esté employées dans les charges les plus considerables de l'Estat : les Mandarins s'arresterent fort là dessus, croyant qu'il y alloit de la grandeur de l'Empereur de donner audiance à des personnes de cette qualité ; ils demanderent en suitte quel tiltre auez-vous dans la Cour de vostre Prince ? quel est ce tiltre ? en langue Hollandoise ; à quel nombre d'hommes commandez-vous ? & en quoy consiste le commandement que vous auez sur eux ? Les Ambassadeurs leurs respondirent conformement à ce qu'ils auoient respondu aux deux Roys de Canton, lors qu'ils auoient fait la mesme demande : ces Mandarins auoient de la peine à comprendre comment les 2. Roys de Canton leur auoient donné le tiltre de Tschomping, & exprimé par là leur qualité ; ils passerent aprés à demander si tous les presents auoient esté empaquetez en la Hollande, les Ambassadeurs respondirent, que les vns venoient de Hollande, nommément les draps, l'ambre iaune, les corail rouge, les miroirs, les lunettes de longue-veuë, les harnois, & la selle, auec toutes les differentes sortes d'armes, que tout le reste auoit esté amassé à Batauia par le Gouuerneur General, suiuant les ordres qu'il en auoit receu de Hollande : ils prirent de là occasion de demander quelle place que c'estoit Batauia, & quelle sorte d'hōmes Gouuerneur General; ils respondirent qu'ils ne le leur pouuoient pas mieux faire entendre qu'en comparant son authorité auec celle des Roys de Canton, mais que les Hollandois n'auoient point de Roy, que leur pays n'estoit point vn Royaume, aussi ne luy donnoient-ils point le tiltre de Vice-Roy; mais celuy de Gouuerneur General que la ville de Battauia, à cause de la commodité de sa situation, estoit la ville Capitale de toutes celles que les Hollandois ont aux Indes, que c'estoit leur lieu d'assemblée pour leur vaisseaux & leur place d'armes pour faire la guerre aux Portugais, qui estoient les seuls ennemis qu'ils eussent au monde, principalement ceux de Macao: les Mandarins auoient fait escrire par leurs Secretaires tout ce qui s'estoit passé dans cette conference; au sortir les Ambassadeurs presenterent à chacun des Mandarins cinquante teils d'argent; vn moment aprés, l'vn d'eux reuint, pour leur demander par ordre de l'Empereur & de son conseil leur lettres de creance, on le luy presenta sur vne couppe d'argent, couuerte de trois aulnes d'escarlate: vn second vint pour voir les armes, & sçauoir si les ornements qui estoient sur le fusil, sur le harnois, & sur le casque estoient d'or ou d'argent fin, & comment on les faisoit. Le troisiéme vint demander de quelles armes les Hollandois se seruoient à la guerre, s'ils estoient en paix ou en guerre auec ceux de Macao, & les autres Portugais, lequel des deux estoit le plus proche de la Chine le Portugal ou la Holande? Vn quatriesme reuint demander quelle estoit la qualité des Ambassadeurs? & fit entrer dans sa demande le mot de Commandeur qu'il prononçoit mal peut-estre pour l'auoir mal retenu, comme aussi sa veritable signification que les Iesuistes peut-estre leurs auoient donné mal à entendre: celuy-cy parut persuadé que la qualité de Tschomping, qu'on leur auoit donné à Canton, ne les autorisoit pas assez pour paroistre deuant la personne de l'Empereur; ils reuinrent vne sixiéme & vne septiéme fois, pour demander des nouuelles particularitez, nommément sur la qualité des Ambassadeurs, & s'il n'y auoit point dans la Hollande de tiltre d'honneur plus releué que le leur? combien il faudroit monter de degrés pour arriuer iusques à celuy de leur qualité?. ils respondirent qu'il en faudroit monter dix, & qu'il n'y en auoit que quatre au dessus d'eux: ils partirent enfin, s'excusant de ce qu'ils les auoient importunez par ces visites & ces interrogations si frequentes, que l'Empereur leur auoit commandé de s'informer de toutes ces choses fort particulierement, & de luy en apporter ce iour là vne relation par escrit.

Le principal Ministre aprés auoir esté informé par les Mandarins, en renuoya deux nommez Qualanja & Holonja, auec ordre de les amener aussi-tost dans l'assemblée du Conseil auec leurs presens; mais comme il faisoit vne pluye extraordinairement grande, les Ambassadeurs presserent tant les Mandarins, qu'ils se chargerent de luy representer le danger que courroient les presens d'estre mouillez, & la priere qu'ils leurs faisoient de vouloir remettre cette audiance à vn autre iour; ils obtinrent enfin qu'ils y viendroient sans les presens: ils se presenterent, mais ils ne furent point admis qu'aprés que les presens furent venus, car l'Empereur comme on leur auoit dit, s'estoit mis en fantaisie de les voir ce iour là & dans cette assemblée. Le premier Ministre estoit assis sur vn banc large & releué, accroupy sur ses jambes, deux Seigneurs Tartares estoient à sa droicte, & à sa gauche vn Iesuiste, auec vne longue barbe blanche, la teste rase & habillé aussi à la Tartare, il est de Cologne sur le Rhin, se nomme Adam Schale, & il a esté 46. ans à Pekin, en grande consideration auprés des derniers Roys de la Chine : le decore estoit peu gardé dans certe seance, les bancs estoient couuerts d'vn vieux drap blanc; ce premier Ministre auec vn manteau d'vne grosse toile, & les jambes nuës : aprés qu'il eut fait quelques complimens aux Ambassadeurs sur leur arriuée, le Iesuiste fit la mesme chose en bas Allemand, & leur demanda des nouuelles de diuerses familles Catholiques, qui estoient à Amsterdam, leur faisant voir par là qu'il y pouuoit auoir esté autrefois, cependant les Mandarins du Roy de Canton, & ce Pingsentauw, mesme qui le portoit si haut dans le voyage, estoit occupé à porter deuant ce conseil les caisses, & les coffres où estoient les presens, & faisoit tout ce qu'auroit pû

Seconde Partie. (?) G ij

faire vn crocheteur; ils en fuoient tous à grosses gouttes, son Altesse se faisoit apporter quelquefois les presens, & demandoit de quelques-vns, d'où ils venoient, comment l'on les faisoit, à quoy ils estoient propres? le lieu où on les auoit achetez? combien ce lieu estoit éloigné de Pekin & de Hollande? le Iesuiste seruoit d'Interprete, & confirmoit par son témoignage la responce des Ambassadeurs; mais il sembloit qu'il fut fasché toutes les fois que l'on tiroit quelque present qui plaisoit à son Altesse. On leur demanda ce que pouuoient valoir les grands tapis? deux cens escus répondirent-ils: ils demanderent la mesme chose des armes, de la selle, de l'ambre iaune & du corail rouge: & l'on iugea de là que ces choses seroient fort bien venduës dans les pays: toutes les responces des Ambassadeurs estoient escrits par ces Secretaires qui estoient venus le iour precedent chez eux: en mesme temps, l'on apporta vn ordre à ce Conseil, que le Pere Adam eust à mettre par escrit tout ce qui s'estoit passé à cette conference, & particulierement, si les Hollandois auoient vne demeure en terre ou non? combien elle estoit éloignée de son pays? le nom du Prince des Hollandois? quelle estoit la forme de leur gouuernement? donc le Iesuiste demanda aux Ambassadeurs par ordre du Chancelier du Royaume, si le Prince d'Orange n'auoit pas la mesme authorité dans leurs pays, qu'il auoit eu par le passé, & si les Estats Generaux n'auoient pas tousiours entre les mains le gouuernement du pays? les Ambassadeurs respondirent par ordre à ces questions, le Chancelier en parut satisfait, & le Pere Adam ayant fait vn grand discours, le presenta pour estre leu à son Altesse; il contenoit entre autres choses que le pays des Hollandois auoit esté autresfois aux Roys d'Espagne, qu'il luy appartenoit encor de droit, & semblables discours: son Altesse fit escrire deux fois au Pere Adam la responce des Hollandois, & luy dit, enfin il me suffit que vous demeurez d'accord que ces gens-là ont vn pays, que ce pays n'est pas loing du vostre, & que vous ne disconuenez pas de ce qu'ils disent de leur gouuernement, enfin vous entendez leur langage: on voulut l'obliger d'escrire la mesme chose pour vne troisiéme fois, il s'en excusa sur son âge auancé, & sur le deffaut de sa veuë, le fit escrire par vn de ses gens, & le signa auec l'approbation du Chancelier; l'on enuoya en mesme temps cet escrit auec quelques raretez à l'Empereur: dans le temps que l'on escriuoit les responces des Hollandois, son Altesse qui commençoit à s'ennuyer, demanda du lard, on luy en apporta, qui n'estoit guiere cuit, & on luy voyoit couler la graisse & le sang de cette viande le long des ioües & des mains, les Tartares firent la mesme chose, & on les auroit plustost pris pour des paysans affamez, que pour des Conseillers d'Estat de l'Empereur de la Chine: à peine ce repas estoit acheué, que son Altesse enuoya dire au fils du vieil Roy de Canton nommé Cockong ou Congsia, qu'il eut à faire tuer & apprester aussi-tost vn mouton & vn cochon, pour en regaler les Ambassadeurs, ce qui fut executé: son Altesse & les autres Tartares firent ce repas auec le mesme appetit que le premier; mais voyant que le Iesuiste & les Ambassadeurs ne se pouuoient accommoder à ces viandes toutes cruës, il les fit oster & seruir des fruits en leur place, & voulut que l'on porta le reste de la collation chez les Ambassadeurs.

Ils eurent encores quelques autres discours auec le Pere Adam, sur le sujet d'vn Ambassadeur de Moscouie, qui estoit venu à Pekin depuis quatre mois auec vne suite d'vne centaine de personnes, entre lesquels il y auoit quelques Mahometans; il leur dit que son dessein estoit d'establir quelque commerce entre les sujets de son Maistre & les Chinois, qu'il auoit esté ces quatre mois sans auoir audiance, à cause que l'on barissoit le Palais de l'Empereur, & qu'il demeuroit quelquefois dans la ville, & quelquefois dehors: ils sortirent de l'assemblée sur le soir, le Iesuiste les accompagna iusques à la porte du Palais; quatre hommes les portoient dans vn Palanquin, & quantité de personnes, qui paroissoient gens de condition le suiuoient à cheual: les Ambassadeurs luy parlerent de beaucoup de choses par le chemin, il leur respondit auec esprit, comme les Iesuistes n'en man-

# A PEKIN. 53

que point. Le iour suiuant le premier Secretaire Thongloni, auec les deux Tartares Qualongia & Hoolongia les vint trouuer, pour prendre de la part du premier Ministre vne liste des presens, que les Ambassadeurs vouloient faire à leur nom en particulier à l'Empereur, à sa mere, & à la premiere de ses femmes: ils retournerent vn moment aprés, disant qu'ils auoient receu ordre d'amener le Secretaire des Ambassadeurs dans vn autre Conseil où estoit son Altesse, & d'y faire porter ses presens, pour éclaircir mieux ce qu'ils auoient dit sur leur suiet. Le Secretaire Baron y fut auec eux, & à peine en estoit-il reuenu que ces Mandarins les reuinrent trouuer auec Pingsentauw, les deux Mandarins des Roys de Canton, & leur residens. Ils leurs dirent que leurs presens auoient estez donnez à l'Empereur, à sa mere & à sa femme, qu'ils auoient esté fort bien receus, & que sa Maiesté les auoit chargez de sçauoir s'ils auoient encore vne cinquantaine de pieces de toile, semblables à celles qu'ils luy auoient presentées, & qui luy auoient semblé fort belles, pour en faire present, ce disoient-ils, aux femmes des fils des Roys de Canton; les Ambassadeurs en donnerent trente-six autres pieces, dont ils parurent fort contens: ils reuinrent plusieurs autresfois chez les Ambassadeurs, & leurs faisoient tousiours des nouuelles questions, sur de nouuelles particularitez de la Hollande: pour se faire mieux entendre, ils se firent apporter vne feüille de papier, & ayant diuisé vn cercle en quatre, y marquerent les quatre vents principaux, & leurs monstrerent auec le craion comment gisoit la Hollande; ils parurent cette fois là assez instruits, & bien persuadez que les Hollandois auoient vne demeure en terre, & qu'il n'estoit pas vray qu'ils n'eussent point d'autres maisons que leurs vaisseaux.

Ils les vinrent trouuer vne autrefois auec vn Seigneur Tartare, qui les auoit visités deux fois à Canton, c'estoit vn Commissaire General d'armée, qui auoit esté ennoyé là durant le seiour que les Ambassadeurs y auoient fait, Pingsentauw estoit auec luy, comme aussi les Agens des residens des Roys de Canton, & d'autres qui les auoient accompagnez iusques à Pekin; ils presenterent aux Ambassadeurs les lettres de creance, qu'ils auoient donnez au Roy de Canton, & celles qu'ils auoient apportez à Pekin pour l'Empereur, & leurs demanderent ce que vouloit dire le mot de Iulij, qui estoit dans leur lettre; ils dirent que c'estoit le nom du mois auquel elle auoit esté escrite, & celuy que les Tartares comptoient pour le sixiéme de l'année. Ils leur demanderent en suitte, si le gouuernement de Hollande auoit duré 1655. ans, où s'il auoit commencé depuis ce temps-là: ils respondirent que la Hollande auoit tousiours esté de mesme nature, & que ce nombre d'années qui estoit dans leur lettre ne signifioit autre chose, sinon qu'il y auoit autant de temps que Iesus-Christ estoit venu au monde, & que c'estoit la coustume chez les Hollandois de datter les escrits du temps de sa naissance: ils ne repliquerent rien sur cette réponce & s'en retournerent auec leur lettres.

L'Empereur ayant esté ainsi informé de l'Estat de la Hollande, enuoya à son Conseil vne declaration, qu'il receuoit en qualité d'Ambassadeurs les Hollandois, auec ordre de les mener à l'audiance, quand il seroit assis dans son trosne dressé dans son nouueau Palais. L'on dit aux Ambassadeurs que l'Empereur auoit pris grand plaisir à entendre lire leur lettres de creance, que le Pere Adam auoit traduittes; en effect il enuoya ordre au Chancelier d'accorder aux Hollandois ce qu'ils demandoient, & de luy rendre compte de ce qu'ils auroient conclu, comme on le peut voir dans le contenu de ce mesme ordre, que ie rapporteray icy mot pour mot. *Conseillers que i'estime beaucoup, les Ambassadeurs d'Hollande sont arriuez icy pour saluer l'Empereur, luy rendre obeïssance en luy faisant des presens, ce qu'on ne trouuera point qu'ils ayent iamais faits à cette couronne en plusieurs milliers d'années. Celuy-cy est le premier voyage qu'ils ont fait, & par cette raison ie leur accorde la permission de se presenter deuant moy, & de me venir faire la reuerence, quand ie seray assis dans le Trosne de mon nouueau Palais, afin qu'en suitte on les satisfasse sur ce qu'ils souhaittent, & qu'on les despesche promptement,*

13. Iuillet.

Seconde Partie. (?) G iij

qu'ils puissent retourner chez eux, & aprés que le bon-heur de m'auoir veu leur aura fait oublier à Pekim les incommoditez d'vn si long voyage par mer & par terre, & qu'ils auront peu voir, sans fermer les yeux la clarté du Soleil dans le Ciel, comment pourroit-on n'estre point fauorable à des gens qui viennent de si loing, & leur refuser ce qu'ils demandent?

Le seiziéme iour du sixiéme mois m'estant fait lire pour vne seconde fois la lettre des Hollandois, & en ayant bien compris le sens, i'ay trouué que l'Ambassade qu'ils m'ont enuoyée auoit vn bon fondement; car c'est sans contrainte, & de leur propre mouuement qu'ils l'ont enuoyée, & que les Ambassadeurs ont passé des terres & des mers si vastes, comme vn oyseau qui estant en liberté & sans contrainte, prend dans l'air son vol du costé qu'il veut, cela me les fait estimer extremement, & m'est vne raison de les aymer comme moy-mesme, & rien ne m'est plus agreable qu'eux : c'est pourquoy i'ay donné ordre au Chancelier du Royaume, & aux autres Conseillers, de prendre vne resolution fauorable, sur l'instance qu'ils me font de pouoir traicter librement dans mes Estats, de laquelle resolution vous me rendrez compte.

Le Chancelier du Royaume les auoit fait sonder plusieurs fois par les Mandarins, s'ils ne retourneroient pas tous les trois ans à Pekin pour faire la reuerence à l'Empereur; ils respondirent qu'ils leur promettoient bien d'y venir tous les cinq ans, pourueu que l'on leur permit de traffiquer tous les ans à Canton auec quatre vaisseaux. Le Conseil General estoit d'aduis qu'on leurs accorda cette liberté de venir tous les ans à Canton, & tous les cinq ans à Pekim, mais les Chinois qui estoient de ce Conseil, faisant semblant d'estre plus affectionnés aux Hollandois, dirent, que le chemin estant si long, & si plein de dangers, que c'estoit assez de les y faire venir tous les neuf ans. Les Tartares n'eurent pas l'esprit de voir où alloit cette charité, car l'intention des Chinois estoit que pendant ces neuf ans, ils ne vinssent pas à Canton; ils firent considerer au Conseil, qu'il se pouuoit faire que ce fussent des Anglois; qu'ils se deuoient souuenir qu'il y auoit trente ans que les Anglois estoiët entrez auec quatre vaisseaux dans la baye d'Haitomou: qu'ils y auoient pris des joncs chargés de sel, & que depuis ce temps-là, ils auoient esté declarez ennemis de l'Estat, & exclus de pouuoir jamais entrer dans la Chine; que la prudence vouloit que l'on s'esclaircit auparauant de la sincerité de ces nouue aux venus, qui vouloient passer pour Hollandois; car outre que c'estoit aller contre les coustumes de la Chine, de permettre à des estrangers la liberté du commerce; ils deuoient encore prendre garde que la lettre de creance des Ambassadeurs ne le demandoit point expressément, & qu'il se pouuoit faire qu'en cela les Ambassadeurs eussent outrepassé leur pouuoir; cette resolution surprit extremement les Hollandois, qui croyoient desia auoir obtenu la liberté du commerce à Canton, & n'auoir plus autre chose à faire qu'à remercier l'Empereur.

Ils connurent bien par là que le Pere Adam, & les deux autres Iesuistes qui demeurët dans cette Cour, leurs auoient fait la piece, ils sceurent qu'ils y auoient employez trois milles teils d'argent, & qu'ils en auoient promis encore dauantage, qu'ils auoient fait apprehender aux Tartares, que sous pretexte du trafic, ils n'eussent dessein de s'establir dans le pays, & de voler après le long des costes de la Chine : ils mettoient en consideration la ruine de Macao, qu'ils deuoient auoir égard au rapport du Commissaire, qui auoit esté trois ans auparauant à Canton, & à ce qu'en auoit escrit le Tourang qui y est maintenant: ce dernier principalement, dont les Portugais de Macao auoient acheté la faueur à bel argent content, auoit escrit que les Hollandois passoient pour vne nation qui n'auoit point de demeure arrestée, qui ne subsistoit que par des moyens illicites, & principalement par les pilleries qu'elle faisoit sur mer : les Ambassadeurs auoient assez fait voir la vanité de cette imputation; mais le Chancelier du Royaume & les autres Conseillers qui leurs estoient contraires s'arrestoient aux lettres de creance, c'estoit vne difficulté qui ne se pouuoit surmonter qu'auec de l'argent; ils connurent trop tard que c'estoit là le meilleur employ qu'ils eussent pû faire des trente-cinq mille teils d'argent, qu'ils auoient promis au Vices-Roys de Canton pour leur estre fauorables, & voyant qu'ils les auoient abuzés de fausses esperances, ils songerent à d'autres moyens pour arriuer à leur dessein; ils representerent vne autre-

## A PEKIN.

fois à l'assemblée du second Chancelier du Royaume, le poinct du commerce à Canton, & enuoyerent le Mandarin du vieil Roy de Canton vers le premier Chancelier du Royaume, auec offre de demeurer à Pekin, iusques à ce que sa Maiesté fut éclaircie, qu'ils n'estoient point Anglois comme l'on luy vouloit faire croire; ils demandoient dauantage, que l'on leur donnast vn seau, dont ils pussent seeler les commissions qu'ils donneroient à leur vaisseaux destinez pour le commerce de la Chine, afin qu'on les peut distinguer par là des vaisseaux des autres Nations; ils demandoient encores quelques pauillons ou banderolles, qu'ils puissent arborer pour le méme effet; & pour vn dernier effort ils firent presenter par vn des Secretaires du Chancelier du Royaume, la priere qu'ils faisoient d'estre admis dans la Chine aux mesmes conditions qu'on y auoit receu de tout temps ceux de Annam, & de Lieugrouw Siam, c'est à dire comme sujets de l'Empereur, & à condition de payer les mesmes droits, & les mesmes charges ausquels les Chinois sont obligez d'enuoyer tous les trois ans vne Ambassade auec des presents à sa Maiesté, & que les vaisseaux qui auoient porté les Ambassadeurs, se mettroient à la voile sans attendre leur retour, à cause que estant ordinairement sur Mer, ils ne pouuoient pas demeurer si long-temps dans l'eau douce sans se pourrir; mais toutes ces diligences furent inutiles, quatorze ou quinze milles teils d'argent estoient le seul moyen de negotier vtilement; les Ambassadeurs auoient depensé tout ce qu'ils auoient d'argent en les presents qu'ils auoient fait, & ils n'en pouuoient trouuer à emprunter, qu'à raison de neuf ou dix pour cent tous les mois, ce qu'ils ne crurent pas deuoir faire, ny hazarder vne si grande depence dans l'incertitude de reussir dans leur dessein. Enfin l'Empereur ayant veu cette negotiation, & que les Hollandois vouloient bien s'engager à venir tous les cinq ans à Pekin, il considera qu'il falloit ce temps-là pour aller & venir de Hollande à la Chine; il faisoit son compte qu'ils ne pouuoient voyager que de iour, & par consequent ne contoit point les nuits, & ainsi par inclination qu'il auoit desia pris pour les Hollandois au lieu de cinq ans, il en mit huict, disant quelle apparence d'obliger à vne fatigue si grande des gens qui de leur propre mouuement & par pure inclination sont venus icy me faire la reuerence, & m'ont apporté tant de diuers presents, sans qu'ils eussent rien à craindre ny à esperer de moy, en verité il les faut traiter plus doucement, & leur laisser au moins deux ou trois ans de temps, pour se reposer chez eux des fatigues d'vn si long voyage.

Les Ambassadeurs considererent qu'il ne restoit rien à faire dans cette negotiation, qu'il la falloit remettre à vn autre temps; le premier Secretaire d'Estat, estoit mesme d'aduis qu'ils la reculeroient, s'ils en faisoient de nouuelles instances; il disoit aux Mandarins des Roys de Canton, qui estoient d'vn sentiment contraire, n'est-ce pas assez, & n'ont ils pas beaucoup auancé leur affaires d'auoir pû trauerser tout le Royaume de la Chine en qualité d'Ambassadeurs, & d'y auoir esté receus comme Amis: il ne faut pas qu'ils croyent que l'on eust icy grande impatience de les voir, ils se trompent, s'ils pensent que cette Cour soit obligée de leur accorder tout de ce premier voyage; ils feront mieux de reuenir dans vn an, ou plustot s'ils peuuent, sous pretexte de venir auec des presens remercier l'Empereur, de la fauorable reception qu'il leur a faite.

Cependant le temps approchoit, auquel l'Empereur deuoit faire sa premiere entrée dans son nouueau Palais, auquel temps il auoit remis leur audiance; mais la coustume du pays les obligeoit à aller faire auparauant leurs soumissions dans le Palais, où l'on garde le seau du Royaume; car ce lieu ayant esté choisi par le Ciel, & sanctifié par là de tout temps, les Ambassadeurs estrangers, ce disent-ils, luy doiuent les premiers honneurs, & l'on ne les reçoit iamais à l'audiance qu'aprés y auoir esté; cette voye est generale pour tous ceux qui doiuent auoir audiance de l'Empereur, ou entrer dans quelque charge: l'Empereur mesme n'en est pas exempt, & auparauant que de se porter pour Empereur, il faut qu'il vienne baisser la teste & faire les soumissions en ce lieu: les Ambassadeurs satisfirent à cette coustume, trois iours auparauant celuy qui estoit destiné pour leur audiance ; car le 22. d'Aoust les residens des Roys de Canton auec Pingsentauw & les autres Mandarins de Canton se rendirent aux logement des Hollandois, trois Docteurs Chinois y vinrent vn moment aprés auec leurs habits de Magistrats, qui portent les marques de leurs charges ; ils menerent les Ambassadeurs dans la sale de ce vieil Palais que nous venons de dire, fort semblable à vne maison de ville, lieu où l'on plaide ou y à vn College ; car on n'y voyoit que des gens de longue robe, auec des liures sous leurs bras ; on les fit entrer dans vn petite Chapelle pour n'estre point incommodé de la presse : vn quart d'heure aprés on les conduisit dans vne court, on les place. Vis-à-vis d'vn ancien trosne fermé tout au tour d'vne enceinte, vn Heros leur cria d'enhaut, auec vne voix forte, *Kuschan*, c'est à dire Dieu a enuoyé l'Empereur ; il leur cria aprés *Quée*, c'est à dire, mettez-vous à genoux ; *Kanto*, qui signifie, baissez la teste trois fois ; *Kée*, leuez-vous, ce qu'il repeta trois fois ; & enfin il cria *Koee*, c'est à dire rangez-vous d'vn costé : cela se passa en presence de quantité de Docteurs Chinois : ils retournerent aprés dans leur logement en attendant le 25. d'Aoust, iour destiné pour l'audiance de l'Empereur, mais la mort du plus ieune des freres de l'Empereur qui arriua le 23. du mesme mois, changea le iour de cette audiance ; Le bruit couroit dans le pays, comme les Ambassadeurs l'apprirent des Interpretes, qu'vn peu auant leur arriuée, ce Prince estant venu à des parolles fascheuses auec l'Empereur, & mesme iusques aux mains, le Conseil auoit trouué cette action de si dangereuse consequence, qu'il l'auoit iugé indigne de viure ; d'autres rapportoient autrement la cause de sa mort, & disoient qu'ayant atteint en ce temps-là l'âge de 16. ans, & l'Empereur luy ayant fait sa maison, & osté ses gouuerneurs, il auoit abusé de cette liberté, & fait vne trop longue desbauche auec quelques demoiselles ; dauantage qu'ayant beu en suite vn verre d'eau à la glace, on ne luy auoit pû sauuer la vie : quoy qu'il en soit l'Empereur en témoigna vne grande douleur ; il fut quelques temps sans vouloir voir les personnes qui luy estoient plus familieres, & deffendit par des placarts publics, que personne ne luy presentast des requestes durant trois iours. Il ne fut enterré que le 28. Septembre, ce qui fit remettre l'audiance au 2. d'Octobre. La veille de l'enterrement de ce Prince, l'Empereur enuoya vn ordre par escrit au Chancelier de ce Royaume, d'introduire ce iour-là à l'audiance les Hollandois, les enuoyez du Grand Mogol, & certains Tartares venus du costé de l'Occident, & par d'autres placarts, l'on fit sçauoir à tous les Seigneurs de Pekin, que l'Empereur deuoit paroistre ce iour là dessus son trosne.

Ce iour-là le Mandarin Pingsentauw auec les Residens des Roys de Canton, & leur Mandarins, qui auoient fait le voyage, & quelques autres Courtisans, vinrent à deux heures aprés minuict auec des lanternes chez les Ambassadeurs, en habit de Magistrats ; on choisit six personnes de leur train pour les accompagner à l'audiance, le reste demeura au logis, ces Mandarins les conduiserent dans la seconde court du Palais, où ils leurs firent prendre place sur la gauche ; il fallut demeurer là assis sur des pierres bleues, & à descouuert pour attendre le iour, & que sa Maiesté vint à paroistre. Les Ambassadeurs du grand Mogol vinrent aprés, & se placerent au dessous des Hollandois, accompagnez de cinq Magistrats Chinois, & d'vne suite de vingt Mahometans, les deputez de Lammas & des Sudatses parurent en suitte, & aprés eux plusieurs des principaux Seigneurs du pays.

A chaque costé d'vne grande porte qu'ils auoient en face l'on voyoit trois grands Elephans en relief, chargez de tours dorées, & vne si grande foule de monde au delà, que l'on ne pouuoit voir ce qui s'y passoit : le iour estát venu, les principaux de la Cour vinrent autour des Hollandois, & les consideroient comme ils auroient pû faire quelque monstre nouuellement venu d'Affrique, sans que pas vn d'eux leur fit aucune ciuilité ou reuerence ; vne heure aprés, il se fit vn signal, auquel chacun se leua brusquement, comme ils auroient pû faire en temps d'alarme. Deux Seigneurs Tartares, qui auoient iusques alors esté auprés des Ambassadeurs, les conduiserent, aprés auoir passé deux portes, dans la partie du Palais de l'Empereur où est son trosne, & où il fait sa

demeure

## A PEKIN.

demeure. C'eſtoit vne plaine de quatre cent pas en carré, bordée de tous coſtez par des gens de guerre veſtus de longues robbes d'vne eſtoffe rouge figurée. Dans le rang de deuant il y auoit depuis le pied du troſne iuſques au bas de la place cent quatorze perſonnes, qui portoient chacun vn drappeau different des autres, leurs habits de la couleur de leur drapeaux, ſi ce n'eſt qu'ils auoient tous des bonnets noirs auec des plumes, & des houppes iaunes. Tout proche du troſne eſtoient vingt-deux hommes auec des paraſols iaunes fort riches, & aprés ceux cy dix autres qui portoient des cercles en forme de Soleils, & ſix autres la figure de la Lune, les autres portoient des perches auec des houpes d'or & de ſoye de diuerſes couleurs; aprés ceux-cy trente-ſix eſtendarts, où eſtoient peints des dragons, releuez en or & autres beſtes, puis dix autres plus petits auec des pommes dorées, quatre halebardes; d'autres qui portoient des teſtes de ſerpens dorées, c'eſtoit la meſme choſe de l'autre coſté; mais on y voyoit encore vne multitude infinie de courtiſans. Au bas des degrés du trône eſtoient ſix cheuaux, blancs comme neige, qui ſe iouoient de leur brides enrichies de rubis, & de perles. Comme ils eſtoient attentifs à conſiderer cette magnificence, ils entendirent ſonner vne petite cloche, ils virent aprés paroiſtre vn ſoldat, qui faiſoit claquer vne courroÿe de cuir, en ſorte que d'vn coup qu'il donnoit, on entendoit trois coups de piſtolet : aprés cela tout le monde ſe leua, le Sous-Taitong s'auança aprés auec trente perſonnes, qui paroiſſoient gens de condition, tous habillez fort ſuperbement d'habits de toiles d'or; ils ſe preſenterent deuant le troſne, & au cry d'vn heraut qui eſtoit proche, ſe mirent à genoux, & inclinerent neuf fois leurs teſtes contre terre; l'on entendoit cependant vne agreable muſique de diuers inſtrumens auec de fort belles voix; & comme ceux-cy s'approchoient du troſne, on voyoit partir vne autre troupe auec le Chancelier du Royaume & deux Conſeillers à la teſte, qui firent leur reuerence comme les premiers, & laiſſerent la place aux Ambaſſadeurs de Sudaſen, & de Lammaas, qui furent conduits iuſques au troſne par le premier, & par le ſecond Chancelier du Royaume. Le Chancelier vint enſuite vers les Ambaſſadeurs de Hollande, & leur demanda quelles qualitez ils auoient? ils reſpondirent qu'ils auoient celle de Tchiomping, conformément au iugement qu'en auoit fait le Roy de Canton, qui leur auoit donné ce titre : il demanda aprés la meſme choſe à l'Ambaſſadeur du Mogol, qui reſpondit qu'il eſtoit de la meſme qualité que les Hollandois, on les plaça par cette raiſon dans vn meſme rang. Au milieu de cette place il y a vingt pierres auec des plaques de cuiure où ſont marquées les qualitez de ceux qui ſe doiuent mettre à genoux, le Sous-Taitong vint vers la main gauche, & dit aux Ambaſſadeurs qu'ils demeuraſſent ſur la dixiéme pierre, iuſques à ce qu'vn Heraut cria, *Auancez-vous vers le troſne*. A ces mots, ils ſe leuerent tous enſemble pour s'auancer, le Heraut cria aprés. *Retournez à voſtre place*, ils le firent. *Remettez-vous à genoux*, ils s'y mirent auſſi-toſt. *Baiſſez trois fois voſtre teſte iuſqu'à terre*, & enfin, *leuez-vous*; on leur fit recommencer par trois fois tout cet exercice, le Heraut cria, *Retournez à voſtre place*, ils marcherent auſſi-toſt vers vn des coſtez & reprirent leur place. Ils furent aprés menés ſur vn theatre éleué auec l'Ambaſſadeur du Mogol, où l'appartement du troſne eſtoit, ayant deux ou trois hommes de hauteur, & eſtoit embelly de diuerſes allées & galleries d'albaſtre, ou d'vne autre ſorte de pierre blanche fort curieuſement trauaillée; on les fit mettre vne autrefois à genoux & baiſſer la teſte en terre, & vn momét aprés on leur ſeruit du Thée, meſlé auec du lait qu'on leur verſoit à boire, dans des couppes de bois; cependant on entendit le bruit des cloches, & celuy de cette courroye de cuir, dont nous auons parlé; tout le peuple ſe mit à genoux, l'Empereur parut enuiron à trente pas des Ambaſſadeurs ſur vn troſne d'or, dont les appuis des deux coſtez auoient la forme de deux grands dragons, qui le couuroient, en ſorte qu'ils ne purent remarquer qu'vne partie de ſon viſage ; deux Vice-Roys du ſang Royal eſtoient aſſis au deſſous de luy, & aprés eux trois grands Seigneurs de la Cour; ils beuuoient tous du Thée dans des petits vaiſſeaux de bois, tous habillés de même façon,

Seconde Partie. (?) H

Sudaſen ſõt les Tartares Yupi dont toutes nos cartes auoient noyé le pays par le détroit d'Auian, car il eſt conſtant que c'eſt terre ferme où ils ont ſuppoſé ce deſtroit.

d'estoffe de soye bleuë, auec des serpens & des dragons representez dessus; les bonnets auec vne petite pomme d'or, enrichie de pierreries, d'où l'on connoit la difference de leurs qualitez: quarante-huict hommes, qui composent la garde du Prince, estoient diuisez aux deux costez du trosne armés d'arcs & de flesches, mais sans habits de liurée. Aprés vn demy quart d'heure de temps, l'Empereur se leua auec tout le peuple, les Ambassadeurs firét le mesme, l'vn d'eux remarqua que l'Empereur en partant auoit tourné la teste & l'auoit regardé attentiuemét, l'Ambassadeur nous le dépeignit comme vn ieune hôme, blanc de visage, d'vne taille mediocre; mais assez plain, habillé d'vne veste qui luy parut toute tissuë d'or; ils s'étonnerent fort que l'Empereur les laissât partir sans leur dire vne seule parole: la Cour s'en estant allée, les soldats reprirent leurs estendarts, & coururent en confusion pour voir les Hollandois, qui de leur costé n'estoient pas peu empeschez par la foule, nonobstant les efforts du Capitaine qu'on leur auoit donné, & de ses six Soldats, qui taschoient en vain de leur faire faire place. A peine eurent-ils gaigné leur logis, que deux des principaux du Conseil leur vinrent demáder par ordre de l'Empereur vne paire d'habits à l'Hollandoise, ils leur donnerent vn habit de panne noire auec le manteau doublé de mesme, vne paire de bottes de maroquin, des esperons, vne paire de bas de soye, vne espée, vn baudrier, vn chapeau de castor, que l'Empereur crut estre vne chose fort precieuse, & dit; si les Ambassadeurs de ces pays-là portent de tels chapeaux, comment peuuent estre couuerts les Roys qui les enuoient: vn des Conseillers reuint sur le soir auec son Secretaire, & rapporta cet habit, & leur fit mille questions sur la matiere du chapeau, & sur la façon de leurs donner cette forme.

On pria sur les deux heures aprés midy les Ambassadeurs, auec tous ceux qui auoient fait en leur compagnie le voyage de Pekin; ceux du Mogol, de Sudasen, & de Lammas, furent priés du mesme repas qui se deuoit faire au nom de l'Empereur chez le premier Ministre. Il y auoit vne table pour chacun des Ambassadeurs, mais on ioignit deux à deux à chaque table ceux de leur suitte: ces tables estoient couuertes de fruits, & de confitures, seruies en trente petits plats d'argent; le Maistre d'Hostel de sa Maiesté estoit au milieu assis sur vn banc fort large, & peu releué; il seruit premierement la place de l'Empereur, il auoit auprés de luy deux autres Seigneurs qui donnoient ordre à tout; on fit seoir les Ambassadeurs Hollandois à la main droite en entrât auprés de l'Ambassadeur du Mogol. Les deux autres Ambassadeurs estoient assis vis-à-vis d'eux, & aprés toute leur suitte: les viandes furent seruies par des Gentils-hommes de la Cour tous habillez superbement d'habits de drap d'or. Auparauant que de se mettre à table, ils se tournerent tous ensemble vers le Nord, à cause qu'alors l'Empereur estoit vers ce costé-là, ils firent trois reuerences comme ils auoient fait deuant le trosne: ce premier seruice estant leué, on porta pour second trois plats, dans lesquels il y auoit du Chameau rosty & boüilly, & du Mouton de mesme, mais preparé d'vne maniere qui leur estoit tout à fait inconnuë: le Maistre d'Hostel appella les Officiers qui sont dessous sa charge, & leur donna tous les plats, hormis vn dans lequel il y auoit des costes de Chameau boüilly, qu'il mangea auec l'appetit d'vn homme qui auroit ieûné trois iours auparauant. A la fin de ce grand repas, on obligea les Ambassadeurs d'en mettre le reste dans des sacs pour le faire porter à leur logis. C'estoit vn plaisir de voir ces Tartares affamés, qui en remplissoient leurs sacs de cuir, ou de peaux encores couuertes de leur poil.

Ce qu'estant fait on apporta à boire, l'on vid paroistre des gens auec des cruches pleines de Sampsoe, & d'autres auec des pots d'or & d'argent: on versoit le Sampsoe dans des bassins, on le puisoit aprés auec de grandes cuillieres de bois, & on le versoit dans ces pots d'or & d'argent, que l'on presentoit aux Ambassadeurs, leur disant que ce Sampsoe estoit vne boisson distilée de lait doux, & qu'elle venoit des caues mesme de l'Empereur; qu'au reste, on leur faisoit ce regale, en consideration de ce qu'ils estoient venus de si loing; cette boisson est forte comme l'eau de vie, dont les Ambassadeurs furent obligez de boire plusieurs fois pour faire raison au President;

il fallut mefme remporter ce qui eftoit refté, en quoy les Soldats qui eftoient de garde les fecoururent beaucoup. A la fin du repas on les auertit de faire vne nouuelle reuerence vers le Palais de l'Empereur, pour le remercier de ce traittement, enfin ils retournerent chez eux fans faire autre compliment, ny ceremonie, fort fatigués au refte des differentes reuerences qu'ils auoient faites ce iour-là.

C'eft la couftume de la Cour de Pekin, qu'aprés que l'Empereur a donné audiance aux Ambaffadeurs des Princes eftrangers, on leur fait de dix iours en dix iours trois repas, ce qui les oblige de demeurer vn mois dauantage à la Cour. Les Ambaffadeurs firent tant auprés du premier Miniftre, en luy remonftrant combien il leur importoit d'auoir vne prompte expedition, qu'ils obtinrent de l'Empereur, qu'on leur feroit ces trois repas en trois iours confecutifs: au fecond de ces repas, ils remarqueret que le fecond Miniftre faifoit plus de demonftration d'amitié aux Mahometans & aux autres conuiés qu'à eux; ils interrogent là deffus leurs Interpretes, qui leur dirent, que ce Seigneur n'eftoit pas contët de leurs prefens, ils y donnerent ordre tout auffi-toft, & furent fort furpris de cet aduis; car dés la ville de Nankin ils auoient mis tous les prefens qu'ils deuoient faire à la Cour entre les mains de Pingfentauw, & des autres Mandarins de Canton, qui en deuoient faire la diftribution; mais ils reconnurent alors qu'ils auoient efté trompez auffi-bien par les Maiftres que par les valets; ils les voulurent obliger de leur en rendre compte; ce qu'ils refuferent, difant qu'ils n'ofoient pas nommer ceux à qui ils les auoient donnez. Le iour du dernier feftin fut remis au quatorziéme d'Octobre, ce iour là ils trouuerent à leur porte des cheuaux pour aller au Palais dans l'appartement du premier Miniftre, qui leur fit vn affez grand repas, ils firent femblant vne heure durant de manger & de boire; à la fin du repas on leur mit entre les mains le prefent pour le General, qu'il fallut receuoir à genoux, on appela aprés chacun d'eux par fon nom; ils receurent en mefme pofture le prefent qu'on leur faifoit, & enfin comme s'ils euffent efté fur le point de partir, ils fe mirent trois fois à genoux, & baifferent trois fois la tefte pour faire la reuerence à l'Empereur qui eftoit bien loin de-là.

## LISTE DES PRESENS.

### Au General des Hollandois à Battauia.

Trois cens Theils d'argent. 4. pieces de damas noir commun 4. pieces de fatin noir, 4. p. de bleu, 4. p. de damas bleu, 4. p. de toile d'or, entre lefquelles il y en auoit deux hiftoriées de dragons, 4. p. d'vne eftoffe qu'ils appellent Thuis 12. p. d'vne autre nommée Pelings. 10. p. d'Hokiens 4. p. de damas à fleurs 4. p. de gafe 4. p. d'vne autre eftoffe nommée foras, & 2. pieces velours noir.

### A chacun des Ambaffadeurs.

Cent Theils d'argent, 4. pieces pelings, 4. p. de pelings noir, 4. p. de gafen hokiens, 3. p. de fatin bleu commun, 3. p. de fatin noir, 3. p. de damas bleu commun, 2. p. de toille d'or tiffuë auec dragons, 1. p. de velours noir.

### Au Secretaire Baron.

Cinquante Theils d'argent, 2. pieces de pelings, 2. p. de gafen hokies, 1. p. de fatin commun, 1. p. de damas, 1. p. de toile d'or, 1. p. de velours.

*Pour le refte de la fuitte qui eftoit de cent, tant foldats que valets à chacun également.*
Quinze Theils d'argent, 2. pieces de hokiens noir, 2. p. de Kimtouwas fimple.

### Au Tolc, ou Interprete Antoine Charpentier.

Trente Theils d'argent.

### Pour les autres interpretes Paul Durette, & les deux Caruailles.

A chacun vne vefte de damas, dont le colet & les parements de deuant eftoient bordées de toile d'or.

### Pour le Mandarin Pingfentauwv.

Vne vefte complete de Mandarin, auec des dragons d'or, laquelle il falloit mettre fur le champ incontinent.

Seconde Partie. H ij

# 60 VOYAGE DES HOLLANDOIS

*Pour les deux autres Mandarins Gentils-hommes ou Caualiers.*
A chacun vn cheual sans selle.

*Pour les deux Capitaines.*
A chacun vne veste de damas bleu, garnye de toile d'or au collet, de mesme qu'aux Interprettes.

*Pour les vingt Soldats, vingt.*
A chacun vne veste de simple damas noir & bleu.

Le deuxiéme iour aprés ce regale, qui estoit celuy de leur depart, les Officiers Tartares, qui auoient esté tousiours auprés d'eux, vinrent auec quinze chariots pour charger leur bagage; on les enuoya querir sur les dix heures pour venir receuoir des mains du premier Ministre la lettre que l'Empereur escriuoit au General à Batauia, comme ils furent arriuez dans la sale, vn de ceux du Conseil prit la lettre qui estoit dessus vne table couuerte d'vn tapis iaune, la leur montra ouuerte, & l'ayant aprés roulée, la mit dans vn bambou ou gros roseau, & puis l'enueloppa d'vne piece de soye iaune, il la donna fermée de cette maniere aux Ambassadeurs, qui la receurent à genoux, & auec toutes les soumissions du pays. Ce Conseiller reprit aprés la lettre des mains des Ambassadeurs, & l'attacha sur le dos d'vn de leurs Interpretes: cet Interprete sortit le premier par la grande porte du Palais, elle est au milieu des deux autres, & elle fut ouuerte expressément pour faire sortir cette lettre; on ne leur dit pas vne seule parole de leur negotiation, & le repas que nous venons de dire s'estoit passé de mesme, sans dire vn seul mot des affaires des Hollandois; le premier Ministre estoit occupé à la Cour pendant que les Ambassadeurs demeurerét à Pekin, tellement qu'ils ne luy purent parler, ce qu'ils auroient fort souhaitté; car il leur auoit paru bien intentionné pour eux, & il peut tout dans cette Cour; il leur auoit rendu visite le lendemain du iour de l'audiance, & leur auoit demandé entre autres discours, en riant, s'ils auoient vû l'Empereur? & s'il estoit vray que les Hollandois pouuoient viure trois iours sous l'eau: supposition que le P. Adā Schall. leur auoient fait à croire, comme aussi que les Hollandois n'auoient point de terre, & point d'autre demeure que la Mer, où ils faisoient mille pirateries. Aprés que les Hollandois luy eurent fait voir la fausseté de ces rapports; ils se plaignirent du peu de progrés qu'ils auoient fait iusques à lors dans leurs affaires, il leur dit qu'ils ne deuoient point attendre que l'on changea rien dans la resolution qui auoit esté prise; mais qu'il les pouuoit bien asseurer, que s'ils reuenoient vne autrefois pour saluer l'Empereur & le remercier de ce qu'il les auoit receu comme ses amis, & ses sujets, on leur accorderoit la liberté du trafic par toute la Chine.

Aprés que les Ambassadeurs furent reuenus à leur logis auec cette lettre, on les pressa viuement de partir, disant que l'on ne deuoit point demeurer à Pekin plus de deux heures aprés auoir receu la lettre de l'Empereur, qu'il en falloit partir, & cela sur peine de sa disgrace; tellement qu'ils sortirent de Pekin sur le midy, sans auoir pû auoir la liberté de se promener autour des murailles; car on les tint tousiours enfermez, sans leur permettre de sortir vne seule fois hors de leur maison; ils furent d'ailleurs bien traitez de l'Empereur, & defrayez à ses despens, durant leur seiour, on fournissoit tous les iours par son ordre.

Aux Ambasseurs six catti de viande, vne oye, deux poules, quatre pots de sampsoe, deux teils de sel, deux teils de Thé de Tartarie, vn teil deux maes d'huile.

Pour le Secretaire Baron, deux catti de chair fraische, cinq maes de Thé, vn catti de miel, vn catti de tanta, cinq coudria de poivre, 4. mas d'huile, 4. teils de Missou & missou, vn catti d'heres, vn pot d'arack.

Pour chacun des autres de la suitte au nombre de 17. vn catti de viande fraische, vn pot d'Arack, vn catti de ris, & sur tout vn picol de bois à brusler, toutes sortes de pommes, de pesrhes, de poires, de prunes, de figues, de raisins & de melons, comme aussi des plats de porcelenes, & outre cela on leurs enuoyoit tous les iours quatre Officiers, pour acheter toutes les autres choses dont ils pouroient auoir besoin.

# A PEKIN. 61

Les Ambassadeurs ne laissoient pas de faire acheter d'autres choses pour leur table & se faisoient seruir magnifiquement, pour faire voir aux Chinois la maniere dont on vit en Holande. Aprés qu'ils eurent eu audiance, on leur seruit tousiours double portion, ce qui ne s'estoit peut-estre pas encore fait en pareille rencontre.

Ils logerent le soir dans le village de Pekinsiu, le lendemain, ils passerent par la ville de Tongsiu, & aprés midy, ils arriuerent à Siansiamwey, où ils trouuerent les vaisseaux de l'Empereur, qui les auoient portés depuis Nankin, & qui estoient demeurés là pour attendre leur retour: les Mariniers estoient venus par terre au deuant d'eux pour se resiouïr de leur retour, & chargeoient desia leurs bagages dans leurs vaisseaux, lors que les Mandarins qu'on leurs auoit donnez pour les conduire iusques à Canton, s'y opposerent, & dirent qu'il falloit qu'ils se seruissent des ioncques que l'Empereur leur auoit fait preparer, aussi grands que des Chasteaux; enfin aprés plusieurs contestations, la chose ayant esté remise à leur choix, ils ne se seruirent ny des vaisseaux, ny des ioncques, & loüerent de petites barques pour faire vne plus grande diligence; car ils apprehendoient beaucoup d'estre obligés de demeurer à Canton, & de n'y arriuer pas au temps du Mousson: ils s'embarquerent donc auec les Tartares, que l'Empereur leur auoit donnez pour les faire mieux receuoir par tout, auec Pingsentauw & les Mandarins de Canton; ils arriuerent de nuict à vn petit village où ils s'arresterent pour attendre le iour.

Lors qu'ils arriuerent au bourg de Sacheu, ils trouuerent que le Mandarin qui y reside s'en estoit enfuy, à cause qu'il n'auoit pû trouuer de gens, pour faire tirer leur barque, tellement qu'il falut demeurer là en attendant le vent.

Le Mandarin Pingsentauw les traicta magnifiquement à Lincinq, il auoit là laissé ses enfans & sa femme, cependant qu'il auoit esté à Pekin, & au retour auoit pris le deuant, & y estoit arriué par terre pour y receuoir les Ambassadeurs; ils y demeurerent deux ou trois iours à la priere de Pingsentauw & de sa femme, qui les en pria les larmes aux yeux, car leurs affaires les obligeoient d'y demeurer ce temps-là; ils firent aprés grande diligence, car le vent leur fut fauorable; mais le froid estoit si grand que l'eau geloit dans leur barque, les Nattes estoient chargez de glaçons, & l'on en voyoit d'aussi gros que le bras, adioustez cette incommodité qu'il falloit tousiours demeurer assis, car leur barque estoit si petite, qu'on auoit de la peine à se tourner dedans; ils rencontroient tous les iours flottes de petits vaisseaux plains de gens, habillez d'vne maniere fort propre, qui témoignoient vne grande ioye par leurs chansons & par les accords de leurs instrumens montez de cordes, on dit aux Ambassadeurs que c'estoient des gens qui auoient commission d'aller par tout le pays pour faire rebastir les Pagodes ruinez, & qu'ils auoient auec eux beaucoup d'argent amassé par leurs questes, pour rebastir de nouueaux Pagodes, & faire d'autres ouurages vtiles au public.

Les Gouuerneurs des Xaniu ne purent pas trouuer de tireurs, les Ambassadeurs pour ne point perdre de temps, en faisoient prendre entre les gens qui se trouuoient sur le chemin. Vn Prestre Chinois voyant que l'on auoit pris pour cet exercice vn de ses valets, en fit grand bruit, & se mettant à genoüil au milieu du chemin, crioit à haute voix, souffrira-on que l'on oblige à vne semblable coruée, ceux qui sont destinez au seruice des Saints? vn de nos Hollandois luy respondit, que le seruice de l'Empereur deuoit marcher deuant le seruice du diable, outre que son valet seroit bien payé de la peine qu'on luy donnoit.

De là ils arriuerent à la riuiere iaune, & à la ville de Iankeu, où le bastard frere adoptif des plus ieunes des Roys de Canton, leurs fit toute la bonne chere dont il se put auiser; ils entrerent aprés dans la grande riuiere de Kiam, & vintét denant la fameuse ville de Nanquin; ils trouuerent que le Gouuerneur de cette ville estoit sur le point de partir, & que par cette raison, il ne pourroient pas auoir si-tost des batteaux pour continuer leur voyage; ce leur fut vne occasion de se reposer vn peu de la fatigue de leur voyage, ils enuoyerent le Maistre d'Hostel Nihof, au Prestre du Pagode de Poolimpi, pour l'aduertir de leur arriuée, & voir en quel estat estoit le monument qu'il auoit

Seconde Partie. (?) H iij

promis de dresser à la memoire des Ambassadeurs. Le Maistre d'Hostel fut surpris & ne pouuoit assez admirer deux statuës de plastre, que ce Payen auoit fait dresser à la ressemblance des deux Ambassadeurs, & qu'ils auoient mis dans leur plus beau Pagode; ils demanderent au Maistre d'Hostel si cela estoit bien : O loya han u poghan ? il respondit que les Hollandois auroient eu plus grand plaisir de voir ces images par tout ailleurs que dans leur Temple. L'Hiuer commençoit à se faire sentir si rudement, qu'ils n'osoient mettre la teste hors de leurs batteaux, le vent y faisoit entrer la neige de tous costez, qui demeuroit deux iours entiers sur la couuerture sans se fondre. On les inuita de diuers endroits, mais il ne furent que chez les maistres de la gabelle, qui demeuroient dedans le fauxbourg, l'vn estoit Chinois, l'autre Tartare, tous deux hommes d'esprit, qui leurs rendirent la visite, & les entretinrent de discours agreables iusques bien auant dans la nuit; ils eurent assez de peine à trouuer les viures, les gens & les batteaux qui leur estoient necessaires: ils passerent le rocher qu'ils auoient nommé en venant Bekemburg, en memoire du sieur Guillaume Van der beke; la riuiere à cet endroit a plus d'vn mille de largeur, & les vagues y sont aussi grandes que dans les Mers les plus agitées. Au costé droit, il y a plusieurs rochers fort dangereux, la barque où estoient les Interpretes y toucha, il s'y fit vne voye d'eau au fond de cale, le vent estoit si fort, que personne n'en pût approcher pour les secourir; mais enfin ils se tirerent de là, & arriuerent bien auant dans la nuict à Anhing. Le dix-neufiéme de Decembre, ils arriuerent comme le Soleil se couchoit à Kamhun, le vent estoit si rude, qu'ils eurent bien de la peine à s'en deffendre, il dura iusques au vingt-vniéme, auquel iour ils se mirent en chemin pour passer la Mer de Poyan; il falut s'arrester au village de Vcienjen, pour y prendre des tireurs, qu'on leur fournit sur le champ. Ils remarquerent auec estonnement qu'ils auoient veu durant leur voyage plus de cent grandes maisons reduites en cendre par le feu, tant les incendies y sont frequents.

Le vingt-troisiéme Decembre ils ietterent l'ancre deuant le fauxbourg de Siahiansu, où ils trouuerent les vaisseaux de leur flotte que le vent auoit dispersez.

Et aprés qu'ils se furent pourueus d'autres petites barques, ils voulurent continuer leur voyage, mais ils furent contraints de relascher sous les murs de la ville, à cause du mauuais temps, la gelée auoit esté si forte, que l'on pouuoit courir sur la glace le long du bord de l'eau, auec cela il tomba de la neige & de la gresle le soir, les montagnes qu'ils voyoient des deux costez de la riuiere leurs parurent toutes blanches & couuertes de neiges, le vent estoit NNO. auec neige poussée par le vent.

1637. 1. Ian.

De là ils arriuerent deuant la ville de Himmungam, le lendemain ils eurent des tireurs, mais auec beaucoup de peine ; ils en partirent à deux heures aprés midy, & arriuerent deuant les ruines de la ville de Vannungam : Le Gouuerneur leur fit vn petit present, & entre autre choses leurs donna des chandelles, faites de la resine d'vn arbre, qui ne laissoient pas de rendre vne lumiere fort claire; ils en partirent le lendemain, aprés s'estre fournys de tireurs & de mariniers. Ils passerent plusieurs endroits fort dangereux, dont ils n'auoient pas connu le danger dans le premier voyage, car en ce temps-là l'eau estoit bien trois brasses plus haute : comme ils ne laissoient pas de porter la voile, là le courrant les ietta sur la pointe d'vn rocher, qui fit entrer tant d'eau dans leur vaisseau, qu'il fallut gagner la coste, ils le coucherent sur le costé, & trouuerent l'ouuerture, mais ils n'auoient ny estoupes, ny rien detour ce qui pouuoit seruir à la boucher; ils firent tant neantmoins, qu'ils en vinrent à bout & passerent ces dangereuses roches, qui commencent depuis la ville de Vannungam, finissent deuant vn petit Pagode & ont bien trois milles d'estenduë.

10. Ianuier.

Ils arriuerent deuant la ville de Kancheu, le Gouuerneur leur vint faire compliment de la part du Tourang, l'Ambassadeur Iacques Keyser l'alla voir tout seul, car son collegue estoit malade; ils en partirent le lendemain, il faisoit vn téps clair & froid, le bord de l'eau estoit couuert de neige, l'eau fait là plusieurs sauts entre les roches,

## A PEKIN.

tellement qu'il falloit souuent que les tireurs se missent dans l'eau iusques à la ceinture, qui estoit vn rude trauail dans ce temps-là, pour ces pauures gens. La corde auec laquelle ils tiroient, se couppa sur le tranchant de ces roches, la voile y estoit attachée, & ils ne la purent pas oster assez tost ; si bien qu'elle tomba dans l'eau auec le mast. Les Tartares auoient mis le feu aux roseaux le long du bord de la riuiere, & le vent iettoit la barque dans cette flamme, mais Dieu les assista dans ce danger, & permit que le gouuernail ayant touché la fit tourner, ce qui leur ayda à gaigner l'autre costé de la riuiere, où ils remirent le mast & reioignirent sur le soir le reste de la flotte.

A Nangan ils logerent dans vne grande maison, qui est au costé du midy du fauxbourg, les Tartares auoient passé par là depuis que les Hollandois y auoient logé la premiere fois, & auoient rudement traité les Chinois : les maisons où les Ambassadeurs auoient logé la premiere fois auoient esté ruinées auec beaucoup d'autres. Le Magistrat enuoyé par le Roy de Canton y arriua au mesme temps ; il rendit visite aux Ambassadeurs, pour apprendre d'eux comment leurs negotiations s'estoient passées, & partit aprés leur auoir souhaitté bon voyage, pour aller dans vne ville dont on luy deuoit donner le gouuernement. Les Ambassadeurs partirent aussi le dix-neufiéme de Ianuier, auec vn conuoy de trente soldats pour passer la montagne ; la nuit estoit desia fort auancée lors qu'ils arriuerent dans la ville de Namhun, où ils logerent dans vne grande hostelerie, qui est au Roy de Canton, & pour laquelle on luy paye tous les mois vingt-cinq teils d'argent ; on rembarqua le bagage, & le vingt-vniéme on passa plusieurs cascades que l'eau fait : ils virent les cinq testes de cheual, & les pointes des rochers Suitiennes. Le vingt-quatriéme ils arriuerent à Suchen, où on remet ordinairement les masts, car les rochers & les destours de la riuiere finissent là, & on se peut seruir de la voile.

Ils passerent deuant le Pagode de Comansian, basty dans la cauerne d'vn grand rocher ; ils virent la montagne Sangionschap, arriuerent à la petite ville de Samion, où ils passerent la nuict : ils en partirent le vingt-sixiéme au matin, & virent toute la campagne autour de Sampsoe couuerte de tentes, & de cheuaux sellés auec beaucoup de soldats Tartares prests à marcher, & enfin le vingt-huictiéme Ianuier ils arriuerent à Canton. Le Marchand François Lansman, à qui l'on auoit laissé la direction des affaires de la Compagnie, leur vint au deuant sur la riuiere auec les esquifs & les chalouppes des vaisseaux, toute l'artillerie tira, les Tartares, que l'Empereur auoit donné pour les conduire, leur parurent fort estonnez de la grandeur, & du bon ordre de leurs vaisseaux : Lansman les conduisit à terre à leur ancien logement, on tira des batteaux la lettre de l'Empereur, le sous-Marchand Baron la portoit des deux mains qu'il tenoit hautes, vn autre la couuroit d'vn parasol auec deux banderoles aux costés, les Ambassadeurs suiuoient aprés, l'on tira trois coups de canon des vaisseaux lors qu'elle passa, quoy qu'il fut tard les bouleuarts de la ville estoient tout plains de monde, qui estoit accouru pour voir les Hollandois, ce qui témoignoit assez que tout le peuple en general auroit fort souhaitté de voir le commerce des Hollandois establý dans leurs pays ; le lendemain ils furent voir auec toute leur suitte les deux Roys de Canton, la mere du plus ieune des Roys, & le Toutang. Le plus vieil Roy de Canton les regala d'vne tasse de Tée ; ces deux Roys ne leurs parlerent que des incommoditez du voyage & du froid qu'ils auoient souffert. La mere du plus ieune des Roys ne leur donna pas d'audiance, & les remercia de leur ciuilité, dont elle leur enuoya faire vn compliment : pour le Toutang, aprés les auoir fait attendre deux heures dans la maison de son Secretaire, il leur fit dire qu'il leur donneroit audiance.

Le iour suiuant le ieune Roy leur fit vn superbe banquet, il imputa aux Prestres Portugais qui sont à Peking le mauuais succez de leur negotiation, témoignant d'estre fort en colere contre eux, de ce qu'ils l'auoient trauersée, il leur dit aussi, qu'ils publioient par tout qu'il n'y auoit que trois grands Roys en Europe, que Dom Iean quatriéme en estoit vn, que les Hollandois n'estoient qu'vn petit peuple, & qu'ils luy

25. Ian.

payoient tribut: ils furent le méme iour chez le Mandarin Poetsiensio, mais ne le trouuerent point chez luy, ny les autres, sinon le Mandarin Tosu, qui les receut auec beaucoup de demonstration d'amitié, & leur dit que les autres Mandarins n'auoiët pas ozé receuoir leur visite, à cause que le Toutang, pour qui ils ont vn grand respect, ne leur auoit pas voulu donner audiance. Ils furent aprés auec le Secretaire Baron, le Marchâd Lantiman, & le reste de leur suitte au nombre de vingt personnes, chez le vieux Roy de Canton ; il les receut magnifiquement : on leur seruit d'abord du Thé de Tartarie, il les pria d'oublier toutes les incommoditez qu'ils auoient souffertes dans leur voyage, & toutes les autres pensées qui pourroient troubler la ioye & le diuertissement de ce iour-là : les trompettes ayant donné le signal, on seruit deuant chacun d'eux vne petite table couuerte de plats ; mais auparauant que d'y toucher, le Roy se feit apporter vne couppe d'or plaine de vin, & en feit seruir deux autres petites aux deux Ambassadeurs, les inuitant de le boire pour vn second welcom; toute le reste de la suitte fit la mesme chose, & aprés on commença le repas, durant lequel le Roy fit venir deux Mariniers Hollandois, qui auoient esté pris quelque temps auparauant, l'vn à Kitseaoij & l'autre à Aman ; il les auoit mis tous deux dans sos gardes, & leur donnoit pension : ils parurent habillez à la Tartare, & se mirent à genoux deuant luy, selon la maniere du pays ; il leur demanda pourquoy on ne les auoit point veus depuis deux ou trois iours, ils responditent qu'ils auoient esté malades ; il les fit seoir aprés le dernier de la suitte des Ambassadeurs, & leur enuoya quelques plats de sa table : les violons vinrent aprés, auec vne trouppe de Comediens : on beut les santez de l'Empereur, du Roy, du Gouuerneur General de la Compagnie des Indes Orientales, & celle des Ambassadeurs. Le lendemain ils allerent chez le ieune Roy, où ils estoient inuitez, on les conduisit à l'audiance au son des hautbois & des timbales; il estoit assis sous vn dais au milieu des principaux de Canton, qui auoient aussi esté priez de ce regale ; il se passa comme celuy du iour precedent, auec cette difference seulement, qu'il ne leur parla d'autre chose qu'il estre de belle humeur, n'entrant point en discours sur leurs affaires, ce qui fit croire aux Ambassadeurs qu'il s'en déchargeoit entierement sur la personne de son premier Ministre.

 Les Roys de Canton auoient voulu que les Ambassadeurs portassent à Pekin le plus de presens qu'ils pourroient amasser, mémes ceux qu'ils auoient destinez pour les Roys : Les Ambassadeurs qui auoient suiui ce conseil ne se trouuerent point au retour en estat de faire aux Roys de Canton vn present qui fut digne d'eux ; ces Princes en estoient de mauuaise humeur, & leur demanderent non seulement l'interest de quatorze mille teils d'argent qu'ils auoient donné à deduire sur les marchandises qu'ils auoient prises des facteurs Hollandois, sur le point de leur depart & autres occasions ; mais ils pretendirent encores que les Hollandois leurs payassent sur le champ les trente-six mille teils qu'on leur auoit promis, au cas qu'ils pussent obtenir la liberté du commerce : ils ne vouloient point entendre la raison des Ambassadeurs qui leurs remonstroient, que n'ayant point obtenu cette liberté, ils ne deuoient point cette somme, qu'ils n'auoient promise qu'à cette condition : ils arresterent par force vne pareille somme de quatre mille teils qui estoit deuë par d'autres particuliers de la Compagnie. Les Ambassadeurs les vouloient aller trouuer & leur en faire leurs plaintes, lors qu'on afficha dans la ville vn placart par ordre du Magistrat, qui deffendoit aux Bourgeois de porter les Hollandois par la ville dâs leurs palanquins : voyans par là le chemin fermé de faire leurs plaintes, ils enuoyerent François Lansman & Henry Baron, chez le premier Ministre ou Lieutenant du ieune Roy ; ils furent rencontrez dans les ruës par vn Mandarin, qui fit charger à coups de bastons par ceux de sa suitte ceux qui portoient ces deux Hollandois, si bien qu'ils quitterent là le palanquin, & s'en retournerent chez eux à pied. On dit qu'il leur fit cet affront, à cause que les Ambassadeurs ne luy auoient pas fait de present, & quelque temps aprés vn de leur Interpretes nommé Paul Durete, qui les auoit seruy à la Cour auec beaucoup de fidelité & d'affection, fut trouué mort dans sa maison;

ces

# A PEKIN. 65

ces accidens firent resoudre les Ambassadeurs à haster leur depart; ils furent chez les Roys le vingt & vn Fevrier pour prendre congé d'eux, le plus vieil s'excusa sur vn mal de dents qui l'incommodoit si fort, qu'il n'estoit point en estat de les receuoir; l'autre leur refusa aussi audiance sous pretexte que le jour precedent il auoit fait la desbauche, qu'il s'en ressentoit, & estoit hors d'estat de les voir, & leur recommanda sur tout qu'ils ne souffrissent point que l'on emporta des armes du pays: lors que les Ambassadeurs estoient dans l'antichambre on leur seruit du Thé meslé auec du laict; ils virent les tables, les bancs & les chaires renuersées, & tout dans vn desordre qui marquoit bien la desbauche, que le Prince auoit pretextée; mais rien ne la rendoit plus croyable que l'estat de la plus part de ses Courtisans à demy yvres; ils entrerent dans leurs vaisseaux ce soir là-mesme, resolus de se mettre à la voile le lendemain au matin; le calme qui les prit les obligea de ietter l'ancre vis à vis de la premiere tour: là le Maistre d'Hostel des deux Roys les vint trouuer de leur part auec les officiers qui auoient gardé leur maison à Canton, & les Mandarins qui les auoient accompagné dans leur voyage: Ils regalerent les Ambassadeurs dans leurs vaisseaux, leurs souhaitterent bon voyage & vn prompt retour; & aprés auoir beu la santé des Roys & quelques-autres santez, ils s'en retournerent à Canton, & laisserent partir les Ambassadeurs qui arriuerent à la rade de Battauia le 31. jour de Mars; ainsi ils mirent dix-neuf mois & demy en leur voyage.

Les presents qu'ils firent à l'occasion de cette ambassade monterent à la somme de 55552. florins 16. 9. à sçauoir, A leur arriuée à Canton     4019. 10. 1.
Sur le chemin, depuis Canton iusques à Pekin à diuers Gouuerneurs & Lieutenans,     678. 0. 12.
A Pekin, à l'Empereur mesme, à sa Mere, à sa Femme, à ceux de son Conseil & autres Courtisans,     42326. 17. 8.
Au retour de Pekin à Canton,     2592. 10. 10.
A Canton, aux deux Roys, au Toutang & à tous ceux du Conseil,     5933. 17. 10.

    55552. 16. 10.

Outre cette somme ils auoient encores despencé durant le voyage 43278. florins 8. sols 15. deniers, à sçauoir,

A Canton, depuis Septembre 1655. iusques au 16. Mars 1656.     14312. 13. 6.
Au voyage de Pekin. depuis le 17. Mars iusques au 17. Iuillet,     8541. 18. 12.
A Pekin, depuis le 17. Iuillet iusques au 17. Septembre,     8483. 16. 6.
Au retour depuis le 17. Septembre iusques au 28. l'an 1657.     11940. 8. 5.

Somme totale,     98831. 5. 8.

Cependant auec vne despence si considerable ils n'ont auancé autre chose que d'estre receus comme amis dans la Chine, & d'auoir obtenu d'y retourner dans huict ans pour voir l'Empereur, comme il est porté dans la lettre que l'Empereur escrit au Gouuerneur General à Battauia, dont voicy la traduction mot pour mot.

**L**E Roy enuoye cette lettre au Gouuerneur General Iehan Maet-Suicker à Battauia des Hollandois. *Nos pays sont aussi esloignés l'vn de l'autre que l'Orient l'est du Couchant; c'est pourquoy difficilement nous nous pourrons ioindre, & depuis tant de siecles qui sont passés, il n'y a point de memoire que l'on aye veu des Hollandois chez nous; cependant il faut que vous soyez vne personne fort prudente & de bon naturel de m'auoir enuoyé Pieter de Goyer auec Iacob de Keyser qui se sont presentés deuant moy, & m'ont apporté des presens de vostre part; nos païs sont esloignés de dix milles lieuës l'vn de l'autre: il faut que vous soyez vn homme d'vn excellent naturel de songer à moy; mon cœur*

Seconde Partie.     (?) G

## 66 VOYAGE DES HOLLANDOIS

en a esté fort touché, & ie sens vne forte inclination pour vous ; aussi ie vous enuoïe deux pieces de satin ornée de dragons, deux autres pieces de satin, 4. pieces de satin bleu à fleurs, quatre autres pieces de satin bleu sans fleurs, quatre piece de Kine, quatre piece de Tabis, dix pieces de Pelling, dix pieces de Phansy, dix autres pieces de fort belles estoffes, & trois cent theils d'argent : vous m'auez fait demander la permission de trafiquer dans mon pays, d'y apporter des marchandises & d'en tirer d'autres au profit & à l'auantage de l'vn & l'autre peuple ; mais i'ay consideré que nos pays sont fort esloignez l'vn de l'autre, & qu'il fait icy des vents qui mettroient en danger vos vaisseaux, auec cela le dedans du pays est fort froid, il y gele & il y tombe de la gresle, il me fascheroit fort par cette raison que vos gens s'exposassent dans vn tel païs ; c'est pourquoy si vous auez enuie qu'ils y viennent, ne les enuoïez que tous les huict ans, & n'enuoïez que cent hommes à la fois, 20. desquels pourront venir au lieu de ma résidence, & cependant vous mettrez à couuert vos marchandises dans vn logement que l'on vous donnera à Canton sans les exposer sur vos vaisseaux, & sans les faire demeurer deuant la Ville : voila ce que i'ai trouué à propos pour vostre bien, & pour l'inclination que i'ai pour vous ; ce que ie me persuade aussi vous deuoir estre fort agreable ; c'est ce que ie vous voulois faire sçauoir : La treiziesme année du Regne de Cyngteïde le huictiéme mois, le vingt-nesiuéme jour. Plus bas estoit escrit. HONGTHEE THEOPOE.

*Il n'y a que les Mandarins qui puissent porter en la Chine des estoffes sur lesquelles il y a des dragons representez ; car leurs dragons sont nos fleurs de lis.*

LE Haut Conseil de Battauia ayant consideré le peu de fruit d'vne Ambassade de si grande dépence, resolut de n'enuoyer point d'autres Ambassadeurs à la Chine, qu'ils n'en eussent eu ordre de leur Maistres ; mais pour voir si en attendant le terme des huict années portées par la lettre, ils ne pourroient point establir quelque commencement de Commerce à Canton ; ils y enuoyerent le Marchand Baron qui auoit esté Secretaire de l'Ambassade auec vne cargaisõ qui pouuoit valoir 17714.11.2. florins auec ordre de passer à Tayoan, quand il auroit fait ses affaires à Canton : Il arriua auec la fregatte Zeeryder dans la Baye de Hautaunou, il tira trois coups de Canon ; le Gouuerneur de la place enuoya à son vaisseau pour sçauoir le sujet de son arriuée, & quoy qu'il ne voulust point permettre que son vaisseau entrast plus auant, qu'il n'eust receu les ordres de Canton, deux Officiers des Roys le vindrent trouuer, dont l'vn estoit le Mandarin Simlonja, & l'autre vn Capitaine du plus vieil des Roys, auec ordre de receuoir les presents qu'il auoit apporté, auec copie de ses lettres, adjoustant que leurs Altesses, dont l'authorité auoit esté depuis peu fort bornée, & fort soumise au Magistrat de Pekin, auoiẽt resolu d'enuoyer ces Officiers sur sa fregatte à Macao pour la faire descharger là, en preséce du Mandarin Fintaja, comme ils auoient fait peu de temps auparauant d'vn de leurs joncqs venu de Cambogia, qu'ils auoient ainsi enuoyé à Macao : le jour d'apres ces mesmes deputez retournerent & dirent à Baron que les Roys auoient changé de sentiment, qu'ils trouueroient bon que la fregatte retourna à Battauia auec la respõce à la lettre du General, puisque il ne vouloit pas entendre parler d'aller à Macao ; tesmoignant au reste vn grand desplaisir de ce que Baron n'auoit point apporté vn present de quelques raretés auec vne lettre de compliment au Grand Cam ; que s'il l'eut fait, qu'il eut obtenu la liberté du Commerce, auec la responce à sa lettre, qui seroit venuë en six mois ; que pour eux, il ne se sentoient pas assez de credit & d'authorité pour luy permettre d'entrer dans le pays & d'aller à Pekin, qu'il falloit attendre que les huict années portées par les lettres de l'Empereur fussent passées, & que les Hollandois enuoyassent dans ce temps-là l'Ambassade portée par la mesme lettre ; ç'a esté là la quatriesme fois que les Hollandois ont tasché d'entrer dans la Chine, dessein qui leur a cousté 30000. theils d'argent, ou escus de nostre monnoye, sans rien auãncer,

# EXPLICATION DES FIGVRES
## contenuës dans la Relation du voyage des Hollandois à Pekin.

1. Carte du voyage des Ambassadeurs d'vn bout de la Chine à l'autre.
2. Le plus jeune des Roys de Canton.
3. Vn Caualier Tartare, comme ils sont armés maintenant ; car lors qu'ils entrerent en la Chine ils estoient couuerts de peaux de bestes auec le poil en dehors, les bras nuds & vn bonnet doublé d'vne fourrure ; ils sont ordinairement habillez de noir, & tirent leurs sabres de la main droite sans mettre la main sur le fourreau.
4. Vne femme Tartare qui a le bout de ses cheueux ramassez dans vn estuy.
5. Vn jardin de plaisance.
6. Vn Mandarin.
7. Vne Dame Chinoise. Celles de condition ont des manches qui leur traînent jusqu'à terre.
8. Deux Religieux vestus de jaune, depuis les pieds jusques à la teste, auec de grands Chapelets, qui vont tousiours deux à deux, & tâchent d'attirer tout le monde dans leur Ordre.
9. Vn ordre de Religieux vestu de noir auec vn chapelet semblable à celuy des Catholiques, cét ordre est vn des quatre principaux du pays.
10. Vn autre Religieux qui vit de questes & d'aumosnes, comme le precedent, dont l'habit est cousu de pieces de differentes couleurs, auec vn chapeau de roseaux si large qu'il luy sert de parasol ; demeure assis les iambes croisées, & frappe auec vn petit baston sur vne sonnette de cuiure jaune, jusqu'à ce que l'on luy donne quelque aumosne.
11. Vn gueux à qui on a formé le derriere de la teste dés sa jeunesse, comme on le void dans la figure, il se tient assis le long des chemins auec vn chapelet au col, & ces gueux passent dans le pays pour gens d'vne grande sainteté.
12. Sepulture d'vn des plus grands Seigneurs du pays ; crespie de blanc par le dedans auec deux bancs fort hauts tout autour ce bastiment ; vn peu de bastimens au deuant, par derriere on monte sur vne montagne faite à plaisir où est le corps du deffunct habillé fort richement, & enchassé dans vne caisse dorée. On enterre les personnes ordinaires auec moins de ceremonie, on se contente de faire à leur sepulture vne petite voûte.
13. Vne sorte de gueux qui se fait brusler certaine drogue sur la teste, jusqu'à ce qu'on luy donne quelque aumosne.
14. Vn autre qui se heurte le front sur vne pierre, & qui, à force de le faire, s'est fait vn calus presque aussi gros que le poing.
15. Vn Religieux Chinois qui a esté surpris auec des femmes de desbauche, & à qui pour penitence l'on a percé le col auec vn fer chaud, à ce fer est attaché vne chaisne de fer d'enuiron dix brasses, qu'il est obligé de traisner jusques à ce qu'il ait apporté au Conuent trente theyls d'argent, qu'il faut qu'il amasse en demandant l'aumosne, & quoy qu'il soit tout couuert de sang, qui sort de cette playe, il n'oseroit mettre la main sur sa chaîne pour la porter plus aisément : car celuy qui le suit chastiroit cette transgression à grands coups d'vn foüet, qui fait grand bruit & qui laisse apres luy les traces des endroits par où il a passé : les trente theils d'argent qu'il doit apporter au Conuent valent enuiron trente escus monnoye de France.
16. Vne Courtisanne montée sur vn asne conduitte par les ruës par celuy qui en fait trafic, comme l'on crie icy les choses les plus necessaires, le visage couuert d'vn voile, quoy que dans le pays on punisse de mort l'adultere, cette sorte de femme ne laisse pas d'y auoir beaucoup de liberté.
17. Deux gueux qui se heurtent le front l'vn contre l'autre, ce qu'ils continuent de toute leur force, iusques à ce qu'ils tombent euanoüis, ou qu'on leur donne quelque chose.
18. La ville de Nanquin où les Empereurs de la Chine ont tenu long-temps leur Cour, est la plus grande ville de tout cét Empire, car ses murailles ont bien six lieux d'Allemagne de circuit, sans y comprendre les Fauxbourgs dont nous ne Vismes point le bout ; ses murailles ont trente pieds de haut, le pied de la muraille est basti de pierre de taille & le reste de brique : elle a treize entrées auec des portes de fer, la foule y est si grande, que l'on n'y entre & que l'on n'en sort qu'auec beaucoup de presse : Ils disent qu'il y a plus d'vn million d'habitans, & cependant tout y est à fort bon marché.

Dans la figure quinze du Religieux Chinois qui fait penitence.

19. Dessein d'vne ruë de Nanquin en perspectiue : la pluspart de ces ruës sont tirées à la ligne, ont enuiron 28. pas de largeur, & sont pauées au milieu de grandes pierres bleües ; de cent pas en cent

68 EXPLICATION DES FIGVRES.

pas il y a vne barriere que l'on ferme toutes les nuiêts pour vne plus grande seureté contre les voleurs ; chacune de ces barrieres est commandée par vn Chef, toute la Bourgeoisie est diuisée sous ces Chefs : les maisons n'ont pas grande apparence, n'ont à la pluspart qu'vn estage, sont basties de pierres grises couuertes de thuiles de mesme couleur, sont crespies de chaux par dedans, & toutes basties sur les ruës : Les boutiques fournies de toutes sortes de marchandises, deuant chaque maison il y a vne enseigne & deux planches au pied, sur lesquelles est escrit vn estat de tout ce qu'elle contient auec tous ses tenans & aboutissans.

20. La fameuse tour de porcelaine bastie par les Tartares dans la ville de Nanquin il y a plus de 700. ans, en memoire de la conqueste qu'ils firent alors de tout le Royaume de la Chine ; cent quatre-vingt-quatre degrés de pierres bleuës prattiqués dans l'espaisseur de la muraille portent au haut de cette tour : à chacun des neuf angles de la tour pend vne petite cloche de cuiure qui sonne au moindre vent qu'il fait ; au haut est vne pomme de pin qu'ils nous asseurerent estre d'or massif.

Dans le lointain de la figure du Caualier Tartare.

21. La ville de Pequin où le Tartare tient aujourd'huy sa Cour, son enceinte est de cinq heures de chemin, est fermée d'vn double mur ; les bouleuars sont si prés l'vn de l'autre dans l'enceinte interieure de la ville, que l'on pourroit aisement ietter vne pierre de l'vn à l'autre. L'enceinte de dehors n'est fortifiée qu'à l'ordinaire ; il y a trois forts bastions qui deffendent l'entrée de la porte, & on est bien vn quart-d'heure auparauant que d'entrer dans l'enceinte interieure de la ville, à la porte de laquelle il y a vne herse d'vne grande hauteur : les ruës qui ne sont point pauées sont si sales l'hiuer qu'on n'y sçauroit quasi passer à pied, & l'Esté quand le vent de Nord soufle, la poussiere est si grande que l'on ne se pourroit pas tenir dans les ruës si l'on ne se couuroit le visage d'vn voile, dont les hommes se seruent aussi bien que les femmes : hors de la porte il y a des colines, d'où l'on peut descouurir tout le pays ; mais principalement cette fameuse muraille tirée entre ces hautes montagnes qui separent la Tartarie de la Chine. De la ville l'on peut aller jusques à la muraille, & en reuenir le mesme jour.

22. Vn arc de triomphe basti de pierres grises ornées de sculpture, ces arcs sont ordinairement aux carrefours des ruës & aux endroits des Villes les plus remarquables : ils y mettent des bandeolles & des estendarts lors qu'ils ont remporté quelque signalée victoire.

Dans le lointain de la figure du Mandarin.

23. Le Pagode ou Eglise de la ville de Xantiou sur le chemin royal, l'vn des plus beaux Pagodes qu'ils ayent veu dans le pays, basti de pierre grise, le toict couuert de thuylles, vernies de jaune & de verd, & les fenestres fermées de petites treilles faittes de roseaux au lieu de verre qu'ils n'ont point dans la Chine.

24. Vn village-Vaisseau basti sur de gros roseaux qu'ils appellent Bambous, & qu'ils ioignent ensemble auec des pieces de bois. Les maisons sont faites de planches & couuertes de nattes : il y a de ces villages où demeurent quatre ou cinq cens hommes qui vont & viennent sur ces riuieres.

25. Vn de leur plus grands joncs, ou vaisseaux dont ils se seruent en mer & sur les riuieres aussi grands que nos flutes, basties sans claustries & sans cheuilles, toutes les pieces estans jointes à queuë d'hytondelle, le dedans est peint & doré, le deuant du vaisseau est plus pesant que le derriere : les voiles sont faites de nates que l'on couche les vnes sur les autres, comme le bois d'vn esuantail, mais il ne peuuent pas aller contre le vent, ny remonter les riuieres, & dans ce dernier cas il faut qu'ils se fassent tirer à la corde.

26. Vn vaisseau fort extraordinaire que les Chinois appellent vaisseau serpent qui court d'vne fregate à l'autre pour diuertir le peuple : douze matelots auec des couronnes dorées, vetus de taffetas rouge le poussoient à la rame battant l'eau au bruit d'vne espece de Tymbales, si bien que ce vaisseau alloit comme vn esclair ; toutes les banderolles & les estandars bordés de franges d'or.

27. La Cour de l'Empereur de la Chine, le jour que les Holandois eurent audiance.

28. Le Tartare qui tirant vne courroye faisoit le mesme bruit qu'auroient pû faire trois coups de pistolets tirés en suite l'vn de l'autre.

29. Vn sorcier qui vend le vent à ceux qui nauigent, qui se perce souuent les ioües auec vn poinçon, comme il est descrit dans l'endroit de la Relation où il est parlé de la mer de Poyan.

30. Chariot auec lequel on voyage fort seurement & auec assez de diligence, quoy que trois personnes, qui y sont assises, ne soient poussées que par vn seul homme.

31. Vn Tartare auec sa femme en croupe, à quoy elles sont fort accoustumées.

30. Vaisseau qui au lieu de voilles à vne espece de Nasse où le vent entre, & dont on prend plus ou moins en ouurant ou resserrant l'ouuerture.

33. Habit ordinaire des Chinois, *dans la figure de l'Arc de Triomphe.*

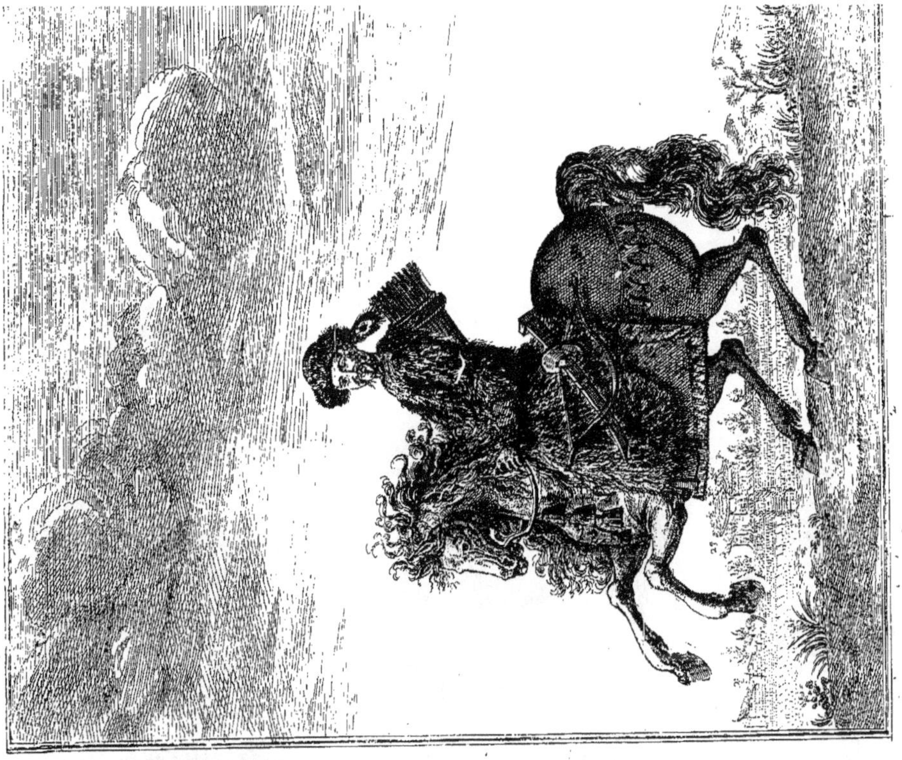

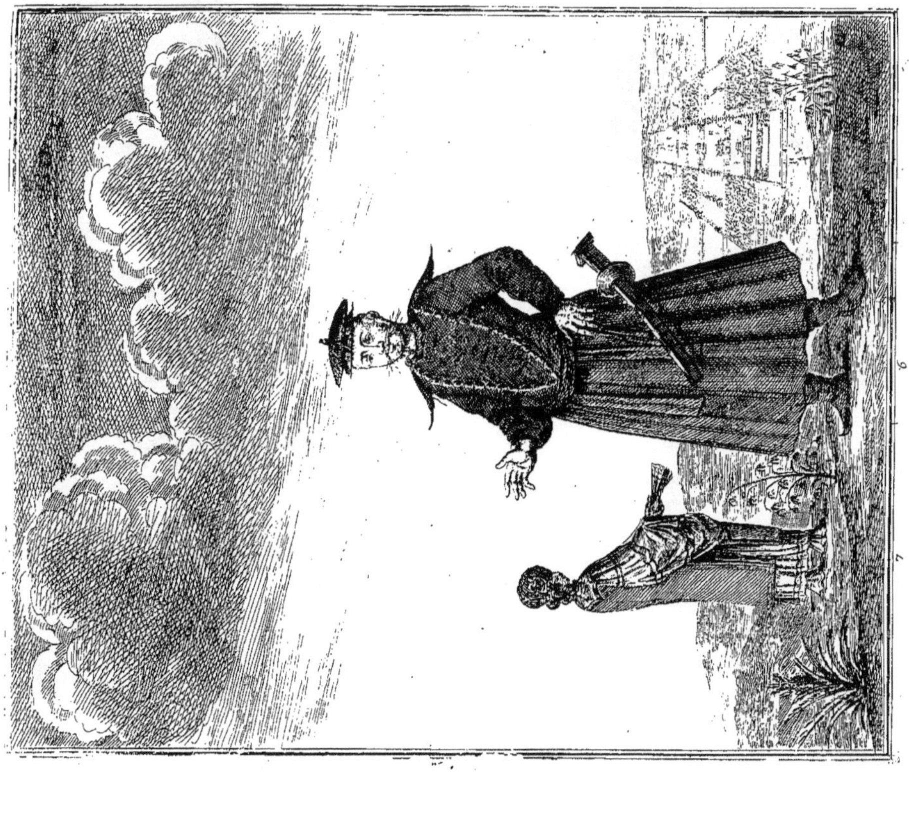

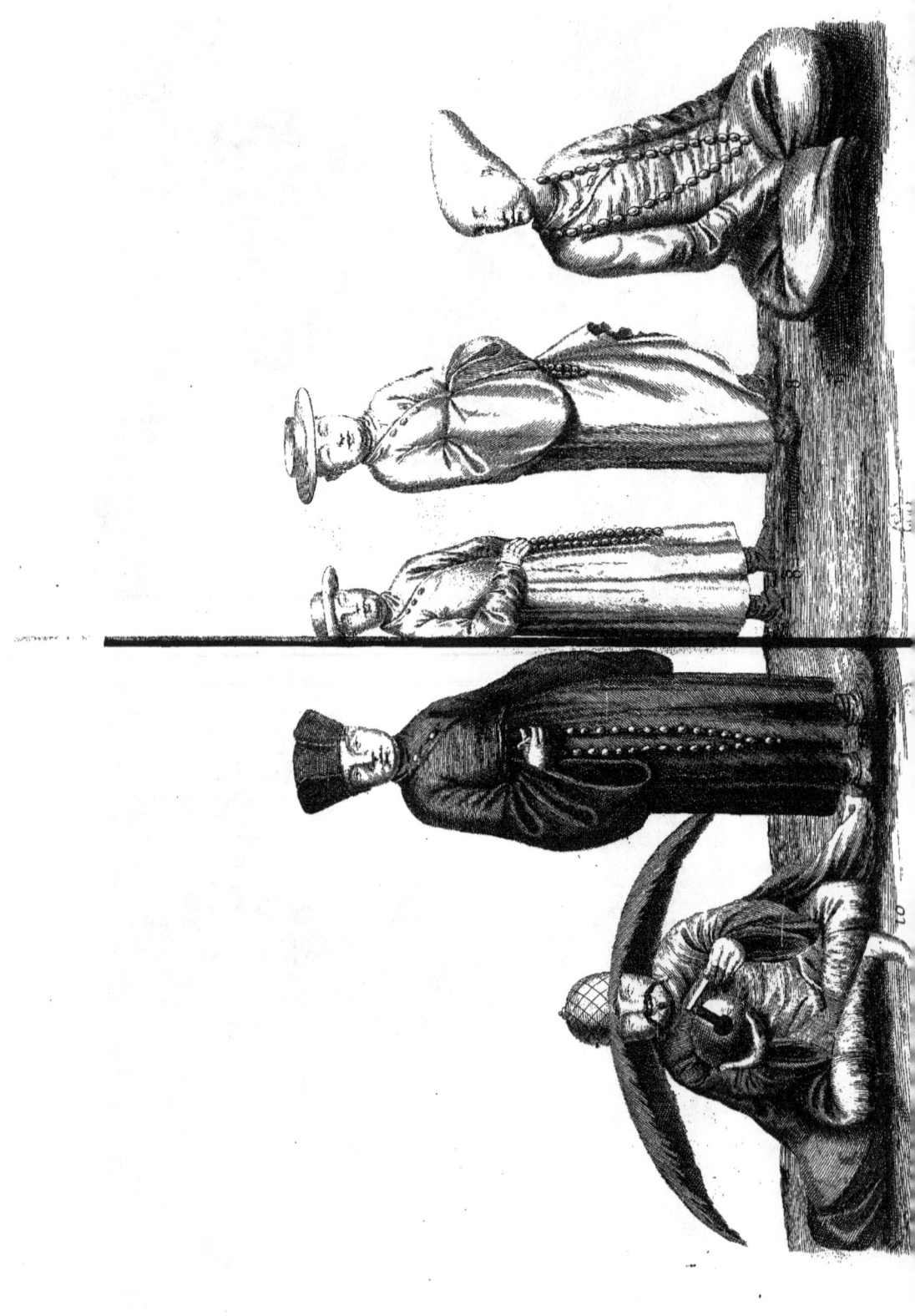

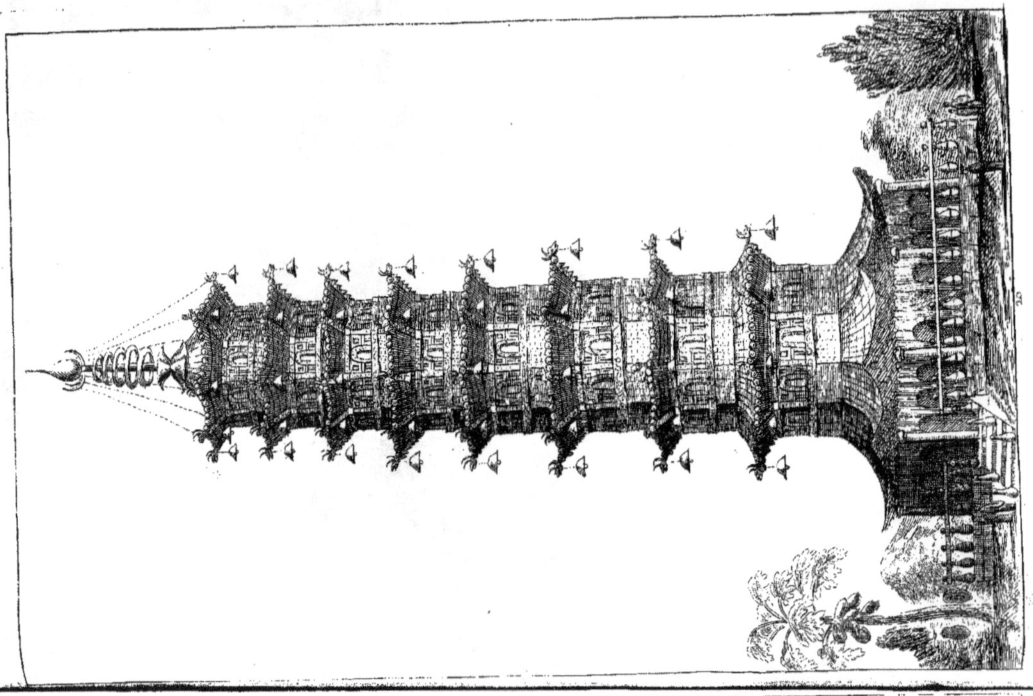

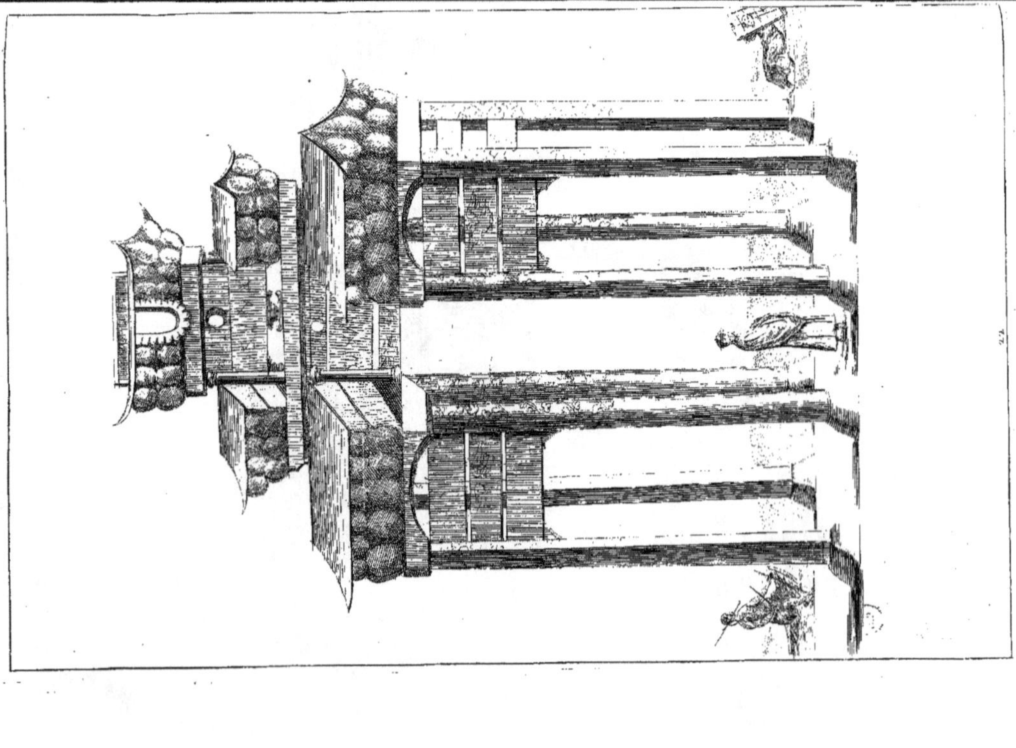

# ROVTE DV VOYAGE
## DES HOLANDOIS A PEKIN.

ENTRE les Estats de l'Asie, celuy de la Chine a tousiours tenu le premier rang, pour la douceur de son Air, pour la fertilité du Pays, & pour la multitude innombrable du peuple qui l'habite. La Chine est separée du costé de l'Oest de la Tartarie & des Indes, par les Monts Damasiens, & bornée du costé du Nord par cette fameuse muraille qui a trois cẽs lieuës d'Allemagne de longueur. A l'Est elle a la Mer qu'on appelle Orientale, qui la couure aussi du costé du Sud, où elle touche au Royaume de Siam: Elle est diuisée en treize Prouinces, où l'on conte 240. grandes Villes murées; auec cela vne infinité de bourgs, de villages, & de Places fortes. La riuiere de Canton, celle de Siam, la riuiere iaune, & le Canal Royal, courent au trauers de quatre de ces Prouinces, de celle de Canton, de Kyamsi, de Xanton & de Pekin: Ces riuieres sont pour le moins, si on conte leurs destours, 800. lieues d'Allemagne; de Canton l'on va à Pekin en poste en quarante iours, mais par eau on y met au moins trois mois entiers, & cela sans s'arrester en pas vn lieu. Les Ambassadeurs d'Hollande mirent iustement quatre mois à faire ce chemin ; le Pays qu'ils virent est plein de montagnes, mais les vallées qu'elles font, sont fort belles & fort fertiles, & la veuë de la Campagne fort agreable: les Grains & le Rys y croissent en abondance : outre grand nombre de fruicts qui sont particuliers à la Chine, ils ont beaucoup de ceux que nous cultiuons en l'Europe, grande abondance de bestail, & toute sorte de volaille & de gibier. Les Chinois sont Payens, leur naturel les porte à la crainte & à la messiance; ils ont infiniment d'esprit pour la marchãdise pour les Arts & pour les sciences, sont ciuils & affables, & ce qui surprend dauantage, est que plus on aduance vers le Nord, & plus ces peuples se trouuent ciuils & polis.

La riuiere de Canton prend sa source au Sud de la Montagne de Namheung & court du Nord au Sud, le long des murs de la ville de Canton, & apres auoir passé les Isles de Hautaimon, elle se rend dans la Mer. De la Mer iusqu'à Canton elle est assez large pour receuoir de grands Nauires, & les porter iusques deuant la Ville, mais plus auant dans le Pays, elle est pleine de rochers & de bancs de sable, peu nauigable, si ce n'est auec de petites barques, encore luy faut-il remonter auec beaucoup de peine & de danger. La riuiere de Kiam prend sa source au costé du Nord de la mesme montagne, & court iusques dans la ville de Nanquin, elle est si grande, qu'on la prendroit pour vne petite Mer, & c'est de là aussi qu'elle tire son nom ; car Kiam signifie en Chinois le fils de la Mer.

On peut aller à Pekin auec beaucoup de commodité tousiours par eau, excepté dans la Prouince de Kiamsi, ou dans l'estendüe de 36. lieües il y a beaucoup de rochers & de pierres, & où l'eau court auec vne grande vistesse ; mais depuis Nanquin iusques à Pekin, on fait le voyage aisément sur le Canal Royal & sur la riuiere iaune auec la mesme facilité que l'on va d'Amsterdam à Harlem. Il y a cinquante villes sur ces riuieres & sur le Canal Royal, lesquelles ie décriray cy-apres selon leur ordre & conformément au iugement qu'en ont fait nos Ambassadeurs.

# ROVTE DV VOYAGE
## CANTON.

CAnton eſt à 23. degrez 48. min. de latitude Septentrionale, eſt ſcituée ſur le coſté droit de la Riuiere, ſon circuit eſt de 3. heures de chemin, ſes Fauxbourgs ne ſont point fermés de murailles, mais ils ne laiſſent pas d'eſtre conſiderables par la beauté de leurs édifices: du coſté de la terre ferme il y a cinq Forts ſur des éminences eſcarpées & de difficile accés, qui commandent quaſi toute la Ville. Les Maiſons y ſont ſi belles & les Pagodes ſi magnifiques, que pour ce ſeul égard elles merite d'eſtre miſe au rang des principalles Villes de la Chine. Pour aller de la porte qui eſt vers l'eau, au Palais du Gouuerneur, on paſſe par deſſous 13. arcs de triomphe baſtis de pierre & ornés d'excellentes ſculptures. On dit que deuant les Guerres cette Ville eſtoit ſi peuplée qu'il ne ſe paſſoit point de jour qu'il n'y euſt 5. ou 6. perſonnes étouffées dans la foule à l'entrée de ſes Portes, ce qui ne ſera pas difficile à croire à ceux qui feront reflexion ſur la multitude du peuple des Villages qui en ſont proches. Il y a pluſieurs petites Iſles le long de la Riuiere: en entrant dans la Riuiere on void ſur la main gauche vne Tour fort éleuée & baſtie ſur vne haute Colline, elle a 9. étages. On trouue plus auant vne Iſle vis à vis d'vne des extremitez de la Ville qui regarde l'Eſt; il y a 2. Chaſteaux au milieu, & le Pays qui eſt ſur le bord de l'eau qui leur ſert de foſſé eſt le Pays du monde le plus fertile, & où l'on fait 2. recoltes chaque année. Cantō a eſté priſe 2. fois par force, les Tartares pour en former le dernier ſiege au oiêt raſſemblé toutes leurs troupes, ils donnoiêt tous les jours de nouueaux aſſauts, dont ils eſtoient repouſſez par les Chinois, qui faiſoiêt ſouuent des ſorties ſur leurs ennemis auec auantage, ſous la conduite de quelques ſoldats de l'Iſle de Macaſſar qu'ils auoient auec eux, & de deux Maiſtres Canonniers Hollandois fort conſiderez des Chinois pour leur fidelité. Les Tartares auoient dreſſé vn pont de beatteaux du coſté de la partie Orientale de la Ville pour leur couper la communication de la Ville de Hantaymon & d'autres places; quand l'ouurage fut acheué les Chinois firent vne ſortie de ce coſté, prirent la demye-lune qui eſtoit à la teſte de ce Pont, & bruſlerent en vn jour vn Ouurage qui auoit couſté pluſieurs Moys aux Tartares; cét eſchec leur fit perdre courage, ils tinrent Conſeil, & prirent la reſolution de traitter ſousmain auec le Gouuerneur de la Ville, il demeure d'accord de leur ouurir les portes pour 40. mil teils d'argent comptant. Ils ſe preſentent à l'heure qui auoit eſté concertée, ils les trouuent ouuertes, leur Caualerie s'auance pour occuper leurs principaux Poſtes de la Ville, & pour empeſcher les Chinois de ſe rallier, ils pouſſerent vne troupe qui s'eſtoit miſe en eſtat de leur faire reſiſtance, & firent apres vne ſi cruelle boucherie de tout ce qu'ils trouuerent de ces pauures gens, qu'ils diſent qu'il en mourut plus de 80. mille ſans ceux qui eſtoient morts de faim & d'autres miſeres durant tout le ſiege : elle fut priſe en 1650. & lors que les Hollandois y arriuerent, elle s'eſtoit tellement remiſe qu'elle auoit preſque repris tout ſon ancienne ſplendeur. Il y a à Canton deux Gouuerneurs d'vne égale authorité, tous deux d'vne ancienne Maiſon de Pekin. Le Roy de la Chine auoit fait couper la teſte à leurs Peres, les fils s'eſtoient ſauuez dans la Prouince de Leautong, ils s'attacherent à faire la Cour au Tartare qui ſe preparoit dés ce temps-là à la Conqueſte de la Chine; le Tartare apres auoir receu pluſieurs témoignages de leur fidelité, donna le tiltre de Pignamond à l'aîné & à l'autre celuy de Signamond, tiltres Chinois qui marquent autant d'autorité que celuy de Vice-Roy en Europe. Ils deuoient eſtre fort ſatisfaits de la vengeance du tort qui auoient eſté fait à leurs Peres, puis qu'il y a des endroits de cette Prouince ou l'on fait aſſez de chemin touſiours au milieu des ruynes des Villes qu'ils ont deſolées; ces principaux Chefs ou Viceroys, ont au deſſous d'eux cinq autres perſonnes qui ont part au Gouuernement de la Ville : le grand Mandorin, c'eſt à dire le Chef du Gouuernement Politique, le Toutang ou Commiſſaire du Roy dans Pekin, le Teſininin, ou Treſoriers de la Prouince, le Poetſenſie Lieutenant Ciuil de

*Le Theil vaut enuiron vn Ecu cinq ſols.*

## DES HOLLANDOIS A PEKIN.

Canton, & le Haitou ou le Commissaire General de la Marine, & des Nations estrangeres; les deux premiers sont mis de la part de l'Empereur dans Canton, leur commission dure trois ans: ils y ont vne si grande authorité que le Viceroy ne peut rien conclurre d'important que de concert auec eux, mais les trois autres sont choisis par les quatre premiers: tous les Magistrats qui ont l'administration de la Iustice & de la Police de la Ville doiuent estre estrangers, de peur que l'interest du sang & des alliances ne corrompe leur jugemens; ceux au contraire qui sont en charge dans les troupes doiuent estre originaires du Pays & natifs de la mesme Ville, afin que l'interest de leur Patrie & de leur famille les oblige & les interesse dauantage à sa deffence & à sa consetuation.

Enuiron deux lieues & demie au de-là de Canton, on entre dans la Bourgade de Foezan, où est l'estape des étoffes de la Chine, comme sont draps d'or & d'argent, satins de toutes sortes de couleurs, les Damats, les Brocats, les Camelots & ces autres étoffes qu'on appelle des Pelings, Giclins, Pangfiens, toutes lesquelles étoffes se font en ces quartiers, & se transportent de là par tout le Royaume de la Chine.

### XANTSIV.

ESt situé sur le costé droit de la Riuiere vne lieuë plus auant dans le Pays, dans vn vallon fort agreable enuironné de Montagnes, elle n'est pas fort grande, mais elle a esté autrefois fort peuplée.

### SANIVIN.

PEtite Ville sur le bord de la Riuiere, à peu pres comme Amersfort, elle a esté autrefois d'vn grand commerce à cause de son assiette fort commode, elle est maintenant tout à fait détruitte, en sorte qu'on n'y void pas 50. maisons entieres, les Tartares qui l'ont ruïnée n'ont point touché aux murailles, ny aux portes de la Ville, qui sont encore en bon estat.

### INGTACH.

PEtite Ville d'vn aspect agreable bâtie sur vne pointe de terre sur la gauche de la Riuiere, elle a prés d'vn quart de lieue en quarré, fermée d'vne haute muraille, auec vn Faux-bourg qui paroist auoir autrefois esté fort riche: à l'entrée du port sur la droite est vne Tour, qui a neuf estages, & qui est d'vne construction fort ingenieuse: le Pays des deux costez de la Riuiere est fertile & fort peuplé.

Entre les Villes de Sanjuin & d'Ingtach est la merueilleuse Montagne de Sangvimthap, qui naturellement est diuisée depuis le haut iusqu'au bas, en sorte que la Riuiere y passe facilement; le long des bords il y a vn chemin taillé pour les bâteliers, afin de pouuoir marcher quand ils tirent leurs barques; & parce que de ces Montagnes naissent plusieurs ruisseaux qui courent vers la Riuiere, il y a par tout de petits ponts de pierre pour trauerser plus commodement ces endroits par où les torrens se rendent dans la riuiere: Sangwimpthap signifie montagne vollante, ainsi nommée d'vn certain Temple ruïné où il n'y a qu'vne porte, & lequel, selon la tradition des Chinois, a esté transferé sur céte montagne en vne nuict, du costé du Nord, où il estoit auparauant.

## SUCHEU

*La figure de la Tour de Porcelaine seruira à rendre plus intelligible la description de ces Tours.*

EST encore située sur vne pointe qui auance à la gauche de la grande riuiere; elle est ceinte de hautes montagnes du costé de la Terre : cette Place est de fort grand commerce & propre à la nauigation : elle est à Ly 300. d'Ingtack : Elle a sous son ressort ou iurisdiction 5. autres Villes qui sont là autour ; de l'autre costé de l'eau vers l'Est est son Fauxbourg, dont les bâtimens sont magnifiques, & d'vne structure extraordinaire, & au milieu de l'eau sur vne petite eminence est vne Tour qui a cinq galleries ou estages, ses fortifications sont hautes, ses remparts éleuez & reuestus de bonne brique auec des plattes formes pour placer de l'Artillerie, elle n'a point de fossez : la pluspart des maisons y ont esté détruites par la guerre.

## NAMHEUNG.

LA Ville de Namheung qui est la derniere des places qui sont au Nord de la Prouince de Canton est semblable à Sucheu située de mesme, sur vne langue de terre entre les deux riuieres, situation qui la rendroit imprenable, si elle estoit ménagée, sans y employer d'autres auantages que ceux qu'elle tire de la nature mesme. Il y a de bons ponts de pierre pour passer de la Campagne en la Ville, chacun de ces Ponts à 8. arcades, & chaque arcade est barrée par de grosses chaines de fer, en sorte que personne n'y peut passer que du consentement du Gouuerneur, & apres auoir payé le droit de peage : elle a esté fort mal traittée par les Tartares la derniere fois qu'ils l'ont prise, toutefois du costé de la riuiere où demeurét la pluspart des Marchands & des voituriers, les maisons y sont encore en leur entier, apparamment pour s'estre racheptez du pillage à force d'argent : l'on void en cette Ville plusieurs maisons où le nom de nostre Sauueur est graué en lettres d'or au dessus des portes.

Entre la Ville de Namheung & la Ville de Nanjan, est vne fort haute montagne, qui a pris son nom de la Ville de Namheung : il faut passer par cette Montagne quand on va par terre à Nanjan : sur la cime se void vn beau Temple, & à l'ouuerture d'vn autre fort ample qui y est, il y a quantité de Prestres; sur cét autre il y a vn pont de pierre pour le trauerser, au milieu de ce Pont vn portail de pierre, qui marque la separation des deux Prouinces de Canton & de Kiansy, de maniere qu'on peut d'vne ajambée passer de l'vne à l'autre. Le chemin qui conduit par cette Montagne depuis la Ville de Namheung, iusqu'à celle de Nanjan est aussi bien paué que les plus belles rües de nos Villes de Hollande, ce qui le rend fort commode aux personnes qui voyagent ; la veuë, d'ailleurs en est fort agreable, à cause des belles pleines des Campagnes labourables qui l'enuironnent, & des ruisseaux d'eaux courantes qui les abbreuuent, dont le murmure entretient agreablement ceux qui y passent.

## NANJAN.

SA situation est d'vn terroir fort plaisant mais resserré entre des montagnes & des rochers : elle est separée en deux par la riuiere de Kiam qui vient du costé N. N. O. dans la partie meridionale, les maisons sont fort prés les vnes des autres, il s'y fait vn grand negoce, cette place est vn peu plus petite que Namheung, mais elle n'est pas si ruinée : du costé du Nord il y a vn Pagode basti sur vne pente auancée de la montagne.

## A PEKIN.

### KANCHEV.

La Ville de Kancheu est située à la hauteur de 26. deg. 40. min. est de forme quarrée, tout au bord de la riuiere de Kiam, dans vne Campagne fort peuplée & d'vn grand trafic, tant par eau que par terre: c'est la seconde place de la Prouince de Kiansy. Le Toutang qui y tient sa Cour a authorité sur les Prouinces de Kiansy, de Focquien, Huquam & de Quansey, c'est à dire sur tout ce que les Tartares tiennent dans ces Prouinces; il tient vn plus grand rang que les autres Toutangs, aussi luy donne-t'on en langue Chinoise la qualité de Viceroy, qui est au dessus de celle d'vn Toutang ordinaire, & on l'appelle Lonkonquungmoen. On void icy 4. grandes portes qui ont le nom des quatre costez du monde & bâties en tournant; on entre dans la porte du couchant apres auoir monté vn degré de pierre au haut duquel sont deux arcades qui sont l'ouuerture de la porte: entre ces deux arcades est vn canon de fer du calibre d'vne demie couleurine, pour en deffendre l'entrée: les ruës y sont nettes, & quelques-vnes sont pauées de grands carreaux de pierres. A l'Est il y a vne Tour auec 9. estages, du haut de laquelle on peut voir toute la Ville: il y a plusieurs belles maisons & Pagodes excellemment basties. Le Pagode Cuilkiausimiao est le plus renommé; dans le premier bastiment de ce Pagode, il y a des statuës de deux Geans fort hauts, assis l'vn d'vn costé l'autre de l'autre; l'vn étrangle vn Dragon, l'autre menace ceux qui le regardent auec son épée nuë & sa mine affreuse, il a vn Nain à ses pieds: la differente intelligence de ces figures, fait assez voir combien les Chinois sont habiles en l'art de la sculpture: le second bâtiment tient à la muraille, autour sont des Autels auec des Idoles: dans le troisiesme il y a vne Deesse ou Idole dorée d'vne hauteur extraordinaire, & c'est en cét endroit que les Prestres ont leur Dortoir qui regne tout autour, & est fermé auec des rideaux: les murs de cette Ville sont hauts & forts, construits de bonne brique; toutes les canonnieres sont ornées de testes de Lions: le circuit de ce Pagode a presque deux heures de chemin: au Nord se voit vn nombre infiny de batteaux qui arriuent de diuers lieux & Prouinces, & qui payent icy vn certain droit.

### VANNVNGAN

Est à droit de la riuiere dans vne plaine vnie & fertile: elle n'est pas bien grande, autrefois elle estoit bien bastie, & fort propre, comme il se peut encore voir par les debris qui en sont demeurés, & par vn portail fort superbe.

Les Tartares y ont fait de grands rauages, & l'herbe est si haute par tout, & les maisons tellement ruynées que l'on ne sçauroit mesmes trouuer les vestiges des ruës. Vn peu plus loin est la bourgade appellée Pekitsiuen, ou les Capitaines des Nauires ont accoustumé de se fournir de voilles, & de tout ce qui leur manque pour leurs Vaisseaux, elle est d'vne grande enceinte, il y a en entrant des grottes faites par artifice, mais la guerre les a ruinées pour la pluspart: la plus considerable est haute d'enuiron 40. pieds & large à l'auenant: elle a deux voutes, où l'on peut monter par vn degré, dont les marches sont basses, larges de quatre enjambées; tout cét ouurage est de terre glaise, mais si bien trauaillée qu'on prendroit cette grotte pour vne chose que l'eau auroit faite, en se faisant chemin au trauers d'vne roche.

### TAIKO.

La Ville de Taiko est à la gauche de la riuiere, les murailles en sont hautes, les ruës estroites & pauées de petites briques, mais fort proprement & vniment: du costé du Nord on passe vn pont de pierre d'vne arcade qui donne entrée dans la Ville; il y a de belles maisons, mais toutes desertes & inhabitées, auec 2. Tours, dont l'vne a esté en partie renuersée par la foudre.

## KINNVNGAN.

LA Ville de Kinnungan est située à costé gauche de la riuiere, l'enceinte de ses murs est de plus d'vne heure de chemin, il y a diuers bâtimens tres-beaux & haut éleuez, mais presque entierement ruinés par les dedans: au milieu de la riuiere vis à vis de la Ville est vne Isle remarquable par vn Pagode nouuellement bâti, & entouré d'vne haute muraille : les ruynes que l'on void de cette Ville & de ses enuirons font iuger qu'elle doit auoir surpassé en richesses & en magnificence toutes les autres de cette Prouince. Les Chinois ne peuuent assez exagerer tous les rauages & les violences qui y ont esté exercées par les Tartares, mais la derniere fois les Tartares en emmenerent plus de quatre mille femmes ou filles des plus considerables familles, qu'ils firent conduire en leur pays, où elles furent venduës pour fort peu de chose, & contraintes de se prostituer pour satisfaire à l'auarice de leurs Maistres, qui en tirent du profit ; condition miserable pour des personnes esleuées dans la retenuë & dans l'honnesteté.

## KICHIEVHEEN.

LA Ville de Kichieuheen est à la gauche de la riuiere, elle a de grādeur enuiron deux heures de chemin, bastie d'vne maniere extraordinaire ; a la forme d'vn Triangle auec quatre grandes portes dont les battans sont de fer : elle a 700. pas de longueur le long de l'eau, auec vne muraille de 15. pieds de haut, sans fossez ; on y entre par vne longue aueniie, apres auoir passé trois barrieres, qui sont bien faites & ornées de sculpture assez belle.

## SIAKANIEN.

ESt au pied de la Montagne, dont la pointe éleuée panche vn peu du costé de la Prouince de Honan; ses murailles enferment vne bonne partie d'vne Montagne voisine, qui se laboure & est fort fertile : il y a vn fort grand & fort ancien Pagode où ces pauures Payens viennent de toutes parts en pelerinage. Leurs ruës sont la plufpart pauées de caillous, sont fort tortües, & vont en montant sur la coste de la montagne ; on void icy deux Arcs de triomphe qui sont fort beaux & construits de pierre grise, mais la plufpart des maisons des habitans ont esté détruites par les Tartares ; ils l'ont prise trois fois durant la guerre, & depuis les derniers troubles, elle a esté trois fois prise par des troupes de voleurs qui l'ont encores plus mal traittée que les Tartares.

## SIRIKAN.

ESt de la mesme grandeur que Siakanien que nous venons de décrire; elle est à droite de la riuiere en vn lieu fort commode ; vers le bord du costé de l'eau il y a vne porte tres-haute & forte, bastie de brique.

## SVCHIM.

ESt à droite de la riuiere dans vne plaine vnie où il y a 2. arcs, faits d'vne architecture qui nous étoit nouuelle; elle est quarrée, d'vne heure de chemin de circuit, du costé du Nord on y void vn Fauxbourg fort peuplé & bien basti, ses murs sont de 20. à 25. pieds de hauteur, & d'vne cōstructiō agreable, toutefois elle n'a point de fossez non plus que la plufpart des Villes de la Chine, enfin sa fertilité & sa beauté luy donnent vn tel renom, que l'on y va promener exprés de Peking mesme, où est la Cour du

## À PEKIN.

Roy, pour la voir. Les sorties de cette Ville & la Campagne où elle est scituée est si belle, que les plus beaux Iardins ne sont point plus agreables à voir. On dit qu'il y a vne femme fort riche, & qui y possede tant de biens, que les droits ordinaires qu'elle en rend tous les ans à l'Empereur, montent à mille theils, qui vallent 3500. florins.

### KIANSI.

LA Ville de Kiansi est sur le bord de la riuiere de Kiam, son enceinte est quarrée & de 66. Ly de tour, dont il n'y en a que 20. Ly, où il y ait des murailles : Elle a sept portes, dont quatre sont fort magnifiques & haut éleuées : on dit que lors que les Tartares firent la premiere inuasion dans le pays, il y auoit dans cette Ville plus de 40000. Chinois, lesquels apres vn an & demy de siege & d'vne vigoureuse resistance, enfin se rendirent & furent tous massacrez ; ils auoient eux-mesmes auant que de se rendre, mis le feu à tous les vaisseaux qui estoient dans leur port, & aux 4. coins de la Ville : Elle a encore depuis souffert deux autres sieges dont elle s'est tellement remise, qu'à present on la void en si bon estat, qu'elle peut tenir rang entre les plus fameuses Villes de la Chine. Ses habitans traffiquent fort, & entretiennent grand commerce auec celle de Sincheu & les autres Villes marchandes, sises à l'opposite de l'Isle Formosa. Il y a deux Lieutenans, dont le pouuoir & l'authorité sont égales ; l'vn a le gouuernement de la Bourgeoisie, l'autre le Commandement des Troupes ; ils sont tous deux originaires de la Chine, mais nourris dés leur jeunesse à la Cour de Tartarie & de grande consideration. Outre ces deux Gouuerneurs, il y a encore icy cinq Senateurs ou Conseillers, à sçauoir Poëtsientie Tresorier de l'Empereur, Ansansie President de la Iustice ; Thieckhouckthouw, principal Docteur & chef de la Iustice ; le Haitoû & le Pigsentaaw Commissaires des Troupes par Mer & par Terre.

Entre plusieurs magnifiques bastimens est le Tèple de Thasikong, tres-beau & fort renommé. A l'entrée il y a trois portes à costé l'vne de l'autre, couuertes de thuiles vernissées. En entrant on void le Louia assis au milieu d'vn grand nombre de Statues vne fois aussi grandes que le naturel, vestu d'vne maniere assez semblable à celle des anciens Romains : Il a vn manteau d'vn petit taffetas rouge sur ses espaules, est au milieu de deux colones, deux dragons épouuantables y sont entortillez. Le second bastiment a deux escaliers fort larges vis à vis l'vn de l'autre, qui sortent dans vne gallerie ruinée toute garnie & remplie de Statues, on peut tourner tout à l'entour. En entrant sur la droite est ce Puits où autrefois fut enfermé & tüé par l'Heros, que l'Idole que ie viens de dire represente vn serpent qui tenoit tout le Païs en crainte ; ce second Saint Georges en vint about, & en déliura le Pays. Ce Puits est de douze pas en quarré, auec vne fermeture de pierre grise, & plein iusqu'au haut d'vne eau verte.

Vn peu au delà de Kiansi est vn village appellé Wotsing à la gauche de la riuiere de Kiam, sur la pointe d'vne Isle eleuée, & sablonneuse : son estenduë en longueur est enuiron d'vne heure de chemin ; il y a vne belle ruë habitée par des marchands, dont les boutiques & les magazins sont fournis de toutes sortes de marchandises ; aussi n'y demeure-t-il que des Marchands. La Porcelaine y est en grande abondance & plus facile à auoir que dans Kiansy mesme, & parce que iusqu'à present on n'a encores eu aucune certitude de la maniere dont on la fait, i'ay iugé qu'il ne seroit pas inutile d'en faire icy la description. Il y a dans la Prouince de Nankin vne Ville que l'on appelle Goesifol, ou, comme quelques-vns disent Feytiou : c'est de-là que l'on tire la terre de la Porcelaine, elle se trouue entre les roches des Montagnes, cette terre se bat bien menuë, & estant pilée fort deliée, se met dans des Tobbes ou vaisseaux de bois pleins d'eau, là où la plus subtile va au fonds, on le pétrit en suite en forme de petits cubes ou dez, du poids d'enuiron trois Catti, ces morceaux de terre ainsi pétrie & preparée se vendent à des gens qui les viennent querir d'ordinaire de la Ville de Sintesimo, ou, Iontiou sise en la Prouince de Kiansy enuiron 400. Ly à l'Est de ce Village de Woetzing, & qui les transportent chez eux, où ils l'employent & la cui-

*Maniere dont on fait la Porcelaine.*

sent de la maniere suiuāte; ils font biē chauffer leurs fours l'eſpace de 15. iours de ſuite, & puis les tiennēt ſi bien fermés, qu'il n'y ſçauroit entrer d'air le moins du mōde : au bout de 15. autres iours, on ouure la fournaiſe en la preſence d'vn Officier qui en fait la viſite, & prend le cinquieſme de chaque ſorte pour l'Empereur, ils l'a vendent en ſuite à ceux de Vcienien d'où on le tranſporte par tout ailleurs; & bien que cette terre glaiſe ſoit tirée de la Prouince de Naukin, toutefois ou elle ſe tire ils ne la ſçauent pas trauailler, comme aux lieux que ie viens de dire, où cét art eſt en ſa perfection, & où l'on ſçait bien l'orner de toutes ſortes de figures auec de l'Indigo : c'eſt vn ſecret parmy eux qu'ils n'apprennent qu'à leurs enfans & parens les plus proches : dans ce Village de Woetſingh on voit vn nombre incroyable de beaux Vaiſſeaux, qui attendent qu'on les charge de ces Porcelaines, pour les tranſporter par toute la Chine.

Il y a vn Temple dans ce Village baſti en l'honneur de leur Neptune, ou du Dieu des Eaux, vis à vis duquel eſt vne Galerie couuerte par deſſus, où l'on fait des jeux & des ſpectacles à l'honneur de ce Dieu · car les Tartares & les Chinois qui ont deſſein de paſſer la Mer de Poyan, non ſeulement ſont obligez de faire icy leurs ſacrifices dans ce Temple, mais il faut encores outre cela, que chacun d'eux faſſe joüer vne Comedie courte ou longue, ſelon que ſa commodité le permet : d'abord les choſes qui doiuent eſtre offertes, ſont preſentées par le Preſtre à l'Idole, en ſuite on jette ſur l'Autel du ſang de l'offrande, puis on allume quelques cierges & autres parfums auec des petits Batteaux de papier doré ou argenté, faits exprés, qu'on fait brûler; le Preſtre rend les reſtes de l'Offrande de celuy qui fait faire le ſacrifice, ou à quelqu'vn de ſes gens, afin qu'ils le mangent, en quoy ils ſont fort differens des Preſtres de l'idole dont il eſt fait mention en Daniel. La raiſon de cela eſt que leur profeſſion ou regle, ne les oblige pas ſeulement de garder le Celibat, mais encore de ne goûter d'aucune choſe qui ait eu vie, ſi bien que les Mariniers qui ſont priez à ces repas ſe ſoulent de viandes, excitans leurs maiſtres à offrir amplement, principalement s'ils ſont à des Maiſtres qui ne leur faſſent pas ornairement bonne chere, il leur arriue quelquesfois d'abandonner leurs Vaiſſeaux & meſmes de faire qu'ils viennent heurter contre le Quay, dont ils rejettent la faute ſur le Capitaine du Vaiſſeau, luy reprochant que c'eſt ainſi qu'il en arriue quand on s'oublie enuers les Dieux, & que de cette façon ils auront encore bien d'autres dangers à eſſuyer, les obligeant par-là à faire de plus grandes offrandes : Les ceremonies du ſacrifice eſtant acheuées, le Preſtre s'auance vers celuy qui a offert, & luy preſente vn certain Vaiſſeau verny de Lacque, afin qu'il en tire vn billet, où eſt marqué quelle Comedie l'on doit faire joüer; ce billet auſſi-toſt eſt enuoyé à ceux qui ſont dans la Galerie dont i'ay parlé cy-deuant; incontinent apres on ouure le Theatre & la Comedie commence, le pays eſt plein de ces Comediens, ils ſont diuiſez par troupes particulieres, toutefois il n'eſt pas permis d'eſtre Comedien à tous ceux qui voudroient bien eſtre de ce nombre, mais le priuilege de fait la Comedie s'aferme au plus offrant.

## NAMKVN

Eſt à droite de la riuiere, en vne Campagne, où il y a pluſieurs Collines : elle a autrefois eſté fort renommée, mais elle eſt bien diminuée depuis les guerres : ſes murailles ſont hautes, les premieres aſſiſes ſont de pierre de taille, & le haut de brique, deffendües de vingt baſtions dans vne raiſonnable diſtance les vns des autres : ils ſont baſtis ſur les eminences des Collines, qui s'étendent enuiron d'vne heure de chemin tout autour de la Ville. A l'Oüeſt ſont deux arcades à l'entrée d'vne porte de pierre par ou on paſſe pour entrer dans la Ville; la premiere rüe ſur la droite eſt pleine de beaucares, mais les maiſons ſont fort ruynées, & deſertes pour la pluſpart.

## LA MER DE POYAN.

Cette Mer a de longueur vnze lieuës vn quart: en quelques endroits il y a des dunes & des roches qui empeſchēt qu'elle ne deborde, elle a au milieu de ſes eaux pluſieurs grādes Iſles fort dangereuſes à cauſe des roches dont elles ſont enuironnées. On y void ſur la gauche enuiron à moitié chemin, vne ville qu'on appelle Nangiangfor, auec deux tours, & les deux villages, Singhſongouw & Siouskoetſang: & auſſi vn Rocher nommé Gammatho, fort haut & extraordinaire, qui paroiſt hors de l'eau, entrecoupé de beaux vallons, plantez d'arbres auec des prairies fort diuertiſſantes: du coſté de main droite ſe void vne autre montagne pleine de roches appellée Takoeſan, on prendroit ces endroits plutoſt pour des iardins de plaiſance que pour vn ſimple payſage. Derriere la ville de Nangiangfoé eſt auſſi vne montagne extremement haute, qu'on appelle Luwliam, où l'on dit qu'il y a 360. Temples, ce qui eſt aizé à croire; car les Preſtres de la Chine, baſtiſſent ordinairement leurs Temples ſur des éminences. Tout proche d'vn village qu'on appelle Siouſtrouſſang, eſt auſſi vn Temple de grand renom auec vn Conuent de Religieuſes fort beau & bien baſti, où elles ne viuent que des aumoſnes que des gens qui courent cette mer auec de petits bateaux leurs ramaſſent, abordant toutes les ionques qui y paſſent; les hommes n'entrent point dans leur cloiſtre.

On void ſur le mont Takoeſan vne tour qui a ſix eſtages & vn Temple, ou plutoſt vn Conuent d'hommes, qui ne viuent que d'aumoſnes, de meſme que ces dames dont ie viens de parler.

## HVKOEN.

Cette ville eſt ſcituée à l'extremité de la Mer de Poyan, & ſur le coſté droit de la grande riuiere de Kiam. Auparauant la deſolation de la Chine, c'eſtoit vne place fort agreable, où le commerce alloit bien, & qui eſtoit fort riche: ſes ruës ne ſont point droites, elle eſt toute par haut & par bas; car elle eſt aſſiſe, ou pour mieux dire, ſes maiſons paroiſſent attachées ſur les pentes de quatre montagnes, dont l'vne eſt paſſablement haute, & les trois autres vn peu plus baſſes: elle eſt entourée de ſept autres montagnes plus éleuées, qui la commandent; ſur ces montagnes ſont de beaux paſturages, on les a attachées à la ville, pour ſa plus grande ſeureté, par vne muraille de 25. pieds de haut, tellement qu'elles ſont vne partie de la ville: au Nord de cette ville eſt vn rocher couuert de buiſſons auec vn beau Pagode au coſté du Midy, le pied de ce rocher auance iuſques dans l'eau & ſert d'abry aux vaiſſeaux qui font cette nauigation. On void aux enuirons de cette ville quantité de beaux Temples, qui ſemblent attachez au ſommet des rochers & des montagnes, & beaucoup d'autres ouurages ſi extraordinaires, que nos gens, quoy qu'ils euſſent veu la moitié du monde, ne les pouuoient aſſez admirer. Elle eſt fort habitée & baſtie près à prés, ſes maiſons ſont de pierre, & les boutiques remplies de marchandiſes de toutes les ſortes; les viures ſont icy en abondance; mais principalement le poiſſon qui y eſt à fort bon marché; ils y peſchent des Thons qui viennent nager iuſqu'au pied du rempart, ils ſont en eſtime chez les Chinois, à cauſe qu'ils n'en trouuent gueres ailleurs.

## PHANCHEV.

C'Eſt la derniere ville, au Nord de la Prouince de Kianſy, elle eſt ſituée derriere vne Iſle, à la droite de la riuiere dans vn vallon reſſerré entre de grandes

Collines : ses murs s'estendent iusques sur la haut des montagnes, sur lesquelles il y a de belles maisons. Elle est vn peu plus petite que Hukoen, mais d'ailleurs elle iouït d'vn grand commerce, qui enrichit ses habitans.

## TONGLAEV.

C'Est la premiere ville du costé de la Prouince de Nankin, elle est scituée sur la riue de Kiam, en vn endroit plein de colines, bien munie de bons bastions & de murailles tout à l'entour, il n'y reste qu'vne seule ruë, les Tartares ayant destruit tout le reste, dont il ne paroist plus que des ruines : entre les bastimens qui subsistent encores est celuy où le Gouuerneur tenoit sa Cour, d'vne structure fort surprenante. Deux hautes portes fort éleuées, semblables à des arcs de triomphe, en font l'entrée, on trouue après vn bel estang qui reçoit son eauë pardessous les murs de la ville : dans le milieu de cet estang est vne agreable maison.

L'on voidentre ces deux villes que ie viens de décrire, au milieu de la riuiere de Kiam, vne colonne qui fait la separation des Prouinces de Kiansy & de Nankin. La Nature l'a faite, car c'est vn rocher à qui elle a donné cette forme, elle a au midy vn beau Temple auec vn Conuent, où il y a pour le moins cent Prestres, qui viuent des aumosnes qu'on leur donne.

## ANHING

PAroit fort magnifique, sur la gauche de la riuiere de Kiam, elle peut auoir enuiron deux heures de circuit : le long de l'eau est vn beau faulxbourg, orné de Pagodes & de maisons fort iolies : ses murs ont plus de vingt-cinq pieds de haut, & sont faits de briques : du costé de terre, il y a vne petite coline, sur laquelle est basti vn Temple auec vne haute tour.

## TONGLING.

PEtite ville scituée en vn agreable lieu, enuironnée de montagnes, elle a la forme d'vne feüille de tresfle, son circuit est enuiron d'vne demie heure de chemin. On y aborde par la grande riuiere de Kiam, après auoir passé deuant vn petit Chasteau scitué au fonds d'vne Baye, où les Ionques sont couuerts de la force de l'eau : sur la cime des hautes montagnes qui paroissent au dessus de la ville, on entend vn bruit extraordinaire. Ce petit Chasteau s'appelle Vpon, & est scitué iustement sur le bord de la riuiere, il est fermé d'vne bonne muraille de vingt pieds de haut, & d'enuiron mil deux cents pas de tour ; au milieu de la plaine est vn Pagode dont la couuerture, qui finit en pointe, est fort agreable.

## VFOE.

C'Est vne des plus grandes & des plus fameuses villes de la Chine, pour son trafic & pour son Port d'vne heure de circuit auec des maisons de costé & d'autre fort peuplées, elle est scituée sur les bords d'vne belle eauë courante, qui se va perdre dans la riuiere de Kiam. Tous les Ionques & autres bastimens qui passent par deuant, sont obligez d'y payer vn droit : cette ville est tres-considerable par ses edifices publics, par les maisons de ses habitans & par ses Pagodes. Il y a à chaque pointe de ce Port, vn fort basty à l'Hollandoise auec ses bouleuers & ses parapets, nous n'y vismes aucune machine de guerre, quoy que ce soit

## DES HOLLANDOIS A PEKIN.

le lieu où se font les meilleures armes de tout le Pays, & dont les Habitans tirent vn gain tres-considerable : C'est aussi icy qu'est establie l'estape de la Biére de la Chine, on la brasse en cette Ville pour estre portée apres par tout le Royaume.

### TEIITONG.

Est située derriere vne Isle à la droite de la riuiere; on la peut voir de deux lieuës de loin, ç'a esté autrefois vne fort belle ville; mais les Tartares qui l'ont prise & reprise, l'ont reduite en vn estat déplorable, & ne luy ont laissé que trois tours, dont la hauteur marque encores auiourd'huy l'ancienne magnificence de cette Ville.

### NANKIN.

NANKIN estoit autrefois la residence des Rois de la Chine, mais le Roy Humvus ayant déliuré le Royaume de la tyrannie des Tartares l'an 1368. le Throsne Royal fut transferé de Nankin à Pekin, afin d'estre plus proche de la frontiere, & de fortifier la partie de l'Estat la plus exposée aux incursions des ennemis. Depuis ce temps-là, Nankin n'a plus tenu que le second rang. Elle à 32. degrez de latitude Septentrionale, esloignée seulement de quinze lieuës de la mer, est bien bastië, le circuit de ses murailles est enuiron de six lieuës d'Allemagne, sans y comprendre les fauxbourgs, dont nous ne vismes point le bout : elle touche du costé du Nord à la grande riuiere de Kiam, a vn fossé profond que l'on passe sur vn pont de quatorze batteaux; du costé de l'Est, elle s'estend dans le pays iusqu'à vne longue vallée qui en diuers endroits est trauersée de canaux si profonds, que les vaisseaux qui viennent de la mer, y trouuent assez d'eau pour y pouuoir charger & décharger leurs marchandises. Les murailles ont trente pieds de haut, sont bien basties de pierre de taille par embas, & de brique en haut, auec des ornemens qui les terminent & qui regnent tout autour, il y a treize portes dont les battans sont de fer, auec de bons corps de garde à droit & à gauche; la foule est toujours si grande à la porte vers l'eau, que l'on a de la peine à s'en tirer. Les ruës principales de la ville sont la pluspart tirées à la ligne, larges de 28. pas, & au milieu il y a de grandes pierres bleuës; il y a des barrieres de 100. pas à 100. pas de distance, qui se ferment toutes les nuits, & à chacune il y a vn Capitaine sous la conduite duquel tout le voisinage est diuisé. *Voyés la figure.*

Les maisons ordinaires des Bourgeois sont mal basties, les appartemens pressez & peu commodes, auec des enseignes extraordinairement hautes au deuant, & des planches sur lesquelles ils marquent tout ce qui est dans la maison. Les boutiques & magazins sont toutefois fort propres, & bien fournis de marchandises de toutes les sortes, & quoy qu'il y ait à ce qu'on dit, plus d'vn million d'hommes, neantmoins toutes les prouisions de bouche y sont en abondance & à grand marché, plus qu'en aucun autre lieu, dont on ne s'estonnera pas si l'on considere la fertilité de la campagne où elle est située. Le Palais où les Rois de la Chine ont tenu long-temps leur residence est au Sud de cette fameuse ville, enuironné d'vne haute muraille toute de brique, le circuit en est quarré, chaque costé de ce quarré est de 20000 pas, tout ce terrain est diuisé en trois parties, les Tartares ont pris leur quartier du costé du Pagode de Paolinxi, & dressé vne infinité de hutes où ils s'accōmodent le mieux qu'ils peuuent, & laissent les Chinois dans la ville sans troubler leur trafic ny leur repos. Dans la place la plus enfoncée du Palais il y a vn chemin fort large pour se promener, qui trauerse en Croix toute l'estenduë de cette place. Cette promenade est de pierres grises, de costé & d'autre, il y a vne galerie bastie de pierre d'ardoise éleuée de trois pieds au dessus du rez de chaussée où coule vn petit ruisseau d'eau viue qui contribue beaucoup à la beauté du lieu, au dessus de la seconde porte, est suspenduë vne cloche de la hauteur de deux hommes. Elle a 32. brasses de tour, & est épaisse d'vn quart d'aulne. Les Tartares en content des merueilles, mais

B ij

le bruit en est tout à fait sourd, & son alliage n'aproche pas de la bonté de celuy de nos cloches. Hors du circuit du Palais, du costé du Sud de Nankin dans la pente des montagnes, paroist le fameux Pagode de Paolinxy, accompagné de bastimens les plus magnifiques de toute la Chine. Mille de leurs Prestres ont en cet endroit vn grand edifice dans lequel il y a 10000. Idoles. Au milieu de la place il y a vne tour de Porceleine qui a esté bastie par les Tartares il y a plus de 700. ans. Quand on est au haut de la tour, on découure toute la ville & toute la campagne jusqu'à l'autre costé de la riuiere de Kiam; l'on est surpris de voir la grāde estenduë de cette ville, & comme elle estend ses bras au delà de ses murs jusqu'à la riuiere de Kiam. Cette tour à neuf estages voutez, on y monte par 184. marches auec des galeries qui tournent tout autour. Le toict de ces galeries est diuersifié de verd, de jaune & de rouge, & au dessus des galeries il y a des croisées auec des grilles de fer, à tous les recoins de la couuerture sont penduës des clochettes de cuiure, lesquelles au moindre vent font vn carrillon fort agreable. Au haut de la tour est vne pomme de pin qu'on dit estre de pur or. Ces Prestres Payens, dont a esté fait mentiō cy-dessus, viuent d'herbages, semblables à ces anciens disciples de Pythagore. Les Habitans de cette ville sōt plus ciuils & de meilleure foy que les autres Chinois, & les surpassent aussi dans les Sciences & dans les Arts, l'on voit icy beaucoup de personnes considerables par leur richesses: Il y a apparence que les Chinois y ont plus de libertéqu'ils n'en ont dans les lieux où il y a moins de mode, & qui sont par cette raison plus exposés à la tyrannie des Tartares. Les Iesuites ont icy vne grande Eglise, qui estoit autrefois vn ancien Pagode, ils la tiennent magnifiquement parée, comme sōt celles des Catholiques Romains, elle est enuironnée d'vn Iardin de toutes sortes d'arbres fruictiers & sur tout de ceriziers, dont le fruit est fort bon & en grande quantité: Il y a aussi beaucoup de Chinois qui sont Mahometans, & qui pour se faire distinguer des autres, portent des bonnets blancs pointus: Il y a trois Gouuerneurs Chinois, & vn Tartare: quand vn Gouuerneur qui a bien fait son deuoir, a fait son temps & est sur le point de partir, le peuple luy met vne de ses bottes & luy rend plusieurs autres deuoirs auec de grands souhaits, qu'il puisse faire vn heureux voyage, & l'on fait vne peinture de sa botte qu'ils suspendent au deuant du Palais où il demeure, pour vne eternelle memoire de l'obligation que la ville luy a. On voit plusieurs de ces Tableaux qui representent des bottes en diuers endroits de la ville. Tout y est àlfort bon marché, tellement que la Compagnie ne sçauroit desirer vn lieu plus propre que Nankin pour le commerce du Iapon.

*Voyés la ur.*

## TCIENIEN.

PEtite ville située sur la gauche de la riuiere de Kiam, qui va tomber dans la mer à 180. lieuës d'icy en courant vers l'Est; à l'emboucheure on trouue au milieu de cette riuiere plus de 15. brasses d'eau, & en remontant vers Nanquin il s'y en trouue six, quand on sçait bien prendre l'endroit où elle est plus profonde: d'icy on va au canal royal dressé à plaisir, le long des bords duquel on voit de beaux bourgs des villages, & des campagnes si fertilles & si bien cultiuées, qu'il n'y a rien au monde des plus agreable, auec quantité de grands vaisseaux chargez de marchandises. Sur la gauche est vn Pagode de l'Idole Kingang fort renommé, & remply de statuës, & vn peu plus loin vn autre auec vne tour fort artificieusement bastie, qui a six estages, & cent trente-huit marches de hauteur, elle a de diametre 45. pas à son sommet, & 60. au rez de chaussée; elle a esté bastie par vn Mandorin. La campagne des enuirons est vnie comme vne mer lors qu'elle est calme: de sorte qu'on pourroit aisément prendre la hauteur de la tour auec vn Arbalestre. La ville est bastie à la gauche du canal Royal, fermée d'vn quarré de murailles hautes, & fortifiées de bons boulleuarts fort éleuez, elle a de tour trois heures de

## DES HOLLANDOIS A PEKIN.

chemin, & vn faux-bourg bien basty où il se fait vn grand commerce. Cette ville est fort renommée pour ses richesses & pour sa magnificence, mais dauantage pour l'extraordinaire beauté de ses femmes, qui surpassent de beaucoup toutes les autres par leur esprit & par leurs manieres. Au deuant de la maison où l'on paye le droict d'Entrée, le passage est fermé par vn pont de batteaux : de là on entre dans la ville apres auoir passé trois portes, toutes les ruës y sont tirées à la ligne & pauées de briques. Les murailles de la ville sont d'vne grande hauteur, auec vne moulure au bord. A la sortie de la ville sur la gauche est vn Pagode auec vne haute tour, & vne galerie qui tourne six fois au tour, delà on peut voir toute la campagne. A l'Oüest court vne eau rapide qui trauerse la ville, on a basty dessus diuers ponts de pierre de taille, dont les arches sont fort belles & fort esleuées : son principal commerce consiste en sel & en grains. Quand on va de là au village apellé Saopao, on trouue sur la droite quantité de coupoles basties de pierre, & le fameux Sepulchre de Sultan Key. *Voyés la figure.*

### KAIVTSIN.

EST situé à droit du canal Royal, tout proche du bord de la grande mer qui est arrestée en ce lieu par vne forte digue de pierre. Elle est fort peuplée, & ses fauxbourgs aussi, il s'y fait vn bon traffic : Le pays des enuirons est fort bas & tel qu'il le faut pour le ris : Les maisons des païsans y sont à perte de veuë & si prés l'vne de l'autre, que toute la campagne y paroist comme si ce n'estoit qu'vne grande ville fort peuplée: Vers l'Oüest toute la campagne paroist blanche, du ris dont elle est semée, les bords de la riuiere sont tous couuerts de rozeaux, dont la taille s'aferme tous les ans, les Habitans les vendent & s'en seruent pour leur chauffage ; il y a aussi quantité de moulins à vent qui détournent l'eau, & qui sont faits auec beaucoup d'artifice. *Les Hollandois appellét mer les grands lacs, comme Haerlem meer.*

### PANVCIEN.

AVssi à la droite du canal, a esté autrefois vne ville bien florissante, cóme il se peut encore voir par les ruynes & par le débris de ses edifices. Au dehors de la muraille vers le Nord est le Temple d'vne Idole, dont les dedans & les dehors sont fort beaux : le canal Royal en ce quartier a esté tiré à la ligne, & il y a des endroits où l'on en dériue l'eau pour rendre plus fertiles les campagnes où croist le ris.

### HOYANINGAM.

ELle est au costé droit du canal dans vn pays marescageux, elle est diuisée en deux par vne muraille, & à de bons bouleuarts auec vn fauxbourg bien basty & fort peuplé, qui a enuirō trois lieuës d'Allemagne de lōgueur. A l'entrée sur la droite, la campagne est pleine de Sepulchres, dont quelques-vns sont hauts esleuez. Dans vne des parties de la ville est le logis où demeure le Pouruoyeur de l'Empereur, qui y est fort craint & fort consideré, dans l'autre est vn Colonel des Troupes Tartares. Sinsiampu est vn peu plus loin, considerable pour les maisons & Pagodes, qui sont de l'vn & de l'autre costé de l'eau. Sa scituation est entre le canal Royal & la riuiere jaune, & a vne lieuë ou enuiron d'estenduë. A l'entrée il y a vne écluse auec de fortes portes. Le commerce y est grand, & grande l'abondance de viures auec des magazins où l'on trouue à achepter tout ce qui peut seruir à bastir des vaisseaux, il y en a de toutes sortes qui s'y font & qui s'y vendent. Icy vn bras de la riuiere jaune coupe le canal Royal iusqu'à Teyvvanmiao, où l'on rentre dans ce canal, apres vne espace de chemin de douze lieuës d'Allemagne, en de certains endroits elle est aussi large que le Rhin, auprés de Cologne, l'eau en est si espaisse & bourbeuse, qu'on ne s'en peut pas seruir, à moins que de la clarifier auec

B iij

de l'alun. Les Chinois disent que le Ciel & la Terre ont chacun vne riuiere capitale, que cette riuiere jaune est la capitale de la Terre, non seulement par cette raison qu'elle tire sa source d'vne eau dormante, mais aussi parce qu'elle coule auec tant d'impetuosité, & que quand elle s'éclaircit, on en peut tirer de grands préjugez pour les choses à venir : Par exemple, vn peu auparauant l'irruption des Tartares, elle deuint claire, mais cét augure fut expliqué en ce temps-là d'vne autre maniere & adapté à vn autre fleau, dont le Royaume estoit menacé. Cette riuiere est fort grosse & capable de diuiser la Chine en deux parties.

## TANIENIEN.

Est à la gauche de la riuiere jaune fermée d'vn rampart reuestu de pierre ; C'est vne petite ville, mais qui est bien peuplée, & où il y a plusieurs belles maisons.

## SIIANGEEN.

Située au pied d'vne haute colline, à la droite de la riuiere jaune, à l'entrée de ce costé-là est vn Pagode fort magnifique. Cette petite ville n'a qu'vn Chasteau pour tout ornement ; ce qui fait que plusieurs la mettent au nombre des villages, du reste elle n'est pas mal peuplée, & fort comode pour la Nauigatiõ. A deux heures de chemin du bourg de Kiaxia est le canal Royal qui sort de la riuiere jaune, & d'vne autre riuiere qui court au contraire, qui est de l'autre costé, & qui y a esté conduite à force de trauail & de machines pour l'augmēter de ses eaux : A l'embouchure il y a vne écluse d'où sort vn courāt d'eau si rapide, qu'il faut employer les forces de plusieurs hōmes & l'artifice des machines pour tirer les barques. Entre ce canal & la riuiere jaune, est vne langue de terre fort lōgue & étroite à l'extremité, il y eut autrefois vne ville nōmée Kansim, maintenāt détruite, on dit que les Habitans s'en sont retirez pour la crainte des deux riuieres qui leur dōnoient trop souuent des alarmes par leurs inondations : Ils ajoûtent qu'autrefois vn braue soldat deffendit dās cette place le passage des trois riuieres : cette situation l'a fait passer pour vne des plus importantes places de la Chine : Aux enuirons de ce bourg de Kiaxia croist du Romarin dans des champs incultes, si épais & en si grande abondance, que les bruyeres ne le sont pas dauantage dans la Zuurlandt : Il se fait icy de grandes chasses de Cerfs. La Prouince de Nankin est separée de celle de Xantum par vne petite montagne qui s'éleue sur les deux costes de ce canal : A vne lieuë & demie de ce village on voit deux pierres bleuës fort hautes jointes ensemble par vn ouurage de maçonnerie, auec vn ornement de moulures qui regne tout autour, toutes deux pleines d'inscriptions, sur chacune de ces pierres est esleuée vne redoute quarrée, pour marquer la separation des deux Prouinces, chaque redoute a sō Gouuerneur : le canal n'a point esté tiré icy tout droit, mais va tousiours en serpentant, afin de reprimer par là vne partie de la violēce de son cours, tres-grande en cét endroit: au lieu où finissent ses détours on voit vne ancienne ville toute détruite, en laquelle a autrefois pris naissance vn Roy de la Chine, & peu à peu depuis sa mort & la decadence de sa maison, cette Ville a aussi couru la mesme fortune, & a manqué en mesme temps : en sorte qu'on ne voit plus que quelques vestiges de ses remparts, tout le reste de la ville est maintenant vne place que l'on laboure & que l'on seme & pour effacer plus facilement la memoire de cette ville, les écluses qui en estoient tout proche en ont esté transportées au village de Theysiang, remarquables par ses 36. tours qui le deffendent des deux costez du canal Royal, auec de vastes campagnes fertiles en bleds & en ris, qui l'enrichissent & s'étendent aussi loin que la veuë se peut estendre.

DES HOLLANDOIS A PEKIN. 15

## CINNINGSIN.

CEtte ville est à la droite du Canal dans vn terroir fort marescageux, ses maisons sont fort prés l'vne de l'autre, elle a deux Pagodes fort esleués; & aussi vne tour d'enuiron 200. pieds de hauteur, & 150. pieds de diametre; elle a huit estages, le pied est de pierre taillée, le reste est de brique, les degrez ou marches sont d'ardoises bleuës, pratiquées dãs l'épaisseur de la muraille qui est de huit palmes. Céte ville est aussi grande que Canton : sous le gouuernement des Chinois, elle estoit beaucoup plus magnifique, son fauxbourg s'estend des deux costez du canal Royal, il est fort grand & remply de monde, elle a deux grandes écluses où l'on arreste l'eau à plus de six pieds de hauteur. Chaque Hostellerie de cette ville, à sa trouppe particuliere de Comediens pour diuertir les hostes; c'est vne chose étonnante d'y voir tant de Comediens & de Comediennes richement parées, & qu'ils se puissent entretenir pour le peu de chose que leur donnent les Chinois; car pour six ou sept condryns ils leur font des Comedies qui durent tout vn iour. Les Chinois ont icy des oyseaux qu'ils appellent Clouua dressez à prendre du poisson, ils ont vn petit batteau à rames bordé de gros rozeaux; ces oyseaux sont sur le bord du batteau : en cét estat ils vont en mer, ils laschent leurs oyseaux hors du bord, qui plongent tout aussi-tost & nagent tout autour de leur batteau, dans le temps que le Chinois auance auec son batteau & qu'il rame; lors que l'vn de ces oyseaux a pris du poisson, il sort de l'eau & vient auec grande vistesse au dessus & l'engorge dans la poche qu'il a sous le bec, il ne peut pas passer outre, car il a le col serré par le moyen d'vn petit anneau qui empesche qu'il n'aualle tout à fait sa proye, & quand il est rentré dans la barque, ils luy ouurent le bec auec force, & leur serrant le col de la main poussent le poisson iusqu'à la gueule, & s'il arriue qu'il ne retourne pas assez-tost pour se plonger & pour en prendre encores d'autres, ils le battent à coups de baston si rudement qu'on luy voit voler la plume de dessus le corps, ce que nous ne pouuiõs assés admirer Ils ont à Nankin encore vne autre maniere de pesche, ils ioignent plusieurs barques ensemble, qui ont sur la droite vne large planche qui y est attachée & qu'ils ont couuerte d'vne peinture blanche, ils la laissent flotter lors que le Soleil luit, sa lumiere reflechit de dessus la planche, le poisson qui suit le bord du batteau s'y élance hors de l'eau & y demeure pris, ou bien dans vn fillet tendu le long du bord, la pluspart de ces poissons sont des petites Sardines qu'on appelle à Batauia des sauteurs, & sont de fort bon goust. La riuiere de Queey entre dans le canal Royal, aux enuirons de Nauuvang, si l'on jette dans cette riuiere neuf bastons, il s'en trouuera six qui vont vers le Nord, & les trois autres du costé du Sud, nos gens en ont fait l'épreuue tout vis à vis du Pagode de Longvuang Miao, c'est à dire, du serpent Royal. La riuiere jaune déborda iusques icy en 1644. il y eut plusieurs milliers de personnes noyez, & ce mesme Pagode en fut tellement inondé, qu'à présent on n'y void plus rien qu'vn estang d'eau : c'est peut-estre là le serpent dont Fernand Mendez a parlé : Les Habitans du pays en attribuent la cause à leur serpent, & disent que ne se plaisant plus à séjourner sur la terre, il auoit changé de demeure & s'en estoit retourné au Ciel.

*Dans la relation du voyage, on appelle autrement les mesmes oiseaux.*

*Springers.*

## XANTSIV.

EST située sur les deux costez du canal, elle est deffendué auec de bons Châteaux exactement carrée & grande enuiron d'vne heure de chemin, auec vn rempart de terre reuestu de pierre, il y a plusieurs beaux bastimens, mais la plus part sont inhabitez & en ruyne : au milieu de la ville vers le bord de l'eau est le Pagode de

16 VOYAGE

Teyvvan Miao, admirable pour son Architecture. Il y eut autrefois vn Pagode sur le bord d'vn lac, & abisma il n'y a pas long-temps auec tous ses Prestres: La riuiere jaune, comme nous l'auons desia dit, a inondé tout le ressort de cette ville, & à emporté auec les digues & les chaussées, des villages & des Villes entieres de la dépendance de celle-cy.

## TMNCHAM.

EST situé dans vn fond, son circuit est d'vne petite heure de chemin, ses murs nous parurēt de meilleure defense que ceux de pas vne autre ville que nous ayōs veuë iusqu'à present; deux rues principales qui se croisent diuisent toute la ville en quatre parties, il y a à l'endroit où elles se coupent vn grand édifice auec quatre arcades & autant de couuertures l'vne sur l'autre. Les portes sont fortes, chacune à son pont, & est deffendue des bastions qui flanquent la muraille, du costé du Nord on passe vn pont de bois de 137. pas. l'eau sur laquelle il est basty tourne tout autour de la ville: de l'autre costé il y a vn grand fauxbourg où l'on trouue à acheter tout ce qui est necessaire à la vie. A l'Est est vn Tombeau de fer épais d'vne brasse & demie, haut de vingt pieds enuiron, dressé en cét endroit en mesme temps que la tour de Porceleine de Nanking, au pied de ce monument sont quelques caracteres estrangers qui marquent que ç'a esté le Tombeau de quelque personne signalée, & qui apres auoir bien merité de son pays fut tué dans vn combat.

## LINCING.

EST vne Ville fameuse située sur les deux bords du canal Royal, qui est gardé en cét endroit par deux Caualiers, & coupé par deux fortes écluses, depuis la bourgade Sensiampu iusqu'icy il y a cinquante-huit écluses qu'il faut toutes passer, ces écluses sont si larges que les plus grands vaisseaux qui entrent dans les riuieres y peuuent passer facilement, il est vray qu'on ne les ouure qu'auec beaucoup de peine, & qu'elles ne retardent pas peu le voyage: vers le costé qui regarde le Nord il y a vn pont de neuf batteaux qui joint les deux parties de la ville, que le canal a diuisé. La ville est remplie de belles maisons & de Temples, elle est située dans vn terroir de sable enuironé d'vn rempart de terre, qui est reuestu de pierre: flanquée du costé du Nord de 15. bouleuarts & de deux tours rondes, elle à la figure d'vn Triāgle dont les costez sont inégaux, & qui peuuent auoir enuiron vne heure & demie de circuit, sans y comprendre les fauxbourgs. Entr'autres fruicts qui sont icy en grande quantité, il y a beaucoup de poires d'vn bon goust, & qui se peuuent garder fort long-temps. Vne demie heure au dehors des murailles du costé du Nord de cette ville, tout contre le bord de la riuiere comme on va à Pekin, est vn Temple ou Pagode, où il y a quantité de raretez à voir: Dans l'endroit de ce Temple le plus retiré est la statuë d'vne Deesse de trente pieds de hauteur & d'vne bonne sculpture.

## VCIENHEEN.

\* Il y a apparemment faute dans l'Original, & au lieu de Kiam, il faut lire Gue, & faire la mesme correction dans le discours des deux Villes suiuantes.

EST fermée d'vne muraille quarrée sur le costé droit de la riuiere de *Kiam, qui se rejoint icy à son autre bras. On voit encore diuerses marques de l'ancienne magnificence de cette ville, du costé du Sud: Au delà de l'eau il y a vn fauxbourg qui est fort peuplé; c'est là que finit la Prouince de Xantun & que celle de Pekin commence.

CVIHINIEN.

## DES HOLLANDOIS A PEKIN.

### CVIHINIEN,

EST dans vn pays plat à la droite de la riuiere de Kiam, * son circuit est d'enui- *Guei. ron deux heures de chemin, elle a de belles murailles & des Pagodes tout à fait bien bastis, auec vn fauxbourg grandement peuplé, il croist quantité de cotton dans les terres d'alentour, les Habitans pour la pluspart s'en habillent, le trauaillent & en font grand commerce, il se seme icy tous les ans, il ressemble fort au millet, quand il est en fleur.

### TVNCHAM,

EST d'vne forme quarrée, à droit de la riuiere de Kiam, * elle est principalement *Ie crois considerable par le circuit de ses murailles, & par ses bastions & redoutes, ses qu'il faut li- fauxbourgs sont fort peuplez, il se fait icy grand commerce par mer. Les mariniers Tartares ont coustume de se pouruoir en ce lieu de breuuage, parce que la bierre qui est leur boisson ordinaire, est icy à bon marché, & qu'elle se garde plus long-temps & est de meilleur goust qu'en nulle part de la Chine.

### TONQVANHEEN,

EST à la gauche de la riuiere, plus auant dans le pays d'vne portée de mousquet: elle est gardée par les Chinois du consentement de l'Empereur, est presque toute quarrée, son circuit est d'vne bonne heure de chemin, auec de fortes murailles. La campagne des enuirons de la ville est d'vn aspect fort agreable & plantée d'arbres de toutes sortes d'especes; entr'autres raretez il y a sur la place du Marché vn Lion de fer fondu, de la hauteur de huit aunes mesure de Hollande, tout à fait beau & agreable à voir.

### SANGLO,

EST à droite de la riuiere, vn peu dans le pays : elle a de grands fauxbourgs qui s'étendent iusques sur les bords de la riuiere, & sont par tout peuplez : il ne se rencontre pas icy de Chinois fort riches : du costé de l'Est on passe trois portes qui conduisent à vne haute muraille, sur laquelle on monte par vn degré, & de là on entre dans la ville ; mais les Tartares ont tellement ruiné toute cette Ville, qu'on ne sçauroit trouuer la Ville dans la Ville mesme. La pluspart des maisons des villages de ces quartiers sont bastis de mortier, & couuerts comme les fours chez les païsans de Vvestphalie, excepté qu'elles sont plattes dessus, où ils ont vn trou pour donner passage à la fumée; à vn des costez est vne fenestre auec la porte, & n'ont point d'autres commoditez dans leurs logis. Le peuple est icy fort sauuage, fort brutal, & il leur est fort ordinaire de s'entre-tuer les vns les autres pour le moindre sujet.

### SVNTICIEN,

EST à la droite de la riuiere dans vne raze compagne; elle estoit autrefois de fort grand trafic, à cause de sa situation fort propre pour la mer, d'où elle tiroit de grands auantages; mais à present elle est presque entierement de serte & sans Habitans.

## VOYAGE
### SINIOHEEN,

EST à la gauche du canal Royal, qui se mesle en cét endroit auec vn bas de la riuiere jaune; & 'apres l'auoir passée, continuë à rendre facile le voyage de Pekin; sur le bord de l'eau est vn Pagode fort ancien, mais mal entretenu; il semble que les Payens Chinois de ces quartiers ayent moins de zele pour leur Religion, que les peuples que l'on trouue plus bas. Toute cette contrée a payé autrefois des droits à ces Temples, maintenant ils sont la pluspart tombez en ruine, les Idoles dispersées l'vne deçà, l'autre delà, abandonnées, toutes nuës & découuertes: Quelques-vns plus deuots que les autres, ont couuert ces Idoles de nattes; d'autres se sont contentez de leur donner de grands chapeaux de paille; mais generalement on les laisse en mauuais estat.

### SINGLEIHEEN,

Petite villette sur la gauche de la riuiere, elle a vn beau fauxbourg sur les deux bords de la riuiere, qui est fort peuplé: Du costé de l'Oüest est vn grand bastiment d'vne grande enceinte, qui enferme vn fort beau bois; là est vn Monastere de Filles, où les hommes n'entrent point. A la droite vn peu plus auant dans le pays, est vn Pagode auec trois Tombeaux, où a esté autrefois enterré vn Roy auec sa femme. Il y a en ces quartiers quantité de sauterelles, qui de temps en temps passent en ce pays auec les vents d'Est, & broutent tout ce qu'il y a dans les champs: Les paysans pour empescher ce dégast, se mettent en campagne auec des enseignes & des étendarts, & font vn si grand bruit pour chasser ces insectes, que tout le pays en retentit.

### TIENCIN

Tiencin, ville fameuse, d'vne figure quarrée, vn peu plus grande que la forteresse de Battauia, elle est fermée d'vne muraille de 25. pieds de haut, auec vn bouleuart derriere sans Artillerie: Ses fauxbourgs sont fort grands, enuironnent toute la ville, & en augmentent la beauté: On void icy des Ionques & d'autres vaisseaux qui negocient dans la Corée, au Iapon & ailleurs, & attirent à cette ville de la reputation & beaucoup de profit: Le pays d'alentour est marescageux, est inondé en hyuer, principalement lors qu'il y pleut beaucoup; mais la principale cause de cette inondation, vient de ce que plusieurs riuieres s'assemblent en ce lieu, & font vne cascade à l'endroit où est le Chasteau.

### GOESIVVOL,

EST à la gauche de la riuiere, grande enuiron de demie heure de chemin, fermée d'vne muraille; les fauxbourgs s'étendent fort loin du costé de l'eau.

### FOEHEEN.

Petite ville aussi à la gauche de la riuiere, & auancée dans le pays enuiron d'vne bien petite lieuë.

### SIANSIANVVEI.

C'Est la Rade Imperiale, située à gauche du canal Royal; elle est fort peuplée & deffenduë d'vn fort Chasteau, au milieu duquel on void vn bel Arc de triomphe dressé de pierre grise: Au Sud de cette place, est vn Pont de pierre de cinq arca-

## DES HOLLANDOIS A PEKIN.

des, auec des maisons de costé & d'autre: Il a 42. pas de longueur. Toutes les marchandises qui vont à Pekin se débarquent icy & à Tongsieu, pour y estre conduites sur des charretes ou sur des bestes de voiture, qui y attendent tousiours leur charge.

## TONGSIEV.

EST vne grande Ville en vn terroir bas & inculte du costé droit du chemin Royal de Pekin; mais à la gauche du canal. Ce fut icy que le Grand Tamerlan deffit autrefois le Roy de la Chine, & se fit apres couronner Roy dans Pekin mesme: elle est bien fortifiée; la Ville est separée encore par vne muraille, les ruës ne sont point pauées; le chemin d'icy à Pekin est bordé de villages fort bien bastis & pleins de monde, on void vn Pagode sur la gauche de la Ville.

*Voyez les notes.*

## PEKIN.

NOvs sommes maintenant arriuez à la Ville capitale de la Chine, où l'Empereur des Tartares a à present estably sa residence. C'est icy le veritable Cambalu du Royaume de Cathay, que la Compagnie auoit inutilement cherché par deux fois, esperant d'y pouuoir entrer par la mer de Tartarie qui luy est à l'Est: Les Mores & les Moscouites qui viennent icy trafiquer la nomment Cambalu, mais ce qui confirme le plus cette assertion, c'est qu'à cinq lieuës iustement par delà Pekin, de l'autre costé de ces hautes montagnes qui separent la Tartarie & la Chine, entre lesquelles a esté bastie la longue muraille, il n'y habite point d'autres peuples que les Tartares Occidentaux, appellez communément Sauvv, c'est à dire sales & graisseux; & plus auant vne autre race de Tartares nommez Iupitats ou Hutatien, dont le pays s'estend iusqu'à la mer interne ou du Nord: ces Tartares sont fort pauurement habillez de peaux de poisson, & n'ont rien à vendre que des Cheuaux, des Sabres, des Martres, & autres fourures; la description du pays du Cathay ne s'accorde point auec ce que l'on a de relations de leurs pays: Il est situé à l'Est & au Nord-Est de la Chine, ils sont voisins des peuples de la Corée & de Leauvvnt. Leur pays s'estend vers le Nord iusqu'à cinquante degrez, où il est borné de la mer & de la terre d'Eso ou d'Ieso, & dont la plus grande partie dépend aussi de l'Empereur de la Chine. La ville de Pekin est vn peu auancée dans les terres sous la hauteur Septentrionale de 40. degrez: elle est fortifiée d'vn double mur. La ville de dehors n'a que de simples murailles, où de costé & d'autre de la porte on void trois bastions, sans compter les batteaux ou bacs à passer : On passe icy sur vn pont de pierre vne eau rapide, qui a son cours le long des murailles du fauxbourg, tire vers le Nord, & leur sert de fossé. Apres estre entré par la porte du Midy, on fait enuiron demie heure de chemin auant que d'arriuer à la seconde enceinte de la Ville; sur ce chemin on rencontre vne grosse tour d'vne hauteur extraordinaire, deffenduë de quelques pieces d'Artillerie; on se trouue apres à la porte de l'enceinte interieure de Pekin : cette seconde enceinte est fermée d'vn fossé bien large, plein de l'eau de la riuiere, soustenuë en cet endroit par de hautes ecluses; les murs sont fort hauts, & fortifiez de bastions si prés à prés, qu'on peut aisément ietter vne pierre de l'vn à l'autre, tous neantmoins en bon estat & bien flanquez; & à la porte le mur est si épais, qu'on y pourroit faire plusieurs batteries les vnes sur les autres. Les ruës de Pekin ne sont point pauées; ce qui les rend en Hyuer si sales, qu'à peine on y peut aller à pied; & en Esté lors que le vent de Nord-Est souffle, la poussiere y vole par tout & gaste toute la Ville, en sorte que personne n'oseroit sortir, si ce n'est apres s'estre couuert le visage d'vn voile. C'est vne incommodité & vne peine insupportable, mais elle occupe beaucoup de pauures gens qui viuẽt du falaire qu'ils tirent des cheuaux & autres montures qu'ils loüent par les ruës. Autrefois les ruës eſtoient pauées de pierres ; mais comme elles eſtoient incommodes en Hyuer à cauſe de la glace qui les rendoit fort gliſſantes, on les couurit de terre à la hauteur de deux ou trois pieds, ainſi les entrées des maiſons ſont à preſent auſſi baſſes au deſſous des ruës qu'auparauant elles eſtoient au deſſus : en ſortant de la Ville on void à la gauche quelques collines que les Tartares cultiuent, ils y ſement toutes ſortes d'herbes pour la cuiſine, & les arrouſent fort ſoigneuſement. Du haut de ces collines, l'on peut découurir toute la campagne & cette grande muraille baſtie contre les inuaſions des Tartares ; elle eſt tirée entre les pointes de ces montagnes fort hautes, fort eſcarpées, & qui ſeparent la Chine de la Tartarie. Le Palais de l'Empereur eſt juſtement au milieu de la Ville enfermé dans la ſeconde enceinte, ſon circuit eſt de douze ly ou trois quarts d'heure de chemin ; la pompe & la magnificence éclatte dans tous les départemens de ce ſuperbe baſtiment ; en dehors il y a des galleries où les plus riches couleurs n'ont point eſté épargnées ; la couuerture en eſt fort maſſiue, les thuiles vernies de jaune, qui reluiſent comme ſi c'eſtoit de l'or, quand le Soleil donne deſſus : il y a quatre portes qui regardent les quatre parties du Monde : les murailles ſont de brique rouge couuertes d'vn chaperon de thuiles jaunes, ont enuiron vingt-cinq pieds de haut : à l'entour de l'enceinte du Palais eſt vne grande eſplanade où l'on void touſiours des troupes de Caualerie & d'Infanterie qui la battent, & ne laiſſent paſſer perſonne ſans ordre. Deuant la premiere porte du coſté du Sud, eſt vne terraſſe reueſtuë de pierre, ᵃ qui a quarante pas de l'argeur, & cinquante de longueur : cinq arcades ſont autant d'entrées, & portent dans vne autre place ᵇ qui a quatre cens pas de largeur ſur 800. de longueur : Cette place eſt commandée par trois baſtimens qui paroiſſent de bonne deffenſe ; de là on paſſe dans vne autre place parfaitement quarrée, elle ſert d'auantcour à celle des appartemens de l'Empereur qui a la meſme figure, ᶜ mais qui eſt ornée de quatre principaux baſtimens d'vne Architecture fort particuliere, auec des couuertures fort riches à la maniere de la Chine ; la face de chacun de ces baſtimens occupe le tiers du coſté du quarré ſur lequel ils ſont éleuez ; de ces baſtimens on deſcend par quatre degrez dans la Cour ᵈ carrelée de grandes pierres griſes ; dans les quatre angles de la grande enceinte du Palais, qui eſt quarrée, il y a des jardins ᵉ de plaiſance plantés de toutes ſortes d'arbres fruitiers, & ornés de beaux Palais, ᶠ auec tant de magnificence, qu'il ne ſe peut rien voir de plus ſurprenant. L'affluence du peuple eſt la ſeule choſe qui donne de la recommandation à cette Ville, apres le baſtiment que nous venons de dire. Telle eſt la ville de Cambalu, ou la maiſon du Seigneur, ſituée dans le Royaume de Cathay, connuë ſous le nom de Pekin.

Le Grand Tamerlan la prit par force, & ſes ſucceſſeurs en furent chaſſez quatre-vingts ans apres, par les Chinois : Enfin, vn fameux voleur nommé Ly, s'en rendit maiſtre, les Grands du pays qui y eſtoient y ayant perdu la vie, auec le Roy meſme, l'vſurpateur s'aſſit ſur le Trône en qualité de Roy de la Chine ; mais ſon Regne ne dura que 40. iours, car entre ces Grands eſtoit le pere d'vn Chinois, General d'vne Armée ſur les frontieres de Leauton côtre les Tartares. Celuy-cy pour vanger la perte de ſon pere & de l'Eſtat, traite auec les Tartares, joint ſes forces aux leur pour le faire ſortir de Pekin ; ils marchent enſemble, & trouuent la Ville ſans garniſon & ſans reſiſtance, car l'vſurpateur s'en eſtoit retiré quelquetemps auparauant auec toutes ſes richeſſes dans la Prouince de Xenſi. Le General de l'Armée des Tartares, fit difficulté de pourſuiure le voleur, alleguant que ce n'eſtoit pas vne petite affaire d'abandonner ſa patrie pour vne autre, ſans en tirer du profit, & offrit en meſme temps à ceux de Pekin de le pourſuiure auec toutes ſes forces, pourueu qu'ils reconuſſent pour Empereur de la Chine le Roy des Tartares

*Voyez la figure.*

son neveu, qui n'auoit encore que six ans. Dans ce miserable estat, où il n'y auoit point d'autre ressource pour eux, ils tinrent conseil, & delibererent ensemble trois iours durant, pour faire la chose auec plus d'authorité, & que personne ne pût reuoquer ce qu'ils auroient conclu : enfin ils sortirent de la Ville, & inuiterent les Tartares à y entrer, leur offrant tout le Royaume, à condition qu'ils leur ayderoient à purger le Pays des troupes de ce voleur public. Le General d'Armée des Tartares y entra auec ses troupes, & y fit seoir sur le Trosne son jeune neueu en qualité d'Empereur de la Chine, donne les ordres necessaires pour poursuiure l'vsurpateur, & pour dissiper tous ceux qui se voudroient opposer à cette élection. La Ville & la Prouince de Nanxin suiuit l'exemple de Pekin; mais dans les Prouinces de Kiansy, Foexjen, & de Canton, trois Princes de la Maison du deffunt Roy firent chacun vn party, & se firent proclamer Empereurs; toutefois il n'y en a presentement plus qu'vn en vie, cadet des freres du deffunt Roy, nommé Tonglux, que les Iesuites disent auoir baptisé, & qu'ils nomment Constantin; mais il fut défait n'aguere dans la Prouince de Quansey, en sorte que son General d'Armée eut de la peine à se sauuer, & se retira à Tounxin. Pour ce qui est de ce Prince, on ne sçait ce qu'il est deuenu.

Le Prince Tartare qui s'est ainsi rendu maistre de la Chine, & qui presentement fait sa residence à Pekin, n'est pas le Grand Cham & le Seigneur de toute la Tartarie, comme on a crû jusqu'à present, mais l'vn des plus petits Princes des Tartares, dont le grand-pere fut le premier Roy de sa race, éleu par les Habitans de son Pays, qui n'est qu'vne petite Prouince de la Tartarie Oriētale, où auparauant il n'y auoit jamais eu de Prince Souuerain, il est le cinquième de sa race; sa fortune a paru si merueilleuse aux yeux des autres Princes de sa Nation, qu'ils la comparent à vn éclair quand ils en parlent; ils disent ordinairement, c'est vne œuure de Dieu & du Ciel qui le peut empescher?

Il y a dans la Tartarie maintenant huit Roys, dont chacun est Maistre dans son Pays, & y regne par droit de succession, sans que l'vn ait rien à dire sur l'autre. Ils viuent en paix auec leurs voisins, & ne se font point la guerre; mais quelquesfois se joignent ensemble pour aller faire quelque course; & parce que leurs Estats sont fort pauures, ils viennent faire la Cour à ce nouuel Empereur de la Chine, à cause des grandes richesses dont il dispose, aussi en recompense-il leur fait de riches regales : de sorte qu'il faut par maniere de dire, qu'il achete de ces Princes cette sorte d'hommage.

Le Conseil d'Estat, du temps du Gouuernement Chinois, estoit composé de six personnes, dont les deliberations ne s'estendoient que sur les affaires les plus importantes de l'Empire, & cette Assemblée estoit appellée Locpol: chacun de ces six Senateurs estant hors de ce Conseil, auoit son departement particulier, & estoit aussi Chef & President d'vne autre Assemblée ou Conseil où l'on traitoit des affaires de son Département. Ce President composoit son Conseil d'autant de personnes qu'il le jugeoit necessaire. Le premier de ces Conseillers auoit la direction du Conseil d'Estat, & son Assemblée s'appelloit Lipol. Le second auoit les affaires de la guerre, les fortifications, & les reuenus de l'Estat, destinez pour ces dépenses. Comme aussi le pouuoir de donner des Commissions, & faire des Reglemens dans les affaires de cette nature; ce Conseil s'appelloit Pinckpol: Le troisième auoit la Sur-Intendance des Bastimens, tenoit compte de tout ce qui se bastissoit dans tout le Royaume, & des frais qui se faisoiēt pour la cōstruction ou l'entretien des Villes, des fortificatiōs, des digues, & des chaussées, pour les reparations jugées necessaires pour la commodité publique, sans la permission duquel personne n'eust osé entreprendre la moindre chose de cette nature, & l'Assemblée de celuy-cy s'appelloit Congpol. Le quatriéme auoit soin des péages & des imposts du Royaume, son

Assemblée auoit nom Olpol. Le cinquiéme presidoit au Conseil des affaires criminelles, en prononçoit les Sentences, dont l'execution se faisoit dans la Cour du lieu où il tenoit son Conseil ; l'Assemblée de celuy-cy estoit appellée Vngpol. Le sixiéme & dernier auoit la distribution des charges & des Offices de Magistrature, les donnoit à ceux qui par leurs estudes, leur genre de vie, & leurs mœurs, en estoient les plus dignes, & tenoit la main à ce que les Officiers s'acquittassent dignement de leurs ordres. L'Empereur Tartare qui est aujourd'huy maistre de la Chine, n'a rien changé à cette forme de Gouuernement, sinon qu'il a donné pour Adjoint à chacun de ces six Senateurs Chinois, vne personne de sa Nation ; de maniere que ce Souuerain Conseil de l'Empire, est maintenant composé de douze personnes. Ces six Presidens Tartares tiennent aussi leurs conseils respectifs composez de personnes de leur Nation : les Membres du Conseil du premier College nômés Lipoë, où fut traitée l'affaire des Holládois, sont choisis dans trois differés Pays, de Monchu ou Tartarie Orientale, où l'Empereur d'apresent a pris naissance, & où sont les Pays hereditaires, de la Grande Tartarie, qu'ils appellent autrement Tartarie Occidentale ; & finalement de la Chine : ceux-cy, de mesme que les autres Membres des autres Conseils, ne peuuent resoudre ou conclurre aucune affaire que du consentement vnanime de toutes les voix ; de sorte que la chose ne passe point à la pluralité des voix : & quand l'Assemblée est separée, & que chacun de ces Presidens reuient à tenir son Conseil à part, ainsi qu'il a cy-deuant esté dit, on leur joint vn Vice-President Tartare : ainsi au fonds, ce sôt les Tartares qui gouuernent dans Pekin & dâs tout le Royaume de la Chine : mais come les Loix de la Chine ne leur sont pas encore assez connuës, ils sont contraints par fois de ceder quelque chose aux Chinois, c'est peut-estre du costé des Chinois qu'est venuë la difficulté de nous accorder la liberté du commerce, comme vne chose qui est contre les Loix fondamentales de cét Estat, peut-estre que les Tartares n'ont pas pû les y faire consentir. Mais il y a moyen d'y remedier ; car les Senateurs n'ayant point auancé leur fortune dans cette reuolution de l'Estat, & n'ayant que des appartemens fort mediocres de l'Empereur, il seroit aisé de vaincre auec quelque argent leur resistance.

Quant à ce qui regarde la magnificence de cette Cour, le faste de cét Empereur, lors qu'il donne audiance aux Ambassadeurs estrangers, & l'honneur extraordinaire qu'on luy rend, nous en auons parlé cy-deuant en la Relation du retour des Ambassadeurs de Hollande, le 2. Octobre 1656. Quand l'Empereur sort il se fait vn si grand bruit de tymballes, de trompettes, de hautbois, & autres instrumens, qu'on ne sçauroit ny ouyr, ny rien voir : lors qu'il marche, il a tousiours auec luy quatre Seigneurs de sa Cour, tous habillez d'vne mesme sorte d'écarlatte, mesmes ornemens de cheuaux, & est suiuy de 2000. Caualiers Tartares, tous personnes de marque : lors qu'il fait bastir vn nouueau Palais, la premiere fois qu'il y entre, les Senateurs de son Conseil secret, & tous les autres Officiers de sa Cour luy viennent souhaiter toute prosperité ; c'est le temps auquel il les recompense, en les faisant monter à de plus hautes charges, & qu'il fait grace aussi à des criminels condamnez à mort, ou au bannissement ; c'est là qu'il décharge ses peuples des imposts : Il a dans l'vn de ses ports, que les Tartares appellent Siansiamvveij, & que nous auons nommé la nouuelle Venise, 10000. Vaisseaux, dont le moindre est du port de cent tonneaux, auec cela beaucoup de petites barques fort commodes pour y loger des familles entieres, vingt hommes sur chacune auec leurs femmes & enfans ; de sorte que l'Empereur a 20000. petites Barques à entretenir ; toutefois parce qu'il se rencontre que le nombre de 10000. en la langue Tartare s'exprime de mesme que le titre de sa Maiesté, il n'est pas permis de le pro-

## DES HOLLANDOIS A PEKIN.

noncer, mais ils difent que l'Empereur a 9999. Vaiſſeaux: Ces Vaiſſeaux vont & viennent continuellement dans la grande riuiere de Kiam & ſur le canal Royal, pour receuoir les droits impoſez ſur le Rys, ſur les viures, & ſur les denrées, ſans compter ce qu'il prend de la Porceleine, dont la cinquiéme partie luy appartient de tout ce qui s'en cuit dans le Royaume: il tire encore vn péage des Vaiſſeaux meſmes qui entrent par les écluſes dans le canal & dans tous les ports de la Chine: Les Vaiſſeaux qui viennent de dehors à Canton eſtans meſurez, pour chaque braſſe en largeur on exige 128. teils, 8. maes, 8. condryns, 8. caſſes & 8. aues, qui font en tout 451. florins 2. ſols 3.$\frac{17}{135}$ & pour chaque braſſe en longueur 68. teil 7. maes. 8. condryns, 8. caſſes 240. florins 15. ſols 3.$\frac{17}{135}$ & 8. aues, ou en monnoie d'Hollande.

Ainſi à preſent toute la Chine eſt preſque entierement ſoûmiſe à ſon pouuoir, il n'a plus d'ennemis, ſinon le Pyrate Coxinga, qui inſulte aſſez ſouuent les Prouinces maritimes, & principalement celle de Sincheo; mais ſa Maieſté en a depuis quelque-temps fait fortifier les endroits où il peut faire deſcente, & a auſſi donné les ordres neceſſaires pour faire ceſſer l'intelligence qu'il entretient ſous ombre de commerce auec quantité de ſes creatures de la meſme Prouince de Sincheo; Le Pere de ce Pirate nommé Itquan, eſt preſentement priſonnier à Pekin, & chargé de chaiſnes au col & aux iambes, enfermé dans ſa maiſon meſme, dont on a muré toutes les entrées, & où il eſt fort étroitement gardé. Du temps que les Ambaſſadeurs de Hollande eſtoient à Pekin, ſur quelques nouuelles qui y vinrent de Coxinga ſon fils, on adiouſta quinze autres chaiſnes à celles dont il eſtoit deſia chargé. Quelque-temps apres, Coxinga fit vne deſcente ſur la ville de Tioetiauvv, & de là dans la Prouince Chexiam; mais il en fut chaſſé par vn des neueux de l'Empereur: Sa Maieſté eſt maintenant ſi irrité contre luy, qu'on a fait afficher par tout dans les Prouinces de Fockien & de Chexiam, que quiconque le luy pourra liurer mort ou vif, ſera recompenſé d'vne ſomme de deux cent mille teils.

Il reçoit les viſites des Ambaſſadeurs, non ſeulement de ces autres Roys Tartares, dont nous auons cy-deuant fait mention, mais auſſi de diuerſes autres Nations de l'Aſie & d'Europe.

L'année auparauant que les Ambaſſadeurs d'Hollande arriuaſſent à Pekin, il y eſtoit venu des enuoyez des Iſles de Liques, qui ne ſont pas encores tout à fait ſubiuguées, qui auoient apporté ces preſens pour l'Empereur.

2. Buyres d'or du poids de 66. l. 6. 8.
2. Boiſtes d'or.          5. l. 5.
2. Buyres d'argent.         55. l. 6.
2. Boiſtes d'argent.
2. Plats fort rares du Iapon.
300. Euentails dorez, argentez, & autres.
400. Kangans, ou petits habits de diuerſes couleurs de toutes les ſortes.
Vn Picol de Gomme lacx.
2. Picol de poivre.
2. Picol de bois de Saphan.

Mais ce preſent ne fut pas iugé digne de paroiſtre deuant l'Empereur, par cette raiſon auſſi qu'il auoit eſté gaſté en chemin, tellement que ces Ambaſſadeurs s'en retournerent ſans audiance.

Les noſtres rencontrerent à Pekin vn Ambaſſadeur du Grand Duc de Moſcouie, qui y eſtoit arriué par terre, & auoit mis ſix mois à faire ce voyage, bien qu'il en euſt pû venir à bout en quatre mois ſi c'euſt eſté en eſté: il y eſtoit deſia venu vne fois dés l'année precedente auec vingt perſonnes, il auoit remporté de grâds

regales pour les Zibelines qu'il auoit apportées auec d'autres pelleteries, les Moſcouites eurent permiſſion de pouuoir reuenir, pourueu qu'ils preſentaſſent à ſa Majeſté les Marchandiſes, auparauant que de les faire voir à d'autres. L'Ambaſſadeur
reuint ſur cette aſſeurance, on luy fit beaucoup de faueur d'abord, il eut la permiſſion d'aller par tout auec ſes gens, d'acheter & de vendre comme il leur ſem-
bleroit le plus à propos; vn mois apres ces Moſcouites ne viuans pas entre eux-mê-
mes côme il falloit, & ſe fourrant par tout dans les lieux de débauches qui ſont fort
frequens dans Pekin, où ils faiſoient ſouuent grand bruit. Cette liberté leur fut
retranchée, ſans toutefois leur oſter celle de paroiſtre de fois à d'autres dans les
ruës: Mais quand l'Ambaſſadeur ſe fut declaré qu'il ne vouloit point donner ſes
Lettres de creance qu'à l'Empereur meſmes, ny faire la reuerence deuant le Seau
de Sa Majeſté, ainſi que les Loix du Pays le portent; il fut renuoyé le 14. Septembre 1656. ſans auoir eu audiance.

L'vn des plus conſiderables de cét Ambaſſade vint ce meſme jour-là ſur le midy
prendre au nom de tous les autres, congé des Ambaſſadeurs de Hollande, comme
ils eſtoient à table, ils le remercierent; & apres l'auoir le mieux traité qu'ils peu-
rent, ils luy ſouhaiterent vn heureux retour, & luy baillerent auſſi comme il l'auoit
ſouhaité, vn mot d'écrit; afin que quand il ſeroit de retour à Moſcouy, il pût faire
voir par là qu'il les auoit rencontré en cette Cour: la pluſpart des gens de la troupe
de cét Ambaſſadeur, reſſembloient plus par leurs cheueux & barbes blondes à des
Suedois, à des Danois, ou à des Allemans, qu'à des Moſcouites. Cét Ambaſſadeur
fut arreſté dans le Pays, parce qu'il n'auoit point de paſſe-port de l'Empereur, tellement qu'il renuoya à Pekin des gens de ſa ſuite, auoüant auec ſoûmiſſion la
faute qu'il auoit faite, & ſuppliant qu'on luy permit de retourner ſur ſes pas pour
corriger ſa faute, qu'autrement il n'oſeroit plus retourner deuant ſon Maiſtre.
L'Empereur receut bien ſon excuſe, & le premier Miniſtre vint le lendemain
apres que les Hollandois eurent eu leur Audiance, à ſçauoir le 3. d'Octobre 1656.
voir nos Ambaſſadeurs dans leur logis, pour s'informer, comme il fit, de l'eſtat de
la Moſcouie; entre-autres, ſi c'eſtoit vn Eſtat qui fuſt grand & bien peuplé, & s'il
eſtoit puiſſant en Vaiſſeaux; pareillement ſi les Moſcouites eſtoient ſoldats, s'ils
eſtoient gens de mer, s'ils eſtoient gens de bonne foy, & ſemblables choſes. Le
plus conſiderable des Roys de Tartarie, qui tient ſa reſidence en la ville de Samarcand, auoit baillé à cét Ambaſſadeur Moſcouite lors qu'il paſſa par ſa Ville, 30.
Tartares pour le conduire par la Tartarie juſqu'à Pekin, & ces 30. eſtoient retournez à Samarcand auec vn riche regale que l'Empereur leur auoit mis entre leurs
mains pour leur Maiſtre; il conſiſtoit en vn ſeruice entier de vaiſſelle d'argent,
des ſelles de cheuaux richement garnies, & autres harnois de cheuaux; comme
auſſi des étoffes, & de toutes ſortes de cuirs bien paſſez & appreſtez pour en faire
des bottes, &c.

Les Mores ont taſché il y a pluſieurs années d'introduire la Religion Mahome-
tane dans la Chine, & par là ſoûmettre les Chinois à leur obeyſſance: à cette fin,
ils auoient couſtume auparauant cette reuolution, & du temps du regne des Chinois, de faire au nom de leur Roys vne petite Ambaſſade tous les trois ans, d'enuiron trente perſonnes, & tous les cinq ans vne grande de 70. hommes vers le
Roy de la Chine, ainſi qu'il ont encore fait n'aguere vn peu deuant la derniere
reuolution de cét Eſtat, ils vinrent à Pekin auec 300. hommes: mais l'Empereur
Tartare ayant eſté informé qu'ils eſtoient d'vne Ville de la Prouince de Xenſi, où
ils faiſoient leur trafic, qu'ils y habitoient ordinairement, qu'ils y eſtoient en fort
grand nombre, & mariez meſmes auec des femmes Chinoiſes; Sa Majeſté ordonna qu'ils euſſent à ſe retirer au plus viſte hors du pays, y laiſſer leurs femmes ſans
en emmener vne ſeule: les Mores s'y oppoſerêt, mais ils furent la pluſpart taillez en

# DES HOLLANDOIS A PEKIN.

pieces; si bien que de long-temps apres ceux de leur Religion n'ont eu enuie d'y reuenir; neantmoins du temps que les Ambassadeurs d'Hollande y estoient, sçauoir le 3. d'Aoust 1656. on y vit arriuer vn Ambassadeur de la part du Grand Mogol, où il parut auec vn present de

- 300. Cheuaux communs.
- 2. Cheuaux Persans.
- 10. Picols de pierre de Coldryn.
- 2. Austruches.
- 200. Cousteaux Moresques.
- 4. Drommadaires.
- 2. Aigles.
- 2. Alcatifs, ou Tapis.
- 4. Arcs.
- 1. Selle auec tout son Harnois.
- 8. Cornes de Rinoceros, & tout cela sous pretexte d'obtenir que leurs Prêtres eussent la liberté de reuenir au Royaume de la Chine, comme ils ont fait de toute ancienneté, pour mettre dans le bon chemin ces pauures peuples qui sont dans l'erreur; il disoit que le Grand Mogol son Maistre auoit sous luy 360. Roys, & que son pays estoit le plus estendu de tous ceux qui sont voisins de la Chine. Les Tartares jugerent bien, comme c'estoit aussi la verité, que cette Ambassade se faisoit plustost par contrainte & par aprehension que les Tartares Occidentaux à la Chine ne luy fissent la guerre, que par aucune bonne volonté qu'il eut pour cét Estat. Cét Ambassadeur estant venu à la Cour auec 30. persōnes, au lieu qu'il n'auoit ordre que pour vingt, on luy en fit de rudes reproches; à quoy il ne repartit autre chose, sinon qu'il auoit seulement doublé le nombre ordinaire de ses gens, de crainte qu'il ne luy en demeura vne partie malade par les chemins. Durant tout son sejour à Pekin, il se gouuerna fort mal, & fit paroistre peu de conduite, se plaignant & faisant grand bruit de ce que l'on ne luy auoit pas donné des Chinois, pour le seruir par ordre de l'Etat & du Gouuernement Tartare, comme il disoit, que ses Deuanciers en auoient eu du temps du Gouuernement des Chinois, qu'on ne le traitoit pas selon ce qui s'estoit toujours pratiqué dans la Chine : Son indiscretion alla jusques à faire porter deuāt les Senateurs assemblez au Conseil, vn des moutons qu'on luy auoit enuoyez pour sa ration; parce que selon son sens, cét animal n'estoit pas assez gras, on le renuoya auec raillerie, & on luy demanda s'il estoit venu pour remplir son ventre affamé, & s'il venoit de la part d'vn plus grand Maistre que les Hollandois qui se contentoient de la ration qu'on leur donnoit. Le premier Ministre ordonna neantmoins, qu'on fit chercher les Registres Chinois, où les traitemens des Ambassadeurs sont marquez, & qu'on eut à se regler là dessus pour le traitement qu'on deuoit faire à celuy-cy. Les Mores en deuinrent si hardis, qu'ils vouloient souuent forcer leur garde & sortir la Ville quand bon leur sembloit; mais la garde les resserra dans leur logis, & leur ferma la porte. Le premier Ministre enuoya deux Mandarins pour appaiser cette rumeur; ils demanderent à l'Ambassadeur s'il estoit venu à Pekin en qualité d'Ambassadeur ou de Marchand? Que s'il estoit Ambassadeur, il falloit qu'il garda les Reglemens qu'ils sont obligez de garder dans cette Cour, qu'autrement il se declara Marchand, que luy & ses gens auroient toute liberté d'aller dans toutes les ruës & marchez de la Ville, & cependant leur firent garder le logis si étroitement, que les Mores n'auoient pas la liberté de regarder sur la ruë.

Il vient aussi à Pekin tous les ans des Ambassadeurs des quartiers de la Tartarie, qui est vers la mer du Nord, & vers le pays d'Eso, pour rendre à l'Empereur leurs hommages accoustumez, & payer leur tribut ordinaire de Pelleterie ; il y en arriua deux du temps de la residence des Ambassadeurs Hollandois, auec 300. familles, peuple fort pauure, vestus de peaux de poisson ; ils demandoient quelque lieu pour s'establir dans le Leauton & autres lieux : ce sont ces Tattares qu'on nomme ordinairement Savvo c'est à dire sales & graisseus, ils sont habillez comme ceux de Pekin, & portent des manches étroites.

L'Empereur reçoit aussi tous les ans les complimens de ceux de la Corea ; & au temps du départ des Ambassadeurs de Hollande, il y parut des Ambassadeurs de ces quartiers-là, qui estoient partis d'vn lieu éloigné de dix journées de la ville de Pekin.

Bien que les Tattares & les Chinois soient Payens, qu'ils adorent le Diable publiquement, ils sont neantmoins assez paroistre qu'ils ont encores quelque crainte & apprehension de Dieu : au temps que nous y estions, l'Empereur, ayant appris que la riuiere de Kiam s'estoit si fort enflée, qu'on l'auoit vëuë monter jusques à la moitié des murs de la ville de Kiansy, fit publier vn Mandement par tout son Pays, portant que personne n'eust à tuer aucun animal pour manger de trois iours de suite, pour impetrer par là de Dieu qu'il luy pleust faire cesser les pluyes qui tomboient sans intermission dans ce temps-là, & qui auoient esté cause du débordement des riuieres principalement de la riuiere jaune ; l'on enuoya vn soir pour cette raison aux Ambassadeurs toute la volaille qu'on leur deuoit donner en trois iours, auec ordre de la faire tuer tout à l'heure, dont on leur rendit raison en leur faisant part de l'ordre qui auoit esté donné.

Ils enterrent les morts auec des ceremonies fort approchantes des nostres ; lors que le frere de l'Empereur fut enterré, tous les grands de Pekin marcheront par ordre couuerts de vieux habits de deüil ; ils honorent la memoire des gens de merite, & l'empereur ayant depuis peu augmenté les appointemens de la mere du jeune Roy de Canton, il donna en mesme temps de nouueaux titres d'honneur à son mary quoy qu'il fut mort long-temps auparauant. L'Empereur, qui jusqu'à present a eu 21. femmes, s'estoit proposé, soit pour la suggestion des Senateurs Chinois de son Conseil d'Estat & Priué, ou mesme de son propre mouuement, d'accroistre ce nombre jusqu'à 107. autant qu'en ont eu ses predecesseurs les Roys de la Chine, tellement qu'il y en a encore 86 à adjouster ; mais celuy qui donne sa fille à l'Empereur, peut bien faire son conte qu'il ne la reuerra jamais ; car elles sont gardées beaucoup plus étroitement que dans pas vn Monastere, & elles ont encores ce danger à courir apres estre paruenuës à l'honneur d'entrer au lict de l'Empereur, que si elles ne luy plaisent pas, il faut qu'elles meurent des la nuict mesme. Ils témoignent beaucoup d'inclination pour la Religion Chrétienne ; les Iesuites ont dans Pekin, & en diuerses autres places des Églises, où ils exercent leur Religion, & disent que l'Empereur mesme y a creu en certains temps : toussiours est-ce vne chose tres-certaine, qu'ils sont fort considerez par toute la Chine : Le Iesuite Adam est si bien auprés de l'Empereur, qu'il peut approcher de la personne de sa Majesté quand il luy plaist ; entre les addresses qui leur ont le plus serui pour se bien mettre dans l'esprit de ces peuples, la science de l'Astrologie est la principale : car l'Empereur d'aujourd'huy, & les grands de sa Cour y prennent vn singulier plaisir, & s'exercent mesmes dans l'estude de cette science.

Ce sont les Portugais qui forment le plus d'opposition au trafic de la Compagnie, & qui taschent de tout leur pouuoir à nous tenir hors de la Chine : Nous y auons encores pour ennemis les Marchands Chinois de Sinchen, qui trafiquent par tout, à cause de la contribution qu'ils payent à Coxinga ; ils ont vn grand

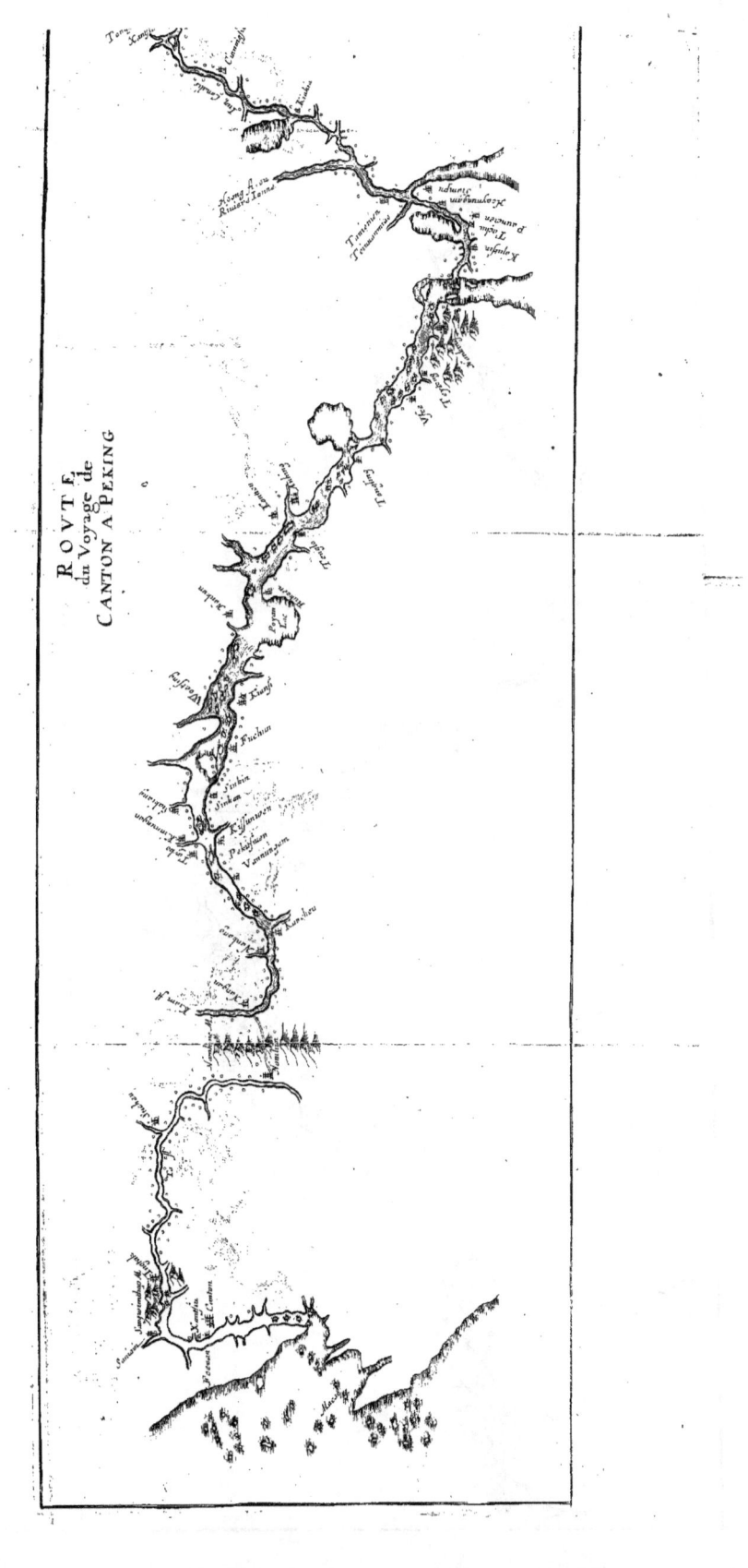

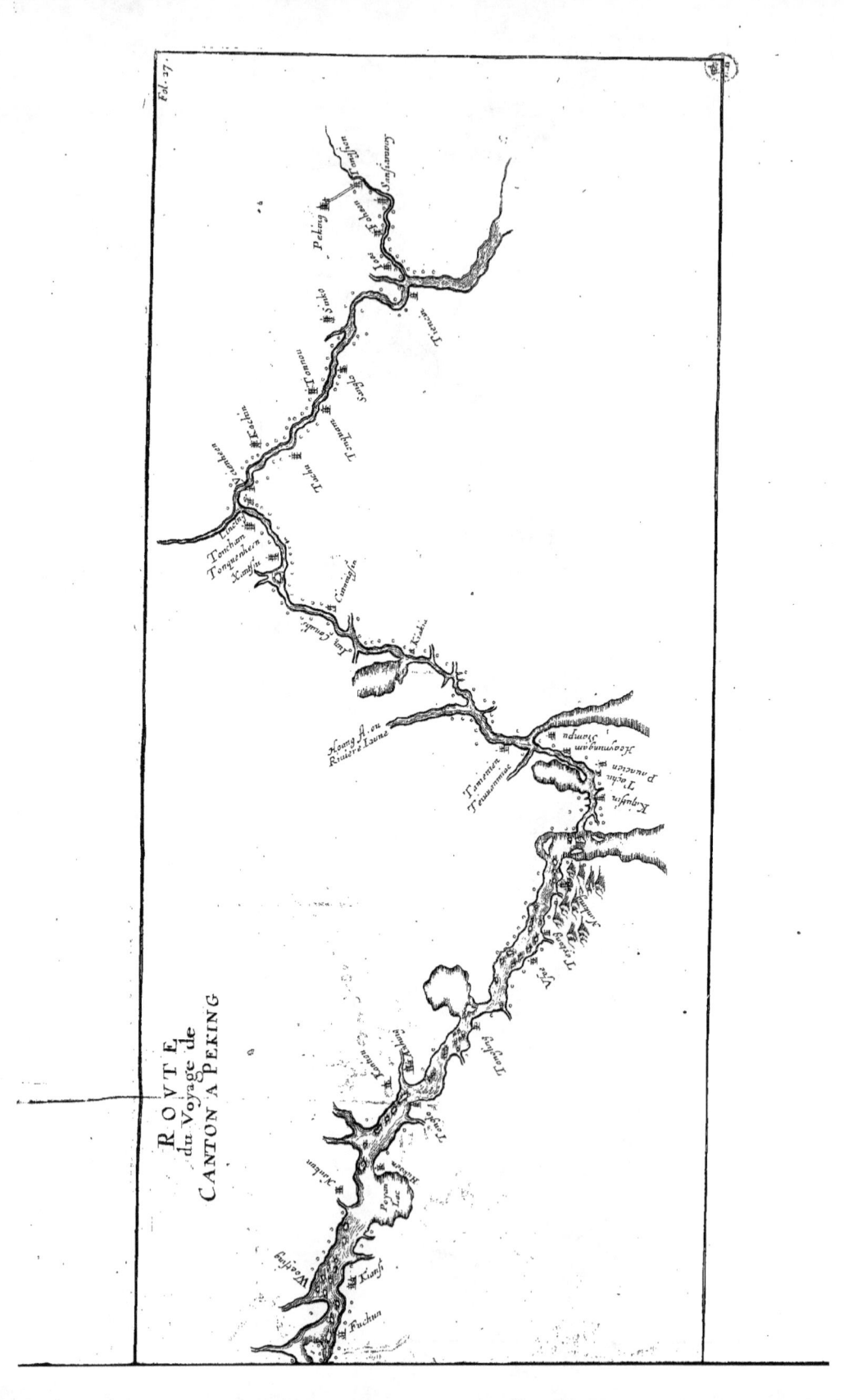

## DES HOLLANDOIS A PEKIN.

auantage fur nous ; car dans le Priué Confeil de l'Empereur, il y a fix perfonnes de la Prouince de Sincheu, qui fouftinrent l'intereft de leurs compatriotes : toutefois, afin de les détacher de Coxinga, on tafche à les attirer à Canton, à quoy ils ne témoignent pas beaucoup de repugnance ; jufques-là mefme, que le Lieutenant du jeune Roy de Canton, par leur fufcitation & confeil, a enuoyé à Cambodia vne Ionck richement chargé, afin d'y folliciter la liberté du commerce : le Pilote ou Patron de ce Vaiffeau eft vn Meftis de Macao, & les hommes qui font deffus font tous de la mefme Prouince de Sincheu, & en partant ils obtinrent de nos gens vn paffe-port, auec vn pauillon du Prince ; on croit que la Compagnie aura befoin de quatre comptoirs dans la Chine, vn en la ville de Tiencin ou dans Pekin mefmes, pour échanger leurs épiceries, manufactures, toiles, bois de Sandale, & dents d'Elephant, contre de l'or : vn autre dans la ville de Kianly, où fe tient le marché de la porceleine ; vn troifiéme à Nankin, ou en quelqu'vne des principales Villes de Sincheo, pour y negocier de foyes, de chanvres, & de toiles, qui eftoient autrefois fort recherchées au Iapon : Les Marchands de Sincheu n'acheptent point leur foyes à Nankin, mais dans les Villes de Kangfiu & de Voëtchie, d'où ils les tranfportent, en defcendant la riuiere, jufques à vne place de la Prouince de Kekiam, où les Ionckes d'vn port de mer nommé Nimpo, qui n'eft pas éloigné de cette place les attendent, fans ozer monter plus haut. Il faudroit eftablir vn quatriéme comptoir à Canton, pour acheter les eftoffes de foye : On trouueroit le débit du cloud de girofle à Kiangfi, où on pourroit vendre le picol quatre-vingt ou cent Teils, & le poivre vingt ou vingt-cinq Teyls, auffi bien qu'à Nankin ; mais à Pekin on le pourroit vendre jufques à quarante Teils ; la noix-mufcade, le macis, & la canelle, ne font pas fort recherchez dans ces quartiers : à Nankin ils demandent de l'yuoire & du bois de Sandal ; les grandes pieces s'y pourroient vendre jufques à cent cinquante Teyls le picol ; le picol de vif-argent deux cent cinquante Teyls ; les draps noirs, rouges, cramoify, écarlatte, couleur de pourpre, couleur de fleurs de pommier, d'vn gris de fer, s'y pourroient debiter ; les draps gris blancs, ny les verds, n'y feroient point propres ; les ferges a razes & les étoffes que nous appellons perpetuane, des mefmes couleurs que nous venons de dire, y feroient bien vendués ; comme auffi les draps, les * eftamines, les creffes, & femblables eftoffes de laine legeres, noires ou brunes ; mais le principal profit feroit fur les perpetuanen, les drapss'y venderoient fix, fept & huit Teyls, la perpetuanen, trente, trente-cinq, & quarante Teyls, les ferges razes quarante-cinq Teyls ; les couleurs les plus recherchées font le rouge, le bleu, & le noir ; les pieces d'ambre jaune, groffes & rondes, y font de bon debit ; celles au contraire, qui font en ovale, n'y font pas propres ; il feroit bon d'y porter auffi des coraux pafles & rouges : on pourroit auoir auffi pour cent cinq Teyls d'argent, vn marc d'or de vingt-quatre carats.

Picol poids de 125. liur.

a Croonrafen.
* Stametan.

Le picol de la foye de Nankin fe vend 60. Teyls, les étoffes blanches qu'ils appellent Pelings fe vendent au poids, à raifon de deux mas deux condrins le poids d'vn Teyl ; tellement qu'vne piece qui peferoit neuf ou dix Teyls, reuiendroit à deux Teyls d'argent.

Le mufc eft fort cher à Nankin, on l'y vend trente ou trente-cinq Teyls le Catty : nos Ambaffadeurs en virent vne forte à Pekin, dont on leur demanda jufques à 40. Teyls le Catty ; mais ce mufc eftoit net & pur, les bourfes eftoient entieres fans aucune ouuerture, auec les tefticules dedans, comme ils eftoient venus de la befte ; le mufc n'eftant autre chofe que les tefticules d'vne befte femblable à vn Dain ou Cerf, que l'on trouue dans la Prouince de Honan.

Voyez en la figure dans le fragment de l'Indopleuftes, premiere partie de ce recueil.

## GRAMMAIRE DE LA LANGVE DES TARTARES
### Monguls ou Mogols, traduite d'vn Manuscrit Arabe.

*Le Manuscrit est dans la Bibliotheque de M. Gaumin.*

Qvand ce ne seroit point icy la premiere fois qu'on donne au public quelque chose de cette langue, ce que l'on en donne ne laisseroit pas d'estre fort considerable, en ce qu'il contient les Regles d'vne langue, peut-estre, les plus simples qui puissent suffire à la communication des hommes, les vns auec les autres. Ce que dit le Pere Gruber de la Langue des Tartares qui sont maintenant les maistres de la Chine, m'a fait croire que ce pouuoit estre celle dont ie donne icy ces Regles.

### DES VERBES.

Dans cette Langue, les Verbes n'ont qu'vne conjugaison, & il n'y a point d'autres temps que ceux qui marquent le Passé & l'Auenir.

Le caracteristique, ou marque, du Pretérit, ou du temps passé est, Ba.

    Daltba      *Il a battu.*
    Ailba      *Il a enuoyé.*
    Aidba      *Il a mangé.*

La Caractaristique ou marque du futur, ou auenir est, mou.

    Daltmou      *Ie batteray.*
    Ailmou      *I'enuoiray.*
    Aidmou      *Ie mangeray.*

La Caracteristique ou marque de l'Infinitif est Kou, qui l'est aussi pour le Gerūdif.
La Caracter'istique, ou, marque de l'Impératif, est le B'. sans voyelle.

    Musareb
    Dalteb      *Battes.*

La Caracteristique ou marque du Participe actif, est Gi, & c'est aussi la forme des noms des ouuriers; le mesme se rencontre dans la Langue Turque.

Tous les temps se conjugent d'vne mesme maniere, il suffira d'en donner vn Exemple.

    Ni Daltba      *I'ay battu.*
    Gi Dalteba      *Tu as battu.*
    Anaa Dalteba      *Il a battu.*
    Bangi, ou, Banai Dalteba      *Nous auons battu.*
    Ta Dalteba      *Vous auez battu.*
    Tsedai Dalteba      *Ils ont battu.*

### LES NOMS.

Les Noms ne reçoiuent autre changement dans leur Declinaison, que celuy qui marque la difference du pluriel au singulier, t. est la marque du pluriel.

    Mouri      *Vn Cheual.*
    Mourit      *Les Cheuaux.*

Les noms diminutifs se forment, aioustant Ganc.

    Mouri      *Vn Cheual*, Mourigane, *vn petit Cheual.*
    Aldou      *Aldougane.*

Les Comparatifs se forment, en aioustant la particule toutta, qui signifie plus.

Le mien, le tien, s'exprime de la sorte, Mouri, *le Cheual*, Mourini, ou, Manai-Mouri, *mon Cheual*, Nanai-mouri, *ton Cheual.* Teanai-mouri, *son Cheual.*

On auroit pû ajouster icy vn Dictionaire de cette Langue des Monguls; mais nous n'en auons icy qu'vne seule copie pleine de fautes, & écrite par vn Persan qui n'entendoit point la Langue Arabe, dans laquelle les mots Monguls sont expliquez, ce qui m'a obligé d'en differer l'impression.

# DESCRIPTION GEOGRAPHIQVE
## DE
# L'EMPIRE DE LA CHINE,
### PAR LE PERE MARTIN MARTINIVS, I.

*PREFACE AV LECTEVR,*
*où est contenuë la Description generale de toute*
*la Haute Asie.*

IL faut demeurer d'accord que l'Asie a esté de tout temps, & est encores à cette heure, le premier & le plus excellent pays de tout le monde. C'est elle qui a eu ces beaux & agreables jardins du Paradis terrestre, que la diuine main auoit plantez auec les premiers hommes nos premiers peres : c'est de là, que ces grandes colonies se sont estenduës au long & au large, & ont peuplé tout le monde. Ces peuples ont appris aux autres les ceremonies de la Religion, les bonnes mœurs, les lettres & les autres sciences. C'est elle enfin qui a donné la naissance au Sauueur & Liberateur du genre humain, Dieu & homme tout ensemble. Depuis le deluge ou l'inondation generale, la Chine a esté la partie de l'Asie la plus polie & la mieux cultiuée; soit que vous en consideriez le gouuernement Politique, la pratique des Arts, ou la Theorie des sciences. Car l'Histoire que les Chinois en ont faite dés les premiers Siecles, contient prés de trois mille ans auant l'Incarnation de Iesus-Christ; ce qui paroist éuidemment par l'abregé que nous auons fait des Histoires de la Haute Asie, & par nostre Chronologie. On dit mesme que dés ce temps-là ils possedoient les sciences; comme la Philosophie morale, & sur tout les Mathematiques : ce qui se confirme par les anciennes obseruations qu'ils ont des estoiles, & par ces vieilles & antiques maximes de leur gouuernement, contenuës dans leurs anciens Liures qu'on a gardé & conserué jusqu'à present.

*Dignité & excellence de la Haute Asie.*

Or cette partie du monde que ie nomme la Haute Asie, est appellée des vns Serica, des autres Sina ou China, & des Tartares Catay & Mangin; nom dont ils appellent aussi bien le pays de la Chine que les Chinois : car le mot de Mangin signifie en leur langue des hommes Barbares ; & c'est ainsi qu'ils traitent d'ordinaire ceux de la Chine, qui meritent bien aussi ce titre, à cause de leur orgueil & arrogance. Pour les Turcs, & les autres Mahometans, qui passent par terre tous les trois ans par Laor & Cascar entrent dans la Chine, sous le faux pretexte qu'ils y vont en Ambassade de la part de leur Roys, ils la nomment Catay. Mais ce qui vous estonnera sans doute, ces noms estrangers sont tout à fait inconnus à ceux de la Chine, excepté celuy de Mangin, dont les Tartares, comme j'ay dit, ont accoûtumé de les appeller, par injure & par moquerie. Quant aux Chinois, ils nomment leur Empire Chunghoa & Chungque, noms qu'ils luy donnent à cause de son excellence. car le dernier signifie Royaume du milieu (aussi le croyent-ils au milieu de la terre;) & l'autre signifie le jardin, ou plustost la fleur du milieu. Ce sont là les deux noms les plus communs & ordinaires qu'ils ont retenus : toutefois ils en

*D'où viennent ses diuers noms, & pourquoy elle les a.*

*Laor & Cascar.*

A

# PREACE

ont eu d'autres de temps en temps selon les diuerses familles qui y ont successiuement tenu l'Empire : ainsi les Tartares le nomment à present Tsai-csing, auparauant il s'appelloit Tsaiming, & Tasijuen, il y a plus de trois cens ans. Quelqu'vn pourroit croire auec raison, que ce Royaume a autrefois esté celuy des Hippophages, ou mangeurs de cheuaux; car tous en mangent aussi ordinairement que du bœuf: les Tartares mesme la preferent à quelqu'autre viande que ce soit.

*D'où est venu le mot de Chinois.*

Mais pour sçauoir d'où vient le nom de Sinois, ou plustost de Chinois, on le pourra voir plus clairement dans mon abregé, où ie montre qu'il est venu de la famille Imperiale de Csin. Quant à ceux qui veulent qu'il soit venu du mot de Cing, qui est vn terme doux & ciuil, dont les Chinois se seruent beaucoup en parlant, ils se trompent selon mon jugement : car les Chinois qui vont par mer aux Indes, & trafiquent auec les Indiens & Portuguais, ont de coustume de s'entre-appeller Cia, qui est vn terme de ciuilité, & non pas Cing, dont il n'y a que les gens sçauans qui se seruent, & ceux qui affectent de parler plus poliment que les autres. La pluspart des Marchands de Chincheu & de Quangtung, qui sont presque les seuls entre les Chinois qui ayent fait voyage sur mer, n'entendent pas le mot de Cing. Pour moy ie croirois bien plustost, que les Habitans de la ville de Chincheu ont donné ce nom à tout le Royaume; car ce sont eux qui ont le plus voyagé par mer dans les Indes; c'est pourquoy les Portugais & les Indiens ont bien pû aisément former ce nom de la Chine. Quelques-vns le font venir de ceux de Sion; car (comme ils disent) le mot de Sina en langue Sionique, vaut autant à dire que pays ou terre excellente. Mais puisque ie n'en ay point plus de certitude, ie n'oserois rien affirmer sur ce sujet.

*Les bornes de la Haute Asie.*

Voila ce que j'auois à dire quant au nom. I'appelle au reste cette partie d'Asie, Haute, à cause qu'elle est située dans vn lieu fort haut & auancé : car la mer Orientale la borne vers l'Orient. Et l'experience mesme fait assez voir, que l'Ocean Indien, ou la mer Orientale, n'est pas la derniere, comme on l'a crû jusqu'à present. Les Chinois nomment cette mer Tung, c'est à dire Orientale : elle passe presque par toute la haute Asie du Nord au Midy, & du Midy au Couchant; au Septentrion la Chine est separée de l'ancienne Tartarie, & des Royaumes de Niuche, de Niulhan, & d'vne partie de Tanyu, par le moyen de cette fameuse muraille, si renommée entre les Historiens, qui commence à l'extremité de la Prouince du Nord de Corea, de Leaotung, où elle est bastie dans vn bras de mer sur des fondemens jettez à pierre perduë, de là elle trauerse vne estenduë de pays de 300. lieuës d'Allemagne, elle est tirée vers le Couchant du sommet d'vne montagne à l'autre, & finit en suite aux bords de la riuiere Iaune, dont nous discourerons amplement vn peu plus bas. Le reste de la partie de la Chine qui est vers le Septentrion, est borné par le Royaume de Tanyu, & par le desert sablonneux, qui la separe du Royaume de Samahan & de Cascar. Pour le pays qui est plus au Midy, il est borné des Royaumes du Prestre Ioan, de Geo ou de Cangingu (que les Chinois nomment communément Sifan, de ceux de Tibet, de Laos, de Mien, de Pegu, (où elle touche à Bengala, ) en fin des Royaumes de Tunking & de Cochinchina, que les Chinois nomment Kiaochi. Elle a enuiron trente degrez de longueur, depuis le Cap ou Promontoire de la ville de Ningpo (que les Portuguais appellent Liampo) jusqu'aux montagnes Amasienes ou Damasienes. Sa largeur est fort grande, car elle s'estend depuis le dix-huitiéme degré jusqu'au quarante-deuxiéme. Ce pays, pour si grand & vaste qu'il puisse estre, n'est regi & gouuerné que par vn seul Monarque, qui peut bien auec raison potter le titre & la qualité de grand, puisque la haute Asie peut disputer de sa grandeur & de son estenduë, auec l'Europe toute entiere.

*Fortifications naturelles.*

De plus, si vous considerez auec soin son assiette & situation, & les comparez

# DE L'EMPIRE DE LA CHINE.

auec les autres parties du monde qui luy sont adjacentes, vous diriez que la nature l'a fortifiée elle-mesme, & luy a basty des forteresses pour la deffendre & garder des autres; les entrées en sont si difficiles, qu'elle semble mesme separée de tout le reste du monde: il y a peu de fonds le long de ses costes, fort apprehendées d'ailleurs à cause des tempestes qui y sont frequentes, & des roches & des basses qui en rendent l'approche fort dangereuse, principalement aux grands Vaisseaux. Du costé du Nord, vne solitude affreuse luy sert de deffense, & cette muraille où l'art a suppleé ce que la nature auoit manqué de faire pour la rendre inaccessible de ce costé-là. Du costé du Couchant, les montagnes Damasienes la separent mieux du reste de l'Asie, que n'auroit pû faire la plus forte muraille du monde.

Les parties les plus Meridionales sont sous le second climat qui passe par l'Isle d'Hainan; & les plus Septentrionales, par le sixiéme, i'entends les Prouinces de Pekin & de Leaotung: elle a quelques pays sous la Zone torride, mais c'est fort peu de chose; la plus grande partie est sous la temperée. Sa grande largeur & estenduë, fait que la temperature de l'air & de la terre y est differente, selon la diuersité des pays, & des saisons de l'année. Du costé qui regarde le Septentrion, le froid y est d'ordinaire fort rude & violent, les neiges frequentes & épaisses, & qui durent & continuënt fort long-temps; les riuieres y gelent aussi bien fort: ce qui n'arriue pas au Midy, où les chaleurs sont plus grandes, & où croissent en quantité & abondance tous les fruits des Indes; comme les Bananas, les noix de palmes, les Mangas, Ananas, & autres. Au Septentrion, elle produit des raisins, des figues, des chastaignes, des pesches, des coins, des poires, des noix, fruits semblables à ceux que nous auons dans l'Europe. *Les climats de la Haute Asie.* *Sa fertilité.*

L'air de ce pays est par tout fort temperé, le terroir gras & fertile, les pasturages extremément bons, la mer & les riuieres riches en poisson. Il semble que l'art & la nature ayent contribué tout ce qu'ils peuuent pour l'enrichir: de façon que vous auriez de la peine à dire si la haute Asie est plus redeuable à la nature pour sa fertilité & abondance, qu'à l'art qui l'a si bien sçeu mettre à profit en la cultiuant. Enfin, il faut confesser que tout ce qui se trouue de beau, dispersé dans le reste du monde, se trouue ramassé dans la Chine. Il n'y a presque rien chez les Estrangers, qu'elle n'aye, & il s'y trouue mesme quantité de choses qu'on chercheroit inutilement ailleurs. Vous me direz peut-estre, qu'il n'y a point d'espiceries ny de senteurs; mais elles sont si proches, & on les a auec tant de commodité, à cause du grand commerce & trafic qui se fait de part & d'autre; que ces denrées doiuent plustost passer pour domestiques que pour estrangeres, & pour autant de liens establis par la diuine Prouidence, pour les obliger a entretenir societé & bonne correspondance auec leur voisins. *L'Air.*

L'Empereur Xunus la diuisa autrefois en douze Prouinces. Yvus son successeur n'en fit que neuf, enuiron M M C C L X ans auant la naissance de Christ: mais pour lors il ne comprenoit que le pays du Septentrion, seulement depuis le quarantiéme degré de latitude jusqu'au trentiéme, c'est à dire iusques à la grande riuiere de Kiang. En suite les Prouinces du Midy furent peu à peu assujetties, & de la barbarie dans laquelle elles auoient vécu, reduites sous le gouuernement & sous la politesse Chinoise. Finalement, tout l'Empire de la Chine fut diuisé en quinze grandes Prouinces. *Differente diuision de la Haute Asie.*

Il y en a six de maritimes, sçauoir Pekin, Xantung, Kiangnan ou Nanking, Chekiang, Foxien, Quangtung. Les mediterranées, qui sont au cœur du pays, & qui tirent vers le Nord, sont Quangsi, Kiangsi, Huquang, Honan, Xansi. Enfin Xensi, Suchuen, Queicheu, Yunnan, qui sont vers le Couchant; le pays de Leaotung n'est point compris au Leuant de la Prouince de Pekin, où commence la grande muraille, la peninsule de Corea, qui est tributaire à l'Empire, ny aussi *Ses Prouinces.*

A ij

## PREFACE

beaucoup d'Isles qui en sont proches, & qui payent tribut, dont la plus considerable est celle d'Hainan. Assez prés d'Amacao, il y en a quantité d'autres, qui par fois se touchent & sont si peu éloignées, qu'on diroit que ce n'en est qu'vne, bien qu'il y en ait plusieurs. L'Isle Formosa en est proche, les Chinois la nomment Lieukieu, & elle est à l'opposite de la Prouince de Foxien. Prés du promontoire de Ningpo est l'Isle de Cheuxan, qui à present est considerable, marchande, & peuplée. Il y en a quantité d'autres au Septentrion, entre Corea & la Chine, dont nous parlerons dans son lieu.

*Sa Figure.* La figure de tout l'Empire de la Chine est presque quarrée; & c'est ainsi que les cartes de la Chine le representent. Toutefois il y a deux Tung ou Promontoires qui s'auancent fort dans la mer, dont l'vn est proche de la ville de Ningpo, d'où l'on peut passer au Iapon en fort peu de temps, en quarante heures enuiron; l'autre est dans la Prouince de Xantung, prés de la ville de Tengcheu; ce Golfe de mer est fermé d'vn costé par la peninsule de Corea, & de l'autre par le costé de la Chine, assez semblable au Golfe de Venize.

*Erreurs dans les vieilles & nouuelles cartes.* Par ce moyen, il sera tres-aisé de decouurir deux erreurs bien grossieres, qui se remarquent dans la pluspart des cartes de l'Europe. La premiere, en ce qu'elles mettent la grande muraille, & la ville royale de Pekin, au 50. degré de hauteur, y ayant à peine deux journées de chemin de Pekin jusqu'à la muraille, comme il me souuient de l'auoir remarqué auec ceux de nostre Compagnie, ayant mesme par fois trouué 39. degr. 59.

*Faute commise dans la description du Catay.* La seconde, qui n'en doit gueres de reste à l'autre, c'est qu'elles feignent vn autre Royaume tres-considerable au delà de la Chine, & le nomment Catay, auec les villes de Quinsai & de Cambalu, &c. puis qu'on ne trouue par delà la grande muraille, que de certains Tartares de Tanyu, Niuche, & de Niulhan, qui errent & sont vagabonds auec leur cheuaux & chariots, sans auoir de Villes. Il y en a aussi d'autres comme on tire d'auantage vers le Nord, que ceux de la Chine nomment Yupi, à cause des peaux de poisson dont ils se font des corselets & des casques. Ce sont les Tartares, sortis des bouts & extremitez de l'Orient, qui à present se sont rendus maistres de la haute Asie, y estans entrez par le pays de Leaotung. Quant à ce que peuuent estre ces lieux de Cambalu, Quinsai, Catay, & Mangin, j'espere cy-apres le faire voir plus clair que le jour : par ce moyen, on pourra aisément comprendre les veritables causes du nombre d'erreurs qu'on a commises iusqu'à present, pour n'auoir pas bien entendu M. Paul de Venise. Et il ne faut pourtant pas qu'on estime que la vienne de ma teste, ou de mon inuention : car ie proteste ingenuëment & auec verité, que j'ay tout tiré & recueilly des Liures Geographiques & Cartes de la Chine, qui ont esté faites & imprimées pour chaque Prouince en particulier, que j'ay par deuers moy, & que ie suis prest de communiquer & de faire voir aux curieux. On pourra donc remarquer, à moins que d'estre tout à fait ignorant dans la Geographie, quel soin & diligence i'ay apporté dans cét ouurage.

*Abondance de chair & des autres choses necessaires.* Mais pour quitter ces égaremens, & reprendre le vray chemin, la haute Asie, comme j'ay dit, abonde & produit tout ce qui est necessaire pour l'entretien de la vie. Il y a des vaches, des brebis, des chevres, des oysons, des canes, des poules, & autres tels animaux : sur tout il y a quantité de pourceaux, n'y ayant point de maison qui n'en ait ; on les nourrit & engraisse d'vne admirable façon, la chair de pourceau estant estimée fort delicieuse dans la Chine, car ils en mangent toute l'année, & la preferent à toute autre ; aussi y a-t-elle fort bon goust. Le commun peuple ne pardonne pas mesme aux cheuaux, mulets & asnes, ny aux chiens qu'on sert sur la table des grands Seigneurs, & se vendent plus cher que les autres animaux. Il y a par tout du bled, du ris, qui leur sert de pain, du miller,

## DE L'EMPIRE DE LA CHINE.

& des legumes de toutes les sortes. Pour des fruits de l'Europe & des pommes, il y en a en fort grande abondance, hormis des amandes & des oliues : mesme elle en produit qu'on n'a iamais veu dans l'Europe. Il y a aussi de diuerses sortes d'herbes potageres, & plus à choisir que parmy nous ; aussi en mange-on dauantage : car il y a quantité de personnes qui croyent encore le passage ou la transmigration des ames, & qui font conscience de manger de la viande.

Quant aux riuieres, elles ne sont pas moins pourueuës ny fournies de poisson qu'elles sont ailleurs : & on ne le pesche pas en si grande quantité dans la mer ny dans les lacs ; mais on les nourrit dans la Chine, comme on fait les animaux priuez & domestiques dans l'Europe. Car comme ils sont obligez de faire des fossez au milieu des champs de ris par où les ruisseaux ne passent point, il faut que de necessité ils arrosent la terre, quand il n'y a point de pluye, de peur que les grains ne meurent de seicheresse ; & c'est dans ces fossez où ils donnent à manger aux poissons, & leur nourriture est de la lentille de marests : c'est pourquoy vous voyez au mois de May quantité de ces bateaux pleins d'eau qui vont par toute la Chine, dans lesquels il y a de ces petits poissons, qu'on vend lors qu'on croid les pouuoir nourrir & éleuer. Ils chargent quelquesfois des batteaux entieres de grands poissons, qu'ils couurent de glace, & les portent ainsi iusqu'à Pekin, les pouuant garder auec cét artifice vn mois entier : on sale & saupoudre ceux qu'on ne peut garder, qui seruent à nourrir le peuple.

*Les Poissons.*

Il y a si grande quantité de soye, que i'oserois bien asseurer qu'il en sort plus de la seule Prouince de Chekiang, que presque de tout le reste du monde : ils nourrissent des vers à soye deux fois par an. L'Histoire de ce peuple qui est tres-ancienne, rapporte qu'ils ont eu la science de nourrir des vers à soye, deux mille quatre-vingts ans auant la Natiuité de Iesus-Christ. De façon qu'il est tres-vrai-semblable, que les autres Nations ont appris des Chinois l'art de mettre la soye en vsage. On peut mesme prouuer par diuerses raisons, que l'inuention des canons, de l'Aymant, & de l'Imprimerie, ne nous ont esté connuës que par leur moyen : car lors que les Tartares de la famille d'Iuena entrerent dans la Chine, il y auoit quantité d'Etrangers auec eux ; entr'autres de l'Europe B. Oderic (dont les Reuerends Peres Bollandus & Henschenius traitent auec beaucoup de soin, selon leur coûtume, dans leur liure des actes & vies des Saints, ) & F. Ayton Armenien, M. Paul Venitien, & autres. Comme donc nous n'auons la connoissance de ces arts qu'enuiron en ces temps-là, il y a bien de l'apparence que ce sont eux les premiers qui nous les ont apportés de la Chine. Pour la semence de coton, il n'y a que cinq cét ans, ou enuiron, que les Estrangers la leur ont enseignée : mais à present il y en a si grande quantité, & elle produit & multiplie tant, que vous croiriez que la Chine seule est presque capable de fournir & pourroit tout le reste du monde d'habits de coton, aussi est-ce l'étoffe la plus ordinaire, dont on s'habille. Il n'y croist point de lin : toutefois il y a du chanvre, dont on fait des habits d'Esté ; inuention qui est fort commode. Ce pays produit aussi de la soye qui croist sur les arbres, dont nous parlerons dans la Prouince de Xantung.

*Quantité de soye.*

Cette abondance de toutes choses, vient principalement de la grande industrie de ce peuple, & des fleuues, des riuieres, & des lacs, dont tout le pays est arrosé. Il y en a quantité qui sont extrémement poissonneux & fort propres à faire croistre le ris : car on l'y seme, & il y croist deux fois par an ; y ayant si grande quantité de bateaux qui vont & viennent pour en faire la cueillette, que c'est presque vne chose incroyable. Vous pouuez iuger de la grande commodité des riuieres par ce qui suit : C'est que de Macao on va par bateau iusqu'à Pekin, où il y a prés de six cens lieuës, à la reserue d'vne journée de chemin qu'il faut faire par terre, pour passer vne montagne.

*Commoditez des riuieres.*

( A iij

# PREFACE

Ainsi de Chekiang on trauerse toute la Prouince de Suchuen par eau, selon la longueur qu'elle a, en allant de l'Orient au Couchant: mesme il n'y a presque point de Ville ny de Cité, où on ne puisse aller par bateau, y ayant par tout ou des riuieres, ou des canaux, ou des fossez. Il se rencontre en cette haute Asie vne *Les Mines.* infinité de mines de diuers metaux, qui se trouueroient riches & abondantes à la premiere ouuerture: mais les loix du pays deffendent de tirer ny or ny argent, parce que les vapeurs nuisibles qui s'éleueroient de la terre, seroient capables de faire mourir les hommes dans les mines: estant bien raisonnable que les Empereurs & les Roys fassent plus d'estat de la vie de leurs sujets, que non pas de l'or ny de l'argent; mais il est permis à tout le monde d'amasser de l'or sur les riuages, & il s'y en amasse aussi beaucoup auec grande facilité, qui passe plustost pour mar- *Leur argent.* chandise que pour payement. Car ils ne comptent pas comme nous auec de la monnoye ou des pieces d'or & d'argent; mais pour preuenir les tromperies, ils pesent tout, principalement l'argent, qu'ils ont coupé en pieces apres l'auoir fondu & refondu en vn creuset, & y mettent le ciseau, portans vn trebuchet fort propre, enfermé dans vn estuy de bois. Ils n'ont seulement que des liards marquez des armes du pays, qu'ils percent & enfilent d'vn cordon, pour seruir de payement, & acheter les denrées les plus communes. On y tire quantité de mineraux, comme de l'argent vif, de l'airin, du fer, de l'estain, du cuivre, du vermillon, de la pierre d'azur, & du vitriol. De plus, on y fait du cuivre blanc qui n'est gueres plus cher que le cuivre jaune. Ils font quantité d'ouurages & de besognes de fer fondu, semblables à celles que nous faisons dans l'Europe; comme des canons, des cloches, des mortiers, des fourneaux, & tels autres ouurages.

*La quantité de peuple.* Il est incroyable, combien la haute Asie est peuplée au prix des autres parties du monde: les villages y sont à proportion aussi peuplez que les Villes; & à voir le peuple sur les grands chemins, vous croiriez que c'est vne armée qui marche, ou estre dans nos foires de l'Europe. Il ne faut donc point trouuer estrange, si quelques Portuguais, lors qu'ils y entrerent la premiere fois, auoient accoustumé de demander à quelques-vns, si les femmes y faisoient neuf ou dix enfans tout à la fois. D'autres affirmoient que les Citez estoient mobiles & changeoient de place; car il y a par tout vn si grand nombre de nauires, qu'ils occupent souuent autant d'espace qu'vne grande Cité en pourroit prendre, dont aussi ils ne representent pas mal la forme ny la figure, principalement lors que tous ces Vaisseaux jettent l'Ancre en vn mesme lieu: Or ils n'éleuent pas seulement leurs familles dans ces bateaux, mais ils y nourrissent aussi quantité d'animaux; sur tout des pourceaux, des poules & des canes. C'est pourquoy l'eau n'est pas moins peuplée & habitée que le continent, au moins dans les Prouinces du Midy, car la nauigation n'est pas si commune & ordinaire dans les pays du Nord. Que si nous nous en rapportons aux Histoires de la Chine les plus authentiques, qui gardent auec beaucoup de soin le roolle & le dénombrement des hommes de chaque Prouince, Ville, & des autres endroits; (sans y comprendre la famille Royale, les Magistrats, les Eunuques, les soldats, les sacrificateurs, les femmes & les enfans) on y trouue cinquante-huit millions, neuf cent quatorze mille, & deux cent quatre-vingt quatre hommes, 58,914,284. Il ne faut donc point trouuer estrange, si quelqu'vn affirme qu'il y a bien deux cent millions d'hommes: Or ce nombre & supputation est fort aisée à faire selon les loix de la Chine: Car chaque pere de famille est obligé, sous de griéves peines, de mettre & afficher vn écriteau à la grande porte de sa maison, qui contienne & fasse sçauoir le nombre & la qualité de ceux qui sont logez chez luy. Il y a vn dixenier qu'ils nomment Tifang, qui a l'inspection & la charge sur dix familles, & qui a soin de recueillir cette supputation & dénombrement; que si on manque au calcul, il est tenu & doit en auertir les Officiers & Gouuerneurs de la

# DE L'EMPIRE DE LA CHINE.

ville. Cela s'obserue rigoureusement durant les troubles; tellement qu'il n'est pas permis de receuoir personne chez soy, dont on n'ait donné le nom à connoistre; sur tout s'il y doit faire du sejour.

Il y a 150. grandes Villes remarquables, & 1226. moindres, toutes fermées de murailles; ie n'y comprends point quantité de places de guerre, non plus qu'vne infinité de chasteaux, de bourgs, de forts, de franchises, de villages, qui n'en doiuent souuent gueres de reste à nos Villes: mais le nombre en est si grand, qu'on auroit de la peine à en faire le calcul. Il m'est souuent venu en l'esprit vne pensée, que si cette grande muraille, qui est au Nord, enuironnoit toute la Chine, que la haute Asie ne formeroit qu'vne seule Ville, qui seroit extrémément peuplée & bastie; à raison que si vous sortez d'vn lieu cultiué & habité, vous entrez tout aussi-tost dans vn autre qui ne l'est pas moins. La pluspart de ces Villes, qui sont basties sur des riuieres nauigables, ont de chaque costé de fort longs & larges fauxbourgs, recommandables pour leur grandeur & magnificence. *Le nombre des Villes & des Citez.*

Au reste, la difference qu'il y a entre les Villes & les Citez, n'est pas fort considerable, si on regarde seulement à la grandeur, y ayant par fois des Citez qui sont aussi grandes ou plus, que des Villes: car la seule difference consiste dans les titres que les Gouuerneurs se donnent diuersement, & selon l'authorité & le pouuoir qu'ils ont conformément aux loix de l'estat & aux coustumes de la Chine. Il est bien vray que les Villes vont deuant, & sont plus honorables que les Citez; mais celles-cy ne sont pas moins peuplées ny moins opulentes. Les Villes se nomment Fu, & les Citez Cheu ou Hien. Il y a aussi des lieux francs & priuilegiez, & des bourgs, qui pourroient bien aller du pair auec des Citez, pour la grandeur, & pour le grand negoce & trafic; principalement ceux qu'ils nomment Chin: mais parce qu'ils n'ont point de murailles, ny leur Magistrats particuliers; aussi n'ont-ils icy le titre ny la qualité de Citez, & sont gouuernez par les Magistrats des autres lieux qui en sont les plus proches. *Distinction & difference des Villes & autres lieux.*

L'esprit des Chinois verifie ce qu'Aristote a écrit des peuples de l'Asie, que ceux de l'Europe sont forts & robustes; mais que ceux de la Chine les surpassent en subtilité d'esprit. Ils sont trompeurs, fins & aduisez, & ne se trouuent iamais surpris, quelque accident qui leur arriue; ils sont ingenieux & pleins d'industrie, ne laissent perdre la moindre chose qui peut seruir: Et dans vne si grande abondance de choses precieuses, ils ne laissent pas d'amasser de vieux haillons & beaucoup d'autres choses qu'on ne ramasse point ailleurs, gardent des os de chiens, des plumes de poules, des soyes de pourceaux, & mesme les plus sales excremens, dont ils font trafic. Pour les Arts mechaniques, on ne peut douter de l'industrie des ouuriers de la Chine, apres auoir veu ce qu'on nous apporte tous les iours de ces quartiers-là; comme toute sorte d'habits de soye, de la porcelaine, des cabinets dorez, & sur lesquels ils couchent & appliquent leur belle colle, des habits faits à l'éguille, & autres de cette nature; quoy que pourtant les plus beaux ouurages ne sortent pas de la Chine. Ils trauaillent & grauent parfaitement bien sur l'ébene, l'yuoire, le coral, l'ambre, les jaspes, sur les plus durs marbres, & sur les autres pierres precieuses. Ils imitent & contrefont si bien l'ambre jaune auec de la poix fonduë, que mesme il fait honte au naturel & veritable. Il y a desia long-temps qu'ils sçauent faire du verre fort transparent de ris, toutefois il n'est pas de la bonté du nostre; mais il en approche beaucoup, & ne luy ressemble pas mal pour les autres qualitez du verre. Pour la peinture, ils nous sont de beaucoup inferieurs, comme n'ayans pas encore compris ce qu'il faut obseruer dans les ombres, ny comment il faut méler & addoucir les couleurs: mais ils reüssissent fort bien en oyseaux & en fleurs, qu'ils representent auec l'aiguille & en tapisserie de soye si naïuement, qu'on ne sçauroit mieux les representer au naturel; ce qui rauit en admiration *Les Chinois ont l'esprit subtil. Artisans & ouuriers excellens. La Peinture.*

# PREFACE

tous ceux qui voyent ces ouurages. Quant à l'inuention de la nauigation & l'vsage de la boussole, des canons, & de la poudre, ils l'ont eu long-temps auant ceux de l'Europe, comme j'ay remarqué auparauant.

*Agriculture.* Mais que diray-je de l'Agriculture ? qu'ils ont reduite à de certaines regles selon la diuerse qualité des pays : aussi en font-ils grand estat, asseurans que les hommes ne s'en sçauroient passer sans se faire tort, comme ils pourroient bien des autres arts & mestiers. Pour cet effet, ils donnent de grands priuileges aux laboureurs, & les encouragent tellement au trauail, qu'ils ne souffrent pas vn pied de terre sans estre cultiué. Quand le terroir est maigre & sterile, ils le rendent fecond par leur industrie & artifice, & l'engraissent & laissent chommer, de peur qu'il ne se lasse de produire deux fois par an. S'il n'y a point d'eau, ils creusent des fosses, & y font venir l'eau de fort loin, par le moyen des ruisseaux qu'ils tirent des riuieres ; c'est pourquoy on peut faire aller les bateaux dans toute la Chine : Quand les eaux sont dans vn lieu bas, ils les éleuent auec grande facilité, par le moyen d'vn instrument assez semblable à nos chapelets, fait d'aix & de planches quarrées, qui enleuent grande quantité d'eau.

*Pesche admirable.* Pour faire paroistre l'esprit des Chinois, j'ay trouué bon d'ajouster icy vne façon tout à fait rare & extraordinaire dont ils se seruent pour pescher. On void dans ce pays vn certain oyseau qui est vn peu plus petit qu'vn oyson, & qui ressemble assez à vn corbeau, a le col fort long, le bec d'vn aigle, dont le bout est extremement crochuë : On luy apprend à pescher, comme on fait aux chiens à prendre des liéures, & on luy serre & étrecist tellement le col auec vn anneau de fer, qu'il ne sçauroit aualler les plus petits poissons, & ceux qui sont trop grands, & ne peuuent passer par la cauité de son col, il les éleue auec son bec, & fait bruit en mesme temps, afin que le pescheur y vienne & les puisse prendre. I'ay par fois veu trois ou quatre oyseaux apres vn seul poisson qui s'aydoient les vns les autres à pescher leur proye ; c'est de la sorte qu'ils prennent des poissons qui pesent bien six liures & d'auantage. Les pescheurs tirent beaucoup de profit de cette pesche, & payent vn certain tribut pour chaque oyseau.

*L'Architecture.* Nous les surpassons de beaucoup pour l'Architecture, magnificence, & solidité des bastimens ; mais ils l'égalent & l'emportent mesme par dessus nous, s'il s'agist de construire des tours & des ponts : Outre les tours, qui sont fort hautes & tres-bien basties, ils ont aussi quantité de ponts, remarquables pour leur grandeur & pour leur Architecture. Les maisons ne sont pas magnifiques ; mais elles sont plus commodes & plus nettes que les nostres. Ils n'ayment pas à voir plusieurs estages, à cause de la peine de monter les degrez. Tout le monde occupe le bas de la maison, qu'ils partagent en sales & chambres. Le dehors n'a pas beaucoup d'ornemens, à la reserue de la grande porte & des autres plus petites qui sont sur le deuant, qui sont magnifiques dans les maisons des gens riches : Le dedans est plus orné, tout y reluit à merueille pour estre enduit de cette precieuse colle de Cié, dont on vernit toutes les murailles. Les maisons sont d'ordinaire de bois, mesme les Palais du Roy : toutefois, les murailles principales sont de briques, qui ne seruent qu'à separer les sales des chambres : car le toit & la couuerture est soustenuë de piliers de bois, toutes les tuiles sont d'argile comme les nostres. Ils ne veulent point de fenestres qui regardent sur les ruës, disans qu'il n'est pas honneste de s'en seruir. Ils ont diuers appartemens ; le plus retiré est le quartier où demeurent les femmes, qui sont si étroitement gardées, pour les tenir dans la modestie & leuer tout soupçon, qu'il n'y a point de prison dans l'Europe qui ne soit plus libre & plus douce.

*Les sciences.* Pour les sciences, ils nous sont de beaucoup inferieurs, encore qu'ils les estiment bien d'auantage que nous ne faisons pas : Car ils n'ont presque rien de veritable ny

de

# DE L'EMPIRE DE LA CHINE.

le solide, à la reserue de l'Astrologie, dont ils n'estiment que cette partie qu'on nomme judiciaire. Quant à cette Philosophie que nous appellons morale, il y a desia long-temps qu'ils l'ont assez bien deduite des principes mesme de la nature & de la raison. Ils disent des choses fort releuées touchant les vertus, rapportans le tout au gouuernement de la Republique. Par ce qui suit, vous pourrez iuger de la subtilité de leur esprit, ils comprennent en fort peu de temps nostre Arithmetique, nostre Geometrie, les calculs du mouuement des estoiles & des planettes, mesme la Logique de l'Vniuersité de Conimbre, qui est imprimée en langage Chinois. Ils ont aussi quantité de traitez de l'Architecture, Physiognomonie, Anatomie, & arts mechaniques, &c. imprimez auec les figures à leur mode.

Quant à la Medecine Pratique, ils l'emportent par dessus nous; à la verité nos Medecins s'amusent & s'arrestent dauantage à la theorie & au discours; mais les Medecins Chinois guerissent auec bien plus de facilité & plus viste. Ils ont des liures fort anciens de la nature des herbes, des pierres & des arbres, enrichis de figures comme pourroit estre Dioscoride; outre cela, des autheurs modernes & anciens qui pronostiques, traitent des signes, des effets, causes, & des maladies. Leurs medicamens & remedes consistent pour la pluspart en simples & en decoctions; ils se seruent de cauteres actuels, & de frictions, mais point de saignée, dont ils croyent l'administration dangereuse. Ils employent les refrigeratifs & le regime de viure pour temperer la masse du sang, & affirment que si le pot bout, il ne faut pas pour cela verser le boüillon, mais plustost en oster le feu pour l'empescher. Ils ont de si belles remarques & obseruations touchant la nature du poux & des arteres; qu'ils peuuent mesme découurir par leur moyen les abcez & d'autres causes les plus cachées d'vne maladie. Ils prennent garde à six poux ou battemens en chaque bras, dont il y en a trois qui sont les premiers & principaux, & autant de seconds & de moindres, qui appartiennent à diuerses parties du corps. Pour le premier, ils le rapportent au cœur, le second au foye, & le troisiéme à l'estomac, & les autres à diuerses parties. Lors qu'ils vont voir vn malade, ils sont bien vne demie heure à luy taster le poux, tout le monde se tenant cependant dans vn grand silence; ils disent apres quelle est la cause de sa maladie, quelle partie du corps elle afflige, & en iugent fort pertinemment. On y trouue aussi par tout quantité de Chimistes, qui ne promettent pas seulement de faire de l'or, mais encores l'immortalité ioignant l'vne & l'autre pour tromper de ces promesses en mesme temps les credules & les auares.

*La Medecine.*

*Excellente & admirable methode pour taster le poux & manier l'artere.*

La subtilité de leur esprit ne paroist que trop dans des ruses & tromperies fort adroites & delicates, qu'ils pratiquent tous les iours. Ils ont l'esprit exellent, le corps aussi & souple, & aussi adroit que l'esprit. Ils supportent aisément le trauail & la fatigue, mais non pas la faim, & ils croiroyent mourir, s'ils estoient vne matinée entiere sans manger.

*La constitution de leur corps.*

Les Marchands sont pleins d'industrie, toute la nation ennemie de l'oisiueté & de la paresse. Ils ne trouuent rien de penible, pourueu qu'il y ait la moindre esperance de profit, preferans souuentefois l'vtile à l'honneste. Leur santé est assez forte & vigoureuse, ils s'endurcissent à la fatigue dés leur enfance. En quelques endroits, ils sont aussi blancs que ceux de l'Europe, à qui ils ne ressemblent pas mal, si ce n'est qu'ils ont le nez camus, la barbe claire, de petits yeux à fleur de teste, & bien fendus, & la face vn peu plus large & carrée. Les hommes & les femmes ont les cheueux fort noirs & longs, méprisent, & ont mesme horreur des cheueux blonds & roux, bien dauantage que les Thebains. Les femmes sont d'ordinaire de basse taille, mais ont le visage assez beau & gay. Ils font consister la principale partie de la beauté & bonne grace des femmes à auoir de petits pieds: c'est pourquoy on leur presse & lie si fort les pieds auec des bandes tout aussi-tost

C B

qu'elles sont nées, qu'ils ne peuuent croistre apres. Il y en a qui ne les ont pas plus gros que des chevres: merueilleuse folie dans vn peuple si poly & si ciuilisé, qui auroit mesme auersion pour vne Helene, si elle auoit les pieds aussi grands que les femmes de nostre Europe.

*La Religion.*

Les Chinois ont trois sortes de Religion. Ie nomme la premiere & la plus ancienne la Philosophique; la seconde l'Idolatre; la troisiéme l'Epicurienne: ils l'appellent Sanxiao, ou la triple doctrine. La Philosophique est veritablement la plus considerable & la plus puissante; car c'est elle qui tient le gouuernement & a la direction de l'Empire: aussi n'y a-t-il que des Philosophes qui soient admis au gouuernement de la Republique. Cette secte se nomme Iukia; elle ne connoissoit autrefois qu'vn souuerain principe, & leurs vieux liures de Philosophie disent beaucoup de choses du Ciel, du premier & souuerain Empereur, celuy qui regit & gouuerne tout l'Vniuers: ces sages aduoüent & confessent ne pas sçauoir quelle est sa nature, son essence, ny comment il le faut seruir & honorer; c'est pourquoy ils ayment mieux ne le point seruir du tout, que de manquer & errer dans ce culte.

*Sectes des Philosophes.*

Ceux donc qui suiuent cette opinion, ne considerent & ne prennent autre soin que du gouuernemēt de la Republique, & de la pratique des vertus morales. Cette Philosophie traite aussi du ciel, de la terre, de l'homme, comme de choses dont la connoissance comprend celle de toutes les autres. Ils appellent ces trois études du nom de Sançai. Sous la science du ciel & de la terre, ils comprennent les principes des choses, de la generation & de corruption, du mouuement des cieux, des estoiles, de l'vne & de l'autre Astrologie; enfin de l'agriculture, de l'arpentage, &c. Pour la science de l'homme, elle est simplement morale. Ils y considerent principalement ces cinq chefs ou articles. Le premier est du pere & du fils, où ils proposent des exemples d'obeyssance, qui meritent plus d'estre admirez qu'ils ne sont faciles à estre suiuis: le second est de la femme & du mary, où il est traité de leur distinction & difference, & de leurs deuoirs, &c. le troisiéme est du Roy & des Sujets, où il est parlé de la fidelité & de l'amitié qu'ils doiuent porter à leurs Sujets, dont ils sont comme les peres. Le quatriéme traite des amis & de l'amitié. Le cinquiéme des freres, de l'amour de l'aisné & de l'obeyssance du cadet. Il enseigne apres trois mille petites ceremonies ou preceptes, qui regardent la ciuilité & la bien-seance exterieure, la modestie, la discretion, & autres vertus semblables: ils donnent aussi beaucoup de grandes loüanges à la prudence, à la pieté, & au courage, lors que nous l'employons à nous surmonter nous-mesmes. Pour la iustice & la vertu, qui nous fait iuger des autres par nous-mesmes, & par la comparaison que nous en faisōs, ils l'éleuēt & la recommandēt si fort, qu'ils y font cōsister le plus haut degré de perfection. Cette secte ne se met pas beaucoup en peine de sçauoir les choses futures, aussi n'en dispute-elle iamais; pour cette raison seulement, qu'elle n'est pas mesme capable de bien distinguer ce qu'elle comprende ce qu'elle void deuant ses yeux. Elle enseigne encores fort soigneusement l'vsage des vertus interieures & exterieures, qu'il les faut pratiquer, à cause du bien & de la recompense qu'on reçoit de la vertu, sans auoir aucun but, ny se proposer aucune autre fin: faites, disent-ils, des actions vertueuses, sans attendre ny esperer aucune recompense; la vertu est assez contente d'elle-mesme, n'y ayant rien de plus beau dans tout le monde: ces liures sont pleins de ces grands sentimens, nos Philosophes anciens n'ayant iamais rien dit de semblable ny de meilleur.

*La secte Idolatre.*

La seconde secte est l'Idolatre, qu'ils nomment Xekia: cette peste & cōtagion infecta la Chine vn peu apres la natiuité de Christ. Ils croyēt la metempsychose, ou le passage & trāsmigration des ames; elle est de deux sortes, l'vne interne, & l'autre exterieure: cette-ci sert aux idoles & les adore elle enseigne que ce passage est comme vn chastiment des pechez apres la mort; c'est pourquoi ils s'abstiennent de manger de tout ce qui a en vie. Cette Religion est ridicule, & les Sacrificateurs qui la suiuēt

# DE L'EMPIRE DE LA CHINE.

s'en mocquent eux-mesmes ; toutefois ils l'estiment necessaire pour retirer les ignorans du vice, & pour les encourager à la vertu. Quant à leur metempsychose interieure, elle est excellente, & vne des plus belles parties de la Morale : car elle considere l'ame dépoüillée du corps, & qui triomphe de toutes les mauuaises passions & mouuemens déreglez ; mais ils enseignent qu'elle passe en celle des bêtes brutes, qui ont eu les mesmes passions, ne reconnoissant autre recompense ny supplice apres la mort, & soustenant que toutes choses sont bonnes ou mauuaises, selon que nous les considerons diuersement. Mais nous en discourons plus amplement dans l'Abregé de nostre Histoire de la Chine, qui commence depuis la creation du monde.

La troisiéme secte approche fort de celle d'Epicure ; car elle fait consister la beatitude dans la volupté, promet & cherche de rendre la vie du corps immortelle par le moyen des remedes ; elle a trouué d'admirables inuentions pour acquerir & augmenter les plaisirs & la volupté, & asseure que tout s'anéantit apres la mort. Il y a quantité de Magiciens qui sont de cette secte, qui est bien la plus sale & la plus meschante de toutes. Dieu vueille que ces sectes, au lieu des faux & erronez principes qu'elles retiennent encore à present, puissent vn jour comprendre les mysteres de nostre Religion. Les apparences y sont grandes ; car ces Philosophes estiment fort la Morale de l'Europe, qui s'accorde auec celle qu'ils enseignent ; de sorte qu'il semble qu'il n'y a que les principes surnaturels qui leur manquent. *La secte Epicurienne.*

Ils aymẽt naturellemẽt toutes les vertus, & ceux qui en font profession ; mais ils ne laissent pas d'estre vicieux en eux-mesmes. Toutefois cõme ils sont fins & rusez, ils couurent leurs defauts auec vn merueilleux artifice, de peur qu'ils ne paroissent & ne viennent en veuë ; admirans la chasteté & continence, que pourtant ils n'obseruent iamais. Ils croyent qu'il y a du deshonneur, & que c'est vn témoignage de misere, de n'auoir point d'enfans ; ils requierent la chasteté dans les vefues. Les honnestes femmes n'ont pas accoûtumé de se remarier ; ils dressent des arcs triomphaux aux vefues qui ont vécu dans la continence, & y mettent des inscriptions pour vn eternel souuenir à la posterité. Ils font beaucoup d'estat, & admirent vne soûmission modeste & graue, quand on fait ou dit quelque chose, témoignans bien l'obseruer en apparence ; quoy qu'ils ne la possedent pas en effet. Il n'y a point de nation qui honore & respecte tant ses parens ny ses maistres ; il va de la vie de ne les point nourrir, de leur estre desobeyssant, ou de faire difficulté d'entrer en leurs places lors qu'ils ont à fournir quelque couruée, ou de se fascher en quelque façon que ce soit : c'est vn crime lors aux disciples, quoy que de plus grande condition que leurs maistres, ne leur donnent pas la premiere place & le premier rang, ny des titres & qualitez plus honorables, & quand ils refusent de leur ayder & assister lors qu'on les en requiert. Il n'y a rien qu'ils ayent plus en horreur & detestation que les actions, paroles & gestes, qui ressentent la cruauté & la colere ; c'est pourquoy ils cachent ou dissimulent leur haine, & ne portent iamais d'armes lors qu'ils voyagent, estimans que c'est vne chose indigne & deshonneste d'en porter, & de faire la guerre aux hommes : aussi font-ils peu de compte des soldats, & les tiennent presque pour ennemis. *Leur obeyssance enuers leur maistres & leur parents.*

Et il paroist bien quelle estime ils font des bonnes lettres & des sciences, en ce que les personnes non lettrées ne sont point receuës au gouuernement de la Republique ; tant plus vn homme est docte, tant plus est-il auancé aux richesses & aux honneurs ; c'est de là que vient toute la Noblesse. Il n'y a presque personne parmy eux, pas mesme les paysans, qui n'estudie jusqu'à quinze ans ; à peine s'y trouue-il vn homme qui ne sçache écrire. Comme donc toute la Noblesse procede des lettres, & qu'on l'y cherche, sans auoir égard au sang ny à la naissance, hors mis dans les familles Royales ; tant plus le rang & la place qu'on tient en la Republi- *Ils sont peu d'estat des armes, mais beaucoup des sciences.*

que est haute & éleuée, d'autant plus les titres & les honneurs qu'on reçoit de tout le monde sont-ils grands & considerables ; sans qu'on prenne garde, de quelle extraction on est, & par quel moyen on s'est auancé & mis en faueur.

*Comment ils se marient.*

Les mariages s'y font presque comme parmy nous. Le mary donne le doüaire à son épouse ; mesme les personnes de mediocre condition achetent en quelque façon leur femme de ses parens : ceux qui sont vn peu de qualité, s'ils reçoiuent des presens pour auoir marié & colloqué leur fille, ils en rendent bien la valeur & dauantage. Les parties qui doiuent contracter ne se voyent iamais l'vn l'autre, ny ne parlent ensemble ; il ne se fait point aussi de contract. Les parens des deux costez font le mariage par des procureurs & personnes tierces & interposées. Ainsi on enuoye la mariée dans vne chaise au logis de son mary, qui ne l'auoit iamais veüe auparauant, accompagnée de quantité de monde, qui marche deuant auec des torches & flambeaux, quand ce seroit mesme en plein iour, & à midy. Vn seruiteur la suit & porte la clef de la chaise au marié ; luy seul a la permission de l'ouurir; & en la voyant la premiere fois, il iuge de sa bonne ou mauuaise fortune. Leur femme estant morte, ils en peuuent prendre vne autre, & on ne trouue point estrange qu'ils ayent encores vne concubine de rechange, tant la condition des femmes est mal-heureuse en cét égard.

*La Polygamie en vsage.*

*Diuerses marques de ciuilité.*

La ciuilité & les complimens des Chinois sont, ie ne diray pas seulement ennuyeux pour leur longueur, mais superstitieux : entre Bourgeois, on donne tousiours le haut bout au plus vieux, & entre les estrangers à celuy qui vient de plus loin : Nous donnons les titres & qualitez selon la naissance & la charge & profession, & eux selon l'âge, tant plus on est vieux, tant plus est-on honoré, toutefois ils ont leur degrez. Il n'y a que les superieurs & les maistres qui se seruent de ces mots & termes, de moy & de toy, quand ils parlent à leur sujets & seruiteurs. Au reste, quand on parle à vn autre, chacun prend sa qualité selon le degré qu'il a eu dans son bas âge. Les Chinois sont fort officieux & prompts à saluer à la rencontre, demeurent long-temps dans leurs festins, & sont fort courtois enuers les estrangers, & extrémement modestes & posez dans leurs gestes, contenance, & autres façons de faire ; mais principalement les Philosophes & Magistrats, qui se font distinguer des autres par vne certaine grauité Stoïque : car ils tiennent que c'est à faire aux personnes mal-nées, de crier & d'éleuer sa voix par les ruës, de causer, de regarder çà & là autour de soy, de ietter la veuë d'vn costé ou d'autre, de dire des sottises. On n'entend guere de discours sales ny de blasphémes. On ne va dans les ruës que bien vestu, en bon ordre, & la teste couuerte ; quand ils veulent rendre l'honneur à quelqu'vn, ils baissent & enclinent fort profondément tout le corps, & couurent leurs mains en les ioignant : si deux se rencontrent, ils s'enclinent de mesme costé tout à la fois. Ils donnent la main droite aux estrangers, & la gauche quand ils se promenent : car comme ils marchent tousiours auec l'éuentail, ils craignent d'incommoder leur compagnie en leur chassant le vent au visage. Ils croyet pour la pluspart, que c'est vne chose deshonneste & inciuile de prendre auec les doigts les viandes qu'on doit manger ; c'est pourquoy ils les prennent & portent fort proprement à la bouche auec deux petits bastons vn peu longs, faits d'ébene, d'yuoire, ou d'autre matiere. Pour les viandes, on se sert sur la table toutes coupées par morceaux, sur tout lors qu'elles sont vn peu dures : l'ordre de seruir leurs tables est fort beau & commode quand on y est accoustumé, bien qu'au commencement il semble vn peu fascheux. Leurs habits sont larges, & vont iusqu'aux talons : ils sont ouuerts par deuant, mais ils les attachent sous le bras droit : les manches sont amples, tout l'habillement est graue & modeste. Ils portent les cheueux fort longs, les peignent & les cordonnent en rond sur le sommet de la teste, où ils les attachent & couurent d'vn reseau de crin de cheual, & puis y mettent vn petit

*Leurs habits.*

## DE L'EMPIRE DE LA CHINE. 13

bonnet par deſſus, qui a la forme & figure d'vn cylindre ou d'vn cube, par où on peut juger de la qualité & condition de chaque perſonne: car auſſi ſont-ils differens ſelon la diuerſité de ceux qui les portent. Les robes des femmes ſont fort oſngues, leur couurent les pieds, & prennent depuis le col juſqu'aux talons; de façon qu'elles n'ont rien de découuert que la face. Elles cachent leur mains dans leurs manches, qui ſont touſiours de ſoye, auſſi bien que leurs habits. Ce n'eſt pas leur couſtume de rien prendre de la main des hommes; mais on le met premierement ſur vn eſcabeau, ou ſur vne table, puis ſe couurant la main elles le prennent.

Quant à leur breuuage, ils boiuent touſiours chaud, ſoit que ce ſoit de l'eau, *Leur breuuage.* du vin, ou du ris boüilly: Ils ſont touſiours tremper cette herbe ſi celebre, qu'ils gé- nomment Cha, dans ces liqueurs, ou en de l'eau boüillante, & la boiuent toute chaude. Quand j'y ay eſté accouſtumé, j'ay fort deſapprouué ceux de l'Europe, qui ayment tant à boire froid: car les Chinois en beuuant chaud, appaiſent leur ſoif, ſe deſalterent, & deſſeichent les humeurs; c'eſt pourquoy ils ne crachent preſque iamais, & ne ſont point ſujets à la grauelle ny aux cruditez d'eſtomac, comme ceux de l'Europe; ne ſouffrent point tant de maladies, ny de ſi grandes, que parmy nous, & ne ſçauent ce que c'eſt que de grauelle, de goutte aux pieds & aux mains, ny d'autres ſemblables maladies.

Les chemins publics ſont admirables; car on les a rendus ſi commodes pour les *Chemins pu-* voyageurs, qu'il eſt impoſſible d'y rien ajouſter. Premierement on les égale, *blics, admirables pour* puis on les pave, ſur tout dans les Prouinces du Midy, où on ne ſe ſert gueres de *leur commodité.* cheuaux ny de chariots. Dans les plus hautes montagnes meſmes, on y a fait des paſſages, apres auoir coupé les rochers de chaque coſté, rompu, égalé & applany les ſommets des montagnes, & comblé les vallées; ce qui abrege & accourcit fort le chemin. A certaine diſtance, ſçauoir à chaque pierre (qui contiennent dix ſtades Chinoiſes, ou vne lieüe de France) il y a des coureurs qui portent en grande diligence les ordres du Roy & des Gouuerneurs. C'eſt pourquoy, s'il arriue quelque choſe d'extraordinaire & de nouueau, on le ſçait en peu de jours par tout le Royaume; à chaque huitiéme pierre (qui eſt vne journée de chemin) on a baſty des maiſons Royales & publiques qui ſe nomment Cungquon & Yeli, où logent les Gouuerneurs & Magiſtrats, qui y ſont receus aux deſpens du Roy, apres y auoir enuoyé vne lettre auparauant, pour informer les hoſtes de leur arriuée & qualité, & leur faire ſçauoir en quel temps ils arriueront en chaque lieu. Lors qu'vn Gouuerneur y arriue, il y trouue tout preſt & en eſtat, non ſeulement des viures, mais auſſi des cheuaux, des chaiſes, des portefaix, & des nauires s'il eſt beſoin: car il écrit & mande par auance dans vne tablette (que les Chinois nomment Peai) tout ce qu'il veut & deſire auoir. On trouue le meſme ordre ſur le bord des riuieres, que ſur les grands chemins, où il n'y a aucun arbre qui empeſche ou embarraſſe, ſi ce n'eſt à la diſtance de cinq coudées, de peur que par cét empeſchement les batteaux ne fuſſent retardez quand on les tire. Les bords meſme en pluſieurs endroits ſont reueſtus de pierres quarrées depuis le fonds juſqu'en haut, auec des ponts de pierre à pluſieurs arcades lors qu'il en eſt beſoin: en quoy ils ne ſemblent pas ſeulement deuoir diſputer auec raiſon de la grandeur auec ceux de Rome, mais auec ceux meſme de toutes les autres Nations. Ie ne doute pas que ceux qui ne l'ont pas veu, n'ayent de la peine à le croire; auſſi ne ſçauroit-on rien trouuer dans l'Europe qui en approche. Ces nauires *Nauires ſom-* royaux deſtinez au ſeruice des Gouuerneurs, reſſemblent à de fort hautes mai- *ptueux &* ſons. Aux coſtez il y a quantité de chambres, au milieu eſt la ſale, raiſonna- *magnifiques.* blement grande, où il y a des tables arrangées, des ſieges trauaillez fort artificieuſement, des feneſtres & des portes de bois, faites à ouurage treilliſſé, & grauées

B iij

PRÉFACE

de toutes sortes de grotesques : au lieu de vitres, on se sert d'écailles ou plaques d'huistres fort minces & deliées, ou d'estoffes & draps fort fins, frottez & enduits d'vne cire fort luisante, qui les deffendent parfaitement bien de toute sorte de vents, ils sont enrichis de diuerses figures, de fleurs, d'arbres, & d'autres choses. Le tillac est tout enuironné de galleries & de treillis, où les matelots peuuent courir sans incommoder ceux qui nauigent. Ces nauires sont extrémement diuertissans & agreables à voir, mesmes fort recreatifs pour la diuersité de leurs couleurs : au dedans tout est releué d'or auec des figures d'oiseaux, & de villes ; ce qui merite d'estre veu, & est aussi tres-commode & profitable. Ces Vaisseaux sont aussi longs que des Galeres ; la largeur & la profondeur sont égales. Pour y entrer, il faut monter par vn degré qui a bien presque huit coudées de hauteur. La prouë a la forme d'vn chasteau, où sont les trompettes & les tambours, qui battent continuellement : Aussi-tost que les autres Nauires l'entendent, ils font place ; que si le Vaisseau d'vn autre Gouuerneur les rencontre, ils se deferent reciproquement selon le degré & le rang qu'ils tiennent : surquoy ils n'ont point de querelles ny de contestes entre-eux, y ayant de certains Reglemens & Ordonnances pour le decider. Pour cét effet, on voit les titres & qualitez du Gouuerneur qui nauige, écrites sur la prouë en lettres d'or d'vne coudée, auec des pauillons de soye de diuerses couleurs, qui volent des deux costez. Lors qu'il n'y a point de vent, il y a des personnes destinées pour tirer à la corde, ou pour faire aller le Nauire à la rame : les auirons ont la forme d'vne queuë de poissō, maniere de ramer aisée, & qui fait voir que les Chinois sont gens d'esprit ; car sans battre ny fraper l'eau, & sans tirer l'auiron, vne seule rame peut conduire le Nauire ; de sorte qu'vn matelot fait autant que sept ou huit parmy nous. Dans les villes les maisons sont assez simples ; aussi ont-ils plus d'égard à la commodité qu'à la magnificence. Celles des riches sont vastes & superbes ; mais celles des Gouuerneurs les surpassent, & on les pourroit nommer des Palais. Il y en a 15. ou 20. en chaque Ville capitale, & quelquefois dauantage. Dans les Villes mediocrement grandes, il y en a quatre, qui sont toutes de mesme façon ; si ce n'est que les vnes sont plus grandes que les autres, selon que le Gouuerneur tient vn plus haut rang. Ces maisons sont basties aux dépens du Roy, pour y loger les Gouuerneurs ou les Magistrats ; & l'Empereur ne leur donne pas seulement des Palais & des Vaisseaux, mais aussi tous les meubles necessaires, les prouisions & des seruiteurs : mais ce qui est bien plus considerable, c'est que quand le Gouuerneur est sur son depart, ou qu'il s'en va dans vne autre Prouince, ou que son temps est expiré, (ce qui arriue par fois au bout de demy an) il peut, sans qu'on luy puisse faire de reproche, emporter tous ses meubles, & on meuble la maison tout de nouueau pour son successeur.

*Les maisons Bourgeoises fort simples.*

*Les Palais des Gouuerneurs.*

Les plus grands Palais ont quatre ou cinq auant-cours, auec autant de maisons dans chacune de ces courts : à chaque frontispice il y a trois portes, celle du milieu est la plus grande, les deux costez de ces portes sont ornez de lions de marbres. Proche de la grande porte, il y a vne place, enuironnée de barrieres vernies de lacque ou colle rouge de la Chine : aux costez il y a deux petites tours, auec des instrumens de musique & des tambours, que l'on bat quand le Gouuerneur sort ou entre, ou quand il monte au siege : Au dedans de la porte il y a vne grande place, où s'arrestent ceux qui ont des procez, & ceux qui demandent quelque chose : à costé, il y a de part & d'autre de petites maisonnettes, où demeurent les plus bas Officiers de la Cour : il y a aussi deux sales pour receuoir les plus considerables estrangers, qui viennent voir le Gouuerneur. Ces sales sont garnies de sieges, & d'autres meubles : on y donne le costé droit aux gens de robe, & la main gauche à ceux qui portent l'épée. Quand on a passé cette sale, on voit trois autres portes

# DE L'EMPIRE DE LA CHINE. 15

qui ne s'ouurent iamais, sinon lors que le Gouuerneur monte au tribunal; celle du milieu est extremément grande, il n'y a que les plus grands Seigneurs qui ayent permission d'y entrer, les autres doiuent passer par celles qui sont à costé. Apres on découure vne autre grande cour, au bout de laquelle il y a vne fort grande sale, soûtenuë & appuyée de fort grosses colomnes, qu'on appelle Tang; c'est là où le Gouuerneur rend la Iustice; des deux costez les Notaires, les Greffiers, les Huissiers, les Sergens, & autres Officiers publics, ont leur logement, qu'ils ne quittent pas quand il y a changement de Gouuerneur; mais demeurent tousiours & sont stables, estans entretenus des deniers publics, & ainsi passent d'vn Seigneur à l'autre, sans changer de lieu ny de demeure. En suite on entre dans la seconde, beaucoup plus belle que n'est la premiere; ils la nomment Su tancg, c'est à dire secrete; on n'y admet que les intimes & particuliers amis, lorsqu'on les veut entretenir: tout autour, il n'y demeure que les domestiques & ceux de la suite du Gouuerneur. Quand on a passé cette sale, on trouue vne fort grande porte, & l'appartement des femmes du Gouuerneur & de leurs enfans. Tout y est magnifique & commode, auec des forests, des jardins, des lacs, & autres recreations, qui peuuent donner du diuertissement & du plaisir.

Il seroit à propos d'expliquer icy le gouuernement & la forme de cét Empire; mais comme d'autres en ont traité auant moy, & que par occasion j'en ay aussi mis & inseré tout ce qui s'en pouuoit dire dans mon Abregé de l'Histoire de la Chine, ie n'en diray icy que fort peu de chose, afin que personne ne se plaigne que j'aye passé sous silence des choses, que j'ay moy-mesme admiré tout le premier.

*Gouuernement.*

Le Roy dispose absolument de la vie & des biens de tous ses sujets; l'Empire de la Chine est tout à fait Monarchique, passe du pere aux enfans, & à leur defaut aux plus proches du Sang Royal. L'aisné succede à l'Empire; les autres ont bien le titre & la qualité de Rois, mais n'en ont pas l'authorité ny le pouuoir. On assigne à chacun sa Ville, son Palais, sa Cour, & ses Officiers, auec des reuenus & appanages pour entretenir vn train de Roy; mais ils n'ont aucun droit sur le peuple. Les Officiers de la Couronne leur enuoyent leur reuenus tous les trois mois, de peur qu'ils ne fassent des amas & des épargnes, & qu'en suite ils ne broüillét. Il y va de la vie de sortir du lieu où on leur a ordonné de demeurer: ainsi tout l'Empire est gouuerné par vn seul Empereur, sans l'auis & ordre duquel, personne n'oseroit rien entreprendre: c'est luy qui met & establit les Gouuerneurs dans tout l'Empire. Il y a six Tribunaux dans la ville Royale: le premier est des Magistrats, qui se nomme Lypcu: le second des finances, qu'ils appellent Hupcu: le troisiéme est celuy de Lypcu pour les coûtumes & ceremonies: le quatriéme Pingcu pour la milice: le cinquiéme est pour les bastimens publics, & se nomme Cungpcu: le sixiéme Hingpcu, qui est pour les crimes. C'est dans ces six Cours où se font toutes les affaires de l'Empire: car les Gouuerneurs des Prouinces aduertissent de tout l'Empereur par leurs remonstrances & requestes, qui, apres les auoir considerées, les renuoye selon leur qualité & importance, au Tribunal où elles doiuent estre examinez: les Conseillers apres les auoir serieusement examinées, presentent leur resolution à l'Empereur, qu'il change ou confirme selon sa volonté: & afin que cela se fasse auec plus de seureté & de precaution, il choisit pour l'aider & soulager quelques-vns des principaux & plus considerables Philosophes de tout le Royaume, qui se nomment Colao ou Caisiang, c'est à dire Gouuerneurs auxiliaires, & les premiers Officiers du Roy, se tiennent prés de sa personne, lorsqu'il s'agit d'affaires, & luy donnent conseil: car les autres ne le voyent presque point. Ce qu'il y a de rare & d'admirable dans ce gouuernement, est qu'encore que l'Empereur ne sorte iamais de sa Cour, ou fort rarement, si ne laisse-t-il pas toutefois de sçauoir parfaitemét l'estat de tout son Royaume, & commét ses Gouuerneurs se comportent;

il enuoye tous les ans vn visiteur en chaque Prouince, qui a plus de pouuoir que les autres Gouuerneurs, & qui est comme son Ambassadeur. C'est luy qui visite la Prouince, s'enquiert, & examine auec soin les vertus & les vices de tous les Gouuerneurs, afin d'en donner les informations par écrit à l'Empereur, quand il est de retour à la Cour : de sorte qu'on diroit que le gouuernement de la Chine ressemble & imite la conduite d'vn Ordre de Religieux bien estably. Et il ne s'en faut pas estonner, puis qu'il y a deux mille ans que les Philosophes de la Chine ne trauaillent à autre chose qu'à mettre leur Republique dans le plus haut degré de perfection, n'y ayant rien à quoy ils s'employent auec tant de zele : & celuy-là auoit grande raison d'appeller vn Royaume heureux, dont le Roy fut Philosophe. Les Chinois appellent leur Empereur Tiencu, c'est à dire fils du Ciel. Et quoy que parmy ce peuple, le Ciel, Dieu, & la Diuinité Souueraine, ne soient souuent qu'vne mesme chose, ce n'est pas pourtant qu'ils le croyent estre engendré du Ciel ; mais ils le nomment son fils, comme estant celuy de tous les hommes qu'il ayme & cherit dauantage ; par cette marque, que le Ciel luy a fait present du plus grand honneur qu'il puisse donner. Ils l'appellent aussi communément Hoangti, c'est à dire Empereur jaune, ou de Terre, qu'ils disent estre de cette couleur, & ainsi ils le distinguent du souuerain Xangti ou de l'Empereur & du Roy des Cieux. Le premier qui porta le nom d'Hoangti, regna l'an MMDCXCVII. auant la natiuité de Iesus-Christ, a conserué sa memoire ; on a appellé en suite tous les Empereurs Hoangti, comme parmy nous nous appellons les Empereurs Cesars, à cause de Iule Cesar, le premier qui porta ce nom, & le plus grand des Empereurs Romains.

*Comment les Chinois nomment leur Empereur.*

Personne ne possede vn pied de terre, qu'il n'en paye le tribut au Roy ; c'est pourquoy il ne faut pas trouuer estrange, si leurs reuenus annuels sont si grands : car, sans comprendre ce que les Gouuerneurs tirent des deniers publics, ny l'argent pour l'entretien des Officiers & des soldats, il entre tous les ans LX. millions d'écus dans les coffres du Roy ; de sorte que tout son reuenu peut bien monter à la somme de CL. millions d'écus : l'Empereur au reste ne peut disposer de la moindre partie de cette grande masse ; car on met tout cét argent dans le tresor public : neantmoins il a tout ce qu'il veut ; mais il faut qu'il le demande au Sur-intendant des Finances & aux Tresoriers. Le Roy establit & oste les Gouuerneurs à sa volonté, mais ils tiennent rang selon leur qualité ; chacun est absolu dans son Gouuernement & dans sa Prouince, à moins que le souuerain Conseil leur donnent vn autre ordre & commandement. Il y a tant de charges publiques dans cét Empire, & vn si grand nombre de Gouuerneurs, qu'on auroit bien de la peine d'en faire le dénombrement, & de les placer selon leur qualité & le rang qu'ils tiennent : c'est pourquoy on imprime tous les trois mois vn liure qui contient leurs noms, leur patrie, leurs offices & degrez : ce qui est fort necessaire dans la Chine pour ceux qui, selon la coustume du pays, vont par deuoir rendre visite à leurs amis, ou les veulent congratuler par lettres de leurs emplois. On y a compté jusqu'à onze mille Gouuerneurs, sans y comprendre les moins considerables. Le titre & la qualité que les Chinois donnent communément aux Gouuerneurs, est celle de Quonfu : les estrangers les appellent Mandarini ; peut-estre à cause qu'ils commandent aux autres. Qui en voudra sçauoir d'auantage, qu'il prenne la peine de voir nostre Abregé, ou le Saint voyage du R. P. Nicolas Trigaut, ou la Relation de la Chine du R. P. Alvaro de Semedo. Pour les autres qui en ont écrit, ie n'en fais pas tant d'estat, parce que la plus grand part ne parlent que par ouy dire, & souuent sur le rapport d'autruy, qui d'ordinaire est sujet à caution.

*Les reuenus de l'Empereur.*

*Ceux qui ont bien écrit de la Chine.*

Ie ne m'estendray pas beaucoup dans la description des Villes ; car la plúspart se ressemblent, & ne different que pour leur grandeur, ou pour le trafic & le negoce : elles

*Toutes les villes de la Chine se ressemblent presque.*

# DE L'EMPIRE DE LA CHINE.

elles sont d'ordinaire quarrées, les murailles sont larges & hautes, basties de briques ou de pierres quarrées, & vn rempart de terre derriere, tout autour vn grand fossé, & des tours quarrées & fort hautes, basties dans vne distance conuenable; ces murailles au reste, ne ressemblent pas mal à ces anciens murs de Rome, dont on void encor les vestiges. Chaque porte est double, & a doubles batans, entre ces portes il y a vne place d'armes pour y exercer les soldats. Quand on entre par la premiere porte, on ne voit point l'autre, parce qu'elle est de costé, & non à l'opposite. La premiere est fortifiée & deffenduë d'vne double muraille, qui ne represente pas mal la pointe de nos bastions. Au dessus des portes il y a de fort belles & hautes tours, que les Chinois appellent Muen Leu, qui sont comme autant de petis arsenaux où l'on tient les armes & corps de garde pour les soldas; l'ouurage est de bonne deffense ; mais ceux qui les gardent ne sont pas de mesme. Hors des portes il y a de fort grands fauxbourgs, & par fois presque autant d'habitans que dãs la ville. Chaque ville a presque toutes les citez, ont en vn de leurs plus agreables endroits & des plus frequentez au dehors des murailles, à tout le moins vne de ces tours, que ce peuple par vne ancienne superstition s'imagine presager vne bonne ou mauuaise fortune: elles ont neuf estages, ou du moins sept ; l'Architecture en est admirable, & là hauteur merueilleuse. Ie feray cy-apres la description d'vne ou de deux, afin qu'on puisse plus facilement iuger par là de la structure des autres.

*Le plan, & les murailles.*

*Tours admirables.*

Le bastiment public qu'ils nomment Culeu a assez de raport, & ne ressemble pas mal à ces tours, que nous appellerions vne tour à quadran ou a horologe, c'est là où les Gouuerneurs vont faire bonne chaire; on y void vn horologe rempli d'eau, qui marque les heures: car quand l'eau coule & tombe d'vn vaisseau dans l'autre, elle eleue en mesme vne tablette & escriteau qui marque les heures : vn homme exprés y prend garde & bat le tambour à toutes les heures, & aduance son escriteau hors de la tour pour montrer l'heure du iour escrite en caracteres de la longueur d'vne coudée, que ceux qui sont curieux de l'antiquité voyent par la description que ie viens de faire, si elle ne pourroit point seruir pour mieux comprendre la construction des clepsydres, ou horologes à eau des anciens Romains. Le mesme homme prend garde au feu ; & comme il regarde toute la ville de fort haut, si le feu vient à se mettre dans quelque maison, il bat le tambour. Il y va de la vie pour celuy dont la maison brûle par sa propre faute & negligence, à cause du danger qu'il y auroit pour les autres maisons du voisinage, qui sont communement toutes de bois.

*Tour qui montre & marque les heures.*

Il y a d'ordinaire proche de chaque tour vn superbe & magnifique temple ; outre cettuy-là vn autre ordinairement qui n'est pas moins somptueux, dedié au Conseruateur & gardien de la ville : & bien qu'à present ils y adorent les idoles par vn seruice sacrilege & profane, toutefois il a esté vn temps auquel ils ne reconnoissoient qu'vn esprit ou demon tutelaire. C'est là où tous les Gouuerneurs prestent serment la premiere fois qu'ils entrent en charge, & sont reçeus dans la magistrature ; ils promettent de n'auoir égard qu'à la iustice & à l'equité, prenants l'esprit mesme à temoin, comme vengeur des crimes & des iniustices.

*Les Temples.*

Les villes & les bourgs sont beaucoup embellies par leurs arcs de triomphe, aussi bien que par de hautes tours, dont il y a grand nombre, ils sont de pierre de taille ou de marbre admirables, si vous en considerez la magnificence ou le trauail. On les erige à l'honneur de ceux qui ont rendu de notables seruices à la cité & à la republique. On en bastit aussi quelques vns à l'honneur des citoiens qui sont paruenus aux plus hauts degrés de Docteurs. Mais nous en parlerons plus amplement en son lieu.

*Quantité de tres-beaux arcs triomphaux.*

Il n'y a guere de villes ni de cités qui n'ayent vn College de Cungfutius

C

## PREFACE

*College de Cunfucius.*

magnifique, & digne de la memoire d'vn autheur que les Chinois ne se lassent iamais de loüer. On n'y void aucune statuë ni idole; personne n'y entre que les estudiants, & encor durant certains iours. Les Recteurs & les Regens y expliquent ses livres, & ceux qui veulent estre promeus y prennent leurs degrez, & obseruent quantité de ceremonies pour tesmoigner & faire paroistre leur gratitude, des beaux preceptes & enseignements qu'il leur a laissés, ces colleges sont ordinaires dans toutes les moindres villes, ainsi ie ne me mettray pas beaucoup en peine de les descrire separement, mais bien ce que s'y rencontre de rare & de particulier dans chacune.

*Estrange superstition des Chinois pour la forme & figure des montagnes.*

Apres la description des villes, i'adioûte celle des montagnes, qui n'en sont pas fort eloignées. Les Chinois ne sont pas moins paroistre de curiosité que de superstition à les examiner & à les choisir, estimant que toute leur felicité en depend, à cause que le dragon, (qui est le Prince de la felicité, comme ils croyent,) y fait sa residence. Lors qu'ils veulent bastir des sepulcres, ils examinent auec soin la figure des montagnes, en recherchent & sondent toutes les veines & les entrailles, sans épargner de peine ny de despence, pour trouuer vn heureux endroit, sçauoir la teste, la queuë, ou le cœur du dragon : & c'est là dessus qu'ils predisent, que la posterité du defunt aura tout à souhait, & ioüira de toutes les felicitez imaginables. Il y a beaucoup de ces diseurs de bonne auenture, qui errent par toute la haute Asie, qui obseruent & remarquent la figure & les veines des montagnes, comme les Astrologues font la position du Ciel & les diuerses conionctions & aspects des estoiles, les Chiromanciens les lignes des mains, & les Physionomistes les traits du visage ; estudes auquel les Chinois s'addonnent fort.

Pour moy, i'ay cette croyance, que quelque Philosophe a inuenté cette vanité, pour augmenter par ce moyen la pieté qu'on doit auoir pour les morts. La pluspart des montagnes de la Chine ont de gros bourgs, & sont fort diuertissantes, pour les beaux sepulcres, & pour les forets & bocage qui s'y rencontrent ; & comme l'industrie des Chinois ne souffre pas qu'aucun pouce de terre soit en friche, ils les esgalent & applanissent pour y semer du ris, mais nous en parlerons ailleurs. Quant aux temples, des idoles les plus grands & les plus magnifiques, ils les bastissent proche des bois, & des lieux les plus agreablement situez : c'est là aussi où sont leurs Monasteres & Conuents de Sacrificateurs, il y a encores de grandes forets habitées par vne sorte de peuple qui n'est point suiet au Chinois.

*Toutes les montagnes sont cultiuées.*

*Les riuieres.*

Des montagnes ie descens aux eaux & aux grandes riuieres, le peu d'espace que les cartes contiennent, ne permet pas mesme que i'en fasse le denombrement ; ie tâcheray par cette raison d'en mettre icy quelque chose, afin de ne rien oublier : car si i'eusse voulu tout representer exactement dans les cartes, il en eut falu grauer vne particuliere pour chaque ville ; ce qui eust esté fort penible, & encore de plus grande despence : en effet, chaque ville auec les cités & bourgs qui en dependent, pourroit passer pour vne petite Prouince. S'il y a quelque chose de remarquable, ie ne l'ay pas obmis, soit que ie l'aye veu ou tiré des Cosmographes Chinois.

*Distinction entre les riuieres, &c.*

Ie fais distinction entre les riuieres, les fleuues, & les torrents. Ie nomme riuieres les eaux qui coulent doucement, & les fleuues celles qui vont plus viste. Les torrents sont ceux qui se forment des pluyes & des neiges fonduës, qui viennent des lieux eleués, & qui se iettent auec grande impetuosité & violence au trauers des vallées, qui toutefois sont pour la pluspart nauigeables, principalement pour les petis bateaux, ou pour ces nasselles, qui sont faites de faisseaux ou pacquets de roseaux liés ensemble. Mais, auant que de finir cette preface, il faut que i'y descriue les deux plus nobles & fameuses riuieres de toute la haute Asie,

# DE L'EMPIRE DE LA CHINE. 19

qui meritent bien que j'en traitte à part ; je leur donne ce rang, à cause de la longueur de leur cours, & de la grande quantité d'eaux qu'elles roulent.

J'ay raison de donner la preference à celle d'Yangçu Kiang, que les Chinois par excellence nomment Kiang ; comme si vous disiez le fils de la mer. C'est cette riuiere qui diuise & partage toute la Chine en Meridionalle & Septentrionale : dans son cours du Couchant vers l'Orient, elle prend des noms differens, selon la diuersité des lieux & endroits par où elle passe. Le premier est Minkiang, nom qu'elle tire des montagnes de Min où elle prend sa source ; ces montagnes du costé le plus occidental de la Prouince de Suchuen, s'auancent beaucoup vers l'occident, jusqu'à Sifan, autrement pays du Prete Ian ; du costé du Septentrion, elles commencent assez prés de la ville Capitale de Guei ; & cette riuiere qui en sort passe de là auec grande impetuosité deuant les murs de cette ville ; & apres auoir diuisé & partagé ses eaux, elle s'esten d (par maniere de dire) en diuerses branches, & par les circuits & détours qu'elle prend, enuironne la plus grande partie de ce pays, comme si c'estoit vne Isle. Proche de la Cité de Sincin elle change de nom, & se nomme Takiang. Apres s'estant grossie de quantité de ruisseaux, qui ne sont pas fort considerables, proche de la Cité de Sui, elle se décharge dans le fleuve de Mahu. Prés de la Cité de Liucheu elle se nomme Liukiang. De là elle se va rendre prés de la ville de Chungking, & prend le nom de ce grand fleuve de Pa, apres s'y estre premierement déchargée. Puis ayant passé par la ville de Queicheu, située dans la Prouince d'Huquang, elle reprend son premier nom de Takiang, assez prés de la ville de Kingcheu. Jusques icy elle s'est jettè par les détours & étrecissures des vallées, y entrainant vne fort grande quantité d'eaux, & souuent mesme au trauers de dangereux rochers, & d'horribles precipices, par où les Chinois ne laissent pas de passer, les éuitant heureusement par le moyen de leur industrie & de leur addresse.

Depuis Kingcheu elle coule plus doucement, de là elle passe au Nord du lac de Tungting, apres l'auoir passé auec la capitale qui en est proche, elle entre dans la Prouince de Kiangsi, où s'estant grossie & extremement enflée par les eaux du lac de Pengsi ou de Poyang, elle prend le nom d'Yangçu Kiang. Cette riuiere est douce & si tranquille depuis la ville de Kieukiang jusqu'à la mer Orientale, c'est à dire plus de cent lieuës de chemin, qu'on y peut aller à la voile, ce qui est encores plus admirable : c'est que le flux & reflux de la mer donne jusque-là, la Lune estant nouuelle ou pleine ; & porte jusques sous les murs de cete ville les poissons de la mer : Cette riuiere a bien deux lieuës de large vers Kieukiang, de là elle engraisse & arrouse la Prouince de Nanking, jusqu'à ce qu'apres auoir passé la ville de Kiangning, autrement Nanking, & celle de Chinkiang, elle se décharge dans la mer par vne grande emboucheure qu'elle s'est ouuerte : elle se forme mesme dans cette emboucheure vne Isle, dans laquelle il y a vne Ville, auec vne fort grosse garnison & beaucoup de vaisseaux. Il y a quantité de Villes & de Citez qui sont basties de chaque costé de cette riuiere, que nos Cartes representeront cy-apres.

Le fleuue d'Hoang doit estre mis le second ; je le nomme saffrané ou jaune, (selon que le mot signifie en langage Chinois) ce nom luy ayant esté imposé à cause de sa couleur. Lors que je le vis la premiere fois, je creus que c'estoit vne marests, mais l'impetuosité & la violence de ses eaux me fit bien-tost changer d'auis : car son cours est si rapide, & descend auec tant d'impetuosité, qu'il n'est pas possible d'y faire monter les Nauires, à moins d'y mettre deux fois autant de monde qu'on n'a accoustumé d'en auoir : Il a en quelques endroits vne demie lieuë de largeur, & quelquefois d'auantage. Pour la longueur, il a bien prés de huit cent milles & plus : Voicy comment les Chinois le décriuent. Le fleuve d'Hoang prend sa

*Description de la riuiere d'Yançu Kiang.*

*La riuiere saffranée d'vne merueilleuse couleur.*

C ij

## PREFACE

source d'vn lac entre les montagnes de Quenlun qui font au Midy ; ceux du pays appellent ce lac Otunlao. L'on voit les eaux de plus de cent sources qui le forment, on le nomme la mer de Singcieu, il a bien quatre-vingt stades en quarré, les Chinois en ont diuerty l'eau par vn canal, qui forme vn autre lac, mais plus petit: au sortir du lac le fleuue d'Hoang va vers le Septentrion, puis se tourne vn peu vers l'Orient, ensuite il passe par la Prouince de Xensi, où il prend son chemin tout droit vers le Leuant : puis allant vers le Nord il passe au delà les campagnes sablonneuses, ou les deserts de Xam, de là en se tournant vers le Midy il rentre dans la Chine, & enfin il se décharge dans la Mer dans la Prouince de Xantung: Et c'est presque tout ce qu'en dit l'Historien Chinois. Ce fleuue est donc le deuxiéme de la haute Asie pour sa grandeur & pour sa reputation; il fait de grands rauages apres estre rentré dans la Chine, inondant d'ordinaire tous les pays qui en sont proches, & le couurant de vase & de limon. Pour moy i'estime que les montagnes de Quenlun où il prend sa source sont les montagnes Amasiennes, & qu'elles ne sont pas éloignées de la seconde ville royalle du grand Mogot, qu'on nomme Laor, ou bien du royaume de Tebet, mesme la situation de ce pays m'oblige à croire que les riuieres de Siam & du Pegu, le Gange de Bangala, le Meson des Laos, & l'Histor de Cambogia prennent leur source dans ces montagnes: aussi ceux de la Chine asseurent que la plus part des grandes rivieres qui vont au Midy y prennent leur source. Apres donc que le fleuve saffrané a traversé & passé ces grands pays de Sifan & de Tanyu, qui ne sont aucunement sujets à ceux de la Chine, il se rend enfin & rentre dans leur pays, proche de la ville de Lingao, assez pres de la cité de King dans la Province de Xensi, du costé où cette grande muraille regarde l'Orient; car la riviere jaune court le long de la muraille, & apres avoir passé à la haste les deserts de ce costé là & auoir couru l'espace de mille stades, elle reprend son chemin vers le Mîdy, retourne & rentre dans la Chine par la porte de Se de la grande muraille, puis elle separe les Prouinces de Xensi de celle Xansi. De là elle entre dans la Prouince d'Honan, puis dans celle de Xantung, & fait vne grande partie de son chemin par la Prouincee de Kaignan, iusqu'à ce que toute trouble & bourbeuse qu'elle est, elle se plonge auec impetuosité dans la mer, proche de la ville d'Hoaignan. Elle auoit accoutumé de prendre autrefois son cours par la Prouince de Peking & Xantung, mais les Chinois par leur industrie & le trauail, en ont diuerti le cours, à cause qu'elle couuroit entierement de grandes & larges campagnes lors qu'elle venoit à s'enfler : toutefois ils en ont conserué vn petit bras pour faire voir les anciennes traces de son lit.

*Chemin que fait la riuiere iaune.*

Son eau est tellement pleine de limon qu'elle en est toute iaune, & ne sçauroit estre renduë claire en mille ans, au iugement des Chinois: c'est pourquoy ceux de la Chine disent en commun prouerbe, quand la riuiere iaune sera claire, lors qu'ils veulent parler d'vne chose fort difficile, ou impossible. Ceux qui en boiuent la rendent claire en y iettant de l'alun; car lors qu'il s'est dissous, le limon descend au fonds du vaisseau, dont la quatriéme partie se trouue pleine d'vn limon si subtil & si delié qu'on ne le sent presque pas. Vous treuuerez dans les Cartes les autres grandes riuieres, descrites chacune en particulier, avec ce qu'il y a de remarquable dans chaque ville. Vous y treuuerez aussi les lacs, les estangs, les fontaines, les bras de mer, afin que par là, ceux de l'Europe ayent vne connoissance generale de la Haute Asie.

*La muraille de la Chine.*

I'ay fait cette description dans le bruit, il m'auoit fait oublier cette grande & fameuse muraille; dont ce qu'on a dit dans l'Europe est fort confus. Elle ne renferme pas seulement vne Prouince, mais quatre : ce n'est pas que ie n'aye toûjours creu qu'il falloit oster quelque chose de cette grande longueur qu'on luy donne

# DE L'EMPIRE DE LA CHINE.

Ie ne treuue pas qu'elle ait plus de 300 lieuës d'Alemagne, dont il en en faut 15 pour faire vn degré; car toute sa longueur est depuis ce Golfe de la mer, dans lequel le fleuue d'Yalo, qui vient de la Tartarie Orientale, se descharge, iusqu'aux montagnes de la ville de Kin, proche des bords de la riuiere Saffranée, & il n'y a point plus de vingt degrez; c'est à dire trois cent lieuës d'Alemagne: encore que ce qui semble luy manquer à cause de l'etrecissure des paralleles, soit amplement recompensé par sa courbeure & ses détours. Cette muraille continue toûjours sans interruption, si ce n'est au Septentrion de la ville de Siuen la Prouince de Peking, où il y a vn petit espace qui est occupé de montagnes affreuses, & inaccessibles, qui sont comme liées & attachées à cette muraille; comme aussi à Se où elle reçoit le fleuue Iaune, & ailleurs, d'autres riuieres plus petites qui y viennent des pays estrangers, sur lesquelles il y a des arcades, qui forment vn pont. A la reserue donc de ces endroits, elle est partout continuée, & est bastie presque de mesme façon, non seulement dans les campagnes qu'on ne treuue gueres en ces quartiers, mais mesme dans les endroits où elle trauerse, & passe au haut des montagnes. Il y a de fort hautes tours d'espace en espace, auec des portes pour sortir, & proche des chasteaux fort bien munis & placez, pour deffendre la muraille & loger les soldats, comme on le peut voir dans les cartes. L'Empereur de la Chine y a entretenu pres d'vn million de soldats, comme ils disent. Cette muraille a trente coudées Chinoises de hauteur; sa largeur est de douze & & quelquefois de quinze. Ceux de la Chine nomment communement cette muraille Vanli Ching, c'est à dire la muraille de dix mille stades, entendans par ce nombre, non la veritable longueur de la muraille, mais vne longueur excessiue & prodigieuse: car comme deux cent cinquante stades Chinoises font vn degré de l'Equateur, sa longueur seroit de quarante degrez, qui prennent bien plus d'espace que ne fait toute la Haute Asie en longueur. Xius fondateur de la famille Imperiale de Cina, fut celuy qui commença le premier cet ouurage, il égala ou surpassa tous les Empereurs de la Chine, tant pour la grandeur des ouurages & bastimens qu'il fit faire, que pour la reputation de ses belles & grandes actions: car apres auoir ruiné la famille de Cheua, & assujetty toute la Chine à son Empire, de petit Roy qu'il estoit il fut fait Empereur, il desfit les Tartares en plusieurs rencontres: & pour empecher qu'à l'auenir il n'entrassent de force dans la Chine, il fit bastir cette grande muraille: Il commença cet ouurage apres auoir regné plus plus de vingt & deux ans, l'an deux cent quinze auant la natiuité de Christ. Cet ouurage fut tout acheué au bout de cinq ans, ayant employé vne infinité de monde à ce trauail: car il voulut que de dix hommes on en choisist trois dans toute la Chine. On commença cette entreprise en diuers endroits du royaume, & elle fut acheuée auec vn grand soin & vne diligence incroyable au bout de cinq ans. Ce bastiment estoit si bien lié, si ferme & si solide, les pierres qui le composent si bien taillées, qu'il y alloit de la vie pour ceux qui en auoient entrepris quelque partie, si on pouuoit faire entrer vn clou entre les ioints des pierres. Vers le Golfe de la mer, dans les eaux duquel elle est bastie durant quelques stades; les Chinois écriuent que pour en asseurer dauantage les fondemens, on coula à fonds quantité de vaisseaux chargez de pierres & de fer, comme il sort de la mine. Ce fut sur ces fondemens qu'on commença à éleuer la muraille depuis le pays de Leaotung, de là elle s'auance vers Peking; puis elle couure les prouinces de Xansi & de Xensi, elle ne s'estend pas droit en ligne, mais biaise & tourne par fois selon la diuerse situation des lieux.

Cet ouurage est grand, magnifique, & digne d'estre admiré de tout le monde, pour auoir pû subsister iusqu'à present contre les injures du temps, sans qu'il en ait souffert aucun dommage. Il ne me reste plus rien à adiouster icy, sinon

C iij

quelque chose qui semble deuoir apporter beaucoup de lumiere & d'eclaircissement pour ce qui suit.

*Chronologie Chinoise.*
La methode la plus courte, pour l'intelligence de la Chronologie Chinoise, est de sçauoir en quelle année ont regné les familles des Empereurs que nous nommerons cy-apres. Premierement l'Empire de la haute Asie a esté electif, & cette forme de gouuernement a continué sous sept Empereurs, depuis l'an MM D CCC XLVII. auant la Natiuité de Christ, jusqu'à l'an MM CC VII : & les Chinois confessent eux-mesmes que leurs Histoires ne contiennent rien de vray, ny aucune certitude auant ce temps-là : depuis, la succession a esté hereditaire. Yvus le dernier Empereur, qui ait esté choisi par les Electeurs, fut celuy qui fonda le premier la famille de Hiaa, elle commença l'an MM CC VII. & dura jusqu'à l'an M D CC LXVI. Car cette mesme année la famille de Xunga occupa l'Empire, apres auoir ruïné celle d'Hiaa. La troisiéme fut celle de Cheua, qui, apres auoir exterminé & détruit la precedente, commença l'an M C XXII. & regna fort long-temps, sçauoir jusqu'à l'an CC XLVI. auant la naissance de Iesus-Christ. Ce fut dans cette année que la famille de Cina prit commencement, elle ne tint l'Empire que jusqu'à l'an CCVI. & fut suiuie de la famille d'Hana, dont les successeurs regnerent jusqu'à l'an CC LXIV. apres la naissance de Iesus-Christ. En suite vint la famille de Cyna, qui dura jusqu'à l'an CCCC XIX.

Cinq Roys en ce mesme temps se firent la guerre, qu'on nomma la guerre des Vtani, jusqu'à ce que quatre de ces Vtani ayans esté défaits, le cinquiéme de la famille de Tanga occupa le gouuernement, & se saisit de l'Empire l'an du Seigneur DC XVIII. mais fort peu de temps apres, l'Empire fut diuisé & partagé en diuerses factions, dont on appella les principaux chefs du nom de Heutai. Enfin l'an D CCCC XXIII. la famille de Sunga paruint à la Chine, qu'elle conserua jusqu'à l'an M CC LXXVIII. auquel les Tartares la ruïnerent de fonds en comble, s'estás rendus maistres de la plus grande partie du Royaume, lors que cette famille estoit dans sa fleur & dans son lustre : ce qui verifie dans ce rencontre, aussi bien qu'en tout autre, *Que la fortune des hommes ne tient qu'à vn petit filet, & qu'il n'y a rien dans le monde plus asseuré que son inconstance.* Ce fut en ce temps-là, & sur la fin de cette famille, que Marc Paul de Venise entra dans la Chine, & d'autres étrangers qui le precederent ou le suiuirent, & auec les Tartares, qui fonderent la famille d'Iuena, elle tint l'Empire jusqu'à l'an M CCC LXVIII. que la famille de Taciminga commença à se produire, apres auoir chassé les Tartares ; & c'est cette famille dont nous auons veu la tragedie ; les Tartares l'ayant presque ruïnée, ont commencé l'an M D CXLIV. d'appeller leur famille, la famille de Tacicinga.

*Comment ceux de la Chine mesurent.*
Il faut encores expliquer les mesures Chinoises. I'ay dit cy-dessus que les Chinois representent la Chine comme quarrée ; & en cela ils ne se trompent pas beaucoup. Parce dont qu'ils ignoroient qu'il y eust d'autre pays que celuy de la Chine, ils ont creu que la terre deuoit estre quarrée, & le Ciel rond. De là vient que dans la Chine on ne mesure que par quarrez : ainsi auoit-on accoustumé anciennement de diuiser tout le pays en de tres-petits quarrez, pour amasser le tribut du Roy auec plus de facilité, & les paysans en semoient & cultiuoient de neuf vn pour le Roy : Or leur mesure & arpentage differe peu de la façon de mesurer de Strabon, de Mela, de Pline, & de Solin. Nous diuisons nostre chemin en pas, & en miles, & eux en Pú, Chang, Li, Pcu, & Ccan.

*Voyez la figure du chrou de la coudée Chinoise dans la Carte de la Chine.*

*Diuerses mesures.*
Ly est la plus petite mesure, il en faut dix pour faire vn Fuen, dix Fuen pour faire vn çun, dix de ces derniers pour vn Chce, dix Chce pour vn Chcam, six Chce pour faire vn púú. CCC LX. púú feront vn Li, & dix Li vn pcu, & huit pcu ou LXXX. Li vn çcan : or ces noms & termes Chinois s'accordent si bien auec ceux de nostre

# DE L'EMPIRE DE LA CHINE.

daïs, que nous nous seruirons cy-apres.

C'an est vne iournée de chemin, autant que ceux de la Chine en peuuent faire commodement en vn iour.

Peu nous l'appellerons vne pierre, ou colonne Milliaire; car aussi en dresse-t'on dans toute la Chine ( comme autrefois les Romains leurs colonnes Milliares ) où ils marquoient la distance des lieux.

Par Li i'entens vne stade, encor qu'il en fasse deux des nostres à peu pres.

Ch'e est vne coudée, Pú ú vn pas, car c'est ce qu'il signifie en Chinois. I'appelleray Ch'am vne perche qui a dix coudées, ou bien vn pas & quatre coudées. Quant aux autres mesures, elles ne sont pas necessaires en cet ouurage.

Mais pour donner vne mesure à vn degré de l'Equateur, ie treuue qu'il réponderoit à 90000. Pú ú ou pas Chinois: a Li ou stade Chinoise estant de 360. pas, il faudra 250. stades pour vn degré, & les 15. stades feront six miles d'Italie; car vn mile d'Italie contient 4. stades & ½: & parce qu'vn pas contient six ch'e ou coudées, vn degré aura 540000. coudées; & vn stade 2160 coudées, ou 216 perches. *Quelle grandeur a vn degré.*

La carte de la Chine, dont ceux du païs se seruent dans leurs voyages, representée par stades, ie n'entens pas cette carte exacte & particuliere, qui marque comment vn lieu gist auec l'autre, mais seulement celle qui fait voir quelle distance il y a d'vne ville capitale à vne autre, auec les noms des villes. Or cette distance se voit dans la table suiuante, dans les premiers quarés.

| | Peking. | Kiangning. | Hangcheu. | Huquang. | Xantung. | Xansi. | Honan. | Suchuen. | Fokien. | Quangtung. | Quangsi. | Xensi. | Kiangsi. | Yunnan. | Queicheu. |
|---|---|---|---|---|---|---|---|---|---|---|---|---|---|---|---|
| Peking. | 0 | 2425 | 3340 | 2527 | 925 | 1230 | 1315 | 4730 | 5220 | 5545 | 5015 | 2390 | 2980 | 5570 | 4730 |
| Kiangning. | 2425 | 0 | 920 | 1630 | 1783 | 2270 | 1115 | 4580 | 2795 | 4555 | 4117 | 2355 | 1594 | 5035 | 4000 |
| Hangcheu. | 3340 | 920 | 0 | 1325 | 2700 | 3190 | 1025 | 3960 | 1870 | 3675 | 3750 | 3270 | 1170 | 4590 | 3550 |
| Huquang. | 2527 | 1630 | 1325 | 0 | 1750 | 2100 | 1212 | 3860 | 2025 | 1980 | 2487 | 2015 | 635 | 3040 | 2000 |
| Xantung. | 925 | 1783 | 2700 | 1750 | 0 | 1730 | 980 | 4210 | 4150 | 4980 | 4250 | 3320 | 3077 | 5240 | 4200 |
| Xansi. | 1230 | 2270 | 3190 | 2100 | 1730 | 0 | 1155 | 2675 | 5260 | 5230 | 4380 | 1890 | 3660 | 5140 | 4100 |
| Honan. | 1315 | 1115 | 1025 | 1212 | 980 | 1155 | 0 | 3325 | 4420 | 4210 | 3700 | 1240 | 2520 | 4310 | 3270 |
| Suchuen. | 4730 | 4580 | 3960 | 3860 | 4210 | 2675 | 3325 | 0 | 4883 | 4035 | 3100 | 2350 | 3415 | 2170 | 1130 |
| Fokien. | 5220 | 2795 | 1870 | 2025 | 4150 | 5260 | 4420 | 4883 | 0 | 1420 | 3460 | 5109 | 1790 | 5130 | 4640 |
| Quangtung. | 5545 | 4555 | 3675 | 1980 | 4980 | 5230 | 4210 | 4035 | 1420 | 0 | 1230 | 4810 | 2560 | 3570 | 1160 |
| Quangsi. | 5015 | 4117 | 3750 | 2487 | 4250 | 4380 | 3700 | 3100 | 3460 | 1230 | 0 | 3750 | 2515 | 3380 | 2350 |
| Xensi. | 2390 | 2355 | 3270 | 2015 | 3320 | 1890 | 1240 | 2350 | 5109 | 4810 | 3750 | 0 | 3760 | 3810 | 2810 |
| Kiangsi. | 2980 | 1594 | 1170 | 635 | 3077 | 3660 | 2520 | 3415 | 1790 | 2560 | 2515 | 3760 | 0 | 3990 | 2950 |
| Yunnan. | 5570 | 5035 | 4590 | 3040 | 5240 | 5140 | 4310 | 2170 | 5130 | 3570 | 3380 | 3810 | 3990 | 0 | 1040 |
| Queicheu. | 4730 | 4000 | 3550 | 2000 | 4200 | 4100 | 3270 | 1130 | 4640 | 1160 | 2350 | 2810 | 2950 | 1040 | 0 |

*La Prononciation des mots.* Quant à la vraye prononciation des noms, il faut remarquer que tout ce qui est escrit par che, estre prononcé comme les Italiens prononcent le c deuant la voiele i ou e. De mesme cette ç auec la virgule dessous, doit estre prononcée comme la zediglia des Espagnols, ou comme le z des Italiens. Partout où vous verrez cette marque ͨ elle marque l'aspiration des Grecs, qu'ils nomment spiritus asper. I'escris par fois des mots par vn j consone, qu'il faudra prononcer comme les Italiens leur Gi & Ge, & ceux qui sont escrits par K, il les faudra exprimer comme les Italiens font leur Che & Chi, comme s'il y auoit Quæ & Qui. Le reste se doit prononcer comme il est escrit. Et quoyque vous rencontriez souuent le mesme nom, si est-ce pourtant qu'il a des significations & des caracteres bien differents : car les Chinois ont grand nombre de caracteres, & peu de mots, & entres ceux là plusieurs qui se ressemblent fort en la maniere dont on les prononce. Il y en a beaucoup que i'escris par ng, que d'autres ont escrit par M, comme Peking, aupres de quelques-vns Pekim : mais comme l'm en chaque sillabe doit estre prononcée à bouche ouuerte, comme les Portuguais ont accoutûmé de la prononcer, aussi ay-ie voulu y adioûter le ng, pour exprimer d'autant mieux la prononciation Chinoise.

Mais, parce que ie remarque sous quelle constellation chaque païs est placé, il m'a semblé à propos de mettre icy les noms & les longitudes des 28. constellations Chinoises, auec la marque des planetes, de la nature desquelles on dit qu'elles peuuent estre, ce qui s'acorde parfaitement auec nostre cicle solaire. Or ie mets ces longitudes selon qu'elles furent corrigées l'an M D C XXVIII. auquel il fut arresté qu'on corrigeroit le Calendrier Chinois, & que l'on en établiroit à l'epoque la premiere année de l'Empereur Cungchinius, qui commanda aux Peres de nostre Societé de trauailler à cette correction : Cé qui s'acheua sous son regne.

Il ne me reste qu'à décrire succintement les païs qui touchent à l'Empire de la Chine. Voyons ce qu'en disent les Geographes Chinois : car, pour ce qui est du Iapon de la Corea & de Laotung, i'en traiteray dans la carte particuliere de chacun de ces païs.

| *Le Nom.* | | *La Longit.* | | *Le degré.* | | *Les sig.* |
|---|---|---|---|---|---|---|
| Ki'o. | ♃ | 198° : | 39 | 18° : | 39 | ♎ |
| Ka'ng. | ♀ | 209 : | 14 | 29 : | 14 | ♎ |
| Ti. | ♄ | 219 : | 54 | 9 : | 54 | |
| Fang. | ☉ | 237 : | 48 | 27 : | 48 | ♏ |
| Sin. | ☾ | 242 : | 34 | 2 : | 34 | ♐ |
| Vi. | ♂ | 250 : | 7 | 20 : | 7 | ♐ |
| Ki. | ♀ | 265 : | 43 | 25 : | 43 | ♐ |
| Teu. | ♃ | 275 : | 3 | 5 : | 3 | ♑ |
| Nieu. | ♀ | 298 : | 54 | 28 : | 54 | ♑ |
| Niu. | ♄ | 306 : | 33 | 7 : | 33 | ♒ |
| Hiu. | ☉ | 318 : | 14 | 18 : | 14 | |
| Guei. | ☾ | 328 : | 13 | 28 : | 13 | ♒ |
| Xe. | ♂ | 438 : | 20 | 18 : | 20 | ♓ |
| Pi. | ☿ | 4 • | 1 | 4 : | 1 | ♈ |

| *Le Nom.* | | *La Longit.* | | *Le degré.* | | *Les sig.* |
|---|---|---|---|---|---|---|
| Quei. | ♃ | 15 : | 32 | 15 : | 32 | ♈ |
| Leu. | ♀ | 28 : | 46 | 28 : | 46 | ♈ |
| Guey. | ♄ | 41 : | 46 | 11 : | 46 | ♉ |
| Mao. | ☉ | 53 : | 37 | 23 : | 37 | ♉ |
| Pie. | ☾ | 63 : | 16 | 3 : | 16 | ♊ |
| Sang. | ♂ | 74 : | 14 | 17 : | 14 | ♊ |
| çu. | ☿ | 78 : | 35 | 18 : | 35 | ♊ |
| Cing. | ♃ | 90 : | 8 | 0 : | 8 | ♋ |
| Qu'ei. | ☿ | 120 : | 33 | 0 : | 33 | ♌ |
| Lieu. | ♄ | 125 : | 9 | 5 : | 9 | ♌ |
| Sing. | ☉ | 142 : | 9 | 22 : | 9 | ♌ |
| Chang. | ☾ | 150 : | 32 | 0 : | 32 | ♍ |
| Ye. | ♂ | 168 : | 36 | 18 : | 36 | ♍ |
| Chin. | ☿ | 185 : | 36 | 5 : | 36 | ♎ |

# DE L'EMPIRE DE LA CHINE.
## DE LA TARTARIE ORIENTALE.

LE premier Royaume qu'on rencôtre est celuy de Niuche, que l'on peut *La Tartarie Orientale.* dire auoir esté jusqu'à present inconnu à ceux de l'Europe. Voicy ce qu'en dit le Geographe Chinois: Ce Royaume au couchant est borné par les terres de Kilangho; au Midy il touche à la Corea, & se nommoit jadis Soxin, alors il ne comprenoit seulement que le pays qui est situé le long de la riuiere de Quentung, qui tire vers l'Orient, & vers Caiyven au Septentrion. Ce peuple a esté appellé Kin. La famille d'Hana nomma ce pays Yeleu, & le Roy de Guei, Hoekie. Sous la famille de Tanga on luy donna le nom de Vico, sous la famille de Taiminga on y bastit quelques forts, & on l'appella Niuche, & ce Royaume luy paya tribut durant quelques années. Voila ce qu'il dit de la situation & du nom. Quant aux mœurs, voicy ce qu'il en écrit: ils habitent, dit-il, en des cauernes sous terre, s'habillent de peaux de bestes, se plaisent extremément à exercer leur force, approuuent le larcin & les rapines, & mangent la chair toute cruë, font vn certain breuuage ou biere de millet pilé, qu'ils mélent & détrempent auec de l'eau. Les arts ausquels ils s'addonnent sont, tirer de l'arc auec dexterité & addresse, de chasser; il y a bien des sortes de ces Barbares, aussi ont-ils des mœurs & des façons de faire bien differentes: voila ce qu'en dit l'Historien Chinois fort succintement. Mais nous l'expliquerons vn peu plus amplement; & bien que j'auouë & confesse ingenuëment n'auoir jamais veu ces pays, toutefois j'adjoûteray quelque chose à sa Relation auec autant de soin & d'exactitude qu'il me sera possible, l'ayant tiré des cartes de la Chine, & des narrations que m'en ont fait les Tartares mesmes, auec qui j'ay souuent conuersé estant dans la Chine.

L'Antiquité de la Tartarie Orientale paroist premierement en ce qu'il en est *Antiquité de la Tartarie.* fait mention sous la famille d'Hana, CCVI ans auant la natiuité de Nostre Seigneur, & qu'elle continuë, bien que sous diuers noms, selon la coûtume des Chinois. On nomme ce peuple *Kin*, c'est à dire de l'or: on les appelle aussi communément les Seigneurs des montagnes d'or, parce qu'on estime que ce pays en est *En vn autre endroit il dit qu'il y a quatre mille ans qu'ils sont connus aux Chinois, par les guerres qu'ils leur ont faites.* tres-riche & tres-abondant. Les bornes de cette Tartarie sont au Septentrion & au Nord-est, Niulhan, autre Royaume de Tartarie; au leuant celuy d'Yûpśi qui en est vn autre, & qui est borné d'vne mer qui passe entre le Iapon & la Tartarie Orientale; au Midy elle touche à la peninsule de Corea, qui est proche du pays de Leaotung, dont Niuche est separé par la grande montagne. Ses limites au Couchant sont le grand fleuue de Linhoang, qui passe entre ce Royaume de Tartarie & les terres de Kilangho.

Entre tous les Tartares, ceux-cy ont tousiours esté les ennemis capitaux de la *Les Tartares ennemis des Chinois, & depuis quãd.* Chine, ils y entrerent sous la famille Imperatrice de Sunga, défirent les Chinois en diuerses rencontres; de sorte que les Empereurs mesmes furent contraints de quitter & abandonner les Prouinces du Septentrion, pour se retirer dans celles du Midy, les Tartares s'estans rendus maistres des Prouinces de Leaotung, de Pecheli, Xansi, Xensi & de Xantung, auroient sans doute aisément subjugué tout l'Empire, si les Tartares de Samahania leurs voisins, n'eussent point esté jaloux & enuieux de leurs conquestes; ceux-cy qui auoient desia conquis vne grande partie des Etats de l'Asie, entrerent par les Prouinces du Midy & par les plus Occidentales de la Chine, pour leur faire vne rude & furieuse guerre; ils les chasserent finalement hors de l'Empire, & se rendirent maistres de la plus grande partie de la Tartarie Orientale; c'est de cette guerre que traite Marco Polo de Venise; après donc auoir liuré plusieurs signalés combats aux Empereurs Chinois, qui s'é-

D

**26** PREFACE SVR LA DESCRIPTION

toient retirez au Midy, ils eurent l'Empire tout entier pour le prix & pour recompense de leurs victoires, & fonderent la famille d'Iuena enuiron l'an mille deux cent septante & neuf ans; mais nous en parlerons plus amplement lorsque nous traiterons du Catay & du Mangin.

Ce sont ces Tartares de Kin, qui depuis peu se sont rendus maistres de la plus grande partie de l'Empire, iay veu toute cette tragedie de mes propres yeux. Celuy qui voudra sçauoir la suite de cette guerre, qu'il prenne la peine de lire mon petit Abregé de la guerre de Tartarie, où j'explique ce qu'on dit, que les Tartares auoient accoûtumé de payer tribut à l'Empire de la Chine, auec les raisons qu'ils ont eu de se reuolter & de faire la guerre. Mais parlons de leurs mœurs & façons de faire.

*Habitations des Tartares.* Ce que les Autheurs Chinois raportent, que les Tartares habitent en des cauernes sous terre, fait assez voir la haine que ceux de la Chine portent à cette nation : car ils ne demeurent point dans des cauernes, mais bien sous des pauillons. Pour moy, ie les ay veu auoir des meilleures tentes que j'aye veuës en aucun autre droit : elles sont faites d'étoffe de soye, cirée d'vn beau lustre : d'autres les ont de peaux, qu'ils tendent & détendent en vn instant : quand ils les éleuent sur terre vn peu plus haut qu'à l'ordinaire, elles semblent estre comme suspenduës en l'air, ils les enuitronnent tout autour d'vn ret fait de grosses cordes, à la hauteur de cinq ou six pieds, l'arrestant & retenant auec de petits piquets, de mesme façon que les bergers d'Italie asseurent leurs logettes. Et pour empescher que ce ret ne paroisse, ils le couurent de tapis, comme aussi la terre sur laquelle ils s'assisent, ils mangent les jambes croisées, sans se seruir de sieges; mais seulement de petites tables fort basses & simples, on s'assied de la sorte presque dans toute l'Asie, si ce n'est dans la Chine, où on a des sieges fort hauts & parfaitement bien trauaillez, & mesme des tables qui n'en doiuent rien à celles de l'Europe; de façon qu'il semble à present que la pluspart de nos coûtumes & façons de viure soient venuës des peuples de la Haute Asie : car ceux de la Chine croyent, que c'est vne chose incommode & deshonneste de s'asseoir à terre, & de manger sans table, que cela tient du barbare. Les grands Seigneurs ont d'autres tentes pour leurs femmes, pour leurs enfans, pour leurs valets, & pour la cuisine, qui sont si communes & si bien ordonnées, qu'on les prendroit pour vne maison : ie ne sçay si ces cent vingt & quatre Citez ou Forts (qui furent bastis sous la famille d'Iuena) sont encore dans la Tartarie ou non, ie n'ay pû m'en éclaircir : toutefois ie leur ay ouy dire, qu'ils ne manquoient pas de petites maisons, entourées de murailles de terre, qu'on bâtissoit pour les paysans & pour les vieillards, qui ne s'éloignent pas beaucoup de leurs maisons. Le nom aussi que ces Tartares se donnent, me fait croire que Muoncheu est quelque grande Ville : car lors qu'on leur demande d'où ils sont, ils répondent pour la pluspart qu'ils sont de Muoncheu, & disent que c'est la plus grande place de tout le Royaume : c'est pourquoy ceux de la Chine les appellent communément Muoncheugin, c'est à dire, hommes de Muoncheu. Au reste, les Tartares ont des Citez mobiles, errent auec tout leur bestail & leurs familles entieres, & changent de pasturage selon l'occasion, comme nous le venons de dire des Tartares Occidentaux.

*Habits des Tartares.* Ils s'habillent d'ordinaire de peaux, mais ils ne laissent pas d'auoir des habits de soye & de coton, qu'ils achetent de ceux de la Chine, ou qu'ils échangent auec des peaux de loups, d'ours, de renards, de castors, de loutres, de martes, de souris de Moscouie, que nous appellons communément martes Zibellines, & d'autres tels animaux. Leurs habits sont fort longs, & descendent jusqu'aux talons, les manches estroites, qui finissent en forme de la corne d'vn cheual. Ils se lient d'vne ceinture vn peu large, & ont vn mouchoir à chaque costé pour s'essuyer

# DE L'EMPIRE DE LA CHINE. 27

les mains & le visage : ont aussi vn couteau qui pend à leur costé, auec deux bourses, dans lesquelles ils ont du tabac qu'ils ayment beaucoup. Ils reçoiuent les étrangers en leur offrant du tabac, & les valets apportent autant de pipes allumées qu'il y a d'hostes. La vertu, ou plustost le vice de cette herbe, a desia penetré par tout le monde, où l'vsage n'en est que trop familier & ordinaire. Ils portent leur cimeterre du costé gauche, & prennent la poignée qui se leue trop par derriere : c'est pourquoy, lors qu'ils vont à cheual, ils peuuent facilement tirer leur épée de la main droite, sans y employer la gauche. Leurs bottes sont faites de soye, mais pour la pluspart de peau de cheual courroyée; ils ne se seruent point d'éperons. La coiffure qu'ils ont leur sied bien. Leur bonnet est rond & bas, lié tout autour d'vne bande de fourure fort riche. Cette peau leur garantit la teste du froid. En esté ils portent vn bonnet qui est fait de jonc ou de paille. Par dessus la bande de peau, il y a vne fine toile de lin rouge, qui enuironne & va tout autour du bonnet, ou bien du crin de cheual noir, ou teint en vn beau rouge.

*La constitution de leur corps.*

Ils ressemblent assez aux Chinois. Leur couleur tire sur le blanc, leur taille ramassée & quarrée. Ils ne sont pas grands parleurs; & pour leurs autres mœurs & façons de faire, ils ne ressemblent pas mal aux Tartares qui sont dans nostre voisinage; si ce n'est qu'ils semblent vn peu plus adoucis & ciuilisez, peut-estre à cause du voisinage de la Chine.

*Leur mœurs.*

Pour ce qui est de leur force, ce que les Chinois en disent est veritable, lors qu'ils se comparent à eux : mais si vous les considerez absolument & en general, vous trouuerez que tout y est Asiatique, & qu'ils ne meritent point d'estre mis en comparaison auec ceux de l'Europe, encore qu'ils soient plus soldats que les Chinois; car la plus part se nourrissent & s'endurcissent à la fatigue dés leur bas âge. La terre leur sert de lict, sur laquelle ils mettent le mesme tapis dont ils parent & couurent leur selles. La premiere viande qu'ils rencontrent leur est vne bonne nourriture. Leur manger est ordinairement de la chair, ils ne haïssent pas celle qui n'est qu'à demy boüillie & rostie. Ils tuent des cheuaux & des chameaux pour les manger. Ils s'adonnent & se plaisent extrémement à la chasse. Ils ont aussi d'excellens vautours, & de fort bons chiens de chasse. Ils sçauent parfaitement bien tirer de l'arc, à cause qu'ils s'y exercent dés leur jeunesse. Ils sont grands larrons. Ils ont des casques de fer tout semblables aux nostres, à la reserue de la partie qui couure le visage. Leur cuirasses ne sont pas faites toute d'vne piece, mais de plusieurs attachées auec de petits cloux de fer, de sorte que cela fait grand bruit lors que la caualerie marche. C'est vne chose estrange, qu'il n'y ait personne parmy eux qui sçache ferrer les cheuaux, quoy qu'ils soient presque toûjours à cheual, & que toutes leurs forces consistent en caualerie.

*Leur Religion.*

De Religion, ils n'en ont presque aucune : ils ont en horreur le Mahometisme, ont mauuaise opinion des Turcs, qu'ils appellent Hoei Hoei. Peut-estre que leur haine est venuë de ce que les Turcs aiderent autrefois à ceux de la Chine à les chasser; ce qui arriua sous le regne du Fondateur de la famille de Taiminga, lors que les Chrestiens, & les Nestoriens principalement, prirent le party des Tartares. Mais nous aurons occasion d'en parler dans vn autre endroit. Toutefois, il y a de l'apparence qu'ils ont tiré des Sacrificateurs des Indes, quelques ceremonies, ou plustost superstitions : car ils ont des Sacrificateurs qu'ils nomment Lamas, qu'ils ayment & respectent. De plus, ils brûlent les corps morts (ce qui est familier & ordinaire dans les Indes) & jettent dans le mesme buscher les femmes, seruiteurs, cheuaux & armes du deffunt ; ils contestent estre fort en peine de ce qui leur arriuera apres la mort. Ils reçoiuent & embrassent la Religion Chrestienne auec grande facilité, & il y en a mesme desia plusieurs qui en font profession. Qui est celuy qui pourra nier que le Ciel ne leur ait ouuert le chemin

(D ij)

de la Chine, pour y trouuer la veritable religion : C'est ainsi que la Prouidence diuine permit autrefois que Rome, la maîtresse des nations, fut prise & ruinée par des Barbares, afin d'enseigner les principes & fondemens de la religion Chrétienne aux Goths & aux Vandales, & pour les illuminer en suite de la veritable lumiere de l'Euangile.

*La langue des Tartares.* La langue de ce peuple est aisée; elle semble auoir quelque affinité auec celle des Perses. Il y a des caracteres qui ressemblent à quelques vnes des lettres Arabes. En lisant ils commencent du haut de la page, & finissent au bas, comme ceux de la Chine, continuans de la droite à la gauche comme les Hebreux & les Arabes; ce qui est aussi commun à ceux de la Chine. Leur Alphabet est tout autre que celuy des Chinois, leurs lettres (quoy que differentes pour la figure) ont le mesme son & la mesme prononciation que les nostres, sçauoir A. B. C. ils se vantent d'auoir plus de soixante lettres au lieu de vingt-quatre; à cause qu'ils font vne lettre d'vne voyelle & d'vne consonne iointes ensemble, & les proferent comme ba, be, &c.

*Les raretez qui se treuuēt parmy eux.* Les Chinois écriuent qu'on treuue des rubis, & de fort belles perles dans cette Tartarie : peut-estre les peschent-ils dans cette mer qui est entre la Tartarie & le Iapon; ils adjoûtent qu'on y voit vn poisson qui est vache, plus grande que ne sont les nostres, & qui a d'ordinaire vn cham ou perche de long, toutefois sans écailles ny cornes. Ie croirois que ce poisson est le mesme que celuy dont le R. P. Christophle d'Acunha fait la description fort ample, lors qu'il traite de la riuiere des Amazones, qu'il a veuë toute entiere. Cette histoire est imprimée en Espagnol à Madrid l'an M D C X L, dans laquelle il nomme ce poisson *Pesce Buei*. Il y a aussi en Tartarie vne sorte de vautour nommé Haitungcing, plus petit que les autres; mais qui ose attaquer des oyes sauuages.

*Les plus considerables mōtagnes.* La plus grande montagne qu'on treuue dans cette Tartarie est celle de Kin, c'est à dire, la montagne d'or; peut-estre que c'est de là que ce peuple a tiré son nom. Cette montagne a deux branches, l'Orientale & l'Occidentale, qui s'érendent fort au long vers le Septentrion, comme les Alpes ou le mont Apennin en Italie; l'autre montagne est fort haute, se nomme Chang-pe, & a bien mille stades. Ils ont vn lac de quatre-vingt stades, d'où sortent deux fleuues, l'vn qui va vers le Midy se nomme Yalo, & l'autre Quenthung, qui tire vers le Nord. La riuiere de Sunghoa prend sa source dans cette montagne, & peu de temps apres mesle ses eaux auec celles du fleuue de Quenthung. Ainsi mêlez, ils se tournent vn peu vers l'Orient, & se déchargent apres dans la mer Orientale.

## DV ROYAVME DE NIVLHAN, & d'Yeço ou de Iesso.

LE Royaume de Niulhan est dans la Tartarie ; mais il ne laisse pas d'estre vne dépendance de celuy de Niuche, & proprement la partie de ce Royaume qui regarde vers le Nord-est & le Nord. *Les Yupiens Tartares.* Les Tartares Yupiens qui ne sont pas loin de la mer, en sont proches; on les nomme ainsi, parce qu'ils se font des casques & des corselets de peaux de poissons tres-dures & tres-fortes. Plus loin il y a vne terre ferme de grande estenduë, que les Chinois appellent Yeço, qui est sans doute la mesme que celle qu'on nomme d'ordinaire Iesso, dans laquelle ils assurent qu'il y a vn grand lac appellé Pe.

Maffeo, vn de nostre société, en fait cette description au 4. liure de ses epistres,

## DE L'EMPIRE DE LA CHINE. 27

qu'il a prise mot pour mot des historiens Chinois. Il y a vn pays de fort grande estenduë plein d'hommes sauuages, qui touchent au Iapon du costé du Nord, éloigné de 300. lieües de Meaco, selon les autres de deux cent cinquante-quatre milles: ceux d'Yesso s'habillent de peaux de bestes, ont le corps tout velu, la barbe fort grande & des moustaches, qu'ils releuent auec vn pieu lors qu'ils veulent boire : Cette nation est fort aspre au vin, belliqueuse & redoutable aux Iaponois : ils lauent leurs playes d'eau salée lors qu'ils sont blessez au combat, & c'est le seul remede qu'ils ayent : on dit qu'ils portent sur leur poitrine vn miroir de cuiure, capable de resister aux coups de fleches; & que les plus riches entre les Tartares en portent, ils attachent leur épée à leur teste, la poignée pend sur leurs épaules: Ils n'ont aucune ceremonie, si ce n'est celle d'adorer le Ciel, &c. Plusieurs sont en dispute pour sçauoir si cette terre de Iesso ( que ie nomme ainsi auec ceux de l'Europe, laissant le nom d Yeço que les Chinois luy donnent) est vne isle ou vn continent : mais si nous en voulons croire les Chinois, c'est veritablement vne partie de la Tartarie deserte, qui tient à Niulhan & aux Yupsi, auec qui elle fait vn mesme continent; que le Iapon est vne isle, puis qu'il y a vn bras de mer qui le separe de Iesso : Quant à moy, ie tiens ma parole de ne rien asseurer quand les choses sont douteuses, & ie renuoye le lecteur à ma carte, dans laquelle i'ay representé celle du Iapon que i'ay rapportée de la Chine.

De plus, on voit par les écrits des Chinois que par delà le pays de Leaotung, il y a des terres au Nord-Est vers le continent, qui ont six mille stades, c'est à dire pres de vingt-quatre degrez, par où l'on voit qu'il y a de tres-grandes étenduës de pays iusqu'au détroit d'Anian, qui doit estre proche de Quivira : ie n'oserois pourtant asseurer ce détroit, ce que i'en dis en l'abregé des histoires semble estre veritable. Si Dieu permet que ie retourne vn iour sain & sauf dans la Chine, auec ceux de la societé, qui ont dessein de porter la lumiere de l'Euangile dans les terres les plus inconnuës de la plus Haute Asie & de la Tartarie, il se pourra aisément faire qu'auec cette occasion nous mettrons aussi cette histoire au iour, pour la plus grande perfection de la Geographie : ce que pourtant nous n'estimons que fort peu ou rien du tout, au prix de l'esperance du salut des ames de ces peuples.

*Leurs mœurs & façon de viure.*

## DV ROYAVME DE TANYV.

Aissons l'Orient, & passons vn peu vers l'Occident où est ce grand & puissant royaume des Tartares Orientaux, qui commence au couchant de la riuiere de Quenthung, & occupe cette grande plaine qui est entre les deserts & les solitudes sablonneuses & arides de Xamo; ce royaume s'étend mesme au delà du desert iusques vers la vieille Tartarie, que les Chinois appellent Samahania : ils nomment cet étenduë de pays que nous venons de dire Tata, corrompant le mot à cause de l'R, lettre que les Chinois n'ont point dans leur Alphabet. M. Polo Venitien semble auoir connu cette nation, quand il l'a appellé Tangu, changeant tant soit peu le nom. Les Chinois écriuent que ce peuple est vn peu plus humain que ne sont les Tartares d'Orient; il semble qu'il soit tres-ancien, parce qu'il en est fait mention dans les histoires du temps des premiers Empereurs de la Chine, comme de gens qui leur ont souuent bien taillé de la besogne; neantmoins ils ont esté souuent vaincus par les Empereurs de la Chine qui ont enuoyé des colonies dans leur pays, comme ie le fay voir

(D iij)

avec plus de soin dans mon abregé : de là vient peut-estre que leur façon de viure est plus polie & plus douce que celle des autres Tartares : voicy ce qu'en dit nostre historien Chinois. Il y en a eu de diuerses sortes, & selon les differentes familles de ceux qui ont tenu l'Empire, aussi ont-ils eu des noms differens. Hiaa, la premiere famille qui a regné les a nommez Hiuncho, celle de Cheua, Hienyun : la famille de Cina & de Hana les ont appellez Hiungnu : ensuite ils ont eu diuers noms selon les differens Roys, sous la famille de Tanga ils ont esté nommez Thoxiúe, & Kicheu sous celle de Sunga. Ces Tartares furent subjuguez au mesme temps que la famille de Hana prit fin, & furent entierement défaits par le Roy Vüon : Le rebelle Queijú fort peu de temps apres les défit presque à platte couture : en suite le royaume vint à ceux de Tho Kve : en ce temps-là ils souffrirent beaucoup de ceux de la maison de Tanga, qui les subjuguerent enfin : mais le Roy de la Tartarie plus occidentale en ayant chassé les Chinois, ses successeurs leur ayderent sous la famille de Sunga à s'emparer de l'Empire de la Chine, d'eux est sortie la famille d'Ivena, celle de Sunga ayant esté tout à fait éteinte l'an MCC LXXVIII apres la naissance de Christ : cette famille d'Ivena a gouuerné assez paisiblement l'Empire de la Chine durant quatre-vingt dix ans ; neuf Empereurs de la Chine, Tartares de naissance, en sont sortis par vne succession continuë ; mais ils en furent chassez peu de temps apres par Hunguvus, & la Chine deliurée de leur ioug l'an de Christ, MCCC LXVIII, auquel la famille de Thaiminga tint l'Empire, dont nous parlerons plus amplement ailleurs. Les Chinois décriuent les mœurs des Tartares de cette sorte : Ils vont çà & là auec leurs troupeaux cherchans de l'eau & des pasturages, s'habillent de peaux des bestes, & font leurs logetes auec des tapis : ils ne pardonnent ny à leur frere ny à leur fils quand ils sont en colere : ils brulent les corps morts : quand ils portent leurs morts au bûcher ils chantent & sautent, accompagnez de tous leurs amis : d'autres entre eux pendent les corps aux arbres, & les y laissent trois ans durant, & puis en brûlent les os. Voila ce qu'en disent les historiens de la Chine, à quoy ie n'ay rien à ajouter.

*Les anciens noms.*

*Leur mœurs.*

IN est vne montagne, où les Tartares reçeurent autrefois vne grande deffaite sous l'Empereur Hiaouvo, de la famille de Hana, car ils y perdirent leur Roy & les premiers du Royaume : ils ont mesmes à present accoutumé de pleurer & de soupirer quand ils passent cette montagne, comme touchez de compassion du malheur de leur compatriotes. Lankiusiu est vne autre montagne, sur laquelle soixante & dix mille Tartares furent pris tous en vie par l'armée des Chinois, lors qu'ils estoient encor sous l'obeïssance de la famille de Hana. Iengen s'appelle la montagne des festins, parce que Hiaovus y regala ses soldats, apres que le Capitaine du charroy & le General de sa Caualerie eurent pour la troisiéme fois remporté sur les Tartares vne tres grande victoire : là mesme est la montagne de Kinúi. Ie ne treuue point d'autres riuieres que celles qui se voyent dans la carte.

*Les montagnes les plus remarquables.*

Il y a de fort grands moutons dans cette Tartarie, dont la chair est tres-excellente, & la queuë si grosse qu'elle pese souuent plusieurs liures. Il y a beaucoup de bons & forts cheuaux, encore qu'ils ayent la corne du pied fort étroite, la teste petite & courte ; ce qui est commun à presque tous les cheuaux de Tartarie, qui à la verité surpassent tous les autres à la course & en vitesse. Il y a grand' abondance de Chameaux, & d'autres animaux : l'ay remarqué parmy ces peuples deux choses qui m'ont semblé admirables ; la premiere, ce petit instrument de fer, ou vne languette d'acier repliée, venant à estre touchée des deux lévres & du doigt rend vn son semblable à celuy de ces instruments qui se font à Norimberg, & qu'on appelle communement *Trompunes* : les Tartares en ont de semblables, & s'en seruent de mesme façon quand ils sont sur leurs cheuaux, & se plaisent à ouïr ce son : Ie n'ay pû apprendre d'où ils peuuent auoir eu ces instru-

*Le bestail.*

# DE L'EMPIRE DE LA CHINE.

ments, à moins qu'ils les faſſent eux-meſmes, ou qu'ils ayent quelque commerce auec ceux de l'Europe. La ſeconde choſe dont ie me ſuis emerueillé, eſt vne certaine herbe qu'ils diſent naître ſur les pierres; car elle eſt incombuſtible, lors meſme qu'on la tient long-temps dans le feu, elle y deuient bien rouge & s'y enflamme en quelque ſorte; mais quand on l'en tire elle recouure incontinent ſa premiere blancheur, qui tire toutefois vn peu ſur le cendré: Elle ne croiſt pas fort haute, mais reſſemble à la petite eſpece de chanvre, ſans toutefois auoir la tige ſi dure ny ſi forte; car elle ſe romp beaucoup plus aiſément: quã on la met dãs l'eau elle ſe met en pieces & deuient comme de la boüe: peut-eſtre que les anciés Romains ont fait de cette même herbe, ces draps dans leſquels ils bruſloient leurs corps morts, pour empêcher que les cendres ne ſe mélaſſent auec celles du bûcher; car i'ay de la peine à me perſuader & de croire qu'ils ſe fiſſent de cette pierre qu'on nomme Amianthus, comme Porcacchi le veut dans ſes funerailles, & Anſelme Boëtius de Boot dans ſon traité des pierres precieuſes; ou bien comme d'autres autheurs plus modernes l'aſſeurent d'alun de plume, ou de Talc, ou verre de Moſcouie, on fait auſſi de cette herbe, vne meche qui dure toujours, & qu'il n'eſt point beſoin de moucher; mais quand elle eſt ſale, on n'a qu'à la ietter dans le feu, & oſter les ordures qui s'y ſont attachées; car elle ſe trouue en ſon entier, & reprend ſa premiere netteté.

*L'Herbe inī combuſtible des Tartares.*

## DV ROYAVME DE SAMAHANIA.

Pres la Tartarie Occidentale de Tanyu, eſt vn autre Royaume, que ceux de la Chine nomment Samahania; ſa ſituation nous oblige de croire que c'eſt celuy de Samarcanda: il eſt ſitué au Zud-Eſt d'vne des plus fortes villes de la Chine qu'on appelle Socheu, au couchant de la montagne Imaus. Les Chinois affirment qu'on y treuue des villes fort remarquables, & des palais bâtis d'vne belle architecture & ordonnance; qu'en ce pays-là le Roy a accoutumé de s'habiller de blanc, de ſe ſeruir de vaiſſelle & de meubles d'or & d'argent, & de toucher à la viande auec la main. I'ay mes raiſons pour croire que ces pays ne ſont pas fort éloignez de la mer Caſpienne, ny de l'Alexandrie, qu'Alexandre bâtit autrefois dans la Bactrienne. Ces Tartares de la famille de Cinchi, qui enuahirent l'Empire de la Chine, dont le Venitien parle, eſtoient de ce pays là: I'ay d'autres raiſons de croire que ce ſont les meſmes, qui apres auoir eſté chaſſez de la Chine, & s'eſtre ioints à Tamerlan, fonderent le royaume du grand Mogor, & reduiſirent preſque toute l'Aſie ſous leur puiſſance, qui firent l'Empereur Bajazeth leur priſonnier: Ie ne trouue aucune mention dans leur hiſtoire, que Tamerlan aye iamais fait la guerre à ceux de la Chine; car Tamerlan n'a fait parler de luy qu'apres que le premier de la famille de Taiminga eut chaſſé les Tartares de la Chine, & n'a point pouſſé ſes conqueſtes vers l'Orient; mais bien pluſtoſt vers l'Occident: dans le royaume de Mogor, iuſques dans la Perſe & dans les autres lieux qui tirent dauantage vers le couchant: Ce qui n'eſt pas difficile à prouuer, ſi on conſidere que Tamerlan n'a pas regné fort long-temps, & qu'il a vécu enuiron l'an de Noſtre Seigneur M CCCC VI, auquel temps tout le Royaume de la Chine eſtoit dans l'obeïſſance de l'Empereur Taicungus, de la famille de Taiminga, & l'vn des deſcendans de cet Hunguvus, qui apres auoir chaſſé les Tartares de la Chine, reſtablit l'Empire & rendit la liberté à ſon pays; homme qui d'vne fort baſſe condition, de petit ſacrificateur & de voleur qu'il eſtoit, paruint à l'Empire de la Chine.

*Tamerlan ne s'eſt iamais approché de la Chine.*

Le Royaume de Caſcar touche (ſi ie ne me trompe) au Royaume de Samahania. Qui en voudra ſçauoir dauantage, aye recours au liure du voyage de

PREFACE SVR LA DESCRIPTION
Benoist Goes, inseré dans le voyage du Reuerend Pere Nicolas Trigaut.

## DV ROYAVME DE SIFAN.

LE mot de Sifan parmy les Chinois, comprend les frontieres de leur Empire qui sont vers l'Occident, mais principalement celles qui s'étendent de la prouince de Xensi, à Iunnan, où sont compris les pays d'Vsuçang, de Kiang, & de Tibet; ces noms comprennent plusieurs peuples, ceux de la Chine disent qu'il y en a de plus de cent Nations. Sur ces frontieres sont les royaumes de Geo & de Cangingu que le Venitien appelle le royaume du Prestre-Iean: les Chinois qui ne font point d'estat des royaumes étrangers, loüent cetuy-cy, & auoüent que les bonnes mœurs s'y conseruent; que les loix de la Republique & du gouuernement y sont excellentes; qu'il y a beaucoup de villes fortifiées de fossez & de murailles. Témoignage fort auantageux en faueur de l'excellence de ce pays, & dont on doit d'autant plus faire d'estat, que ceux qui le rendent sont extremement retenus, lors qu'il est question de donner des loüanges; car la bonne opinion qu'ils ont d'eux-mesmes, fait qu'ils n'estiment pas beaucoup ce qui est hors de la Chine. Les Chinois disent que ce Royaume est borné par les montagnes de Min, & par la riuiere Iaune qui y passe. Ces montagnes ont beaucoup d'étenduë, & se joignent enfin à celles de Quenlun, autrement les montagnes Amasées, d'où la riuiere Saffranée tire son origine.

*D'où le Gange tire sa source.* Là mesme, vers le Couchant, il y a vn fort grand lac qui s'appelle Kia, d'où vient le Gange & les autres riuieres que i'ay mises dans la carte.

La pluspart de ces peuples suiuent la doctrine de Fe, & croyent la metempsychose: ils fondent de grandes idoles de cuiure, font de fort beaux tapis, & ont grand nombre de bons cheuaux. Ie n'ay rien treuué de rare de ces peuples que ce que j'en viens de dire.

Le Royaume de Mien suit apres celuy de Tibet, il est situé à l'Orient de Bengale, & s'étend iusques au Midy de la Prouince de la Chine nommée Iunnan.

## LE ROYAVME DE LAOS.

CEux de la Chine apellét ce Royaume Laoquo: on n'en sçait rien d'asseuré dans l'Europe que le nom: ie mettray icy en peu de mots ce que les Chinois en écriuent, & ce que j'en ay leu dans la Relation que le R. P. Leria de la Compagnie de Iesus en a faite, dont i'ay le manuscript; & que i'estime beaucoup à cause du merite de son auteur qui y a passé plusieurs années à prescher l'Euangile.

Ce Royaume de Laos, dit Leria, est situé au milieu de l'Asie Meridionalle, éloigné de tous costez de la mer pour le moins de cent lieuës: c'est pourquoy il n'y a presque point de poisson, & bien qu'on en prenne quelques vns dans les riuieres, si ne laissent-ils pas d'estre chers, & cependant ne sont pas fort agreables au goust. Il y a quantité de bœufs sauuages & de pourceaux, dont la chair est à grand marché. Ils ont aussi force poules, on en a vne dixaine pour cinq ou six sols. On y a tous les fruits qui se treuuent dans les Indes, mais fort peu de ceux que nous auons dans l'Europe, à la reserue des grenades, & des raisins sauuages qui y ont bon goust. Ce pays est tres-fertile en ris, qui ne craint point la secheresse, à cause des riuieres qui inondent toujours l'Esté; car les neiges des Montagnes de Tiber, ie croy qu'il a voulu dire Iunnan, qui est proche de Tibet, venant à se fondre, les font tellement croistre, que tout le pays s'en trouue inondé, comme l'Egypte l'est des eaux du Nil: ce qui est vne marque fort euidente d'vne prouidence

tout

# DE L'EMPIRE DE LA CHINE. 33

tout à fait diuine, puis qu'il ne pleut dans ce Royaume que deux mois de l'année: c'est au temps de ces pluyes qu'on laboure & qu'on seme: si les riuietes n'inondoient point le pays, l'année seroit sterile, & la secheresse feroit mourir les grains; c'est vne chose admirable, que le tuyau du ris ne croist qu'autant que l'eau monte; le mesme arriue à Sion & à Camboya: la moisson du ris se fait en batteau; car à peine leueroit-il, s'il n'estoit dans l'eau.

La mesme riuiere, qui coupe le Royaume de Laos, & qui par ses destours arrouse tout ce pays, se diuise en deux bras, dont l'vn touche en passant le Royaume de Sion, & l'autre celuy de Camboya, où cette Riuiere eslargit tellement son lict, que les plus grands nauires y peuuent monter l'espace de quatre vingt lieuës.

Le Royaume de Laos a cette incommodité, que ce fleuue ne va pas tout à l'entour ny ne l'arrose pas de tous costez comme il fait le Royaume de Sion; c'est pourquoy ces Peuples on est contraints de prendre beaucoup de peine à conduire des canaux, de peur que le terroir ne deuint sterile. On y a cueille du Benjoin, qui est vne sorte d'encens tres-excellent. Il y a quantité d'yuoire & d'Elephants: ce pays produit aussi des Rhinoceros qui sont ennemis mortels des Elephants: les Chinois en estiment fort les cornes. Il y a du salpestre, du fer, des mines d'or & d'argent, de l'estain du plus fin & du meilleur; comme aussi du musc qui vient du Royaume de Lu, qui en est proche, mais si on y transporte l'animal d'où on le tire, il y meurt tout aussi tost, comme le poisson hors de l'eau. Ce peuple se sert de monnoye d'argent; mais pour acheter les Marchandises qui sont de fort bas prix, ils ont de petites coquilles, ils les nomment caoxis, dont 1200 valent à peine vne piastre: on en a toutefois assés d'vne centaine pour acheter vne poule. La langue de ceux de cette nation a vn peu de rapport & d'affinité auec celle qui est en vsage au Royaume de Sion.

Les Royaumes qui côfinent à celuy de Laos sont, le Tungking & Cochinchina au Nord-Est: celuy de Chanpar le borne à l'Orient, & en est separé par vn desert & des montagnes: Camboya & Sion luy sont au Midy, & Pegu au Couchant: au Nord il touche le Royaume de Lu (ou, pour mieux dire, à la Prouince Iunnan de la Chine:) voila tous les estats auec qui ce peuple fait commerce; mais son principal trafic est auec ceux du Tungking & de Camboya: c'est presqu'en substance tout ce qu'en dit nostre P. Leria. Retournons maintenant à l'autheur Chinois: le Royaume de Laos, dit-il, a esté vne dependance de l'Empire de la Chine, comprise dans la prouince d'Iunnan, quoy qu'apres la reuolte de celuy qui en estoit Seigneur, il soit demeuré libre: il se nommoit Chaoxuipuen: c'est vne nation fiere, arrogante & superbe: ils peignent tout leur corps & leur paupieres, se faisants pour cet effet de petites picqures auec vne aiguille, ils demeurent en des maisons hautes: le reste de ce qu'il dit s'accorde auec ce que nous auons touché cy-dessus.

*Les bornes du Royaume de Laos.*

Le milieu de ce Royaume est au dix-neufiesme degré Nord, & va presque jusqu'à vint & deux: la moindre hauteur est de dix-sept. Tout le pays s'estend dãs vne longue campagne, qu'vne grande riuiere, qui passe au trauers de Iunnan, coupe par le milieu: cette riuiere se nomme Lungmuen, court auec grande violence; ils sont par fois côtrains de tirer leurs batteaux hors de l'eau, & les ayans transportes par terre, de les y remettre derechef, apres auoir passé les endrois les plus difficils.

*La hauteur du Pole.*

Ceux de la Chine marquent quelques montagnes, qui enuironnent presque tout le Royaume de de Laos: la premiere se nomme Kiuleu, au pied de laquelle a esté autrefois vne Cité qui en portoit le nom, dont on void encores les ruines.

*Montagnes.*

Quen est vne autre montagne, où l'Autheur Chinois remarquent beaucoup de raretez, vne cauerne grande & belle à voir qu'ils nomment Cinghiu; vn pont fort riche, (car le mot de Pao le donne assez à connoistre;) vn Temple dedié aux idoles & tres-superbe, qu'ils nomment Peyun: outre cette montagne il y a

C E

celles de Gay & de Siang, qu'on appelle Gançu. Les Chinois nomment la plus grande de leurs riuieres Lungmuen, ie ne sçay point le nom que luy donnent les peuples qui en sont proche; l'autre est Laisu ; & enfin le lac Lang.

## LE ROYAVME DE GANNAN.

LE Royaume que les Chinos nomment Gannan, contient les Royaumes de Tungxing de & Kiaochi ou Cochinchina : ils ont esté nommés d'vn nom plus ancien Nankiao. Sous la famille de Cina, Siang, ce n'estoient que des Seigneuries. Hiaouus, de la famille de Hana, grand conquerant, se rendit maistre de tous ces pays : & y ayant mené des colonies, il les gouuerna selon la police & les loix de la Chine, & fut le premier qui leur donna le nom de Kiaochi, à cause qu'ils auoient la plus part les doigts des pieds croisez, sçauoir le pouce ou gros ortueil, sur le plus proche qui est plus petit. La famille de Tanga les appella Kiaocheu : toutesfois il n'a jamais paru que ceux de la Chine fissent beaucoup d'estat de ces pays, & ce principalement, comme ils disent, à cause des mœurs barbares de son peuple : mais en voicy la veritable cause ; c'est qu'il a tousjours mieux aimé estre libre, viure selon ses Loix, & auoir son propre Roy ; & d'ailleurs surpassant ceux de la Chine en force de corps, ils ont deffendu leur liberté. Lors que la famille de Taiminga commença à gouuerner, cette nation fut subjuguée par Hunguvus, il y a enuiron deux cent nonante ans, qu'elle fut donnée à vn petit Prince nommé Chin, en tiltre de Seigneurie feodale, peu de temps apres il fut tué par trois de ses Gouuerneurs, issus de la famille de Ly, qui se saisirent du Royaume.

L'Empereur Iunglous ayant apris les reuolutions ariuées dans ce Royaume, fit mourir deux de ces Gouuerneurs : le troisiéme ayant pris la fuite, ce Royaume fut derechef reduit en Province : mais à peine auoit-il mis bas les armes, que le fugitif Ly l'enuahit pour la seconde fois, apres en auoir chassé les Gouuerneurs Chinois, s'estant au prealable auisé fort prudemment de depescher vn Ambassade vers l'Empereur. Siuenteus tenoit l'Empire pour lors, ce Prince qui aimoit le repos, & qui estoit plus esclaue de ses plaisirs, que maistre de son Empire : s'ennuyant des rebellions de ce peuple, le donna à Ly, & le fit Roy, à condition de le reconnoistre, & de luy enuoyer tous les trois ans vne Ambassadeur auec de grands presents : ainsi ce pays fut separé de l'Empire de la Chine enuiron l'an M CCCC XXVIII apres la natiuité de Christ ; mais il ne dura pas longtemps dans cette forme de gouuernement : car, apres auoir esté tourmenté de guerres intestines, il fut diuisé en trois parties, dont l'vne forme le Royaume de Laos, l'autre celuy de Tungxing, & la troisiéme celuy de Cochinchina : tellement qu'à prendre les choses dans leur origine ce ne sont que des parties des Prouinces de Quangsi, & d'Iunnan, que les Chinois appellent toutes Leao, c'est à dire barbares : voicy la description qu'en fait l'auteur Chinois : ces habitans sont barbares, ne sçauent ce que c'est de justice ny de ciuilité; laissent croistre leurs cheueux jusques sur les espaules, se coupent la barbe, prennent plaisir à se lauer le corps, ils plongent fort bien sous l'eau, demeurent en de petites logettes, ignorent la diuersité des rangs que doiuent tenir les Magistrats, reçoiuent ceux qui viennent loger chez eux auec des fueilles de Betel & d'Areca, qui sont communes dans toute l'Asie Meridionelle, ainsi cet autheur mesprise toûjours les estrangers selon sa coûtume.

Ces pays ne laissent pas d'estre extremement fertiles en tout ce qui est necessaire pour la vie. Ils ont la mesme religion que ceux de la Chine, les mesmes caracteres & la mesme façon d'escrire ; & quoy que leur pronociation soit tout autre, ils signifient toutefois la mesme chose, semblable à des

# DE L'EMPIRE DE LA CHINE.

peintures, que diuerses nations nomment diuersement, quoy que la voyant elle leur represente à toutes vne mesme chose. Ils abondent en toiles fines, soyes & en coton ; cette huile ou cette liqueur si soüeue & si agreable, que les Portugais nomment Rosamalia, y découle des arbres : elle produit aussi grande quantité de ce bois d'aigle, de couleur de pourpre, que les Espagnols appellent Lacque ; ceux de la Chine s'en seruent pour teindre leurs estoffes de soye. Qui en voudra sçauoir dauantage, qu'il voye ce que le R. P. Alexandre Rhodes de nostre Societé en a écrit depuis peu en François auec tant de clarté & de netteté, ayant trauaillé dans cette vigne du Seigneur auec beaucoup d'assiduité durant plusieurs années. *Voyez aussi l'extrait du Liure de Missions, du Iapon, du P. Marini, dans la suite de ce Recueil.*

L'Autheur Chinois dit qu'il y a aussi force singes, & vne sorte qui s'appelle Singsing : pour les prendre on leur donne du vin à boire dans les forests, dont ils s'enyurent ; ils veulent que ce soit de leur sang que se fasse la plus belle écarlatte. Il se trouue aussi parmy eux vn autre animal qui est fort rare, qu'ils nomment Fefe. il a presque la forme humaine, les bras fort longs, le corps noir & velu, marche legerement & fort viste, & deuore les hommes : lors qu'il rencontre vn homme, il se prend à éclater premierement de rire, imitant son ris & sa voix auant que de l'attaquer.

Keuleu est vne montagne, au pied de laquelle il y a vne Ville qui a le mesme nom. Les montagnes de Quen, Lung, Gai, & Siang, n'ont rien de fort remarquable. *Les principales mōtagnes.*

Laisu est vne des principales riuieres. Ie ne trouue pas que les Chinois y en ayent remarqué dauantage. *Les riuieres.*

Il est temps que ie vienne à la description de chaque Prouince de la Chine, où ie n'aduanceray rien, comme de moy-mesme, que ce que j'y ay veu ; j'ay fait le tour de sept, & j'ay tiré le reste des Cosmographes Chinois auec beaucoup de fidelité : car leurs Liures sont tres-exacts, & font comme vn corps d'histoire, dans laquelle ils décriuent le nom & la situation des grandes Villes, des Citez, des Riuieres, des Montagnes, & des autres particularitez. Il est vray qu'ils ne marquent jamais la longitude ou latitude, encore qu'ils soient fort soigneux de faire mention des distances : mais parce que j'en ay fait l'obseruation en plusieurs endroits, il m'a esté facile de les mettre en leur place ; ce qui n'a pas laissé de me donner de la peine : Ie me suis principalement serui dans tout ce trauail, des Cartes & des Liures des Chinois, qui sont presque les seules choses que j'en ay rapporté, & que ie garde comme vn thresor.

## LA PREMIERE PROVINCE
# PEKING,
*Autrement*
# PECHELI.

*Le nom de la Prouince.*

ON met par honneur la Prouince de Peking la premiere, elle tire ce nom de la ville royale de Peking, qui signifie le Palais Royal du Septentrion, pour le distinguer de celuy du Midy qui s'appelle Nanking, encore que le vray nom de la Prouince soit Pecheli. Il y a desia long-temps que les Empereurs de la Chine tiennent leur Cour dans cette Prouince, principalement ceux qui ont regné depuis la natiuité de Christ; car la famille de Leaoua, celles de Kina, d'Iuena, & finalement les Tartares, qui sont les premiers de celle de Taicinga, y ont fait leur demeure.

*Ses bornes.*

Les limites de cette Prouince sont, vers l'Orient, vn bras de mer nommé Eanghai, qui fait la peninsule de Corea & qui bat la coste de la Chine qui la regarde: au Nord-est elle a le pays de Leaotung, au Septentrion la grande muraille, & aussi cette partie de l'ancienne Tartarie, qui est entre la muraille & le desert de Xamo: elle regarde au Couchant la Prouince de Xansi, dont elle n'est separée que par des montagnes qu'on nomme Heng: au Zud-oüest la riuiere Saffranée luy sert de borne, qui passant par Xansi entre dans cette Prouince & dans celle de Honan: Elle se joint finalement au Midy & au Zud-est à la Prouince de Xantung, qui en est separée par le fleuue Guey: toute cette Prouince a la figure d'vn triangle rectangle.

*Les anciens noms.*

Elle a eu cy-deuant diuers noms, par fois on l'a appellée Ieu & Ki: elle a huit grandes Villes, dont chacune en a plusieurs autres qui en dépendent; de sorte qu'il semble que chaque Ville pourroit encores faire vne Prouince: outre ces

*Le nombre des Citez.*

grandes Villes dont nous venons de parler, elle en a plus de cent trente-cinq plus petites, mais qui ont toutes des murailles & des fossez, je me contenteray de faire mention seulement de celles-là dans cette Geographie, puis qu'aussi bien les Geographes Chinois ne marquent point dans leurs Liures, ny dans leurs Cartes, les places qui ne sont point murées, à cause de leur grand nombre: toutefois nos Cartes en feront voir toûjours quelquesvnes des plus considerables, puis qu'aussi bien le peu d'espace qu'elles contiennent, & le peu de temps que j'ay, ne me permettent pas d'inserer le nom de toutes.

*La qualité.*

Pour ce qui est de la temperature de l'air & du terroir, il fait plus grand froid dans cette Prouince, que l'éleuation du Pole ne semble le deuoir permettre; car à

*Nota, dans la Carte elle ne passe guere le 41.*

peine passe-elle le quarante & deuxiéme degré: toutefois les riuieres y sont tellement prises de glace, & si fort gelées durant quatre mois tous entiers, que la glace porte les cheuaux & les charettes chargées des plus pesans fardeaux: on en coupe aussi de grandes pieces qu'on garde par delices pour l'Esté suiuant, mais non pas pour boire à la glace; car ils boiuent toûjours fort chaud, & à diuerses reprises:

# LA PREMIERE PROVINCE DE PEKING.

durant ces froids, les batteaux sont tellement arrestez dans la glace, qu'ils ne sçauroient passer outre; & quelque part où la glace les surprenne ( ce qui arriue toûjours à la my-Nouembre ) il faut qu'ils y demeurent sans en sortir pendant quatre mois; car le degel ne vient point auant le commencement du mois de Mars: cette gelée se fait presque en vn iour, au contraire il en faut plusieurs pour degeler seulement la superficie de la glace: mais il est encores plus admirable, que durant ces fortes gelées on ne sent point ces grands froids qui font la glace en nos quartiers: c'est pourquoy il faut absolument auoir recours aux exhalaisons de la terre, & à la constitution nitreuse de ce pays, pour en rendre la cause: de là vient aussi qu'encore qu'il y pleuue rarement, si est-ce que la terrey paroist humide tous les matins; cette humidité se seiche aussi-tost que le Soleil se leue, & se change en poussiere fort menuë, qui estant enleuée par le vent, penetre & salit tout.

Le Liure de la Chine, qui contient le denombrement de tout le peuple de cét Empire, conte 418,989 familles dans cette Prouince, & 3452,254 hommes, sans les Magistrats, les Soldats, & quelques autres, que nous auons dit cy-dessus ne deuoir iamais estre compris dans ces Liures. *Le nombre des hommes.*

Le Tribut qui se paye du ris, du millet ou du froment, est de 601,153 sacs de fin lin qui n'est pas ouuré 224 liures ( chaque liure de vingt onces,) de soye filée 45135. de coton 13748; de bottes de paille, & de foin pour nourrir les cheuaux du Roy 8737,284. de pesées de sel, chaque pesée contenant cent vingt & quatre liures, 180,870. sans parler des autres droits qui s'y exigent; cette somme au reste ne semblera pas estre grand chose, si on la compare auec les tributs des autres Prouinces: car celle-cy a son terroir à la verité fort vny, mais sterile & plein de sable: son peuple aussi est moins poly, & moins propre qu'aucun autre, à apprendre les arts & les bonnes lettres: d'ailleurs fort porté aux armes, comme sont tous les Chinois Septentrionaux: si on le compare auec ceux du Midy, qui au contraire les surpassent en esprit & en politesse. *Tribut.*

Vous trouuerez dans la description de chaque Ville tout ce qui s'y void de particulier: j'adjoûteray seulemét icy la façon de laquelle ils voyagét, qui est ordinaire en ces lieux-là, & assez commode: ils se seruent d'vn chariot qui n'a qu'vne rouë, fait en sorte qu'il n'y a place au milieu que pour vn homme qui s'y tient comme s'il estoit à cheual, les autres deux estans de chaque costé, le charretier le pousse par derriere, & fait auancer le chariot auec des leuiers de bois, auec autant de seureté que de vistesse: C'est peut-estre de là que viennent les contes qui se font que le vent y fait aller les chariots, & que ceux de la Chine les conduisent sur la terre auec des voiles, comme les Nauires sur la mer: la campagne de cette Prouince plate & vnie, rendroit l'vsage de semblables chariots assez aisé, & nous voyons que cela s'est fait ailleurs. *Charriot à vne rouë qui porte trois personnes, & qu'vn homme seul fait aller.*

I'auois promis dans la description generale de la Haute Asie, de traiter du Catay; de peur que ceux de l'Europe qui la cherchent, ne s'égarent pas d'auantage, comme ils ont fait cy-deuant, pour n'auoir pas entendu ce que M. Polo Venitien en écrit. Catay donc n'est en effet autre chose que les six Prouinces Septentrionalles de la Haute Asie, qui se separent des neuf autres, qui sont au Midy, par le grand fleuue Kiang, Marc-Polo appelle les Meridionales le Royaume de Mangin, comme les six premieres Catay: & il ne s'en faut pas estonner, puis qu'encore à present les Tartares & les Mores, qui ont accoûtumé de porter tous les trois ans leurs tributs à l'Empereur de la Chine les nomment ainsi; le nom du fleuue Kiang, celuy des Prouinces qui sont au Nord & au Midy, comme aussi leur nombre, s'accorde auec la description que ce Venitien donne du Catay & de Mangin, ainsi ie ne doute plus que Catay ne soit dans cette Haute Asie: adjoûtez à cela, que lors que le R. P. Mattheo Ricci de nostre Societé arriua pour la pre- *Le lieu où est le Catay.*

E iij

36　　LA PREMIER PROVINCE

miere fois à Peking, il y trouua vn Turc qui y auoit mené vn lion pour en faire present à l'Empereur de la Chine : l'ayant diligemment interrogé, & tout exprés, pour sçauoir comment ils appelloient le Royaume de la Chine : il répondit que c'estoit en effet le Catay, que ceux de son pays le nommoient aussi de la sorte ; & que le nom de la Ville Royale estoit Cambalu.

L'experience qu'en a faite Benoist de Goes de nostre Societé le confirme : car, comme il entendoit fort bien les langues d'Asie, & particulierement la Persane, il fut enuoyé par le R. P. Nicolas Pimienta Visiteur des Indes, pour s'informer du Catay, (afin d'y introduire en suite la lumiere de l'Euangile par le moyen de ceux de nostre Societé:) apres auoir parcouru auec beaucoup de peine presque toute la Haute Asie, il vint finalement auec des bandes de Mores, qu'ils appellent Carauanes, au Catay, ils nommoient ainsi la Chine, où il y auoit eu si long-temps des Religieux de nostre Ordre : apres donc auoir fait quelque connoissance auec eux, comme il se disposoit à faire le voyage de Cambalu ou Peking, il tomba malade, & mourut dans la Chine ; où cherchant le Catay il trouua le Ciel auec la recompense de ses trauaux. Son Voyage est imprimé dans celuy du R. P. Nicolas Trigaut.

*Chats dont on fait beaucoup d'estat.* Dans cette Prouince il y a des chats tous blancs, qui ont le poil long, les oreilles pendantes, les Dames les aiment extremément, comme celles de l'Europe ayment leurs petits chiens de Malte : mais ils ne prennent point de souris, à cause apparamment que ces Dames les nourrissent trop delicatement : ils ne manquent pas pourtant de ceux qui prennent les souris, dont on n'a pas tant de soin ; ce qui les rend peut-estre meilleurs que les autres.

*Les Chinois, amateurs de l'antiquité.* Le Palais Royal brusla sous Siuen Te, cinquiéme Empereur de la famille de Taimainga, l'an mil quatre cent apres la natiuité de I. Christ : dans cet embrasement, l'or, l'argent, le cuiure, se fondirent ensemble : de ce meslange de trois metaux se fit vne sorte de cuiure Corinthien, dont on fit nombre de vaisseaux de tres-grand prix, principalement pour les parfums, & dont on se sert aussi à faire boüillir l'eau. Les Chinois sont aussi curieux des antiquitez que ceux du Iapon, ils recherchent les vieux instrumens, les caracteres & écritures antiques, & les pierres à broyer l'encre, qu'ils ont accoûtumé de preferer aux perles & aux pierres pretieuses, & ils appellent ces pieces Cutung ; entendans par ce mot general toutes sortes d'Antiquez.

## XVNTIEN,

*La premiere des Villes de cette Prouince, autrement la Ville Royalle.*

*La latitude de Xuntien.* LA premiere des grandes Villes se nomme Xuntien, comme si vous disiez l'obeïssante au Ciel : elle se nomme aussi Peking, c'est à dire, le Palais Royal du Septentrion. I'ay souuent obserué sa latitude, que i'ay trouuée de 39. deg. 59. pour sa longitude, l'ayant calculé par des obseruations d'Eclypses, selon les tables de Lansberge, i'ay treuué tant en cette Ville qu'en quelques autres de la Chine, qu'elle estoit bien esloignée de Ter Goes en Zelande de 7. heures, 56. minutes, qui font 119 degrez de l'Equateur : supposant donc que Ter Goes est esloigné de 27 degrez des Isles Fortunées, le Meridien de cette ville passera par les 146 degrez, ou par les 149. 20, si on suppose que Ter Goes soit esloigné du premier Meridien de 30 degrez, 20 minutes,

*Ses Citez.* Elle a jurisdiction sur vingt-six citez, ausquelles elle cõmande, comme leur capitale & leur Metropolitaine : ce qui soit ici dit vne fois pour toutes ; car cela se doit

# DE PEKING.

entendre de toutes les autres, sçauoir que chaque grande Ville a plusieurs citez qui en releuent, & auec lesquelles elle forme comme vne petite Prouince : voicy les noms de toutes celles qui en dépendent, 1 Xuntien, 2 Xuny, 3 Changping, 4 Leanghiang, 5 Mieyun, 6 Hoaijo, 7 Kugan, 8 Iungcing, 9 Tungan, 10 Hiangho, 11 Tung ☉, 12 Sanho, 13 Vucing, 14 Paoti, 15 Cho ☉, 16 Fangxan, 17 Pa ☉, 18 Vengan, 19 Tachíng, 20 Paoting, 21 Ki ☉, 22 Iotien, 23 Fungjung, 24 Cunhoa, 25 Pingko, 26 Que. Entre ces villes il y en a quelques-vnes qui sont plus grandes, & plus considerables, ie les marqué de cette marque ☉, les Chinois les appellent Cheu, & les autres Hien.

Le territoire de cette Ville a eu diuers noms, selon les differents Empereurs qui y ont commandé ; car c'est vne coutume parmi ceux de la Chine, de changer le nom de quelques Villes (si on ne le change à toutes) lors que la famille, qui gouuerne, change: au tẽps d'Yuus, le premier des Empereurs qui ayt regné sur ceux de la Chine, lors qu'il diuisa l'Empire en neuf Prouinces, ce pays dépendoit de la Prouince de Ki, on le mit sous les constellations de Vi & Ki, comme le mesme Empereur l'ordonna. Sous la famille de Cheua, cette contrée s'appelloit Ieu ; sous celle de Cina, Xangko ; mais sous celle de Hana, Quangyang. Elle a esté nommée Fanyang par la famille Cyn, & Ienxan sous celle de Sunga : ce fut sur la fin de cette race que Marco Polo entra dans la Haute Asie auec les Tartares ; apres qu'ils en eurent esté chassez, la famille de Taiminga donna à cette Ville les noms de Peking & de Xuntien, qu'elles retient encores aujourd'huy. *Ses diuers noms.*

Il est à remarquer, que les Tartares & les Maures ont donné à cette Ville le nom de Cambalu, qui signifie la Ville du Seigneur : c'est là le Cambalu de Marco Polo ; & tout ce qu'il en escrit dans son 4 liv. chap. 3. conuient à cette Ville: car lors que ce Venitien entra dans la Chine, c'estoit la Ville Royale des Tartares, ces peuples s'estoyent rendus maistres de la Chine dés l'an mil deux cent dix, long-temps au parauant que ce voyageur y entrast ; c'est à dire, comme il appert par ses escrits, l'an mil deux cent septante & cinq, lorsque les Tartares forçerent la partie de la Chine qui est du costé du Midy, ou qui se nomme Mangin, dont nous traiterons amplement cy-apres. *Que c'est qui Cambalu.*

l'Empereur Taticungus, qui regnoit l'an du Seigneur mil quatre cent quatre, embellit de beaucoup cette Ville ; car c'est le premier de la famille de Taiminga qui y ayt tenu sa Cour, son grand pere auoit chassé les Tartares il transporta sa Cour à Peking, pour leur resister plus aisément en cas qu'ils voulussent entreprendre quelque chose : il y fit faire des murailles quarrées, ayants de circuit quarante stades Chinoises, & vingt coudées de largeur, & y feit bastir des tours despace en espace, bien munies de toute sorte d'armes ; feit creuser des fossez fort profonds tout à l'entour. La Ville a douze portes, la plus grande partie du Royaume de la Chine y aborde de tous costez, tous les Magistrats les Gouuerneurs, & ceux qui desirent estre promeus & auoir leur degrez, s'y doiuent rendre de toute la Chine : car tout le gouuernement depend de cette ville comme de la Capitale de l'Empire, c'est l'à où l'on voit toutes ses richesses, les Marchandises y arriuent de toutes parts ; aussi s'y treuue-il vne abondance incroyable de toutes choses. Il n'y a rien de necessaire, rien de delitieux qui manque à ce nombre infiny de Peuple : on y voit plusieurs milliers de nauires royaux employez, sans parler de ceux des particuliers, à transporter les choses necessaires pour l'vsage de la Cour : car ceux de la Chine ont mis tout leur trauail & toute leur industrie pour faire des riuieres & des canaux, afin de pouuoir nauiger presque par tout, & que des prouinces tant du Midy que du Nord, le chemin soit libre jusqu'à la Cour : cettes, ils y ont admirablement bien reüssy, encor que la nature y ayt autant contribué que l'art ; car on ménage si bien les eaux, qu'on peut voyager *Quand c'est que la ville Royale de Xuntien fut bastie.* *Le grand abord & les richesses de cette ville.*

## 38 LA PREMIERE PROVINCE

par eau durāt plusieurs centaines de milles: tous les vaisseaux s'assemblent à Tçiencin, Ville marchande & des plus celebres, ils montent de là vers Peking: d'où vient, qu'encor que cette Ville soit située dās vn lieu sterile, si ne laisse-t-elle pas toutefois d'estre vn riche magazin de toutes choses : ce qu'en disent les Chinois est tres-veritable, *que rienne croist dans Peking, & cependant que rienn'y manque*: j'ay treuué à propos d'adjoûter en cet endroit la description de cette Ville, que j'ay tirée du voyage Chrestien du R. P. Nicolas Trigaut.

*Au liv. 4. chap. 3.*

Ie ferois tort, dit-il, à la majesté de cette Ville, & ie tromperois l'attente de mon Lecteur, si je n'en disois quelque chose : Cette Ville Royale est située à l'extremité du Royaume vers le Nord, esloignée de ces celebres murailles, qu'on auoit faites contre les Tartares, de cent milles d'Italie : Nanking

*Les autres sont cette distance bien moindre.*

la surpasse, en ce que ses ruës sont plus grandes & mieux ordonnées, les bastimens plus solides, & qu'elle a plus grand nombre de forts ; mais , en eschange , Peking la surpasse en nombre d'habitans , de soldats & de magistrats : elle est enuironnée au Midy de deux enceintes de murailles hautes & fortes, & si larges que douze cheuaux y peuuent aisement courir de front; ces mu-

*Representation de la ville de Peking.*

railles sont bastiës de brique , auec les premieres assises de grosses pierres de taille, le milieu des murailles est remply de terre battuë au lieu de brique: elles surpassent en hauteur celles des Villes de l'Europe: au Septentrion elle n'est enuironnée que d'vne seule muraille. les soldats y font la garde de nuit ; de jour les Eunuques gardent les portes, à tout le moins le veulent-ils faire croire car ils y sont plutost pour exiger les droits, ce qui ne se pratique pourtant pas dans les autres Villes: on void le palais Royal dans l'enceinte interieure du costé du Midy tout proche des portes de la Ville, & qui de là s'auance jusqu'à la muraille du Septentrion : d'où l'on pourroit inferer qu'il occupe toute la Ville ; mais il s'en faut beaucoup, car elle s'estend de chaque costé du Palais, à la verité il est vn peu plus petit que celuy de Nanking ; mais sa beauté & sa magnificence en recompensent bien la petitesse : Car, depuis que les Roys ne tiennent plus leur Cour à Nanking, celuy-là destruit tous les jours comme vn corps qui n'a plus d'ame : cependant que leur presence embellit de plus en plus celuy de Peking.

*L'incommodité de la poussiere.*

Il y a fort peu de ruës dans Peking qui soient pauées de briques ou de cailloux ; c'est pourquoy on ne sçauroit dire en quelle saison on a plus de peine à y marcher : car on est egalement incommodé, en hyuer de la bouë, & en esté de la poussiere : il pleut rarement dans cette Prouince, toute la terre s'y reduit en poudre , & pour si peu que vne le vent l'agite, il n'y a point de lieu dans les maisons où elle n'entre & qu'elle ne salisse. Pour remedier à cette incommodité on a introduit vne coutûme , qui seroit trouuée ailleurs fort estrange ; c'est qu'il n'y a personne, de quelque condition qu'il soit , qui aille à pied ou à cheual, sans porter vn voile qui luy descende depuis la teste jusques sur la poitrine, & luy couure le visage, sans pourtant qu'il l'empesche de voir, cependant qu'il le garde de la poudre. Dans la Ville, on tire aussi vne autre commodité de ce voile, qui est de n'estre point connu si l'on ne veut: par ce moyen on est dispensé de la peine de faire des complimēs des reuerences, & de prendre soin de s'ajuster. Il y a mesme de l'espargne; car ceux de la Chine n'estiment pas qu'il y ayt de l'honneur d'aller a cheual par la Ville , il en coute de se faire porter en chaise, & on peut sans reproche diminuer son train par le moyē du voile. Il n'y a point de lieu où il soit plus ordinaire d'aller à cheual ou sur d'autres montures, tout le monde s'en sert, la bouë & la poussiere y contraignent ; vous en trouuez par tout dans les carrefours, aux portes, aux ponts de la Ville, au Palais, & sous les Arcades qui y sont frequentes , où on attend le monde ; de façon que pour quelques sols vous pouuez aller à cheual tout vn jour : & parce qu'il y a vn grand abord dans la Ville, les muletiers menent souuent leurs bestes

par

# DE PEKING.

par la bride pour vous faire passage : aussi il n'y a pas vn des principaux du pays dont ils ne sçachent la maison : on treuue encore vn liure qui enseigne a point nommé les quartiers, les ruës & les places de la Ville. Vous n'y trouuez pas seulement des cheuaux, mais aussi des chaises & des porteurs. Voila ce qu'en dit Trigaut, qui est presque dans les mesmes sentimens que nous, sur le sujet de Cambalu & du Catay.

Il y a au reste, de fort magnifiques palais pour chasque magistrat qui vit à la Cour. Et bien qu'ils n'approchent pas en solidité ny en magnificence de ces edifices de marbres si lourds & si pesants, si ne laissent-ils pas pourtant d'auoir plus d'estenduë quant au plan, & d'estre plus commodes & plus nets que ne sont les nostres. Le palais de l'Empereur est du costé Septentrional de la Ville; si vous en considerez la grandeur ou les embellissemens, il surpasse la magnificence des nostres : il a douze stades Chinoises de circuit, quatre portes, qui regardent les quatre parties du monde : celle du Midy a le plus grand abord, il est enuironné de trois murailles hautes & fortes : entre les deux premieres sont les Eunuques, gardes du corps, il est permis aux principaux Gouuerneurs d'y entrer pour y traiter d'affaire : dans la derniere enceinte qui a plus de terrain que les autres, sont les apartemens & les jardins où le Roy demeure : il n'y a que les Eunuques & les femmes qui en ayent l'entrée, le Roy se sert d'eux en toutes choses. Les emplois y sont differents selon les diuers degrez d'honneur. Il n'y a qu'vne Reyne legitime, les autres sont concubines, auec beaucoup d'autres pour le seruice du Palais : les vnes y sont femmes de chambre, les autres y ont soin de la garderobe. I'ay oüi dire qu'il y en auoit bien cinq mille.

*Les Palais.*

*Dans la description precedente, le Palais est au Midy, & s'auance iusques au Septentrion.*

Le premier & principal Palais est celuy de l'Empereur, de la premiere Imperatrice, & des petits Princes ; le second pour l'Imperatrice mere de l'Empereur : aussi-tost que les petits Princes sont hors d'enfance, ils occupent chacun vn Palais ; les autres Reynes, & les quatre premieres concubines, ont chacune le sien situés chacun vers l'vne des quatre parties du monde. Il y en a vn autre pour ceux qui sont agéez, comme estoit autrefois le Prytanée à Athenes : & beaucoup d'autres Palais pour d'autres vsages. Il y a aussi de fort belles maisons pour les Eunuques, d'autres pour les concubines, pour leurs seruantes ; d'autres pour les artisans, & pour les sacrificateurs : enfin il y a plus de quinze mille personnes qui sont logez & nourris dans ce Palais. Les dedans sont fort riches, on y void des voutes de marbre & de pierre, des galeries, des promenades, des colomnes & des statuës parfaitement bien faites. Toutes les tuiles brillent, à cause de la couleur royale dont elles sont enduites, qui est le jaune ; de sorte qu'à les voir de loin, on croiroit qu'elles seroient d'or ; sur tout lors que le Soleil donne dessus : tout ce qui y est fait de bois brille comme vn miroir, & est verny de ce pretieux vernis qu'ils nomment Cie. Ils n'ont pas tant d'estages que nous, quoy que pourtant leurs maisons soyent fort eleuées, & basties sur des colomnes fort grosses, & fort hautes, toutes égales, d'où ils estiment que depende tout leur bonheur : Il y a dequoy s'estonner d'où ils peuuent auoir vn si grand nombre de si grosses colomnes ; car il n'y en a point qu'on puisse embrasser auec les deux bras, elles ont par fois plus de quinze & vingt coudées de hauteur, toutes dressées exactement à plomb. Le plancher est fait de planches fort épaisses, éleué de terre de la hauteur de pres de trois coudées, si ferme & si solide, qu'on croiroit que ce fust la terre mesme : on a fait passer dans ce Palais vn fleuue par artifice, qui porte de grands batteaux, & qui dans le Palais se diuise en diuers canaux pour la commodité & pour le diuertissement du lieu : il tourne au tour de plusieurs montagnes, qui sont d'vn costé & d'autre de ses bords, toutes faites par artifice, en quoy la curiosité des Chinois va jusques à la

*Sa fabrique.*

F

40　LA PREMIERE PROVINCE.

superstition : ils y plantent des arbres & des fleurs auec vn ordre tout particulier; on void plusieurs de ces montagnes dans les jardins des plus curieux. Voyés-en la description que le Reuerend Pere Trigaut en a faite. Dans ces beaux jardins de la Chine, ce dit-il dans son lieu, j'ay veu vne montagne artificielle de pieces de marbres brutes, où on auoit creusé fort ingenieusement des cauernes, des chambres, des sales, des degrez, des estangs; & tout cela pour temperer les chaleurs de l'esté par la fraicheur de ces lieux, quand ils estudient, ou qu'ils se diuertissent : ce qui en augmentoit la beauté, c'est qu'elles estoient faites en labyrinthe : ainsi la place qui n'estoit pas fort large, ne laissoit pas de retenir deux ou trois heures ceux qui en vouloient faire le tour : voila ce qu'en dit le P. Trigaut.

*Montagnes faites par artifice.*

Dans le mesme Palais il y a vne place qui peut tenir trente mille hommes. Il y a cinq mille hommes qui font garde aux portes durant la nuit, auec cinq elephants qu'on a fait venir de la prouince d'Iunnan. Si on vouloit parler des lacs, viuiers, jardins, bois, & autres embellissements & dependances de ce Palais, il seroit besoin d'vn liure pour en faire le denombrement. J'adjouteray seulement ceci, qu'il ne se treuue presque rien de beau, ny de bon dans tout l'empire de la Chine, ny chez les nations estrangeres, qui n'entre aussi-tost dans le Palais, sans en jamais sortir.

*Temples de la Compagnie de IESVS.*

La Compagnie de IESVS a deux Eglises dans cette ville, l'vne ancienne, l'autre nouuelle, accordée depuis peu par les Tartares; il y en a aussi vne autre magnifique hors des murailles & au couchant de la Ville, que l'Empereur Vanlius donna pour y faire le sepulchre du R. P. Mattheo Ricci, qui auoit beaucoup trauaillé dans ce royaume, & auoit fait imprimer en langue Chinoise plusieurs livres de nostre croyance, des histoires de l'Europe, & des Mathematiques, dont les Chinois font encores à present beaucoup d'estat, le nom du P. Ricci y est en grande veneration.

*Les fruits.*

Il y a vne forest fort grande & diuertissante auec vn Palais toutjoignant, dont vous pouuez voir la representation fort exacte en taille douce, sur la fin du voyage Chrestien du Reuerend P. Trigaut. Ie ne l'ay pas voulu mettre en cet endroit par cette raison ; cette ville a aussi des temples & plusieurs belles tours, tant dehors que dans l'enceinte des murailles. Il y en a cinq entr'autres qui sont considerables pour la beauté de leurs structures.

Le territoire de cette ville produit de fort bonnes pommes, poires, prunes, quantité de froment & de millet, presque de toute sorte de legumes; il produit aussi des noix & des chastaignes, comme aussi des figues & des raisins, dont toutefois on ne fait point de vin; ils se seruent de charbon au lieu de bois, qu'on tire de la montaigne Kiel.

*Les montagnes les plus notables.*

La montagne de Ti'enxeu est au Nord de la ville, là sont les sepulchres des Empereurs, dressez auec beaucoup de magnificence & de superstition, ils sont à quatre lieues de la ville; ie n'en fay point la description, parce que ie n'y ay pû aller : mais ie feray mention de ceux de la ville de Nanking, que j'ay veus, y ayant esté introduit par vn ami qui en auoit la garde. Au Nord-ouest de la ville paroist la montagne de Iociven, où l'on voit le superbe Palais de la famille d'Ivena, où l'Empereur Tartare auoit accoustumé de se retirer durant les chaleurs de l'Esté. La montagne de Pefeu est proche de la ville de Changp'ing ; de là sortent deux torrents qui vont se rendre au bourg de Feu : celle de Nan n'est pas fort esloignée de la cité de Pa, fort recreatiue à cause d'vne forest de roseaux de douze stades de longueur, dans laquelle il y a vne maison de plaisance. Là mesme se void cette haute & roide montagne de Pu'on qui a diuers sommets, sur l'vn desquels il y a vne fort grande pierre, qui branle pour si peu qu'on la touche. La montagne d'Yen commence à Ior'ien; & c'est la plus grande de toutes, car elle s'estend plus de mille stades: celle de Chinquon est proche de Iungjung; elle a quarante stades; & vers le Midy vn sommet qu'on nomme la fleur, à cause de la varieté des couleurs qui paroist dans ses pierres. Prés de Cunhoa est la montagne de Mingyue, ainsi appellée à cause d'vne cauerne ou passage sous-terre, qui la perce, en sorte qu'vn autre trou paroissant à l'opposite de cette ouuerture, il semble que l'on voit au bout vne clarté semblable à la Lune, quand elle pleine; que les montagnes de Kie & de Siuvu son prés de Pingco, d'où on tire le charbon de terre, dont on se sert pour faire du feu au lieu de bois.

*Les riuieres.*

Yo est vne Riuiere dans la montagne de Iociuen, qui tire sa source du lac Si, au couchant de la Montagne; ce Lac a dix stades de longueur, & s'en va de là au Palais de l'Empereur, don il l'arrose les jardins & les forests par le moyen des destours & des lacs qu'on luy fait faire.

Le Fleuue Luxeu, qui s'appelle aussi Sangcan, passe au Zud-ouest de la Ville Royale, on le passe sur vn magnifique Pōt, où on côte plusieurs arcades de pierre.

Au Zud-ouest de la montagne Tienxeu, il y a vn lac qui sort de neuf fontaines: comme les Chinois croyent que ce nombre soit heureux, aussi a-t-il augmēté la superstition des sepulcres de leurs Roys; de là vient qu'on le nomme le lac de Kieulung ou des neuf dragons.

Prés de la cité de Cho, il y a vn fossé fort long fait par artifice, il se nomme Toc'ang, dont l'eau enuironne tout ce beau pays, & le rend merueillesement fertile & abondant en toutes choses.

## PAOTING
### La seconde Ville.

CEtte grande Ville a aussi vn territoire fort agreable, & fort fertile en toutes choses : on y compte vingt citez ; la premiere est Paoting, 2. Muonching, 3. Ganso, 4. Tinghing, 5. Sinching, 6. Thang, 7. Poye, 8. Kingtu, 9. Iungching, 10. Huon, 11. Ly, 12. Hiung, 13. Khi ☉, 14. Xince, 15. Tunglo, 16. Gan ☉, 17. Caoyang, 18. Singan, 19. Ye ☉, 20. Laixui. Yuus les a toutes mises sous diuerses constellations, selon leurs differentes situations, on estime qu'vne partie est sous les constellations de Vi & de Ki, vne autre sous celles de Mao & de Pi. Sous l'Empereur Yuus cette Prouince dependoit de celle de Kicheu, qui est assez considerable pour auoir produit ce grand Capitaine Yen Loijus, dont nous auons amplement parlé dans nostre abregé. Au temps des Roys elle fut nommée Chao, Sintu par la famille de Hana, Paocheu par celle de Sunga : c'est la famille de Taimainga qui luy a donné le nom qu'elle a à present. On voit au Zud-est de cette Ville, vn fort ancien debris des murailles de cette Ville, que l'Empereur Chuenhious bastit deux mille cinq cens ans auant la naissance de Christ. Il y a sept Temples consacrez aux Heros, l'vn à Iauus l'vn des plus anciens Empereurs, on fait dans cette Ville vne boisson qui est fort estimé: Il y a aussi de fort excellentes chastaignes, & tres-grosses.

*Les citéz.*

*Les anciens noms.*

*Les montagnes les plus considerables.*

Proche de Huon est la montagne d'Yki, ou la mere de l'Empereur Iauus à vescu. Vers Hiung est la montagne de Tahiung : des rochers sort vne fontaine dont l'eau est fort claire. La montagne de Lungcie touche à la Ville d'Ye, sur laquelle ils croyent voir la trace du dragon : on a de la peine à cheminer par ces montagnes, à cause d'vn fort dont on les a barrées ; il faut passer cette montagne iusqu'à la Ville de Thaitung, prés de la Ville de Tunglo il y a vne vallée renfermée de montagnes, dont les sommets sont fort hauts : on n'y va que par vne seule route encor fort estroite ; plusieurs vont par là en temps de guerres, à cause de la secreté.

## 42  LA PREMIERE PROVINCE.

*Des rivieres.*   La riuiere de Kiutho passe prés de la Ville de Tnnglo : elle sort de la Prouince de Xansi du costé du Midy, & vient des montagnes de Cinhi, de là, passant par la cité de Heuping, elle descend dans cette Prouince, puis elle passe outre vers l'Orient, & se descharge dans la mer vers le fort de Tiencin.

Au Midy de la Ville il y a vn lac appellé Lienhoa fort petit, mais agreable, à cause des fleurs qui portent le mesme nom : ie feray la description de ces fleurs en vn autre endroit : le lac est proche du fossé de la Ville.

In, est vn fleuve qui prend sa source aux montagnes d'Ye, & coule de la coste du Septentrion vers le Couchant ; il enuironne la Ville, & forme l'Isle de Pehoa par ses destours.

# HOKIEN
### La troisiesme Ville.

L'Effet a donné le nom d'Hokien à cette Ville, parce qu'elle est entre des riuieres : aussi y en a-il plusieurs qui enuironnent son territoire comme si c'estoit vne Isle. Sous la famille de Chcva elle a esté autrefois appellée Tungyam ; sous celle de Hana Poihai : mais les familles de Tanga & de Sunga l'ont voulu nommer Ingcheu & Inghai. Sous l'Empire d'Yvus *(Les anciens noms.)* elle dependoit de la Prouince de Kiche : elle a couru des fortunes bien differentes, tantost elle a esté sous le Roy Ci, tantost sous le Roy Chaos, tantost sous celuy d'Ien, va jusqu'à la mer Orientale, où il y a de fort grandes campagnes, dans lesquelles le sel se fait & se forme de l'eau mesme de la mer : elle a peu de montagnes & encore fort petites : ses eaux sont pleines de poissons, & abondent en ecreuisses fort excellentes : les temples les plus remarquables sont dediez à quatre heros : elle a dix-huit cités ; la premiere est Hokien, 2. Hien, 3. Heuching, 4. So- *(Les cités.)* ning, 5. Ginkieu, 6. Kiaoho, 7. Cing, 8. Hingci, 9. Cinghai, 10. Ningcin, 11. King ☉, 12. Vkiao, 13. Tungquang, 14. Kuching, 15. Cang ☉, 16. Nanpi, 17. Ieuxan, 18. Kingyun.

*Vne montaigne digne de remarque.*   Il n'y a qu'vne montagne remarquable prés de la cité de Cing, son sommet s'estend en vne longue & large campagne, fort estimée à cause de sa fertilité, la Merne est aussi vn bourg : la montagne se nomme Si.

*Lac merueilleux.*   Prés de la cité d'Hien il y a vn lac fort profond qui s'appelle Vo : y jettant vne pierre, l'eau deuient rouge comme sang : s'il y tombe des fueilles des arbres prochains, elles se changent en hirondelles, comme on dit des canes d'Irlande ; toutefois ie m'en rapporte à ceux de la Chine.

# CHINTING
### La quatriesme Ville.

CHinting est vne grande Ville qui commande à vn fort grand territoire, dans lequel on compte trente & deux cités : les montagnes de Heng la ferment du *(Ses cités.)* costé du Septentrion, & la riuiere Huthus au Midy ; les cités sont celles cy : la premiere est 1. Chinting, 2. Cinxing, 3. Hoëlo, 4. Lingxeu, 5. Khoching, 6. Peching, 7. Vuae, 8. Pingxan, 9. Heuping, 10. Ting ☉, 11. Sinlo, 12. Kioyang, 13. Hintang, 14. Ki ☉, 15. Nancung, 16. Sinho, 17. Caoxiang, 18. Vuye, 19. Cyn, 20. Ganping, 21. Iaoyang, 22. Vuxiang, 23. Chao ☉, 24. Pchiang, 25. Lungping, 26. Caoye, 27. Linching, 28. Can Hoang, 29. Ningcin, 30. Xin ☉, 31. Hengxui, 32. Yuenxi. Dans la diuision d'Yui ce pays estoit dans la Prouince de Kicheu, sous

## DE PEKING. 43

la domination des planetes Mao & Pi. La famille de Cheua la nomma Ping- *Ses vieux noms.*
cheu, celle d'Hana Hengxan, la famille de Tanga Hencheu. Le nom qu'elle a
à present luy vient de la race de Taiminga : La ville a au Soleil leuant vn grand &
magnifique temple : au derriere il y a vn edifice diuisé en neuf salles; il a cinq
estages est haut de cent trente coudées. Dans la partie du temple la plus secrete
& cachée, il y a vne statuë fort grande & fort celebre, qui a la forme d'vne *Idole celebre.*
fille, & a plus de septante coudées de hauteur : on l'a nommé Quonin & le
temple Lunghing ; il y a aussi d'autres lieux dediez aux heros : entre ceux-là il
n'y en a que cinq de considerables, dont l'vn est dedié au premier Empereur de
la famille de Hana.

On void assez prés de la cité de Cingking vne fort haute montagne, nommée *Les montagnes*
C'angnien, dont le sommet surpasse les nues mesmes, sur lequel il y a vne *qui sont remarquables.*
fontaine medicinale de grande vertu, où la Reyne Xayanga fit bastir vn tres-superbe Monastero, dans lequel plusieurs sacrificateurs viuent pour conseruer vn
eternel souuenir, de ce qu'apres s'estre lauée dans cette fontaine, elle fut guerie
d'vne maladie inueterée.

Prés de Kioyang il y a vne montagne d'où sort vne fontaine de tres-grande
vertu; les Chinois y treuuent des herbes fort rares, ils les cherchent auec grand
soin, comme aussi d'autres drogues pour la medecine.

La montagne de Ki est proche de celles de Cuui & de Tiaopuon, celle-cy est
fort remarquable à cause que Hansinius y deffit Chyniuus.

Vma est vne montagne prés de Canhoang, ainsi nommée à cause de cinq cheuaux qui sont faits de pierre fort dure; la famille de Sunga, pour couurir ces
statues fit bastir vn edifice fort magnifique.

Prés de Ningcin il y a vn grand lac & marais : il se nomme Talo. *Les rivieres.*
Proche de Heuping il y a vn petit lac qui se forme de deux petites fontaines
fort proche, dont l'vne est tres-froide, & l'autre chaude.

# XVNTE
## La cinquiesme Ville.

LE territoire de la ville de Xunte est à la verité d'vne tres-petite estendue, *Sa situation.*
il a pourtant vne campagne riante & agreable; il n'y a que neuf villes, mais
toutes celebres & peuplées : ce pays est tres-fort, & se deffend aysement
des courses des ennemis, par le moyen des montagnes qui l'enuironnent. Il y a
force estangs & force eaux, en quoy consiste sa fertilité : il abonde principalement en poissons & en escreuisses; les citez qui en dependent sont, la premiere *Les citéz.*
Xunte, 2. Xaho, 3. Nanho, 4. Pinghiang, 5. Quangcung, 6. Kiulo, 7. Thang-
xan, 8. Nuixieu, 9. Gin. L'Empereur Yuusla plaça sous la Prouince de Kicheu,
& sous la constellation de Mao : la famille de Cheua qui a tenu l'Empire la nom- *Les anciens*
ma Hingque : au temps des Roys elle a esté tantost aux Roys de Cyn, tantost à *noms.*
ceux de Chao : sous la famille de Hana elle s'appelloit Siangcue, Sinte sous celle
de Sunga, & Xunte sous celle de Taiminga. On y trouue vn sable tres-fin &
deslié, fort propre à polir les pierreries : ie m'en suis par fois seruy pour faire
des lunettes auec fort bon succez, il est meilleur que nostre esmeril ou tripoli,
car il rase sans egriser : on le vend par tout la Chine; on en fait aussi de la vaisse-
le de terre, mais qui n'approche pas pourtant de la porcelaine de la Prouince de
Kiamsi : ceux de la Chine y viennent querir des pierres de touche pour esprou-
uer l'or, auec d'autres, qui sont fort estimées pour leur couleur & dureté. Il y a
vn pont de pierre dans la ville. Deux temples remarquables : le premier à l'Em-

44     LA PREMIERE PROVINCE

pereur Iaus sur cette montagne qui a le mesme nom ; l'autre est prés de Nui-
kieu.

*Les montagnes qui sont celebres.*    La cité de Xaho a vne montagne fort renommée, mais pleine de cauernes: on la nomme Tang, c'est à dire le bain, parce qu'il en sort vne eau chaude qui guerit la de gale.

Pungcio est vne montagne pres de Nuixieu, où les Medecins trouuent des medicaments fort rares: là mesme est la montagne de Cu, c'est à dire orpheline, parce qu'elle n'a qu'vn sommet.

*Les riuieres.*    Chochang est vne riuiere pres de Pinghiang : elle prend son origine dans la Prouince de Xansi, assez proche de la cité de Lu dans la montagne de Kieu : de là ayant passé la cité de Pinghiang, elle se mesle auec la riuiere de Guei, proche de la ville de Hingci.

*Le fruit de Linxio est grand appellé Macres, le Tribulus Aquatique.*    Ce grand lac de Talo, dont j'ay parlé dans la ville de Chinting, se nomme aussi Quangho, renommé pour ses poissons, Cancres, escreuisses, & pour vn fruit aquatique qu'on appelle Linxio: ce fruit a presque la mesme figure, que les Macres, ou tribulus Aquatique, il represente vne piramide triangulaire ; l'écorce en est verte & epaisse, & rouge aux extremités; il deuient noir quand on le seiche, la substance au dedans en est tres-blanche, & a le goust d'vne chastaigne, bien qu'il soit trois ou quatre fois plus gros: on le plante par toute la Chine dans des eaux marescageuses; cette plante à les fueilles fort petites, & qui s'estendent fort loin sur l'eau ; les fruits se cachent sous les eaux, & multiplient beaucoup ; ce lac va iusqu'à la cité de Kiulo.

## QVANGPING
### *La sixiesme ville.*

*Les cités.*    Elle est la capitale des neuf suiuantes ; la premiere est Quanping, 2. Kiocheu, 3. Fihiang, 4. Kice, 5. Hantan, 6. Quangping, 7. Chinggan, 8. Guei, Cingho. l'Empereur Yvus rengea tout ce pays sous les mesmes constellations, & dans la mesme Prouince que la precedente : au temps des Roys elle estoit dans le Royaume de Cyn, puis sous celuy de Chao; sous la famille de Cina elle fut nommée Hantan ; le nom qu'elle a à present luy a esté donné par celle de Hana. Entre les autres temples qu'elle a, elle en a vn qui est dedié à ces hommes que les Chinois *Des hommes immortels.* disent ne mourir jamais ; ils veulent faire croire qu'vn Heros y apparut autrefois, qui y instruisit si bien vn pauure enfant, qu'il deuint apres vn grand Philosophe, & finalement Empereur pour sa science. Il n'y a rien de fort particulier pour les riuieres, ny pour les montagnes.

## TAMING
### *La septiesme ville.*

TAming est la ville de cette Prouince la plus auancée vers le Midy ; vers le Septentrion la riuiere de Guei enferme ce territoire, & la riuiere Saffranée au Midy ; il est par tout arrosé de riuieres & d'estangs : Il y a vn lac de 80. stades de circuit, qui nourit des poissons fort delicats: ce terroir est merueilleusement fertile & agreable. Yvus le diuisa autrefois en deux Prouinces; la partie qui est vers le Septentrion appartenoit à la Prouince de Kicheu, & la plus Meridionalle au Royaume d'Yen ; la premiere estoit sous la planete Xe, & l'autre sous celle de Pie. C'est là que la tres-ancienne famille de Xanga tint le siege de l'Empire : La famille de Cheua la nomma Yangping, celle de Tanga Tienhiung; le nom qu'elle a à present

# DE PEKING. 45

luy vient de la famille de Sunga: elle a onze citéz sous elle, dont la premiere est 1. Taming, 2. Taming, 3. Nanlo, 4. Guei, 5. Cingfung, 6. Nuihoang, 7. Siun, 8. Hoa, 9. Kai ☉, 10. Changyuen, 11. Tungming. Il n'y a que quatre Temples, mais plusieurs sepulchres remarquables, celuy de l'Empereur Cauus est le plus ancien, & fort celebre pour son antiquité de quatre mil ans. *Les citez.*

La montagne de Cieu est proche de Cingfung, remarquable par ce sepulchre de Cauus. *Les montagnes.*

Pres de la cité de Siun est la montagne de Feuki'cu: au couchant elle a vn lac qui vient d'vne Ville autrefois nommée Siun, qui abysma en cet endroit: là mesme est Cuxin, la plus haute de toutes les montagnes, & fort roide.

Pres de Nuihoang est le lac de Luçu de 80. stades: il y a vn estang pres de la Ville de Caoxi, & vn autre beaucoup plus grand, qu'on appelle Changfung ou Moma, l'vn & l'autre tient du marest: la riuiere de Guei passe par les citez de Nuihoang & de Siun, & c'est là que les riuieres de Ki & de Chang s'assemblent & prennent le nom de Guei, le Guei se descharge dans la mer proche de Tiencin. *Les riuieres*

### La huitiesme Ville IVNGPING.

Iungping est à l'Orient de Peking, son territoire est plein de montagnes; mais le golfe qui en est proche suplée à ce qui manque à la fertilité de ce païs: on y trouue grande abondance de poissons, & de cette noble racine de Ginseng, si renommée dans toute la Chine: ceux du Iapon l'appellent Nisi: les Chinois luy donnent ce nom, à cause qu'elle a la forme d'vn homme qui ouure les jambes, (car ils appellent vn homme Gin:) vous croiriez que c'est nostre Mandragore, si ce n'est qu'elle est plus petite; toutefois je ne doute point que ce n'en soit vne espece, car elle en a la figure & la vertu: jusques icy je n'en ay encor pû voir les fueilles: la racine deuient jaune lors qu'elle est seiche: elle n'a presque point de fibres, ny de filaments; elle est toute parsemée de petites veines noirastres, comme si on les y auoit tirées subtilement auec de l'encre: lors qu'on la masche elle est desagreable, à cause de sa douceur meslée d'vn peu d'amertume: elle augmente beaucoup les esprits vitaux, quoy que sa dose soit à peine de la douzième partie d'vne once: si on en prend vn peu d'auantage, elle redonne les forces aux personnes affoiblies, & excite vne chaleur agreable dans le corps; on s'en sert quand elle a esté cuite au Bain Marie, car elle rend vne odeur souefve comme les senteurs aromatiques: ceux qui sont d'vne constitution plus robuste, & plus chaude, sont en danger de la vie s'ils en vsent, à cause de l'augmentation & effervescence des esprits qu'elle cause, mais elle fait des merueilles pour les debiles, & pour ceux qu'vne longue maladie ou quelque autre accident a espuisé de forces: elle restituë tellement les esprits vitaux aux moribonds, qu'ils ont souuent assez de temps pour se seruir d'autres remedes, & recouurer leur santé: les Chinois disent merueilles de cette racine: pour vne livre de cette racine on en donne trois d'argent. On tire l'estain en ce mesme quartier, & on y fait aussi du papier. Ce pays estoit sou Yuus dans la Prouince de Kicheu: la famille de Cina le nomma Leaosi, la Ville mesme s'appelloit Lulung sous les Roys de Guei: pour la famille de Tanga, elle luy donna le nom de Pingcheu. Elle a six citez qui en dépendent; la premiere Iungping, 2. Ciengan, 3. Vuning, 4. Changly, 5. Lo ☉, 6. Loting. Il y a deux temples celebres dans cette Ville: le terroir de ces cités n'est pas de grande estenduë: la situation en est fort auantageuse, estant enuironnée de la mer, des montagnes, & des riuieres: le Fort le plus considerable est dans l'Isle de la montagne de Cu, dont nous parlerons plus amplement cy-apres. *La racine de Ginseng.*

*Voyez-les dans le discours sur la Relation de Thomas Rhoë.*

*L'estain,*

*Les citez,*

Il y a plusieurs torrents qui sortent de la montagne d'Iang, qui est au Zud-est de *Les montagnes.*

la Ville: Le sommet est espouuantable à voir: la montagne de Lungciuen est proche de Ciengan, il y a vne fontaine où ils viennent demander de la pluye au Dragon, lors que la seicheresse est trop grande: Tu, est vne montagne fort haute, & couuerte de bois fort plaisants & fort hauts.

*Les riuieres.* Au Zud-ouest de la Ville de Siuen il a vne fontaine tres-chaude, & vne autre pres de Checking vers le couchant, dans laquelle on pourroit aisément faire cuire des œufs. In, est vn lac de 30. stades pres de Changli, qui abonde en fruits de Linxio, en poissons & en escreuisses: il est fort long, car il se descharge dans la mer. Pres de la cité de Lo il y a vne fontaine fort agreable.

### Trois Citez destachées des autres.

ELles sont basties contre les courses des Tartares, en des lieux que la nature a fortifiez. Il y a des Colonels qui y demeurent: la 1. se nomme Yenking, 2. Iungning, 3 Paogan; la premiere abonde en vignes & en raisins, toutefois ils n'en sçauent point faire du vin; ou, ce qui est plus vrai semblable, ils n'en veulent point faire; se contentans de leur breuuage fait de ris, qui à la verité est excellent: ceux de l'Europe mesme ne s'en soucient pas, si ce n'est pour la Messe. La cité de Paogan a vn grand pont de pierre de taille, sous lequel passe la riuiere de Luxeu ou Sanxan: la cité mesme est situee au bord Septentrional de la riuiere. On y void au Zud-est les ruines d'vne ville fort ancienne, on les nomme les ruines de Hoangtius: ils disent que c'est là que Hoangtius auoit basti cette cité. Fan est vne montagne au Nord de Yanking, sur laquelle, s'est peut estre faite la premiere guerre; car ce fut là que *La premiere* Xinnungus fut tué par Hoangtius, apres auoir regné cent & quarante ans: ce *guerre du* combat, selon la supputation de la Chronologie Chinoise, fust deux mille six cent *monde.* nonante & septante ans auant la natiuité de Nostre Seigneur.

### Des Forts de cette Prouince.

ON compte quatorze Forts qui ont esté faits pour la deffence de cette muraille si celebre; entr'autres il y en a vn qui tient le rang de Ville, sçauoir Siuen, considerable pour sa grandeur & pour l'affluence de son peuple: il commande presque à tous les autres, & il y a plusieurs milliers d'hommes qui y sont en garnison: il a accoutumé de pouruoir les autres de ce qui leur est necessaire. On tire des montagnes voisines du cristal fort net, du marbre & du Porphyre: ils ont des Rats jaunes plus grans que les nostres, dont les Chinois recherchent fort les peaux: les noms des Forts sont, le premier Siuen, 2. Vanciuen du costé gauche, 3. Vanciuen à droit, 4. Hoaigan, 5. Caieping, 6. Lungmuen, 7. Changgan, 8. Cheching, 9. Iuncheu, (or ces neuf dependent de la Ville de Siuen,) 10. Vuning, 11. Yu, 12. Iungping, mais les plus grands sont, 13. Xangai, & 14 Tiencin.

Le grand Fort de Xanghai est dans l'Isle de Cu, où la mer fait vn golphe, & s'aduance jusqu'au Nord; la riuiere de Linhoang qui vient de Tartarie s'y va descharger: les montagnes sont tres-hautes en cet endroit: la mer d'vn autre costé rend la deffense de la muraille tres-facile. Apres que les Tartares furent entrez par le pays de Leaotung, on y mit vne grosse garnison & des vaisseaux, pour seruir de bride aux Tartares.

Tiencin est vn Fort ou Place de guerre au fonds du golphe de Cang, où toutes les riuieres de la Prouince s'assemblent, pour se rendre dans la mer: cette place *Ville mar-* n'a presque point sa pareille pour le trafic de grande estenduë; elle est tres-*chande tres-* riche, & tres-magnifiquement bastie. C'est là le lieu d'assembler des vaisseaux *considerable.* qui viennent de la mer ou des riuieres de la Chine; il y en a si grand nombre

qu'on

qu'on auroit de la peine à le croire. I'ay mis deux iours à paſſer entre ceux qui eſtoient à l'anchre à l'vn & à l'autre bord. Tout ce qui va à Peking paſſe par là, & on y trouue les meilleures marchandiſes, parce que la vente y eſt plus libre, & qu'on n'y a point mis d'impoſts.

Prés de Iuncheu eſt la montagne qui ſe nomme Lungmuen, c'eſt à dire la porte du Dragon, parce qu'elle ſemble s'ouurir pour donner paſſage à vne riuiere qui vient de Tartarie, & entre dans la grande muraille.

# LA SECONDE PROVINCE
# DE XANSI.

Vand on a paſſé la Prouince de Peking, celle de Xanſi ſe preſente au Couchant; elle n'eſt pas à comparer à celle de Peking pour la grandeur, ny pour le nombre de ſes habitans; bien qu'elle la ſurpaſſe par ſon abondance de toutes choſes, & par ſon antiquité; car les hiſtoires de cette nation rapportent, que les premiers habitans de la Chine ont commencé d'y faire leur demeure. Cette Prouince n'eſt pas ſi grande *La qualité* que les autres, mais elle eſt agreable & ſaine; en beaucoup d'endroits, elle eſt montagneuſe, cultiuée pourtant preſque par tout, il y a meſmes quantité de bois & de pleines ſur ſes mõtagnes: grãde abondance de grains, & grande quãtité de beſtail, peu de ris, mais en eſchange force millet, dont le peuple ſe ſert en beaucoup d'endroits de la Chine, principalement dans les Prouinces qui tirent vers le Nord: il reſſemble aſſés au noſtre quant à la figure & à la couleur, ſi ce n'eſt qu'il eſt vn peu plus menu, il a aſſés bon gouſt: le peuple y eſt ſimple, on en eſtime les femmes pour leur bonne grace & pour leur beauté. Cette Prouince ſe nomme Xanſi, comme ſi vous diſiés au couchant des montagnes, car telle eſt ſa ſituation; les montagnes de Heng la ſeparent de la Prouince de Peking, elle eſt bornée au Septentrion *Les bornes.* par la grande muraille, qui continuë tout le long de cette Prouince, depuis le leuant iuſqu'au couchant: au delà eſt le Royaume de Tanyu, & cette ſolitude ou deſert que les Chinois appellent Xamo: apres elle eſt reſſerrée par cette grande & rapide riuiere Saffranée, qui coule du Septentrion au Midy, elle paſſe entre cette Prouince & celle de Xenſi, & s'auançant tout droit vers l'Orient iuſqu'aux extremitez de la Prouince, elle la ſepare d'auec celle de Honan. Toute cette Prouince repreſente en quelque ſorte vn parallelogramme plus longue d'vn coſté que d'autre, dont l'vn des coſtez eſt cette grande muraille, les deux autres ſont la riuiere Iaune, & le quatriéme les montagnes de Heng.

La Prouince de Xanſi n'a que cinq villes, qui ont plus de nonante deux citez *Le nombre des citez.* ſous elles, ſans parler des forts dont nous ferons mention cy-apres dans leur lieu. Le *Des hommes* liure qui contient le denombrement du peuple de la Chine, porte qu'il y a 589,959. familles dans cette Prouince 5084.015. c'eſt à dire, plus de cinq millions d'hommes : le tribut du froment & du millet eſt de 2274,022 ſacs : elle paye 50 liures de *Le tribut.* fin lin; 4770 pieces de draps de ſoye; 3544,850 gerbes de paille & bottes de foin pour nourrir les cheuaux du Roy; 420,000 poids de ſel, chaſque poids de 124 liures, ſans compter le reuenu des autres bureaux.

Cette Prouince a des vignes; Ses raiſins ſont les meilleurs qui ſe treuuent dans

(G

## LA SECONDE PROVINCE

toute la Haute Asie; si les Chinois en vouloient faire du vin, ils en auroient de tres-bon & en abondance, mais ils se contentent de seicher ces raisins, & les marchands les vendent secs par toute la Chine, comme ils font les noix. Les Peres de nostre Compagnie en font du vin pour la Messe, & en enuoyent à ceux qui sont dans les Prouinces voisines; au lieu qu'auparauant il le falloit faire venir d'Amacao auec de tres-grands frais, & beaucoup de peine.

*Feu admirable dans la Chine.*

Il y a vne chose dans cette Prouince, dont le seul recit est admirable, ce sont des puys de feu, de mesme que nous en auons d'eau parmi nous; on y en void par tout, & on s'en sert pour cuire les viandes; ce qui est fort commode & de nulle despense; on ferme l'ouuerture du puys, en sorte qu'on ne laisse que de petits trous, que les vaisseaus où est la viande peuuent remplir; c'est ainsi que les habitans de cette Prouince ont accoustumé de cuire leur viande sans beaucoup de peine. I'ay ouy dire que ce feu estoit espais, & peu clair; & que quoy qu'il soit chaud, il ne peut brusler le bois qu'on y iette: on le met dans de grandes cannes ou roseaux, & on le peut aisement porter où l'on veut; & s'en seruir pour cuire, en ouurant le trou de la cane: la chaleur qui en sort, peut faire vn peu boüillir ce que l'on y a mis, iusqu'à ce que la matiere en soit exhalée, c'est vn admirable secret de nature, si la chose est veritable. Ie m'en rapporte aux historiens de la Chine, que ie n'ay guere trouué menteurs dans les choses que i'ay peû verifier moy-mesme. Dans toute cette Prouince on tire du charbon comme celuy du Liege ou des Pays-Bas: les Chinois du Septentrion s'en seruent pour eschauffer leurs poisles & leurs estuues: apres auoir premierement cassé ces pierres, ils les pilent (car ils en tire souuent de tres-grandes & de tres-noires) & puis les ayant destrempées auec de l'eau, ils en font des masses, comme on le pratique aux Pays-bas: elles ont de la peine à prendre feu; mais quand il y est vne fois, il dure fort long-temps, & est fort ardent:

*Les poisles de la Chine.*

les poiles sont pour la plus-part de briques comme en Allemagne, mais faits en façon de petits lits, de sorte que vous croiriez pluftost voir vn petit lit dans vne chambre, qu'vne poifle ou vne estuue, qui ne laisse pourtant pas de seruir en hyuer pour s'y coucher la nuit.

Nostre Société a plusieurs Eglises dans cette Prouince, mais il n'y en a que deux où nos religieux fassent leur demeure ordinaire. Il s'y treuue par tout vn grand nombre de Chrestiens: les lieux, des residences, de ceux de nostre Compagnie, sont marquez du nom de IESVS.

### La premiere & capitale ville TAIYVEN.

*La situation & la noblesse de la ville.*

LA Ville capitale de Taiyuen a toûjours esté mise au rang des plus considerables, ancienne, magnifique & bien bastie: elle a de tres-fortes murailles, enuiron de trois lieuës de circuit, fort peuplée; au reste est située dans vn lieu fort agreable & fort sain: la verdeur de ses costaux & ses montagnes couuertes de bois en rendent la veuë diuertissante. La riuiere de Fuen y passe au couchant, qui rend fertiles les lieux où elle passe: anciennement, lors que la famille de Cheua regnoit, les freres des Empereurs y faisoient leur demeure; on l'appelloit pour lors le Royaume de Tang, puis apres de Chao: mais lors que la famille de Cina eu deffait les Roys, on la nomma Cinyang: la famille de Tanga y posa le siege de l'Empire; & pour lors on luy donna le nom de Peking: Mais la famille d'Vrai la nomma Sixing, & celle de Sunga Hotung; la famille de Taiminga lui a donné le nom qu'elle a à present, le fils du premier Empereur de cette famille y a fait sa residence.

Il ne faut pas s'estonner s'il s'y treuue si grande quantité de bastimens, & si magnifiques, puis que ç'a esté la demeure de tant de Roys; mais le principal & le plus

# DE XANSI. 49

remarquable est le Palais Royal, considerable sur tout pour sa grandeur, & pour son architecture: on void des sepulcres dans les montagnes voisines, en quoy les Chinois ne sont pas moins paroistre leur somptuosité que leur superstition: ils sont tous de marbre ou de pierre de taille: ils occupent beaucoup d'estenduë, pour en rendre la magnificence plus grande, accompagnés des voutes, des arcs de triomphe, qui n'en doiuent rien de reste à ceux de Rome: comme aussi les statuës des Heros, des Hommes Illustres, les figures de diuers animaux, de Lions; mais principalement de cheuaux: ces statuës posées chacune dans leur place, s'accompagnent fort bien les vnes les autres, dans vne distance conuenable, dont ils sont tres-exacts obseruateurs: i'admiray aussi de vieilles forests des cyprez plantez en eschiquier, ausquels la hache n'a iamais touché. I'ay veu tout ce que ie rapporte icy. *Sepulcres magnifiques.*

L'Empereur Yuus mit ce pays dans la prouince de Kicheu, sous la constellation de Seng & de Cing, à cause de la differente situation qu'il a: le territoire de cette Ville est grand, & comprend vingt & cinq citez, dont voicy les noms, 1. Taiyuen, 2. Taiyuen, 3. Iuçu, 4. Taco, 5. Kii, 6. Siuxeu, 7. Cingyuen, 8. Kiaoching, 9. Venxui, 10. Xeuyang, 11. Yu, 12. Cinglo, 13. Hoxio, 14. Pingting, ⊙, 15. Loping, 16. Che⊙, 17. Tinsiang, 18. Tai⊙, 19. Vtai, 20. Kieehi, 21. Cofan⊙, Fan, 23. Hing, 24. Paote⊙, 25. Hiang. La racine de Ginseng se trouue aussi dans ce pays, quantité de Musc; la pierre d'Azur y est fort commune, on y fait de la vaisselle de terre assez belle. Entre les autres poissons qu'on pesche dans la riuiere Iaune, il s'y en prend vne sorte qu'ils appellent Xehoa, à cause des taches pierreuses qu'il a sur sa peau: ce poisson ne se pesche qu'auprés de la cité de Paote, l'on en fait beaucoup d'estat. *Les citez.*

Il y a grand nombre de temples magnifiques dediez aux heros, on en conte sept de fort considerables, entr'autres celuy de Cuhia basti sur la montagne d'Insiuen, à l'honneur d'Hansinius ce vaillant General; & vn autre dans la Ville, à l'honneur d'vn Roy de la famille de Chao; on dit que la statuë se dressa d'elle-mesme, apres que le sculpteur l'eut grauée sur vne pierre pretieuse, & qu'elle s'en alla au lieu qu'on luy auoit preparé. *Les temples.*

Il y a beaucoup de montagnes; celle de Kiecheu au Nord-est de la Ville est remarquable; on la nomme Kiecheu, qui signifie ce qui attache le nauire. car ils disent, que l'Empereur Yuus arresta son vaisseau à cette montagne, lors qu'il le conduisoit sur la riuiere de Fuen: vers la cité de Kiaoching il y a la montagne de Hukiue, d'où on tire grand quantité de tres-bon fer: & l'on y fait beaucoup d'outils de cette matiere. La montagne de Cio, proche de la cité de Pingting, est aussi fort renommée à cause de la magnificence de son temple, & d'vn monastere, dans lequel vn grand nombre de prestres viuent en commun. Pres de Cofan est la montagne de Siue, c'est à dire de neige, dont elle a le nom, à cause qu'elle en est presque tousiours couuerte: celle de Xeleu merite aussi d'estre nommée, à cause de ses sommets affreux & descouuerts: elle surpasse les autres en hauteur; & est dans la iurisdiction de la cité de Hing. *Les montagnes les plus notables.*

Cyn est vne riuiere proche de la cité de Taiyuen, dont le bras, qui coule vers le Septentrion, est celuy que le Roy Chipeus fit creuser, afin de submerger cette Ville qu'il auoit assiegée, en cas qu'il ne la peust prendre: vous en treuuerez la description plus au long dans l'abregé que i'ay fait de l'histoire de la Chine. *Les riuieres.*

Au couchant de la Ville il y a vn torrent nommé Lieu, à cause de la quantité de saulx qu'on void sur les deux bords de ce torrent: le peuple de la Chine met ces arbres au rang de ceux qui sont les plus agreables, ce ne sont pas des saulx ordinaires qui poussent leur branches en haut; mais d'autres, qui se baissent & se plient d'en-haut comme si c'estoient des cordes, & tous couuerts de fueilles, touchent *L'usage des saulx.*

( G ij )

iusqu'à terre, ils les dreſſent par cét artifice, lors que la branche pouſſe en haut ils la courbent & la chargent tellement de terre, que le tronc paroiſt au deſſus; de façon que la branche qui eſt deſia pliée vers terre, y prend racine, & il en vient vn ſecond arbre, dont les branches venant toutes à ſe courber, font vn agreable ſpectacle. Les Chinois en font d'ordinaire le meſme des autres arbres, comme nous auons accouſtumé de le pratiquer dans les hayes, & dans les treilles.

## La ſeconde Ville PINGYANG.

*La qualité.* ON nomme Pingyang la ſeconde des Villes de ſa Prouince, encor qu'elle ne cede à la capitale, ni pour l'eſtenduë du territoire, ni en excellence, ni en nombre de citez : car ſon pays eſt en partie plat, & en partie montagneux : le fonds en eſt fertile, cultiué par tout, ſi ce n'eſt proche des montagnes les plus affreuſes : l'air eſt bon, les citez & les villages abondent en toutes choſes : la Ville meſme eſt plus conſiderable pour ſon antiquité que n'eſt pas ſa capitale; de façon qu'elle peut paſſer pour vne des principales villes de la Haute Aſie : c'eſt là où l'Empereur Iauus, dont on ne ſçauroit aſſez loüer le merite, a tenu ſa Cour, & qu'il y a regné deux mille trois cent cinquante & ſept ans auant la naiſſance de Ieſus-Chriſt : cette Ville eſt ſituée au bord de la riuiere de Fuen, qui regarde l'Orient : Fuen deſcend de la capitale, & ſert pour y faire moter les marchandiſes: trente-quatre citez dependent *Les citeʒ.* de Pingyang, dont la 1. eſt Pingyang, 2. Sianglin, 3. Hungtung, 4. Feuxan, 5. Chaoching, 6. Taiping, 7. Yoiang, 8. Ieching, 9. Kioyao, 10. Fuenſi, 11. Pau, 12. Peu ☉, 13 Lincin, 14. Yungho, 15. Yxi, 16. Van Ciuen, 17 Hocin, 18. Kiai ☉, 19. Ganye, 20. Hia, 21. Venhi, 22. Pinglo, 23. Iuiching, 24 Kiang, 25. Ciexan, 26. Kiang, 27. Yuenkio, 28. Ho ☉, 29. Kie ☉, 30. Hiangning, 31. Cie ☉, 32. Taning, 33. Xeleu, 34 Yungho.

Diuers riuieres rendent le pays au tour de cette Ville fort fertile : la riuiere Iaune y paſſe du coſté d'Occident & du Midy : celles de Fuen & de Hoei en partagent le territoire, que l'Empereur Yuus mit dans la Prouince de Kicheu, & *Les anciens* plaça ſous les conſtellations de Cu & de Seng : ce pays a eſté autrefois aux Roys *noms.* de Cyn, puis à ceux de Han, & peu de temps apres à ceux de Chao, ſous les familles Imperiales de Cina & de Hana, il eſtoit cenſé entre les terres de Hotung : la famille Tanga a nommé cette Ville Cincheu, les Vtai l'ont nommée Tinchan : la famille Tartare d'Iuena l'a appellée Cinning : celle de Taiminga luy a rendu ſon vieux nom de Pingyanga, que l'Empereur Iauus luy auoit donné : on l'appelle encore de meſme à preſent : la cité d'Hia eſt recommandable à cauſe que ç'a eſté la patrie de l'Empereur Yuus, qu'il y baſtit vn Palais qu'il nomma Hiaam, du nom de la Ville,
*Les Egliſes* Kiang & Pu, les deux plus grandes cités ſont renommées pour deux Egliſes de-*de la Compa-* diées au vrai Dieu, & pour le grand nombre de Creſtiens qui les habitent : deux *gnie de Ieſus.* Preſtres de la Compagnie de Ieſus ont ſoin d'y aduancer la religion Chreſtienne; peu d'ouuriers pour vne ſi grande moiſſon.

Il n'y a que douze temples conſiderables dans tout le territoire de cette ville, dont l'vn eſt de pierres de taille, baſti ſur la montagne de Cuikin, auec force colomnes de pierre : il y en a auſſi vn autre pres de Taiping, où on a fait vne deſpenſe veritablement Royale : la famille Imperiale de Sunga le fit baſtir à l'honneur d'vn de ſes Generaux, pour exciter par là ſes autres Officiers a faire leur deuoir.

*Les monta-* Golung eſt vne fort grande montagne qui commence pres de Siangling, de là elle *gnes les plus* paſſe vers le Septentrion & les citez de Fuenſi & de Fuenxan, puis s'aduançant *remarqua-* vers le Midy elle touche aux Villes de Kioyao & d'Yeching, où elle ſe ioint auec *bles.* les montagnes d'Vlao, va tout d'vne traite & ſans interruption iuſqu'à la Prouince de Xenſi, & encor plus loin au couchant.

## DE XANSI.

La partie de cette montagne qui est proche de Kioyao s'appelle la montagne de Kiao : c'est là où la couronne de cet ancien Empereur Hoangtius est enterrée auec ses autres marques de l'Empire.

Xeuyang est vne montagne proche de la cité de Puí, remarquable en ce que ces deux Philosophes issus du sang Royal, qui méprisoient l'Empire, s'y cacherent, tenans à deshonneur d'obeïr à l'Empereur Cheui, fort décrié pour ses vices.

Là mesme est la montagne de Lie, Xunus cet Empereur si fameux estoit vn laboureur de ces quartiers là : iusques à présent cette montagne n'a produit aucune plante dangereuse, ny qui eût des espines : ils veulent faire croire que c'est à cause des merites de ce personnage.

La riuiere d'Hoei, est du territoire de cette Ville, elle commence proche *Fleuues.* d'Peching, de là elle tire vers le couchant, & va descharger ses eaux bourbeuses dans la riuiere Saffranée. Proche de Van Ciuen, on marque vn torrent qui vient des montagnes, dont l'eau est fort chaude en Hyuer, & tres-froide en Esté.

Il y a vn lac au pied de la montagne de Xeuyang, assez grand, où l'on dit que l'Empereur auoit accoûtumé de se diuertir à la pesche.

Le lac d'Ieu, c'est à dire salé, commence proche de la grande cité de Kiang, de là il va iusqu'au territoire de la cité de Ganye : il a cent & quarante stades de circuit : tout ce lac est salé comme l'eau de la mer, & l'on en fait du sel.

### La troisiesme Ville TAITVNG.

Cette Ville est la troisiesme, elle n'a pas l'antiquité, ni la grandeur des autres; mais elle est considerable pour la commodité du lieu où elle est située, & *La qualité* pour la force de ses murailles : elle est entre les montagnes auec tout le païs qui en depend, vers le couchant, où le païs est moins raboteux & difficile, & par consequent plus exposé aux courses des Tartares, il y a plusieurs Forts, dans lesquels aussi bien que dans la Ville on tient vne forte garnison : les Roys de Chao, sur la fin de la famille de Cheua, furent les premiers qui rendirent ce païs suiet aux Chinois, pour lors on l'appelloit Petie; la famille Imperiale de Cina le nomma en suite Iunchung, celle de Tanga Iuncheu : depuis ce temps on l'a toûjours appellé Taitung : cette Ville a iurisdiction sur onze citez, la 1. Taitung, 2. Hoaigin, 3. Hœnyuen, 4. *Les citez.* IngO, 5. Xanin, 6. SoO, 7. Maye, 8. Guei ⊙, 9. Quangling, 10. Quangchang, 11. Lingkieu. On trouue dans les montagnes de tres-bonne pierre d'Asur : on y prepare aussi des peaux dont on fait grand traffic : il y a grande quantité de Porphyre & de marbre : elle produit du iaspe de diuerses couleurs : elle a cinq temples considerables, dont l'vn est dedié à la memoire d'vn hoste, pour auoir rendu vne bonne somme d'or auec beaucoup de fidelité au fils d'vn homme qui cherchoit son pere, qui auoit logé chez luy, & y estoit mort;le fils ni aucun autre ne sçauant rien de cet or: les Chinois en memoire d'vne si rare probité, nomment la cité Hoaigin, qui vaut autant à dire qu'embrassant la pietié; & bastirent vn temple à la memoire de cet homme : ce temple s'appelle Changgin, c'est à dire toûjours pieux.

Pres de Hœnyuen il y a vne partie de la montagne de Heng, où les Herboristes *Les montag-* viennēt de tous costé pour y amasser diuerses herbes excellentes pour la medecine: *nes.* ie ne sçay quelle superstition les empesche de mettre la coignée aux arbres qui y sont.

La cité de So à la montaigne Iueny, nom d'vne Musicienne, que le Roy Guei aimoit fort, & qui y est enterrée.

Pres de Quangchang est la montagne d'Hiang, remarquable pour vne forest de vieux pins : au milieu est vn temple & vn couuent.

Tape, montagne proche de Lingkieu, dont on tire vne terre si rouge, qu'on s'en

52　　LA SECONDE PROVINCE

*Les riuieres.* peut feruir au lieu de vermillon, pour imprimer des cachets rouges à la Chinoife.

La carte marque les riuieres au couchant de la Ville, il y a un petit lac qui vient d'vne riuiere nommée le lac de Kiunçu, c'eſt à dire du bonhomme; car c'eſt là où demeuroit cet hoſte qui rendit l'or.

Pres de la cité de So ſur la montagne d'Yenking, il y en a vn autre fort profond, d'vne ſtade de circuit.

## La quatrieſme Villle Lvgan.

L'Empereur Yuus comprit le païs de Lugan dans la Prouince Kicheu, & le mit ſous les conſtellations de Sang & de Cing : la famille de Cheua en fit le *Antiquité.* Royaume de Liheu, dont les Roys de Han s'emparerent, puis ceux de Chao : & quand les Roys eurent eſté desfaits, le premier Empereur de la famille de Cina appella cette Ville Xantang : celle de Taiminga luy donna le nom qu'elle a à preſent, en fit la reſidence d'vn Prince de ſes parents, & luy fit baſtir à la ville de Lugan vn magnifique Palais : c'eſt de là qu'elle eſt deuenuë riche & puiſſante : elle eſt ſituée au bord de la riuiere Chang au Septentrion, dans vn lieu aſſez agreable : le territoire en eſt peu étendu, mais en eſchange fort diuertiſſant, & qui n'en doit gueres de reſte aux autres, elle fournit en abondance tout ce qui eſt neceſſaire à la vie : elle n'a que huit citez ſous ſon obeïſſáce, 1. Lugan, 2. Chançu, 3. Tunlieu, 4.
*Les citez.* Sianghengs, 5. Luching, 6. Huquan, 7. Liching, 8. Peingxun. Il y a deux temples de marque, dont l'vn eſt baſti à l'honneur de Xinnungus ſur la montagne de Peco, c'eſt à dire de toutes ſortes de fruits, où l'on void auſſi vn puys, pres duquel on dit qu'vn inconnu preſenta de la ſemence de froment, de millet, & des legumes à ce Xinnungus premier Empereur de la Chine, & luy enſeigna comme il falloit ſemer les grains; ainſi la Chine a ſa Ceres, & pour marque de leur reconnoiſſance d'vn ſi grand bien fait, ils luy baſtirent ce temple auec beaucoup de ſomptuoſité.

*Les montagnes les plus remarquables.* La montagne de Fakieu eſt proche de Chançu : elle ſe nomme ainſi à cauſe de la quátité de ſes tourterelles, il y a pluſieurs forêts, & vn château pour défédre le pays.

Lin eſt vne montagne proche de Tunlieu, ſur laquelle Heuyus cet archer tres-adroit tua en volant ſept oiſeaux l'vn apres l'autre.

Proche de Luching, la montagne qui ſe nomme Funieu, c'eſt à dire qui couure la vache; car ils diſent qu'vne vache furieuſe & enragée y tua beaucoup de monde, qu'vn hôme inconnu la fit entrer dans vne cauerne, & qu'on ne le vit point de puis.

*Les riuieres.* Pour les riuieres, il n'y a rien de remarquable, ſi ce n'eſt que la riuiere de Chang commence proche de Lugan dans les montagnes qui ſont pres de la riuiere de Sin.

## La cinquieſme Ville Fvenchev.

*La ſituation.* Qvand vous remontez la riuiere de Fuen, vous treuuez au bord qui regarde l'Occident, la Ville de Fuencheu, à mi-chemin entre la capitale & les autres Villes de Pingyang : elle eſt ſituée en vn lieu qui eſt fort propre pour le trafic. Elle a ſon nom de la riuiere. Tout ce païs eſt montagneux à la verité, mais il en *Vne ſorte ra-* laſſe pas d'eſtre cultiué, & d'auoir des champs fertiles en toute ſorte de bleds, des *re buiſſon.* forefts, & de tres-bons paſturages : on y fait vn breuuage de ris fort eſtimé, qui vaut bien le vin que nous auons : on y fait tremper de la chair de bouc preparée de quelque maniere particuliere. Les Chinois en font grand eſtat, il nourri beaucoup : il a beaucoup de force, & vn gouſt fort agreable & delicieux, ils le nomment communement Yangcieu, comme ſi vous diſiez vin de bouc : le Roy, qui eſt de la famille de Taiminga, demeure dans la Ville, où on a baſti vn magnifique

## DE XANSI.

Palais, qui aduance iusques vers la porte qui regarde le soleil leuant : on y void aussi vn autre Palais superbe & ancien, où le Roy Iang auoit accoutumé de passer la chaleur de l'Esté : il a regné l'an six cent dix apres la naissance de Christ: Il y a quatre temple dediez à des Heros. Cette Ville commande à huit citez, situées toutes depuis le leuant iusqu'au couchant, entre la riuiere de Fuen & la riuiere Iaune, la 1. Fuencheu, 2. Hiaoy, 3. Pingiao, 4. Kiaihieu, 5. Ninghian, 6. Lingxe, 7. Iungning ☉, 8. Lin.

*Les citez.*

l'Empereur Yuus comprit cette Ville dans la Prouince Kicheu, sous la constellation de Seng : elle a esté autrefois sous l'obeissance des Roys de Cyn, puis de Guei, & ensuite de Chao : la famille de Cina & de Hana l'ont appellée d'vn mesme nom Taiyuent: celle de TangaHaocheu : la famille de Taiminga luy a donné le nom qu'elle a auiourd'huy.

Vanhu est vne fort haute montagne au couchant de la Ville : elle a ce nom de dix mille hommes, qui monterent au sommet, & echaperent le danger qu'ils couroient, d'vn grand debordemēt d'eaux qui auoit inondé beaucoup de païs.

*Les montagnes les plus considerables.*

La montagne de Caotang est proche de Hiaoy, il y a beaucoup de bains, des fontaines chaudes, & de ces puits de feu, dont i'ay parlé cy-dessus.

Il n'y a rien de particulier pour les riuieres, si ce n'est vne fort grande cheute d'eaux, dans les montagnes qui sont proche de Pingiao, dont le bruit s'entend durant plusieurs stades.

*Les riuieres.*

Il y a beaucoup de fontaines chaudes & boüillantes, semblables à celles de Pozzolo en Italie : si les Chinois recherchoient toutes ces commoditez auec plus de curiosité, ils en verroyent aisément les mesmes effets : car il y en a de toutes sortes differentes entre elles pour leur couleur & pour le goust de leurs eaux.

### Sin, l'vne des plus grandes citez.

APres auoir fait la description des grandes Villes, il y a quelques citez qui restent, que les Chinois nomment Cheu, elles commandent bien à quelques autres citez, mais elles n'ont pas pourtant ni le nom ni la dignité de Villes : la premiere de ces cités est Sin, dans le peu d'espace de terre qu'elle contient, elle ne laisse pas d'en auoir deux autres sous elle: la seconde est Siniuen, & la troisiéme Vuhiang. Ce païs est la partie de la Prouince la plus haute, & où l'air est d'ordinaire plus espais & plus froid qu'ailleurs: les montagnes y sont si hautes, que ceux qui y passent remarquent vn notable changement dans l'air, & le trouuent quelquefois trop subtil pour la respiration. C'est là où est la source de la riuiere de Chochang. Il y a trois temples considerables, dont l'vn est fort celebre pour auoir esté autrefois visité par les Roys mesmes : il est au Midy de la ville nommé Venchung, l'on y garde vne fort grande bibliotheque où les plus anciens de leur Roys ont estudié.

*La qualité.*

### La seconde des plus grandes citez Leao.

LA grande cité de Leao en a deux autres sous sa iurisdiction, sçauoir Iuxe & Hoxun: ce païs n'est pas fort different de celuy de Sin : au leuant il n'y a que les montagnes de Heng qui le bornent : il est considerable pour la racine de Ginseng qu'il produit, & pour le musc dont il abonde. Il a deux temples magnifiques, l'vn basti par la famille Imperiale de Cheua, en faueur d'vn de ses Generaux, qui remporta vne grande victoire, & mourust peu de temps apres des blessures qu'il auoit receuës dans vne bataille : là aussi se void son sepulcre qui est fort magnifique.

## La troisiéme de grandes citez, Ce.

CEux de la Chine escriuent que le païs de Cé est vn des plus asseurez contre les courses des ennemis, parce qu'il est par tout fermé de la montagne Iaune & de la riuiere de Sin, qui en rendent l'entrée fort difficile: cette cité en gouuerne cinq autres, la 1. Cé, 2. Caoping, 3. Iangching, 4. Linthuen, 5. Sinxui, qui sont toutes dans des vallées, hormis Caoping qui est sur la montagne de Hanuang, bastie dãs vn lieu fort diuertissant, à cause des vallées qui sont au bas. Il ne s'y treu-ue rien de fort rare, si ce n'est le fleuue rouge de Tan; car son eau ressemble fort a du sang: pour sa couleur: ceux de la Chine asseurent qu'autrefois elle estoit fort claire, mais qu'elle tient cette couleur de Pei, vn des plus fideles Gouuerneurs des Roys de Chao, qu'elle a conserué iusqu'à present; parce que ce fut proche de ce fleuue qu'il se fit mourir.

*L'eau rou-ge.*

## Les Forts.

CEtte Prouince compte quatorze grands Forts, bastis pour la deffence de la grande muraille, & pour la seureté des chemins: il y en a qui sont plus grands & mieux peuplez que ne sont les citez mesmes, le 1. Gueiyuen, 2. Ieuguei, 3. Coguei, 4. Mayc, 5. Vanglin, 6. Iangho, 7. Caoxan, 8. Tienching, 9. Chinlu, 10. Cingyuen, 11. Pcinglu, 12. Chungtun, 13. Gentung, 14. Tungxing.

## LA
## TROISIESME PROVINCE
# XENSI.

ETTE Prouince pourroit disputer de grandeur & d'antiquité auec toutes les Prouinces de la Haute Asie ; car les Empereurs de la Chine y ont fait presque de tout temps leur demeure, jusques sur la fin de la famille de Hana, c'est à dire plus de deux cent soixante & quatre ans apres la naissance de I. Christ : aussi elle a esté peuplée par les premiers Chinois, autant qu'on le peut voir dans leur plus anciennes histoires ; & l'ay nombre de tres-fortes raison, qui me font croire qu'ils n'ont iamais commencé de s'auancer du couchant vers l'Orient, qu'apres le deluge vniuersel. Cette Prouince est celle des Prouinces Septentrionales de la Chine, qui s'estend le plus vers l'Occident, car elle touche au royaume du Prestre-Iean, à celuy de Cascar & de Tibet, païs que les Chinois comprennent sous le nom de Sifan : du costé du Nord, elle est separée du Royaume de Tayu par la grande muraille, & par les Forts qui en sont proche. La grande muraille à la verité ne couure pas toute cette Prouince, car elle ne passe point les bords de la riuiere de Iaune, mais la partie de la Prouince, qui est au delà de la riuiere &qui n'a point de muraille, est assez couuerte de ce côté là, par desdeserts & des sables tousiours arides Xési a esté autrefois plus cultiué qu'il n'est à present : cette mesme riuiere Saffranée, qui passe entre cette Prouince & celle de Xansi, termine la premiere du costé du Leuant ; de façon que cette grande riuiere Iaune forme presque les trois costez de cette Prouince : du quatriesme costé qui est au Midy, ce ne sont presque que montagnes qui la bornent, & qui la separent de Honan, de Suchuen, & d'Huquang.

On dit que cette Prouince contient 83 1051 familles, 393 4176 hommes, & paye d'ordinaire le tribut de 192 9057 sacs de froment ou de millet, 3601 ures de toile fine, de soye filée de toute sorte 9218, de coton 17171, de toile de coton 12, 8770, de botes de foin pour les cheuaux du Roy 151, 4749 : sans parler de plusieurs autres reuenus des impostz, qu'on a mis sur chaque chose. Cette Prouince contient huit Villes remarquables, & cent sept citez, sans conter les places de guerre & Forts, dont il y en a dix neuf de considerables, nous en parlerons cy-dessous.

L'air de ce pays est doux, & la terre est fertile, à cause du débordement des torrents & des riuieres, & de la quantité des terres labourées : de sorte qu'elle rapporte abondamment tout ce qui est necessaire à la vie : il y a des mines d'or fort riches, & quoy qu'il soit deffendu par les loix du pays d'ouurir aucune mine, si est-ce toutefois qu'il y a vne infinité de monde qui vit fort à son aise du gain qu'il y a à amasser

G

& à lauer ce fable d'or, que les riuieres & ruiſſeaux tirent des mines : Ce peuple eſt traitable, ayme les eſtrangers, leur façon de viure eſt fort douce, & eſt plus propre à l'eſtude que les autres Chinois plus Septentrionaux.

*De la ſechereſſe, & de l'incommodité des ſauterelles.*
Il y a cette incommodité dans cette Prouince, qu'il y pleut moins que dans les autres du Septentrion, & qu'elle ſouffre ſouuent vn ſi grand degaſt des ſauterelles, qu'encore meſme que les Magiſtrats contraignent tout le monde, de quelque côdition qu'il puiſſe eſtre, de ſe mettre en câpagne pour leur faire la guerre & les détruire, ſi ne laiſſēt elles pas par fois de tout brouter, ſans laiſſer aucune verdure dans les champs : il y en a d'ordinaire vne ſi grande quantité, qu'elles obſcurciſſent le Soleil, les Chinois n'en haiſſent pas la chair quand elles eſt bouillie. Ce pays produit peu de ris, eſt tres-abondant en froment & en millet, & meſme à cauſe de la trop grande force de froment, lors qu'il eſt creu à vne certaine hauteur, ils ſont quelquefois contraints de laiſſer aller les brebis dans les champs, afin qu'en Hyuer elles puiſſent brouter les bleds, qu'on croid auoir plus de force lors qu'ils repouſſent en ſuite au Printemps.

*Rheubarbe de la Chine.*
Cette Prouince fournit auſſi beaucoup d'excellentes drogues, ſur tout de la rhubarbe, qui n'eſt pas ſauuage comme on penſe, mais qui a beſoin d'eſtre cultiuée auec ſoin : les Chinois la nomment communément Taihoang : la racine en eſt aſſez ſolide, auec des extuberances qui aduancent de coſté & d'autre : les fueilles ne reſſemblēt pas mal aux choux de noſtre pays, mais elles ſont plus grâdes: ils pendent & ſeichent à l'ombre les racines apres les auoir enfilées, car elles perdroient leur force ſi on les ſeichoit au Soleil : toute la rhubarbe qu'on nous apporte dans l'Europe, vient pour la plus grande part de cette Prouince, & de Suchuen, par la mer des Indes, ou par Caſcar, Aſtracan & Ruſſie, ou par les Royaumes de Tibet, du Mogor & la Perſe : Les Turcs & les Tartares, par les ambaſſades qu'ils ſuppoſent tous les ans de la part de leurs Roys, entrent dans la Chine, qu'ils appellent Catay, afin de negocier plus librement auec les Chinois, ſous ce pretexte : toutefois ceux de la Chine y ont donné bon ordre, ne permettant à perſonne qu'à l'Ambaſſadeur, & à quelques-vns de ſa compagnie ſeulement, qu'il peut prendre pour paroiſtre auec plus de magnificence & de pompe, d'entrer dans le cœur du Royaume, & principalement dans la Cour de l'Empereur à Peking : pour les autres, ils ſont contraints de s'arreſter dans les citez de Cancheu & de Socheu, où l'vn des Viceroys de cette Prouince fait ſa demeure, qui a ordre de les obſeruer & de prendre ſoigneuſement garde aux deſſeins des Tartares qui en ſont proche. Leur marchandiſe la plus ordi-

*Le Iaſpe eſt fort eſtimé dans la Chine.*
naire eſt le Iaſpe ſelon leur eſtime, eſt la plus precieuſe de toutes les pierres : ils le nōment Yu, les Marchands l'ont du Royaume d'Yarken, & les vendent auec beaucoup de gain & de profit. Il reſſemble à l'Agathe ou au Iaſpe de l'Europe, ſi ce n'eſt qu'il a vn peu plus d'eſclat, & qu'il blanchit à cauſe d'vn peu de bleu qui y paroiſt meſlé : ce pourroit bien eſtre vne de ces pierres dont la ſainte Ecriture fait mention, & qu'elle met au nombre des douze pierres precieuſes qu'Aaron deuoit auoir ſur ſon veſtement : ſi on en pouuoit auoir vne carrée, & qu'vn des coſtez fuſt d'vn demi palme, la valeur en ſeroit ineſtimable, & il n'y auroit que l'Empereur ſeul qui la peût payer : les Gouuerneurs, & les premiers des Magiſtrats font garnir leur ceintures & baudriers de cette ſorte de pierres : les autres les portent enrichis d'or, d'argent, d'yuoire, ou d'autre matiere ſemblable, chacun ſelon ſa charge & dignité.

Ces Marchands remportent vne grande quantité de rhubarbe, de muſc, & d'autres choſes ſemblables, que les Chinois portent au marché, qui ſe tient à Cancheu, auſſi-toſt qu'ils ont appris que ces eſtrangers y ſont arriuez.

*Ce que c'eſt proprement que le muſc.*
Mais afin qu'on ne ſoit pas plus long-temps en peine de ſçauoir que c'eſt que le muſc, ie diray ce que j'en ay veu plus d'vne fois de mes yeux : c'eſt vne boſſe, ou eminence au nombril d'vn animal, qui reſſemble à vne petite bourſe, cōpoſée d'vne pellicule fort ſubtile, couuerte de poil fort delié : les Chinois appellent cét animal

# DE XENSI.

Xe, d'où vient le mot de Xehiang, c'est à dire l'odeur ou bonne senteur de cét animal Xe, qui signifie le musc : cét animal a quatre pieds, & ne ressemble pas mal à vn petit cerf, si ce n'est que le poil tire dauantage sur le noir, & qu'il n'a point de bois : les Chinois en mangent la chair quand ils l'ont tué.

On trouue quantité de musc dans cette Prouince, comme aussi dans celles de Suchuen & de Yunnan, & autres lieux qui approchent le plus du couchant, comme ie diray en son lieu. Si ces bourses sont pures & naturelles, sans estre falsifiées, elles sont tres-excellentes, & ont vne odeur & senteur forte, & comme la grande lumiere offusque la veuë, & les sons trop retentissans offensent l'aureille ; de mesme le musc naturel & la ciuette pure blessent l'odorat : mais, les Marchands remplissent des bourses faites de la peau & des dépoüilles de la beste, & adioûtant vn peu de musc, ils le vendent comme s'il estoit pur. On fait aussi dans cette Prouince de Xensi vne certaine estoffe fort gentille de laine de brebis, ou de poil de chevre, incomparablement meilleures que ces estoffes qu'on nomme à Milan des sayettes : on y fait aussi des tapisseries qui ne sont pas à mépriser, & autres choses semblables ; mais principalement ils font des chapeaux d'vne forme pointuë comme sont les nostres, mais sans bords, dont les Soldats & les hommes se seruent communément dans la Chine : la Prouince de Xensi fournit tout cela à la haute Asie. Quant au poil de Chevre, ils ne se seruent que de celuy qui est le plus prés de la peau, ou du poil d'hyver, n'y ayant rien de plus mollet ni de plus delicat : ceux de la Chine le nomment le poil d'hyuer, parce qu'il croist durant cette saison à ces animaux, comme si la nature le vouloit par là garder du froid.

Cette Prouince est encore celebre par vne pierre fort antique, sur laquelle la Loy de Dieu est escrite en caracteres Syriaques & Chinois, apportée à ceux de la Chine par les successeurs des Apostres : on y list le nom des Euesques & des Prestres de ce temps-là, & celuy des Empereurs Chinois qui leur furent fauorables, & leur accorderent des priuileges : elle contient aussi vne courte explication de la Loy Chrestienne, mais tout à fait admirable, composée en langage Chinois tres-eloquent, dont Dieu nous fera la grace d'en dire dauantage dans nostre seconde Decade de l'abregé des histoires de la Chine. On l'a trouuée l'an M.DC.XXV dans la cité de Sanyuen, comme on creusoit les fondemens d'vne muraille : le Gouuerneur de la Ville, ayant esté informé aussi-tost de ce monument qu'on auoit treuué, en considera l'inscription de plus prés ; &, comme ils sont grands amateurs de l'antiquité, il l'a fit imprimer, & en suite vn y escrit à la loüange du monument, & puis apres tailler sur vne autre pierre de mesme grandeur vne copie de celle qu'on auoit treuuée, en obseruant les mesmes traits & caracteres, auec toute la fidelité requise. Les Peres de nostre Société en ont porté à Rome vn exemplaire selon l'original, auec l'interpretation : on la garde à present auec son interpretation dans la biblioteque de la Maison Professe de IESVS : elle fut imprimée à Rome l'an M.DC.XXXI. Or la figure de cette pierre est vn parallelogramme, a cinq empans de large, vn d'espaisseur, & dix de longueur : au haut il y a vne Croix, comme est celle des Cheualiers de Malte : si quelqu'vn desire en auoir vne plus exacte connoissance, il l'aura toute entiere & plus amplement d'écrite dans la Prodrome de la langue Coptique, composée par le R.P. Athanase Kircherus, & dans la Relation de la Chine faite par le R.P. Alvaro Semedo.

Ce sont donc les Peres de nostre Société qui ont ramené cette connoissance de la Loy de Dieu, qu'vn si grand espace de temps auoit abolie, ou à tout le moins effacée de la memoire des hommes : ils l'ont, dis-je, restablie, en bastissant quantité d'Eglises au vray Dieu viuant, frequentées d'vn grand nombre de Chrestiens, & renommées pour la grande pieté & deuotion qui s'y remarque : il y a deux Peres de nostre Société qui ont grand soin d'y cultiuer cette jeune vigne : l'vn fait sa demeure dans la ville Capitale, l'autre va par la Prouince, pour y aduancer le seruice de Dieu, & pour le bien des ames, selon que la necessité le requiert, afin de communiquer le pain de vie à tous ceux qui le demandent.

*L'Euangile a autrefois esté dans la Chine.*

*restably par ceux de la Société de Iesus.*

## LA TROISIESME PROVINCE

*La premiere ou capitale ville*

# SIGAN.

*La grandeur & la noblesse de Sigan.*

Sigan qui est la ville capitale, cede à fort peu d'autres, si on regarde à sa situation dans vn pays fort beau & recreatif, à sa grandeur, à son antiquité, à la force & fermeté de ses murailles, à la beauté de son aspect, & à son commerce: Ses murailles ont trois milles d'Alemagne de tour, elles sont tres-fortes & si magnifiques, que ceux qui y demeurent disent que leur ville a des murailles d'or: il y a sur ces murailles des tours qui paroissent de fort loin, & bien bâties, dans vne distance conuenable: il n'y a que quatre portes dans ces murailles pour mieux garder & asseurer la ville. Vous pouuez iuger de son antiquité, de ce que les trois familles Imperiales de Cheua, Cina & Hana y ont regné: cette ville est par cette raison pleine de bâtimens tres-magnifiques au dedans & au dehors, son aspect diuertissant: elle est située au Midy sur le bord de la riuiere de Guei, de là elle va vn peu en tant; de façon que ses bastimens & ses murailles representent comme vn amphitheatre. La riuiere qui est au bas contribuë aussi beaucoup à son embellissement & à sa commodité, on feroit vn liure de tout ce qu'il y a de rare; de peur toutefois que ie n'oublie ce qui merite le plus d'estre sçeu, ie vous en diray icy en peu de mots quelques particularitez.

*Ses ponts.*

Cette ville a trois Ponts sur la riuiere de Guei, l'vn est à l'Orient, l'autre au Midy, & le troisiesme au Couchant: tous les trois ont plusieurs arcades de pierres de taille carrées fort hautes: il y a aussi des appuys de pieces de fer, des statuës de lions, & d'autres ornemens pour embellir cet Ouurage: la cité de Lancien en a vn quatriesme qui ne ressemble pas mal à ces trois: i'ay crû qu'il n'estoit pas à propos de faire mention des autres, qui sont moins remarquables & moins celebres. Il y a aussi la tour d'Yen, qu'on appelle à neuf ceintures, à cause qu'elle a neuf estages, & surpasse les autres tours en hauteur & magnificence: elle est toute de pierre, & au dedans incroustée de marbre: mais nous aurons ailleurs plus de suiet de faire la description de ces grandes pieces. Au couchant, est le Viuier Viyang, au milieu d'vne closture de murailles de trente stades de circuit; il occupe vne partie de la montagne de Lungxeu, de là se va rendre dans la riuiere de Guei, d'où on conduit de l'eau pour des canaux, des lacs & des estangs, afin d'y representer des combats de mer: on compte sept superbes Palais dans cette enceinte, & dix-sept salles voutées: elles sont basties dans cette enceinte autour du Viuier: il y en a sept qui surpassent les autres en grandeur & en beauté. On y void aussi les sepulchres fort magnifiques des anciens Roys, entre lesquels paroissent les monumens de ces vieux Empereurs, Cauus, Venius, Vui, dont la memoire est en veneration. Il y a plusieurs Temples, mais principalement onze qui sont remarquables, pour leur grandeur & pour leur magnificence. Entre vne si grande quantité de Temples prophanes, il y a vne Eglise que les Peres de la Société de IESVS ont consacrée à Dieu, & que les Chinois & les Tartares (depuis peu conuertis au Christianisme par ceux de nostre Compagnie) visitent beaucoup: vn petit Roy de cette Nation y fait sa demeure auec vn assez grand nombre de Tartares, & il y en a desia beaucoup qui se rangez au Christianisme, & à qui on enseigne les principes de la Religion. Dieu qui a commencé vne si bonne œuure, la vueille augmenter & faire croistre.

*Viuier fort magnifique.*

*Les anciens noms.*

Dans le partage que fit Yuus, ce pays dependoit de la Prouince d'Yung, sous les constellations de Cing & Quei: ç'a été la patrie de la famille Imperiale de Cheua, & le siege de l'Empire: la famille de China le nomma Quandgchug. Au temps des Roys, le Roy Cin y commanda, en apres Guei, en suite Suius: quand les Roys eurent esté defaits, la famille de Sunga l'appella Yungking, celle d'Iuena Gansi, &

# DE XENSI. 59

celle de Taiminga Sigan, transposant seulement les syllabes: ce dernier nom signifie le repos de l'Occident.

Le territoire de cette ville est en beaucoup d'endroits rempli de montagnes, mais qui sont agreables: il occupe vn grand pays, & fournit abondamment tout ce qui est necessaire: on y compte trente-six citez; La 1 Sigan, 2 Hienyang, 3 Hingping, 4 Linchang, 5 Kingyang, 6 Caoling, 7 Hu, 8 Lant'ien, 9 Liuo, 10 Xang ⊙, 11 Chingan, 12 Tung ⊙, 13 Chaoye, 14 Hoyang, 15 Ching Ching, 16 Pexui, 17 Hanching, 18 Hoa ⊙, 19 Hoayn, 20 Gueinan, 21 Puching, 22 Conan, 23 Xanyang, 24 Xangnan, 25 Yao ⊙, 26 Sanyuen, 27 T'ungquon, 28 FuP'ing, 29 Kien ⊙, 30 Fungciuen, 31 Vncung, 32 Iungxeu, 33 Fueu ⊙, 34 Xunhoa, 35 Xauxui, 36 Changuu. *Les citez.*

On y prend des cerfs, des liévres, des daims, & quantité d'autres bestes sauuages: Il y a vne sorte des chauvesfouris aussi grosses que nos poules: ceux de la Chine en preferent la chair à celle des poules les plus delicates. Et vne sorte d'herbe qui chasse la tristesse aussi-tost qu'on en a mangé, & engendre la ioye: elle croist principalement sur la montagne de Nieuxeu, les Chinois la nomment Quei: on y tire aussi vne terre tres-blanche: les femmes la recherchent, & s'en seruent au lieu de ceruse, parce qu'elle augmente leur beauté, la détrempant auec de l'eau, elle oste & efface toutes les taches noires du corps; on la nomme Quei ki, c'est à dire, l'herbe des Demoiselles. *Les raretez.*

La cité de Sanyuen merite d'estre marquée à raison du musc & des estoffes faites de poil de chévre, dont il y en a vne quantité considerable: c'est vn lieu de grand trafic, riche & fort peuplé.

La cité de Linchang à la montagne de Limon, dans laquelle il y a vne fontaine qui ressemble au cristal, & qui est d'vne nature admirable: car bien qu'il y ait à peine quatre coudées d'eau, si est-ce qu'elle ne laisse pas d'estre extrémement froide dans sa superficie, & est si chaude au fonds, qu'à peine y a-t-il personne qui y puisse souffrir les mains. *Les montagnes remarquables. Proprieté admirable d'vne fontaine.*

On voit la montagne d'Io proche de Lantien, dont on tire vn mineral de couleur bleuë comme du pastel; il est fort recherché pour teindre les estoffes. Là mesme est la grande montagne de Ciepuen fort fascheuse & difficile à monter, sur laquelle il y a vn Fort pour defendre le chemin. Proche de Vucung est la montagne de Taipe, que ceux qui font des predictions en considerent la situation des montagnes, mettent au rang des onze montagnes les plus heureuses: ils disent qu'on y exciteroit les foudres, tonnerres & de grandes tempestes si on y batoit le tambour: aussi est-il defendu de le faire.

La montagne de Canciuen est proche de Xunhoa, c'est à dire la montagne d'eau douce, parce qu'il y a vne source d'eau fort douce, sur laquelle on a basty vne maison de plaisance tres-magnifique.

La riuiere nommée Guei arrose la ville du costé du Nord, rend les pasturages fertiles, & prend sa source proche de la cité de Gueiyuen, dans la partie de cette Prouince qui regarde l'Occident; elle s'aduance de là vers l'Orient, & se tournant vn peu vers le Midy, elle se descharge enfin dans la riuiere Iaune, qui est si trouble, que c'est bien inutilement qu'elle essaye de la rendre claire par son eau nette & fort pure. La riuiere de King, qui n'est pas des moins remarquables, se mesle aussi du costé du Nord de la ville de Sigan, auec la riuiere de Guei. *Les riuieres.*

Le fleuue de Tie paroist aussi au plus haut de la montagne de Nan, d'où il descend auec grand bruit & impetuosité.

Au Midy de la ville, il y a vn lac raisonnablement grand, nommé Fan, il se fait par le concours de plusieurs riuieres: il y en a vn autre à l'Orient de la cité de Tungquon. Celuy qui est au Zud-est de la ville, est vn lac artificiel fait par le moyen des canaux qu'on y a conduits de la riuiere de Guei: l'Empereur Hiaouus le fit embellir d'vn Palais fort remarquable, auec des bois & des iardins pleins de fleurs qu'il faisoit cultiuer auec grand soin: c'est là où il auoit accoûtumé de se

## LA TROISIESME PROVINCE

*Combats navaux recreatifs d'Hiaonius.*

diuertir de traiter ses amis, de leur donner souuent la comedie, & d'autres diuertissemens. Il fit aussi creuser vn autre lac au Zud-ouest de la ville nommé Quenming: c'est là où il les instruisoit à les faire batre & escrimer par plaisir, comme s'ils se fussent rencontrez dans vn combat naual, afin qu'ils s'y accoûtumassent peu à peu : car, songeant à faire la guerre aux Proinces les plus Meridionalles, où il y a quantité de vaisseaux & d'eau, il formoit ses gens par ces exercices pour s'en seruir dans ces desseins, ce qui s'est pratiqué aussi chez les Romains. Ce mesme Empereur fit aussi faire au Midy vn autre grand lac & vn viuier tout proche ; on le nomme Silen, c'est là où il s'alloit reposer apres ces jeux & passetemps. Il fit aussi mettre dans le mesme lac vn grand poisson de pierre, lequel il fit dresser sous l'eau, comme si ç'eust esté vn escueil, afin que les Pilotes passans proche apprissent à euiter les escueils & les bancs de sable : on dit que ce poisson fait vn grand cri lors qu'il doit pleuuoir ; ce qui vient peut-estre du son reflechi de quelque Echo qui est proche :

*Fables des Chinois.*

ils asseurent de plus, que cét Empereur songeoit quelquefois en dormant a uoir pris ce poisson auec l'hameçon, qu'il demandoit & imploroit son assistance, & que le lendemain ils treuuoient ce poisson dans le Lac veritablement pris à l'hamaçon, & que se souuenant de son songe, il le laissoit aller, & luy donnoit la liberté : De plus, que le mesme Empereur retournant à la pesche trouua deux perles, que les Chinois nôment Myngyue, ou pierres du clair de Lune, ainsi appellées à raison qu'elles croissoient selon que la Lune estoit vieille ou nouuelle, & qu'elles diminuoient comme on dit que fait la pierre de la Lune nommée Selenite : il y en a qui asseurent qu'il se rencontre encor de ces pierres dans la Chine, & que mesme il y en a à present dans le palais de Peking : mais ils veulent que le prix & la valeur en soient inestimables, & quand l'Empereur receut ces pierres, voilà, dit-il, le present que me fait le poisson, en reconnoissance de l'hameçon que ie luy ay osté.

### *La seconde Ville* FVNGCIANG.

LA ville de Fungciang est située au bord de la riuiere de Ping au Midy : elle a ce nom du Phœnix, oiseau que ceux de la Chine estiment estre vne marque d'vn tres-grand bonheur : ils disent qu'on ne le void que fort rarement : ils le nomment communément Fung, & Ciang signifie bonheur : voilà les deux noms, dont celuy de la ville est composé : ils le decriuent & le representent comme vn oiseau remarquable pour la diuersité de ses couleurs, & qui paroist tousiours seul, & encore fort rarement, toutefois que c'est vn presage heureux pour l'Empire. Pour moy, ie n'ay pas de peine à croire qu'il y ait vn Phœnix, ou à tout le moins qu'il y a vne sorte d'Aigles de diuerses couleurs & inconnuë : ceux de la Chine ont accoûtumé d'en peindre par fois la figure sur leur tapisseries, & sur leur plus riches habits. Cette ville est grande & remarquable, les bastimens n'en sont pas à mépriser ; entr'autres Il y en a cinq de considerables. Tout ce pays est cultiué, l'air en est assez doux & temperé, le terroir fertile à cause des torrens, des ruisseaux, & des riuieres : car il y a cinq riuieres qui arrousent ce territoire, qui est aussi enuironné de hautes montagnes, qui luy seruent de defense & de remparts : huit citez dependent de la ville, la premiere Fungciang, 2 Kixan, 3 Paoki, 4 Fufung, 5 Mui, 6 Li-

*Les Citez.*

nyeu, 7 Lung☉, 8 Pingyang.

Yuus a diuisé le territoire de cette ville aussi bien que de sa metropolitaine : la famille de Cheua l'a mise dans la Prouince de Ki, que les premiers de cette famille

*Les anciens noms.*

possedoient lors qu'ils n'estoient encores que de petits Roys : peu de temps apres le petit Roy C'in eut la mesme Prouince en qualité de Seigneur feodataire, & c'est par là que ces petits Princes de C'in se frayerent le chemin pour ruiner l'Em-

# XENSI.

pire & la famille Cheua. Ie fais voir dans mon abregé, que le nom de Chinois est venu d'eux aux Nations estrangeres : la famille d'Hana nomma ce pays Hingkeing : le nom qu'elle a à present luy vient de la famille de T'anga : on tire de là des perroquets, & d'autres oiseaux qui apprennent aisément à parler. Il y a aussi vne sorte de serpent qui est fort noir, dont se fait vn antidote contre plusieurs maladies. Il se treuue vn poisson prés de la cité de Pingyang, que ceux de la Chine appellent pierre : si on en iette sur les habits lors qu'il est seché & reduit en poudre, il empesche que les vers ne s'y mettent & ne le gastent.

Nan est vne montagne fort considerable pour sa grandeur : elle commence proche de la cité de Ki, de là elle passe par le territoire des citez de Lantiē & de Hu. *Les montagnes les plus notables.*

Paoki a la montagne de Chincang, dont le sommet semble fort approcher de la figure d'vn coq : on dit qu'il se fait vn si grand bruit & mugissement dans ses destours lors qu'il doit tonner, ou faire mauuais temps, & qu'on le peut entendre de trente stades de loin & dauantage.

Là mesme est la montagne de Xecu, c'est à dire la montagne des dix tambours de pierre, que le Roy Siuenus y fit mettre, afin que les chasseurs fissent signe aux autres, lors qu'ils verroient o es bestes sauuages.

Il y a aussi la montagne de Taipe qui surpasse les autres en hauteur : le sommet en est tousiours blanc de neige mesme au milieu de l'Esté : elle paroist prés de la cité de Mui.

La montagne de Quan n'est pas fort loin de là : il y a vn tres-beau Fort pour la defence du pays : ils y prennent des faucons & des vautours, dont ils se servent pour la volerie.

Les principales riuieres sont Yung, Guei, Ping. *Les riuieres.*

Il y a aussi vn assez grand lac à l'Orient de la ville, qu'on nomme Tung : auec vn autre appellé Hiuenpu.

## La troisiesme Ville
# HANCHVNG

LA riuiere de Han qui vient du costé d'Orient, passe sous les murailles de cette ville : la verité & l'effet luy ont donné le nom de Hanchung, parce que tout son territoire est presque situé entre les riuieres de Han à l'Orient, & à l'Occident : il s'esleue par tout en des montagnes qui sont fort hautes & fort frequentes, elles enuironnent beaucoup de vallées fort agreables, où l'on peut abondamment trouuer tout ce qui est necessaire pour viure : il y a sur tout grande quantité de miel & de cire, & force musc & cinabre : on rencontre souuent dans les chemins des troupeaux de daïms & de cerfs : ce païs produit aussi grand nombre d'ours qui sont ennemis des cerfs, ceux de la Chine en font beaucoup de pieds de estat, & trouuent les pieds de deuant de fort bon goust. Cette ville commande à seize citez, son destroit est fort grand, mais les montagnes rendent ce païs affreux, la premiere est Hanchung, 2. Paoching 3. Ch'ingcu, 4. Yang, 5. Sihiang, 6. Fung, 7. Mien, 8 Ningkiang ☉, 9. Lioyang, 10, Hinggan ☉, 11. Pingli, 12 Xeciuen, 13 Sinyang, 14 Hanyn, 15 Peho, 16 Cuyang. *Les Citez.*

Dans la distribution qu'Yuus fit des villes de la Chine, il plaça cette ville de mesme que la precedente ? mais cét Empereur, qui estoit Astrologue, la voulut ranger sous les constellations d'Ye & de Chin : elle a esté autrefois sous l'obeïssance de ces petits Roys de Cin, & c'est par là qu'ils commencerent pour se rendre maistres de tout l'Empire, & pour ruiner la famille de Cheua : c'est là encore que Lieupangus, premier de la famille de Hana, s'estant armé contre la famille de Cina, *Les antiens noms*

## 60  LA TROISIESME PROVINCE

laiſſa le titre de General pour prendre la qualité de Roy ; ce fut luy qui nomma le premier cette ville Hanchung : les familles de Tanga & de Sunga changerent ſon nom en celuy de Hingyuen : mais celle de Taiminga luy rendit ſon premier nom. Cette ville eſt grande & peuplée, dans vne ſituation extrémement forte, & enuironnée de montagnes & de foreſts, qui luy ſeruent de rempart : les Chinois ont touſiours fait beaucoup d'eſtat de cette place dans leurs guerres : on y void cinq temples dediez aux Heros, conſiderables, pour leur grandeur, l'vn a eſté baſti à l'honneur de Changleangus, pour conſeruer vn ſouuenir eternel d'vn ouurage prodigieux, dont ie feray bien-toſt mention : ie ne croy pas qu'il s'en treuue vn pareil dans tout le monde. Le chemin de cette ville à la capitale eſtoit autrefois fort difficile à cauſe des montagnes & valées par où il paſſoit ; il faloit auancer vers l'Orient, iuſques aux frontieres de la Prouince de Hoüan, & retourner apres vers le Septentrion, & faire ainſi plus de 2000. ſtades, là où de droit chemin il n'y en auroit pas 800. ſtades, Dans la decadence des Empereurs de la famille de Cina & dans le têps que Lieupangus diſputoit l'Empire à Hyangyuus, Chágleangus, hôme fort prudêt & fidele à Lieupangus dôt il eſtoit le Genral, fit applanir toutes ces motagnes, ces deſtours & precipices, afin de prêdre le deuât des ennemis qui meditoient la retraite ; ces môtagnes furent donc applanies auec vne prôptitude incroyable & auec vn tres-grâd trauail : y ayât employé pluſieurs centaines de milliers d'hommes, & cômandé que toute ſon armée y trauaillaſt, & donné à chaque bande ſa portion de la montagne à applanir & égaler : façon qu'on vid des murailles faites de la montagne meſme, qui s'éleuoient à plomb des deux coſtez ſi hautes, qu'elles ſembloient toucher iuſqu'au Ciel : & quoy que la lumiere vinſt d'enhaut, ſi auoit-on peine d'y voir en marchant : il fit faire des ponts en quelques endroits auec des poutres couuertes de planches, qui ioignoient deux montagnes.

*Le temple de Chángleangus*

Il en commanda d'autres aux endroits ou les torrens en tombant du haut des montagnes, les creuſent & interompent le chemin ordinaire, mais aux lieux où les vallées eſtoient vn peu plus larges, il y fit mettre des piliers, de façon que le tiers du chemin ſe faiſoit ſur ces ponts, qui ſont ſi hauts en quelques endroits, que vous ne ſauriez voir le fonds du precipice ſans horreur : quatre caualiers y peuuent aller de front : on ne laiſſe pas meſme à preſent de conſeruer, & de refaire ce chemin pour la commodité de ceux qui voyagent il y a des villages en certains lieux, & des hoſteleries pour y loger, tout ce chemin eſt encores couuert de terre qu'on y a portée, auec des gardes-fou de bois & de fer des deux coſtez du pont, pour la ſeureté des paſſans. Sa longueur eſt depuis cette ville iuſqu'à la partie de la Metropolitaine qui regarde au couchant, c'eſt à dire, qu'il eſt éloigné d'enuiron trente ſtades de la ville d'Hanchung, où il finit : les Chinois appellent ce pont C'ientao, ou le chemin des appuys.

La montagne de Tapa commence proche de Sihiang, & s'aduance de là iuſqu'à la Prouince de Suchen prés de la cité de Pa.

La montagne d'Yoniu eſt proche de Lioyang, c'eſt à dire de la pretieuſe femme, car on y void la ſtatuë d'vne femme qui eſt ſi belle, qu'on diroit que c'eſt plûtoſt la nature qui a pris plaiſir à la faire, que l'art.

Cuking eſt vne fort haute montagne, proche de Siyang, qu'on ne la ſçauroit regarder ſans eſtonnement.

Cupe eſt auſſi vne montagne proche de la cité de Fung, dans laquelle on compte ſeptante & deux cauernes : là meſme eſt la montagne de Nanki, ſur laquelle il y a vn fort grand lac : proche de là eſt la montagne de Vutu, dont on tire ce mineral que ceux de la Chine nomment Hiunghoang : ils eſtiment que c'eſt vn ſouuerain remede contre toute ſorte de venins, contre les fievres malignes, & contre les chaleurs contagieuſes de la canicule : ils s'en ſeruent quand il a trempé dans le vin : il eſt de couleur rougeaſtre & iaune, marqueté de points noiratres : il reſſemble au
crayon

# XENSI. 91

crayon ou à la terre qui est vn peu dure, & approche assez du vermillon pour la couleur, si ce n'est qu'il tire vn peu sur le jaune, & n'est pas propre à la peinture: I'en ay encore vne petite piece, mais ie ne voy pas que nos Medecins de l'Europe en ayent connoissance, ny que nos Autheurs en facent aucune mention.

Les deux riuieres de Han, l'Orientale & l'Occidentale, tiennent icy le premier lieu; celle qui regarde l'Orient tire son origine des montagnes de la Cité de Min-cheu, & l'autre prend sa source au delà de la Cité de Fum: l'vne & l'autre coule auec vne tres-grande quantité d'eau, & s'épand par vn grand pays: elles peuuent porter nauires par tout: la Carte fera voir les autres particularitez de cette Prouince, qui sont moins considerables. *Les riuieres.*

## *La quatriesme Ville*
## PINGLEANG.

Pingleang est vne ville qui a abondance de toutes choses: ses montagnes, dont l'aspect n'est poit affreux mais agreable, & la fertilité de ses eaux en rendent le sejour fort plaisant: elle commande à dix Citez, la 1. est Pingleang, 2. Cungsin, 3. Hoating, 4. Chinyven, 5 Kuyven ☉, 6. King ☉, 7. Lingt'ai, 8. Choangleang, 9. Lungte, 10. Cingning☉. *Ses Citez.*

Dans cette ville il y a trois Téples, qui surpassent les autres en grandeur & magnificence, dediez à des Heros: on y voit vn Palais fort remarquable de la famille de Taiminga, car vn des petits Roys de cette Maison auoit accoûtumé d'y faire sa demeure: l'Empereur Yvus annexa cette ville à la Prouince d'Yung, & la voulut mettre sous les constellations de Cing & de Quei: elle fut nommée Ganti sous la famille de Hana, mais Kingyven sous celle de Sunga; ce dernier nom signifie la source de la riuiere de King: en effet, la fontaine d'où cette riuiere prend sa naissance paroist proche de la ville: d'autres l'ont tousjours appellée la ville de Pingleang, à cause de la douceur de l'air. *Les anciens noms.*

La montagne d'Io est proche de Chingyven, dans laquelle se trouuent de petites pierres fort luisantes, qui ressemblent aux diamans; & proche de Hoating il y a vne vallée de trente stades en longueur, qui est si profonde & si estroite, qu'elle ne reçoit que peu de lumiere, & est tousjours fort obscure: elle est trauersée par vn grand chemin paué de pierres quarrées. *Les montagnes les plus remarquables.*

La riuiere King passe au couchant de la ville, elle tourne de là vers l'Orient, elle trauerse la partie Occidentale de la Cité de King, plus elle court vers le Midy, & se décharge dans la riuiere de Guei, au Leuant de la Ville capitale de Sigan. *Les riuieres.*

## *La cinquiesme Ville*
## CVNGCHANG

Cette ville est située au bord Meridional de la riuiere de Guei, elle est à l'Oüest de la ville Pingleang que nous venons de decrire. Yvus la mit autrefois au mesme rang que celle qui precede: c'est vne ville marchande fort peuplée, & vne place importante à la seureté de l'Empire de la Chine; car ses montagnes sont si peu accessibles, & ses auenuës si difficiles, qu'elle se peut mocquer de ses ennemis: il n'y a rien de plus curieux qu'vn sepulchre le plus ancié qu'il y ait de memoire d'homme; & c'est celuy de Fohuius premier Empereur de la Chine: il nasquit proche de C'in, qui est du ressort de Cungchang. Il s'y trouue aussi grande quantité de Musc. On compte dix-sept citez qui en releuent, la 1. est *La situation.*

C H

## 58 LA TROISIESME PROVINCE

*Les Citez* Cungcha'ng, 2. Ganting, 3. Hoeiding, 4. Tungguei, 5. Chang, 6. Ningyven, 7. Fokiang, 8. Siho, 9. Ching, 10. Cin☉, 11. Cingan, 12. Cingxui, 13. Li, 14. Kiai☉, 15. Ven, 16. Hoei☉, 17. Leangtang.

On tire par tout icy ce mineral Hiunghoang, dont i'ay parlé cy-deſſus, auec quelques petites pierres bleuës, qui tirent ſur le noir marquetées de petites veines blanches : elles ſont fort eſtimées chez les Grands ; car la plus part croyent, qu'eſtant broyées en poudre fort ſubtile & menuë, elles ſont vn grand remede, & qu'elles contribuent beaucoup à les faire viure plus long-temps : cette ville a trois Temples plus conſiderables que les autres, dont l'vn eſt dedié à la mere de Fohius ; il ſurpaſſe les deux autres en grandeur & magnificence.

Durant les guerres, ſur le declin de la famille de Cheua, ce pays eſtoit ſujet au peuple de Kiangiung : la famille de Hana, apres auoir fait mourir le Gouuerneur Lungſi que celle de C'ina y auoit mis, appella cette ville Thienxui : la famille de T'anga la nomma Guei Cheu, celle de Sunga Cungcheu, & celle de Taminga luy donna le nom de Cungchang.

*Les montagnes les plus notables.* Il y a proche de Hoeincin vne fort grande & haute Montage, appellée Siue, à cauſe qu'il y a touſiours de la neige. Prés de Fokiang eſt la montagne de Xecu, qui ſe nomme ainſi, à cauſe d'vn tambour de pierre : les Chinois diſent qu'ils ont remarqué, que lors qu'il fait du bruit, c'eſt vn preſage qu'ils doiuent auoir guerre. Prés de la cité de Cing eſt la montagne de Loyo, ſur laquelle eſt la ſtatuë d'vn grand Lion ; de ſa bouche découle vne fontaine. Là méme eſt la montagne de Cheuch'i, qui va iuſques aux confins de la cité de Siho : ſur ſon plus haut ſommet elle a vne plaine d'enuiron vingt ſtades.

Ils eſcriuent que prés la cité de Cin, ſur la montagne de Pochung, il naiſt vne herbe nommée Hoaco, qui rend ſterile lors qu'on en mange. Il y a pluſieurs autres montagnes, mais où il n'y a rien digne de remarque.

*Les riuieres.* Proche la cité de Ching il y a vn petit lac, planté tout au tour d'arbres & de fleurs : les bourgeois le nomment leur delices, & s'y aſſemblent ſouuent pour faire feſtins.

Proche de la cité Cin, vn autre lac qui s'appelle Tienxui, c'eſt à dire eau celeſte, parce que ſon eau remedie à pluſieurs maladies.

Le grand lac de Tien en eſt proche, n'eſtant eſloigné que de vingt ſtades de la cité de Ven.

Il y a vne petite Iſle prés de Leangtang qu'on nomme Pipa, & vne fontaine tres-agreable proche de Siho.

### *La ſixieſme Ville*
# LINYAO.

*L'Or & nombre d'autres choſes qu'elle produit.* SI nous aduançons vn peu vers l'Occident, nous y rencontrerons la ville de Linyao, qui eſt remarquable en ce que c'eſt là où la grand' muraille finit : elle a pour bornes les montagnes qui ſont prés les bords de la riuiere Iaune : elle a eſté embellie par vn Roy de la famille de Taiminga qui y a fait ſa demeure : & a auſſi de la reputation à cauſe de la quantité d'or qu'on amaſſe dans le ſable, dans les montagnes & dans les torrens qui ſont proches. Ce pays montagneux produit des Hures ou bœufs ſauuages, & des animaux qui reſſemblent fort aux tigres, *La figure de cet animal eſt dans les Relations des plantes de la Chine.* oh les nomme communement Pau : les Chinois en recherchent fort les peaux pour s'en habiller : il y a beaucoup de beſtes à laine, ſemblables à celles qui ſont dans la Perſe & en Tartarie : elles ont la queuë fort longue & fort groſſe, la chair en eſt plus delicate qu'aucune autre : on y trouue auſſi diuerſes ſortes de poires &

# XENSI. 63

pommes. Les temples les plus considerables sont trois. Dans le partage qu'Yvus a fait du pays, dont nous auons parlé cy-dessus, il y comprit cettuy-cy, & c'est là où a esté la Seigneurie de Sikiang: quand la famille de Cina se fut emparée de ce pays, elle le nomma Lungsi, celle de Sunga Yencheu; mais le Roy Sui l'appella Kinti de la quantité d'or; car le mot de Kinti signifie terre d'or: la famille de Tanga luy a donné le nom d'à-present: cette ville est bastie sur vne montagne, & elle en renferme vne partie de ses murailles, appellée Paoting; elle commande à cinq citez, dont la 1. est Linyao, 2. Gueiyven, 3. Lan⊙, 4. Kin, 5. Ho⊙.

La montagne de Caolan embrasse la cité de Lan, comme si c'estoit vn theatre: & en fait vne belle & grande perspectiue: là est cette grande montagne de Pexe, dans laquelle ce General Leanghooius si renommé ayant esté assiegé par les Tartares, & ne pouuant auoir d'eau pour rafraîchir son armée, fit vn vœu à cette montagne, pour auoir dequoy donner à boire à son armée, ils disent, qu'il y parut tout aussi-tost vne fontaine. Prés de la cité de Ho est la montagne de Ciexe, qui a deux sommets fort hauts, entre lesquels passe la riuiere Iaune, comme si elle entroit par vne porte. Au dessus de la cité de Lan il y a vne vallée fort agreable, qui est fertile à cause de la riuiere qui l'arrose; de là vient qu'il y a si grand' quantité de bestail & de bled, elle se nomme la vallée d'Yu, qui ne ressemble pas mal à nostre vallée de l'Adice. *Les montagnes les plus celebres.*

La riuiere Saffranée est au Couchant de la cité de Lan: la riuiere de Yao, passe proche des murailles de la ville; ses eaux font vn si grand bruit, qu'on diroit que c'est vn tonnerre: la source en est dans Sifan, autrement les terres du Prete Iean, & du Tibet. *Les riuieres.*

*La septiesme Ville*

# KINGYANG

ON estime la Ville de Kingyang pour la force & fermeté de ses murailles, & pour la profondeur des fossez qui l'enuironnent: c'estoit vne place considerable contre les inuasions des Tattares: elle a plusieurs chasteaux qui sont proches de la grande muraille: ce pays n'a pas tousiours esté sous l'Empire de la Chine; car il dépendoit de Tanyu dans la Tartarie; mais Xius, le premier de la famille de Cina, s'en estant rendu maistre, en chassa les Tartares, l'enferma au deçà de la grande muraille, & le nomma Peti: la famille de Tanga l'appella Kincheu: le nom qu'il a à present luy a esté donné par celle de Sunga. Tout ce pays est arrosé de plusieurs eaux & riuieres: ses montagnes & ses grandes riuieres luy seruent de rempart. Il y a trois Temples fort illustres, dont l'vn est dans la ville tout à fait grand & superbe: dans vne des sales, basties sur de grandes colomnes, on voit plus de trente-sept figures de la famille des Roys de Cheua. On recueille icy vne sorte de ris qui purge, & prouoque les vrines: il y a aussi vne certaine herbe semblable à des cheueux blonds; les Chinois la nomment Kinsu, c'est à dire, soye dorée: elle est amere au goust, plutost froide que chaude, & guerit la gale; il y a aussi vne sorte de febve, qui est vn souuerain & excellent remede contre tous les venins. Cette ville a cinq citez sous sa iurisdiction, dont la 1. est Kingyang, 2. Hoxi, 3 Hoan, 4. Ning⊙, 5. Chinning. *Les plus grandes raretés.*

Au Nord de la ville est la montagne de Taipe, qui commence prés de la source de la riuiere de He. Proche de la cité de Hoan est la montagne d'Vlum, sur laquelle il y a vn Fort pour la garde du pays; proche de Chinning est la montagne de Lo, où on void vingt & sept statues humaines: ils disent que c'est la nature qui les y a mises. *Les montagnes les plus considerables.*

H ij

# 64　LA TROISIESME PROVINCE

*Les riuieres.* La riuiere d'Hon passe prés de la cité d'Hon, à qui elle a donné le mesme nom. Celle de Pesuen est au Leuant de la ville : la carte fera voir le reste. On ne doit pas passer sous silence les lacs de Pepao, qui sont au Nord de la Ville : celuy de Fung qui est proche de la cité d'Hoxui, est remarquable pour son eau fort claire : celuy de Xahu est plus long ; car il va iusqu'aux frontieres de la cité d'Hoxui, & commence pres de la cité de Ning, Le lac de Hoama, qui est au Septentrion de la ville, a quarante cinq stades de longueur : là mesme il y a deux lacs qui sont salez, dont on tire beaucoup de Sel ; c'est pourquoy on les nomme Yenchi, c'est à dire les estangs à sel. Pres de la cité de Chinning il y a vne fort belle fontaine, claire comme cristal, qu'on nomme Oingxui.

### La huitiesme Ville

# IENGANG

CE pays n'a pas toûjours esté de l'Empire de la Chine : l'Empereur Xius, qui s'en empara le premier, le ferma d'vne grande muraille. Cette Ville est situées sur le bord Septentrional du lac de Lieu, dans vn lieu agreable & fertile : ce qui en augmente la beauté, est vne montagne renfermée dans les murailles, remarquable par diuers edifices tant publics que particuliers qu'on y a bastis. Cette ville commande à dix neuf citez, la premiere est Iengan, 2 Gansai, 3 Canciuen, 4 Ganting, 5 Paogan, 6 Ychuen, 7 Ienchuen, 8 Ienchang, 9 C'ingkien, 10 Fcu☉, 11 Cochuen, 12 Chungpu, 13 Ykiun, 14 Suitte☉, 15 Miche, 16 Kia☉, 17 Vpao, 18 Xinmo, 19 Fuco. Il distille de ses montagnes vne liqueur bitumineuse qu'on nomme d'ordinaire huile de pierre, dont on se sert pour la lampe & pour guerir la ga-
*L'abondance de toutes choses.* le : ce pays abonde aussi en fourrures precieuses, principalement en martes Zibelines : il y a quantité de marbres de toute sorte, il produit aussi vne fleur qu'ils nomment Meutan, les Chinois en font beaucoup d'estat, le nom qu'ils luy ont
*La fleur de Meutan.* donné vaut autant à dire que la Reyne des fleurs ; elle est plus grande que les roses de nostre pays, & luy ressemble quand à la figure, mais ses fueilles sont plus larges : elle n'a pas si bonne odeur, mais la surpasse en beauté : elle n'a point d'espines & a la couleur plus blanchastre, comme si elle estoit meslée de blanc & de rouge : on en trouue aussi de rouges & de jaunes : l'arbrisseau qui la produit ne resemble pas mal au sureau de nostre pays : on cultiue cette fleur par toute la Chine dans les jardins des curieux, auec beaucoup de soin & d'artifice, on la doit couurir dans les lieux où il fait fort chaud, pour la garder des ardeurs du Soleil. Il n'y a que deux Temples dediez aux Heros.

*Les principales montagnes.* La premiere montagne se nomme Chingleang, au Nord-est de la Ville ; dans vne de ses cauernes on voit vn peuple d'idoles, i'entens dix mille statuës, toutes taillées sur des pierres dures, les vnes plus petites, les autres plus grandes : elles furent toutes faites par le commandement d'vn certain Roy qui viuoit dans la solitude.

La montagne de Mengmuen est au Leuant d'Ychuen, elle forme vne Isle dans la riuiere Iaune.

Prés de la cité de Feu est la montagne d'Ingtao, elle se nomme ainsi à cause de ses cerisiers.

Proche de la cité d'Ykiun est la montagne d'Yohoa : elle a ce nom à cause d'vn Palais qui y est basty. Prés d'Ienchang est la haute montagne de Tochen, dont la montée est difficile & l'aspect affreux : elle est si roide par tout, que peu de personnes s'y peuuent aysement defendre, contre vn plus grand nombre ; car il y a des

# XENSI.

bourgs & des Campagnes qu'elle renferme : prés de la ville de Taohoa est vne cauerne dont on tire le cinabre.

La riuiere de Vuting est proche de Cingkien, on la nomme communement l'inconstante ; parce que comme elle court en des lieux sablonneux, aussi est elle tantost fort haute, tantost extremement basse : le lac de Lieu est au Midy de la Ville, on le nomme ainsi à cause qu'il est plein de saulx. *Les riuieres.*

Prés de Paogan on voit la riuiere de Kiemo, dont on dit que l'eau est si legere qu'elle ne sçauroit porter ny bois ny vaisseau ; car ils vont tout aussi tost au fonds, comme s'ils estoient dans l'air. *Eau d'vne nature merueilleuse.*

## Les places d'armes.

Pres auoir fait la description des villes & des citez, reste celle des Forts qui sont dās l'enceinte ou hors de la grande muraille, pour la deffendre auec tout l'Empire ; cōme aussi de ceux qui sont d'vn costé & d'autre dās cette Prouince, mais particulierement de ceux qui sont au couchant pour resister aux Royaūmes de Cascar, de Samahan, & de Tanyu ; les neuf suiuants sont les principaux, le premier est Socheu⊙, Xacheu⊙, 3 Xancheu⊙, 4 Iungchang⊙, Leangcheu⊙, 6 Choanglang⊙, 7 Sining, Chiny⊙, 9 Culang⊙ ; il y en a plusieurs qui sont plus petits, le premier Ninghia, 2 Ninghiachung, 3 Yaocheu⊙, 4 Mincheu⊙, 5 Hocheu⊙, 6 Cinglu, 7 Yulin, 8 Chinfan, 9 Xetu, 10 Hantung, 11 Pinglu, 12 Mingxa, 13 Guei, 14 Sengquei : & dans la grande muraille, cōme elle va du lenant au couchant on trouue les Forts qui suiuent, 1 Semuen, 2 Kinthang, 3 Hoama, 4 Pecho, 5 Taxum, 6 Pu'kiue, & encor d'autres moins considerables.

Le Vice-Roy fait sa demeure dans Cancheu, qui est vne ville de guerre : ce n'est pas le mesme que celuy qui fait sa residence dans la ville capitale de Sigan : c'est là aussi que demeurent les autres Magistrats qui sont les plus considerables, & qui ne reçoiuent leurs ordres que de la Court mesme : cette ville est extremement fortifiée contre les entreprises des Tartares : les soldats sont tous choisis, & diuisés en troupes au tour de la ville. Il y a vne campagne de sable jaune où il y a fort peu d'arbres & d'herbes, aussi est-ce vne partie du desert de Xamo, & peut estre celle que les Cosmographes de l'Europe nomment Lop.

Socheu est aussi vne ville extremement forte : le Gouuerneur qui y est a beaucoup de pouuoir : elle est diuisée en deux parties : les Chinois, que les Turcs, & ceux d'Astracan nomment Catayens, habitent dans la premiere, & les Mahometās & estrangers dans l'autre ; ils y viennent de l'Occident pour trafiquer, c'est delà que vient le nom de ce desert qui en est proche, sçauoir Caraquatay, qui signifie le pays de ceux du Catay : parce qu'aussi il y a nombre de Chinois qui y habitent : voicy les plus grandes raretez qu'il y ait ; la ville de guerre Ninghia qui est renfermée de la montagne d'Holan, comme d'vne muraille : cette montagne a trois cens stades de circuit : il s'y trouue force cheuaux sauuages ; dans Yaocheu il y a beaucoup de musc : Mincheu des perdrix, & des poules qui ont de la laine : il y a grande abondance de chanvre dans Hocheu, comme aussi du musc, des mirabolans, & du bois de senteur, qui ressemble à celuy de Sandal. *Ed qu'il lieu st Caraquatay.*

La montagne d'Hiaikeu, est au bord de la riuiere Iaune proche de Ninghia, au plus estroit de la vallée qu'elle fait, paroit la riuiere Iaune qui passe auec beaucoup de violence : il y a vne tour fort antique sur le sommet de cette montagne, & bien qu'elle soit presque toute tombée par terre de vieillesse, si ne laisse on pas d'y compter encor cent quatre vingt marches ; c'est vn ouurage tout à fait admirable, ayant falu porter le ciment & les pierres à vne si grande hauteur. *Les plus fameuses montagnes.*

Les Chinois disent que proche de Chegan & au bord il y a vn pont qui se nomme Fi, qui joint deux montagnes d'vne seule arcade, qui a bien quarante perchas

Chinoifes, c'eft à dire quatre cent coudées de largeur, & cinquante de hauteur en ligne perpendiculaire ; la riuiere Iaune paffe deffous : ils adiouftent qu'on mit trois ans à le faire, & le nomment auec raifon le pont volant.

Proche d'Yalin eft la montagne de He, où les Tartares vont fouuent chercher du fourrage & de la pafture pour leurs troupeaux & beftail ; il y a quantité de torrents & de ruiffeaux, d'où vient qu'il y croift auffi de l'herbe en abondance : l'autre montagne fe nomme Kilieu, qui eft proche de Leangcheu, & fort frequentée des Tartares.

*Les riuieres.* Les Chinois mettent au Zud-oueft de Socheu la mer ou le lac de Cing, c'eft à dire la mer noire, qui a en longueur cent cinquante ftades.

*Des lacs falez.* Il y a deux lacs falés proche de Ninghia, l'vn plus grand que l'autre, aufquels la nature aide à produire du fel, fans que les hommes y contribuent rien de leur peine ny de leur labeur.

*Riuiere merueilleufe.* Proche de Cancheu eft la riuiere de Io, les Chinois la nomment Io auec bonne raifon, car le mot fignifie debile : en effet fes eaux font fi foibles & legeres, qu'elles ne peuuent pas mefmes porter des pailles : elle coule vers le couchant ; mais les Chinois ne marquent pas jufqu'où elle va, & par où elle paffe.

Le lac de Húngyen eft proche de Oancheu, le nom fignifie fel rouge ; car auffi y fait on du fel rougeaftre : les cartes feront voir le refte.

## LA QVATRIESME PROVINCE: DE XANTVNG.

ENTRE les Prouinces qui font au Septentrion, celle de Xantung eft la quatriéme, elle pourroit auec raifon paffer pour vne fort grande Ifle ; car elle eft bornée de la mer au Nord, à l'Orient, au Midy, & arrofée prefque toûjours des riuieres du cofté du couchant ; c'eft pourquoy elle peut porter des nauires prefque par tout : la Prouince de Pexing, & le Golfe de Canglabornent au Septentrion : à l'Orient elle aboutit à la mer, & la ri- *Les limites.* uiere de Ci, la coupe par le milieu : la Prouince de Nanking & la mer luy feruent de limites au Midy, & la riuiere Iaune la fepare de Nanking : le fleuue de Iun, dont le Canal a efté fait par artifice, & celuy de Guei qui eft naturel, en ferment tout le refte de cette Prouince. La grande quantité de riuieres, de lacs & des ruiffeaux rend le terroir de cette Prouince fertile & fort abondant en tout ce qui eft neceffaire en bled, ris, millet, froment, orge, féues, phafeoles, en toute forte de *Abondance de fruits.* grains & de fruits : il n'y a que la feichereffe, & le dégaft des fauterelles, qui interrompt quelquefois cette heureufe abondance : il y pleut rarement : toutefois il y a des campagnes fi grandes & fi fertiles, qu'on dit que lors qu'vne année eft fertile, la pleine recolte peut fuffire toute feule pour dix ans, & pourroit mefme aux autres Prouinces.

On y a les poules & les œufs à bon marché, & les plus gras chapons ne coûtent

# XENSI.

gueres d'auantage ; & ce qui ne se pratique quasi point ailleurs, c'est qu'on a meilleur conte des plus gros & des plus gras chapons que des poulets : Il n'y a point de lieu où on donne les Faisans, les perdrix & les cailles à meilleur marché, comme aussi les lieures; car il n'y a point de Chinois qui soiēt plus grāds chasseurs que ceux de cette Prouince: elle produit aussi des loups, qui apportent du dommage au pays & aux hommes; & il y a si grande quātité de poisson dans les lacs, riuieres, & dans la mer, que vous y pouuez auoir dix liures de poisson pour vn liard de nostre pays. La soye y croit d'elle mesme dans les arbres & dans la campagne, sans estre filée par des vers à soye domestiques, mais par d'autres qui ne ressemblent pas mal aux chenilles : ils ne la tirent pas en rond ny en ovalle, mais bien en fils tres-longs, qui sortent peu à peu de leur bouche; la soye en est blanche : ce fil s'attache aux arbrisseaux & aux buissons, selon qu'il est poussé d'vn costé & d'autre par le vent, on l'amasse & on en fait des estoffes de soye, & bien qu'elles soyent vn peu plus grosses que celles qui sont faites de soye filée dans la maison, si est-ce qu'elles sont plus serrées & plus fortes.

*Soye qui naist dans les arbres & dās les champs.*

Ce pays produit aussi de tres excellentes poires de toute sorte, des chastaignes & diuerses sortes de noix : mais il y a si grand quantité de prunes, qu'elle les seiche & en fait part aux autres Prouinces, aussi bien que de ses poires : il y a de plus vne sorte de pōmes que ceux du pays appellent Suçu, on en trouue dans les autres Prouinces, mais il y en a plus grande abondance dans celle cy : on les seiche cōme les figues dans l'Europe & on les garde toute l'année ; les Marchands en vendent par toute la Chine, ces pommes sont vn peu plus grosses que ne sont les nostres, presque rondes, rouges & vermeilles : leurs pepins sont plats & ronds, de la grosseur d'vn liard : renfermés dans vne escorce dure comme du bois : or ces pepins ne sont pas dans le cœur de la pomme, mais ils se touchent les vns aux autres dans la chair vers la pelure, ou leur partie la plus pointuë est tournée : quelque-fois il y en a dix, quelque fois cinq, plus ou moins, selon la grosseur de la pomme : il y en a aussi quin'ont point de pepins, & dont la chair est toute rouge, & quand elle est meure, elle deuient molle comme vne corme, & a vn goust tres-bon & tres-agreable : & il se forme dessus comme vne crouste de miel ou de sucre qui est seiche, de sorte que vous croiriez que c'est vne escorce de citron confite : il y en a aussi quelques vnes qui ont l'escorce verte, qui estants meures ne viennent pourtant iamais molles, mais qu'on coupe auec vn coûteau comme les nostres, ou à qui on oste la peleure auec les dents : du reste ne different pas de celles qui sont rouge rougeastres : Ie ne crois pas que ce fruict croisse ailleurs que dans la Chine : l'arbre, sur lequel il croist, est mediocrement grand, & n'a presque pas besoin d'estre cultiué.

*Quantité de fruits.*

*La Pomme de Suçu.*

Le liure de la Chine, qui contient le nombre des hommes qui se trouuent en chaque lieu, fait son conte dans cette Prouince de 770555 familles, & de 6,759,675 hommes. Ce peuple a l'esprit plus pesant & plus grossier que les autres Chinois : il y en a peu parmy eux qui reüssissent entre les gens de lettres ; ils sont laborieux & supportent le froid : & sont forts & hardis. I'ay souuent veu des enfans, qui ne se joüoient pas seulement tous nuds en hiuer, mais qui se jettoient dans les riuieres, ou on dit qu'on les laue quand ils naissent : de là vient qu'ils supportent le trauail & qu'ils sont si courageux. Il ne faut donc point s'estonner si ce pays produit tant de voleurs, qui se sont rendus quelquefois si considerables par leur forces, & par leur nombre qu'ils ont esté capables de faire des armées & d'aspirer à l'Empire. Ils ont eu cy-deuant de si fameux chefs parmy eux, qu'ils en ont donné tous les noms aux cartes dont on joüe en la Chine, pour distinguer la valeur & le rang de chacune ; aussi en ont ils autant que nous, en effet elles ne different en rien des nostres ; car il y en a de quatre diuerses couleurs, horsmis qu'au lieu des rois, des valets & des dames, ils representent la teste de ces brigans auec leur noms, afin que ceux qui joüent, (qui par fois deuiennent eux-mesmes des voleurs) ayent horreur de leurs actions en joüant & se souuiennent de leur mauuaise fin.

*Le nombre des hommes.*

## 68   LA TROISIESME PROVINCE

Cette Prouince a beaucoup souffert dans cette guerre des Tartares, à cause de la temerité de ce peuple, & de son courage ; car comme ils se reuoltoient contre les Tartares, tantost d'vn costé tantost de l'autre ; aussi ont ils esté affligez par de grandes deffaites ; de sorte que la plus grand part de cette nation a esté taillée pieces, & tout le pays ruiné.

*Le tribut.*    Dans toute la Prouince de Xantung, on compte six villes pour les plus considerables, & plus de quatre vingt douze citez. Le Tribut du millet, du ris & du froment est de 2,8,1,2119 sacs ; de soyee filée elle en paye 54,990 rouleaux ; de liures de coton 52, 449 ; de bottes de paille & de foin 3824,290 ; outre le reuenu des Bureaux, dont il y en a trois sur la riuiere d'Iun, où tous les Nauires qui vont à Peking doiuent payer : & bien que les droits des marchandises, qui passent outre ne soient pas grands, toutefois il y a tant de sorte de marchandises & en si grande quantité, que j'ay ouy dire souuent aux Gouuerneurs qu'ils montoient jusques à dix millions, ou bien cent fois cent mille escus, outre ce que les Gouuerneurs en prennent en cachete.

*Le grande canal d'Iun fait par artifice.*    La riuiere d'Iun augmente principalement les richesses de cette prouince : son canal a esté fait par artifice : c'est sur cette riuiere que tous les vaisseaux de l'Empire passent pour porter leur marchandise à la Cour à Peking : ce grand canal commence au Septentrion de la Ville de Socien, au bord de la riuiere saffranée, d'où on mene tous les vaisseaux, qui y abordent de tous costez, dans cette riuiere d'Iun, & il va de là jusques à la cité de Cining, puis en suite jusquà la cité de Lincinq, ou il se descharge dans la riuiere de Guei, & à cause qu'en plusieurs endroits de ce canal, il n'y a pas assez d'eau pour faire passer les grands vaisseaux : on le soustient

*Les Escluses de la Chine.*    par des escluses : I'y en ay compté plus de vingt, c'est vn ouurage qui est fort beau & de durée, on a laissé vne porte pour y faire entrer les nauires : ils la ferment auec des aix fort grands & espais, puis les ayants leuez par le moyen d'vne rouë & d'vne machine auec beaucoup de facilité, ils donnent passage à l'eau & aux nauires, jusques à ce qu'ils les ayent fait passer par la seconde porte auec le mesme ordre & la mesme methode ; & ainsi en suite par toutes les autres ; mais à moitié du chemin, auant qu'on vienne à Cining, ils font entrer autant d'eau qu'ils veulent du lac Cang par vne fort grande escluse, & l'arrestent quand il faut, de peur que l'eau ne coule trop, & que le lac ne tarisse ; car l'eau de ce lac est bien plus haute que n'est pas le pays qui en est proche ; c'est pourquoy dans vn si petit espace de pays, il s'y trouue pour le moins huict escluses, qu'on nomme communement Tung Pa, à raison qu'elles soustiennent la trop grande impetuosité de l'eau.

Et pour vne plus grande commodité, affin que quand les vaisseaux arriuent au lac, ils ne soient pas contraints de passer au trauers, ils ont fait au bord de ce lac vn fossé ou canal, auec de fort belles digues des deux costez, par où tous les vaisseaux passent auec facilité. Certes si ceux qui se meslent de conduire les eaux & nos Architectes de l'Europe voyoient la longueur de ce canal, l'epaisseur & la hauteur de ces digues, leur force & leurs ornemens faits tous de pierre de taille si solides, ils auroient sans doute sujet d'admirer l'industrie des Chinois ; à peine se trouuera-t'il vne nation, qui puisse venir à bout de si grands trauaux, auec tant de diligence. Il y des hommes à chaque escluse, qui sont gagez des deniers publics, pour tirer les nauires jusqu'à ce qu'ils soient passez. C'est par ce canal que les nauires vont de la riuiere Iaune jusqu'à Peking ; on verra en suite quelle nauigation elles font pour entrer dans la riuiere Iaune.

# XANTVNG.

### La premiere Ville ou la Capitalle.
## CINAN.

L'Empereur Yvus mit la Ville Metropolitaine de Cinan auec tout son pays dans *Le nom de la* la Prouince de Cincheu, & la plaça sous la constellation de Guei; elle a de-*Ville* puis vn fort long-temps le nom de Cinan, à cause de la plus grande riuiere de cette Prouince qui s'appelle Ci; & pour lors les Roys de Cy y tenoient leur Cour, mais quand ils eurent esté defaits par la famille Hana, elle nomma cette Ville Cinan; parce qu'en effet elle est au Midy de la riuiere Ci, & que Nan signifie le Midy: apres elle changea de nom & fut appellée Linchi sous la famille de Tanga; mais celle de Taiminga luy rendit son plus ancien nom de Cinan.

La Ville de Cinan est fort grande, bien peuplée, & celebre pour la magnificence *Sa situation,* & grandeur de ses bastimens: elle est située dans vn lieu marescageux: il-a-des lacs *& ses com-* dans la ville & hors des murailles; c'est pourquoy elle est ouuerte par tout pour les *moditez.* basteaux: ce n'est pas toutefois que vous n'y puissiez aller par tout à pied, y ayant quantité de ponts pour cét effet, entre lesquels est celuy de Pchoa; ce pont a plusieurs arcades, qui ioignent vne Isle nommée Taiming, aux deux bords d'vn lac qui a le mesme nom, & qui est enfermé des murailles de la ville: il y a vn autre pont sur le mesme lac qui se nomme Fuyung, basti de pierre quarrées, qui ne doit rien de reste à l'autre.

Vn des Roys de la famille de Taiminga a tenu sa Cour dans cette ville, mais les *Le Temple* Tartares l'ayant fait mourir, ils n'y ont rié laissé que les palais & des jardins de plai- *de Tungo.* sance. Il y a plusieurs Téples pour leurs Idoles & pour leurs Heros, dix entr'autres qui sont les plus considerables, mais celuy de Tungo les surpasse de beaucoup en grandeur, ayant esté basti par Hoangtius, c'est là ou ils escriuent que plus de soixante & douze Roys ont vescu, tous hommes paisibles, deuots & Religieux; ces Princes durant leur retraite l'ont embelli de superbes & magnifiques piliers, & de bastiments qui y sont encor plus admirables: leurs Prestres qu'on nomme Bonzes iouïssent de grands reuenus: on voit aussi dans les montagnes de fort beaux sepulchres, tant des Roys que des principaux du pays. Pour la Compagnie de IESVS, elle y a vne Eglise dediée au vray Dieu, & deux Peres, qui trauaillent merueilleusement bien dans cette vigne du Seigneur,

Ce pays ne doit rien de reste à aucune autre des Prouinces du Septentrion; car *Qualité de ce* il y a grand quantité de millet & de toutes sortes de grains: & ses pasturages *pays.* nourrissent beaucoup de bestail: elle commande à trente citez, dont la 1. est Cinan, 2 Changkieu, 3 Ceuping, 4 Chagxan, 5 Sinching, 6 Ciho, 7 Citung, 8 *Les citez.* Ciyang, 7 Chichuen, 10 Iuching, 11 Linye, 12 Chang'ing, 13 Fiching, 14 Cingching, 15 Ling, 16 T'aigan☉, 17 Sintai, 18 Laiuu, 19 Te☉, 20 Tep'ing, 21 P'iugyuen, 22 Vuting☉, 23 Yangsin, 24 Haifung, 25 Loling, 26 Xangho, 27 Pin 28 Licin, 29 Chenhoa, 30 P'uta'i.

Hoang est vne grande montagne qui commence proche de Changkieu, de là *Les montagnes* elle s'estend jusqu'à Cichuen, puis aux enuirons de Ceuping: la montagne de *les plus re-* Champpe commence proche de la cité de Changxan, & va jusqu'à Ceup'ing, où *marquables.* il y a vn Temple fort celebre: la montagne de Tai est tres-haute & tres-grande elle est proche de Taigan: ceux de la Chine disent qu'elle a quarante stades, & qu'ils peuuent voir le Soleil de son sommet au premier chant du coq: il y a plusieurs cauernes dans cette montagne, beaucoup de Temples auec quantité de Sacrificateurs qui y viuent presque de mesme que nos Hermites. *Les riuieres.*

Proche de Laiuu est la montagne de Taxe, d'où on tire du fer.

La mer bat les terres des citez de Pin, de Licin, Haifum, & de Chenhoa.

C I

70  LA QVATRIESME PROVINCE

Le lac de Taming est dans la partie Occidentale de la ville, il en sort vn canal qui va au lac de Choing, qui aussi est dans les murailles : de ces deux lacs on a conduit des canaux par toute la ville, afin de la rendre nauigable, ouurage certes tout à fait admirable : ces canaux conduisent au lac de Cioxan, qui est hors la ville du costé du Septentrion.

Il y a vn fort grand lac proche de Changkieu, qui se nomme Peiun : il abonde en poisson, en fruicts de Linkio, & en fleurs de Lien, dont i'ay fait la description ailleurs.

On compte au Midy de la ville plus de septante & deux fontaines, il y en a vne entre autres qui s'appelle Kiuto, dont l'eau est beaucoup plus excellente que celle des autres.

La riuiere d'Yo passe prez de Ghangkieu, elle prend sa source dans la montagne d'Hosien.

*La Seconde Ville.*

# YENCHEV.

**La situation.** CE territoire sous l'Empereur Yvus estoit diuisé en deux parties, dont l'vne estoit comprise dans la Prouince d'Yencheu, & l'autre dans celle de Siucheu : de sorte qu'elle estoit sous deux constellations, sçauoir sous celle de Quei & de Leu : tout ce pays est renfermé de deux riuieres fort celebres de Ci & de la Saffranée : la riuiere de Ci arrose le pays qui est au Nord, & la Iaune celuy qui est au Midy, où il y a plusieurs belles campagnes, des montagnes couuertes de bois des Lics, & des riuieres riches en poissons ; elle est cultiuée par tout, l'air en est doux & temperé, & le terroir extremement fertile. C'a esté autrefois le Royaume de Lu ou la Ville se nomme Xanyang, les Roys de Cu s'en rendirent apres les maistres : la famille de Sunga la nomma Taining, neantmoins elle a toûiours retenu le nom qu'elle a d'Yencheu : elle commande à vingt & sept citez, dont la

**Des citez.** premiere est Yencheu, 2 Kioheu, 3 Niuyang, 4 Ceu, 5 T'eng, 6 Ye, 7 Kiuhiang, 8 Yutai, 9 Tan, 10 Chinguú, 11 Cao☉, 12 Cao, 13 Tingt'ao, 14 Cining☉, 15 Kiaciang, 16 Kiuye, 17 Kiunching, 18 Tungping☉, Venxang, 20 Tungo, 21 22 Iangcò, 23 Xeuchang, 24 Y☉, 25 T'anching, 26 Fi, 27 Suxui.

Entre ces citez Cining doit estre mise la premiere, car elle surpasse ou à tout le moins elle égale sa capitale, pour sa grandeur, quantité de monde, pour le nombre de ses marchandises, & mesme pour la reputation d'estre vne des villes les plus marchandes de la Chine ; car estant situee au milieu de l'aqueduct ou canal d'Iun, tous les vaisseaux y doiuent passer & payer les droits.

Cette ville tireroit assez de gloire de cela seul, qu'elle a eu vn Roy de la famille de Taininga : mais ce qui la releue dauantage, au jugement des Chinois, c'est **Cungfutius.** que Cungfutius, ce Philosophe si celebre, est né dans son territoire, à sçauoir dans la cité de Ceu, dans laquelle on luy a dedié plusieurs Temples, qui sont autant de marques à la posterité de la reconnoissance des Chinois : il y en a 15 principalement qui luy ont esté dediez, & à d'autres Heros, où on void plusieurs sepulchres, mais celuy de Cungfutius est le plus grand.

Ils raportent que le pays produit de l'or proche de Kinhiang, & qu'on auoit anciennement accoutumé de l'y amasser, c'est là que cette cité a eu son nom ; car le mot de Kinhianc vaut autant à dire que pays ou terre d'or ; on le tiroit principalement de la montagne de Kiuye.

**Les montagnes les plus notables.** Proche de Kioheu est la montagne de Fang, celebre par les sepulchres des parents de Cungfutius. Hing est vn costeau proche de Ningyang : il s'appelle ainsi à cause de la quantité d'abricots qu'il y a. Changping est vne montagne proche de

# XANTVNG.

la cité de Ceu, où on dit que Cungfucius nasquit, dans la cité qui porte le mesme nom que la montagne, où on void les ruines d'vne ville antique. Proche de la cité d'Ye est la montagne de Kiun, assez agreable, & où il y a plusieurs bourgs. Fung est vne montagne proche de Tungping, tellement meslée de forests & de campagnes, que c'est vn païsage à peindre; ceux de la Chine la comparent au beau tafetas à fleurs.

Proche de Taigan est la source de la riuiere Veu ; de là elle passe proche de Nin- *Les riuieres.* gian & de Venxang. La riuiere de Su passe aussi proche de la cité de Suxui, où elle prend sa source & luy donne son nom : apres elle passe par le territoire des citez de Kioheu & de Cining.

Les lacs sont, 1 Nanuang proche de la cité de Ven, 2 Toxan, 3 celuy de Faufius proche de Tingtao, 4 Leangxan proche de Tungp'ing. 5 Lui, c'est à dire le lac du tonnerre prez de la cité de Cao ; car au milieu il y a vne pierre, dont le corps ressemble à vn dragon, & la teste à vn homme : ceux de la Chine la nomment l'esprit du tonnerre, & disent que si on luy frape le ventre, qu'il en sort vn bruit comme celuy d'vn tonnerre. Il y a encores d'autres lacs moins considerables. Prez de Ningyang est la fontaine de Tao, c'est à dire du brigand, dont Cungfutius, disent-ils, ne voulut jamais boire, quoy qu'il eust grande soif ; tant il auoit d'auersion pour le nom mesmes d'vn meschant homme.

*La troisiesme Ville.*

# TVNCHANG.

LE pays de la Ville de Tunchang sous l'Empereur Yvus estoit compris dans la *Ancien* Prouince de Yencheu, & placé sous les constellations de Cuei & de Xe. Au *nom.* temps des Roys vne partie estoit dans l'obeïssance du Royaume de Ci, l'autre de Guei, & l'autre de Chao : la famille de Hana nomma cette ville Ciyn, & celle de Tanga, Pop'ing ; celle de Sung a luy donna le nom de Pocheu ; pour celuy qu'elle a à present c'est la famille d'Iuena qui le luy a imposé. Son terroir est vni & fertile, produit des fruits en abondance & de toute sorte, de façon qu'il n'y manque presque rien de ce qui se treuue ailleurs, ny qui soit necessaire à la vie : les vers à soye y filent aussi grande quantité de soye. Pour la ville elle est celebre & magnifique, & commande à dix-huit citez, dont la premiere est Tunchang, 2 Tangie, 3 Pop'ing, 4 Choangping, 5 Kieu, 6 Sin, 7 Cingp'ing, 8 Keu 9, Lincing⊙, 10 Quont'ao, 11 Caot'ang⊙, 12 Gen, 13 Hiacin, 14 Vuching, 1, Po⊙, 16 ran 17 Quonching, 18 Choaching.

Entre ces citez, Lincing surpasse toutes les autres, soit dans le nombre d'habitans, dans l'abondance de toutes choses, dans la magnificence de ses bastimens, & pour estre vne ville marchande & fort renommé ; de sorte qu'elle cede à peu de villes de cet Empire ; car elle est située dans vn lieu où la riuiere de Guei & le canal de d'Iun s'assemblent : de là vient que les nauires y abordent presque de toute la Chine, & qu'elle est comme le magazin de toutes sortes de marchandises. Il y a vn Bureau où trois Commis en reçoiuent les droits ; elle a quantité de bastimens considerables, & plusieurs Temples Et entr'autres vne tour hors *Vne fort belle* des murailles, d'vne structure & d'vne magnificence sans pareille : la figure en *Tour.* est octogone, elle a huict estages ; sa hauteur depuis le fondement iusqu'au sommet est de nonante coudées, & sa largeur à proportion : l'exterieur de la muraille est tout de terre de porcelaine, peinte & embellie de figures au naturel : par le dedans elle est reuestuë de marbres de diuerses couleurs, & qui sont tellement bien polis, qu'ils representent le visage de ceux qui s'y regardent, comme si c'estoit le miroir le plus net du monde; sur tout aux endroits où le marbre est noir: on y monte par vn escalier ou degré à vis, qui n'est pas au milieu de la tour, mais dans l'époisseur de la muraille: on va par cet escalier dans tous les estages, & de là à de tres-belles galeries faites de marbre ornées de grilles de fer dorées, qui deffendent & embellissent les saillies qui enuironnẽt cette tour: aux coings des galleries en dehors, & principalemẽt en haut, il y a des clochettes suspenduës; de sorte qu'estant agitées par le vent, elles rendent vn son fort agreable; au dernier estage on voit vne Idole; à qui la tour est dediée; cette statuë est de cuiure fondu & doré: Il y a prez de la tour quelques Temples d'Idoles, dont l'architecture & l'ordonnance sont tout à fait admirables & qui pourroient donner de la ialousie à ces lourds & pesants edifices de l'ancienne Rome. Cette tour est vne de celles que les Chinois (comme i'ay dit) firent bastir auec superstition, s'imaginans que leur fortune & leur bon-heur en dependoit; j'en ay fait la description parce que i'y ay monté, & que ie l'ay consideré diligemment & auec attention, ce n'est pas qu'il n'y en ayt de plus belles dans la Chine, vous pourrez iuger de toutes les autres par celle-cy, puis qu'elles se ressemblent pour la plus part, & que l'architecture & l'ordonnance est par tout la mesme.

*Les montagnes dignes de remarque.*

Il y a vne montagne entr'autres qui est digne de remarque, nommée Mingxe, qui signifie vne pierre resonante: elle n'est pas éloignée de Caotang; au sommet de cette montagne on y a dressé vne piece de bois, qui a cent perches de haut, on dit, que pour si peu qu'on la remuë, elle rend vn son comme celuy d'vn tambour: c'est aussi de là que cette montagne tire son nom.

*Les riuieres.*

Le canal d'Iun coupe le territoire de cette ville par le milieu, prez de Linching, il se décharge dans la riuiere de Guei: la carte fera voir tout ce qui reste à sçauoir des riuieres. Il y a vn lac dans Quouching qui se nomme Ho, dans lequel le Roy Guei nourrissoit autrefois des gruës auec grand soin: les Chinois nourrissent aussi ces oiseaux fort volontiers dans leur maisons aussi bien que les cerfs; & comme ces animaux viuent fort long-temps, ils tiennent que de les auoir dans leur logis, & de les regarder fort souuent, c'est vn moyen d'attirer les influences qui les peuuent faire viure dauantage.

*La quatriesme Ville.*

# CINGCHEV.

L'Empereur Yvus mit cette ville dans la Prouince qui porte le mesme nom, & l'a placée sous les constellations d'Hiù & de Guei; elle a esté autrefois aux Roys de Ci: la famille d'Hana l'a nommée Pehai, celle de Sunga Chinhai: mais elle tient le nom qu'elle a à present de la famille de Taiminga: elle ne manque pas de montagnes, mais la mer & les riuieres la rendent abondãte: il n'y a point de lieu où on ait les choses necessaires en plus grande abondance, ny a meilleur marché, & sur tout si grande quantité de poisson, qu'ils tirent beaucoup de profit des peaux seules qu'ils nomment communément Segrin: cette ville est renommée principalement pour auoir eu vn Roy de la famille de Taiminga. Sa iurisdiction s'estend sur quatorze citez, la premiere est Cingcheu, 2 Linchi, 3 Pohing, 4 Caoyuen, 5 Logan, 6 Xeuquang, 7 Changlo, 8 Linkiu, 9 Gankiu, 10 Cbuching, 11 Mungin, 12 Kiu⊙, 13 Yxùi, 14 Gechao.

*Pierre de vache.*

Il s'y tire vne pierre du ventre des vaches, que les Chinois appellent Nieuhoang, c'est à dire jaune, parce que cette pierre est d'ordinaire de cette couleur: elle n'est pas toujours également grosse, quelquefois elle est bien de la grosseur d'vn œuf d'oye: elle n'est pas d'ailleurs si solide que la pierre de Bezoar, mais

# XANTVNG.

plus vnïe: neantmoins les Medecins Chinois en font plus d'estat que du Bezoart: vous diriez que c'est du plus tendre crayon, mais jaune & sec; ceux de la Chine veulent qu'elle soit d'vne qualité tres-froide, asseurant qu'elle est tres-propre pour diuertir les desfluxions & les catharres, que si on en prend la poudre dans de l'eau chaude, qu'elle les arreste tout incōtinēt, & que si on verse dessus vn peu d'eau froide, qu'il en sort vne vapeur ou fumée, & qu'elle va tout aussi tost au fonds de l'eau dont elle s'imbibe. Pour moy ie croy que cette pierre est la mesme que celle que Bellonius dans ses Obseruations au liu. 3 chap. 46. nomme pierre de fiel: le mesme autheur dit que les Arabes la nomment Haraczi.

Proche de Chuching est cette grande montagne de Langsie; elle tire vers le Leuant & s'estend iusques à la mer: il y a plusieurs bourgs que l'Empereur Cius y a bastis; car il y mit prés de trente mille hommes pour la cultiuer & la peupler. *Les montagnes les plus considerables.*

La montagne de Mapien est proche d'Yxui, dont le sommet s'aplanit en vne campagne de nonante stades. *Les riuieres.*

La mer est proche des citez de Logan, Ceuquan, Chuching, & Geogio, où à tout le moins prés de leur territoire. Les Chinois estriuent, que dans les Isles prochaines, il croist vne herbe qu'ils nomment Lungsin, qui donne de la force & de la vitesse aux cheuaux s'ils en mangent. La riuiere de Copoi prend sa source dans la montagne d'Y, & passe delà par la cité de Ciù.

*La cinquiesme Ville.*

# TENGCHEV.

LA plus grande partie du territoire de Tengcheu est en terre ferme; mais la Ville est en quelque sorte separée du continent; l'haure en est tres-commode, & les Chinois y tiénent vne grande armée nauale & vne forte garnison; car elle est bastie dans vn lieu fort propre pour garder le Golfe de Cang; elle commande à huit citez; dont la premiere est Tencheu, 2 Coang, 3 Foxan, 4 Leuhia, 5 Chaoyuen, 9 Laiyang, 7 Ninghai, 8 Venteng. Dans le partage que fit Yvus elle fut mise au nombre des villes de la Prouince de Gingcheu, sous les mesmes constellatiōs que la precedēte: les peuples de Gaoy l'ont habitée autrefois auant qu'ils fussent sous l'obeïssance des Chinois; la famille d'Hiaa en fit la conqueste du temps des Roys, elle estoit dans le Royaume de Ci, mais elle doit son nom d'àpresent à la famille de Canga. Il n'y a que trois Temples qui soient fort considerables: au reste ie dois marquer icy, que les roseaux y sont quarrez contre l'ordre de la nature, qui a accoustumé de les produire presque toûjours ronds. Il y a quantité d'huistres qui font les delices des tables de la Chine: la pierre de Nieuhoang ou de vache s'y trouue aussi. *Les citez.*

Tengheng est vne montagne située au Septentriō de la ville, fort renommée par la desfaite du Roy de Ci par Cansinius. La montagne de Chifeu est proche de Foxan, & s'aduance vers la mer en forme d'vn istme. La montagne de Cheuy est aussi au Septentrion de cette ville de figure ronde, vne roche de cette montagne entre dans la mer, les Chinois la nomment Chu, c'est à dire la perle. *Les montagnes les plus celebres.*

La mer entoure cette ville du costé du Leuant, du Couchant & du Septentrion. Le lac d'Hiyuang est proche de Laiyang: la fontaine de Hanuen est vne des merueilles de la nature: car en mesme temps il en sort de l'eau chaude & de la froide: c'est aussi par cette raison qu'on la nomme Hanuen: elle est proche de Chaoyuen. *Les riuieres.*

## LA QVATRIESME PROVINCE

*La sixiesme Ville.*

# LAICHEV

CE nom luy a esté donné par ces anciens peuples de Lao, que les Roys de Ci reduisirent sous leur obeïssance, apres que ces Roys eurent esté desfaits ; la famille d'Hana nomma cette ville Tunglai, mais elle a presque toûjours retenu depuis le nom qu'elle a à present. La ville de Laicheu est situee sur vn promontoire : la mer la borde de trois costez, & les montagnes de l'autre : elle commande à sept citez, la premiere est Laicheu, 2 P'ingtu, 3 Vi, 4 Changie, 5 Kiao☉, 6 Caomie, 7 Cieme. Il y a cinq Temples qui sont considerables, & plusieurs Forts vers le bord de la mer. Yvus a mis les forts sous les estoiles de Hiu & de Guei.

*Les Citez.*

La montagne d'Hoang est au Midy de la ville : vne certaine fille luy donna ce nom, aussi luy dedia on vn temple en memoire de sa virginité. La montagne de Tachu est au bord de la mer prez de la cité de Kiao. Proche de Cieme on voit la montagne de Lao, qui s'auance vers la mer.

*Les montagnes les plus notables.*

La mer, qui entre dans la partie de la ville qui regarde le Septentrion, passe aussi par les citez de Changye, de Vi, de Kiao, & de Cieme. Sans parler des autres choses, il n'y a que deux riuieres qui soient dignes de remarque : la premiere est celle de Kiao proche de Pingtu, Kiao signifie que la riuiere de Colle, à cause que son eau est gluante & trouble : la seconde est celle de Vi proche de Caomie; dont Hansinius arresta le cours auec des sacs pleins de sable, & desfit par ce moyen ses ennemis, comme ie le fay voir plus au long dans mon Abregé. Il y a aussi proche de Pi'ngtu vne fontaine, nommée Seüyo dont l'eau est tres-excellente.

*Les riuieres.*

## Les Isles.

ON compte aussi quelques Isles dans cette Prouince, qui se verront dans la carte ; les plus remarquables sont celles qui suiuent : la premiere est Feùyeu au couchant : cette Isle n'est pas grande, mais cultiuée partout. 2 Tienheng est vne isle dans la mer proche de Caomie : c'est là que cinq cens Philosophes se precipiterent dans la mer, à cause de la haine que l'Empereur Xius portoit aux bonnes lettres, comme on peut le voir dans mon Abregé. Xamuen est vne Isle fort peuplée ; c'est la plus grande de toutes, elle est dans le Golfe de Cang : c'est vn havre fort commode pour les nauires, car on passe aisément de là Corée, à Peking & à Leaotung : c'est aussi vn havre tres-propre pour entreprendre de grands voyages : on dit qu'elle est fort riche en or, & qu'elle à des mines tres-considerables, mais qui sont gardées de peur qu'on ne les trauaille.

## Les Forts.

ON a basty des forts, dans tous les detours que fait la mer, à l'emboucheure des riuieres, à l'entrée des ports qui sont la pluspart si grands & si peuplez, qu'ils ne doiuent rien de reste aux grandes citez ; en voicy les noms, le 1 Ningc'ing, 2 C'inghai, 3 Chinghai, 4 Gueihai, 5 Sanxan, 6 Kixan, 7 Ciuenxan, 8 Mauan, 9 Siaoye, 10 Haiçang, 11 P'unglai, 12 Chin, 13 Xechin.

# LA CINQVIESME PROVINCE:
# DE HONAN.

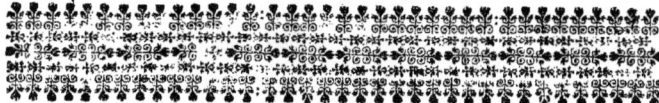

LA situation du lieu où est cette Prouince luy a donné le nom de Honan : Honan signifie la partie de la riuiere qui est au Midy, aussi est elle située sur le bord de la riuiere Saffranée, elle va tout droit du couchant au leuant, & separe cette Prouince de celle de Xansi & de Peking. Au Leuant & au Zud-est, elle est bornée de la Prouince de Nancheli ou Nanking : au Septentrion & au Nord-est elle confine à Pecheli ou Peking, & en quelques lieux à la Prouince de Xantung : au Midy & au Zud Ouest à Huquam : à l'Occident elle aboutit à Suchuen, & à Xansi.

*Nom.*

*Ses bornes.*

Les Chinois affirment que cette Prouince est au milieu du monde; car ils ne croyent point qu'il y ayt d'autre pays que le leur, tousiours est-elle au milieu de la Chine : les anciens Empereurs y ont souuent tenu leur Cour, l'ayant preferée aux autres à cause de la commodité de la riuiere Iaune, & de l'incroyable beauté & fertilité du pays. Son terroir s'estend en campagnes; si ce n'est du costé de l'Occident, ou il est haut & bas à cause des montagnes : hors de ces montagnes elle est presque par tout fort fertile. Il y a mesme des forests sur les montagnes : les champs rapportent quantité de froment, de ris, & nourrissent beaucoup de bestail : l'air en est doux, temperé, & en rend la demeure fort saine : tout ce pays est plain de villes, de citez, de gros bourgs & de chasteaux, & si bien arrosé de riuieres & de petits ruisseaux, qu'à peine s'en trouuera il vn autre qui merite de luy estre comparé: Il produit aussi presque tous les fruits que nous auons dans l'Europe en si grande quantité, qu'on les a à presque pour rien : enfin on y a les choses necessaires & mesmes les superfluës en si grande abondance, que ce n'est point merueille si les Chinois nomment cette Prouince leur jardin de plaisance ; aussi est elle si recreatiue vers l'Orient, & cultiuée auec tant de soin, que vous y pouuez voyager durant plusieurs jours, comme si vous vous promeniez dans vn jardin : lors que i'y estois il me vint dans l'esprit que la Prouince de Honan pourroit estre appellée le jardin de la Chine & de la haute Asie, comme l'Italie est celuy de l'Europe.

*Son excellence.*

*Sa fertilité.*

Le liure de la Chine, qui contient le denombrement des personnes, marque dans cette Prouince 589,296 familles, & 5,106,270 hommes : le tribut du bled & du ris qu'ils payent est de 2414477 sacs : de soye cruë 23509 liures : d'estoffes & de drap de soye de diuerses sortes 9959 : de toile de coton, dont pourtant il n'y a pas grande quantité 341 : de botes de foin pour les cheuaux du Roy 2288744.

*Le tribut.*

Cette Prouince commande à huit grandes villes, & cent citez, outre les forts & chasteaux, dont ie parleray plus bas.

# LA CINQVIESME PROVINCE

*La premiere Ville ou la Capitale.*

# CAIFVNG.

Caifung estoit grande, riche, peuplée & remarquable pour la magnificence de ses bastimens; mais elle fut presque toute ruinée l'an M. DC. XLI. apres auoir soûtenu vn long siege plusieurs mois durant, contre les rebelles de la Chine: toutefois elle s'est remise en quelque façon dans sa premiere splendeur: on compte presque deux lieuës de C'aisung jusqu'à la riuiere Iaune tirant vers le Midy: elle est située dans vn lieu fort bas, proche de la riuiere de Pien qu'elle a à l'Orient, au Midy & au Couchant; c'est vn des bras de la riuiere Iaune, dont les eaux sont plus hautes que la ville mesme; mais pour empescher qu'elles n'endommagent la ville, on y a basty de fort grandes digues de pierres de taille, la longueur de plus de trois cent stades: cette ville n'auoit rien à craindre de ce siege, si les soldats de sa garnison n'eussent point eux mesmes rompu les digues, pensant noyer ces rebelles, qui tenoyent leur ville de si prez assiegée: mais elle se trouua enuelopée dans ses eaux, auec vne de nos Eglises, & vn Prestre de nostre societé.

l'Empereur Yvus auoit diuisé le territoire de cette ville en deux Prouinces, il en auoit mis vne partie dans celle d'Yen, & l'autre dans celle d'Yu; & les auoit placé sous deux constellations, sçauoir de Kio & de Cang: sous la premiere famille Imperiale d'Hiaa elle fut nommée Hiao, l'Empereur Chungtingus qui estoit de cette famille y transporta sa Cour: & quoy que les Empereurs ayent changé leur demeure par apres, si est ce qu'il y a toûjours eu vn Roy dàs cette ville, & vn Prince de la famille de Taiminga qui estoit fort considerable, auec beaucoup d'autres du Sang Royal, qui y ont aussi demeuré: Du temps des Roys Guei, elle estoit la

*Ds anciens noms.* capitale du Royaume, & pour lors on la nommoit Taicang: la famille de Tanga l'appella Piencheu; sous celle d'Vtai, c'estoit la Cour du Royaume de Leang. aussi luy donna-t-on le nom de Leangcheu; sous la famille de Kina on l'appella Nanxing, c'est à dire la Cour du Midy; sous celle d'Iuena elle fut nommée Pienleang; mais la famille de Taiminga luy a donné le nom qu'elle a à present. Son territoire comprend trente & quatre grandes citez, dont la premiere est C'aisung,

*Les citez.* 2 Chinleu, 3 Ki, 4 Tunghiu, 5 Taikang, 6 Gueixi, 7 Gueichuen, 8 Ienlin, 9 Fukeu, 10 Chungmeu, 11 Ianguú, 12 Iuenuú, 13 Fungkieú, 14 Iencin, 15 Laniang, 16 Chin ☉, 17 Xangxui, 18 Sihoa, 19 Hiangching, 20 Xinkieu, 21 Hiú ☉, 22 Liniú, 23 Siangching, 24 Ienching, 25 Changco, 26 Iu ☉, 27 Sinching, 28 Mie, 29 Ching ☉, 30 lungyang, 31 Iungçe, 32 Hoin, 33 Súxúi, 34 Ifung. Entre ces citez celle de Sinching est remarquable, à cause que Honangtius deuxième de ce nom y nasquit.

Cette ville a fort grand nombre de beaux bastimens, de tours, de sepulchres, de grands Palais, & dix temples tres-magnifiques, dediez à des Heros. Proche de la Cité de Chin est vn lieu de plaisance, c'est vn parc fermé de murailles, auec vn palais fort agreable auec vne chambre bastie pour prendre le frais, & où l'on ne sent point les plus grandes chaleurs de l'esté.

*Les plus fameuses montagnes.* Y est vn costeau renfermé dans ses murailles, diuertissant & remarquable pour les jardins, bois & bastimens, tant publics que particuliers qui y sont. Xeu est vne montagne dont les Chinois font grand estat, ne croyant pas qu'en tout le monde elle ait sa pareille pour sa figure, & pour sa situation: elle est mise la premiere dans les liures de Fungxui, qui a escrit du bon-heur des montagnes.

La montagne de Kiçu est proche de Sinching, ou on void vne cauerne embelli-

# DE HONAN.

bellie par Hoangtius; on dit que cét Empereur auoit accoustumé d'y passer l'Esté.

Les riuieres de Kinxui, de Pa, d'Iu, la Saffranée, celles de Xeleang & de Pien qui sont assez grands, arrousent le territoire de cette ville. Il y a les deux petits lacs de Si, dont l'vn va vers le couchant de la cité d'Hiu, & l'autre passe proche de Ienling, auec deux autres lacs fort petits qui se nomment Lieu, à cause de la quantité de saulx qui les bordent; l'vn est proche de la cité de Chin, & l'autre de celle de Sinchin. *Les Riuieres.*

Il y a aussi le lac de Kinming, ou du Combat naual: la famille Imperatrice de Sunga le fit creuser au couchant de la ville; l'Empereur Taïçungus auoit accoustumé d'y faire exercer ses soldats; ce lac est fort diuertissant, il y a force Palais & Temples à voir: on y voit de tout costez des Vers & de la Poësie, grauée dans le marbre, à la loüange de ce lac. Il y a aussi d'autres lacs, mais de moindre consequence, dont l'vn s'appelle Tungmuen, à cause que l'eau y est fort claire, sans mousse & sans herbe; il est proche de la cité de Chin. *Lacs.*

Putien, le plus grand lac de tous ceux du pays, est dans le territoire de la cité de Chungmeu. Il y a aussi vne excellente fontaine dans les montagnes de la cité d'Iu.

### La seconde Ville
## QVEITE.

TOut le païs de cette ville est renfermé de deux grādes riuieres au Septentriō de la riuiere Iaune, & au Midy de celle d'Hoai. Elle a de la reputation pour la fertilité de son terroir, & pour la bonté de son air; l'Empereur Yvus la plaça comme sa Capitale; son excellence paroist en ce que les Roys de Sung y ont tenu leur Cour. Au temps de ces Roys ce pays fut partagé entre les trois Roys de Ci, de Cu, & de Quei; mais la famille de Cina apres les auoir tous défaits le nomma Xangkieu, celle de Hana Ciuyang; celle de Sunga Ingtien: les Roys d'Vrtay luy donnerent le nom qu'elle a à present: elle commande à neuf citez, abondantes & fort peuplées: la 1 est Queite, 2 Ningling, 3 Loye, 4 Iaye, 5 Iungching, 6 Iuching, 7 Ciu, 8 Hiaoching, 9 Xeching. *Les citez.*

Il y a de toute sorte d'oranges, des grenades tres-excellentes; la cité de Xeching, qui est la derniere de toutes en tire son nom, à cause qu'il y en a si grande abondance, & qu'elles y sont excellentes; car le mot de Xeching signifie les murailles de Grenades. Sur le lac de Nan au Midy, est vn pont de pierre de taille, & vn autre de mesme, hors des murailles de la cité d'Iungching. Il n'y a que trois Temples considerables, dediez aux Heros. *Fruicts.*

Ce pays est fort plat, il y a peu de montagnes, & encore fort petites, dont les Geographes Chinois ne marquent que le nom. La montagne d'In est proche de Loye, celles de Tang & d'Yu proche de Iungchin. *Les montagnes les plus remarquables.*

Les riuieres Iaunes, de Pien & de Ciu arrosent ce territoire: le lac de Nan est au Midy de la ville, il est diuisé en deux parties, par vn pont: le lac de Si est aussi au couchant de la cité de Ciu: le lac de Chokin a de la reputation, à cause de quantité d'ouuriers en soye qui y demeurent, & qui y ont esté attirez par la bonté & excellence de son eau, dans laquelle la soye prend vn merueilleux lustre, quand on l'y laue: c'est de là que ce lac a tiré son nom, qui signifie le lauoir d'estoffe Damasées.

K

## LA CINQVIESME PROVINCE

*La troisième Ville*

# CHANGTE.

CEtte ville est dans la partie la plus Septentrionale de cette Prouince : les Prouinces de Xansi & de Peking la resserrent, de-là vient qu'elle n'a pas beaucoup d'estenduë. Le pays est plat presque partout, & son terroir gras & fertile. Il n'y a gueres de montagnes, & s'il y en a elles sont fort petites : prés de la cité de Cu, il y en a vne vn peu plus grande que les autres ; elle se nomme l'aimant, à cause qu'on y en tire : l'Empereur Yvus, adiousta ce pays à la Prouince de Ki, & le mit sous les constellations de Xe & de Pi. Au temps des Roys elle dépendoit du Royaume de Guei ; la famille de Cina la nomma Hantan, puis apres Stangeheu ; elle tient le nom qu'elle a à present de la famille d'Vtai. On y trouue diuerses sortes d'absinte : on y pesche aussi vne sorte de poisson que ceux de la Chine nomment Haiûl, le petit du poisson ; car il crie comme vn enfant quand on l'a pris : il ressemble assez à vn crocodile, a la queuë fort longue, enuiron de quatre pieds : quand sa graisse brusle, il n'y a point d'eau ny d'artifice qui la puisse esteindre. On y compte sept Temples ; mais celuy qui est au couchant de la ville & dedié à Yvus, surpasse tous les autres en grandeur & en magnificence : cette ville commande à sept citez, dont la 1 est Changte, 2 Tangin, 3 Linchang, 4 Lin, 5 Cu ☉, 6 Vugam, 7. Xe.

*Poisson qui crie.*

*Les citez.*

La montagne de Simeu est proche de Tangin, c'est de là que la riuiere de Tang prend sa source : La cité de Lin a la montagne Yyang si roide & difficile, qu'on a bien de la peine à y monter : toutefois il y a vne plate campagne au sommet, où beaucoup de gens se retirent durant la guerre : Il y a aussi la montagne de Cu, proche la ville de Cu : le Roy Ci y cacha quantité d'or, ayant fait mourir en suite ceux qui l'y auoient caché, de peur qu'il ne fust découuert ; neantmoins le fils d'vn des ouuriers, quoy qu'enfant, remarqua le lieu, & en leua ce thresor quand il fut grand : on y tire aussi d'excellente pierre d'aymant.

*Les montagnes les plus renommées.*

La riuiere de Lo & de Ganyang, qui se nomme aussi Von, passe par la cité de Liu, y entre dans la terre, & se cache pendant quelques stades, & puis se répand tout d'vn coup.

*Les riuieres.*

*La quatriesme Ville*

# GVEIHOEI.

L'Empereur Yvus plaça cette ville en mesme lieu que la precedente : elle la regarde au Midy, & est situëe au bord meridional de la riuiere de Guei, qui prend sa source dans le territoire de cette ville, qui est sablonneux & beaucoup plus sterile que ne sont les autres, il ne manque pourtant d'aucune chose necessaire, à cause de la commodité des riuieres. Cette ville est considerable pour auoir eu vn Roy qui y a fait sa demeure : les Temples les plus fameux sont sept, dediez aux heros : elle a iurisdiction sur six citez, Gueihoei, 2 Coching, 3. Sinhiang, 4 Hoekia, 5 Ki, 6 Hoei.

*Les citez.*

Apres que l'Empereur Vtus eut fait mourir ce meschant Empereur Kieus, qui tenoit sa Cour dans cette ville, il en changea le nom & l'appella Pinan,

*Les anciens noms.*

# DE HONAN.

luy donnant Cangxous pour Roy : du temps des Roys elle appartenoit à ceux de Guei : sous la famille de Cina, elle fut comprise dans les terres de Hotung: la famille de Hana la nomma Honui ; celle de Sunga Queicheu : le nom qu'elle a à present luy vient de la famille de Taiminga. On void au Midy de cette ville vn Temple qui est fort remarquable & magnifique, basty au mesme lieu où l'Empereur Vuus rencontra ce grand Philosophe Liuvangus, dont les bons conseils & la vertu luy seruirent tant, pour paruenir à l'Empire.

Il y a proche de Ki vne montagee qui a le mesme nom, fort agreable pour les belles forests qui y sont : là mesme est la montagne de Cingnien, dans vne de ses cauernes est vne eau croupissante, où si on laue quelque partie du corps où il y ait du poil, il en tombe tout aussi-tost. *Les montagues.*

La riuiere de Guei passe au Septentrion de la ville, sa source en est à l'Occident. *Les riuieres.*

La riuiere de Ki passe par la cité de Ki, à qui qui elle donne son nom.

*La cinquiesme Ville*

# HOAIKING.

CEtte ville a vn fort petit territoire, d'ailleurs l'air y est doux & sain, & le fonds fertile : au Septentrion elle est bornée de montagnes, & au Midy de la riuiere Iaune; il contient six citez, la 1 est Hoaking, 2 Ciyuen, 3 Siyevuú 4 Vuche. 5. Meng, 6 Ven. Dans le partage que l'Empereur Yvus en fit, ce pays appartenoit à la Prouince de Ki, & estoit sous les constellations de Xe & de Pi: la famille Imperatriale de Xanga la nomma Kinui, & celle de Cheva Sanyven: du temps des Roys elle s'appella tantost Guei , puis Quei; & apres Ching : la famille de Cina l'appella Sanchuen, celle de Hana Honui, celle de Tanga Hoaicheu, & la famille de Taiminga Hoaking; vn Roy de cette famille y demeuroit d'ordinaire : elle n'a que trois Temples qui soient considerables, elle produit de bons remedes pour la medecine, dont elle fournit les autres Prouinces. *Ancien nom.*

Dans le fossé de la cité de Ciyuen on a enfermé diuerses sortes d'animaux : là mesme il y a vn bastiment fort remarquable, en memoire d'vn homme qui sur le poinct de se marier fit au Ciel cette priere : Ie ne demande point de richesses ny du plaisir, aussi n'est-ce pas pour cette consideration que ie me veux marier : ie souhaite seulement d'auoir des fils qui soient gens de bien : vne priere si iuste fut exaucée, il en eut trois de sa femme, qui furent tres-grands Philosophes, & Gouuerneurs de Prouinces.

Au Septentrion de la ville est la montagne de Tai, qui s'entr'ouurit autrefois, il en est demeuré vne cauerne de trois cens perches : l'eau qui en sort est fort épaisse & bitumineuse; de sorte qu'on s'en sert en plusieurs lieux au lieu d'huile; elle n'a pas mauuais goust. *Les montagues.*

La montagne de Vanguo proche de Ciyuen, ressemble à vn Palais, elle est couuerte de bois & d'arbres.

La riuiere de Ki prend sa source dans la montagne de Vanguo, elle se cache apres sous terre, & en suite fait le lac de Taye; les eaux qui en sortent se nomment la riuiere de Ci. *Les riuieres.*

K ij

## LA CINQVIESME PROVINCE.

*La sixième Ville*

# HONAN

HOnan a le mesme nom que la Prouince entiere : elle regarde sa capitale vers le couchant, & est située sur le bord Septentrional de la riuiere de Co, les Chinois veulent que ce soit le centre & le nombril du monde, parce qu'elle est au milieu de la Chine ; le pays qui l'enuironne est plein de montagnes ; mais il ne laisse pas d'estre fertile : la ville est fort grande & fort peuplée. Elle a eu vn Roy de la famille de Taiminga : on y compte treize Temples fameux, erigez à l'honneur des Heros, dont l'vn est basty sur la riuiere de Co à l'Orient de la ville, sous lequel la riuiere passe, comme sous la voute d'vn pont. Cette ville a donné aux Chinois le premier Empereur qu'ils ayent eu de la famille de Sunga. L'Empereur Yvus auoit adiousté ce pays à la Prouince d'Yú sous la constellation de Mao : la famille de Cina la nomma Sanchuen, qui signifie trois cheuaux ; aussi la ville est-elle située entre trois riuieres : la famille d'Hana luy a donné le nom qu'elle a à present, car elle s'y retira lors qu'elle eut esté chassée des prouinces du Nord, & y tint le siege d'vn Empire qui n'y deuoit pas durer long-temps : le Roy de Guei la nomma Cocheu ; la famille de Tanga Tungtu ; celle de Sunga Siking ; la famille de Kina la nomma Kinchang ; mais celle de Taiminga luy rendit son premier nom de Honan.

*Les citez.* Elle commande à quatorze villes, dont la premiere est Honan, 2 Iensu, 3 Ceng, 4 Mengcin, 5 Yyang, 6 Tengfung, Iungning, 8 Mengcin, 5 Yyang, 6 Mienchi, 10 Cao, 11 Xen☉, 12 Lingpao, 13 Xouhiang, 14 Luxi.

*Instrument pour connoistre la hauteur du Pole par le moyen de l'ombre, & la connoissance de l'aimant, fort ancienne par my les Chinois.* Entre ces citez Tengfung merite bien qu'on s'arreste vn peu à la considerer ; car ceux de la Chine la mettent au milieu & au centre du monde ; on y voit mesme encor à present vne regle esleuée à plomb sur vne plaque de cuivre, diuisée en certaines parties, comme aussi vne ligne tirée sur la mesme plaque, diuisée aussi en ses parties : Cheucungus, ce grand Astrologue & Mathematicien Chinois Empereur de toute la Chine, se seruoit autrefois de cét instrument, pour prendre l'ombre du midy, afin de sçauoir en suite l'eleuation du pole, & faire d'autres obseruations : il viuoit mille cent vingt ans auant la naissance de I. C. Là mesme on void la tour sur laquelle il auoit accoustumé d'obseruer le cours des Astres ; elle se nomme Quonsingtai, c'est à dire la tour pour considerer les Astres : le mesme Cheucungus auoit sans doute dés lors vne connoissance fort particuliere de l'aiguille & de la boussole ; comme ie le fay voir plus clairement dans l'Abregé que i'ay fait de l'histoire de la Chine.

Il y a dans ce pays quantité de sepulchres fort magnifiques, & de tres-beaux iardins autour des murailles de la ville ; auec plusieurs parcs. Proche de la cité de Xen on void dans vn grand Temple, douze statuës, sur leurs bases ; ce sont des pieces qui s'y sont conseruées depuis que l'Empereur Xius les fit fondre, auec vn artifice tout à fait extraordinaire.

*Les montagnes.* La grande montagne de Pe mang est au Septentrion de la ville, de là elle occupe les pays de Iensu, de Cung & de Mengcin : la double montagne d'Inquan est au Zud-oüest de la ville : dans cét entre-deux elle reçoit comme par vne porte la riuiere d'In. Proche de la cité d'Hiang sont les montagnes de King, d'où on tire le cuiure ; on escrit que c'est de là que l'Empereur Coangtius prit le cuiure dont il meubla sa Maison, & fit ses machines : c'est la mine la plus ancienne dont on se souuienne.

Y, est vne riuiere dont la source est dans les montagnes de la cité de Luxi ; Lo

# DE HONAN.

eſt vne autre riuiere remarquable : il y en a auſſi d'autres moins celebres : mais à l'Orient de la cité de Ienſu on remarque vn lac qui eſt froid en Eſté & fort chaud en Hyuer; & au milieu de la ville d'Honan la fontaine de Ping, qui eſt fort agreable : On y a fait vn eſchaffaud de pierre, afin que les curieux la puiſſent mieux conſiderer, & plus à leur aiſe.

*La ſeptiéme Ville*

# NANYANG.

CEtte ville, qui eſt vne des plus celebres, eſt ſituée au couchant de la riuiere d'Yo, dont le pays eſt de grande eſtenduë, fertile & abondant en toutes choſes : il s'y trouue treize citez, dont la 1 eſt Nanyang, 2 Chinping, 3 Tang, 4 Picyang, 5 Tungpe, 6 Nanchao, 7 Tenho, 8 Nuihiang, 9 Sinye, 10 Checuen, 11 Yuo, 12 Vuyang, 13 Ye. Ce pays eſt par tout renfermé de montagnes & de riuieres, & eſt de grande conſequence pour la ſeureté de l'Empire Chinois; car il y a ſi grande quantité de viures, qu'il s'eſt veu fournir de grandes armées des choſes neceſſaires : l'Empereur Vvus la ioignit à la Prouince de Iu, & ordonna qu'elle ſeroit placée ſous les conſtellations de Ching; c'eſtoit vn Royaume qui appartenoit anciennement à la famille d'Hiao auant qu'elle ſe ſaiſiſt de l'Empire. Sous la famille de Cheua elle fut nommée Xinpe; apres les Roys de Cu s'en emparerent, puis ceux de Han : la famille de Cina luy a donné le nom qu'elle a à preſent : la famille de Sunga & de Tanga l'appellerent Voncheu. Cette ville eſt extrémement peuplée & opulente : elle produit la pierre d'azur, & vne ſorte de ſerpens, dont la peau eſt tachetée & marquetée de petites taches blanches; les Medecins Chinois s'en ſeruent contre la paralyſie, apres l'auoir fait tremper dans vne phiole pleine de vin. On y void de tres-beaux baſtiments, & neuf Temples dediez aux Heros : vn Roy de la famille de Taiminga y a fait ſa demeure, ce qui a ſerui d'vn grand ornement à cette Ville.

*Ses citez.*

*Serpens admirables.*

Au Septentrion eſt la montagne d'Yu, où on trouue trente-ſix eſtangs. La montagne de Taipe commence prés de Nuihiang, & va iuſques proche de Checuen : là meſme eſt la montagne de Tienchi, auec vn lac dont l'eau eſt merueilleuſement bonne pour les maux de cœur.

*Les montagnes.*

La riuiere d'Yo, ou de Pe, celles de Pie, de Chi, & de Hoai, rendent ce pays fort fertile ; mais ce qui donne plus ſujet d'admiration, eſt la riuiere de Tan, qui paſſe prés de Nuihiang, dont tous les poiſſons ſont rouges, & ne ſe peſchent que vers le commencement de l'Eſté, ſe tenans cachez tout le reſte de l'année. Ceux de la Chine eſcriuent, que ſi on ſe frotte les pieds du ſang de ces poiſſons, qu'on pourra aiſément marcher ſur l'eau : ie m'en rapporte à eux; pour moy, qui n'ay iamais veu ce pays, ie n'en puis rien aſſeurer ; ils adiouſtent que ſi en Eſté on trouble l'eau, les poiſſons montent incontinent en haut, & rendent la riuiere rouge & de couleur de feu; c'eſt de là qu'elle ſe nomme Tan, qui ſignifie rouge.

*Les riuieres.*

Proche de la cité de Teng eſt vne petite Iſle nommée Pehoa, c'eſt à dire de toutes fleurs, au milieu de laquelle il y a vne maiſon de plaiſance, baſtie auec beaucoup d'art.

Proche de Nuihiang eſt vne fontaine ; les Chinois font beaucoup d'eſtime de ſon eau, perſuadez qu'ils ſont qu'elle ſert à prolonger la vie.

K iij

# LA CINQVIESME PROVINCE

## La huictième Villé.
## IVNING.

LE ressort de cette ville est proche du bord du lac de Co, à l'Orient de la ville que nous venons de dire ; elle est enuironnée de montagnes au Nord, & au Midy de la riuiere d'Hoei : elle produit cette precieuse herbe Cha, que ceux de la Chine ne sçauroient assez loüer, & dont ils se seruent aussi tous les iours ; j'en fay ailleurs vne description plus particuliere. Yvus mit ce pays dans la mesme Prouince que la precedente, & le rangea sous trois constellations, selon les diuerses parties de son territoire ; sçauoir sous celle de Kio, de Kang, & de Ti. Du temps des Roys vne partie appartenoit au Roy de Cai ; & l'autre à celuy de Xin. La famille de Cina la nomma Sanchuen, celle de Hana Iunam, parce qu'elle est proche de la riuiere au Midy : la famille de Tanga l'appella Cai cheu, & celle de Sunga Hoaikang : celle de Taiminga luy a confirmé le nom que celle d'Iuena luy auoit donné. Il y a eu aussi vn Roy d'vne famille Royale qui y a demeuré. On y compte huict Temples dediez aux Heros ; elle commande à quatorze citez, dont la premiere est Iuning, 2 Xangçai, 3 Sip'ing, 4 Sinçai, 5 Siup'ing, 6 Chinyang, Sinyang☉, 8 Loxan, 9 Kioxan, 10 Quango, 11 Quangxan, 12 Cuxi, 13 Sie, 14 Xangching.

*Noms anciés*

*Les tetes*

La montagne de Tienchung est au Septentrion de la ville : ils disent que cette montagne est le centre du monde.

Proche de Synyang il y a vne montagne fort haute & fort plaisante : on a souuent remarqué que quand les nuées en couurent le sommet, qu'il pleuuera bientost apres.

La montagne de Hing est proche de Quangxan ; elle se nomme ainsi à cause des prunes que nous appellons de Damas, dont il y en a beaucoup.

La riuiere de Ming prend sa source dans les montagnes qui sont prés de Sinyâg.

La riuiere de Pelu ou de Pie passe par la cité de Quang. Iu est vne riuiere dont vne ville prend le nom. Le lac de Si est au couchant de la ville, la veuë en est fort plaisante, & le lieu fort frequenté des habitans de Iuning, lors qu'ils se veulent diuertir.

## Vne des plus grandes citez.
## I V.

CEtte cité n'a pas encor merité l'honneur d'estre mise au nombre des villes de la Chine, bien que pour l'excellence & fertilité de son terroir elle puisse pretendre l'egalité auec plusieurs villes : cela n'empesche pas toutefois qu'elle ne commande à cinq citez, dont la premiere est Iu☉, 2 Luxan, 3 Kia, 4 Paofung, 5 Yyang. Elle est située au bord Septentrional de la riuiere de Iu, dont aussi elle tire son nom ; la source de cette riuiere n'en est pas fort éloignée. Sous l'Empereur Yvus elle appartenoit à la Prouince de Iu sous les constellations de Chang. Du temps des roys elle estoit dans l'obeïssance du roy d'Han, elle dépendit apres de Honan : la famille de Tanga la nomma Linju, & celle de Taiminga l'affranchit, & la nomma Iu.

La montagne de Lu est proche de la cité qui en porte le nom.

La cité de Iu a au couchant vn lac de cent stades, & au Zud-ouest vne fontaine d'eau fort chaude, c'est pourquoy on la nomme Ven.

La riuiere de Sien prend sa source de la montagne de Ki, prés de la cité de Tengfung.

## LA SIXIESME PROVINCE
# DE SVCHVEN.

A Prouince de Suchuen, c'est à dire de quatre eaux, ne cede à aucune autre ny en grandeur, ny en abondance de toutes choses: la grande riuiere de Kiang la coupe par le milieu: c'est pourquoy on peut appeller l'vne de ses parties, Septentrionale, & l'autre Meridionale: cette Prouince est fort proche des Indes: aussi les mœurs de ceux de Suchuen s'accordent assez bien auec ceux des Indiens: il n'y a que les montagnes Damasienes qui la separent du Royaume de Tibet: elle est fort abondante en tout ce qui est necessaire à la vie: il y a grand nombre de soye, d'herbes & de mineraux, qu'on a accoustumé de nous aporter de ces quartiers. La vraye racine de Sina se trouue seulement dans cette Prouince; pour la sauuage on la trouue par tout: les Chinois nomment l'vne & l'autre Folin; on nous apporte seulement la sauuage, dont la moüelle est en quelque façon teinte de rouge; mais elle n'est pas si grande que la vraye, & elle n'a pas tant de vertu. Or, comme i'ay dit, la vraye racine naist seulement dans cette Prouince, & sous terre, comme les glands de terre en Hollande, & les patates aux Indes: ils escriuent qu'elle vient principalement aux pieds des Pins, dont il y a des forests, qu'elle naist de leur resine, qui tombant à terre y prend racine, auec le temps s'estend apres sur la surface de la terre, & puis iette de grosses racines sous terre, aussi grosses par fois que la teste d'vn petit enfant, & qui pour la figure & pesanteur ressemblent à ces grosses noix d'Inde, que nous appellons Coccos; pour la couleur de leur escorce, elles y ont assez de rapport, bien qu'elle ne soit pas si dure, ny si espaisse, mais plus molle: sous l'escorce est vne chair blanche & spongieuse, dont les Medecins Chinois font grand estat, s'en seruans dans leurs medecines, au defaut de la veritable racine, ils ne laissent pas de se seruir de la sauuage; toutefois auec moins de succez.

*Racine de China.*

La Rhubarbe qui croist en cette Prouince est aussi tres-excellente, & c'est de là que ceux du Tibet & du Mogor, qui y vont souuent, ont accoustumé de nous l'apporter. Les plus considerables parmy eux sont les sacrificateurs des idoles, que les Indiens nomment Lamas. Il y a des Peres de nostre Société, qui en ont trouué quelques-vns qui auoient veu Surate, Goa, & vne grande partie des Indes les plus proches, & qui connoissoient mesme les Portugais. Il y a aussi beaucoup d'ambre des deux sortes, sçauoir du iaune du plus rouge, cõme on nous enuoye de Pologne, si ce n'est qu'il est incarna: quelques-vns estiment qu'il se fait de la moüelle purifiée des pins, qui par successiõ de teps s'endurcit & deuient transparente: il est vray que i'en ay veu faire par artifice, de poix de pin ou de rasine par decoction, & que les Chinois ne laissoient pas de vendre, tant il estoit bien contrefait: car ce n'est pas à dire que l'ambre soit pur ou naturel, quand il

*La Rhubarbe.*

*L'ambre.*

attire la paille ou quelque autre chose fort legere & seche : cette preuue n'est pas asseurée ; car l'ambre artificiel & contrefait a aussi bien la faculté & la vertu attractiue que le veritable. Vous verrez dans la description de chaque ville tout ce qu'il y a de rare dans cette Prouince.

Cette Prouince est de grande estenduë : la Prouince d'Huquang la borne à l'Orient : au Zud-est celle de Queicheu, & celle de Xensi au Nord-est : elle a au Nord-oüest les peuples de Coninguangi, ou les terres dans lesquelles M. Polo Venitien met les Estats du Prete-Ian : les Chinois les nomment Sifan : le Royaume du Tibet est à l'Occident ; dans sa partie la plus esloignée & au Midy elle touche à la Prouince d'Iunnan : cette Prouince contient huict villes, outre quatre villes de guerre, auec cent vingtquatre citez, sans parler des lieux moins considerables, ny des Forts. Le liure, intitulé le dénombrement des Chinois, y compte 464129 familles, & 2204170 hommes : encores que ce liure ne fasse mention que de la moindre partie de la Prouince, car elle est pleine de soldats, dont ce liure ne parle point. Le tribut du ris est de 6106660 sacs, de soye filée & de cruë 6339 liures, de coton 74851, de poids de sel 149179 ; outre les imposts & peages dont il y a deux bureaux dans cette Prouince pour les receuoir.

Xius le premier de la famille de Cina, fut celuy qui adjouta ce pays à l'Empire l'an deux cent cinquante auant la venuë de Iesus-Christ, comme je le fay voir dans mon Abregé ; car pour lors il y auoit deux Princes de la race de l'Empereur Hoagtius, nommez Pa & Cho, qui se reuolterent sous la famille d'Hïaa ; il n'a point esté reüny à l'Empire, qu'au temps de l'Empereur Xius.

On tire beaucoup de fer par toute cette Prouince, comme aussi de l'estain & du plomb : il s'y trouue aussi d'excellentes pierres d'aimant. Ils ont des puits à sel, qui en fournissent toute la Prouince : grande preuue de la diuine Prouidence ; car cette partie de la Chine est extrêmement esloignée de la mer, & l'on ne sçauroit auoir du sel d'ailleurs qu'auec vne incommodité indicible : or ces puits sont souuent profonds de cent pas, creusez dans des montagnes cultiuées : l'ouuerture du puits a à peine trois ou quatre palmes de large, ils les creusent auec vne main de fer, la laissans aller à terre, sa pesanteur & les pointes de ses doigts font qu'elle s'y enfonce, puis la tirans auec vne corde, elle se ferme d'elle-mesme & estreint la terre qu'ils tirent du puits, iusqu'à ce qu'ils ayent rencontré de la terre salée & de l'eau : ils puisent cette eau dans vn vaisseau qu'ils descendent pour cét effet ; le vaisseau a vn trou au fonds, auec vne soupape, qui s'ouure quand l'eau y entre & qu'il descend à vuide ; mais quand il est plein & qu'on le tire auec la corde, le trou se ferme & le vaisseau demeure plein d'eau salée ; cette eau éuaporée sur le feu laisse du sel, mais il ne sale pas tant que celuy de mer.

La Compagnie de IESVS a esté dans cette Prouince, la plus Occidentale de la Chine ; elle y auoit deux Prestres dans la capitale, qui s'employoient auec grand soin ; mais cette ville ayant esté entierement ruïnée auec toute la Prouince durant ces dernieres guerres, ces Peres furent contraints d'en sortir, & ne se sauuerent que par vn miracle du massacre qui s'y fit ; ce danger neantmoins ne leur a point fait perdre l'enuie, & l'esperance d'y retourner auec la grace de Dieu. Sur les plus hautes montagnes de cette Prouince, du costé du Nord-est, où elle se ioint à celle d'Honan, est le Royaume de King, qui ne releue point de l'Empereur de la Chine ; mais il tient à honneur d'en receuoir la couronne & les autres marques de Royauté : au reste ces montagnards ne veulent point que les Chinois viennent sur leurs montagnes. Ie nomme ce Royaume King, parce qu'il fut fondé par le peuple de King & des pays voisins, lors qu'ils abandonnerét la Prouince de Huquang ; & se retirerent dans ces hautes montagnes, pour éuiter le bruit des guerres & l'insolence des soldats : ce fut du temps des Roys,

& lors

DE SVCHVEN.

& lors que la famille de Cheva entre ses montaignes prit fin. Il y a des vallées fort agreables,& des champs tres-bien cultiuez, ou les laboureurs n'ont point à craindre l'insolence du soldat.

*La permiere ou Capitale Ville.*

# CH'NGTV.

CHingtu merite le rang qu'elle tient de Capitale, car elle surpasse de beaucoup les autres Citez qui en dependent, par la magnificence de ses bastimens, & par l'affluence de son peuple : elle est extremement marchande ; vn Roy de la famille de Taiminga y a fait sa residence, & y a tenu vne tres-grande Cour : son Palais estoit superbe, auoit bien quatre milles d'Italie de circuit, basti au cœur de la ville, on y entroit par quatre portes, on trouue vne grande place deuant la porte du costé du Midy, embellie de plusieurs arcades de pierre, d'vne bonne architecture. Cette ville est toute coupée d'eaux, & nauigable presque par tout, à cause des canaux qu'on y a conduits, reuestus de pierre de taille : il y a quantité de ponts de pierre, on y compte sept temples dediez aux Heros, dont l'vn se nomme Cho consacré au Roy Cançungus, en memoire de l'art qu'il leur aprit, à nourrir les vers à soye, & d'en faire des estoffes.

Les Roys de Cho y ont tenu leur Cour auant qu'elle fust sous l'Empire de la Chine : la famille de Hana l'appella Quanghan & y tint le siege de l'Empire ; *Noms anciens,* les Roys de Cin luy ont donné le nom qu'elle a à present. La famille de T'anga la nomma Kiennan. Cette ville est située dans vne Isle que les riuieres *Situation.* ont formée. Le pays en est en partie plat, & en partie esleué & montaigneux: le fonds tout à fait fertile, aussi n'y souffre-t'on pas qu'il y demeure vn pouce de terre sans estre cultiuée : tous les champs sont arrosez par des petits ruisseaux, qui y sont naturellement, ou qu'on y fait venir par artifice, principalement vers l'Orient, où on peut aller en batteau trois iours durant, par vne campagne tres-agreable & tres-diuertissante : on passe en faisant ce chemin plus de cent ponts.

Cette ville commande à trente citez, dont la 1 est Chingtu, 2 Xoanglieu, 3 *Les citez,* Venkiang, 4 Sinfan, 5 Sintu, 6 Kintsang, 7 Ginxeu, 8 Cingping, 9 Pi, 10 Ceu, 11 Nuikiang, 12 Quon, 13 P<sup>c</sup>eng, 14 Cungning, 15 Gan, 16 Kien ☉, 17 Cuyang, 18 Cungking, 19 Sincin, 20 Han ☉, 21 Xefang, 22 Miencho, 23 Teyang, 24 Mien ☉, 25 Changming, 26 Lokiang, 27 Mieu ☉, 28 Venchuen, 29 Guei ☉, 30 Pao.

Il y a dans cette ville vne chose merueilleuse à voir ; c'est vn certain oiseau *Vn rare oiseau.* que les Chinois nomment Thunghoafung: il a le bec rouge comme du vermillon, on ne se lasse point d'admirer la varieté des couleurs de ses plumes, il naist d'vne fleur nommée aussi Tunghoa, il vit aussi long-temps qu'elle dure, de sorte que vous diriez que c'est vne fleur qui vole, tant il y a de raport pour sa beauté, & pour son peu de durée.

Ieking est vne montaigne proche de la cité de Cu, plus haute que les nuës. *Les montagnes.* La montagne de Cingching prés de la Cité de Quon a plus de mille stades de longueur : elle tient le cinquiésme rang entre les plus fameuses : ils s'imaginent que c'est là où les Xinsiens, c'est à dire les hommes immortels, s'assemblent. La montagne de Lunggan est proche de la cité de Gan : elle est fort agreable pour ses forests & pour ses fontaines: on y void les ruines du Palais des Roys de Cho, où ils auoyent accoûtumé de passer les chaleurs de l'Esté.

L

## 82    LA SIXIESME PROVINCE

La cité de Cungking a aussi sa montagne nommée Toyūng, on y trouue des Singes qui ressemblent à des hommes, & sont presque aussi grands : ils aiment les femmes, & tachent de les violer quand ils peuuent. Tatung est vne montagne fort haute proche de la cité de Xefang : on diroit qu'elle touche au ciel : il y a vne riuiere qui en tombe de fort haut, aussi fait elle grand bruit. La montagne de Pin, qui est proche de la cité de Guei, est presque aussi haute ; les Chinois escriuent qu'elle a bien soixante stades de hauteur : de son sommet on void la capitale au trauers des autres montagnes : c'est de cette montagne que la grande riuiere de Kiang tire sa source, de là elle tourne vers les terres du Preste Iean. Tienchi est vne montagne proche de Mien⊙, aupres de laquelle il y a vn lac que la pluye ne fait point grossir ni enfler, mais qui ne diminuë point aussi durant la seicheresse.

*ses riuieres.*    La riuiere de Kin est au Midy de la ville, on la nomme communément la riuiere Damasée, à cause du merueilleux lustre & l'esclat qu'y prend le velours qu'on y laue. La riuiere de To passe proche de Sifan : c'est vn bras destourné de la riuiere de Kiang : l'Empereur Yvus le fit creuser pour empescher les debordements & les inondations de cette riuiere. La riuiere de Chu passe deuant la cité de Cu, on la nomme la riuiere des perles, parce que de nuit on y voit de la clarté qui brille : ils s'imaginent que ce sont des escarboucles, ou de ces pierres precieuses que ceux de la Chine nomment Yeming, c'est à dire qui esclairent & luisent de nuit. Le lac de Si tourne autour du fauxbourg de la cité de Cungking, sur ses bords du costé du couchant, on a basti quantité de maisons de plaisance, les habitans du lieu en font leur delices. La riuiere de Co passe deuant la cité de Han ; on en recherche l'eau comme plus propre qu'aucune autre à donner vne bonne trempe au fer.

Au Zud-est de la ville on void le lieu destiné aux combats nauaux, ou l'étang d'Yolung, que le Roy Suius fit faire pour y exercer ses soldats, dans le dessein qu'il auoit de faire la guerre au Roy de Chin.

Le lac de Vansui a quarante stades, il semble auoir esté fait exprés pour seruir de fossé à la ville, la terre en ayant esté tirée pour le rempart des murailles. Proche de Nuikiang il y a vne fontaine d'eau, laquelle tantost hausse, tantost baisse, on a remarqué qu'elle suiuoit les periodes du flux & reflux de la mer, bien qu'elle en soit fort esloignée.

*La seconde Ville.*

# PAONING.

*Sa situation.*    CEtte ville est située sur le bord oriental de la riuiere de Kialing ; son territoire est renfermé par vne couronne ou chaine de montaignes, il y a grand' abondance de musc, & encor beaucoup plus de daims : la ville d'elle mesme est assez belle, & assez considerable pour ses bastimens : elle n'a que quatre temples qui soyent dignes de remarque. Sa jurisdiction s'estend sur dix citez, *Ses anciens noms.* dont la premiere est Paoning, 2 Cangki, 3 Nanpu, 4 Quangyven, 5 Pa⊙, 6 Chaohoa, 7 Tungkiang, 8 Kien⊙, 9 Cutung, 10 Nankiang. L'Empereur Yvus comprit cette ville dans la Prouince de Leang, & voulut qu'elle dependist des constellations Cing & Quei : du temps des Roys elle fut nommée Pa ; mais la famille d'Hana l'appella Pasi ; celle de Tanga Lancheu ; celle de Sunga Gante ; la famille d'Iuena luy a donné le nom qu'elle a à present, à cause de l'emboucheure estroite des montagnes, où on a basti des Forts. L'Historien Chinois remarque en cet endroit vne chose merueilleuse d'vn certain

# DE SVCHVEN.

arbre nommé Ciennien, c'est à dire de mille ans ; cet arbre estoit dans vn temple aux idoles de la cité de Kien, & d'vne telle grandeur, que deux cent moutons se pouuoient cacher sous vne de ses brâches, & aller tout au tour sans estre veus, quand mesme on s'en seroit approché : peut-estre sont-ce de ces arbres des Indes, dont il en naist plusieurs autres, des branches qui se picquent en terre : les Portugais les nomment arbres des racines. *Arbres d'vne excessiue grâdeur.*

Cette ville a à l'Orient les montagnes de Puon & de Mienping, qui sont fort agreables à cause de leurs champs & de leurs forests : proche de Cangki on voit la montagne de Iuntai extremement haute, on la nôme par cette raison le throsne des nuës. La cité de Pa a vne montagne qui se nomme Io, d'où on tire des pierres pretieuses ; mais il est fort difficile d'y monter, à cause qu'elle est fort escarpée. *Les montagnes le plus notables.*

Là mesme est la montagne de Ping Leang, au sommet de laquelle il y a vne fort grande plaine, enuironné de rochers, qui la renferment, & luy seruent de murailles. *Les riuieres.*

La riuiere de Pa donne son nom à vne cité proche de laquelle elle passe ; cette riuiere se nomme Pa, parce qu'elle represente assez bien par ses circuits un caractere de l'alphabet Chinois Pa, qu'ils prononcent Pa, assez semblable à nostre C, Pa signifie en Chinois c'est assez

La ville de Paoning a au Midy le torrent d'Haitang, il se nomme ainsi à cause du grand nombre de roses d'eau qui s'y trouuent, & qu'ils appellent Haitang.

*La troisiesme Ville*

# XVNKING.

LE territoire de cette ville ne manque pas aussi de montagnes : auec cela il a plus de terres labourables que Paoning : il y a par tout grand' quantité de soye, d'oranges, & de racine de Scorzonere : ce pays produit aussi des chastaignes, qui se fondent d'elles mesmes dans la bouche comme du sucre. L'Empereur Yvus adjousta ce pays à la Province de Leang, & le plaça sous les constellations de Seng & de Cing : la famille de Cheua le nomma Iungcheu ; celle de Hana appella cette ville Ganhan, & celle de Tanga Nanke ; mais la famille de Sunga & celles qui luy ont succedé, luy ont donné le nom qu'elle a à present. Elle n'a que trois temples considerables ; & commande à dix citéz, dont la premiere est Xunking, 2 Sike, 3 Fung☉, 4 Iungxan, 5 Ylung, 6 Quanggan☉, 7 Kin, 8 Tacho, 9 Gochi, 10 Linxui.

Au couchant de la ville est la montagne de Co, celebre pour ses forests d'orangers. La cité de Sike est bastie sur vne montagne qui porte le mesme nom. Là mesme est cette grande montagne de Nanmin qui a douze sommets fort hauts : il y a aussi neuf puys à sel. *Les montagnes.*

La riuiere de Chuen passe à trauers des rochers proche de Quanggan, où il y a trente & six Cascades, dont l'eau fait vn tres-grand bruit en tombant. La fontaine de Tieju coule au couchant de la ville ; on l'appelle la fontaine de laict, à cause de la bonté de son eau. *Les riuieres.*

L ij

## LA SIXIESME PROVINCE

*La quatriesme Ville*

# SIVCHEV.

SIucheu est vne ville marchande & fort celebre, car les deux riuieres de Kiang & de Mahu, qui peuuent porter nauires, se joignent prés de ses murailles du costé de l'Orien ; celle de Kiang vient de la capitale, & l'autre du grand lac de Mahu, d'où elle tire son nom, & ses eaux. Cette ville entre autres bastimens particuliers & publics, a trois temples considerables, dediez aux Heros. Tout son pays est rude & difficile à cause des montagnes ; neantmoins fertile, & qui produit tout ce qui est necessaire à la vie : il y a par tout beaucoup de roseaux ; comme aussi de ce fruit de Lichi si estimé, dont ie feray ailleurs la description. On y trouue aussi des perroquets ; ils disent qu'vn estranger en ayant acheté vn, & le voulant porter dans son pays, qu'il parla de cette sorte ; ie suis oiseau de la Chine, ie dedaigne d'aller chez les esträgers, & que peu apres il mourut ; c'est par tout que les hommes font parler les bestes selon leurs sentimens.

*Oiseau parlant.*

Ce pays fut autrefois nommé Iungcheu par les Roys de Sui : la famille de T'anga l'appella Nanki ; celle de Sunga luy a donné le nom qu'elle a à present. Cette ville commande à dix citez, dont la premiere est Siucheu, 2 Kingfu, 3 Fuxun, 4 Nanki, 5 Hingu en, 6 Changning, 7 Iunlien, 8 Cung, 9 Cao, 10 Lungchang.

*Les citez.*

La montagne de Xeching est au Midy de la ville : on la nomme communement la muraille de pierre, parce que ses sommets fort hauts, representent vne muraille.

*Les montagnes les plus remarquables.*

La montagne d'Hanyang est proche de Kingfu, & celle de Lingyven proche de Fuxun, au bord de la riuiere de Kiang.

Au Zud-oüest de la ville, la riuiere de Xemuen ou de Heng passe & entraine vne grande quantité d'eaux, qui tombent d'vne cascade qu'ils nôment la cloche; parce qu'elle fait vn grand bruit : au couchant de la Ville il y a aussi vn lac qui a cinquante stades de longueur, mais qui n'est pas beaucoup large. Proche de Chaïgning il y a vne fontaine qui y sourd, toute enuitonnée de vieux arbres.

*Les riuieres.*

*La cinquiesme Ville*

# CHVNGKING.

S'Il y a ville dans toute la haute Asie qui ressemble à aucune de celles de l'Europe pour sa magnificence, certes c'est celle-cy; car elle est située sur vne montagne où les bastimens paroissent s'esleuer peu à peu en montant, en façon d'amphitheatre. Le mot de Chungking signifie double joye en langue Chinoise, parce que telle doit estre la joye de ceux qui au sortir des dangers de la mer, trouuent vn port si agreable, & vne si belle ville ; elle est fort marchande, & située dans vn lieu où les deux riuieres de Pa & de Kiang s'assemblent. Entre les bastimens de marque elle a six Temples considerables : on y fait de fort beaux coffres de cannes entrelacées, & de plusieurs couleurs. Ils y trouue beaucoup de fleurs de Meutang, comme aussi de cet excellent fruit de Lichia, qu'on enuoye à la Cour quand il est meur, par des courriers exprés. Il y a aussi quantité de fort bons poissons, principalement des tortuës. Ce pays est de grande estenduë, en partie plat, & en partie esleué en montagnes ; il a des mines : l'air est fort sain, & fort temperé. Il commande à

*L'abondance de toutes choses.*

# DE SVCHVEN. 85

vingt cités, dont la premiere est Chunking, 2 Kiangcin, 3 Changxeu, 4 Taço, 5 Iungchuen, 6 Iankiu, 7 Iungchang, 8 Kikiang, 9 Nanchuen, 10 Kiukiang, 11 Ho☉, 12 Tungleang, 13 Tingyven, 14 Piexan, 15 Chung☉, 16 Fungtu, 17 Tienkiang, 18 Feu☉, 19 Yulung, 20 Pengxui. *Les citez.*

La premiere montagne merite d'estre admirée de tout le monde, elle est sur le bord de la riuiere de Feu, elle aboutist à cette ville & à la cité de Tunchuen; on en a fait vn idole qu'ils nomment Fe; elle a les pieds croisez, & les bras qu'elle tient dans son sein: jugez de la grandeur par ce qui suit; on en void les yeux, le nez & la bouche de plus de deux mille: cette statuë rend plus croyable l'offre de Dinostrate à Alexandre le Grand, selon le rapport de Vitruve, de faire vne statuë du mont Athos, qui tiendroit vne fort grande ville dans l'vne de ses deux mains, & dans l'autre vne riuiere, ou vn lac capable de fournir suffisamment de l'eau à ceux du pays. Cynyung est vne montagne au couchant de la ville, remarquable pour ses belles & agreables forests. La cité de Ho est proche de la montagne de Lungmuen, sur laquelle il y a eu vn temple fort magnifique, auec vne Bibliotheque de trente mille volumes; nommée la Bibliotheque de Siyulus, car vn Gouuerneur qui portoit ce nom, l'a commencée. Proche de Piexan il y a vne campagne de deux cent stades, formée par la montagne de Chungpie. Proche de Fungtu est la montagne de Pingtu, fort renommée entre les septante deux, dont le liure de Taosu fait estat. Proche de Penxui est la montagne de Fonien, où il y a beaucoup de puits à sel. *Les montagnes.* *Bibliotheque Chinoise.*

Plusieurs riuieres passent par ce territoire, elles sont toutes marquées dans la carte: le torrent de Mingyo, qui est proche de la cité de Chung, est enuironné de rochers fort roides, & fait vn fort grand bruit en tombant d'vne montagne, qui a plus de cinquante perches de hauteur: au bas ses bords sont bordés de vieux arbres fort hauts. *Riuieres.*

*La sixiesme Ville*

# QVEICHEV.

CEtte ville est vne des plus Occidentales de toute la Prouince, elle est située au bord Septentrional de la riuiere de Kiang; & parce que c'est la premiere qui se presente quand on entre dans la Prouince, aussi y a-t-il vn bureau, où on paye les droits des marchandises qu'on y apporte: de là vient sa richesse & son opulence; elle a jurisdiction sur treize cités, dont la premiere est Queicheu, 2 Coxan, 3 Tachang, 4 Taning, 5 Iuniang, 6 Van, 7 C'ai, 8 Ta☉, 9 Sinting, 10 Leangxan, 11 Kienxi, 12 Tunghiang, 13 Taiping. *La situation.* *Les citez.*

Ceux de la Chine loüent ce pays pour sa fertilité; aussi n'y laissent ils rien en friche, si ce n'est ou les rochers & les montagnes pleines de pierres, desrobent quelque terrain à l'industrie des laboureurs, principalement dans les lieux Septentrionaux, où les montagnes sont si rudes & en si grande quantité, que même jusqu'à present elles ne sont habitées, que par vn peuple sauuage & grossier, qui ne reconnoist point les Chinois. Il y a quantité de puits de sel, d'orangers & de citrons, comme aussi force musc, & des perdrix en grand nombre. On y void trois temples remarquables. Ce pays sous l'Empereur Yvus fut diuisé en deux parties, dont l'vne appartenoit au pays de Leág, & l'autre à la Prouince de King; Yuuo l'a mis sous les constellations de Chin & de Ye. Sous la famille de Cheua elle dependoit du Royaume de Iufo: sous celle de Hana elle fut nommée Iungning; la famille de Tanga la nomma premierement Iungan, puis Queicheu, nom qu'elle a encor à present.

L iij

Cette ville a au Septentrion la montagne de Chekia, on y void les ruines d'vne place où ont residé les Roys de Iufo : proche de Coxan eſt la montagne de Han, haute & roide : là meſme proche du bord de la riuiere de Kiang eſt la montagne de Ço, elle ſe nomme ainſi, parce qu'elle repreſente vne lettre de l'alphabet Chinois, qu'on prononce ço : Tulie eſt vne montagne proche de la cité de Van, dont vn des ſommets eſt ſi haut, qu'il n'y a point d'oiſeau qui puiſſe voler plus haut. S1 eſt vne montagne au couchant de la cité de Van, où on void encor le jardin de plaiſance de la famille de Sunga, auec un lac, des bois, & des fruitiers. Tunghoa eſt vne montagne où la cité de Ta eſt baſtie; proche de Leangxan eſt la montagne de Caolcang, qui s'eſtend iuſqu'à mille ſtades en longueur, partie vers l'orient, partie vers le couchant : la montagne de Xehiang a ce nom à cauſe de l'abondance du muſc ; car le mot de Xehiang ſignifie du muſc. Dans la montagne de Ço, dont i'ay parlé cy deſſus, il y a vn chemin de cent ſoixante ſtades de long, qui va touſiours en montant.

*Les riuieres.* La riuiere de Cing ſe deſcharge dans celle de Kiang à l'orient de la ville ; elle tire ſa ſource du lac de Cingyuen, qui contient cent ſtades en quarré ; on la nomme la riuiere claire, car le mot le ſignifie, en effet il n'y a point de riuiere dans toute la Prouince dont l'eau ſoit plus claire que celle là : il y a vn autre grand lac proche la cité de Ta, nommé Vanging, dont les riues ſont bordeés de jardins à fleurs, d'arbres fruitiers, & baſtis de gros bourgs. Il y auſſi quantité de puits à ſel dans les montagnes proche de Taning.

*La ſeptième Ville*

# LVNGGAN.

Lvnggang eſt ſituée proche de la ſource de la riuiere de Feu ; cette place n'eſt pas appellée ſans raiſon la clef de toute la Prouince ; le poſte en eſt important, il n'y a que trois citéz dans tout ſon deſtroit, mais il y a vn bien plus grand nombre de Forts : les citez ſont, la 1 Lugan, 2 Kiangyeu, 3 Xeciuen : les Forts ſe peuuent voir dans la carte. Il ne faut pas paſſer ſous ſilence, que Xeciuen a eſté le pays natal d'Yvus ce grand Empereur & Aſtrologue, qui fut le premier de la famille Imperatrice d'Hiâa ; on y a baſtin fort beau temple en memoire de ce grand homme. Ce meſme Empereur adjouta ce pays à la Prouince de Leang, & voulut qu'il fuſt ſous les conſtellations de Cing & de Quei : la famille de Cina le comprit dans le territoire de Kiang ; celle de Hana nomma cette ville Inping, & Tanga Lungmuen : la famille de Taiminga luy a donné le nom qu'elle a à preſent.

*Les montagnes.* Cungtung eſt vne montagne au Septentrion de la ville, de là elle s'aduance dans le grand eſpace qu'elle occupe iuſqu'aux terres de Sifan, & aux montanes Amazienes : au Zud-eſt eſt la montagne de Xemuen, qui ſepare les terres de Sifan ou du Prete Iean, de celles de la Chine.

*Les riuieres.* La riuiere de Feu prend ſa ſource au Zud-oüeſt de la ville, elle fait vn grand chemin par cette Prouince, elle meſle enfin ſes eaux auec celles de la riuiere de Pa, & ſe deſcharge auec elle dans la riuiere de Kiang proche de Chung King.

*La huictieſme Ville*

# MAHV.

*La ſituation.* Cette ville eſt baſtie ſur le bord Septentrional de la riuiere de Mahu, proche d'vn lac qui en porte le nom : elle n'a point de commandement ſur aucune

# DE SVCHVEN.

cité; toutefois il y a quantité de Forts & de places qui en dependent. L'Empereur Hiaouus fut le premier qui l'a fit bastir lors qu'il entreprit le voyage des Indes, & passa par ce pays: il l'appella Iangco: la famille de Tanga luy donna en suite le nom qu'elle a à present, qui signifie le lac du cheual; leurs histoires portent qu'on vid vn cheual dans ce lac en forme de dragon, c'est de là que ce lac, la ville, & la riuiere tirent leur nom. *Noms anciés.*

La montagne de King signifie vn miroir; on la nomme ainsi à cause d'vne fontaine fort claire, & qui sourd au bas de cette montagne: là mesme au couchant de la ville est la montagne de Talo, ou des grands cerfs; aussi y en a-t'il grand nombre. *Les montagnes.*

Il y a fortes eaux, mais qui coulent toutes à la reserue des lacs, auec tât d'impetuosité & de violence, que s'il y en auoit de semblables dans l'Europe, on ne croiroit pas y pouuoir nauiger; neantmoins l'industrie des Chinois en vient à bout. *Les riuieres.*

### La premiere grande Cité.

# TVNGCHVEV.

Apres les villes il faut décrire quelques vnes des citez qui sont les plus remarquables, & qui en ont d'autres sous elles: elles sont assez peuplées & assez grandes pour meriter le nom de villes, cependant elles ne l'ont pas, de peur que si cette Prouince auoit dauantage de villes, on ne fut obligé de luy donner plus de Gouuerneurs qu'à celles de Peking & à Nanking. La premiere cité Tungchuen, commande à huit autres, 1 Tungchuen, 2 Xehung, 3 Ienteing, 4 Chungkiang, 5 Suining, 6 Fungki, 7 Ganyo, 8 Lochi. Tout ce pays est plein de riuieres, & la fertilité est merueilleuse par tout: elle s'estend en plaines & en campagnes en plusieurs endroits; l'air y est grandement sain, il y a peu de montagnes, & si encor ne sont elles ni rudes ni pierreuses, mais cultiuées pour la plus part, & peuplées de gros bourgs; il y a abondance de chastaignes & de prunes. Ce pays produit aussi des roseaux à sucre, dont on en tire beaucoup & d'excellent, & bien qu'il y en ayt eu de tout temps, si est-ce qu'ils n'en sçauoyent point tirer le sucre, comme ils disent eux mesmes, iusqu'à ce qu'vn certain Prestre Indien en eust enseigné la maniere aux habitans du pays; ils disent que l'asne, sur lequel il alloit, entra dâs vn lieu où y il auoit de ces cannes & roseaux, le maistre du champ le prit, & ne le voulut point rendre que l'autre ne payast le dommage que son asne auoit fait; l'Indien, pour le reparer, luy enseigna comme il falloit tirer le sucre que la nature a caché dans les roseaux. *La qualité. L'abondance de sucre, & la façon de le faire.*

La montagne de Tunguon est proche de Chunkiang, on y tire du cuiure; & proche de Lochi est la montagne de Ciepuong, remarquable pour ses bois, pour ses eaux, & pour l'admirable varieté des pierres qui s'y treuuent, representant dans cette diuersité les plus belles peintures du monde. La montagne de Pago est proche de Xinkia, esloignée de quinze stades de Tungchuen. *Les montagnes.*

La riuiere de Feu passe au couchant de la cité, & au Zud-ouest la riuiere de Xe, dont la source se voit proche de la grand cité de Kien, & apres diuers circuits & destours passe deuant la cité de Xehung. *Les riuieres.*

### La deuxiesme Cité

# MVICHEV.

Cette cité est au Midy de la capitale; les deux bras de la riuiere de Kiang enuironnent son territoire: la cité même est située au milieu du lac de Hoan, qui luy sert de fossé, auec des ponts de pierre qui la joignent aux bords de ce lac: elle a aussi quatre temples remarquables, & commande à quatre citez, dont la 1 est Muicheu, 2 Pengxan, 3 Tanleng, 4 Cingxin.

*Les montagnes.* La montagne de Gomui est vne partie de celle de Min, elle a trois cent stades de longueur, & va iusqu'au Midy de cette cité. Il y a aussi la montagne de Peping au couchant, dont le sommet esclaire de nuit, comme si il y auoit des lumieres allumées.

*Les riuieres.* La riuiere de Che passe deuant la cité de Pexan; elle se nomme aussi Hoanglung, c'est à dire dragon iaune; car leur histoire porte qu'on y vid vn dragon de cette couleur du temps de la famille d'Hana.

On appelle le lac de Hoan la bague, car il enuironne la ville & ses bords, dont l'Occidental en est le plus esloigné, sont ornés de superbes bastimens, & la ville pour demeurer dans leur pensée, represente la pierre de la bague, & en est enfermée de tous costés.

### La troisième Cité.
# KIATING.

*La situation.* LE territoire de la cité de Kiating est fort agreable, à cause de ses lacs & de ses riuieres; cette ville ne cede à pas vne des autres qui sont situées sur la riuiere de Kiang: elle abonde en musc, en ris, & en autres choses necessaires; elle commande à sept citez, dont la 1 est Kiating, 2 Gomui, 3 Hungia, 4 Laikiang, 5 Kienguei, 6 Iung, 7 Gueijuen, elle a deux temples considerables.

*Les montagnes.* Au Nord de la cité est la montagne de Mienkiang, sa descente des autres costez est tortueuse, mais icy elle tombe à plomb iusques dans la riuiere de Kiang. La cité d'Iung prend son nom de la montagne d'Iungte, c'est la plus haute & la plus grande de toutes celles de ce territoire: on y void vingt quatre maisons de pierre, c'est ainsi qu'ils appellent des cauernes fort creuses.

*Les riuieres.* Le ruisseau de Chocung qui se void au Septentrion de la cité de Kaiting est digne de remarque: les Chinois disent qu'vne femme se promenant sur ses bords, ouyt vne voix qui sortoit d'vne grosse canne, & que l'ayant tirée, elle y trouua vn enfant caché; (car ces roseaux de la Chine sont gros comme de petits tonneaux) qu'elle l'esleua dans sa maison, qu'il paruint à estre Yelang; & que ce fut luy qui fonda le Royaume d'Yelang dans la partie Occidentale de cette Prouince. Mingyue est vn petit lac au leuant de la cité de Kiating: proche de Laikiang est l'Isle de Ho couuerte de roseaux & de fleurs.

### La quatriesme grande Cité
# KIVNG.

CEtte grande cité en gouuerne deux autres, sçauoir 1 Kiung, 2 Taye, 3 Pukiang, où il n'y a rien de remarquable, si ce n'est ce qu'on list du petit lac d'Yotan proche de Pukiang, que Hoangtius y trauailla à la Chimie, plus de deux mille cinq cent ans auant la natiuité de Christ: c'est de là que les Chymistes *Antiquité de la Chymie.* doiuent tirer l'origine & l'antiquité de leur art, non pas de leur Moyse fabuleux, de Marie sa sœur, ou des Pythagoriciens; comme ont fait les Grecs.

### La cinquiesme grande Cité
# LIVCHEV.

*La situation.* LE pays de Liucheu contient quatre citez, dont la 1 est Liucheu, 2 Naki, 3 Hokiang, 4 Kiangan. La premiere est située au bord Septentrional de la riuiere
de

## DE SVCHVEN.

de Kian, dans vn lieu fort agreable, & fort frequenté des Marchands: on y trouue des pierres d'Azur en quantité, & d'vn fort beau bleu: cette cité a quelques edifices publics qui sont fort celebres, entr'autres il y en a vn au leuant de la ville, à l'endroit où vn lac se forme des eaux de deux riuieres qui s'y assemblent. La famille de Sunga fit faire ce bastiment pour iouïr de la veuë de ce lac; c'est encore maintenant vn lieu de plaisance & de bonne chere.

La montagne de Pao est au Midy de la cité: la temparature de l'air y est telle, que ceux qui y demeurent, ne doiuent point aprehender la fievre: &s'ils l'y portent ils guerissent aisément; si ce n'est au mois de Mars & d'Auril; car pour ceux qui l'ont l'vn de ces deux mois, il n'y a point d'esperance d'en eschapper. *Les montagnes dignes de remarquer.*

Au Zud-oüest de cette cité il y a la montagne de Fang, dont le sommet a la forme d'vn cube ou dez, il est proche de cette grande riuiere de Kiang.

La riuiere de Cu passe au Nord de la cité, & du Septentrion descend par la cité de Cu, qui depend de la capitale. *Les riuieres.*

*La sixiéme grande Cité*

# YACHEV.

CEtte cité est vne des plus occidentales, & des plus proches du Royaume de Tibet: elle a jurisdiction sur quatre citez, dont la 1 est Yacheu, 2 Mingxan, 3 Iungking, 4 Luxan, elle a aussi plusieurs Forts pour la defence de la Prouince.

La montagne de Mung est proche de Mingxan, dont les cinq sommets s'esleuent iusqu'au ciel: ils amassent de la manne sur le plus haut, que ceux de la Chine nomment Pinglu, c'est à dire rosée gelée. Iungking a vne montagne nommée Kiûnglai, où on trouue de la glace en Esté. *Les montagnes.*

*Les Villes de guerre.*

CEtte Prouince a quatre villes de guerre, dont la 1 est Tungchuen, 2 Vmung, 3 Vsa, 4 Chinhiung: on les nomme militaires, parce que les habitans sont tous vieux soldats, ou leurs enfans & petits fils, ausquels l'Empereur de la Chine donne les mesmes gages qu'à leur peres, & leur partage les terres qui sont proches de leur ville: ainsi ils congedient leurs troupes quand il n'y a plus de guerre, & les recompensent en les mettant en garnison dans toutes les frontieres de leur Royaume.

La premiere ville est située prés de la montagne d'Vlung, & de la riuiere de Kinxa qui rend beaucoup d'or. *Villes.*

La seconde est toute renfermée des montagnes horribles, où se prennent les plus hardis vautours.

La troisiesme est fort proche de la seconde, il n'y a qu'elle qui aye des pommes de pin sur ses montagnes.

La quatriesme abonde en musc: il y a aussi beaucoup de perdrix, & vne sorte de febves ou de phaseoles qu'ils nomment pierreuses, à cause de leur dureté; ce sont des arbres qui produisent ces fruits: ils sont extremement bons aux defaillances de cœur.

La montagne d'Vlung est située au bord de la riuiere de Kinxa, elle s'estend en longueur à plus de cent stades. *Les montagnes.*

Les montagnes de Tain & d'Vmuen sont proches d'Vsa: on diroit que leurs sommets sont comme suspendus en l'air, tant ils sont esleuez, & de difficile accés.

La montagne d'Vtung est proche de Chinkiung: elle represente vn homme

M

## 90 LA SIXIESME PROVINCE

debout, qui baisse sa teste.

*Les riuieres.* La riuiere de Kinxa ou au sable d'or, passe par la cité de Tungchuen, ses habitans amassent quantité d'or, ce qui enrichit le territoire d'Humung.

### Les Citez de guerre & les Forts.

CEs Citez & ces Forts ont esté bastis vers Midy, principalement contre les montagnars de Queicheu, qui sont gens sauuages & farouches; i'en mettray icy les noms, & marqueray en suite ce qu'il y aura de considerable: 1 Po☉, 2 Iungning, 3 Yenyang, 4 Xequei, 5 Yemui, 6 Tienciuen, 7 Ly☉, 8 Pinchai☉, 9 Sungfan, 10 Ticki, 11 Kienchang☉, 12 Cienguei, 13 Ningpo, 14 Yuesui, 15 Iencing, 16 Hoeichuen, 17 Hoangchuen, 18 Ielung, 19 Hiugin, 20 Le, 21 Vûgan, 22 Lungyo, 23 Sungguei, 24 Cinci, 25 Techang, 26 Maçu, 27 Kiùngpu, 28 Cungço, 29 Hoangping, 30 Hie☉, 31 Chin, 32 Tantang, 33 Chaohing☉, 34 Hieu, 35 Xesie.

Vers Po il y a des Rhinoceros, beaucoup de miel & de cire; celle de Hiunghoang produit beaucoup de drogues pour la medecine. Iungning abonde en oranges, & fournit des cheuaux fort courageux. La cinquiesme Yemui est renommée par le chant de ses rossignols. La sixiesme a force poissons, force musc, & des poules qui portent vne laine, semblable à celle des brebis; ces poules sont petites, ont les pieds fort courts, sont courageuses, les dames les aiment fort: Il y en a à Camboia, qui leur sont en quelque façon semblables, mais qui ont des plumes & non pas de la laine. On y cueille aussi cette herbe de Cha si renommée, dont vous trouuerez la description ailleurs. Le pays de Ly☉ qui en est proche n'estoit point à la Chine; il fut conquis du temps des Roys. La dixième est bastie dans les montagnes prés de la source de la riuiere de Kiang; elle nourrit beaucoup de bestes à cornes, semblables à celles du Thebet, qui ont la queuë fort longue, épaisse & frisée; ceux de la Chine les recherchent pour en orner & parer leur drapeaux: on y fait aussi des tapis de poil d'animaux. Il n'y a qu'vn Gouuerneur, qui commande à tous les Forts qui sont depuis l'onziesme iusqu'au dix-septiesme; les Chinois le nomment Tusu. La famille de Hana reduisit en Prouince ceux de ces pays les plus auancés vers l'Occident, apres auoir sousmis la plus grande partie du Royaume de Kiung. Ce pays produit de l'Azur, est fort estimé pour la beauté de ses montagnes, & pour son fonds qui est fort gras.

*Les montagnes.* Proche de la cité de Ly est la montagne de Iuleang, tellement couuerte de forests & d'arbres, qu'elle fournit de bois suffisamment à tout le pays. La montagne de Peçui est proche de Pingchai, où on remarque, que si la neige qui est tombée l'hyuer se fond sur le sommet, c'est vn signe que l'année suiuante sera tres-bonne; au contraire, c'est vn mauuais presage, si elle s'y garde iusqu'à l'Esté. La montagne de Tiexe se void vers Kienchang; on la nomme ainsi à cause de ses pierres de mine de fer; car il s'y en trouue de si riches, que si on les fond, on en retire du fer tres-beau, & fort propre à faire des cimeterres & des espées.

Pour ses riuieres, elles sont marquées dans la carte.

# LA SEPTIESME PROVINCE DE HVQVANG.

  A plus grāde partie de cette Prouince de Huquang est vn pays plat & vne rase campagne, arrosée par tout de lacs & de ri- *Son excellen-* uieres. Elle tire son nom du grand lac de Tungting; car le *ce.* mot de Hu signifie vn lac, & celuy de Quang estendu: la grande riuiere de Kiang la coupe par le milieu, & la diuise en Meridionalle & Septentrionale. Elle estoit autrefois aux Roys de Cu, on l'appelloit la Prouince de King, ces Roys y fai- soient leur demeure, & menaçoient de là les Empereurs de la Chine, les esga- lant en forces, s'ils n'estoient plus forts qu'eux. Les Chinois, pour loüer cette Prouince, la nomment Iumichiti, c'est à dire, le pays du poisson & du ris: les montagnes sont couuertes des forests, ils nourrissent par tout force bestail, on l'appelle le grenier de la Chine; sur tout il y a grand' quantité de grains, dont elle pouruoit non seulement ses habitans, mais ceux des pays qui en sont pro- ches, iusques là qu'il est passé en Prouerbe parmi ceux de la Chine, que l'abon- *L'abondance* dance de la Prouince de Kiang si peut bien fournir à la Chine entiere ce qui luy faut pour vn *de toutes* desjeuners; mais que celle de Huquang la peut abondamment nourrir & rassasier. Cette *choses.* abondance est cause qu'on y trouue quinze grandes villes tres-celebres, & cent huit citez; auec vn grand nombre de villages & de gros bourgs, sans compter les villes de guerre, ny les Forts.

Les bornes de cette Prouince au Nord sont la Prouince d'Honan; au Nord- *Les limites.* oüest elle confine à celle de Xensi; au couchant elle aboutit à celle de Suchuen; au Midy à celle de Quansi, & elle est bornée au Zud-oüest de la Prouince de Queicheu; vers l'Orient de celle de Kiangsi, & au Zu-est de celle de Quan- tung. Le Roole de la Chine compte dans cette Prouince 531, 686 familles, & *Le nombre* 4 83,3 590 hommes, à la reserue de ceux que i'ay dit cy-dessus, qu'il ne falloit *des hommes.* pas comprendre, non plus que ceux qui tirent leur origne de la famille Royale; & qui sont pour la plus part dans cette Prouince d'Huquang; i'ay entendu dire à vn Gouuerneur de la Chine, qu'il y en auoit plus de trois cent mille çà & là dans la Chine, qui descendoient tous d'Hunguvus, celuy qui fonda le premier la famille de Taiminga: & qui, apres auoir chassé les Tartares, se saisit de l'Em- pire, il y a enuiron deux cent nonante ans; mais depuis peu cette famille si nom- breuse a esté presque tout à fait esteinte par les Tartares.

Le tribut du ris est de 2,167,559 sacs; de soye filée 17, 977 rouleaux, il faut voir *Le tribut.* le reste dans la description particuliere de chaque ville.

### La premiere ville ou la capitale VVCHANG.

ON void à Vuchang le superbe palais de la famille de Taiminga, qui y a tenu sa Cour. Il y a cinq temples qui surpassent les autres en grandeur; & en la

M ij

## LA SEPTIESME PROVINCE

*Sa qualité & situation.*
despense qu'on y a faite. Vuchang est située du costé Meridional de la riuiere de Kiang ; & bien qu'elle n'en soit pas fort proche, toutefois on y peut aller par tout en bateaux par le moyē des canaux qu'ō y a cōduit de tous costez: d'ailleurs tout ce territoire à merueilles est coupé de ruisseaux, qui le rendent fertile : il y a des montagnes dont on tire du cristal ; on y cueille aussi l'herbe Cha, & il s'y fait grand' quantité de papier des roseaux qui y croissent, comme aussi de leur fueilles. Cette ville commande à dix citez, 1 Vuchang, 2 Vuchang, 3 Kiayu, 4 Puki, 5 Hienning, 6 Cungyang, 7 T‘ungching, 8 Hinque☉, 9 Taye, 10 Tungxan. C'a esté icy autrefois le Royaume des Roys de Cu, où on parloit vne autre langue que celle de la Chine ; ce qui se peut prouuer par Cungfutius mesme, quand il dit; si les Roys veulent estre pieux, ils doiuent demeurer auec ceux qui le sont; de mesme, que celuy qui veut apprendre la langue de Cu, doit aller dans ce Royaume, ou frequenter ceux qui y demeurent; car vn Roy ne sçauroit jamais estre homme de bien, qui a des courtisans scelerats ; comme il est impossible d'apprendre la langue de Cu, conuersant tousjours auec ceux de la Chine. La famille de Hana nomma cette ville Kianghia: le Roy V luy a donné le nom qu'elle a à present ; mais la famille de Sunga le changea en celuy

*Les anciens noms.*
d'Ingchou; celle de T‘anga la nomma Vucing ; enfin la famille de Taiminga luy a rendu son premier nom de Vuchang, nostre Société a eu dans sa capitale vne Eglise, & à present il n'y a point de Prestre.

*Les montagnes.*
Au Zud-est de la ville est la montagne de Taquon, dont les pierres & le terroit sont de couleur d'or; ses costeaux & ses vallées la rendent agreable: proche de la cité d'Vuchang, il y a vne mōtagne de mémé nom; sur laquelle on dit qu'vn homme autrefois parut couuert de poil par tout le corps haut de dix coudées ; & que cela arriua sous la famille de China. Proche de Kiayu sur le bord de la riuiere de Kiang est la montagne Chepie, remarquable pour la desfaite de Caocaus par Cheuyvus : proche de Kungyang est cette grande montagne de Lungciuen, qui a enuiron 200. stades, à laquelle il y a vne grande cauerne : la cité de Hinque a vne montagne nommée Chung, où il y a vn lac, dont l'eau est comme de l'encre. Là est aussi la montagne des Kieuquon ou des neuf palais; on la nomme ainsi, parce que les fils du Roy Cyngan y firent bastir neuf palais pour y estudier.

*Les riuieres.*
Il y a deux lacs nommés Xun, l'vn proche de Kiayu, & l'autre prés de Puki.

Le ruisseau de Han coule des montagnes de Vuchang, dont l'eau qui est beaucoup plus froide que l'ordinaire, elle tempere l'air durant la canicule ; par cette raison les Roys firent bastir vn Palais sur ce ruisseau, où ils auoient accoûtumé de se retirer l'Esté, pour éuiter les chaleurs.

La riuiere de Lo passe au milieu de la ville de Vuchang.

L'Isle de Lu est proche de la cité de Vuchang dans la riuiere de Kiang.

Proche de la montagne de Chepie est l'Isle de Sanhoa, tout proche de la cité de Taye, ou Cheuyvus, apres auoir remporté la victoire sur Çaocaus, traita ses soldats, on couurit de fleurs les tables qui furent dressées pour ce regale; de là luy est venu le nom de Sanhoa, qui signifie joncher des fleurs.

Il tombe vn eau des montagnes de Taye, de la hauteur de quatre cent perches enuiron.

### La deuxiesme Ville HANYANG.

*Sa situation.*
IL y a des lacs au dedans & au dehors cette ville ; c'est pourquoy on y peut nauiguer par tout: & des riuieres qui peuuent porter batteaux passent au trauers de son pays. Hanyang n'a dans sa dependance que deux citez, elle est pourtant si fertile qu'elle n'en doit rien de reste aux villes d'vn plus grand ressort ; car elle est proche de la riuiere de Han, & du lieu où elle se descharge dans celle de

## DE HVQVANG.

Kiang. Elle est fort considerable pour le grand abord qui s'y fait de marchandises: on y prend force oyes sauuages, il y croit toute sorte d'Oranges & de citrons: on y remarque vne tour fort haute, nômée Xeleuhoa au Nord-ouest de la ville: Vne fille, ce disent-ils, qui auoit beaucoup de respect pour sa belle mere; la deuant traiter, luy seruit vne poule qu'elle auoit bien apprestée; mais à peine en eut elle mangé qu'elle tomba roide morte; la fille fut menée en justice, on l'accuse, on la condamne à la mort, comme on l'alloit executer, elle passa par hazard deuant vn grenadier; on dit que prenant vne de ses branches, elle luy parla de cette sorte: si i'ay empoisonné ma belle mere, que la fleur de cette branche meure; mais si ie suis innocente, qu'elle produise des fruits tout à l'heure: à peine auoit elle acheué sa priere, que cette branche parut chargée de grenades: Les habitans, pour conseruer la memoire de ce miracle, firent bastir cette tour des deniers publics, & on la nomma Xeleuhoa, c'est à dire fleur de grenades: les deux citez qu'elle gouuerne, sont Hanyang, & Hanchuen; l'vne & l'autre ont pris leur nom de la riuiere de Han.

*L'innocence defenduë.*

Il n'y a point de montagne digne de remarque, si ce n'est celle qu'on nomme Kieuchin, c'est à dire des neuf vierges; car on list que neuf sœurs y vescurent dans le celibat, trauaillant continuellement à la Chymie: cette montagne est au Zudoüest de la ville.

*Les montagnes.*

Le lac de Langquon est dans la ville, & celuy de Taipe au couchant, au pied de la montagne de Kieuchin, au Midy, il y a vn lac de deux cent stades.

*Lacs.*

### La troisiesme ville SIANGYANG.

SIangyang est aussi proche de la riuiere de Han, & est située sur son bord Occidental: le pays où elle est, est rude & fascheux à cause des montagnes, mais elle est remarquable pour y auoir eu vn Roy de la famille de Taiminga; & pour la grande quantité d'or qui s'amasse dans les sables de ce pays, il est defendu d'ouurir les mines, mais permis à tout le monde d'amasser l'or des riuieres: on y tire aussi de la pierre d'Asur, du verd pour la peinture, & du vitriol: il y a des perdrix, & beaucoup de vieux pins, fort propres à faire des colomnes selon l'architecture Chinoise; auec cela vn grand & magnifique Palais: cette ville est aussi embellie de trois temples dediez aux Heros: elle commande à sept citez, & à quelques Forts pour sa deffence: la premiere est Siangyang, 2 Iching, 3 Nanchang, 4 Caoyang, 5 Coching, 6 Quanghoa, 7 Kiun. Prés de Caoyang il y a vn pont appellé Saxoang, sur la riuiere de Han: il a plusieurs arcades & est tout de pierre de taille, & a esté basti par les Roys de Guei. Ce pays estoit autrefois de la Prouince de King, sous les constellations d'Ie & de Chin: la famille de Cheua le nomma Coteng: il tire le nom de Scangyang des Roys de Guei, qui bastirent les murailles de la ville.

*Sa qualité & situation.*

Proche la cité de Kiung est la grande montagne de Vutang, qui a vingt & sept sommets, trente six costeaux, & vingt quatre lacs ou estangs. Il y a plusieurs temples magnifiques, auec desconuents de sacrificateurs; car c'est là que les autres sacrificateurs de la Chine prennent leur ceremonies: ceux dis-ie, qui suiuent la doctrine des idoles la plus subtile, & croyent la Metempsycose ou le passage des ames, entendent par là vne separation morale de l'ame d'auec le corps; c'est pourquoy ils sont tousjours dans la contéplation: ceux qui croyent le sens litteral de la Metempsychose ou le passage d'vn animal dãs le corps d'vn autre, reçoiuent leur ordre & institution de la montagne de Tientai dans la Prouince de Chekin, où demeurent les principaux sacrificateurs de leur secte, ie parleray, Dieu aydant, à fonds de ces dogmes dans la seconde Decade de mon Abregé de l'histoire de l'Empire de la Chine. Il croît sur cette montagne

*Les montagnes.*

## LA SEPTIESME PROVINCE

beaucoup de sedum ou joubarde herbe qui est tousjours verte.

La montagne de Co donne le nom à la cité de Coching, où il croist vne sorte de roseau qui ne dure que trois ans; car apres ce temps la vieille racine meur apres auoir poussé vn nouueau rejetton, se contentant d'auoir vescu trois ans, & d'auoir laissé vne nouuelle lignée.

*Les riuieres.* La riuiere d'Han au sortir de la Prouince de Xensi, entre dans la Prouince d'Huquang par le territoire de cette ville, & apres s'estre estenduë dans vn grand espace de pays, elle augmente finalement les eaux de la riuiere de Kiang prés de la ville d'Hanyang.

La riuiere de Siang est au Nord-ouest de la ville : elle nourrit vn animal qui ressemble fort à vn cheual, si ce n'est qu'il est couuert d'escailles, & a des ongles comme vn tigre : il est fort feroce, il en veut aux hommes & aux autres animaux; mais il n'ose les attaquer qu'au printemps, qui est la saison qu'il sort de l'eau, & fait ses courses sur terre.

L'Estang de Chinchu est dans l'espace où est basti vn temple aux idoles proche de Nanchang; cet estang s'appelle le lac aux perles, car si, en marchant pres du bord, vous frappez vn peu rudement la terre, il en sort de tous costez de petites boulles d'eau, grosses comme des perles : l'Isle nommée Kiafung, est au couchant de la ville.

### La quatriéme Ville TEGAN.

L'Empereur Yvus adjouta ce pays à la Prouince de King, & le plaça sous les constellations d'Ie & de Chin. Cette ville a eu des noms bien differents, *Noms anciës.* selon les diuers Roys qui y ont regné; apres que la famille de Cina les eut desfaits, elle la nomma Nankiun, celle de Hana, Kianghia, celle de Sunga Ganlo; la famille de Tanga luy donna le nom de Ganhoang; le nom qu'elle a à present luy vient de celle de Sunga. Elle a six citez sous son obeissance, la 1 Tegan, 2 *Cire merueilleuse.* Iunmung, 3 Hiaocan, 4 Ingching, 5 Sui☉, 6 Ingxan. Il y a vne chose bien rare dans ce pays, c'est de la cire blanche que de petits vers font, de mesme façon que les mousches à miel, sont beaucoup plus petits, mais fort blancs; or ces vermisseaux ne sont pas domestiques, mais ils se trouuent dans les chãps: on fait des chandelles de cette matiere, comme on en fait de cire parmi nous, mais qui sont bien plus blanches; c'est pourquoy comme elles sont cheres, aussi n'y a il que les plus riches du pays qui s'en seruent; car outre la blancheur elles sentent extremement bon quand elles brûslent, sans rien salir ni gaster, la lumiere en est aussi tres-claire. Ce pays est fermé de montagnes au Nord, & au Midy de riuieres, qui luy seruent de bornes : on y compte trois temples considerables.

*Les montagnes.* La montagne de Tabung est la plus grande & la plus affreuse de toutes; elle commence au Nord de Suicheu : sur le sommet il y a vn lac. Proche d'Ingxan est la montagne de Tungting, ils y descriuent vne fort grande ouuerture sans fonds. Là mesme est la montagne de Kie, où on void encor à present les ruines de l'ancienne ville de Kieyang.

*Les riuieres.* La riuiere de Che passe deuant la cité de Sui, & separe tout ce pays en deux. Iunmung est vn grand lac qui a soixante dix stades, il est au Leuant de la ville de Tekan.

## DE HVQVANG.
### La cinquiesme Ville HOANGCHEV.

CEtte ville est située au bord Septentrional de la riuiere de Kiang, qui passe fort prés de ses murailles; c'est pourquoy elle est fort peuplée, & fort riche, car il y arriue tousjours des marchandises & des batteaux. Cette ville est aussi deuenuë fort celebre à cause qu'vn Roy de la famille de Taiminga y a fait sa demeure; & qu'il s'y trouue vne sorte de serpents, dont on se sert contre la lepre, & contre la gale, ce pays produit aussi de l'absynte blanc; les Medecins de la Chine le nomment ainsi à cause de son excellence; les Chinois s'en seruent contre la bruslure. L'Empereur Yvus a diuisé ce pays comme le precedent. Du temps des Roys c'estoit le Royaume d'Hoang: les Roys de Cu s'en rendirent maistres en suite: la famille d'Hana le nomma Silo; pour le nom d'àpresent elle l'a de celle de Tanga. Tout le terroir de cette ville est cultiué, si ce n'est au Nord, ou les montagnes commencent d'estre plus difficiles: du reste elle est fort diuertissante à cause de ses riuieres, & contient neuf citez sans les Forts: la 1 cité est Hoangcheu, 2 Lortien, 3 Maching, 4 Hoangpi, 5 Hoanggan, 6 Kixui, 7 Ki☉, 8 Hoangmui, 9 Hoangei.

*La situation.*

Cui Pao est vne montagne au Septentrion de la ville, où l'on trouue des pierres, qui, estant mises & exposées au soleil, deuiennent rouges, & d'autres jaunes, & gardent quelque temps cette couleur, peut-estre, comme ces pierres de Boulogne qui peuuent conseruer quelque temps la lumiere du soleil, & la faire paroistre dans vn lieu obscur.

*Les montagnes.*

La cité de Maching a vne montagne nommée Moling, qui est couuerte d'arbres & de forests, dont ses habitans tirent beaucoup de commoditez. La montagne de Suçu est proche de Hoangmui, sur le sommet de laquelle il y a vn temple dedié à trois fameux Medecins, comme aussi vne tour magnifique de 9 estages.

La riuiere de Ki passe par la cité de Ki, à qui elle donne son nom. Proche de Hoangpi il y a vn lac qui se nomme Vú, c'est à dire militaire, où les Roys exerçoient leurs soldats aux combats de Mer: il y a aussi vn autre lac plus grand, appellé Vheu, proche d'Hoangmui. Vis à vis de la cité de Ki il y a vne Isle nommée Niaoso dans la riuiere de Kiang: le lac de Kinxa est au leuant de la cité de Ki, & celuy de Taipe proche d'Hoangmui.

*Les riuieres.*

La fontaine de Loyu rend la cité de Kixui celebre; car c'est vne des trois fontaines, dont l'eau est la plus estimée des Chinois, pour faire leur Cha ou The.

L'Isle de Pequey, ou de la tortuë blanche, dans la riuiere de Kiang, est vis à vis de cette ville, on dit qu'il arriua vn estrange accident à vn soldat; & qu'ayant esté jetté dans la riuiere par les ennemis, vne tortuë le passa à l'autre bord, comme vn Arion entre les Dauphins; & on escrit, que le plaisir que cette tortuë fit à ce soldat, fut vne marque de sa reconnoissance, qu'il l'auoit long-temps nourrie, & mise volontairement en liberté: cela sent la fable; il y a cela de vray qu'on y void de fort grandes tortuës: & aussi de plus petites, qui sont fort belles, qu'on nourrit partout dans les maisons par plaisir, elles ne sont point plus grosses que des moyneaux; on les appelle des tortuës de Loman.

### La sixiesme Ville KINGCHEV.

KIngcheu est aussi sur le bord Septentrional de la riuiere de Kiang enuironnée du lac de Tung au Nord, & au leuant; ce qui la rend tres-forte: elle est celebre pour la magnificence de ses bastiments, & pour son commerce; c'estoit autrefois la Cour du Royaume de Cu, le Roy Iuenus de la famille de Leangay fit sa demeure en suite. Son territoire est tout à fait agreable & fertile. Elle

**96    LA SEPTIESME PROVINCE**

commande à treize citez ; 1 Kingcheu, 2 Cunggan, 3 Xexeu, 4 Kienli, 5 Sungki, 6 Chikiang, 7 Ilung⊙, 8 Changyang, 9 Itu, 10 Iuengan, 11 Quei⊙, 12 Hingxan, 13 Patung. Dans la diuision que fit Yuus il la mit dans le mesme lieu que la precedente. La famille d'Hana la nomma Kingchen, qu'elle a tousjours retenu depuis. On y trouue vne herbe qui se nomme de mille années ; & mesme on croit qu'elle est immortelle ; si on la fait tremper dans l'eau, & qu'on en boiue, elle teint le cheueux blancs en noir , & sert à prolonger la vie : on y trouue aussi quantité d'oranges, & de fort excellentes pierres , dont ceux de la Chine accommodent leur ancre, apres l'auoir broyée, de mesme que nos peintres font leur couleurs : on y compte cinq temples remarquables, dediez à des Heros.

*Les montagnes.*    La montagne de Fang, proche de Changyang est aussi digne de remarque, ils disent qu'elle est de telle nature, qu'on n'y sent point de vent , ny au Printemps, ny dans l'Automne; & que neantmoins le vent sort en Esté continuellement de ses cauernes; & qu'en Hyuer les vents y rentrent, & dans les mesmes cauernes, par lesquelles ils en estoient sortis. Il y a aussi la mõtagne de Kieucang, qui entre dans la riuiere de Kiang, & qui la bride & retient par ses doubles costeaux, qu'elle aduance comme si c'estoient des digues, & en rend la nauigation plus longue & plus difficile : elle commence proche de Sungki. La cité de Quei est proche la montagne de Cutai, où on void vn Palais des anciens Roys.

La riuiere de Kiang est proche de Patung, qui, sortant de la Prouince de Suchuen, entre dans celle-cy.

*Les riuieres.*    Le lac de Tung, qui est à l'Orient de la ville, a quarante stades de longueur : il nourrit ses habitans de son poisson, & les diuertit par la beauté de ses bords.

Proche de la cité de Chikiang est l'Isle de Peli, c'est à dire de cent stades : la description ancienne marque qu'il y a eu autrefois quatre vingt dix-neuf petites isles, qui en suite n'en ont formé qu'vne seule Isle, à cause du sable qui les a couuertes, & des eaux qui se sont retirées.

### *La septiesme Ville* YOCHEV.

*La situation & comodité.*    LE grand lac de Tungting separe le territoire de cette ville en deux ; car il y en a vne partie qui est au leuant de ce lac, & l'autre au couchant : la riuiere de Kiang passe prés des murailles de cette ville au Septentrion, où trois riuieres s'assemblent; sçauoir celle de Kiang, de Siang & de Fung, qui rendent le pays merueillensement fecond, & abondant en poisson : c'est pourquoy on ne doit pas s'estonner, si on appelle cette ville dans la langue des Sçauants, la porte de trois riuieres ; aussi y aborde-il de tous costez vn grand nombre de vaisseaux & de marchandises: on y trouue la pierre d'azur dans les montagnes, & vne autre qui est verte; laquelle estant reduite en poudre, fournit d'vn tres-beau verd aux peintres : il y a force citrons & force oranges, & vne abondance incroyable de toutes choses. Le Palais d'vn Roy de la famille de Taiminga en augmente de beaucoup la magnificence ; vn de ces Roys y a fait sa Cour ; de là vient que les bastimens publics & particuliers sont si superbes : on y compte trois temples fort magnifiques dediez aux Heros.

Cette ville a esté autrefois dans la Seigneurie de Sanmao, elle fut apres erigée en royaume : les Roys de Cu en suite s'en rendirent maistres ; mais la famille de Cina la remit sous l'Empire Chinois : en apres celle de Sunga la nomma Paling ; elle a conserué iusqu'à present le nom d'Yocheu, que la famille de Tanga luy a donné ; elle a huit citez sous son obeissance, la 1 est Yocheu, 2 Linsiang, 3 Hoayung, 4 Pingkiang, 5 Fung⊙, 6 Xemuen, 7 Culi, 8 Ganhiang.

*Les citez.*

La

# DE HVQVANG.

La montagne de Pacio est au Midy de cette ville ; cette montagne est fort cele- *Les Monta-*
bre pour vn temple fort magnifique, ils y remarquent aussi vn couuent qui est basti *gnes.*
au milieu de deux petits lacs.

La montagne, ou pour mieux dire l'Isle de Kiún au milieu du lac de Tungtin est
au zud-ouest de la ville.

La montagne d'Vxe est au Zud-est de la ville, l'on y trouue de petites pierres
noires, dont les Medecins se seruent principalement contre les maux de gorge &
contre l'esquinancie, apres les auoir reduites en poudre.

Proche de Linsiang est cette grande montagne de Tayun ; on y compte soixante & dix costeaux : il y en a vne autre qui se nomme Tung, c'est à dire qui a cent
stades, remarquable pour ses forests de Pins tout proche de Hoayung, on tire du
talc ou verre de Moscouie.

La cité de Pingxiang a dans son voisinage la montagne de Tiengo ; elle a cinq
cent stades, & est mise dans les liures de Taosu entre les vingt montagnes, qui
sont les plus remarquables : les Medecins de la Chine en font beaucoup d'estat
pour cent sorte d'herbes medecinales qu'elle produit.

Proche de Ganhiang est la montagne d'Hoang, c'est à dire jaune ; car toute la
terre, & les pierres de cette montagne paroissent en quelque sorte, comme si elles
estoient dorées ; c'est pourquoy on la nomme aussi Kinhoa ou fleur dorée.

Le grand lac de Tungtin commence au Zud-ouest de la ville : on escrit que ce
lac s'est fait par vn desbordement ; il est vray qu'on y voit encore quantité d'Isles *Les Riuieres.*
fort peuplées, elles ont mesmes des temples, qui sont magnifiques, comme aussi
des monasteres, auec vn grand nombre de sacrificateurs : il y a vne Isle flo-
tante dans laquelle on a basti vn monastere. Les racines des arbres & des roseaux
qui s'entrelacent & s'entortillent les vnes dans les autres, en soutiennent le
terrain, en sorte qu'on ne doit point craindre qu'il s'éboule, & vienne
jamais à manquer.

Il y a aussi l'Isle de Kinxa, qui se nomme ainsi à cause de son sable doré.

## La huitiesme ville CHANGXA.

CHanxa est du costé droit de la riuiere de Siang : elle a ce nom à cause des
petites estoiles appellées Chanxa sous l'influence desquelles ils ont mis cette
ville ; ces estoiles sont dans la constellation de Chin. Ce pays est en partie plat
& en partie montagneux & difficile : mais par tout gras & fertile ; l'air y est sain, &
on y a toutes choses à foison : il y a par tout grande quantité de ris, qui mesme dans
la plus grande secheresse de l'année, n'a rien à craindre, à cause que ce pays est arrosé de lacs & de riuieres ; de façon que si on manque de pluye, on fait venir l'eau
des riuieres dans les champs, ou bien les laboureurs l'y deriuent par le moyen des
machines, dont ils se seruent auec beaucoup d'artifice & d'industrie. L'on y pesche
vers le moys de May cet excellent Poisson, que les Portugais nomment Sauel. On
tire de fort beau vermillon ou cinabre de ses montagnes. Vn Roy de la famille de
Taiminga a fait sa demeure dans cette ville ; y a basty de superbes édifices, & vn
Palais, on y void aussi six temples assez magnifiques : sa jurisdiction s'estend sur onze
citez, Chanxa, 1. Siang'an, 2. Siangin, 4. Ninghiang, 5. Lieuyang, 6. Liling, 7.
Ieyang, 8. Sianghiang, 9. Xeu, 10. Ganhoa, 11. Chaling o.

Cette ville s'appelloit iadis Changxa sous la famille de Cheua, & Vugan sous *Les Monta-*
celle de Sunga : depuis elle a presque tousiours retenu le nom qu'elle a à present. *gnes.*

Au couchant de la ville est la montagne de Iumo, qui signifie du Talc ; car aussi en
tire-on grand nombre : les Medecins de la Chine croyent qu'estant reduit en chaux

M

& meslé dans du vin ; il sert beaucoup à prolonger la vie. On rencontre aussi au couchant de la ville cette grande montagne d'Yolo, qui s'estend iusques aux montagnes de Heng, auec lesquelles elle est attachée.

Proche de Ninghiang il y a vne tres-grande montagne, qui a cent quarante stades, nommée Taguei. Celle de Taihu est proche de Lieuyang, elle s'esleue en trois grandes Croupes, au milieu desquelles il y a vn grand lac fort profond : la montagne de Xepi n'en est pas loin : il y a aussi vn lac de quarante stades, il se nomme le lac de Pexa, d'où sortent quatre ruisseaux ; l'vn fait la riuiere de Lieu : pour les autres, ils se vont rendre dans la riuiere de Iuping ; on y void aussi la montagne de Tungyang, la treiziesme de celles dont les liures de Taufu font tant d'estat. La montagne de Sucung appartient à la cité de Xeu : on remarque sur cette montagne vne fontaine d'eau fort chaude, & trente six costeaux : auec d'autres montagnes fort grandes.

*Les Riuieres.*    La riuiere de Mielo passe deuant la cité de Siangyn : elle est renommée pour auoir esté cause que la feste de Tuonu s'obserue parmi les Chinois. Cette feste se fait par toute la Chine, auec grand pompe, & reiouïssance, le cinquiesme Moys, en memoire d'vn de leur Gouuerneur, homme de grande probité, qui s'y precipita, comme il se vid poursuiui par des traistres : Il estoit extrememenement aimé *Les combats nauaux de Tuonu.* dans son gouuernement ; ils font ce iour-là des ieux, des combats sur l'eau & des festins à son honneur, & font apres semblant de chercher leur Gouuerneur : cette feste a fait tant de bruit, que ce qui estoit particulier à ce lieu, se pratique maintenant par toute la Chine ; ils combattent ce iour-là sur de petits vaisseaux tous dorez, de diuerses sortes, qui ont la figure d'vn dragon, & mettent des prix pour ceux qui remportent la victoire : & comme c'est le public qui les donne, aussi ces prix sont-ils de quelque valeur fort enuiés.

La riuiere de Lofeu passe proche de la cité de Xeu : on l'estime à cause des excellentes lamproyes qu'elle produit.

La cité de Siangyn est proche du lac de Cingçao : ce lac arrouse aussi le territoire de la ville d'Yocheu, & se mesle auec celuy de Tungting.

*Les Isles.*    L'isle de Kiue est proche de Xehoa, on l'appelle l'orange, parce qu'il y en a quantité : il y a aussi vne petite isle au Nord de la ville, nommée Tungquon.

## La neufuiesme ville PAOKING.

LE territoire de cette ville est plein de montagnes, principalement du costé qui tire le plus vers le Midy, où ses montagnes & celles de la Prouince de Quansi s'entre rencontrêt : il ne laisse pas d'y auoir des vallées fertiles & de fort belles campagnes : cette ville a eu vn Roy de la famille de Taiminga ; elle commande à cinq citez, 1. Paoking, 2. Sinhoa, 3. Chingpu, 4. Vuchang, 5. Sining. Paoking est proche de la riuiere de Cu, dont elle ne reçoit pas peu de commodité : elle estoit autrefois dans le Royaume de Cu : quand les Roys d'V se furent rendus maistres de ces pays, ils la nommerent Xaoling : la famille de Tanga l'appella Xaocheu : pour le nom qu'elle a à present elle le tient de Sunga : elle a trois temples magnifiques dediez aux Heros.

*Les Montagnes.*    La montagne de Lung est à l'orient de cette ville : elle est enuironnée de quatre sommets si esgaux, qu'elle paroist de mesme de quelque costé qu'on la regarde : au milieu il y a vn lac, d'où sortent deux ruisseaux, l'vn fait la riuiere de Lien, qui passe pres de la cité de Siangxiang ; l'autre la riuiere de Chao. La montagne de Iun est proche du Ressort de la cité de Vuchang, elle est la soixante neufuiesme de celles dont les liures de Taufu font estat. On y compte septante-vn costeaux : là mesme est la montagne de Kinching, la soixante & huitiesme chez Taufu. Proche

# DE HVQVANG.

de Sinning est la montagne de Changmo, qui est de si grande estenduë & d'vn si difficile accés, que les hommes qui l'habitent n'ont nul commerce auec leurs voisins, sont tout à fait sauuages, & n'obeïssent point aux Chinois.

La riuiere de Gu prend sa source dans les montagnes de la cité de Vucang; de là *Les Riuieres.* elle descend à trauers les rochers & les precipices: il y a quarante & huit endroits, où il est fort malaisé de nauiger: entre-autres vn au Nord de la ville, qui est si roide & si rapide, qu'on a esté contraint d'y dresser vne fort grosse colonne de cuiure, où ils lient les nauires, iusques à ce qu'ils ayent tout ce qui est necessaire pour les faire monter, autrement, il n'y auroit point eu de moyen de les faire remonter dans des eaux si rapides & entre des montagnes si mal-aisées.

### *La dixiéme ville* HENGCHEV.

LA riuiere de Ching du costé de Midy moüille les murailles de cette ville, *La situation.* de sorte qu'vne partie de son territoire en est renfermé, comme aussi la riuiere de Siang, qui en fait vne peninsule: les montagnes de ces païs sont cultiuées & agreables, & il s'y treuue tout ce qui est necessaire pour viure, quantité de perdrix, du talc & d'autres choses: il s'y fait du papier; ses mines d'argent la rendroient fort riche, s'il estoit permis de les ouurir: ce païs appartenoit iadis au Royaume de Cu: la famille d'Hana appella cette ville Queiyang; le Roy V, Siangtung; la famille de Tsanga la nomma Hunan; la famille de Taiminga luy a rendu le nom que les Rois de Leang luy auoient donné. Cette ville a neuf citez sous sa iurisdiction, sçauoir, 1. Hencheu, 2. Hengxan, 3. Luiyang, 4. Changning, 5. Gangin, 6. Ling, 7. Queiyango, 8. Linuu, 9. Laxan.

Ceux qui demeurent dans la montagne de Taccu, qui est au couchant de la ville, *Les Montagnes.* croyent qu'il y ait quantité d'argent; & mesme on écrit qu'on y a ouuert autrefois des mines: la montagne d'Heng commence proche de Hengxan, & a huit cent stades d'estenduë: on y compte septante deux sommets, dix grandes cauernes, trente-huit fontaines, & vingt-cinq torrents. Proche de Luiyang est la grande montagne d'Heuki, où ils ont remarqué soixante & dix sommets. La cité de Ling a la montagne de Vanyang fort proche, elle a trois cent stades: les vieilles forests qui la couurent la font paroistre toute verte: la montagne de Xeyen est proche de Queiyang, on la nomme l'Hirondelle de pierre; car apres la pluye on y treuue des pierres qui ressemblent parfaitement à des hirondelles; les Medecins mesmes croyent pouuoir distinguer les mâles d'auec les femelles par la diuersité des couleurs; ils s'en seruent dans leurs medecines. La montagne de Hoayn est fort belle à voir, elle entre dans les territoires des citez de Linuu & de Lanxan; on la nomme la Fleur, à cause de sa grande beauté.

La riuiere d'V, vient de la ville de Iung, & passe pres de la ville de Changning: *Les Riuieres.* la riuiere de Ching passe au Nord de Hengcheu: sa source est dans les montagnes au leuant de la ville de Paoking. Il y a aussi à l'Orient de la ville vn lac tres-profond, dont l'eau est verte, on dit qu'elle est fort bonne pour faire ce breuuage, que les Chinois tirent du ris.

### *La onziéme ville* CHANGTE.

CEtte ville est resserrée entre des riuieres, & située sur le bord oriétal de la riuie- *Sa situation* re de Iuen qui y décharge ses eaux dans vn lac; elle est presque par tout naui- *& qualité.* guable, aussi bien que son païs, qui est de petite estenduë, mais tout à fait agreable & qui surpasse de beacoup tous les autres en fertilité. Il y a eu aussi vn Roy de la famille de Taiminga qui y a tenu sa Cour: on en voit vn superbe palais dãs la ville, qui commande à quatre citez, dont la premiere est Changte, 2. Taoyven, 3. Lungyang, 4. Iuenkiang. Le peuple de Manyen occupoit ce païs sous la famille de Xanga & de Cheva, auant qu'il fut assuietty à l'Empire de la Chine; mais le Roy de Cu s'en rendit maître; & quand ces Rois eurent esté défaits par la famille de Cina elle l'appella Kiuchung: celle d'Hana luy donna premierement le nom de Vulinh; apres que le perfide Hiangyvus eut tué le Roy de Cu, le peuple de cette ville témoigna tant de tristesse à ses obseques, que la famille d'Hana qui vangea sa mort, & fit mourir cet Hiangyvus, appella la cité Iling, c'est à dire terre de Iustice: les Roys d'V la nommeret Vucheu; pour le nouueau nom qu'elle a à present, elle le tient de la famille de Tanga: on y compte trois Temples fort considerables: elle abonde en pierres d'Azur: on y ramasse aussi de la Manne: elle produit toute sorte d'oranges, entre autres il y en a que les Chinois nomment Oranges d'Hyuer, car elles ne viennent que quand la saison des autres est passée, elles ont fort bon goust; ils ont aussi des cedres qu'ils appellent la main de l'Idole, aussi leurs extremitez finissent en de certains petites protuberances, comme si c'estoient les doigts d'vne main, ils ne sont pas bons à manger; mais si on les pend dans la chambre, ils rendent vne odeur fort douce, & la parfument toute; ils se seruent de sachets faits de rezeaux pour les suspendre.

*L'eau rouge.* La montage de Lo, c'est à dire des cerfs, à cause qu'il y en a quantité, est au couchant de la ville de Changte: la cité de Taoyuen est proche de la montagne de Lo: c'est la quarante deuxiéme de celles de Taosu. Vers le Nord ouest de la ville on voit vne fort grande cauerne nommée Lungmuett, deuant laquelle il y a vn pont qui passe d'vne montagne à l'autre, il est parfaitement quarré, vn de ses costez a pres de deux stades de longueur, vn torrent passe par dessous.

*Les Riuieres.* Le lac de Tungting s'estend iusques aux limites des citez de Lungyang & de Iuenkiang. Le lac de Chexa se ioint à celuy de Tungting.

La riuiere de Lang est au midy de la ville, & vient de la ville de Xincheu, où elle se nomme Yuen: elle entre dans cette Prouince au midy de la grande cité d'Yven, & prend sa source dans la Prouince de Queicheu au midi du Fort de Taipsidg.

L'Isle de Kiue est proche de Lungyang, a pres de vingt stades en longueur, & produit quantité d'oranges, pour cet effet on la nomme Kiue, c'est à dire l'orange.

## La douziéme ville XINCHEV.

*Sa situation & abondance.* Xingcheu a quantité de grandes montagnes dans son ressort; l'on en tire force argent vif, pierre d'azur & du verd: on écrit aussi qu'elles sont riches d'or & d'argent. Vne partie de ces montagnes a tousiours esté habitée par des hommes sauuages & farouches; ceux de la Chine veulent faire croire qu'ils sont nez d'vn chien & de la fille d'vn Roi, & disent qu'en trois ans elle fit six garçons & autant de filles, que s'estans mariez ensemble ils fonderent cette nation: on nomme ces montagnars Vulinman: ils ont inuenté cette fable sur ce fondement, qu'ils ont de la peine à croire que ceux-là soient des hommes, dont la façon de viure n'est pas Chinoise. Ce pays estoit autrefois au Roi de Cu: la famille de Cina le nomma Kiuchung, celle de Hana Kingcheu, celle X'anga Luxi, la famille de Taiminga luy a donné le nom qu'elle a encor à present: elle commande à six citez, dont la premiere est Xincheu, 2. Luki, 3. Xinki, 4. Xopu, 5. Iuen, 6. Kiuyang, 7. Mayang.

*Les Montagnes.* La montagne de Toyeu est au Nord-ouest de la ville, la vingt-sixiéme entre celles des liures de Taufu; là mesme est la montagne de Siaoye, où on trouua mille volumes qui y auoient esté cachez, lors que l'Empereur Xius iura de faire perir & brûler tous les Liures. Proche de Kiuyang est la montagne de Locung, où ils décriuent vn oiseau qui ne chante iamais, si ce n'est lorsqu'il doit pleuuoir; les païsans le tiennent pour vn signe asseuré de pluye: dans la mesme montagne il y

## DE HVQVANG. 101

a vn lac qui occupe à ce qu'ils disent pres de cent mille arpens de terre.

La riuiere de Xin est à l'Orient de la ville: le torrent d'Yuen au Zud-ouest. Au Midi de la cité de Luki il y a vn peuple grossier & sauuage, qui demeure dans les montagnes, & dont ie viens de parler. On y compte cinq ruisseaux, sçauoir, celui d'Hiung, d'Yeu, d'Yuen, de Xin, & de Muou. *Les Riuieres.*

### La treiziéme ville IVNGCHEV.

ELle est proche de la riuiere de Siang, & située entre des montagnes qui sont fort agreables pour leur verdure: il n'y a point de ville en cette Prouince plus auancée vers le Midi: vn Roi de la famille de Taiminga y a tenu sa Cour, aussi on en voit vn superbe & magnifique Palais dans la ville. Il y a vn fort beau costeau couuert d'arbres & de maisons, & quatres Temples dediez aux Heros: cette ville a Iurisdiction sur sept citez, dont la premiere est Iungcheu, 2. Kiyang, 3. Tauo, 4. Tunggan, 5. Ningyven, 6. Iungning, 7. Kirnghoa.

Ce païs a autrefois dependu du Royaume de Cu: la famille d'Hana la nomma Lingling, les Rois d'V qui le possederent apres, l'appellerent Iungyang: pour le nom qu'il a à present, il le tient de la famille de Tanga.

Au couchant de la ville est la montagne de Kiungyo, considerable pour la quantité des beaux roseaux qui y sont: proche de Tunggan vne montagne qui se nomme Suvang, la plus haute de tous ces quartiers. *Les Montagnes.*

La riuiere de Siang passe au Septentrion de cette ville, elle court par les confins de cette Prouince, & de celle de Quangsi, & tire sa source de la montagne de Siang: l'eau de cette riuiere est claire comme cristal, & quoy que fort profonde en quelques endroits, cela n'empêche pas qu'on ne puisse compter tous les cailloux & les petites pierres qui sont au fonds.

La riuiere de Siao passe assez pres de la ville au leuant, & au Septentrion se mêle auec celle de Siang, sa source est dans les montagnes au Zud-ouest de la cité de Ningyven; ces montagnes se nomment Kieni, il y a là aussi vn lac appellé Tien. On voit vne cheute d'vne grande quantité d'eau proche de la cité de Tau, qui fait vn Estang, où il naist des fleurs de Lien iaunes: on en treuue rarement ailleurs de cette couleur; i'en fais vne description plus ample dans vn autre endroit. *Les Riuieres*

### La quatorziéme ville CHINGTIEN.

L'Empereur Yvus comprit cette ville & son païs dans la Prouince de King, & la plaça sous les constellations de Ie & de Chin: elle appartenoit autrefois aux Rois de Cu; & on la nommoit Ingchung: la famille d'Hana l'appella Iunxe: la famille de Taiminga luy a donné le nom qu'elle a à present, auec le titre & la qualité de ville; car ce n'estoit auparauant qu'vne cité, mais à present elle commande à sept citez, dont la 1. est Chingtien, 2. Kinxan, 3. Cienxiang, 4. Mienyang, 5. Kingling, 6. Kingmueno, 7. Tangyanh. Cette ville est située sur le bord de la riuiere d'Han qui regarde vers l'orient, enuironnée de tous costez d'eaux & de montagnes, qui luy seruent d'vn fort rempart: son païs abondant en tout ce qui est necessaire à la vie: il y a six temples dediez au Heros.

La montagne de Kingmuen est proche d'vne cité qui en a aussi le nom: cette montagne a serui autrefois de forte muraille & de borne au Royaume de Cu du costé qui regarde le plus le Septentrion. La montagne de Cucai est proche de Tangyang, & la trente-troisiéme de celles du liure de Taufu: les arbres *Les Montagnes.*

& les pierres qu'on y treuue font toutes rouges; il y a vn ruiſſeau dont l'eau eſt fort agreable & de bonne odeur.

*Les Riuieres.* La riuiere de Ciengiang paſſe deuant la cité qui en porte le nom.

Ie ne dois pas oublier la fontaine de Sinlo, à cauſe de ſon eau qui eſt excellente, elle eſt dans la montagne de Kingyuen.

## La quinziéme ville CHINGYANG.

CEtte ville eſt la plus au Septentrion de toute la Prouince, fort proche de Xenſi, & qui reçoit la premiere les eaux de la riuiere d'Han; qui vient de l'Orient & enuironne cette ville, apres s'eſtre beaucoup déſtournée & auoir fait vn fort grand circuit, elle paſſe en ſuite par tout le reſte de cette Prouince: elle a ſept citez ſous ſon obeïſſance, 1. Cingyang, 2. Fang, 3. Choxan, 4. Xancin, 5. Chogi, 6, Chingſi, 7. Paogang.

*Anciens noms.* L'Empereur Yuus la mit au meſme departement que la precedente; & ſous les meſmes conſtellations : lors que les Rois de Cu en eſtoient les maîtres, on la nommoit Siegive, à cauſe de la quantité d'eſtain qu'on y a toûjours treuué, & qui s'y tire encores à preſent, c'eſt pour cela auſſi que la famille d'Hana l'appellée Scie, c'eſt à dire eſtain; mais celle de Tanga la nomma Nanſung, à cauſe de la fertilité de ſon territoire, comme ſi vous diſiez la fertilité du Midi; pour le nom qu'elle a à preſent c'eſt la famille de Taiminga qui le luy a donné. Il y croît vn certain arbriſſeau qui monte & rampe en haut comme noſtre lierre, & produit des fleurs d'vn iaune qui tire vn peu ſur le blanc; les extremitez des ſes branches ſont fort menuës & delices comme des filets de Soye; on dit que ſi on en lie & applique vne petite branche ſur la chair nuë, qu'on repoſe d'vn fort doux ſommeil; c'eſt pourquoi on l'a nommé Menghoa, c'eſt à dire la fleur du ſommeil.

*Les Montagnes.* Au Nord-oueſt de la ville eſt la montagne de Tienſin, dont les coſteaux qui ont vne pente douce enuironnent vne plaine de cent ſtades, comme ſi c'eſtoient des murailles; les Medecins y vont ſouuent chercher des herbes medecinales.

Proche de la ville de Choxan eſt la montagne de Canglo, où l'on écrit qu'vn certain païſan amaſſa des chaſtaignes durant quelques années qu'il garda, afin de preuenir par ce moyen vne famine qui arriua, & qu'il auoit preueuë; il aſſiſta par là ſes amis, & les ſauua de la miſere que ſouffrirent les autres.

Là meſme eſt la montagne de Nuiqua, du nom d'vne femme qu'ils adorent dans vn Temple fort ſuperbe & fort magnifique; ils aſſeurent que cette femme a raccommodé vn endroit du Ciel qui eſtoit rompu: auec la meſme ſimplicité ſans doute, que les Mahometans qui diſent que Mahomet ſouda la Lune.

*Les Riuieres.* La riuiere de Lungmuen paſſe à l'Orient de Chingyang, & prend ſa ſource dans vne montagne qui en a le nom. Proche de Choxan eſt la riuiere de Cungyang, dont l'eau a la proprieté d'oſter les taches des habits : on écrit qu'elle eſt auſſi fort bonne pour aiguiſer les outils de fer, & que cette proprieté luy vient de ie ne ſçay quel ſel qui donne vn peu de pointe à ſes eaux. Là meſme eſt la riuiere Xangyung, où il ſe fait vne grande cheute d'eau; ſi on y iette ſeulement la moindre pierre, il commence tout auſſi-toſt à tonner & à pleuuoir.

## La premiere grande Cité CINGCHEV.

CEtte cité eſt tres-forte d'aſſiette, & ſituée dans vn fort bon endroit; elle a trois autres citez à qui elle commande, 1. Cingcheu, 2. Hoeitung, 3. Vngtao, 4. Suining: la montagne de la Prouince de Queiecheu eſt ſur la frontiere.

# DE HVQVANG.

La montagne de Fi est de difficile accez, il y a sur son sommet vne campagne. *Les Monta-*
La montagne de Feçu est fort grande & fort haute, elle separe cette Pro- *gnes.*
uince de celle de Quicheu, & commence proche de Tungtao.

Proche d'Hoeitung est le lac de Cingpo, dans lequel il y a de fort grandes *Les Riuieres.*
pierres & des rochers, où les personnes de qualité vont pour s'y diuertir. Il y
a aussi vn ruisseau d'Hiuńg formé par neuf torrens, nommés Lang, Vu, Hiung,
Xin, Lung, Sui, Quei, Vu, & Aiung.

## La seconde Cité CHINCHEV.

CEtte cité touche à la Prouince de Quantung, elle est entre deux riuieres: quoy que ce païs soit plein de montagnes, il ne laisse pas d'estre assez cultiué: Chincheu est grande, peuplée & celebre, elle commande à cinq autres citez, 1. Chincheu, 2. Iunghing, 3. Ychang, 4. Hingning, Queiyang, 6. Queitung: elle est aussi remarquable à cause d'vn pont de pierre magnifique, diuisé en plusieurs arcades, tout de pierres de taille, & qui a en longueur plus de cent perches Chinoises: on ne compte dans tout ce païs que trois Temples qui soient considerables.

La montagne d'Hoangceng est au midy de la cité: c'est là où est la source *Les Monta-*
de la riuiere de Chin: la montagne de Pepao est proche de Iunghing, haute & *gnes.*
roide, mais remarquable encores à cause de la belle eau de sa fontaine.

Yen est vn petit lac dans la montagne de Xenieu proche de Hingning: *Les Riuieres.*
il est fort chaud au sommet tout le long de de l'Hiuer: ils y voyent des oyes
sauuages deux fois l'an, lors qu'elles se retirent vers le Midy, & lors qu'elles
passent vers le Nord, c'est pourquoy on l'appelle Yen, qui signifie vn oye.

## Les Villes de Guerre.

IL y a onze places de guerre, 1. est Kio, 2. Iungxun, 3. Paocing, 4. Nanguei, 5. Xiyung, 6. Xanggi, 7. Ladgiang, 8. Sanping, 9. Iungting, 10. Tiengia, 11. Iunmui.

La cité de Xi est proche de la riuiere d'Y, elle a sous elle quelques petits châteaux: on y trouue du Musc. La cité de Paocing abonde en argent vif.

La montagne de Kesing s'esleue par dessus les nuës: on dit qu'il y fait vn froid *Les Monta-*
excessif: peut-estre à cause qu'elle est fort eleuée. *gnes.*

La montagne de Tuting est fort haute & large: son terroir est fort agreable & fertile en ris: il y a aussi de grandes forests.

---

## REMARQVE.

MArtinius n'a touché qu'en passant la fable de cette Nation, qui tire son origine des chiens, Ramusco la rapporte plustost des Moines, dont il a inseré le Voyage dans son second Volume. *Ritornando per deserti li Tartari, peruennero sa vna terra, nella quale, si come alla Corte dell' Imperatore con fermezza ne raccontarono i Clerici Rutheni, & altri, che vi erano stati, ritrouarono certi monstri, li quali hanno specie di femina: & poiche per molti Interpreti hebbero domandato quali fessero gli huomini di quella terra, fu gli risposto, in quel luogo tutte le femine che nascono, hauer forma humana, ma gli mascoli di cane: mentre che dimorarono in* questa terra li cani, nell' altra parte del fiume si congregarono insieme, & essendo d'inuerno tutti si gettarono all' aqua poi riuolgeuansi nella sabia & cosi per lo gran freddo. Si congelaua sopra di loro quella materia & poiche ciò molte fiate hebberò fatto, con grand' impeto assaltarono i Tartari, i quali gettando saette sopra di loro, pareua che percotessero sassi, conciosia che quelle indietro ritornauano, ne manco l'altre sue armi li poteuan dare noia alcuna, ma essi cani saltando in mezzo à loro i molti col morder ammazzarono e cosi furono scacciati li Tartari dalla sua patria.

Les Chinois la content autrement, & disent que le Roy Caosin quoy qu'il eut fait long-temps la guerre à vn Chef de briguans nommé V, & l'eut souuent reduit à l'extremité, il n'en pût venir à bout, iusques à ce qu'ayant fait publier dans son Royaume, qu'il donneroit vingt mille onces d'argent, vne Ville, & sa fille en Mariage, à qui luy aporteroit la teste de ce scelerat : vn chien qu'il nourrissoit, nommé Puonhu entra dans vn bois où estoit V auec ses troupes, l'étrangla, & en apporta la teste à son maistre; Caosin fut fort aise de se voir deliuré d'vn si dangereux ennemy : mais comme il estoit en peine d'executer sa parole, sa fille qui le vit dans cette peine, luy dit, qu'il seroit encore plus mal-honneste d'y manquer, que de la marier à cet animal; le mariage en fut fait, & en trois ans elle en eut six garçons & autant de filles, desquelles cette Nation Cynique tire sont origine, à ce que disent les Chinois.

LA HVITIEME

105

# LA
# HVITIE'ME PROVINCE
# KIANGSI.

LA Province de Kiangſi tient à celle de Huquang du coſté de l'Orient : elle n'eſt guere plus petite que la precedente, encore qu'on nomme celle de Huquang le grenier de toute la Haute Aſie, & qu'on diſe que celle-cy ne ſert que pour un déjeûner. Il y a un fort grand lac dans l'une & dans l'autre, nommé Poyang, qui n'en doit guere de reſte à celuy de Túngting.

Long-temps avant que cette Province fuſt ſujette à l'Empire de la Chine, une grande partie appartenoit aux Rois de çu, & l'autre à ceux d'V : la Province de Chekiang la ferme à l'Orient; celle de Fokien au Zud-eſt; celle de Quantung en touche les extremitez au Midy : la Province de Kiangnan ou de Nanking la joint au Nord, & celle d'Huquang environne le reſte. Cette Province commence au Midy par des montagnes qui ſont fort larges & tres-vaſtes; car les montagnes de trois diverſes Provinces, ſçavoir de Kiangſi, de Quantung & de Fokien, uniſſent en cet endroit leurs ſommets, quoy qu'elles cômencent dans chacune ſeparément. Le peuple y eſt ſauvage & groſſier, & ne dépend point de l'Empire de la Chine : il oſe meſme ſouvent ſortir de ſes cavernes pour aller à la picorée & au butin, & l'emmener quand il eſt proche; ce n'eſt pas qu'ils puiſſent rien entreprendre de grand ny de conſiderable, y ayant pour cet effet des Châteaux & des Forts par tout avec des garniſons, contre les inſultes de ces montagnards. Les Chinois ont taſché pluſieurs fois de dompter cette nation, mais ils n'en ont pû venir à bout, à cauſe que l'entrée & les avenuës de ces montagnes ſont preſque inacceſſibles, quoy qu'on y trouve en ſuite de fort belles vallées, & une campagne admirablement bien cultivée. *Montagnards.*

L'excellence de la Province de Kiangſi conſiſte principalement en ce qu'elle eſt extremement peuplée, & qu'elle produit en abondance tout ce qui eſt neceſſaire. Elle eſt auſſi preſque par tout arrouſée de fort grands ruiſſeaux, de rivieres & de lacs, & de plus environée de tous coſtez de hautes montagnes, qui luy ſervent de boulevart, riches en mines d'or, d'argent, de plomb, de fer, & d'eſtain. On y void par tout ſi grande quantité de monde, que l'étenduë de cette Province aſſez grande à peine les peut loger; c'eſt pourquoy on en appelle les habitans par toute la Chine les ſouris, tant eſt grand le nombre d'hommes qui s'y trouve, & de la fecondité des femmes. Ce peuple ſi nombreux à de la peine à y trouver lieu pour faire ſa reſidence, c'eſt pourquoy il eſt eſpars, & va errant par toute la Haute Aſie, où il s'employe & s'occupe à diverſes ſortes de ſervices, vils & mechaniques : ils s'addonnent principalement à faire des habits, à deviner, & aux ſortileges : ſont naturellement ménagers & ſordides dans leur particulier & en compagnie : à peine trouve-t'on rien chez eux qui tienne de la magnificence des autres Provinces. Les Chinois les *Les Chinois de Kiang miſerables & de vils condition.*

( O

raillent sur leur lesine. Ils sont fort attachez à la superstition : ils gardent pour la plusparr des jeûnes des Idolatres avec beaucoup de soin, s'abstenans aussi de certaines viandes, selon la doctrine de la Metempsychose ; de façon qu'ils n'osent rien tuer qui ait eu vie, ny en manger quand un autre l'a tué. Il y en a parmy eux qui passent des années entieres à amasser des os de vaches & d'autres animaux qu'on a jettez, afin que quand ils ont quelqu'un à traiter, ils les puissent mettre en des plats de porcelaine, & en garnissent le fonds, pour arranger en suite leurs mets & viandes en pyramide, comme c'est leur coûtume ; par ce moyen ils ne sont pas obligez de les emplir, ny d'y mettre tant de viande. Toutefois ce peuple a un esprit excellent & subtil, & il y en a plusieurs à chaque examen à qui on donne les degrez des gens doctes & sçavans, & qui parviennent en suite aux premieres Magistratures.

*Nombre des āmes & des hommes.* Mais pour venir au dénombrement de ses habitans, on écrit qu'il y a dans cette Province 1363629. familles, & 6549800. hommes. Le tribut du ris qu'elle paye, est de 1616600. sacs : elle donne aussi 8230. livres de soye cruë, & de celle qui est filée 11516. rouleaux, sans parler des droits & imposts des autres Bureaux.

La Province de Kiangsi est divisée en treize grandes villes, que vous croiriez estre autant de Provinces, & qui commandent à soixante-sept citez. Elle est par tout arrousée de lacs & de rivieres, qui peuvent porter bateau. La riviere de Can la divise toute en deux parties, du Midy au Septentrion : *Quantité de Porcelaine & de poisson.* mais ce qui la rend plus considerable, c'est qu'il n'y a que dans cette Province & dans un seul Bourg où on fasse la meilleure & la plus belle Porcelaine, dont ce Bourg fournit toute la haute Asie, & le reste du monde. Ses rivieres ont diverses sortes de poissons, entre autres des saumons, des truites & des estourgeons : j'en ay par fois acheté un pour six Iules ou Reales d'Espagne, qui pesoit cent soixante livres, & une truite de dix livres pour trois sols.

*Description des fleurs de Lien.* Mais pource que j'ay souvent fait mention des fleurs de Lien, & qu'il y en a quantité dans cette Province, je les veux décrire icy avec brieveté ; car elle ne fait pas seulement part de ses fleurs aux autres Provinces, mais aussi de ses fruits quand ils sont secs. Cette fleur que ceux de la Chine nomment Lien, & les Portugais Fula de Golfon, croist en des eaux croupissantes : elle paroist dessus l'eau à la hauteur de deux ou trois coudées : les rejettons ausquels elle tient sont tres-durs & forts : une racine produit souvent plusieurs fleurs : il y en a de diverses couleurs, de violettes, de blanches, de mélées, de rouges, & d'autres leurs semblables : ces fleurs sont plus grandes que nos lys, & beaucoup plus belles, toutefois elles n'ont pas si bonne odeur : vous diriez que ce sont de grandes tulipes, aussi en approchent-elles beaucoup par leur figure, avec de petites boules qui ne tiennent qu'à un petit filet, & sont au milieu commë si c'estoient les filets de safran d'un lys : apres la fleur vient le fruit, dont la figure est conique, plus large vers sa base que la paume de la main, & plus gros que n'est le poing : ce cone tient par la pointe à une queuë, à laquelle la fleur est attachée : la base est *Voyez la figure.* tournée en haut ; dans la base il y a diverses pellicules, qui renferment chacune un fruit de la grosseur d'une noisette, ou de nos plus grosses feves ; c'est pourquoy il ne faut pas s'étonner si Dioscoride appelle ce fruit feve d'Egypte. Il y a une escorce verte, qui le garde & le defend ; toutefois elle est un peu molle : l'amande qui est dedans est blanche, & a fort bon goust quand elle est fraiche, ou quand elle est seche : les Medecins Chinois en font beaucoup d'estat, comme estant fort nutritif ; c'est pourquoy ils la donnent par tout à ceux qui sont foibles & debiles, & qui commencent à se remettre apres avoir esté malades. Les feüilles de cette plante sont fort grandes, & rondes le plus souvent, flottent & nagent dessus l'eau, comme celle de Nenuphar parmy nous, & tiennent à la

## DE KIANGSI.

racine avec de longues queuës; la moitié de ces fueilles a bien parfois la longueur de deux empans. Il me souvient d'avoir veu de semblables fueilles en des eaux dormantes de l'Europe, mais non pas qui eussent la fleur & le fruit de mesme façon: les jardiniers & les revendeurs se servent de ces fueilles quand elles sont seches, au lieu d'enveloppe ou de couverture de papier de cornets, pour couvrir & empaqueter les marchandises qu'ils ont venduës. Pour la racine elle est d'un excellent usage, elle croît souvent aussi grosse que le bras d'un homme, & se picque dans le limon & la vase, la profondeur de deux ou trois coudées: elle est noüeuse comme celle des roseaux; & son écorce ou sa peau exterieure est tout à fait entiere; sa moëlle & sa chair comme percée au dedans de grandes ouvertures ou passages; neantmoins elle est tres-blanche, & ressemble assez au chardon de nostre pays, si ce n'est qu'elle est un peu plus insipide; on en fait beaucoup d'estat: elle est fort chere en Esté, parce qu'elle est rafraischissante; de façon qu'il n'y a rien d'inutile dans cette plante: c'est une chose toute à fait divertissante, de voir souvent des lacs entiers tous fleuris, non de fleurs sauvages, qui ne produisent point de fruits; mais de celles-cy qui ont esté semées, & qu'on cultive & renouvelle tous les ans par la graine que l'on seme dans l'eau: les grands Seigneurs mesmes les cultivent dans leurs jardins & leurs parterres, & à l'entrée de leurs palais, les conservant en de grands vaisseaux de terre pleins de limon & d'eau.

### La premiere Ville ou la Capitale NANCHANG.

CEtte Ville est aussi remarquable pour le nombre de ses gens de lettres *Sa situation* que pour sa grandeur; elle n'est pourtant pas si petite, qu'elle n'ait pour le *& excellēce;* moins deux milles de circuit. Il y a eu deux Rois de la famille de Taiminga, qui y ont demeuré tout à la fois, ce que je n'ay jamais remarqué ailleurs. Nostre Societé y a eu aussi une Eglise assez magnifique dediée au vray Dieu, avec une maison autant commode que le lieu le pouvoit permettre; mais comme elle se revolta contre les Tartares, après l'avoir surprise pour la premiere fois, ils y mirent le feu, de façon qu'il n'en demeura que les murailles; on l'a rebastie depuis, on luy a donné un Viceroy & les autres Magistrats, toutefois il n'y a plus ny Prestre, ny Eglise, faute de Missionnaires.

Cette Ville est située prés de la source de ce grand lac de Poyang, & au Midy dans une Isle que la riviere forme toute seule: elle bornoit anciennement les Royaumes de çu & d'V: sous la famille de Cina, elle appartenoit au *Les anciens* pays de Kieukiang. La famille d'Hana la nomma Iuchang; celle de Tanga luy *noms.* a donné le nom qu'elle a à present; mais la famille de Sunga le changea en celuy de Lunghing; enfin celle de Taiminga luy donna son premier nom. Il y a environ trois cens ans que la Cour se tenoit dans cette ville; car le Sacrificateur Chu, après avoir chassé les Tartares de la Chine, y prit le titre & la qualité de Roy, & l'appella Hungtu, qui signifie la grande Cour; mais comme il eut après augmenté ses conquestes, il transporta le trône & sa Cour à Nanking, & luy redonna pour lors son vieux & ancien nom de Nanchang. Cette ville *Les Citez.* commande à sept citez; la premiere est Nanchang, 2. Fungchung, 3 Cinhien, 4. Fungsin, 5. Cinggan, 6. Ningo, 7. Vuning. Le fonds & le terroir de tout ce païs est fertile, il n'y en a aucune partie qui soit deserte, & il est si plein de laboureurs, qu'à peine y laissent-ils aucun endroit où le gros & menu bestail puisse paître, si ce n'est pour les pourceaux qu'ils nourrissent par tout avec grand soin dedans & dehors la ville; & il y en a si grand nombre dans la ville, qu'on a bien de la peine à passer par les rües, tant il s'y en rencontre; toutefois les rües n'en sont pas plus sales, car ceux de la Chine en amassent le fumier avec beaucoup de diligence, comme aussi ceux des autres animaux, & le vendent cherement pour engraisser les champs.

(O ij)

108    LA HVITIE'ME PROVINCE

*Temple remarquable.* Cette ville contient quatre temples fort confiderables; mais celuy qui fe nomme le Pilier de fer les furpaffe tous: ils difent qu'en ce mefme lieu hors des murailles de la ville a efté autrefois un homme qui furvenoit aux neceffitez des pauvres, & donnoit beaucoup au peuple; qu'il fçavoit faire de fort bon argent: de plus, ils adjoûtent que ce fut luy, qui par une fcience & induftrie tout à fait divine, couvrit de terre le dragon qui menaçoit de ruiner leur ville, & qu'il l'attacha à une colomne de fer extremement grande, qui fe void encore dans ce temple; qu'enfin il s'enfuit au Ciel avec toute fa famille. La fuperftition de ce peuple luy a erigé ce temple. Le baftiment eft tout à fait magnifique & fuperbe pour fa ftructure & grandeur: tout joignant il y a un Convent de Preftres: de l'autre cofté il y a tousjours un marché, où on trouve tout ce dont on a befoin.

*Les montagnes.* Proche de Fungfin eft la montagne de Pechang, dont il tombe une eau avec grande impetuofité: elle a bien près de cent perches de hauteur; c'eft de là qu'elle a fon nom, & des cent perches de cheute qu'a cette eau.

La montagne de Xifung eft proche de Fungching; cette montagne eft la trente-neufiefme entre celles qui font celebres dans les Livres de Taufu.

*Les rivieres.* La riviere de Chan ou de Can, eft à l'occident de la ville, dont je defcris la fource ailleurs.

La ville a au Zud-eft le lac de Tung fort eftimé pour fon excellent poiffon, & pour fes belles eaux.

Le grand lac de Poyang commence au Nord-eft de la ville: on le nomme auffi le lac de Pengli.

Vers Cinhien eft l'Ifle de Lungma, & celle de Pehoa eft à l'orient de la ville: la petite Ifle de Teuxu luy eft au couchant.

### La feconde Ville IAOCHEV.

*Situation.* CEtte ville eft fur le bord feptentrional de la riviere de Po: elle eft fort belle & divertiffante; tout le pays eft plat, & arroufé de rivieres; ce qui la rend merveilleufement fertile: elle a fept citez qui luy obeïffent, dont la 1. eft Ioacheu, 2. Yukan, 3. Loping, 4. Feuleang, 5. Tehing, 6. Gangin, 7. Vannien. Vn Roy de la famille de Taiminga y faifoit autrefois fa refidence; mais ce qui la rend celebre & recommable, eft la quantité de Porcelaine qu'on y fait; il n'y a point de lieu dans tout le Royaume où l'on en faffe de plus belle, que dans un bourg nommé Feuleang: ils ne prennent pas dans le pays mefme la terre dont on la fait; on l'y apporte de la ville d'Hoiecheu dans la Province de Kiangnan, où l'on ne la peut pas faire, encore qu'il y ait quantité de matiere, à caufe difent-ils de la difference qualité des eaux. C'eft donc dans le bourg de Feuleang que fe fait toute la vaiffelle & poterie de la Chine, par des payfans & des hommes groffiers; de mefme que celle Fayence en Italie: il s'en fait de diverfes couleurs; la jaune, & celle où il y a diverfes figures de dragons reprefentez, eft deftinée pour le Palais de l'Empereur: au refte on en fait de rouge, de jaune, & bleuë. Les Chinois ont accouftumé de fe fervir du paftel pour la peindre en bleu; auffi en a-t'il grand nombre, principalement dans les Provinces qui tirent le plus vers le Midy, où l'on s'en fert auffi pour teindre les eftoffes.

*Quelle terre c'eft.* Vous n'en fçauriez peindre de figure ny de fleur qu'ils n'imitent & ne contrefaffent fur leurs Porcelaines: on peut juger de la quantité qui s'y en fait, par ce que nous en voyons tous les jours dans noftre Europe; mais je m'eftonne d'où peut venir le bruit qui court fi fort, que cette matiere fe fait de cocques d'œufs, ou de coquilles de mer pilées, que des peres (felõ le rapport de quelques-uns) ferrét pour leurs petits fils & defcendãs, qui la trouvét au bout d'une centaine d'années. Toute cette vaiffelle fe fait de la terre qu'õ apporte de la prochaine ville de Hoiecheu dans ce bourg; tout de même que noftre poterie. Cette terre n'eft pas graffe côme noſtre glaiſe, mais reſſemble pluſtoſt à un ſable délié, dont les grains ſont tranſparans: ils le font tremper dans de l'eau, & en font apres des maſſes: meſme quand la Porcelaine eſt caſſée, ils en broyent & pilent les morceaux, & en refont de nouvelle, qui n'a pourtant pas l'éclat ny la beauté de la premiere. Ce qui fait qu'on eſtime la Porcelaine, c'eſt, ce diſent-ils, qu'on y peut mettre les viandes toutes boüillantes ſans qu'elle ſe caſſe: ils adjouſtent encore, ce qui eſt plus admirable, que ſi on en lie & attache les pieces avec du fil d'archal, elles peuvent tenir la liqueur ſans la laiſſer aller; c'eſt pourquoy des racommodeurs de Porcelaine ſe voyent par toute la Chine, ſe ſervans d'un virebrequin fort ſubtil & menu pour faire ces petits trous; ils le nomment communément dril, la pointe eſt de diamant, comme eſt celle dont les Vitriers & ceux qui gravent en verre ſe ſervent parmi nous, ou pluſtoſt comme eſt l'inſtrument de ceux qui percent le criſtal de montagne à Milan.

Ce pays a autrefois eſté aux Rois d'V; la famille de Cina nomma cette ville Poyang: celle de Sunga luy a donné le nom qu'elle a à preſent. Il eſt au Septentrion & à l'Orient renfermé de montagnes, dont on tire la matiere pour faire la Porcelaine, principalement de celles qui ſont à l'Orient. Le pont de la cité de Gangin eſt digne de remarque, on le nomme le Pont d'obeïſſance. Ils diſent qu'une fille née de parens fort riches, ayant perdu ſon mary les premiers jours de ſes nopces, & l'honneſteté ne permettant pas aux femmes de ſe remarier, elle ſe conſoloit dans ſon veuvage par la preſence de ſa mere & de ſon pere, & en ſupportoit plus patiemment ſa perte; mais comme ils furent morts, ſe voyant ſans conſolation, elle fit bâtir ce pont de pierre, diviſé en pluſieurs voûtes & arcades, & apres y avoir employé la plus grande partie de ſes richeſſes, elle ſe jetta du haut en bas dans l'eau; c'eſt de là que ce pont a tiré ſon nom d'Hiaolie, qui ſignifie une remarquable obeïſſance.

*Noms anciens.*

La montagne de Macie occupe le coſté de la ville qui regarde l'Orient, c'eſt la cinquante-deuxieſme entre les celebres. La montagne de Xehung proche d'Yukan, s'appelle l'Arc en Ciel fait de pierre, à cauſe que l'eau qui en tombe repreſente toûjours un Arc en Ciel.

*Les montagnes.*

La montagne de Cienfo eſt proche de la ville ſur le bord d'un lac. Proche d'Yukan eſt la montagne d'Hungyai, qui touche du coſté du Nord-oueſt au lac de Poyang.

Le lac de Poyang ou de Pengli entre dans le territoire de cette ville: la partie qui s'étend & avance vers Yukan, ſe nomme Canglang, où eſt l'Iſle de Pipa.

*Les rivieres.*

La riviere de Po paſſe au Midy de la ville, ſa ſource eſt dans les montagnes de la ville d'Hoeiki. On fait venir ſur cette riviere en des bateaux le ſable pour en faire la Porcelaine.

## La troiſiéme Ville QVANGSIN.

CEtte ville eſt ſituée entre des montagnes fort hautes & fort larges, mais qui ne ſont pas tout à fait deſertes & inhabitées; car il y a quantité de bourgs & de villages: la riviere de Xangiao y prend ſa ſource à l'Orient de la ville, & y paſſe au Nord; mais parce que les trois Provinces de Kiangſi, de Fokien, & de Chekiang, confinent & aboutiſſent à ce pays, de là vient qu'il eſt plein de voleurs, qui apres avoir fait leur coup ſe retirent facilement dans les montagnes. Le pays ſe peut aiſément defendre contre les entrepriſes & l'effort des ennemis, à cauſe que le paſſage eſt fort étroit par ces montagnes, & qu'il n'y a point d'autre chemin. L'Empereur de la Chine y a tenu autrefois garniſon: on y fait grande quantité de fort bon papier: la meilleure chandelle de graiſſe de bœufs s'y fait auſſi: on y compte trois Temples fort remarquables: elle a ſept citez, dont la premiere eſt Quangſin, 2. Ioxan, 3. Ieyang, 4. Queiki, 5. Ienxan, 6. Iungfung, 7. Hinggan.

*La ſituation.*

## LA HVITIE'ME PROVINCE

Ce pays estoit autrefois en partie au Roy d'V, & en partie au Roy de çu; sous la famille de Cina il dependoit du pays d'Hoeiki : la famille d'Hana le nomma Iuhan; celle de Tanga & de Sunga, Sincheu; mais la famille de Taiminga luy donna le nom de Quangsin.

*Les montagnes.* La montagne de Ling est la trente-deuxième entre celles qui sont fameuses & celebres dans les Livres de Tausu, couverte de vieilles forests, remarquable pour ses herbes medicinales, elle produit aussi de fort bon cristal.

Proche de Ieyang est la montagne de Poafung, sur le sommet de laquelle il y a une maison de pierre, dont la hauteur s'esleve au delà des nuës : il y a aussi proche de cette montagne un pont fort antique, long de cinquante perches.

La montagne de Siang proche de Queiki est fort haute & de tres-grande étenduë : elle est tellement partagée & divisée en fonds & en terres labourées qu'elle n'en doit guere de reste aux plaines ny aux rases campagnes : on y rencontre quantité de bourgs. Là mesme est la montagne de Lunghu, la trente-deuxième entre les celebres : elle a le nom d'un dragon & d'un tygre; car elle a deux sommets, dont l'un en s'élevant semble vouloir accabler l'autre : on nomme le plus haut Lung, c'est à dire le dragon; & le plus bas Hu, c'est à dire le tygre.

*Les rivieres.* La riviere de Xangjao passe au Nord de la ville : sa source est dans les montagnes de Ioxam; de là elle passe par le territoire de cette ville au Midy, & aprés avoir couru en plusieurs endroits, elle se joint enfin & se mêle avec le lac de Poyang.

### La quatriéme Ville NANKANG.

CETTE ville est située sur le bord occidental du lac de Poyang : ce lac divise & partage le pays en deux : les Chinois en font beaucoup d'estime *Son abondance.* à cause de sa fertilité : les champs abondent en ris, en froment & en legumes : les montagnes fournissent du bois dans les lieux où elles ne sont point cultivées : & les lacs & les rivieres enrichissent tout le pays par leur poisson. Elle a jurisdiction sur quatre Citez, dont la premiere est Nankang, 2. Tuchang, 3. Kienchang, 4. Gany. Elle a esté autrefois aux Rois de çu; la famille de Cina la mit dans le pays de Kieukiang : la famille d'Hana la nomma Pengçe; celle de Tanga *Noms anciens.* Kiangcheu; enfin c'est la famille de Sunga qui luy a donné le nom qu'elle a à present.

Il y a plusieurs temples fort superbes; mais les principaux sont sur les montagnes de Quangliu & de Iuenxin, qu'ils adorent avec beaucoup de superstition. Il y a aussi quantité d'Hermites & de Sacrificateurs qui y demeurent, *Les Hermites.* qu'on pourroit nommer avec raison les martyrs & les esclaves du Demon : chacun d'eux s'occupe dans sa cellule à affliger & à tourmenter son corps avec tant de constance & de courage, qu'il y a tout sujet de s'en estonner : ils croyent qu'aprés cette vie ils joüiront d'un estat bienheureux, les ames devant changer de corps, selon leur opinion : s'ils ne surpassent pas nos vieux Anachoretes dans les peines & dans les tourmens qu'ils ont souffert volontairement, à tout le moins leur seroient ils égaux, s'ils les souffroient pour l'amour du vray Dieu. On dit qu'il y a autant de petites maisonnettes ou de cellules sur cette montagne, qu'il y a de jours en l'an. Cette montagne est tousjours couverte de nuages, lors mesme que l'air est serain par tout ailleurs, de sorte qu'on a bien de la peine de la voir du lac, encore qu'il en soit fort proche. Il y a plusieurs Temples sur ces montagnes, qui sont admirables pour la grandeur & pour la quantité de leurs Idoles : il y a aussi un fort grand pont de pierre de taille, qui traverse une vallée par le moyen de ses voûtes & de ses arcades : le grand Monastere de Queiçung n'en est pas loin. Cette ville produit aussi du chanvre, dont on fait des habits fort propres pour l'Esté.

## DE KIANGSI.

La montagne de Quangliu au Nord-oueſt de la ville, eſt la huitiéme entre les plus celebres: elle a cinquante ſtades de longueur; c'eſt là où ſont ces Anachoretes dont je viens de parler. *Les montagnes.*

Proche de Tuchang eſt la montagne de Ieunvix, marquée la cinquanteuniéme.

Le lac de Poyang paſſe tout prés de Nankang au Zud-eſt, où il a environ quarante ſtades en largeur: ceux de la Chine aſſeurent qu'il a bien trois cens ſtades en longueur. *Les rivieres.*

Lien eſt une fontaine au couchant de la ville, dont l'eau reſſemble, quand elle tombe, à une toile d'argent, & en ſuite forme trente petits ruiſſeaux; les Chinois croyent cette eau tres-excellente.

### La cinquiéme Ville KIEVKIANG.

KIEVKIANG eſt une grande ville & fort marchande ſur le bord Meridional de la riviere de Kiang, où elle ſe joint avec le grand lac de Poyang: on auroit de la peine à croire le grand nombre de vaiſſeaux qu'il y a, à moins que de l'avoir veu; car ils viennent de tous les endroits les plus eſloignez de la Chine dans cette riviere, qui eſt comme leur rendez-vous, où ils s'aſſemblent pour ſe mettre en mer. Quoy que cette ville ſoit à prés de cent lieuës de la mer, ſi ne laiſſe-t'on pas pourtant d'y prendre grande quantité de poiſſons de mer, comme des Eſturgeons, des Dauphins, & des Saumons: & d'y voir le flux & reflux de la mer, principalement au plein & renouveau de la Lune: & la riviere deſcend vers la mer ſi lentement, qu'on a bien de la peine à s'en appercevoir; c'eſt pourquoy on peut y aller par tout à la voile; & c'eſt à cauſe de cette riviere que le grand Takiang change ſon nom en celuy d'Yangçukiang, qui ſignifie la riviere ou le fleuve qui eſt fils de la mer. On le nomme communément par excellence Kiang; car auſſi il reſſemble fort à ſon pere, pour l'eſtenduë & la profondeur de ſes eaux: il a parfois une lieuë d'Allemagne de large; & en cet endroit la navigation eſt dangereuſe. *Quantité de navires.* *Kiang fils de la mer.*

Il y a un Bureau dans cette ville, où les Lieutenans du Roy tirent de grands droits. Kieukiang eſt au Nord de la capitale, au Midy elle eſt renfermée de la montagne de Quangliu, & environnée d'eau au Nord & au Levant: elle a quantité de temples, & de beaux baſtimens publics & particuliers. Cette ville commande à cinq citez, dont la 1. eſt Kieukiang, 2. Tegan, 3. Xuichang, 4. Hukeu, 5. Pengçe. Le pays appartenoit anciennement en partie aux Rois de çu, & en partie à ceux d'V. Sous la famille de Cina on le nommoit comme on fait à preſent: la famille d'Hana le nomma Iuchang: le Roy Suius le nomma derechef Kieukiang, & la famille de Sunga, Tinkiang; mais celle de Taiminga luy a rendu ſon ancien nom. *La ſituation.* *Ses anciens noms.*

La montagne de Tacu eſt au Zud-eſt de la ville, & forme une Iſle dans un lac. *Les montagnes.*

La montagne de Poye eſt proche de Tegan, elle occupe trente ſtades, & environne cette cité, comme ſi c'en eſtoit les murailles.

Là meſme eſt la montagne de Quenlun, où il ſe trouve une pierre ſi grande, que cent hommes s'y peuvent eſtendre tout de leur long ſans toucher.

Proche de Hukeu eſt la montagne qui ſe nomme Xechung, c'eſt à dire la Cloche de pierre; parce que les eaux agitées par le vent, & venant à choquer & heutter contre cette montagne, font un tres-grand bruit.

Siaocu eſt une montagne proche de Pengçe tout à fait inacceſſible: elle eſt dans un lac, entourée d'eaux de tous coſtez: au Midy la rade y eſt fort petite pour les navires; & au bord de la grande riviere, proche de Pengçe il y a la montagne de Matang, infame pour le naufrage de quantité de vaiſſeaux; car s'ils s'eſloi-

## LA HVICTIE'ME PROVINCE

gnent tant soit peu du bord, l'impetuosité de l'eau les emporte, & les brise contre les rochers.

*Les rivieres.* Pour les rivieres, il n'y a rien de remarquable que ce qui se void dans la carte.

### La sixiéme Ville KIENCHANG.

*Sa situation.* QVoy que cette ville soit par haut & par bas, elle ne laisse pas d'estre magnifique & fort celebre, située agreablement dans un pays fertile sur la frontiere de la Province de Fokien: son destroit comprend cinq citez, Kienchang, 2. Sinching, 3. Nanfung, 4. Quanchang, 5. Luki. Vn Roy de la famille de Taiminga y a fait sa demeure, & y a dressé un Palais d'une magnificence Royale : les jardins en sont extrémement agreables : les dedans du Palais fort riches, & les meubles superbes. Deux lacs embellissent aussi Kienchang, dont l'un est dans les murailles, & l'autre un peu hors de la ville; cela n'empesche pas pourtant que ce dernier ne fasse part de ses commoditez & de ses richesses à la ville, par le moyen des canaux qu'on y a artificieusemét conduits. La Societé de Iesus y a aussi eu une Eglise dediée au vray Dieu, où on voyoit grand nombre de Chrestiens; mais à present il n'y a point de Prestre qui ait de demeure arrestée.

Il n'y a que deux temples qui soient considerables, dediez aux Heros.

*Vin excellent.* On y fait un fort bon breuvage de ris, plus excellent que n'est le vin de l'Europe : on le nomme d'ordinaire Macu : on peut mettre ce breuvage au rang des delices Chinoises. Le ris que ce pays produit est si excellent, en comparaison de celuy qui se cueille dans tout le reste de la Chine, qu'on l'enuoye de là à l'Empereur; on le nomme grain d'argent, à cause de son excellence : on y fait aussi de fort belles estoffes de toutes sortes.

*Noms anciens.* Ce pays a autrefois esté aux Rois de çu : sous la famille de Cina il appartenoit à la ville de Kieukiang; sous celle de Hana à celle de Iuchang : la famille de Tanga le nomma Kienvu : celle de Sunga luy a donné le nom qu'elle a à present.

*Les montagnes les plus notables.* La montagne de Macu est la trente-sixiesme entre celles qui sont renommées dans les livres de Tausu : elle occupe quatre cens stades en longueur, & est au couchant de la ville. Proche de Quanchang est la montagne de Chunghao, où on ne void que des sommets tous nuds, si ce n'est un seul qui a l'avantage sur les autres d'estre couvert d'arbres, & d'estre distingué par un magnifique temple.

*Les rivieres.* Le lac qui est dans la ville se nomme Kinquei; & celuy qui en est hors, Kiao: proche de Nanfung est aussi le petit lac de Vansui.

### La septiéme Ville VVCHEV.

*La beauté de sa situation.* LE Cosmographe Chinois descrit le territoire de cette ville de la sorte : elle a des montagnes spirituelles, des eaux agreables, elle est située à l'extremité & au bout des Provinces de Fokien & de Quantung : les montagnes en sont *Montes habet spirituales.* si belles & si divertissantes, qu'à peine y peut-on adjouter aucune chose : il en sort des rivieres & des ruisseaux, qui arrousent tout le pays; c'est pourquoy s'il y a ville qui merite d'estre estimée pour sa fertilité & pour son bon air, sans doute *Son abondance de toutes choses.* ce doit estre celle-cy. Elle produit de tres-bonnes oranges, & une si grande abondance de vivres, qu'on ne sçauroit se plaindre qu'il y manque rien de ce qui sert à la vie. Il s'y trouve quelques bastimens magnifiques, entre lesquels il y a cinq temples dediez aux Heros : on y vient par eau du lac de Poyang, dont on ne reçoit pas de petits avantages. Cette ville commande à six citez, Vucheu, 2. çunggin, 3. Kinki, 4. Yhoang, 5. Logan, 6. Tunghiang.

*Les montagnes.* Vucheu a au Levant une montagne qui se nomme Yangkiu : il s'y void, à ce qu'ils disent, la statuë d'un homme, qui est admirable; car ils asseurent que

selon

DE KIANGSI.

selon la diverse qualité & temperature de l'air, elle paroiſt auſſi de differen- *Statuë admirable.*
tes couleurs, c'eſt pourquoy ceux qui en demeurent proche, ont de couſtume
de predire par là le changement des temps.

La cité de Kinki eſt proche de cette grande montagne de Iunglin, où on compte trente-ſix ſommets: elle s'avance & s'eſtend juſqu'aux limites des Villes de Quangſin & de Kienchang.

La riviere de Lienſan paſſe au Nord-oueſt de la Ville: elle eſt remarquable par *Les rivieres.*
cela ſeul que ceux de la Chine en recherchent fort les eaux, pour faire des clepſydres ou horologes à eau; parce qu'on croit qu'elle eſt moins ſuiette aux changemens & mutations de l'air que les eaux ordinaires.

Cette agreable fontaine de Mingyo eſt auſſi proche de Kinki; & le lac d'He dans le College de la Ville: il ſe nomme He, c'eſt à dire le noir, à cauſe que l'eau en eſt extremement noire.

## La huitiéme Ville LINKIANG.

CEtte Ville eſt ſituée droit au Couchant de la precedente, ſur le bord *La beauté*
ſeptentrional de la riviere de Can: on en fait entrer l'eau dans la ville; ce *de ſa ſituation.*
qui n'apporte pas de petites commoditez aux habitans. Les Chinois écrivent que ce pays n'eſt pas moins beau que celuy de Vucheu, ny moins fertile & abondant: cette Ville a auſſi grand nombre de vaiſſeaux; car tous ceux qui deſcendent de la riviere de Can ont accouſtumé d'y paſſer. Elle a quatre citez ſous ſon obeïſſance, Linkiang, 2. Sinkin, 3. Sinyu, 4. Hiakiang. Elle a eſté tantoſt ſous la domination des Rois de çu, tantoſt ſous celle de ceux d'V: ſous la famille de Cina elle appartenoit à la Ville de Kieukiang, & ſous celle d'Hana à Iuchang: pour le nom d'apreſent, elle l'a touſjours gardé depuis la famille de Sunga. On y compte trois temples fameux dediez aux Heros.

Au Septentrion de la Ville eſt la montagne de Comao, la trente-troiſieſme *Les montagnes.*
entre celles qui ſont marquées dans les livres de Tauſu. Ceux de la Chine y ont remarqué beaucoup de raretez, dont ils ſe ſont imaginez que toute ſorte de bonheur leur devoit arriver; mais ie ne croy pas qu'il ſoit à propos d'en faire mention. La montagne de Ioſu qui eſt proche de Sinkin, eſt la dix-ſeptiéme ſelon Tauſu. La montagne de Mung proche de Sinyu eſt ſi haute, qu'on diroit qu'elle va au deſſus des nües; elle ne laiſſe pas toutefois d'eſtre recreative & divertiſſante à cauſe de ſes foreſts & de ſes campagnes.

La riviere d'Yú ou d'Yven paſſe proche de Sinyu, dont la ſource paroiſt proche *Les rivieres.*
de Iuencheu: là meſme eſt le lac de Funghoang, qui n'eſt pas fort grand; mais il a cela de particulier, que la pluye ny la ſecereſſe ne le font ny enfler ny diminuer.

L'Iſle de Kiafung eſt proche des murailles de la ville dans la riviere de Can: il y en a une autre qui ſe nomme Pehoa, & qui eſt dans la ville au milieu d'un lac.

## La neufiéme Ville KIEGAN.

CEtte ville eſt ſituée ſur le bord de la riviere de Can au couchant, où ces *Rochers &*
infames rochers de Xapatan commencent: il y a bien du danger prenant *écueils dangereux.*
bateau à Kiegan, de deſcendre ſur la riviere, à cauſe des eſcueils & des rochers fort pointus, qui ſont cachez çà & là, à travers leſquels la riviere court impetueuſement. On parle de dix-huit endroits où il y a le plus de danger: c'eſt de là qu'ils ont le nom de Xapatan, qui ſignifie dix-huit cheutes: j'y ay paſſé, mais non pas ſans peur; je rencontray pluſieurs autres bateaux en chemin, qui ſe briſerent contre ces eſcueils & rochers. Chaque bateau a accouſtumé de prendre un bon pilote de cette ville, pour le conduire par ces lieux où il y a tant de peril;

( P

114 LA HUITIEME PROVINCE

le plus grand danger est dans un endroit nommé Hoangcung.

*Sa situation.* Le territoire de cette Ville est inegal presque par tout, à cause des montagnes & des costeaux, qui sont pour la pluspart riches de mines d'or & d'argent: les vallées & les champs sont fertiles & agreables, ne manquent presque jamais d'eau, & ne craignent point la secheresse. Cette Ville commande à neuf citez, Kiegan, 2. Taihao, 3. Kiesui, 4. Iungfung, 5. Ganfo, 6. Lungciven, 7. Vangan, 8. Iungsin, 9. Iungning. Anciennement elle estoit placée dans le mesme lieu que la precedente, & avoit les mesmes maistres: le Roy Suius & la famille de Tanga luy donnerent son premier nom de Kiecheu; mais celle de Taiginga le changea pour celuy de Kiegan, nom qui est pris de la felicité & du bonheur des montagnes; car le mot de Kie signifie bonheur.

*Les montagnes.* Il y une tres-grande montagne proche de Ganfo, on la nomme Vncung, elle occupe huit cens stades de pays.

Il y a aussi la montagne de Cien, qui est fort grande & rude, & n'est pas loin de Iungsin.

*Les rivieres.* Le lac de Mie, c'est à dire de miel doux, est proche de Ganfo, on le nomme ainsi à cause que le poisson qu'on y pesche est fort agreable au goust: le lac de Kien est proche de Kiexui; la riviere de Can passe prés de la Ville au levant.

La riviere de Lu n'est pas esloignée de Kiexui, sa source est dans les montagnes proche d'Iungfung: les deux rivieres de Xanglu & d'Hialus'y deschargent proche des murailles de Inkiang, puis elle descend vers le couchant, & en suite tournant tant soit peu vers le Nord-est, elle change de nom; car on l'appelle tantost Luyven, & tantost Lupo.

La riviere de Kie ou de Ven passe par le territoire de la cité de Kiexui, & forme presque par ses destours une lettre Chinoise qu'ils prononcent Kie, c'est à dire bonheur: c'est de là que la cité de Kiexui tire son nom, qui signifie l'heureuse eau.

Le ruisseau de Senting, qui est proche de Iungsin, se nomme la flute, à cause que son eau coulant à travers les rochers avec tres-grande vistesse, forme un doux murmure semblable au son d'une flute.

### *La dixiéme Ville* XVICHEV.

*La beauté de son pays.* CEtte Ville est au Nord-ouest de la capitale de Hoayang, elle est située proche d'un riviere: on la nomme la fortunée, comme le nom mesme de Xui le montre, à cause que l'air y est fort doux & fort sain, & que le fonds & les champs sont tres-fertiles; aussi elle paye de tribut trois cens mille sacs de ris, & n'a pourtant de jurisdiction que sur trois citez, Xuichcu, 2. Xangcao, 3. Sinchang. Ce pays est par tout renfermé de montagnes & de forests, dont la veüe est fort agreable, avec plusieurs bourgs fort peuplez: il n'y a presque point aussi d'endroit où il n'y ait de gros ruisseaux, où on trouve des paillettes d'or & d'argent: on y tire aussi la pierre d'azur des montagnes, & ce verd que les Chinois nomment Xelo. Sous la famille de Tanga ce pays fut appellé Micheu, à cause l'abondance de ris, car le mot signifie la cité au ris. La famille de de Sunga luy a imposé le nom qu'elle a à present.

*Les montagnes.* Vers l'orient de la Ville est la montagne de Tayu, sur laquelle est un temple fort magnifique au milieu d'une belle-forest.

Proche de Xangcao il y a une montagne qu'on nomme Lingfung, où il paroist de nuit une fort grande flamme, aprés qu'il y a plû de jour; mais on n'y voit rien lors que le temps est sec. Ce peuple est fort superstitieux, & croit que cette flamme est l'esprit de la montagne; c'est à cet esprit qu'ils ont dressé un temple fort magnifique vers la cité de Sinchang.

*Les rivieres.* L'eau du lac de Cho est fort claire sans jamais se troubler; & est proche de Sinchang.

## DE KIANGSI.

La riviere de Xo est proche de Xangcao: sa source boüillonne vers la cité de Vançai, qui est dans la jurisdiction de la Ville: les Autheurs Chinois tiennent pour asseuré, que si on boit de cette eau, elle guerit plusieurs maladies: dans la Ville mesme il y a une fontaine, dont l'eau est excellente, on la nomme Puensive.

### L'onzième Ville de IVENCHEV.

LE territoire de cette Ville ressemble à celuy de Xucheu pour la fertilité; & pour ses dedans il ressemble fort à celuy de la Province d'Huquang, dont il est tres-proche. Cette Ville gouverne quatre citez, dont la 1. est Iuencheu, 2. Fueny, 3. Pinghiang, 4. Vançai. Du temps des Rois elle a esté tantost à ceux d'V, tantost à celuy de çu. La famille d'Hana la nomma Ychúen; mais celle de Tanga luy a donné le nom qu'elle a à present. On y tire du vitriol & de l'alun. On y compte quatre temples dediez aux Heros.

La montagne de Niang qu'on nomme la Visible, à cause qu'on la peut bien *Les monta-* voir, mais non pas en approcher, tant elle donne d'horreur à ceux qui la re- *gnes.* gardent, à cause de ses rochers, de ses gouffres & de ses precipices: elle a trois cens stades de circuit: il en sort une fontaine, dont l'eau est froide toute l'année; de façon que personne n'en peut boire, s'il ne l'expose au Soleil quelque peu de temps auparavant.

La riviere de Xo se nomme aussi Kin, dont j'ay parlé cy-dessus & plus *Les rivieres.* amplement.

Le lac de Tung est prés de Kiencheu à l'Orient: on le nomme les delices de la Ville, car les Chinois y vont faire bonne chere; on a basty sur le bord divers Palais pour s'y divertir.

Le lac de Mingyo sert de fossé à la Ville, & peut porter les batteaux dans toutes les places de la Ville: vers l'Orient il se joint avec celuy de Tung.

### La douzième Ville CANCHEV.

CETTE Ville est située dans un lieu où les deux rivieres de Chang & de *Son excel-* Can s'assemblent; où elles se joignent vers la partie des murailles qui est *lence & sa* au Nord, elles forment une espece de lac; à peine cede-t'elle à sa capitale, *situation.* mesme elle la surpasse eu égard au bureau qui s'y tient: c'est d'ailleurs une Ville fort marchande & de grand abord. Il y a un Viceroy qui y fait sa demeure, qui n'est aucunement inferieur à celuy de la Province; aussi a-t'il soin de quatre Provinces, dont il tire le nom & la qualité de Viceroy. Ces Provinces sont Kiangsi, Huquang, Fokien & Quantung: ce n'est pas que toutes ces Provinces luy obeïssent entierement; car de chacune il n'en gouverne que deux Villes, qui sont les plus proches de celle où il fait sa residence. Or ce qui obligea d'y établir un Gouverneur extraordinaire, ce furent les voleurs qui insultoient souvent ce pays; à cause qu'il leur est aisé de fuir d'une Province dans l'autre (car c'est icy que s'assemblent les montagnes des quatre Provinces:) c'est pourquoy on y establit un Gouverneur particulier, afin qu'il eust l'œil principalement à asseurer le pays; pour cet effet on osta deux Villes à chacune des autres Provinces voisines. Ainsi ce Gouverneur particulier rend les mauvais desseins de ces brigands inutiles. On y a exigé un droit pour la paye des soldats qu'on doit entretenir contre les voleurs: les marchands supportent librement cette charge qui est establie pour asseurer leur trafic.

Cancheu a un pont fort long, basty sur cent trente batteaux; si je ne me trom- *Pont flot-* pe, j'en ay compté autant: ce pont est proche des murailles de la Ville, & au mes- *tant.* me endroit où les deux rivieres s'assemblent. Ces batteaux sont liez & attachez

( P ij )

les uns aux autres avec des chaisnes de fer : au deſſus il y a des poutres & des planches fort epaiſſes, pour planchier ce pont. Sur le pont meſme eſt le bureau; car il y a un de ces vaiſſeaux qui eſt fait & diſpoſé en ſorte qu'on le peut ouvrir & fermer quand les navires paſſent, juſques à ce qu'ils ayent payé l'impoſt. On void auſſi une tour entr'autres qui eſt fort magnifique; elle eſt ſur le bord de la riviere proche de la cité de Sinfung, que j'ay accouſtumé d'appeller le Novizoniŭ Octogone, à l'imitation du Septizoniũ de l'Empereur Severé : elle eſt de pierre de taille, & fort eſlevée; mais parce que j'ay ailleurs fait la deſcription de quelques autres tours qui luy reſſembloient, je n'en diray rien davantage.

*Noms anciens.* Ce pays-a autrefois eſté aux Rois d'V, puis à ceux de Iue : ſous la famille de Cina on le nomma Kieukiang; ſous celle de Hana Changcan : il a retenu juſqu'à preſent le nom que la famille de Sunga luy a donné. Il y a de fort beaux baſtimens hors & dans la Ville; il faudroit trop de temps pour en faire la deſcription. Il y a entr'autres deux temples magnifiques dediez aux Heros. Elle gouverne douze citez, qui ſont la pluſpart dans les montagnes : la 1. eſt Cancheu, 2. Vtu, 3. Sinfung, 4. Hingque, 5. Hoeichang, 6. Ganyuen, 7. Ningtu, 8. Xuikin, 9. Lungnan, 10. Xcching, 11. Changnin, 12. Tingnan.

On trouve de fort beaux moulins ſur la riviere, comme on deſcend de cette ville; par où on peut juger de l'eſprit & de l'induſtrie des Chinois. Ces moulins ſont faits comme ceux d'Italie & d'Allemagne, & on s'en ſert pour faire venir & entrer les eaux des rivieres dans les champs à ris : ils ont de fort grandes & hautes roües, auſquelles on attache de petits vaiſſeaux : la violence & l'impetuoſité de l'eau les éleve en faiſant tourner la roüe autour de ſon eſſieu : or ces moulins, pour la pluſpart, ne ſont pas arreſtez à demeurer dans un meſme lieu, mais on les tranſporte ſur les batteaux, & on les fait ſervir où l'on veut.

*Les montagnes.* La montagne de Tiencho eſt prés de la Ville à l'Orient, où il paroiſt de nuit une lumiere ſemblable à celle des charbons allumez : quelques-uns eſtiment que ce ſoient des ſerpens ou des araignées, qui, à ce qu'ils diſent, jettent par la bouche de certaines pierres precieuſes qu'elles portent ſur la teſte, & qu'elles avallent derechef.

Proche de Sinfung il y a la montagne de Hiang, fort grande & fort large, fameuſe pour les rares medicamens qu'on y a trouvez. On y compte quatre-vingt dix ſommets fort hauts. Proche de Ningtu eſt la montagne de Kincing, la trente-cinquieſme parmy celles dont les livres de Tauſu font mention. Les Geographes Chinois aſſeurent qu'il ne s'eſt jamais veu de beſtes farouches, mais bien des hommes tout à fait ſauvages, & qui vivent en beſtes dans ces montagnes & dans celles qui en ſont proches.

*Les rivieres.* La riviere de Can prend ſa ſource à l'orient de la cité de Xuickin; delà paſſe vers le Septentrion, & aſſez proche de la Ville elle reçoit la riviere de Chang, à qui elle donne ſon nom. Cette riviere de Chang commence au couchant de la Ville de Nangan, ſur la frontiere de la Province de Huquang : ces deux rivieres s'eſtant aſſemblées partagent cette Province en deux; & aprés avoir paſſé la capitale, elles groſſiſſent le lac de Poyang.

Il y a trois rivieres qui s'aſſemblent proche de Lungnan, ſçavoir celle de Tao, de Lien, & de Vo.

### La treiziéme Ville NANGAN.

*Nangan Ville fort marchande & de grand abord.* CEtte Ville eſt la derniere & la plus meridionale de la Province : la riviere de Chang paſſe le long de ſes murailles; auſſi eſt-ce une Ville marchande & de tres-grand abord; toutes les marchandiſes qui viennent à Quantung, ou de Quantung, y doivent aborder; car lors qu'on a paſſé la montagne qui en eſt proche, on met les marchandiſes ſur d'autres batteaux, afin de les tranſporter juſ-

DE KIANGSI. 117

ques où la riviere de Chang le permet : pour les autres marchandises, on les desembarque & met à terre, pour les faire charrier par des portes-faix au travers des montagnes, mesmes jusques dans la ville de Nanhiung. Les fauxbourg de Nangan sont plus grands que n'est la ville mesme. Elle commande à quatre citez, dont la 1. est Nangang, 2. Nankan, Xangyeu, 4. çungy : elle a aussi trois *Les citez.* temples qui sont fort remarquables.

Ce pays a autrefois esté aux Rois d'V, placé sous la mesme constellation que celuy de Chancheu : pour le nom qu'il a à present, il le tient de la famille de Sunga.

La montagne de Sihoa, c'est à dire la fleur de l'Occident, est au couchant de *Montagnes.* la ville ; elle est agreable & cultivée par tout, ainsi elle merite bien d'estre appellée la fleur. Il n'y a rien de fort remarquable dans les autres.

# LA NEVFIEME PROVINCE
# DE KIANGNAN,
## COMMVNÉMENT
# NANKING.

LA residence que l'Empereur fait à Peking a osté le premier rãg *L'excellence de cette* à cette Province. C'a esté autrefois la residence des anciens *Ville.* Empereurs avant qu'ils la transportassent à Peking; car c'est là que les familles d'V, de Cyn, de Sung, de Ci, de Leang, de Chin, & celle de Tanga qui a regné du costé du Midy, firent long-temps leur demeure, & tindrent leur Cour ; c'est là aussi que la famille de Taiminga regna quelque temps, jusques à ce qu'elle se retira à Peking, afin qu'en s'approchant de la frontiere elle pûst resister plus aisément aux entreprises des Tartares : cela n'a pourtant pas empesché qu'on n'ait conservé dans la ville de Kiangning, dont nous venons de parler, qui est la capitale de cette Province, le Palais de l'Empereur, avec tous les Magistrats, tout de mesme que dans Peking; mais un peu avant que je me misse à escrire cecy, les Tartares ont renversé & destruit de fonds en comble ce Palais, & ces sieges de l'Empire, avec tous leurs monumens si superbes, pour assouvir la haine qu'ils portoient à la famille de Taiminga, dont ils avoient juré la ruine ; parce que ce fut elle qui les chassa autrefois fort honteusement de la Chine. Il faut *Les Tartares ont de-* confesser qu'il y avoit des ouvrages si admirables & si magnifiques, qu'ils pou- *struit les* voient passer avec raison pour des merveilles du monde, principalement les *embellissemens de cet-* sepulcres des Empereurs, qui estoient si somptueux, que je ne me suis pû empes- *te Ville.* cher de les admirer plus d'une fois : les Tartares les ont demoly d'une façon tout à fait barbare. Ils ont changé le nom de la ville & de la Province ; car au lieu de Nanking ils l'ont nommée Kiangnan ; & la ville Kiangnang, qui auparavant s'appelloit Ingtien : ils ont mesmes osté à ce pays son titre & son rang, avec tous ses Magistrats & Officiers.

Cette Province est de grande estenduë, extremement fertile, fort marchande: *C'est une* elle comprend les villes les plus renommées de la Chine : elle n'a presque point *ville marchande, fa-*

( P iij )

## LA NEVFIEME PROVINCE

*menfe, & fort celebre.* de ville ny de cité qui ne puisse passer pour une fort grande ville de trafic & de negoce : & un si grand nombre de marchands, que j'apprehende moy-mesme que ceux qui ne l'ont pas veuë fassent difficulté de se le persuader, puisque j'au-
*où il y a une incroyable quantité de navires.* rois eu de la peine à croire un autre qui me l'auroit dit, si je ne l'avois veu de mes propres yeux. l'ay souvent dit, qu'il sembloit que tous les vaisseaux du monde abordoient dans cette Province. Tout ce pays est arrosé de lacs & de rivieres.
*La riviere de Quiam selon M. Polo de Venise.* On peut aller d'icy par toute la Haute Asie: tout y aborde de la riviere de Kiang, par le moyen des canaux naturels ou conduits par artifice : & c'est cette riviere que M. Polo Venitien nomme Quiang. Elle partage cette Province en deux; & quand elle en est sortie, elle se décharge dans la mer par une grande embouchure, qui a plusieurs lieuës de largeur, & où peuvent aisément entrer les plus grands navires.

*Tisserans en coton.* Il y a peu de montagnes dans cette Province, si ce n'est au Midy. Elle a de la soye & du coton en abondance ; de façon qu'on dit que dans la cité de Xanghai seule, avec les bourgs qui en dependent, il y a deux cens mille tisserans de toile de coton. Les femmes excellent dans ce mestier : pour les hommes, ils s'occupent principalement à cultiver les champs, & il y en a mesme qui, pendant que leurs femmes sont occupées à faire leur toile de coton, ont soin d'élever leurs enfans, comme s'ils en estoient les nourrices; c'est pourquoy il ne se faut pas étonner si cette cité seule paye d'impost à l'Empereur pour le coton seulement la somme de deux cens cinquante mille ducats. Or tout ce qui se fait dans la Province de Nanking est estimé plus excellent que ce qui se fait ailleurs ; de sorte qu'on dit ordinairement que les meilleures choses viennent de Nanking; & la marque de ce lieu augmente le prix des marchandises. Les Portugais la nomment communément Lankin, ayant pris cette erreur de ceux de la Province de Fokien, avec qui ils trafiquent. Ils sont plus rudes & grossiers en parlant, & c'est un defaut particulier à ce peuple de changer en L tout ce qui commence par une N.

*Ses bornes* Cette Province est bornée de la mer à l'Orient & au Zud-est, de la Province de Chekiang au Midy, celle de Kiangsi la ferme vers le Zud-ouest, à l'Occident c'est la Province de Huquang, au Nord-ouest elle aboutit à celle d'Honan, le reste confine à celle de Xantung.

Elle se divise en quatorze villes, comme en autant de petites Provinces, qui ont cent dix citez sous elles, & d'autres petits lieux sans nombre. On y
*Nombre des hommes & des imposts* compte 1969816. familles, c'est à dire, prés de deux millions, & d'hommes 9967429. ou prés de 10. millions : le tribut du ris est de plus de 5995034. sacs: elle paye en soye filée 6863. livres ; des estoffes de soye de toute sorte 28452. pieces ; de toiles de chanvre 2077. rouleaux : le tribut du coton est en argent, en bottes de paille ou de foin pour les chevaux du Roy 5804217. de poids de sel 705100. Tout ce tribut fait une somme d'argent si grande, que j'ay oüy dire, il n'y a pas long-temps, au Gouverneur qui estoit mon amy, que cette Province seule mettoit tous les ans dans les coffres de l'Empereur tout compté prés de trente-deux millions de ducats. Outre les tributs que je viens de dire, il y a encore cinq bureaux, où tout ce qui sort & entre dans Nanking, paye un certain droit.

*Le naturel de ce peuple.* Les habitans de cette Province sont fort civils, ont l'esprit excellent & fort propre à l'estude & aux arts : & il n'y a point d'examen où il ne se crée des Docteurs de cette Province.

*La loy de Christ y fleurit.* Il n'y a presque point de Province où la Compagnie de Jesus ait plus de Chrestiens qu'en cette-cy : au lieu de trois Prestres, que nostre Société y a, elle en auroit bien besoin d'une trentaine. On y rencontre presque par tout des Eglises dediées au vray Dieu : il y en a deux dans la capitale; les autres qui sont dans la Province ne demandent rien qu'un Pasteur Mais parce que.

# DE KIANGNAN.

cette Province est la plus celebre & remarquable de toutes celles qui sont au Midy, j'ay trouvé bon d'ajouter icy une chose digne de consideration, & qui servira pour entendre parfaitement M. P. Venitien : il faut donc sçavoir en premier lieu, comme j'ay remarqué ailleurs, que les Tartares nomment communément ces neuf Provinces Meridionales Mangin, & que le Venitien entra dans la Chine lors que les Tartares faisoient la guerre à la partie Meridionale de la Chine, aprés s'estre un peu auparavant rendus maistres des Provinces qui sont vers le Septentrion, que les Tartares occidentaux avoient conquises sur les Tartares de l'Orient, non pas sur les Chinois ; car les Tartares orientaux de Kin, aprés estre entrez dans la Chine, desirent l'Empereur, & le contraignirent de se retirer dans les parties les plus meridionales : or il est constant par les histoires de la Chine, que les Tartares de Kin y entrerent du costé du Nort long-temps auparavant l'an de nostre Seigneur mille deux cens six : qui est le temps auquel les Tartares occidentaux de Samahania, aprés avoir subjugué une grande partie de l'Asie, & mis fin à la guerre de Mien, prirent aussi les armes contre les Chinois, & s'ouvrirent le chemin par les Provinces qui sont au Midy : car ils vinrent dans la Province de Suchuen, & aprés avoir traversé celles de Iunnan & de Queicheu, & de là passé par les terres de Sifan, autrement le pays du Prete-Iean, ils se saisirent de ces Provinces : mais avant que de faire la guerre à l'Empereur de la Chine, ils en chasserent entierement les Tartares de Kin de la Chine ; vinrent à bout de divers Empereurs, éleus successivement par leurs sujets, & qui s'estoient armez en diverses Provinces : enfin l'an mil deux cens septante-neuf, ils se rendirent maistres de toute la Chine. Or le Venitien n'entra dans la Chine pour la premiere fois, que l'an 1275. comme il paroist par ses escrits, & ne sçavoit pas que les Provinces du Nord estoient de l'Empire de la Chine ; car ces Tartares qui du temps de Marco Polo estoient les maistres, & tenoient l'Empire, les avoient prises sur les autres Tartares, & non pas sur les Chinois ; ou bien il les a sous-entenduës & comprises sous le nom de Catay à la façon des Tartares ; & j'oserois bien asseurer avec raison, que Marco Polo Venitien a fait sa premiere entrée dans la Chine par les Provinces du Midy, & non pas par celles du Nord ; ce qui se voit assez dans ses écrits où il ne fait aucune mention de cette grande muraille : quelques-uns s'imaginent que les Tartares l'avoient abbatuë & rasée, mais l'experience & les histoires Chinoises les convainquent de faux ; ce voyageur n'est jamais venu si avant : il dit qu'il n'a veu que deux Provinces de Mangin, il se trompe en cela, selon mon jugement, puisqu'il en a veu à tout le moins quatre, comme je le feray voir ailleurs, où j'auray occasion de traiter plus amplement de ces matieres. Et pour ce qui est des villes de Quinsai, de Singui & de Ciangfu, dont il fait mention, comme de plusieurs autres choses, j'espere rendre la chose fort manifeste, tant par la description qu'il en fait luy-mesme, que par la situation & les noms de ces places que je rapporteray cy-aprés.

*Que c'est que Mangin.*

*Par où, & quand c'est que le Venitien entra dans la Chine.*

*Erreur touchant la grande muraille.*

### La premiere ou capitale ville KIANGNING,

### autrefois nommée

### INGTIEG & NANKING.

CE fut Gueius Roy de çu qui fonda le premier cette ville, & la nomma Kinling, qui signifie pays d'or : le premier de la famille de Cina en ayant changé le nom l'appella Moling : les Rois d'V qui y ont tenu leur Cour, la nommerent Kienye : la famille de Tanga luy donna le nom de Kiangning, que celle de Tai-

*Les anciens noms de cette ville.*

minga changea derechef pour celuy d'Ingtien ; mais les Tartares qui sont à present maistres de la Chine, luy ont rendu son premier nom. Cette ville (s'il y en a aucune dans toute la Haute Asie) est situeé dans un liëu & dans un fonds tres-agreable, proche de cette grande riviere de Kiang, bastie sur ses bords du costé de l'Orient : vous auriez de la peine à dire si elle en reçoit plus de divertissement que de commodité ; car cette riviere ne passe pas seulement devant la ville, mais aussi, par le moyen des canaux qu'on a tirez par artifice en plusieurs endroits, on y peut entrer presque par tout avec de grands bateaux. Cette ville, au jugement des Geographes Chinois, surpasse toutes les villes du monde en beauté & en grandeur ; elle est presque par tout plate, si, ce n'est qu'elle est renfermé çà & là de petits costeaux fort divertissans : au reste, elle est pleine de palais, de temples, & de fort hautes tours, qui surpassent de beaucoup la magnificence de celle, dont j'ay fait une legere description dans la cité de Lincing, dans la Province de Xantung. Cette ville a quantité de ponts de pierre, soustenus par des arcades : elle n'en doit rien de reste à aucune pour les edifices publics & particuliers, pour la douceur & bonne temperance de l'air, pour la fertilité de son terroir, pour la bonté & excellence des esprits de ses habitans, pour la politesse & douceur de leurs mœurs, ny pour la pureté & elegance de leur langage. Son Palais a esté autrefois tres-grand & quarré, dont un seul costé avoit mille deux cens pas. La muraille de la ville a douze portes revestuës de lames de fer, avec des canons de chaque costé : elle a de circuit vingt milles d'Italie. La ville a de plus une troisiesme muraille, qui, à la verité, ne la renferme ny ne va pas tout à l'entour, mais seulement dans les lieux où il semble y avoir plus de danger, & où l'art peut aider la nature. Les Chinois descrivent la grandeur de la ville en disant, que si l'on fait sortir au matin deux hommes à cheval par la mesme porte, qu'on leur commande de galoper tout autour, l'un d'un costé & l'autre de l'autre, qu'ils ne se rencontreront qu'au soir ; on peut juger par là de la grandeur de cette ville. Il y avoit une garnison de quarante mille hommes. Je passe sous silence les jardins, les forests, les lacs & mille autres remarquables raretez de ville : toutefois il faut que je parle de cette tour bastie sur un costeau qui est fort haut, qu'on pourroit nommer la tour Mathematique, parce qu'on y garde trois instrumens les plus grands qui ayent esté faits dans le monde : le premier est un globe celeste, avec ses meridiens & ses paralleles : le second est un instrument que les Astronomes nomment Armilla æquatoria, composé de trois cercles, de l'horizon, du meridien & du cercle vertical, qui se meut avec ses pinnules : le troisiesme est une sphere Armillaire, qui est tout à fait semblable aux nostres : chaque instrument a douze pieds en diametre, le tout est de cuivre doré & merveilleusement bien travaillé : des Dragons de bronze jettez en fonte servent de pied-estail à toutes ces machines, si exactes au reste, que Tycho Brahe mesme n'y pourroit pas trouver à redire. Il y a à present trois cens cinquante ans que les Tartares de la famille de Iuena y poserent ces instrumens, qui conservent encore à present leur premiere beauté.

Mais il nous faut sortir un peu hors de la ville, si nous y voulons voir avec quelque soin les sepulchres des Rois. Il y a un grand bois planté de pins au Nord-est proche des murailles de la ville, fermé de murailles, qui a de circuit douze milles d'Italie, & renferme une montagne où sont les sepulchres. Il seroit trop ennuyeux d'en faire la description par le menu, joint que ce n'est pas icy sa vraye place : toutefois il ne sera pas hors de propos de representer en quelque sorte la magnificence d'un temple qui est sur cette montagne. C'est un ouvrage tout à fait digne d'un Roy, soit que vous en consideriez la grandeur ou la majesté, ou la structure : les dedans sont tout de bois, horsmis les murailles qui sont de brique : il est basti dans un lieu fort haut, sur une levée ou terrace faite de pierres de taille quarrées, quatre escaliers avec leurs degrez de marbre :

ils

## DE KIANGNAN.

ils regardent les quatre parties du monde. Il y a cinq nefs dans ce temple, qui ont deux rang de colomnes de chaque costé : elles sont fort hautes, mais merveilleusement bien polies, & si grosses, que deux hommes ont bien de la peine de les embrasser : la hauteur aussi est bien proportionnée au modelle & au diametre de la colomne, elles ont chacune plus de vingt-quatre coudées, & soûtiennent de fort grosses poutres, sur lesquelles on a dressé d'autres piliers plus petits pour porter la couverture qui est faite d'aix, lambrissée, dorée & embellie d'une fort belle sculpture. Dans les portes du temple on void des lauriers gravez, & des lames d'or qu'on y a enchassées. L'entrée & les fenestres sont garnies de fil d'archal, diversement entrelacé pour conserver la sculpture de ces fenestres, pour empescher que les oiseaux ne salissent les ornemens. Ce fil de fer est si fin & si delié, qu'il n'empesche aucunement le jour ny la lumiere, & on s'en sert par tout dans les plus grands edifices, & principalement dans les Palais. Au milieu du temple il y a deux throsnes enrichis de pierres precieuses & de perles. Dans le lieu qui est le plus élevé on void deux sieges, l'un pour le Roy quand il sacrifie, n'y ayant que luy qui le puisse faire dans ce temple ; pour l'autre siege qui est vuide, il est destiné pour la Divinité, comme si elle s'y devoit trouver pour y recevoir le sacrifice. On ne void aucune statuë ou image dans ce temple, mais plusieurs autels de marbre rouge, dressez dans les cours du temple, qui representent le Soleil, la Lune, les montagnes, & les rivieres de la Chine. Les Chinois disent qu'ils ont esté mis hors du temple, non pour estre adorées, mais afin qu'on sçache seulement que celuy que l'Empereur adore dans ce lieu, est le mesme qui a creé toutes ces choses. Il y a autour du temple diverses chambres, ou lieux sousterrains ; ils disent que c'estoient autrefois des bains, où l'Empereur qui devoit faire le sacrifice, avoit accoustumé de se laver avec ceux qu'il prenoit pour luy aider. Il y a des chemins fort spacieux, qui conduisent vers ce temple & aux sepulchres des Rois. De costé & d'autre on voit de vieux pins plâtez en echiquier ; il alloit autrefois de la vie d'en gaster, ou mesme d'en couper la moindre branche. Il n'y a presque point d'arbre sur cette montagne qui n'ait esté planté. Vous avez en cet endroit une brieve description de la forest & du temple que j'ay veu estant à Nankin : celuy qui en avoit pour lors le gouvernement estoit le grand Eunuque, qui en ce temps-là s'estoit fait Chrestien. Il y auroit bien plus de choses à dire de la forest & des sepulchres du Palais de Pekin. Les Tartares ont à present ruiné l'un & l'autre : ils en ont coupé & abatu tous les arbres, creusé & foüy dans tous les sepulchres, demoly & rasé les Temples & les Palais : pour la ville, elle a peu perdu de sa premiere splendeur & magnificence, si l'on ne met entre ses portes la ruine de ce Palais Royal. On y compte encore plus d'un million de personnes, sans compter la grosse garnison que les Tartares y tiennent ; car c'est là où le Gouverneur des Provinces du Midy fait sa residence.

Au mois d'Avril & de May on pesche dans la grande riviere de Kiang, qui est proche de la ville, grand nombre d'excellens poissons, que ceux de la Chine nomment Xiyù, & les Portugais Sauel. Durant ces mois l'Empereur establit un grand Eunuque, qui luy envoye avec grand soin de ces poissons jusqu'à Pekin tous en vie, couverts de glaces ; (car aussi bien que dans quelques endroits de l'Europe on en garde tout l'Esté de celle qu'on a amassée durant l'Hyver ;) y ayant des navires destinez pour cet effet : & bien qu'il y ait plus de deux cens lieuës d'Alemagne, si est-ce que ce chemin se fait en fort peu de temps & dans huit ou dix jours ; car il y a des hommes qui sont destinez pour tirer jour & nuit les navires, & d'autres tous frais pour estre mis à la place de ceux qui sont lassez, qui se trouvent toûjours prests dans les lieux assignez, de mesme que la poste parmi nous ; aussi envoye-t'on pour cet effet un écrit pour les advertir par avance de l'heure & du jour auquel le navire doit arriver ; & on dit qu'il y va de la vie mesme pour les Gouver-

*Pesche.*

neurs, de manquer à l'execution de ces ordres : ainsi on envoye deux navires toutes les semaines durant la pesche, sans regarder aux frais ny à la despense, afin que l'Empereur puisse avoir de ces poissons, dont il fait part à ses Courtisans. On fait partir aussi cinq vaisseaux de cette ville tous les trois mois, chargez de quantité de belles pieces d'estoffes de soye, qu'on envoye à l'Empereur mesme & à sa Cour : on nomme ces vaisseaux Lungycuen, comme si vous disiez les navires des habits du dragon, parce qu'ils sont destinez pour l'Empereur, qui porte des dragons pour ses armes. Pour moy je n'ay jamais rien vû de plus beau que sont ces navires, & si n'estime pas qu'on en puisse aisément trouver d'autres qui en approchent; car ils sont tous dorez & peints de rouge, ce qui en releve l'éclat & la magnificence. Que s'il arrive que les navires des Gouverneurs des autres Provinces (dont j'ay fait mention cy-dessus) passent proche de ceux de Nanking, il faut qu'ils ostent leur pavillon, baissent leurs voiles, & cedent autant à leur magnificence qu'au lieu d'où ils viennent.

*Presens de soye.*

Mais nostre Societé a bien ennobli depuis peu cette ville d'un autre ornement; car il y a deux Eglises dediées au vray Dieu, & une Chapelle bastie sur un côteau consacré à S. Michel, qui en est l'Ange Tutelaire & le Protecteur. Il y a aussi quantité de personnes dans cette ville qui ont de long-temps la vraye lumiere de la foy, & la connoissance du vray Dieu. Cette ville commande à sept Citez, dont la premiere est Kiangning, 2. Kiuyung, 3. Lieyang, 4. Liexui, 5. Caoxun, 6. Kiangpu, 7. Loho.

*Les Eglises de la Societé.*

Proche de Kiuyung est la montagne de Mao, qui est la premiere entre celles qui sont estimées heureuses & agreables dans les livres de Taufu.

*Les montagnes.*

La montagne de Ni est au Nord-est de la ville, il y a un Temple aux Idoles, dans lequel on voit plus de mille statuës d'Idoles.

La montagne de Fang est vers le Zud-est de la ville, remarquable pour avoir osté percée par l'Empereur Xius : on dit que cinq mille hommes furent employez à cet ouvrage; car il avoit oüi dire à ses discoureurs des montagnes, qui, comme nous avons dit ailleurs, tirent des conjectures des diverses figures des montagnes pour predire la bonne ou mauvaise fortune, que cette montagne de Fang promettoit le Royaume à un autre Seigneur; il commanda qu'on la perçast pour en empescher l'influence.

La montagne de San est au midy de la ville de Nanking, une partie de cette montagne s'advance jusques dans la riviere de Kiang, environée de chaisnes de fer. Les Chinois sont ridicules en ce qu'ils disent que c'est de peur qu'elle ne s'enfuye; mais en effet, c'est afin que ceux qui navigent y puissent retenir & arrester plus facilement leurs navires avec leurs crocs; car comme ce rocher & cette montagne est fort dure, aussi auroient-ils de la peine à empescher autrement que leurs navires ne s'y heurtassent, & ne s'y perdissent.

*Les rivieres.*

Le lac Cienli, ou de mille stades, est proche de Lieyang, & il se joint à celuy de Tai.

Hors de la porte de Nanking qui se nomme Taiping, il y a un petit lac qu'on appelle Hiüenüü, qui est au Zud-ouest de la ville.

Le lac de Tanyang est proche de Liexui, de là il va jusqu'aux limites de la cité de Taiping.

L'Isle de Pelu est au Midy de la ville & dans la riviere de Kiang. Cette Isle est celebre à cause que sous la famille de Sunga on en chassa les troupes des Provinces du Midy.

L'Isle de Changcung est proche de la ville.

La petite Isle de Teuxu est au Zud-ouest.

## DE KIANGNAN.

### La seconde Ville FVNGYANG.

L'Empereur Yvúús adjousta ce pays dans lequel est à present la ville de Fun- *Ses vieux* gyang, à la Province de Yang, & le mit sous la constellation de Teu. Au *noms.* temps des Rois c'estoit le Royaume de Tuxan : les Rois de çu s'en rendirent maistres en suite. La famille de Hana le conquit une seconde fois, & le nomma Chungli, sans luy donner le titre ny le rang de ville ; car ce n'estoit qu'une cité qui se nommoit Hoacheu. Vn sacrificateur, le premier de la famille de Taimin- *Son agran-* ga, qui estoit de cette ville, l'agrandit extremement, la ferma de murailles qui *dissement.* ont bien cinquante stades de circuit : il embellit merveilleusement les sepulcres de ses ayeux, qui jusques-là estoient inconnus pour leur bassesse, les enrichit avec une magnificence royale, & augmenta cette cité d'edifices & de maisons grandes & superbes, luy donna le titre & le rang entre les villes, & un Viceroy avec dix-huit citez sous sa dependance. Ce fut luy qui l'appella le premier Fungyang, nom qui signifie l'excellence & la noblesse du Phœnix : il y fit bastir en suite un tres-fameux Palais. Les citez qui sont sous sa jurisdiction sont, la 1. Fungyang, 2. Linhoai, 3. Hoaiyuen, 4. Tingyuen, 5. Vho, 6. Hung, 7. Xeu, 8. Hokieu, 9. Mungching, 10. Suo, 11. Hieutai, 12. Tienchang, 13. Soo. 14. *16 tais 40* Lingpi, 15. Ingo, 17. Haoo, 18. Ingxan.

Le territoire de cette ville a des montagnes, & est arrousé de grandes rivieres, *La qualité* qui en rendent le fonds fertile & agreable : fameux d'ailleurs pour estre la patrie *de ce pays.* de deux personnages qui ont esté elevez à la dignité de l'Empire, bien qu'ils fussent d'une naissance tres-basse ; le premier Lieupangus, qui après avoir laissé la *Les hommes* compagnie des voleurs avec qui il avoit vécu, ruina la famille de Cina, & fonda *illustres.* celle de Hana. Il nasquit dans cette partie du pays qui est au Septentrion, assez prés de la cité de Poi. Le second fut un certain sacrificateur appellé Chu, homme de fort petite naissance, aussi voleur de profession, qui fut fait Empereur après avoir chassé les Tartares de la Chine; & ce fut luy qui fonda la famille de Taiminga. L'Empereur Ivus n'a pas aussi peu contribué à ennoblir ce pays : il avoit esté fait petit Roy de la cité de Mao par l'Empereur Yaúús. Ce pays ne s'est pas contenté de produire des Empereurs, il a aussi donné aux Chinois le chef *Laosúús* d'une secte de Philosophes nommé Laosúús, qui a vécu mesme avant Cungfu- *chef d'une* tius, & a enseigné aux Chinois les dogmes d'Epicure, ou à tout le moins d'autres *secte de Phi-* qui leur ressemblent fort. On dit que c'est dans la cité de Mao qu'il nasquit. *losophes.*

Fungyang est situé sur une montagne, & renferme plusieurs costeaux dans *Sa situa-* l'enceinte de ses murailles, qui sont tous remarquables pour les bastimens tant *tion, & ce* publics que particuliers qui y sont. *qu'elle a de particulier.*

Elle a six temples dediez aux Heros. Il croist du talc & de l'absinthe sur les montagnes voisines ; les Chinois le nomment absinthe rouge, on s'en sert fort dans la pharmacie.

Iúnmu est une montagne proche de Linhoai. Iúnmu signifie du Talc, cette *Les monta-* montagne ayant tiré ce nom à cause de la quantité qu'il y en a. *gnes les plus considerables.*

Proche de la cité de Xeu est la montagne de çukin, où on trouva une fort grosse piece d'or, dont on se servit fort heureusement contre plusieurs maladies ; le peuple croit que ç'a esté quelque preparation chymique.

La montagne de Moyang est proche de Hiutai : on la nomme le mont de la bergere, à cause d'une tres-belle bergere qui y a demeuré autrefois.

La grande riviere de Hoai separe & divise tout ce pays par le milieu : elle *Les rivieres.* prend sa source dans la Province de Honan dans les montagnes de la cité de Tungpe, de là elle passe au Nord de la cité de Hokieu : après avoir fait un long chemin pour traverser cette Province, elle se décharge prés de Hoaigan dans la riviere jaune, elle en augmête les eaux, & toutes troublées & brouillées qu'el-

( Q ij )

les font, elles courent toutes deux avec violence & impetuosité dans la mer.

La riviere de Fi prend sa source prés de la cité de So à l'orient du lac qu'on void sous le costeau de Lung.

L'Isle de Xinglung est dans la riviere proche de Linhoai.

### La troisième Ville SVCHEV.

*Les commencemens & l'origine de cette ville, & ses anciens noms.*

Tapeus a esté le premier des Chinois qui ait habité ces pays sous la famille de Cheva, comme je le dis plus amplement dans mon Abbrégé; il y amena des colonies des Provinces les plus septentrionales, & fut le premier qui adoucit ces hommes auparavant grossiers & barbares. L'Empereur Yvus erigea ce pays en Royaume, & l'appella le Royaume d'V: apres que les Rois d'V eurét esté défaits, les Rois d'Iue s'en rendirent maistres; mais ils n'en joüirent pas long-temps, car les Rois de çu défirent ceux de Iue, de façon que ce Royaume fut conquis un autrefois, & apres que le Fondateur de la famille de Cina eut vaincu tous ces Rois, il ajoûta ce pays à la Province de Hoeiki. Le Roy Suius fut le premier qui appella cette ville Súcheú; la famille de Tanga & celle de Sunga la nommerent Changcheu & Pingxiang; enfin la famille de Taiminga la nomma Sucheu.

Lors que le sacrificateur Chu prit les armes contre les Tartares, cette ville avec toutes les citez qui en relevent, & qui tenoient le mesme parti que leur capitale, se defendit long-temps, & avec beaucoup de courage; un Prince Tartare, qui y estoit, resista aux armes triomphantes de Húnguvus; c'est pourquoy elle paye jusques à present un tribut excessif, c'est à dire autant que deux Provinces toutes entieres, comme ville autrefois rebelle: mais son terroir est si fertile, & il y a si grande quantité de denrées & de marchandises, que ce fardeau ne luy pese pas beaucoup: elle passe en effet pour une ville des *Le Paradis des Chinois.* plus marchandes & fameuses de toute la Haute Asie, & pour une de ces places que ceux de la Chine nomment le paradis du monde, à cause de ses richesses, de sa beauté, & des delices de son sejour; car aussi dit-on en commun proverbe dans la Chine, Xang-yeù t'ien t'ang, hià yeù sú Hang, c'est à dire, ce que le ciel est en haut, Sucheu & Hangcheu le sont sur la terre: nous parlerós cy-apres de cette seconde ville; car aussi est-ce la capitale d'une autre Province. Sucheu est bastie au milieu d'une riviere d'eau douce, bône à boire, & si tranquille, que vous diriez que c'est plustost un lac qu'une riviere; on se peut promener dans ses *Situation de la fameuse & noble ville de Sucheu.* ruës par eau & par terre comme à Venise; mais Sucheu surpasse Venise, en ce que son eau est bonne à boire, & qu'on en tire plus de commodité pour la vie. Il y a quantité de ponts dedans & dehors la ville, pas tant toutefois qu'il y en a dans la capitale. Entre ces ponts plusieurs sont magnifiques, & tous de pierre: les uns sont élevez sur plusieurs arcades, les autres qui traversent des ruisseaux un peu plus estroits qui sont dans la ville, n'ont qu'une voûte. Les ruës & les maisons sont basties sur pilotis & sur des pins qu'on enfonce bien avant dans l'eau par le moyen d'une hie & d'autres semblables machines. Il y a des bras de rivieres & des canaux presque par tout capables de porter les plus grands vaisseaux, mesmes ils peuvent traverser la ville & de là aller en mer, n'y ayant que trois journées de chemin. Cette ville est aussi proche du grand lac de Tai, d'où les rivieres se vont rendre dans la mer; c'est pourquoy on y void une incroyable quantité de vaisseaux & de marchandises. Les murailles de la ville de Sucheu ont quarante stades Chinoises de circuit; mais si vous y comprenez les fauxbourgs, vous en trouverez sans doute plus de cent. Il n'y *C'est une ville de grand trafic, & celebre pour le negoce.* manque rien de tout ce qui est necessaire aux usages de la vie, ny au plaisirs; car c'est un de ces lieux les plus renommez de l'Empire, où abordent les marchandises des Portugais, des Indes, du Iapon, & de toutes les autres villes de la Chine; c'est pourquoy il y a toute l'année un grand passage de cette ville

## DE KIANGNAN.

dans les autres villes & Provinces, & une tres-grande communication & commerce; & de peur que les navires ne courent risque en passant par le lac de Tai, on l'a tellement retenu & resserré par le moyen des digues, qu'ils en ont fait un fossé & un canal en l'estrecissant: de sorte qu'on va de cette ville jusqu'à Chinxiang, en descendant tousjours; & c'est là où l'on retient les eaux de ce canal, par le moyen d'une fort grande escluse, qu'ils ouvrent & ferment selon que la necessité & le besoin le requierent. Vne grande partie de ce canal est pavée de pierre de taille, & revestuë de mesme: mais comme on va de cette ville vers Vkiang, il y a un pont de pierre, qui a bien trois cent arcades: là se fait la separation du lac de Tai; ceux qui tirent les navires marchent sur ce pont avec commodité; aussi l'a-t'on fait de peur que les vaisseaux ne fussent contraints de s'arrester, & qu'en ce cas on les pûst remonter le long du pont à faute de vent.

Ceux de ce pays passent pour avoir le goust plus delicat que les autres, & pour sçavoir mieux assaisonner les viandes de sucre, de sel, & de vinaigre. Il n'y a presque aucun pays où on mange plus de beure & de lait; & je ne me souviens pas mesme avoir jamais veu de beure ailleurs qu'en cette ville. On y fait aussi un breuvage de ris, dont ils se servent au lieu de vin, ne s'en trouvant point nulle part de plus excellent; on le nomme Sanpe, c'est à dire breuvage de trois blancheurs; on l'envoye par tout l'Empire jusqu'à Pekin. Il y a quantité de navires, qui ne sont destinez que pour le seul plaisir & divertissement, tous enrichis d'or & peints des couleurs les plus vives, plus semblables à des maisons magnifiques qu'à des vaisseaux. C'est là où ces gens qui se croyent nez pour le plaisir, s'abandonnent au vin, & au plaisir des femmes avec tant d'excez, qu'ils y perdent souvent la vie. Il y a cinq grand vaisseaux Royaux qui portent à l'Empereur tous les trois mois du velours, & des pierres precieuses de diverses sortes. Ce peuple aime plus que les autres Chinois les beaux habits, de bien ajuster ses cheveux, & la douceur de la vie & de la conversation: enfin, c'est cette ville que M. Polo de Venise nomme Singui à la façon des Tartares, comme il paroist principalement lors qu'il la met sur le bord de la riviere de Kiang à l'Orient, & qu'il veut qu'elle soit éloignée de trois journées de Chinkiangfu. Sucheu, comme je feray voir plus amplement cy-apres, est justement dans cette distance. En troisiesme lieu il escrit, qu'il y a cinq journées de Singui jusqu'à la ville de Quinsai, & il a raison; car la ville qu'il appelle Quinsai en est autant éloignée: mais j'en parleray dans la Province suivante.

*Le naturel de ceux du pays.*

*Livre 2. chap. 63.*

La cité de Cingingui estoit bien vne de celles qui dependoient de cette ville, mais les Tartares la destruisirent & la raserent entierement, à cause que les habitans avoient fait mourir les Alains, comme on verra dans mon Abregé des histoires de la Chine, avec toute cette guerre des Tartares. La ville de Sucheu commande à sept citez, dont la premiere est Sucheu, 2. Quenxan, 3. Changxo, 4. Vkiang, 5. Kiating, 6. Taiçang, 7. çungming. La Compagnie de Iesus a des Eglises au dedans & au dehors de la cité de Changxo, qui sont dediées au vray Dieu, & le nombre des Chrestiens s'accroist & s'augmente de jour en jour: on a aussi consacré à Dieu quantité de leurs temples, d'où on a osté les statuës des vaines & foles divinitez qu'ils adoroient.

Il y a vn bureau hors de la ville; les marchandises sont franches, mais les navires payent seulemēt un certain impost à raison de leur grandeur. I'ay oüy dire ou receveur du bureau, qui m'est amy, que la recepte des imposts estoit d'un million de ducats par an; d'où on peut juger du nombre & de la grandeur des vaisseaux qui passent sur cette riviere, puisque tous les navires des Gouverneurs qui sont au public ne payent rien quand ils portent quelque chose à la Cour, non plus que les vaisseaux de l'Empereur; mais je n'ay pû sçavoir des livres de la Chine, ny par le rapport d'autres personnes, combien cette ville paye de tribut tous les ans à l'Empereur: j'oserois pourtant bien asseurer avec verité, que les

(Q iij)

## LA NEVFIE'ME PROVINCE

autres villes, à la reserve de Kiangning seulement, ne donnent pas tant que fait Suchuen toute seule: car l'impost du ris tout seul monte à deux millions de ducats.

*Les montagnes les plus notables.* Au Zud-ouest de la ville est la petite montagne de Lignien proche du lac de Tai: elle est remarquable pour le nombre des maisons qu'il y a.

La montagne de Sui est à l'embouchure du lac de Tai, où il y a un temple magnifique, & un monastere.

La montagne d'Yu est dans la cité de Changxo, qui s'avance vers le couchant durant quelques stades.

*Les rivieres.* Le lac de Tai est au Zud-ouest de la ville, qui est si grand que les Chinois croyent qu'il occupe trente six mille arpens de terre.

Le lac de Xang est proche de la cité de Changxo.

Tungting est une fort grande montagne & plaisante; elle forme une Isle dans le lac de Tai, & est fort celebre à cause d'un convent de Sacrificateurs.

Il y a trois rivieres qui environnent la ville comme autant de lacs, & de là les vaisseaux peuvent aller en divers endroits: la premiere se nomme Leu; la seconde Sung, qui va vers la cité d'Vkiang; la troisiesme s'appelle Vsung, elle va vers l'Orient.

### La quatriéme Ville SVNGKIANG.

SI en partant de Sucheu vous tournez tant soit peu vers le Zud-est, vous y verrez cette grande ville de Sungkiang, illustre pour la magnificence de ses bastimens. *Abondance de coton.* Cette ville est bastie dans l'eau, les navires y pouvans venir de tous costez: elle est celebre pour la grande quantité de coton, de toile, & de draps de coton qu'elle fournit, dont elle ne pourvoit pas seulement ce grand Empire (où presque tous ceux du commun s'habillent en Hyver,) mait aussi elle en fait part aux nations estrangeres. Nous avons parlé cy-dessus de la cité de Xangai, qui estoit sous la jurisdiction de celle-cy: on doit juger le mesme des autres, sans m'obliger à repeter souvent une mesme chose; & bien que cette ville cede à beaucoup d'autres, eu égard à l'estenduë de son territoire, si est-ce que son fonds n'en doit rien de reste à aucune, si l'on a égard à sa fertilité. On n'y compte que trois citez, qui peuvent bien aller du pair avec les plus grandes villes, pour leur grandeur, leur abord, & pour la diversité du negoce & du trafic qui s'y fait; elles se nomment, la 1. Sunxiang, 2. Xanghai, 3. Cingpu.

*Sa situation & ses noms.* Cette ville est proche de la mer: à l'embouchure & entrée de la riviere il y a un Fort avec une garnison, c'est de là que les navires vont au Iapon. La famille de Tanga la nomma Hoating; celle d'Ivena luy a donné le nom qu'elle a à present, avec le rang & la qualité de ville; car elle n'avoit que le titre de cité auparavant, & relevoit de celle de Sucheu; ses temples les plus remarquables sont trois en nombre, dediez aux Heros.

Mais ce qui à nostre égard la rend plus recommandable, est le grand nombre de ceux qui embrassent la Religion Chrestienne, y ayant quantité d'Eglises où on exerce le culte du vray Dieu: on a compté souvent plus de vingt mille Chrestiens dans la seule cité de Xanghai; il y a eu aussi des bourgs tous entiers, qui ont receu la lumiere de l'Evangile, & la conservent avec fermeté & constance. C'est de cette riche & opulente cité (qui se peut avec raison vanter d'estre heureuse pour le seul culte de la Religion, qu'est sorty cet excellent *Paul Docteur & grand Colaus, & excellent Promoteur de la Foy.* Docteur Chinois, ce celebre Paul, dis-je, qui a fait une profession si ouverte du Christianisme, l'honneur & le soustien de nostre saint voyage, qu'on ne sçauroit assez dignement loüer, & qui seroit capable de donner de l'emulation aux Chrestiens de l'Europe, si mesme il ne leur fait de la honte; car ayant foulé & mis sous les pieds le faste des Philosophes Chinois, & l'arrogance de sa nation,

## DE KIANGNAN.

il prefera la doctrine & l'humilité de Chrift aux richeffes & aux plus grands Gouvernemens, & la connoiffance de la Loy de Dieu, à la feconde place & au fecond rang aprés l'Empereur, qui ne luy pouvoir manquer. Cette ville n'eft pas moins celebre à prefent pour le zele qu'on y fait paroiftre à la vraye Religion ; car l'an mil fix cens quarante-neuf le petit fils de ce grand Paul fut declaré Docteur du premier ordre, ayant efté inftruit long-temps auparavant dans les myfteres de la Religion Chreftienne: il n'a guere plus de vingt ans, & nous efperons qu'ayant un fi grand genie & un efprit fi excellent, il parviendra non feulement aux mefmes honneurs & dignitez que fon grand-pere, mais qu'il aura la mefme pieté & devotion, & le mefme zele pour avancer la Religion Chreftienne. J'ajoufterois bien un petit eloge en faveur de ce grand Paul, fi le R. Pere Alvaro Semedo ne l'avoit déja fait dans fa Relation, & fi je ne luy en devois un plus ample dans l'hiftoire de noftre Miffion de la Chine, que je mettray en lumiere, & qui s'eftend depuis l'an 1610. jufques en l'an 1650.

Il n'y a prefque que la montagne de Kin qui merite d'eftre remarquée: elle eft fur le bord de la mer au Zud-eft: il y a un grand Fort, avec une forte garnifon de navires & de foldats pour garder ce port. *Les montagnes les plus nobles.*

Au Zud eft de la ville eft la mer vis à vis de la ville de Ningpo, qui eft fi proche de Sungkiang, qu'on affeure que dans le filence de la nuit on peut entendre chanfer le coq d'un bord à l'autre. *Lestrivieres.*

Hoangpu eft un grand canal confiderable pour la quantité d'eaux qui s'en tirent: il a efté creufé à la main; il eft à l'Orient de la cité de Xanghai, de là il fe va rendre dans la mer.

Iung eft une fontaine dont l'eau eft excellente, elle eft dans le temple de Xanghai.

### La cinquiéme Ville CHANGCHEV.

CHancheu eft proche de ce Canal dont nous venons de parler, par où les navires vont de Sucheu jufques dans la riviere de Kiang ; fes bords prés de cette ville font reveftus des deux coftez & embellis de pierres de taille quarrées; on y a dreffé quelques arcs triomphaux, qui contribuent beaucoup à la fplendeur & encore à la magificence de la ville. Elle commande à cinq citez, dont la premiere eft Changcheu, 2. Vufie 3. Kiangyn, 4. Gnihing, 5. Cingkiang. Cette derniere eft baftie dans une Ifle que la riviere de Kiang forme avant que d'entrer dans la mer. Tout le territoire de cette ville eft renfermé de cette riviere, & du canal dont nous avons parlé cy-deffus ; & parce qu'il eft arrofé d'eaux prefque par tout, de là vient que toute cette campagne excelle & furpaffe de beaucoup les autres pour la fertilité & pour l'excellence des fruits. *Sa fituation.*

On tiroit autrefois de fort bon eftain dans une montagne qui eft proche de Vufie ; mais lors que la famille d'Hana commença à regner, les mines de cette montagne furent épuifées; de là vient que cette cité fe nomme Vufie, qui fignifie fans eftain. Il y a cinq temples aux Heros ; celuy qui eft dedié au Fondateur de cette nation furpaffe les autres en grandeur ; il n'eft pas loin de la cité de Vufie. Gnihing veut dire la gloire de la terre ; ce nom luy a efté donné, à caufe qu'on y fait des vaiffeaux de terre, & de la poterie, dont ils fe fervent comme le plus propre à y détremper & boire leur Cha ; c'eft pourquoy les Chinois les preferent à ceux de Kiangfi, encore qu'ils foient plus magnifiques & plus tranfparans ; ils trouvent que ceux de Gnihing donnent à ce breuvage un gouft & une fenteur qu'ils eftiment. Ils en font beaucoup d'eftat par cette raifon, & ceux de cette cité ne s'occupent auffi *Les meilleurs vaiffeaux pour le breuvage de Cha fe font à Gnihing.*

qu'à cette besogne. Il y a de ces vaisseaux qui sont de grand prix, & qui excedent ou égalent la valeur de ceux qui se font en Portugal, & qui se nomment Estremosia.

Sie est une montagne au devant de Vusie, dont on tiroit cy-devant l'estain.

*Les montagnes.* Proche de Kiangyn on void la montagne de Chin, remarquable pour le recit fabuleux que font ceux de la Chine, qui veulent qu'il y ait eu une femme née d'une biche.

Le petit ruisseau de Leang, qui vient de cette petite colline de Hoei, se va descharger dans un lac proche de Vusie. Il tire sa source d'une fontaine qui se nomme Hoei, dont l'eau tient le second rang pour sa bonté : pour moy qui en ay beu, je l'ay trouvée si bonne, que je ne pense pas que les Chinois se trompent icy en façon du monde ; c'est pourquoy les grands Seigneurs en envoyent querir de tous costez ; & comme il y a plusieurs vaisseaux qui passent par là, il n'y en a pas un qui n'en achete par occasion à tres-bon marché : on en trouve des vaisseaux tous pleins ; ce n'est pas qu'il ne soit permis d'en puiser pour rien, si on veut s'arrester & faire du sejour dans ce lieu. On en porte dans les Provinces les plus éloignées, mesme jusques à la Cour à Peking ; car on estime qu'elle est tres-propre pour faire le Cha.

### *La sixiéme Ville* CHINKIANG.

*La ville de Cingiam selon M. Polo le Venitien.* CEux qui liront les escrits de Marco Polo de Venise, verront clairement par la situation de cette ville & le nom qu'elle a, que c'est celle qu'il nomme Cingiam. Elle est bastie sur le bord de la riviere de Kiang, & à l'orient d'un canal fait par artifice, qu'on a conduit jusques dans la riviere de Kiang ; de l'autre costé du canal, sur le bord qui regarde l'occident, est son fauxbourg, qui n'est pas moins peuplé, & où l'abord est aussi grand que celuy de la ville mesme. Il y a quelques ponts de pierre, qui joignent la ville au fauxbourg. Quand on a passé ces ponts & une escluse, ce canal s'estend fort au large, & reçoit les eaux de la riviere de Kiang avec le flux & reflux de la mer.

A peine sçauroit-on dire la quantité de vaisseaux qu'il y a toute l'année ; car tous ceux qui viennent de la Province de Chekiang & des autres villes orientales, doivent s'y arrester, soit qu'ils aillent à Pekin ou ailleurs, pour mettre & dresser leurs masts & hausser leurs voiles ; car aussi ne s'en peuvent-t'ils servir avant qu'ils soient devant cette ville, à cause du grand nombre de ponts qu'ils rencontrent ; mais on n'en trouve pas un de Chinkiang jusqu'à Pekin, pas mesme dans le canal artificiel, si ce n'est des ponts qui se levent. Ils nomment cette ville Kingkeu, c'est à dire la bouche de la Cour, parce qu'il y a toûjours des navires qui sont prests pour aller à la Cour : de là on peut juger fort aisément de son trafic & des commoditez qui s'y trouvent. Il y a prés de cette ville des costeaux fort agreables avec des temples fort grands & magnifiques. J'ay veu dans l'un une *Vne Tour de fer.* tour toute de fer, bastie sur une base qui en estoit aussi : elle a environ trente coudées de hauteur : elle est faite en pyramide, embellie depuis le bas jusqu'au haut de diverses figures, mais principalement de lauriers.

Chinkiang est fort renommée pour les excellens Medecins qui y sont, & qui passent pour les plus habiles de la Chine. Le pays abonde en cerises qui sont assez bonnes : elle ne commande qu'à trois citez, Chinkiang, 2. Tanyang, 3. Kintan.

*Les montagnes.* La montagne de Kin forme une Isle dans la riviere de Kian au Nord-ouest de la ville : on y void quelques temples aux idoles fort magnifiques ; comme aussi des monasteres remplis de sacrificateurs. Cette montagne est fort agreable, fertile d'elle-mesme, & encore plus par la culture des Chinois. Il en sourd une fontaine nommée Chungleang, dont l'eau est fort estimée.

## DE KIANGNAN.

### La septiéme Ville YANGCHEV.

QVAND on a passé la riviere de Kiang, on rencontre une fort grande *Sa situa-* écluse prés du Chasteau de Quacheu, où cōmence un canal fait à la main, *tion & sa* sur lequel on vient dans cette ville d'Yangcheu. Elle est fort marchande, *noblesse.* fort peuplée & de grand abord: l'Empereur y a un bureau de fort grand revenu; & bien qu'il ait toute sorte de marchandises, si est-ce que ses principales richesses luy viennent de la distribution du sel; car il y a beaucoup de salines vers l'Orient de la ville, où le sel se fait de l'eau de la mer, de mesme qu'en plusieurs endroits de l'Europe. Il y a grand nombre de fort riches marchands, qui revendent ce sel dans les Provinces, qui sont au cœur & au milieu de l'Empire, & qui ont embelli cette ville de bastimens tres-grands & tres-superbes. Des canaux d'eau douce coupent & partagent cette ville en plusieurs quartiers, avec vingt-quatre ponts de pierre à plusieurs arches, sans parler d'autres qui sont plus petits & en plus grand nombre. Au couchant & hors de la ville il y a un canal artificiel qui separe la ville du fauxbourg, il avoit bien une lieuë d'Alemagne: il a esté entierement brûlé dans cette derniere guerre contre les Tartares.

Mais ce qui tache l'honneur de cette ville, c'est un commerce qui s'y fait, que *Femmes à* les femmes y sont à vendre, car il y en a plusieurs qui y demeurent, & qui font *vendre.* mestier d'acheter de petites filles, de les nourrir & élever delicatement, de leur apprendre à chanter, & sur tout à joüer des instrumens, à faire des vers, à bien peindre au naturel, à estre fines & adroites, à joüer aux échets, & mille autres arts & exercices; puis les revendent bien cher aux grands Seigneurs, qui s'en servent de concubines. L'air de cette ville est fort doux & temperé: le fonds en est agreable & fertile, & la pluspart des habitans *La qualité* adonnez à la volupté & aux delices. Elle a dix villes sous sa jurisdiction, *de ce pays.* dont la premiere est Yangcheu, 2. Ychin, 3. Taihing, 4. Caoyeu o, 5. Hinghoa, 6. Paoyng, 7. Tai o, 8. Iucao, 9. Tung, 10. Haimuen. Sous l'Empereur Yvus elle appartenoit à la Province d'Yangcheu, & estoit placée sous la domination des estoiles de Teu & de Nieu. Elle estoit sous l'obeïssance des Rois d'V, puis de ceux de Yve. Aprés qu'ils eurent esté défaits, le Roy de çu s'en rendit maistre. La famille de Hana la nomma Kiangtu; Sujus a esté le premier qui luy a donné le nom d'à present, la famille de Tanga l'a nommée Pangcheu.

Pour les rivieres & les montagnes, il n'y a presque rien de remarquable, *Les monta-* si ce n'est le lac de Piexe, la cité de Caoyeu estant située dans le mesme en- *gnes & les* droit où il commence, & où il y a un canal fait à la main, qui entre dans ce *rivieres.* lac d'où il tire ses eaux; & afin que les navires ne soient contraints de passer par ce lac, on y a fait à costé & à un des bords un canal de pierre de taille quarrée, long de soixante stades. Cet ouvrage est tout à fait magnifique & d'autant plus admirable, qu'on ne peut deviner d'où on a pû faire venir de si grosses pierres & si blanches, puisqu'il n'y a aucune montagne dans tout ce pays.

### La huitiéme Ville HOAIGNAN.

CE sont deux villes au lieu d'une, renfermées pourtant d'une mesme mu- *La grandeur* raille. Celle qui est au Midy s'appelle proprement Hoaignan; mais celle *de la ville.* qui est au Nord-est se nomme Yenching: le fauxbourg de l'une de ces deux villes en augmente de beaucoup la grandeur; car il s'estend & s'avance des deux costez d'un canal prés d'une lieuë d'Alemagne: on entre dans la riviere Iau-

( R

ne par ce canal. La presse & la foule est si grande par tout, qu'il y a assez de peuple pour en former plusieurs autres villes, & l'abondance assez grande pour les entretenir.

*Il y a un Viceroy.* Vn Viceroy qui a soin de la provision de l'Empereur, y fait sa residence, & gouverne sept Provinces du Midy avec un plein pouvoir. Il a charge de faire venir la provision, & tout ce qui est necessaire pour la Cour, des autres Provinces, & dans ce temps qu'il faut: il a pour cet effet des navires du Roy, dont le nombre est infini, pour les porter à Pekin: mais avant que d'y aller, le Viceroy visite les provisions, & apres les avoir bien examinées, il les envoye à la Cour. Il y a aussi deux bureaux dans le fauxbourg; dans l'un on paye l'impost des marchandises, & dans l'autre l'on paye les droits des navires qui ne sont pas au Roy, selon ce qu'ils contiennent & selon leur grandeur: une partie est destinée pour entretenir le canal, ses chaussées, & refaire les écluses: la somme d'argent qui entre dans les coffres de l'Empereur, ne laisse pas d'estre grande. Il y a trois cheutes d'eau sur ce canal au Septentrion de la ville; mais la premiere, qui est la plus proche de la riviere de Hoai, est veritablement la plus difficile & malaisée de toutes; car l'eau en tombe avec grande impetuosité, & descend d'une riviere qui vient de fort haut: or pour empescher qu'elle ne couvre & ne submerge tout le pays d'alentour, on la retient par le moyen des grandes digues qu'on a élevées, & d'une forteresse qu'on y a bastie, qui se nomme Tienfi, c'est à dire qui vole du Ciel, entendans par ces mots ce grand nombre d'eaux, qui d'un lieu fort élevé se precipite en bas. Les navires ont bien souvent de la peine à surmonter ces dangereux passages; c'est pourquoy on entretient quelques centaines d'hommes des deniers du Roy, qui s'y trouvent quand il faut pour tirer les navires avec des cables en tournant des roües; & mesme difficilement viendroit-on à bout de la violence & impetuosité de l'eau, si on ne s'estoit avisé de la retenir par le moyen d'une autre écluse qu'on y a bastie.

*Sa situation.* Cette ville est située dans un lieu marescageux, mais qui ne laisse pas de produire force ris & froment. La ville est riche & embellie d'ouvrages publics & particuliers, qui sont tout à fait magnifiques & superbes. Tout ce pays est divisé par des rivieres, & arrousé de ses lacs. Il y a dix citez, dont la premiere est Hoaigan, 2. Cingho, 3. Gantug, 4. Taoyven, 5. Moyang, 6. Haio, 7. Canyu, 8. Pio, 9. Sociven, 10. Ciuning.

Sous l'Empereur Yvus ce pays estoit dans la Province d'Yangcheu, sous la constellation de Tcu. Premierement il appartenoit aux Rois d'V, après à ceux de Iuc, & en suite à ceux de çu: sous la famille de Cina ce n'estoit encore qu'une cité qu'elle appella Hoaiyn; celle de Hana la nomma Linhoai: la famille de Sunga luy a donné le nom qu'elle a à present, avec le rang & la qualité de ville. J'ay veu plus de cailles & de phaisans dans ce pays, qu'en aucun autre. Il y a aussi plusieurs temples qui sont magnifiques; & sur tout quatre tours qui sont fort hautes, semblables à celles dont j'ay fait la description ailleurs.

*Les montagnes.* Vne seule montagne est digne de remarque, elle s'éleve & paroist dans la mer proche de la cité de Hai, & se nomme Yocheu. Il y a un temple aux Idoles, merveilleusement superbe, avec un convent de sacrificateurs, c'est là où vont tous les estrangers de la Chine, & ceux qui s'addonnent à ces superstitieuses ceremonies des Chinois. On dit qu'il y a des mines d'or dans cette Isle.

*Les rivieres.* Le grand lac de Xeho abonde en poissons, & arrouse les pays de Moyang, de Canyu, de Hai & de Gantum.

Le grand lac & marest de Hung est au levant de la ville: c'est là où croissent ces roseaux ou cannes qui sont si hautes, dont tout le pays est fort plat,

# DE KIANGNAN.

auſſi n'y a-t-il point d'autre matiere pour ſe chauffer, & preſque point d'autres arbres.

Proche de là il y a des marais ſalans, où il ſe fait du ſel en abondance. *Salines ou marais.*

## La neufiéme Ville LVCHEV.

LA ville de Lucheu eſt fort agreable & divertiſſante, ſituée dans un terroir *La ſituation.* fertile : elle commande à huit citez, qui ſont preſque toutes ſur le bord de ce lac de çao ſi celebre & ſi renommé, qui ne divertit pas ſeulement ceux qui y demeurent, mais auſſi leur fournit toute ſorte de poiſſons, & rend la campagne ſi fertile par le moyen de ſes eaux, qu'il a par tout grand nombre de grains & de fruits. Ses citez ſont, Lucheu, 2. Xuching, 3. Luxiang, 4. Vugueio, 5. çao, 6. Logano, 7. Iugxan, 8. Hoxan. Ce pays eſtoit anciennement dans la meſme Province & ſous la meſme conſtellation que le precedent. Sous la famille de Cheva il eſtoit encore libre, & on l'appelloit Luçu: les Rois de çu s'en rendirent maiſtres peu de temps apres. Sous la famille Imperiale de Hana il ſe nommoit Luxiang: pour le nom qu'il a à preſent, c'eſt l'Empereur Sujus qui le luy a donné. Du coſté d'Orient de cette ville, le petit Roy Tangus défit dans une bataille rangée l'Empereur Xiëüs, & ſe rendit maiſtre de l'Empire.

Cette ville eſt fort eſtimée pour la grande quantité qu'on y trouve de cette herbe excellente nommée Cha, dont je feray la deſcription dans ſon lieu : il s'y fait auſſi de tres-bon papier. On y compte deux temples qui ſont les plus remarquables, & un pont fort magnifique proche de Logan.

Dans le lac de çao eſt la montagne de Cu, c'eſt à dire l'orpheline, parce qu'elle *Les montagnes.* forme toute ſeule une Iſle.

Proche de Luxiang eſt la montagne de Taifu, agreable à cauſe de ſes foreſts, elle occupe un grand eſpace de pays.

La montagne de Kiuting eſt la dix-huitiéme entre celles qui ſont marquées dans les livres de Toaxu, & eſt proche de la cité de çao.

Le grand lac de çao, & le petit lac de Pe s'aſſemblent proche de Luxiang. *Les rivieres.*

## La dixiéme Ville GANKING.

CEtte ville eſt ſituée ſur le bord de la grande riviere de Kiang au Septen- *L'excellence & les commoditez de cette ville.* trion: on l'eſtime l'une des plus conſiderables villes de la Province, elle eſt tres-riche & tres-marchande ; car tout ce qu'on fait venir à Nanking des autres endroits, doit premierement paſſer par Ganking : & comme c'eſt là que trois Provinces confinent & aboutiſſent, & qu'elle eſt fort propre pour les expeditions de guerre, auſſi y a-t'il un Viceroy different de celuy de la Province: ce Viceroy tient une groſſe garniſon dans le Fort de Haymuen, qui commande le lac de Poyang & la riviere de Kiam. La famille de Tanga y a fait eriger une colomne de fer qui a trois perches de haut, groſſe à proportion, & toute d'une piece.

Tout ce pays eſt fort découvert, agreable, & le terroir fertile : on y compte ſix citez, Ganking, 2. Tungching, 3. Cienxan, 4. Taihu, 5. Soſung, 6. Vangxiang. Ce pays ſe nommoit autrefois Von: le Roy de çu le ſubjugua : la famille de Tanga l'appella Iucheu, & celle de Sunga Ganking.

Proche de Tungching eſt la montagne de Feu, d'où il tombe une fontaine *Les montagnes.* de deux cens perches de hauteur : la montagne eſt au bord de la riviere de Kiang, toute creuſée & percée d'une infinité de cavernes.

La montagne de Siaocu a deux ſommets qui ſont fort hauts, proche de Soſung : la riviere de Kiang prend ſon cours par une vallée qui eſt au milieu de cette montagne. Sur l'un de ces ſommets on voit un grand temple aux Idoles, & un convent.

(R ij)

*Les rivieres.* Pour la riviere de Kiang, après avoir passé par les bornes & limites de la cité de Sosung, elle forme l'isle de Sanglo.

### L'onziéme ville TAIPING.

La riviere de Kiang & le lac de Taiping partagent & arrosent le territoire de cette ville : son détroit comprend trois citez, dont la premiere est Taiping, 2. Vuhu, 3. Fachang. Vuhu est la plus considerable & la plus riche des trois; car il y a un Bureau, & elle est bastie dans une Isle formée par la riviere de Kiang, qui se divise en deux branches, qui se reünissent après vers Nanking.

*Noms anciens.* Ce pays a esté autrefois dans le Royaume d'V, puis aux Rois d'Ive, & en suite à ceux de çu : la famille de Cina le mit dans le pays de Chang : celle d'Hana le nomma Tanyang, & celle de Tanga Nanyù ; pour la famille de Sunga, elle l'avoit premierement nommé Pingnan, & puis Taiping, le nom qu'elle a retenu & conservé jusques à present.

*Les montagnes.* La montagne de Tienmuen est au Zud-est de la ville ; on la nomme la porte du Ciel, parce que c'est là où deux costeaux resserrent le lit de la riviere de Kiang.

La pierre de Hiao est une pleine de cavernes ; on diroit qu'elle est de tuffe : elle tire son nom de la grande quantité de hibous qui y nichent.

*Les rivieres.* Pour les rivieres, il n'y a rien de particulier ; si ce n'est le lac de Tanyang, qu'on dit avoir trois cens stades de longueur : il commence au Zud-est de la ville, & s'estend jusques à la cité de Liexui.

### La douziéme Ville NINGQVE.

Ce territoire a six citez, Ningque, 2. Ningque, 3. King, 4. Taiping, 5. Cingte, 6. Nanling. La ville est proche de la riviere de Von qui y passe au levant, & conduit les navires jusques dans la grande riviere de Kiang. Tout ce pays est rude & raboteux, plein de montagnes. Dans la ville il y a des costeaux fort agreables, des bocages, & de fort beaux edifices, grande quantité de chastaignes & de poires : on y fait aussi force papier de roseaux, de *Papier.* leurs feüilles qu'ils ont pilées, après les avoir trempées dans l'eau. Proche de la cité de King on voit un temple magnifique, nommé le temple du Cœur parfumé ; car le mot de Hiangsin signifie la mesme chose en langage Chinois : il est dedié à cinq vierges, qui après avoir esté enlevées par des voleurs, aimerent mieux mourir que de les satisfaire.

*Les montagnes.* Dans l'enceinte des murailles de la ville se voit la montagne de Lingyang, qui pourroit plustost passer pour un agreable costeau, que pour une montagne.

La montagne de Ki est proche de la cité de Ningque : la veüe & l'aspect en sont si agreables, qu'on la nomme les delices de ses habitans.

Proche de Taiping est la montagne de Lugmuen, couverte de boccages épais & obscurs : on dit que les Herboristes y trouvent d'excellentes herbes medicinales.

### La treiziéme Ville CHICHEV.

Cette ville est située sur le bord de la riviere de Kiang au Midy. Son terroir s'éleve tout au tour en montagnes, & n'a pas beaucoup de campagnes, il ne laisse pas pourtant d'estre fort fertile & d'estre abondamment pourveu de tout ce qui luy est necessaire : s'il luy manque quelque chose, la

DE KIANGNAN.

riviere de Kiang, qui en est proche, le luy peut aisément fournir. Cette ville a six citez sous sa jurisdiction, 2. Chicheu, Cingyang, 3. Tungling, 4. Xetai, 5. Kiente, 6. Tunglieu. Il y a quatre temples qui sont tres-remarquables.

Ce pays a autrefois esté dans le Royaume d'V, puis dans celuy d'Iúe, & en suite dans celuy de çu. Le Roy de Leang le nomma Nanling, & le Roy Sujus Cieúpú; pour le nom qu'il a à present, il le tient de la famille de Tanga.

La montagne de Hing est proche de Tungling : elle se nomme ainsi, à raison des abricots dont il y a grande quantité. *Les montagnes.*

La montagne de Kieuhoa, ou à neuf sommets : les Chinois qui observent avec grande exactitude les montagnes, disent qu'elle a la figure d'une fleur dont les feuilles sont recourbées.

### *La quatorziéme Ville* HOEICHEV.

CETTE ville est la plus Meridionale de toute la Province. Du temps des Rois elle fut mise dans le mesme lieu & rang que la precedente : c'est la famille Imperiale de Sunga qui luy a donné son nom. Son territoire est fort montagneux, & confine aux Provinces de Kiangsi & de Chekiang ; elle gouverne six citez, Hoeicheu, 2. Hiéuning, 3. Vuyuen, Kimuen, 5. In, 6. Cieki.

Hoeicheu passe pour une des plus riches de cet Empire; car elle a un negoce considerable : l'air y est fort bon & temperé : les habitans sont industrieux & avisez, principalement dans le commerce : il n'y a point de ville dans la Chine si peu marchande qu'elle soit, qui n'ait quelques marchands de cette ville : il n'y a mesme point de banque, de change, ny de lieu où l'on preste de l'argent, où les habitans de Hoeicheu ne soient entre les principaux interessez ; tant ils sont estimez à cause de la grande connoissance qu'ils ont des marchandises. Ce peuple est ménager, se contente pour vivre de ce qui est facile à trouver, & de peu; mais dans le negoce il est hardi & entreprenant. *Marchands fort adroits & prudens.*

Il se fait dans cette ville la meilleure encre de toute la Chine, elle n'est pas liquide comme la nostre, mais formée en petites masses oblongues: elle est embellie ordinairement de figures de fleurs, d'animaux, de grotesques, & ornée de lettres & de caracteres, ou plustost de Vers & d'Epigrammes à la loüange de l'encre, & qui marque quelquefois le nom de celuy qui l'a faite; car parmy ceux de la Chine qui aiment l'estude, l'art de faire de l'encre passe pour honorable, comme aussi tous les arts qui ont du rapport & de l'affinité avec les sciences : ils se servent de cette encre tout de mesme que nos Peintres de leurs couleurs ; car ils la broyent & pilent sur une pierre polie, la détrempent avec de l'eau, & ainsi peignent plustost leurs lettres avec un pinceau qu'ils n'écrivent avec la plume : il y a aussi dans cette ville de fort beaux buffets de toute sorte, où on applique & couche ce beau vernis de la Chine ; on les prefere à ceux qui se font ailleurs : on y trouve aussi de cette terre dont on se sert pour faire la porcelaine, & on en porte d'ordinaire dans la Province de Kiangsi. *Encre de la Chine.*

Il y a aussi dans les montagnes de ce pays des mines d'or, d'argent & de cuivre.

On ne trouve point ailleurs de plus excellente feuille de Cha, j'en feray icy une briefve description en faveur de la curiosité du Lecteur, & de ceux qui aiment la Botanique. *Que c'est que l'herbe de Cha. La feüille de Sumach des Corroyeurs ne ressemble point à celle du Thé qu'on apporte icy.*

C'est une petite feüille toute semblable à celle que produit le Sumach des conroyeurs : je croy mesme que c'en est une espece, toutefois elle n'est pas sauvage, mais domestique & se cultive, ce n'est pas aussi un arbre,

( R iij )

mais un arbrisseau, qui s'estend en plusieurs petites branches ou rameaux : sa fleur approche fort de celle du Sumach, horsmis que celle de Cha tire davantage sur le jaune ; elle pousse en Esté sa premiere fleur, qui ne sent pas beaucoup, & en suite une baye qui est premierement verte, puis devient noiraftre. Pour faire le Cha, on ne recherche que la premiere feüille qui naist au printemps, qui est aussi la plus molle & la plus delicate : ils la cueillent avec beaucoup de soin l'une aprés l'autre, puis ils la font chauffer un peu de temps dans un coquemart à la main de fer à fort petit feu & lentement, puis la mettent sur un matelats de toile de coton bien fine, deliée & unie, la poussant & remuant avec les mains : estant roulée de cette sorte, ils la mettent derechef sur le feu, la frotant pour la seconde fois jusqu'à tant qu'à force de la rouller elle soit enfin tout à fait seche. Ils la serrent ordinairement en des vaisseaux d'estain, & ont grand soin d'empescher qu'elle ne devienne humide ; bouchent & seelent ces vaisseaux, de peur que le plus subtil ne s'évapore ; car aprés l'avoir gardée fort long temps, si on la jette en de l'eau boüillante, elle reprend sa premiere verdeur, & elle s'étend, si elle est bonne, elle donne à l'eau une plaisante odeur, & un goust qui n'est point desagreable, principalement quand on y est accoustumé, & teind l'eau d'une couleur verdastre. Les Chinois font beaucoup d'estat des vertus de leur Cha ou boisson, en usent tres-souvent de nuit & de jour, & en presentent à ceux qu'ils traittent. Il y en a de tant de sortes & de si differentes pour leur excellence & pour leur bonté, qu'il y en a dont la livre vaut deux escus d'or & davantage, & d'autre au contraire, que l'on peut avoir pour sept deniers : elle a entre autres cette faculté, c'est que les Chinois ne sçavent ce que c'est que de goute, ny de gravelle. Si on en prend aprés le repas, elle oste toutes les indigestions & cruditez d'estomac ; sur tout elle aide & facilite la digestion ; elle desenyvre, & donne de nouvelles forces aux yvrognes pour recommencer à boire ; de façon qu'elle les soulage des incommoditez qu'apporte cette débauche, car elle desseche & nettoye les humeurs superfluës, chasse les vapeurs qui causent le sommeil, qui empeschent de veiller, & delivrent ceux qui veulent estudier du sommeil, qui a d'ordinaire accoustumé de les accabler ou de les surprendre. Les Chinois luy ont donné divers noms, selon la diversité des lieux où elle croist, & des vertus qu'elle peut avoir ; comme celle de Hoeicheu, qui est la plus excellente, est dans le pays nommé Sunglocha. Si quelqu'un en desire avoir une plus ample description, qu'il prenne la peine de voir ce que le R. P. Alexandre Rhodes en a écrit en François, qui a la verité en discourt fort pertinemment, lors qu'il traite du Royaume de Tunking, dans la premiere partie chap. 15.

*Les montagnes.* La plus grande montagne de ces quartiers est celle de Hoang, qui est au couchant de la ville ; on y compte vingt-quatre petits ruisseaux, & trente-deux sommets qui sont fort hauts, & entre ses cavernes dix-huit antres fort obscurs.

La montagne de Ki est proche d'Hieuning, son sommet a plus de cent trente perches de hauteur ; il y a un pont de pierre, qui traverse une tres-profonde vallée.

*Les rivieres.* La riviere de Singan passe proche Hoeicheu, elle prend sa source au couchant, puis reçoit quatre petits ruisseaux qui la grossissent, dont le premier vient des montagnes de la ville, le second d'Hieuning, le troisiéme de Vuyen, & le quatriéme de Cieki. Cette riviere descend & passe avec grande violence à travers les vallées & les rochers jusqu'à Singan, qui est une des citez de la Province de Chekiang. On compte dans ce chemin trois cens soixante cheutes d'eau ; celle dont ils disent que le passage est le plus difficile, se nomme Luicung, & est proche de la ville de Hoeicheu.

## DE KIANGNAN.

### La premiere grande Cité QVANGTE.

CEs grandes citez ne sont pas celles que les Chinois nomment Fu, mais bien celles qu'ils appellent Cheu, & qui ont d'autres moindres citez sous elles: il y en a donc quatre de ces dernieres dans cette Province, la premiere est Quangte, riche par le trafic de ses soyes; elle en a une autre sous sa dépendance nommée Kienping; l'une & l'autre touchent à de fort grandes montagnes, mais qui sont agreables: les principales sont celles de Heng & de Ling; la premiere est au couchant de Quangte, elle est plus haute que les nuës: elle a sur son sommet une fontaine qui ne tarit jamais. Celle de Ling n'est pas moins haute, elle a un sommet fort difficile & fort roide, de quinze stades de hauteur: proche de ce sommet on voit une caverne, à l'entrée de laquelle est une statuë de pierre d'un certain Sacrificateur, en laquelle on dit qu'il fut changé.

*Les montagnes*

### La seconde cité HOCHEV.

LA cité de Hocheu en a une autre sous elle, nommée Hanxan, qui est assez connuë, parce que ce sacrificateur qui chassa les Tartares, avoit choisy ce lieu pour y faire ses brigandages.

### La troisiéme cité CHVCHEV.

CEtte cité gouverne celles de Civenciao & de Laigan. Le lac d'V, qui commence prés de Civenciao, & s'étend proche de Laigan, rend le pays extremement fertile: ce pays renferme bien des montagnes, dont vous pourrez voir les noms dans la Carte.

### La quatriéme cité SIVCHEV.

SIvchev a aussi jurisdiction sur les quatre citez suivantes, sur Siao, Tangxan, Fung & Poi. Siucheu est proche de la riviere Iaune, qui partage & divise tout ce pays par le milieu. Cette cité est la plus frontiere de toute la Province, & la plus avancée vers le Septentrion. Ce pays est de grande consequence, à cause que quatre Provinces y confinent. Au Nord-est de cette cité on void un pont flottant, fait de trente-cinq grands bateaux, attachez par de fort grosses chaisnes de fer. Il y a aussi un sur la riviere de Pien, mais il est plus petit. Cette cité est fort celebre & renommée, en ce que le premier de la famille de Hana, apres avoir pris la cité de Poi qui depend de Sucheu, se fraya & s'ouvrit le chemin pour se rendre maistre de l'Empire.

Prés de la cité de Fung est le lac de Ta, proche duquel on dit qu'une paysane mere de Lieupangus, eut commerce avec un esprit, & accoucha d'un fils qui fonda apres, la famille de Hana. La riviere de Su est aussi proche de la cité de Poi, digne de remarque, où on dit que furent jettez ces neuf vaisseaux de cuivre, qui representoient les neuf Provinces de la Chine, que l'Empereur Yvus avoit fait fondre; ce qui arriva sur la fin de la famille de Cheva. On dit que le fondateur de la famille de Cina les fit chercher avec toute la diligence possible, sans les avoir pû trouver: on faisoit tant d'estime de ces vaisseaux, qu'on croyoit que celuy qui les auroit, pouvoit s'assurer de l'Empire; j'en parle plus au long dans mon Abregé de l'histoire de la Chine.

*Les rivieres*

136  LA DIXIE'ME PROVINCE

## LA DIXIE'ME PROVINCE
## DE CHEKIAN.

ETTE Province ne cede qu'aux deux Provinces Royales pour les marques & titres de noblesse, elle a mesme autrefois esté aussi une des Provinces Royales, principalement sous la famille de Sunga : elle surpasse de beaucoup les autres, non en grandeur & en estenduë, mais en fertilité, en plaisirs & opulence. Elle a onze grandes villes, qui sont autant de Provinces ; car celle de Hancheu seroit suffisante & capable toute seule de former un Royaume : ces villes commandent à soixante & trois citez, sans y comprendre un nombre infiny de bicoques, & de chasteaux, & une tres-grande quantité de gros bourgs fort peuplez. La Province de Chekiang est bornée de la mer à l'orient, où le trajet & le passage est fort court jusqu'aux Isles du Iapon ; car quand le vent est favorable, on dit qu'on y peut estre dans un jour ou un peu davantage, partant du promontoire de Hingpo. Au midy & au Zud-ouest elle regarde la Province de Fokien ; celle de Kiangnan environne & renferme le reste. Tout ce pays a des montagnes & des campagnes rases, fort agreable & recreatif pour les sources de ses fontaines, & pour l'abondance & la quantité d'eau de ses rivieres & de ses lacs, heureux pour l'abondance & diversité de toutes choses. La pluspart des montagnes de cette Province sont au Midy & au couchant, toutes cultivées & agreables, si ce n'est en peu d'endroits, où les rochers qui sont çà & là, en rendent l'aspect moins agreable : on ne laisse pas pourtant d'en tirer beaucoup de materiaux pour bastir des navires, & des maisons, & pour d'autres ouvrages. Les bois & les forests de meuriers y sont communs : elle nourit si grande quantité de vers à soye, qu'elle ne pourvoit & ne fournit pas seulement son pays de draps de soye de toute sorte, mais aussi en fait part au Iapon qui en est proche, aux Isles Philippines, mesme aux Royaumes des Indes & de l'Europe les plus éloignez : ces etoffes sont les meilleures qui se fassent dans toute la Chine, & à si bon marché, qu'on y peut avoir à meilleur marché dix habits de soye, qu'un de la plus grosse laine dans l'Europe. On y taille tous les ans ces meuriers comme nous faisons les vignes, sans les laisser croistre & devenir arbres; & on a appris par une experience de plusieurs années, que les fueilles des plus petits produisent la meilleure soye ; c'est pourquoy ils sçavent parfaitement bien distinguer la premiere filure de la seconde : celle-là se fait de ces fueilles qui sont molletes & delicates, & qui naissent au Printemps, dont les vers se nourrissent ; l'autre se fait de celles qui croissent en Esté & sont plus dures ; tant la diversité de nourriture change les ouvrages mesme de ces animaux si petits. Ie me suis imaginé que l'ignorance de cette particularité fait la soye de l'Europe beaucoup plus grosse & plus rude que celle de la Chine : en effet je remarque que la pluspart de nos marchands la confondent & l'ignorent, cependant le prix de l'une & de l'autre est bien different dans la Chine. Au reste la nourriture de ces vers est par tout de mesme; elle donne autant de peine & requiert autant de soin qu'on en prend en quelques endroits de l'Europe. C'est donc une chose fausse & inventée, de croire que tous les vers qui sont

*Les limites.*

*C'est Ning-po qui est mis dans les cartes sous le nom de Liampo.*

*La quantité de soye, & le debit qui s'en fait.*

dans

# DE CHEKIANG.

dans les arbres y faſſent naturellement la ſoye, ſans que l'induſtrie & le travail des hommes y contribuë la moindre choſe.

Les tributs que cette Province paye à l'Empereur ſont immenſes: le tribut du ris eſt de 2510299. ſacs; elle paye de ſoye cruë 370466. livres; & de ſoye filée 2574. rouleaux. Les grands vaiſſeaux du Roy, qu'ils nomment Lungychuen, vont quatre fois par an à la Cour, chargez de draps de ſoye parfaitement bien travaillez, & d'un ouvrage exquis; on y meſle avec beaucoup d'artifice l'or & l'argent, meſme des plumes d'oiſeaux de diverſes couleurs, des figures de dragōs, qu'il eſt defendu de porter, n'y ayant que l'Empereur ſeul, & ceux de ſa Cour qui les portent, comme le S. Eſprit ou la Toiſon en Europe. Ce pays fournit 8704491. botes foin; de poids de ſel 444769. outre ce les revenus des deux bureaux, qui ſont dans la ville capitale de cette Province. Dans le premier, on reçoit les droits des marchandiſes qui viennent du Nord; & dans l'autre, celuy du bois qui vient du Midy: car, comme on met quantité de bois en œuvre dans la Chine, pour baſtir des maiſons, des vaiſſeaux, des coffres, & autres choſes de cette nature, & qu'il y a de fort riches marchands qui font ce trafic; de là vient que le tribut qui s'en paye tous les ans à l'Empereur, eſt extrememẽt conſiderable. J'ay oüy dire à des perſonnes dignes de foy, que le tribut annuël de cette Province montoit à plus de quinze millions d'eſcus. Le livre intitulé le roolle & denombrement du peuple de la Chine, donne à cette Province 1242135. familles, & 4525470. hommes. Ce peuple eſt facile & courtois, a l'eſprit excellent, & fort adonné au culte des idoles & aux ſuperſtitions; ils comprennent aiſément les ceremonies & les myſteres de la Religion Chreſtienne: en effet, pluſieurs d'entr'eux l'ont embraſſée, & ſont desja parfaitement bien inſtruits dans noſtre doctrine & croyance.

*Le tribut.*

*Le nombre & naturel de ce peuple.*

Tout ce pays eſt percé de fleuves & de rivieres, avec des canaux que l'induſtrie des habitans ou la nature meſme a tirez des rivieres du Nort. On ne ſçauroit voir ſans eſtonnement la multiplicité & la grandeur de ces ouvrages: les canaux ſont fort larges, profonds, & reveſtus de chaque coſté de pierre de taille, avec des ponts baſtis avec la meſme magnificence, qui rejoignent les campagnes que les canaux ont diviſées: ainſi on peut voyager dans toute cette Province par eau & par terre.

## La premiere ou capitale Ville HANGCHEV.

MAis afin que les Coſmographes de l'Europe ne s'égarent, & ne s'abuſent pas davantage dans la recherche de la ville de Quinſai de Marco Polo de Veniſe, dont ils ont donné tant de fois le deſſein, je la veux repreſenter cõme elle eſt; j'eſpere ſi Dieu me le permet, de traduire avec le temps le theatre meſme des villes de la Chine, qui s'y eſt imprimé pluſieurs années avant qu'on en oüiſt parler dans l'Europe, où je ne croy pas qu'on ait jamais veu cet ouvrage. Mais pour effectuer ce que je viens de promettre, je prouve en premierlieu par bonnes raiſons, que cette ville de Hangcheu eſt la meſme que celle de Quinſai ſelon Polo le Venitien; car elle eſt éloignée de Singui, c'eſt à dire de Sucheu, de cinq journées de chemin, ſi nous parlons de la marche d'une armée, autrement à peine y a t'il quatre journées; c'eſt, dis-je, cette Quinſai, où eſtoit de ſon temps la Cour de la Chine, que les ſçavants & les polis entre les Chinois nomment Kingſu, & le vulgaire Kingſai; c'eſt de là qu'eſt venu la Quinſai du Venitien: mais Kingſu en cet endroit eſt un nom de dignité, commun à toutes les villes Royales; auſſi ſignifie-t'il une ville veritablement Royale. Cette ville qui s'appelle maintenant Hancheu, ſe nommoit autrefois Lingan ſous la famille de Sunga; parce que Caoçungus, le dixieſme Empereur de cette famille, y eſtablit

*Il promet de faire imprimer le Theatre des Villes de la Chine.*

*Quinſai.*

S

sa Cour comme il fuyoit devant les Tartares de Kin ; c'est pourquoy du temps du Venitien on la nommoit Kingsu ; ce qui arriva l'an mil cent trente-cinq apres la naissance de Christ. La famille de Sunga y a aussi tenu le siege de l'Empire, jusques à ce que les Tartares occidentaux du grand Can eurent chassé les Tartares orientaux de Kin, du Catay, c'est à dire des Provinces les plus septentrionales de la Chine. Apres donc les avoir défaits, ils porterent leurs armes victorieuses dans le Royaume de Mangin, c'est à dire dans les Provinces Meridionales de la Chine. Mais pour venir de plus prés à la question & à nostre sujet, c'est cette ville qui a une infinité de ponts fort hauts : le Venitien en compte dix mille, & en cela il ne s'éloigne pas beaucoup de la verité, s'il y comprend les arcs triomphaux, que le Venitien a pû faire passer pour des ponts à cause de leurs arcades ; de mesme qu'il a appellé des Tigres, des Lions, quoy qu'il ne s'en trouve point de ces derniers animaux dans toute la haute Asie ou la Chine, non plus qu'en cette Province : il pourroit estre aussi que faisant le compte de dix mille ponts, il n'ait pas seulement voulu y comprendre ceux de la ville & des fauxbourgs, mais aussi y adjouter tous ceux du pays : & pour lors il auroit dû augmenter encore un peu ce nombre, ce qui pourroit peut-estre sembler incroyable à ceux de l'Europe. Pour confirmer la verité de ce que je dis, il y a le lac Sihu de quarante milles d'Italie ; car bien qu'il ne soit pas dans l'enceinte des murailles, toutefois il ne laisse pas d'y toucher. C'est de ce lac qu'on fait entrer nombre de canaux dans la ville, & dont les deux costez sont tellement couverts & garnis de Temples, de Monasteres, de Colleges, de Palais, & de Maisons, qu'il n'y a personne qui ne croye estre plustost dans la ville qu'aux champs ; de plus, les bords du lac sont par tout revestus & pavez de pierre de taille quarrées, il y a un chemin fort spacieux pour s'y promener. Il y a aussi des chemins ou des ponts qui le traversent, sous lesquels les navires peuvent passer : de façon que ceux qui se promenent peuvent faire le tour de ce lac sur ces ponts ; c'est pourquoy le Venitien les a pû aisément mettre au nombre de ceux de la ville.

Dans l'enceinte des murailles de Hangcheu il y a une montagne nommée Chinghoang, au Midy de la ville, où l'on void cette tour, où les heures se marquent par le moyen d'une clepsydre ou horologe à eau ; il y a un quadran qui les montre, dont les lettres sont dorées, & ont bien un pied & demy de longueur ; c'est, dis-je, cette ville dont toutes les ruës sont pavées de pierres quarrées ; c'est elle qui est située dans un lieu marescageux, divisée & partagée par plusieurs canaux tous navigables ; c'est elle enfin d'où l'Empereur s'enfuit vers la mer sur cette grande riviere de Cientang, qui a plus d'une lieuë d'Alemagne de largeur, & passe prés de la ville au Midy ; de sorte qu'on trouve icy la riviere que le Venitien donne à sa ville de Quinsai, & qui de là tirant vers le levant, se va jetter dans la mer, n'en estant pas davantage éloignée que l'a écrit ce Venitien. Il y a cecy de plus, c'est que cette ville a de circuit plus de cent milles d'Italie, si vous y joignez les fauxbourgs qui sont fort grands, & qui s'estendent fort loin de costé & d'autre : c'est pourquoy vous pourriez bien faire cinquante stades Chinoises en vous promenant du Nord au Midy, & passant tousjours par des ruës forts habitées & peuplées, sans y remarquer aucune place qui ne soit bastie, ny aucune maison qui ne soit occupée : vous pouvez faire le mesme chemin de l'Occident au Levant. Puis donc que l'histoire de la Chine, le temps, le nom, la description, la grandeur, & les autres choses, font voir que cette ville est veritablement celle de Quinsai, je ne pense pas qu'on ait sujet d'en douter davantage ; toutefois nous en dirons encore quelque chose plus amplement, quand nous viendrons à faire la description des villes que Marco Polo le Venitien nomme Cugui, Quelinfu, & Fugui.

Au reste, outre une infinité de tres-grands ponts, dont j'ay parlé cy-dessus, on rencontre par tout des arcs triomphaux. Dans la grand place de la ville seule

## DE CHEKIANG.

il y en a trois cens, qui sont comme autant de monumens de Magistrats qui ont fidelement exercé leur charges; ou des eloges publiques en faveur des citoyens qui ont esté avancez aux honneurs & aux dignitez. L'Empereur en a aussi fait eriger d'autres, à la memoire de ceux qui ont rendu quelque service notable à la Republique. Or ces monumens sont bastis dans les places de plus grand abord, embellis de diverses sortes de graveure & de sculpture; l'Architecture & l'ordonnance est presque tout à la Gothique: ces arcs triomphaux ont tousjours trois arcades, la plus grande au milieu, & de chaque costé une petite, par où on entre comme par de grandes portes; de part & d'autre il a y des Lions, ou d'autres embellissemens de marbre, & au dessus on void par tout des figures grotesques, des oiseaux, des fleurs, & des serpens, qui sont si bien taillez, qu'il n'y a personne qui ne les admire; l'espace & l'entre-deux des figures où il n'y a rien, est percé à jour, par fois orné & embelly de sculptures qui paroissent se soustenir en l'air; je me suis mesme souvent estonné, comment ils pouvoient percer de la sorte de si grosses pierres; car ils en font comme si c'estoit une chaisne de plusieurs anneaux. Ces Arcs ont d'ordinaire trois estages, le devant & le derriere se ressemblent si fort, que vous diriez que c'est le mesme arc, le regardant de l'un ou de l'autre costé: ces trois estages sont parfaitement bien distinguez, & separez par leurs corniches & architraves de marbre. Tout au haut de l'arc, sur une pierre couverte, bleuë, est escrit en lettres d'or d'une coudée de long le nom de l'Empereur, sous l'Empire duquel ce bastiment a esté construit; au milieu il y a une fort grande pierre, où se trouve aussi en lettres dorées ou d'azur escrit le nom, le pays, la dignité & l'eloge de celuy à l'honneur de qui tout l'edifice a esté basty: mais si ces ouvrages estoient aux quarrefours, & que les ruës respondissent aux faces, j'avouë qu'on ne pourroit rien trouver ny inventer de plus magnifique, ny qui contribuast davantage à l'embellissement de ces villes. On y compte quatre grandes tours à neuf estages. Les temples aux Idoles sont presque infinis, tant ceux qui sont dedans que dehors la ville: on dit qu'il y a bien près de quinze mille sacrificateurs. On compte aussi environ soixante mille tisserands en soye dans la ville & dans les fauxbourgs: les autres citez, villes, bicoques, bourgs, qui tirent vers le Nord, en sont pleins. Il y a tant de peuple dans cette ville, qu'il s'y consume tous les jours, à ce qu'on dit, dix mille sacs de ris; & chaque sac en contient autant qu'il en faudroit pour nourrir suffisamment cent hommes en un jour: on y tuë aussi mille pourceaux tous les jours, sans compter les vaches, les chevres, les brebis, chiens, oisons, canes & autres tels animaux; encore que la pluspart des bourgeois ne mangent point de viande, estans d'une certaine secte qui observe une abstinence de viande continuelle. La quantité du poisson n'y est pas moindre, car on les porte à vendre par la ville tous en vie; mais ces Pythagoriciens s'en abstiennent aussi, n'osans pas toucher à la moindre chose qui ait eu vie.

 La Societé de Iesus a aussi une Eglise fort magnifique pour sa grandeur dans cette ville, qui est dediée au vray Dieu, comme aussi deux Chapelles dans les fauxbourgs: c'est là où je me suis employé l'espace de quatre ans le mieux qu'il m'a esté possible à cultiver & avancer la Religion Chrestienne, ayant esté contraint d'y laisser aussi bien que dans les autres citez voisines quantité de troupeaux qui font profession de la Religion Chrestienne; mais comme cette separation m'a esté sensible, & que je ne les ay quittez qu'avec regret, Dieu me fasse la grace d'y retourner bien-tost sain & sauf avec d'autres Pasteurs. Ce pays appartenoit anciennement aux Rois d'V, puis à ceux de Iue; ceux de çu s'en rendirent maistres peu de temps apres: le Roy de Chin le nomma Cient'ang: le Roy Suius fut le premier qui luy donna le nom de Hangcheu: la famille de Tanga l'appella Iuhang; celle de Sunga Lingan; mais la famille de Taiminga luy donna derechef le nom de Hangcheu. Cette ville cõmande à huit citez, Hangcheu,

( S ij )

2. Haining, 3. Fuyang, 4. Iuhang, 5. Lingan, 6. Yucien, 7. Sinching, 8. Changhoa.

On trouve dans ce pays des tigres presque par tout, que Marco Polo de Venise appelle improprement des Lions.

*Les montagnes.*

Funghoang est une montagne au Midy de la ville, où il y a deux fort hauts sommets, l'un vis à vis de l'autre; ils sont si hauts, qu'on diroit qu'ils touchent au Ciel, il y a sur chacun d'eux un temple aux Idoles, & une tour à neuf estages.

Xeceng est une montagne sur le bord Septentrional du lac de Si, avec une magnifique tour, & un temple aux Idoles.

La montagne de Tienmo commence proche de Lingan, c'est la trente-quatriéme entre celles qui sont fameuses dans la Chine: elle est à la verité fort grande & roide, elle a beaucoup de forests, & dans les vallées de fort belles & agreables *Potirons de la Chine.* campagnes semées de ris: c'est de là qu'on porte une infinité de champignons par toute la Chine, qu'ils confisent au sel, puis les seichent & les gardent toute l'année; & quand ils les veulent cuire, ils les font tremper quelque temps dans l'eau, d'où on les tire aussi beaux & aussi frais que si on les avoit amassez l'heure.

Cette montagne s'avance & s'estend la longueur de quatre-vingt stades: on l'appelle Tienmo, c'est à dire l'œil du Ciel; parce qu'il y a deux lacs sur ses deux sommets qu'ils nomment ses deux yeux, dont elle regarde le Ciel.

La montagne de Cinking est proche de Changhoa, où il y a un lac, qui, pour n'estre pas des plus grands, ne laisse pas d'occuper deux cens arpens de terre; il *Poissons de* est fameux & renommé pour les petits poissons dorez qui s'y peschent, que les *Chine.* Chinois ont nommé pour cet effet Kinyú, car la peau brille, pour estre en quelque façon entretaillée de lignes d'or: tout le dos est comme parsemé de poudre d'or: ils ne sont point plus longs que le doigt, ils ont une queuë à trois pointes, quelquefois à deux, par fois elle est simple & un peu large; ils sont curieux à voir: ceux de la Chine en font beaucoup d'estat, les nourrissent avec beaucoup de soin dans leurs maisons & dans leurs jardins de plaisance, en des vaisseaux qui sont faits tout exprés: les grands Seigneurs leur donnent quelquesfois à manger de leur main, se joüent souvent avec eux, comme si ces poissons connoissoient leur maistres, & qu'ils voulussent tesmoigner le plaisir & le divertissement qu'ils reçoivent, lors qu'ils sont honorez de leur presence: un de ces petits poissons vaut bien par fois deux ou trois escus d'or, sur tout, lors qu'ils ont toutes les bonnes marques que les Chinois desirent.

La montagne de Tiencho, qui est au couchant de la ville, est d'vn costé affreuse pour sa roideur, & de l'autre agreable & recreative: elle a un costeau qui n'est que rochers & pleine de cavernes, où on void des temples aux Idoles magnifiques avec des convens; il s'appelle Filaifung: on dit qu'il y a plus de trois mille sacrificateurs qui y vivent, dont une grande partie demeure dans les cavernes, où ils s'obligent volontairement à une perpetuelle prison, les autres leur donnent à manger, l'attachant à une corde que ces Hermites tirent; car aussi est-il non seulement difficile, mais tout à fait impossible d'entrer dans ces cavernes: c'est ainsi qu'ils reçoivent les aumosnes que leur donnent ceux qui les vont voir; & ces charitez ne laissent pas quelquefois d'estre assez grandes, ce lieu estant visité & frequenté toute l'année, & sur tout au mois de May, non seulement des pelerins, mais aussi de ceux de la ville mesme, qu'une folle & vaine superstition y attire. Ce costeau se nomme Filaifung, qui signifie venir en volant; ce nom ayant esté pris d'un certain sacrificateur des Indes, qui se prit à dire, comme il l'eut veu la premiere fois: voila certes le costeau, que nous cherchions dans les Indes, sans doute il faut qu'il soit venu icy en volant.

## DE CHEKIANG.

Si est un lac celebre, qui rend ses habitans heureux par le divertissement *Les rivieres.* qu'il leur donne : il tient le premier rang entre tous les lacs, la ville est bastie sur son bord à l'Orient, quoy que pourtant il y ait un chemin pavé de pierres, & long de sept stades entre le lac & les murailles, qui en rend la promenade tres-commode. Ce lac a bien quarante stades de circuit, renfermé par tout de murailles & de montagnes, comme d'un des plus divertissans & agreables *Lac tres-* theatres, d'où sortent des ruisseaux moins considerables, qui ont chacun leur *divertis-* canal & bassin : on voit autour des montagnes, des temples, des palais, des *sant.* convens, des cabinets, des forests, des jardins fort recreatifs ; & aux deux costez du lac il y a des chemins qui sont pavez de pierres quarrées fort larges. Il y en a aussi au travers du lac avec des ponts pour y laisser passer les navires ; de façon qu'on peut voir tout ce lac à pied. Ces chemins sont plantez d'arbres de tous costez selon l'art, à la ligne, & font une fort belle ombre ; ce ne sont que pommiers, peschers, ou saules : il y a par tout des galeries qui s'avancent en dehors, des balcons & autres semblables commoditez, pour ceux qui s'y promenent : certes la beauté de ce lieu est si surprenante, qu'on auroit de la peine à dire, si on y devroit plustost loüer la nature ou l'industrie des Chinois à l'embellir, l'eau de ce lac delicieux est claire comme cristal ; de sorte qu'on y peut voir au fonds les plus petites pierres, & aux bords où elle est plus basse, elle est couverte de fleurs de Lien. Les navires n'y peuvent point sortir de ce lac ; car l'eau n'entre au couchant de la ville, que par de petits ruisseaux qui remplissent seulement le fossé & les canaux : cela n'empesche pas pourtant qu'on n'y bastisse quantité de navires, qu'on pourroit appeller avec raison des pa- *Navires des* lais dorez, parce qu'ils sont peints de diverses couleurs, & que tout y brille du *licieux.* plus fin & du meilleur or : de sorte que c'est là où la magnificence & la pompe des festins, des spectacles, & des jeux éclate tous les iours ; ces Chinois de Hangcheu, qui sont autant d'esclaves de la volupté, y trouvent en abondance tout ce qu'ils peuvent souhaiter. Les navires, chargez de toute sorte de provisions, vont sur ce lac avec plaisir & en asseurance, sans craindre le naufrage ni la tempeste, à moins qu'ils ne s'y perdent eux-mesmes pour avoir trop beu, ou ne se noyent & fondent dans les delices : ce n'est donc pas merveille si ceux de la Chine nomment ce lieu & cette ville, le jardin delicieux, ou le paradis de la terre.

La riviere de Che donne le nom à cette Province, & la divise & separe par le milieu, mais prés de la ville, elle change de nom, & s'appelle Cientzang, & Singan dans les montagnes de la ville de Hoeicheu, où elle prend sa source. Cette riviere s'enfle tellement proche de la ville, le dix-huitiéme jour de la huitiéme Lune ( ce qui arrive en Octobre ) que les Philosophes en pourroient tirer une fort ample matiere pour leurs disputes. A la verité le flux qui s'y remarque toute l'année est bien grand ; mais cetui ci le surpasse de beaucoup, eu égard à la violence & impetuosité des eaux ; car elles y entrent aussi haute que des montagnes, & font un bruit si horrible, qu'il n'y a point de navires qu'elles ne renversent & n'enfoncent. Enfin ce flux est de si grande consequence, que ce jour là, environ les quatre heures aprés midy, toute la cité & les Gouverneurs y accourent, mais principalement les estrangers, *Flux & re-* pour voir eux-mesmes la violence prodigieuse de cette marée qui arrive cette *flux de la* journée: par où l'on voit aisément, qu'encore que le flux & reflux de la mer s'ac- *mer tout à* commode en quelque façon aux periodes de la Lune, toutefois ne dé- *ordinaire &* pend pas absolument d'elle ; mais aussi de la disposition de la terre & de *particulier.* l'eau, qui composent toutes deux nostre element, des differens détours & éloignemens des rivages ; bien aussi du different aspect & influences des diverses des estoiles, & des exhalaisons & qualitez souterraines, qui en sortent : car comme au mois d'Octobre il arrive un grand changement dans la

( S iij )

saison, l'Esté & l'Automne s'approchans insensiblement de l'Hyver ; de là vient que nostre terre s'en ressent en quelque sorte, & que le fond de la mer vient à s'agiter & remuer, selon la diverse situation des climats & des terres qui s'émeuvent aussi diversement ; comme nous voyons dans les Indes, lors que l'Hyver approche, que l'Ocean fait plus le mauvais, se fasche davantage qu'à l'ordinaire, & qu'il jette si grand nombre de sable vers les rivages, qu'il est presque capable de remplir & de combler tous les ports; que le mesme Ocean ouvre & nettoye les ports quand l'Esté approche : ce qui paroist aussi bien davantage quand on navige proche du promontoire de Bonne Esperance, où en de certaines saisons de l'année il se forme des orages & tempestes de vents dans l'air & dans la mer mesme ; mais je laisse cela à ceux qui traittent des meteores, & à la speculation & contemplation des Philosophes.

Au Nord de la ville, où l'on fait sortir l'eau du lac par une escluse, de peur que les pluyes ne le fassent trop enfler, on void un temple aux Idoles, qui est fort superbe, & se nôme Chaoking, où il y a tousjours foire, & où se trouvent les marchandises les plus excellentes & rares, qui s'apportent tant de la Chine que du reste du monde : si j'en voulois faire la description, aussi bien que des autres particularitez de cette ville, il seroit besoin d'un livre entier ; c'est pourquoy je n'en diray pas davantage.

### La seconde Ville KIAHING.

*Sa situation & commodité.*

CETTE ville est bastie dans un fond tres agreable & tres-fertile : le territoire est de tous costez arrousé de lacs & de canaux, qu'on y a fait venir par artifice : on y esleve & nourrit aussi par tout un si grand nombre de vers à soye, qu'il n'y a point de maison où on n'en trouve au Printemps. La ville de Kiahing est située dans un lieu d'eau douce, fort fameuse, à cause de la magnificence de ses bastimens, de sa grandeur, & de ses richesses : on y a fait entrer des canaux de tous costez, qui ont plusieurs ponts, & les bords tous revestus & embellis de pierre, comme j'ay dit cy-dessus ; de façon qu'un peut se promener sur ces eaux par bateau & à pied. Il y a cecy de rare, c'est que dans toutes les rües il y a des portiques parfaitemét bien bastis, de sorte qu'on s'y peut promener à couvert quand il pleut, & aussi grand nombre d'arcs triomphaux dedans & dehors la ville. Au couchant de la ville sur le bord du canal, & dans un endroit par où passent tous les navires, il y en a quinze quarrez tous de marbre, il y a aussi un pont avec grand nombre d'arcades, qui a septante pas Chinois de longueur. Il y a aussi un bastiment illustre & remarquable qui a neuf estages : tous les bords des fossez sont revestus & enrichis de pierres de taille quarrées, & ont tant de ponts, que j'en ay compté moy-mesme, allant par eau de cette ville à la capitale, plus de quarante, mais des plus considerables ; car pour les moindres, il y en a par tout.

Cette ville commande à six citez, dont la premiere est Kiahing, 2. Kiaxen, 3. Haiyen, 4. Pinghu, 5. çungte, 6. Tunghian. Elle n'estoit autrefois qu'une cité, sujette à la ville de Sucheu : sous la famille de Tanga elle estoit dans la dependance de Hangcheu ; mais comme elle se fut accreüe en richesses & en grandeur, la famille de Taiminga luy donna le rang & le titre de ville, & la nomma Kiahing, au lieu qu'elle s'appelloit auparavant Siucheu. Il naist par tout ce pays en des eaux croupies & marescageuses un certain fruit qui est rond, que ceux *Le fruit de* de la Chine nomment Peci, il n'est guere plus gros qu'une chastaigne, le noyau *Peci.* est couvert d'une peau fort mince, deliée & brune; la chair est fort blâche, pleine d'un suc de fort bon goust ; elle est un peu plus ferme & plus dure que n'est d'ordinaire celle des pommes, & un peu aigrette & acide : si vous mettez de la monnoye de cuivre dans voſtre bouche avec ce fruit, vos dents la romprant avec la meſme facilité que ce fruit, & la reduiront en une ſubſtance bonne à manger: certes ce pouvoir de la nature eſt admirable, & j'en ay à diverſes fois fait exprés l'experience. On prend dans le territoire de cette ville, & en Automne de petits oiſeaux qu'on nomme Hoangcio, ils les font tremper & confiſent dans leur vin fait de ris, & en vendent toute l'année. Il y a auſſi par tout une grande quantité de ſoye, & d'excellentes eſcrevices. *Oiſeaux qui ſe nomment Hoangcio.*

La montagne d'Vtai ſe voit au Nord-oueſt de la ville dans le lac de Tienſing, qui ſert de foſſé à la ville. Les gouverneurs y ont fait baſtir cinq maiſons pour s'y divertir; les habitans s'en ſervent auſſi à cet uſage: c'eſt de là que ce coſteau a tiré ſon nom d'Vtai, qui ſignifie les cinq autels. Ce pays eſt plat, auſſi n'y a-t-il point d'autre montagne qui ſoit remarquable. *Les monts a gner.*

La mer paſſe aux extremitez & limites de la cité de Haiyen, où il y a pluſieurs marais ſalants, où on fait beaucoup de ſel. *Les rivieres.*

### La troiſiéme ville HVCHEV.

CEtte ville prend ſon nom du lac de Tai, au bord duquel elle eſt ſituée: car le mot de Hu ſignifie un lac. Elle paſſe pour une des plus grandes & floriſſantes villes pour le negoce & pour ſes richeſſes, conſiderable pour la ſplendeur & magnificence de ſes baſtimens, pour la beauté de ſes campagnes, de ſes eaux & de ſes montagnes. Il s'y fait grande quantité de draps de ſoye, & les meilleurs pinceaux dont on ſe ſert pour eſcrire dans toute la Chine. Il s'y cueille auſſi de la fueille de Cha qu'ils appellent Kiaicha. Il y a cinq temples dediez aux Heros, le premier & le principal eſt dans la ville, conſacré aux cinq premiers Empereurs de la Chine. Le pays de Huchou a eſté autrefois un Royaume libre & ſouverain, qui ſe nommoit Tung; mais les Rois d'V s'en rendirent maiſtres; puis ceux de Iue; en ſuite ceux de çu. La famille de Cina luy donna le nom d'Vuching; mais celle de Tanga luy a impoſé le nom qu'elle a à preſent: la famille de Sunga l'appella Chaoking; enfin celle de Taiminga luy a rendu ſon premier nom. Vous pouvez juger de la grande recolte de ſoye qui s'y fait, par les diſmes des draps de ſoye, que la ſeule cité de Tecing paye, & qui montent à cinq cens mille eſcus d'or. Cette ville a juriſdiction ſur ſix citez, dont la premiere eſt Hucheu, 2. Changhing, 3. Gankieo, 4. Tecing, 5. Hiaofung, 6. Vukang. *Les anciens noms.*

### La quatriéme Ville NIANCHEV.

CE pays eſt en beaucoup d'endroits inegal, à cauſe de ſes montagnes & des collines; c'eſt pourquoy cette ville ne doit point entrer en comparaiſon avec les autres de ſa Province, ny pour la grandeur, ny pour le nombre & la richeſſe de ſes habitans; toutefois elle ne tire pas un avantage mediocre de deux rivieres, qui peuvent porter des vaiſſeaux, & qui s'aſſemblent proche de ſes murailles. Elle eſt auſſi fort renommée pour le papier qui s'y debite : on tire du cuivre de ces montagnes, & on y amaſſe beaucoup de gomme ou de glu de Cie, qui diſtille des arbres, & reſſemble à la terebenthine: les Chinois l'amaſſent en Eſté, la nettoyent, & luy donnent la couleur qu'ils veulent; la meilleure eſt jaune, & aprés la noire; quand elle n'eſt pas tout à fait ſeiche, elle exhale une certaine vapeur venimeuſe, qui fait paſlir & enfler le viſage à ceux qui n'y ſont pas accouſtumez ; mais la gueriſon en eſt facile: celle dont on frote les cabinets, n'eſt pas ſi-toſt ſeiche, ſi ce n'eſt qu'on la mette dans un lieu humide; or elle ne ſe fond jamais quand elle eſt une fois ſeiche, & il y a long-temps qu'elle eſt connuë dans l'Europe par ces coffres & cabinets qu'on a fait venir du Iapon & de la Chine meſme. *Colle de la Chine.*

## LA DIXIE'ME PROVINCE

Cette ville commande à six citez, Niencheu, 2. Xungan, 3. Tungliù, 4. Suigan, 5. Xeuchang, 6. Fuenxui. Elle a esté autrefois nommée Sintù, & Locheu par la famille de Tanga; mais celle de Sunga l'a appellée Niencheu. Au bord de la riviere il y a un costeau fort divertissant, avec un temple qui a sept estages. Il y a aussi quatre autres temples dans ce pays, dediez à des Heros.

*Les montagnes.* La montagne d'Vlum est au Septentrion de la ville qu'elle enferme, où il y a deux lacs proches l'un de l'autre: l'eau de l'un est fort claire, & celle de l'autre tousjours trouble.

*Estime de la Philosophe.* La montagne de Funchung est dans la vallée de Kieuli, la riviere passe tout au travers, elle est fameuse par les temples & les salles du Philosophe Niençùlin, qui ont accoustumé d'estre visitées par tous ceux qui navigent proche de là, tant ils ont d'admiration pour la memoire d'un si grand homme: on escrit que c'est là où il s'addonnoit à la pesche, & se tenoit caché, de peur d'estre contraint d'accepter les principaux gouvernemens que l'Empereur luy presentoit; que c'est là, dis-je, où il reçeut l'Empereur lors qu'il luy voulut faire l'honneur de le visiter, il se reposa mesme sur son pauvre lict; tant les Empereurs de la Chine ont autrefois fait estat des gens de bien & des hommes doctes.

### *La cinquième Ville* KINHOA.

*Origine du nom.* L'ORIGINE du nom de cette ville tient de la fable; car ils disent, que sur une montagne, qui est proche de cette ville, l'estoille de Venus & une autre, qu'ils nomment Vùniu, (qui signifie une femme guerriere & martiale, ou une autre Pallas) eurent querelle pour une certaine fleur; & parce que Venus eut l'avantage, & qu'ils nomment cet astre Kinsing ou estoille d'or, que c'est de là que la ville a pris le nom de Kinhoa, comme si vous disiez la fleur de Venus.

Cette ville a esté autrefois fort grande & magnifique pour ses bastimens; mais dans ces dernieres guerres, les Tartares en ont bruslé une grande partie: toutefois on l'a rebastie avec ce grand pont, qui est au couchant de la ville, qu'on a remis dans sa premiere magnificence. On voit aussi prés de la cité de Lanki un pont de bateaux, meilleur que n'estoit celuy que les Tartares avoient bruslé. Il n'y a point de lieu dans toute la Chine, où se fasse de plus excellente liqueur pour boire, elle est composée de ris & d'eau, cuits ensemble: cette ville fait part aux autres de ses grosses prunes seiches, & de ses excellens jambons, n'y en ayant point dans toute la Chine dont on fasse tant d'estat. Il y a aussi plusieurs Chrestiens; de mon temps on avoit commencé de bastir une Eglise dans la cité de Lanki.

Cette ville commande à huit citez, sçavoir à Kinhoa qui est la premiere, 2. Lanki, 3. Tungyang, 4. Yù, 5. Iungkang, 6. Vùy, 7. Pukiang, 8. Tangki, qui sont en partie dans des pays montagneux, & en partie dans un pays plat, & produisent quantité de ris. Ce peuple est le plus guerrier de toute la Chine, ce qu'ils ont bien fait paroistre dans la guerre contre les Tartares; ce pays a beaucoup souffert, & a esté miserablement ravagé par ces conquerans.

*Ses anciens noms.* Sous les Rois ce pays fut placé en mesme endroit que le precedent; le premier Roy de Leang l'appella Kinhoa; Suius, Vùcheu; la famille de Sunga Paoùù, y mêlans tousjours quelqu'un des noms de ces deux estoiles; mais celle de Taiminga le nomma derechef Kinhoa. C'est icy que naist cette fleur que les Portugais des Indes nomment Mogorin, (car je n'ay pû sçavoir comment elle s'appelloit en Latin) elle naist sur vn petit arbrisseau. Cette fleur est tres-blanche, ne ressemble pas mal au Iasmin, si ce n'est qu'elle a plus de

*La fleur d. Mogorin.*

fueilles,

## DE CHEKIANG.

feüilles, & rend une meilleure odeur; de sorte qu'une seule fleur est capable de parfumer toute une maison. Les Chinois ont raison d'en faire tant d'estat, & d'en conserver les arbres contre la rigueur de l'Hyver, en des caisses faites exprés. Mais ce qui m'a souvent donné de l'admiration, c'est une sorte de graisse qui vient de certains arbres, dont on fait de tres-bonnes chandelles, blanches, qui n'engraissent jamais les mains, & ne sentent point mauvais quand on les éteint. Ceux de la Chine nomment ces arbres Kieuyeu : ils sont assez grands, & ressemblent fort à nos poiriers pour la füeille & pour la figure, & produisent des fleurs blanches comme les cerisiers ; ensuite de la fleur vient une baye tout à fait ronde, aussi grosse qu'une cerise : cette baye est couverte d'une écorce mince & noirastre ; la chair en est blanche, qui paroist en rompant son écorce quand la baye est meure ; on amasse ces bayes pour les cuire dans de l'eau, la chair de la baye se fond dedans, & s'épaissit comme du suif lors qu'elle est refroide, pour le noyau qui reste, comme il est plein d'huile, ils le pressent de mesme que les olives parmy nous ; mais ils ne s'en servent pas pour assaisonner leurs viandes, comme nous faisons, mais pour brûler dans la lampe. En Hyver les fueilles de ces arbres sont rouges comme de la rosette : j'ay souvent pris beaucoup de plaisir à voir ces fueilles ; car il y en a des forests entieres qui paroissent toutes rouges : ces fueilles tombent, & comme elles sont un peu grasses, les brebis & les vaches en mangent volontiers, ce qui les engraisse beaucoup.

*Suif qui vient des arbres.*

La montagne de Kinhoa a trois cens stades, où ils feignent que les estoiles eurent dispute ; c'est la trente-sixiéme dans les livres de Taoxu, elle est au Septentrion de la ville.

*Les montagnes.*

Proche de Pukiang est la montagne de Sienhoa, où on écrit que la fille du pieux Empereur Hoangtius a vescu, qu'elle y garda sa virginité jusqu'à la mort ; ceux de la Chine trouvent cet exemple de vertu fort rare.

Proche de Iungkang est la montagne de Fangnien ; on y monte par un degré de pierre ; au sommet il y a un pont qui traverse une fort grande vallée.

Proche d'Yu est la montagne de Kining, la plus grande de toutes, il faut neuf jours pour la monter : au sommet il y a un palais.

La riviere de Ho prend sa source proche de la cité de Cinyun, qui dépend de la ville de Chucheu ; de là elle passe prés de la ville, puis se va incontinent rendre vers Lanki.

*Les rivieres.*

### La Sixiéme Ville KIVCHEV.

CEtte ville est bastie sur le bord oriental de la riviere de Changyo, & confine à la Province de Fokien ; le chemin est de trois journées, fort difficile & malaisé à cause des montagnes. M. Polo de Venise nomme la Province de Fokien Fugui, & cette ville Cugui ; car les Tartares au lieu de Cheu disent Gui ; de là vient que le Venitien a pû aisément former le nom de Cugui de celuy de Kiucheu, ce qui est encore plus manifeste par le nom de la ville de Quelinfu, où ce Venitien alla aprés avoir passé les montagnes ; car c'est une grande ville, que les Chinois nomment encore à present Kienningfu, dont je parleray dans la Province suivante. Cette ville de Kiucheu est une des plus meridionales de cette Province ; c'est pourquoy M. Polo la met la derniere de la Province de Quinsai : ce qui fait assez voir la verité de nostre opinion ; de sorte que ceux de l'Europe ne doivent desormais plus douter du Catay, Mangin, de Quinsai, & des positions de ces lieux, qui jusques icy ont esté inconnuës à nos Geographes : qu'on luy laisse donc l'honneur qu'il merite, car s'il a changé les noms, il ne les apprenoit que des Tartares, qui ne les prononçent pas comme les Chinois.

(T

## LA DIXIE'ME PROVINCE

Aprés que la famille de Cina eut occupé toute la Chine, on nomma cette ville Taimo; celle de Hana l'appella Singan; pour le nom qu'elle a à present, il luy e esté donné par la famille de Tanga. Elle commande à cinq villes, dont la premiere est Kiucheu, 2. Lungyeu, 3. Changxan, 4. Kiangxan, 5. Caihoa.

*Les montagnes.* La montagne de Lano est au Midy de la ville, & la huitiéme entre celles du liure de Taoxu; la montagne de Civen commence proche de la cité de Kiangxan, d'où elle s'avance bien la longueur de trois cens stades & davantage: c'est le chemin pour aller à Fokien, où il faut passer plusieurs sommets de montagnes, fort difficiles; mais le plus roide est celuy de Sienhoa, où on a fait un degré qui tourne autour pour y monter plus aisément; ce degré a bien trois cens soixante marches, ou autant de pierres plates, qui le composent: sur le sommet il y a un magnifique temple, avec des cabarets pour ceux qui voyagent.

*Serpens & tigres qui ne font point de mal.* Proche de Caihoa est la montagne de Gurien, où il y a des tigres & des serpens, qui ne font point de mal sur la montagne, mais qui en font beaucoup dans les pays d'alentour: pour les serpens, ils n'ont point de venin.

*Les rivieres.* Proche de Caihoa est un petit lac qui se nomme Pehiai, à cause de ses ses escrevices blanches, car le mot de Pehiai signifie une escrevice blanche.

### La septiéme Ville CHICHEV.

CE pays est au milieu de grandes & de vastes montagnes, il y a pourtant des vallées tres-fertiles en ris; & comme on a de la peine à le transporter, aussi y est-il à fort bon marché. La ville est assez peuplée, située sur le bord de la riviere de Tung, qui de là est navigable jusques à la mer: il y a des forests de vieux pins dans le fond de ces montagnes, où les Chinois prennent des materiaux pour bastir des maisons & des navires. On dit que proche de la cité de Sunghiang (c'est à dire la terre des pins) il se trouve des arbres qui sont si gros, que quatre-vingt hommes ne les pourroient embrasser; & qu'il y en a qui pourroient contenir trente-huit hommes dans la cavité de leur tronc. La jurisdiction de cette ville s'étend sur dix citez, Chucheu, 2. Cingtien, 3. Cinyún, 4. Sungyang, 5. Suichang, 6. Lungciven, 7. Kingyven, 8. Iunho, 9. Sivenping, 10. Kingning. Elle a trois temples remarquables; on y fait de la vaisselle d'une terre plus grossiere que la porcelaine, dont les gens du commun se servent. Elle a presque toûjours couru la mesme fortune que Kuicheu. La famille de Tanga la nomma Hocheu; mais celle de Taiminga luy a donné le nom qu'elle a à present.

*Les montagnes.* Hoçang est une grande montagne, la dix-huitiéme entre celles des livres de Taoxu: elle a bien trois cens stades: selon les Geographes Chinois elle a mille perches de hauteur, & son sommet n'est point sujet aux changemens des temps, & ne craint ny le tonnerre ny la pluye. Elle commence proche de Cinyun, & se pousse jusques dans la mer. Il n'y a rien de remarquable dans les autres montagnes.

*Les rivieres.* Le torrent de Lung commence au couchant de Suichang, & passe au Midy proche de Chicheu, où celuy de Tung se descharge, & de ces deux se forme la riviere de Vonxa.

*Cannes & roseaux de la Chine.* Le ruisseau de Luyeu, qui est proche de Kingning, paroist tout verdà cause des grandes forests de roseaux qui sont sur les bords: ceux de la Chine les nomment communément Cho, les Portugais les appellent Bambu; il y en a de plus grands les uns que les autres; ils sont tous presque aussi durs que du fer, & si gros que deux ou trois mains ne les sçauroient empoigner: & bien qu'au dedans ils soient creux, distinguez & divisez par leurs nœuds, si ne

# DE CHEKIANG.

laissent-ils pas d'estre tres-forts; de façon qu'on s'en peut servir pour soûtenir de grands fardeaux: ils ont pour la pluspart douze pieds de hauteur ou davantage; les plus petits n'ont pas plus de cinq pieds: les uns ont le tronc & la souche verte, les autres l'ont plus noire, & ceux-cy sont d'ordinaire les plus forts; on les nomme aux Indes Bambus masles. Il y a du plaisir à voir ces roseaux, les fueilles en sont longues comme celles des flambes, les extremitez un peu repliées, elles sont vertes toute l'année; & bien que ces roseaux soient durs, si est-ce pourtant que ceux qui entendent le mestier les coupent aisément en filets fort deliez, dont on fait des nattes, des petits coffres, des boëtes, des peignes, & autres semblables petits ouvrages fort curieux. Ils se servent des Bambus pour faire les poteaux des plus petits edifices; des roseaux les plus menus ils en font le fust de leurs javelines, dont ils ferrent le bout & la pointe, & les employent à plusieurs autres usages. Ces cannes & roseaux estans naturellement percez, deviennent tres-propres pour faire des conduits & des tuyaux; ils sont aussi excellens pour faire des tuyaux de lunettes d'approche & des plus longues, à cause de leur legereté, droiteur, force & épaisseur. Si on brusle de ces cannes, quand elles sont vertes & nouvellement coupées, elles rendent de l'eau comme tous les autres bois; les Medecins l'estiment, car si l'on en boit, elle chasse hors du corps le sang qui s'est caillé par quelque cheute ou coup: avant qu'elles poussent ou jettent des fueilles, on les fait cuire avec la chair au lieu de raves, mesme si on les fait tremper & confir en du vinaigre, on les peut garder toute l'année pour les entremets, comme nous avons parmi nous les concombres & les artichaux confits au vinaigre.

### La huitiéme Ville XAOHING.

XAOHING cede bien à sa capitale en beauté, mais non pas en propreté: elle est celebre pour le grand nombre de gens sçavans qu'il y a, & pour l'esprit de ses habitans, situeé dans un lieu fort commode, au milieu d'une eau bonne à boire; je n'en sçay point qui ressemble mieux à Venise, si ce n'est que Xaohing la surpasse pour la netteté de ses eaux & pour tout le reste: elle est toute bastie de pierres de taille blanches, qui ressemblent fort au travertin de Rome: il n'y a point de ruë sans canal, elles ont toutes des deux costez de fort grandes ruës toutes pavées des mesmes pierres; les murailles des maisons en sont aussi basties, ce qui ne se voit presque point dans tout le reste de la Chine: on y voit aussi plusieurs ponts bastis de la mesme pierre, il y en a encore de plus grands hors de la ville & sur le canal: on peut aller sur ce canal trois jours durant tirant vers l'Orient; les bords sont revestus de ces pierres quarrées, l'eau y est retenuë au bout par une digue de pierre, avec des personnes establies pour guinder les navires & les faire monter dans un autre canal, qui continuë celuy-cy. C'est sur ce dernier qu'on va en petits bateaux jusqu'à la ville de Ningpo, les plus grãds vaisseaux prennent la mer: j'ay souvent passé sur ces digues, en faisant ce chemin. J'ay veu aussi prés de la ville grande quantité d'arcs triomphaux qu'on y bastit avec grande facilité; car proche de la cité de Siaoxan il y a une carriere qui fournit une grande partie de la Chine. Le terroir de cette ville est presque tout plat, & arrosé d'eaux & de rivieres. La ville est d'elle-mesme remarquable, embellie de bastimens magnifiques, publics & particuliers. L'air est pur & sain, & il n'y a point de Legistes plus subtils ni plus rusez dans toute la Chine, de façon qu'il n'y a aucun gouverneur qui n'en ait chez soy quelqu'un de cette ville. Elle commande sur sept citez, Xaohing, 2. Siaoxan, 3. Chûki, 4. Iuyao, 5. Xangyu, 6. Xing, 7. Sinchang. La famille de Sunga est celle qui luy a donné la premiere le nom

(T ij)

qu'elle a; celle de Tanga l'appella Iucheu. Il y a cinq temples, & deux edifices à neuf estages, tous somptueux & magnifiques.

*Les montagnes.* La montagne de Hoeiki est au Zud-est de la ville, & l'onzieme entre les celebres dans les livres de Toaxu: c'est de là que la Province de Hoeiki tira son nom, elle comprenoit tous les pays qui sont à l'Orient. La montagne de Suming a ce nom de ses quatre cavernes, dont l'entrée regarde vers le Ciel: on les nomme les quatre Clartez; c'est la neufviesme du livre de Taoxu. Elle s'esleve en 280. sommets qui semblent toucher au Ciel: on dit qu'elle a dix-huit mille perches de haut, & 280. stades de longueur: elle commence proche de Iuyao, & de là s'avance jusques vers Ningpo. La montagne de Tanchi est proche de la cité de Xing, & la vingt-septiesme des livres de Toaxu. Tanchi signifie un lac rouge, car l'eau en est rouge comme du sang, aussi Tan signifie rouge, & Chi un petit lac. Proche de Sinchang est la montagne de Vocheu, la quinzieme en ordre: là mesme est celle de Tienlao, la seizieme. Ces montagnes sont estimées dans les livres de Taoxu, à cause de quantité de temples & de convens de sacrificateurs, qui leur donnent de la reputation, & de l'estonnement à ceux qui font reflexion sur leur grand nombre.

### La neufiéme Ville NINGPO.

C'Est cette ville que les Portugais appelloient Liampo, en corrompant un peu son vray nom. Il y en a qui asturent, que de ce promontoire on peut voir les montagnes du Iapon quand le temps est clair & serein; mais la grande distance qu'il y a, comme nous l'avons trouvé dans nos Cartes, m'empesche de le croire. Sous le gouvernement des Rois de Iue elle fut nommée Iungtung; la *La qualité de ce pays.* famille de Cina la mit dans la Province de Hoeiki; celle de Tanga l'appela Mingcheu; celle de Sunga Kingyuen, & la famille de Taiminga Ningpo, qui signifie appaisant les eaux ou les ondes. L'air y est presque par tout pur & sain, tout le pays agreable & découvert, le terroit extremement fertile, si ce n'est en quelque peu d'endroits où il y a des roches. Il abonde en poisson de mer, en toute sorte de coquillages, comme aussi en escrevices, dont elle fournit abondamment tout l'Empire: on y pesche toute l'année au commencement de l'Esté des poissons, qu'ils nomment Hoang, c'est à dire poisson jaune; ce nom luy a esté donné à cause de sa couleur: il est si delicat qu'on ne le sçauroit garder une heure hors de l'eau sans se gaster; mais comme ce poisson est fort recherché des cotez à cause de son bon goust & de sa delicatesse, on a accoustumé de le mettre dãs de la glace, & ainsi de le vendre pour le transporter, & pour cet effet on garde de la glace en Hyver. Cette ville est recommandable principalement pour le bon esprit de ses habitans, n'y ayant point d'examen où il ne s'en trouve beaucoup qui prennent leurs degrez. Tous ceux du pays aiment fort les viandes salées; c'est pourquoy on a accoustumé de dire de ceux qui y demeurent, qu'ils n'ont garde de se pourrir mesme apres leur mort, puisqu'ils se salent & se confisent de sel. Cette ville commande à cinq citez, 2. çuxi, 3. Funghoa, 4. Tinghai, 5. Siangxan. Sans parler des beaux edifices qu'on void dans cette ville, le fauxbourg qui est au Nord a trois stades de longueur, & est basty sur le bord Oriental d'un canal artificiel, où il y a plusieurs arcs de triomphe, & deux tours à sept estages; pour les bords, ils sont revestus de pierre de taille à la longueur de vingt stades. Au bout de ce canal il y a une escluse, à travers laquelle on fait passer les petits bateaux dans la riviere. J'ay souvent esté dans cette ville, parce qu'il y a beaucoup de Chrestiens: il y a deux lacs, l'un qui s'appelle la Lune, & l'autre le Soleil, sur lesquels il y a des ponts qui sont fort longs: toute la ville est percée de canaux, & pleine de navires & de bateaux.

Il y a aussi dans la cité de çuxi un grand nombre d'habitans qui se sont faits

## DE CHEKIANG.

Chrestiens : avec un pont sur des piliers de pierre & de poutres de bois, qui a bien cent perches de longueur ; & un autre fort haut, qui a trois arcades & est tout de pierre.

Proche de çuki est la montagne de Lu, où il y a un superbe temple, visité par ce peuple superstitieux, pour y demander des songes heureux avec leur explication : il observe quelques ceremonies auparavant de se mettre en estat de songer. *Les montagnes.*

La montagne de Suming, dont j'ay parlé cy-dessus, va jusqu'au Zud-ouest de cette ville.

Proche de la cité de Tinghai est la mer Quonmuen, dans laquelle on a posé un pieux en façon de colomne. Ie ne sçay par quelle superstition les matelots jettent quelque chose dans cette mer, croyans que la navigation ne leur sera pas favorable s'ils ne le font. *Les rivieres.*

On escrit que proche de Tunghoa il y a un estang nommé Yaopoi, petit, mais tres-profond, dont l'eau devient plus claire qu'eau de roche, si l'on donne à cette cité un homme de bien pour gouverneur ; si elle en a un mauvais, elle paroist trouble & broüillée.

### La dixiéme Ville TAICHEV.

LE territoire de Taicheu est grand & montagneux : on y compte six citez, dont la premiere est Taicheu, 2. Hoangnieu, 3. Tientai, 4. Sienkiu, 5. Ninghai, 6. Taiping. Cette ville est située sur une montagne. Du temps des Rois elle a esté tantost à ceux d'V, tantost à ceux de Iue : la famille de Cina la plaça dans le pays de Minchung ; celle de Hana l'appella Changgan ; celle de Tanga Haicheu, puis Taicheu, nom qui luy a demeuré jusques à present. On prend dans la mer, qui en est proche, une sorte de raye, dont ils envoyent les peaux au Iapon & dans tout le reste de la Chine avec grand gain & profit : on s'en sert pour faire des fourreaux à des coutelas & à d'autres semblables usages.

Cette ville a au Midy la montagne de Caicho, la dix-neufiesme dans les livres de Taoxu. Proche de Hoangnieu est celle de Gueiyu, qui tient le second rang. Toutes les pierres qui s'y rencontrent grosses ou petites, sont quarrées ; ce qui donne de l'admiration aux Chinois, qui sont fort superstitieux en matiere de montagnes. Proche de Tientai est la montagne de Cheching, la sixiesme dans les livres de Taoxu : elle est presque toute rouge. Là mesme se voit la montagne qu'ils nomment Tientai, qui est la plus celebre & la premiere de toutes celles que décrit Taoxu. Il y a une cité qui en est proche & qui en porte le nom. I'aurois de la peine à dire combien il y a de temples, & à exprimer la magnificence & le nombre des convens, où demeurent les principaux de la secte qu'ils nomment exterieure ; les sectaires qui suivent cette metempsycose exterieure y viennent recevoir leurs ordres & ceremonies ; de mesme que ceux qui sont de la croyance de la transmigration interieure ou morale des ames, les viennent recevoir sur la montagne de Vutang, dont j'ay parlé cy-dessus : on croid que cette montagne a bien dix-huit mille perches de hauteur, & huit cens stades de long. *Les montagnes.*

Il y a une grande montagne proche de Ninghai, nommée Tienmuen, elle a trois cens stades de longueur. Là mesme est l'Isle d'Yohoan, qui n'est que montagnes : le mot signifie un precieux cercle, à cause que les vaisseaux y trouvent un abry tres-asseuré ; car le port de cette Isle est tout environné de montagnes, comme si c'estoit un bassin. Proche de Taiping est la montagne de Fangching, où le Roy de Iue vécut en homme privé, aprés sa défaite.

(T iij

## LA DIXIE'ME PROVINCE

### L'onziéme Ville VENCHEV.

CEtte ville est située proche de la mer, elle est bastie dans un lieu marescageux ; ce rapport de situation & la beauté de ses edifices la font nommer la petite Hangcheu. Il y a grand nombre de vaisseaux & de marchands ; car les navires trouvent dans la grande riviere un havre tres-commode, & le flux & reflux de la mer môte mesme jusqu'aux murailles de cette ville, & encore plus loin. Vencheu a cinq citez sous sa jurisdiction, Vencheu, 2. Xuigan, 3. Locing, 4. Pingyang, 5. Taixun. Tout ce pays est fort embarrassé de montagnes. Avant que de venir à celles de Fokien qui sont affreuses, on découvre une campagne tres-grande & extremement fertile. Mais cette ville est décriée par l'infame & l'honteuse desbauche de son peuple, osant bien pecher ouvertement & à la veuë de tout le monde, comme s'il avoit perdu toute honte : & quoy que les Gouverneurs ayent tasché de reprimer cette abomination, comme autrefois les Romains par le moyen de la loy Scatinia ; si est-ce qu'on ne les a pû empescher de reprendre leurs vieilles habitudes, & de suivre leur naturel. On mange à Vencheu de petites huistres qu'on seme en des champs couverts d'eau, ce qui ne se void point ailleurs : on rompt & casse quelques-unes de ces huistres, puis on en jette les morceaux dans ces champs, comme si c'estoit de la semence, d'où naissent des huistres, qui ont fort bon goust. Ce pays a autrefois esté aux Rois de Iue ; ceux d'Vs'en saisirent apres. Leangus le nomma Iunkia : la famille de Tanga luy donna la premiere le nom de Tungkia, puis apres celuy de Vencheu, la famille de Sunga l'appella Xuigan, & celle de Taiminga Vencheu.

*Huistres qu'on sème.*

*Les montagnes.*

Au Zud-ouest de la ville & dans une riviere se void la montagne de Cuyú, qui est toute environnée d'eau. Il y a un fort beau temple & un monastere.

Proche de Suigan est la montagne de Siennien, la vingt-sixiesme dans les livres de Taoxu.

La grande montagne d'Yentang est proche de Locing. Il y a un lac qui n'est pas des plus grands, n'ayant que dix stades ; on le nomme Yentang, c'est à dire le bain aux oisons, à cause qu'en de certains temps l'on y en void beaucoup.

### Les Forts.

LEs Forts les plus considerables sont, le premier Chinxan, 2. Kinxan, 3. Tinghai, 4. Quo, 5. Ninghai, 6. Cioxi, 7. Sinho, 8. Xetie, 9. Puontun, 10. çumuen, 11. Tungchi, 12. Haigan, 13. Sining, 14. Haifung, 15. Nan. Les Chinois les ont bastis sur le bord de la mer, pour empescher les descentes de ceux du Iapon, & pour mieux commander la coste. Il y a aussi plusieurs Isles sur ces costes, fort peuplées de laboureurs & de pescheurs ; celle de Cheuxan est la plus grande & la plus habitée : c'est là où le petit Roy de Lu se retira lors qu'il fut obligé de fuïr devant les Tartares, & où plusieurs Chinois se rangerent prés de luy ; de là vient qu'elle est fort peuplée, & qu'on y compte soixante & douze petites villes situées au bord de la mer : les rivieres & la mer y forment des havres & des ports tres-propres & tres-commodes : auparavant, cette Isle estoit deserte, il y a à present des armées navales, & ce Roy n'y craind point la cavalerie des Tartares ; & d'un lieu desert & inhabité s'est fait un Royaume considerable : les Tartares craignans qu'ils ne fassent quelque descente en terre ferme, entretiennent une grosse garnison dans la cité de Tinghai qui en est la plus proche, avec une armée navale. Ceux de la Chine escrivent que cette Isle a autrefois esté un puissant Royaume, qu'il se nommoit Changque ; mais qu'il tomba en decadence apres qu'on luy eut defendu le commerce dans la Chine. Par là elle fut abandonnée de ses principaux habitans, & il n'y demeura

# DE CHEKIANG.

que des paysans & des pescheurs qui reconnoissoient l'Empire de la Chine. Les Chinois y alloient souvent en pelerinage, & visitoient un temple de cette Isle, qui estoit servy d'un grand nombre de sacrificateurs; ils s'estoient imaginez que ce lieu avoit je ne sçay quoy de saint & de divin.

# L'ONZIE'ME PROVINCE
# DE FOKIEN.

ETTE Province est située dans un lieu commode pour la navigation & pour le commerce: elle est pleine de montagnes couvertes de forests, où l'on trouve des materiaux pour bastir des navires, des sources d'eaux & des fontaines qu'on détourne adroitement pour arroser les champs semez de ris, qui y vient adretement. La nature n'a pas voulu qu'il y eust de pays plat, ny de campagne; mais le travail & l'industrie des hommes y en ont fait. On rencontre par tout de ces montagnes, que vous pourriez nommer avec raison des theatres verds: on a menagé dans leur pente des places plates, on passe de l'une à l'autre comme si c'estoit un degré. Le ris ne croist que dans les eaux, il luy faut un pays plat. Ils conduisent assez souvent d'une montagne à l'autre des canaux pour l'arroser, se servans de ces grosses cannes & roseaux qui naissent dans les montagnes, pour en faire les conduits: voila comme on cultive les montagnes presque par toute la Chine, mais plus en cette Province qu'en aucun autre lieu, à cause qu'il y en a beaucoup. *L'industrie & le travail des Chinois pour cultiver ces montagnes.*

La prudence & l'industrie des marchands font les richesses de cette Province; car il n'y a presque point de Chinois que ceux de ce pays, qui osent aller dans les regions estrangeres, contre les loix du Royaume; de façon qu'ils transportent une tres-grande quantité de riches marchandises de la Chine, & les changent pour d'autres qu'ils amenent d'ailleurs, comme de l'or, du musc, des pierres precieuses, de l'argent vif, des draps de soye, du chanvre, du coton, & autres marchandises de prix: outre cela du fer, dont il y a beaucoup de mines, de l'acier, & plusieurs instrumens faits tres-artificieusement. C'est de cette Province que sont la pluspart de ces Facteurs, qui vont au Iapon, dans l'Isle Formosa, aux Philippines, Celebes, Iava, Camboja, Syam, & autres lieux & Isles de la mer Asiatique & des Indes, & en rapportent pour retour beaucoup d'argent, de cloux de girofle, de canelle, de poivre, de bois de sandale, d'ambre, de coral, & d'autres marchandises rares; car tout ce que les estrangers ont eu de la Chine jusques icy, vient de cette Province, à la reserve de ce que les Portugais de Macao tirent de Quangtung, & de ce qu'Iles Chinois apportent à Macao. *Trafic & commerce de ceux de Fokien.*

Vous pouvez juger du nombre des vaisseaux de cette Province (qui se nōment Changpan & Pancung) par l'offre que cette Province fit à l'Empereur, qui avoit dessein de faire la guerre au Iapon; ils offrirent de luy bastir un pont de navires joints & liez ensemble, qui prendroit de la coste jusqu'au Iapon; & il n'y a point de doute qu'ils n'en eussent suffisamment trouvé pour ce dessein, pourveu que cette grande mer les eust voulu souffrir ensemble. *Le nombre de leurs vaisseaux.*

C'est de cette Province fameuse par les navigations qui s'y font, tous les *Marco Polo*

## LA ONZIEME PROVINCE

*s'en retour-* jours, que Marco Polo paſſa dans les Indes; car c'eſt cette Province qu'il appelle
*na aux In-* Fugui, qui tire ce nom de ſa capitale qui eſt Focheu. Il eſt encore bien vray ſem-
*des de cette* blable qu'il n'a eu aucune connoiſſance des Iſles de la mer Orientale, que par
*Province.* le moyen des mariniers de cette Province qui le paſſerent; car je tiens pour aſ-
*Les voyages* ſeuré par l'hiſtoire de la Chine, que les Chinois ont veu tous ces pays & navi-
*que les Chi-* gué dans toutes ces mers; ce qu'ils n'ignorent pas, ny les Indiens auſſi. Les
*nois ont fait* preuves ſont aſſez manifeſtes qu'ils ont paſſé dans le Golfe de Perſe & ſur la
*ſur mer.* mer rouge; mais j'en parleray plus à loiſir dans un autre endroit : on croid que
ces voyages ont eſté interrompus par la crainte des Portugais, lors qu'ils ſe rendirent maiſtres avec beaucoup de bonheur de la plus grande partie des Indes.

*Le naturel* Le peuple de cette Province eſt adonné à des deſbauches execrables, il eſt
*& les mœurs* d'ailleurs aviſé & trompeur : ils n'y parlent pas tous un meſme langage, cha-
*de ce peuple.* que ville a ſon dialecte, de ſorte qu'on a peine de les entendre quand on voyage d'une ville à l'autre : pour celuy des doctes il eſt entendu dans toutes les autres Provinces; mais il ſe trouve peu de gens dans celle-cy qui l'entendent, quoy
que la pluſpart ayent grand eſprit : ils s'employent & s'adonnent fort à l'étude, &
à toutes les ſciences des Chinois: on y donne auſſi les degrez à quátité de ſçavans
Docteurs qui ſont de cette Province; d'un autre coſté il y a beaucoup de pirates
qui font de grandes voleries ſur mer: on eſtime ſe ce ſont les plus cruels de route la Chine, comme retenans encore de leur premiere humeur barbare; auſſi ſont-
ce les derniers qui ont receu la douceur des loix & des mœurs de la Chine. Autrefois le Royaume de Min, ou pluſtoſt les differentes Seigneuries qui portoient ce
nom, & eſtoient ſous l'obeïſſance des Seigneurs de Min, eſtoient compriſes dans
ce pays: or comme la langue & la prononciation des lettres de cette nation eſt
en quelque ſorte differente de celle des autres, il ne ſe faut pas eſtonner, ſi parmy les eſcrivains Chinois (ſur tout parmy ceux qui ont compoſé leurs hiſtoires
des relations & rapports de ceux qui demeurent dans cette Province) on y trouve tant de mots & de noms qui ne ſont aucunement Chinois.

*Avance-* La Foy Chreſtienne a eſté de beaucoup avancée dans cette Province; & bien
*ment de la* que les habitans ayent de la peine & de la difficulté à la recevoir dans les pre-
*Religion* mieres conferences, toutefois ils donnent aiſément la main, & rendent les ar-
*Chreſtien-* mes, quand on les a convaincu par raiſon : & ils ſont d'autant plus fermes & re-
*ne.* ligieux, qu'ils ont eſté les plus lents à ſe convertir : de là vient qu'il n'y a preſque point de ville ny de cité dans toute la Province, où la Societé de Ieſus n'ait
quelque belle Egliſe dediée au vray Dieu. Les Peres de l'Ordre de ſainct Dominique ont auſſi une Egliſe dans un bourg de cette Province, qui ſe nomme Tingteu, & eſt dans le territoire de la cité de Foning : il n'y a que ce lieu dans toute la
Chine qui nous ait aidé & aſſiſté dans noſtre travail; Dieu nous faſſe la grace
d'avoir nóbre de ces troupes de recreuës, & qu'elles s'augmentent par millions.
Ce ſont les ſouhaits & les vœux de tous les Chreſtiens, des noſtres, & des Chinois convertis.

*Les limites* De toutes les Provinces de l'Empire de la Chine, celle-cy eſt une des moin-
*de cette Pro-* dres : elle a l'Ocean Indien pour borne à l'Orient, au Zud-eſt, & au Midy : la
*vince.* Province de Quantung la limite au Zud-oueſt, & elle confine à celle de Kiangſi
au Couchant & au Nord-eſt : la Province de Chekiang borne le reſte. Elle a
huit villes, & quarante-huit citez; il y a quantité de Forts baſtis pour garder la
coſte de la mer : le livre qui contient le denombrement de tout le peule de la
*Le nombre* Chine, aſſeure qu'il y a 509200. familles, & 1802677. hommes: le tribut du ris
*des hom-* eſt de 883115. ſacs; elle paye en ſoye 194. livres; en ſoye filée 600. rouleaux : mais
*mes.* le plus grand revenu vient des navires; le droit s'en paye ſelon le port & grandeur
*Le tribut.* de chaque vaiſſeau.

Le climat de cette Province eſt un peu chaud, toutefois l'air y eſt pur & ſain.
Elle eſt arrouſée de grandes rivieres, & le bord de la mer eſt extremement inegal
à cauſe

# DE FOKIEN.

à cause de divers Golfes : il y a aussi une grande quantité de poissons, principalement prés du bord de la mer, comme aussi dans toute la Province, à cause que la mer la bat par tout : elle fait part à ceux qui sont au cœur du pays de son poisson sec & salé, dont elle tire beaucoup de profit : on dit qu'il y a des mines d'argent & d'or, mais on n'a ouvert jusques icy que celles d'estain & de fer ; le desir & la convoitise des hommes n'osent point s'attaquer aux autres en ce lieu non plus que dans le reste de la Chine, où il est defendu sur peine de la vie, d'ouvrir & de travailler les mines d'or & d'argent.

## La premiere ou capitale Ville FOCHEV.

CETTE ville capitale surpasse presque toutes les autres de la Province, principalement pour la magnificence des bastimens publics, pour estre une ville de negoce pour la grande quantité de ses marchands, pour sa situation, & aussi pour le grand nombre de gens doctes ; son fonds est fertile, la mer pleine de poissons, les rivieres navigables ; mesme les plus grands vaisseaux de la Chine peuvent, sortans de la mer, monter jusqu'aux murailles qui sont vers le Midy par une grande embouchure, où est le fauxbourg de Nantai ; & ce pont si superbe, qui a cinquante perches de longueur, & une demie de largeur, qui traverse le Golfe : il est tout basti de pierre blanche, & a plus de cent arcades : il y a des deux costez des barreaux & des balustres, pour servir d'embellissement & de defense, & des lions parfaitement bien taillez en pierre, posez sur des bases de mesme matiere. Il n'y a point de pont en l'Europe si beau que celuy-là ; mais celuy de Sivencheu le surpasse. Les Chinois écrivent qu'il y en a un proche de la cité de Focing, qui est semblable à celuy de Nantai, & qu'il a cent quatre-vingt perches de longueur : je ne parle point de beaucoup d'autres ponts qui sont dans la ville & hors des murailles, parce qu'ils sont de mesme structure. Il y a quantité de temples dans cette ville dediez aux Heros ; mais celuy qui est proche du pont de Nantai au Midy surpasse les autres en grandeur & magnificence. On croit que les Chinois n'ont point descouvert ce pays que sous la famille de Cheva, & qu'en ce temps il en est fait mention dans leurs livres sous le nom de Min, qui n'estoit pourtant pas sous l'obeissance de l'Empereur, mais dependoit des Seigneurs de Min. Le fondateur de la famille de Cina fut le premier qui fit cette conqueste : il ne la conserva pas long-temps, ils secoüerent bien-tost le joug mais l'Empereur Hiaoúús tres-heureux & fort soldat, l'assujetie pour tousjours à l'Empire de la Chine avec toutes les Provinces du Midy, y ayant estably le petit Roy Vúchúng, qui tint sa Cour dans cette ville. Le Roy Cyn la nomma Cyngan. Suius Mincheu ; la famille de Tanga luy donna le nom de Kiencheu, puis celuy de Focheu ; elle a conservé ce dernier nom sous la famille de Taiminga. Cette ville commande à huit citez, Fochcu, 2. Cutien, 3. Mincing. 4. Changlo, 5. Lienxian, 6. Loyuen, 7. Iungfo, 8. Focing.

On fait dans son territoire une tres-grande quantité de sucre fort blanc, & c'est la premiere Province de l'Orient où on le fasse : par là on peut juger que cette ville est la Fugui du Venitien ; elle n'a pas une grande riviere qui la coupe & separe en deux, mais une qui va jusqu'aux murailles, sur le bord de laquelle il y a un grand fauxbourg, & qui peut estre par cette raison celle du Venitien.

Il y a dans les lieux Meridionaux de cette Province, & principalement dans le territoire de cette ville grande quantité du fruit nommé Lichi, & que les Portugais de Machao appellent Lichias. Il naist sur des arbres fort grands & fort hauts, dont les feüilles ressemblent à celles du laurier : il sort des grapes du bout de ses branches : son fruit n'est pas si pressé qu'il l'est dans les grapes de raisin, & il pend à de plus longues queuës : ses grains ont la figure d'un petit cœur, ils sont gros comme une petite noix, & ressemblent assez à une pomme de pin qui seroit

*La noblesse.*

*Pont admirable.*

*Ses anciens noms, & son antiquité.*

*Fruits de Lichi.*

( V

fort petite; l'efcorce eft par coquilles ou pellicules, qui n'ont pas plus d'efpaiſſeur qu'un parchemin qu'on peut aifémét feparer fans couteau; l'amáde en eſt blâche, a un bon fuc, le gouſt tres-agreable, & la meſme ſenteur que les roſes : quand le fruit eſt meur il eſt de couleur de pourpre; de façõ que ces arbres paroiſſent de loin comme des cœurs de pourpre, & divertiſſent ceux qui les regardent : tant plus le noyau eſt petit, tant plus on eſtime le fruit. Il eſt ſi bon qu'on ne s'en ſçauroit raſſaſier : ſon amande ſe fond dans la bouche, & la remplit d'une douceur & d'un parfum comme ſi c'eſtoit une tablette de ſucre roſat.

*Autres fruits de Lungyen.*

Il y a auſſi une autre ſorte de fruit qui eſt rond, dont la pellure reſſemble fort à celle du Lichi, on le nomme Lungyen, c'eſt à dire œil de dragon : il n'eſt pas ſi gros que le precedent, mais plus rond, comme ſont nos plus groſſes ceriſes; la peau eſt un peu plus dure que celle de Lichi, & un peu ſemblable à une coquille. Ceux de la Chine ſeichent ces deux fruits, on en vend de ſecs par toute la Chine, mais ils n'ont pas l'agrement des nouveaux, car tout cet agreable ſuc s'eſt perdu en les ſeichant. On exprime auſſi une liqueur du fruit de Lichia, dont les Chinois font du vin, qui eſt aſſez doux, mais rare.

*Le fruit de Muiginli.*

Il y a auſſi un autre fruit, que ceux de la Chine nomment Muiginli, c'eſt à dire les prunes de la belle femme : elles ſont en ovales, belles, plus groſſes & meilleures que celles de Damas.

La Compagnie de IESVS a une reſidence dans cette ville, avec une Egliſe & un grand nombre de Chreſtiens; mais de peur d'eſtre obligé de remarquer nos Egliſes dans cette deſcription, j'ay eu ſoin, pour abreger, de faire mettre le nom de IESVS aux villes & aux lieux où nous en avons.

*Les montagnes.*

Au Midy de la ville eſt le coſteau de Keutai, où finit ce pont dont j'ay parlé cy-deſſus : il y a un temple tout à fait magnifique appellé Nantai.

La montagne de Siuc Fng eſt fort haute & fort grande, elle commence au Nord de la ville, & entre de là dans les terroirs des citez de Cutien, de Mincing & de Loyuen.

La montagne de Fang eſt au Midy de la ville : il y a une vallée de quarante ſtades : on void par tout ſur les coſteaux des orangers & des citroniers, des cedres.

Proche de la cité de Cutien eſt la montagne d'Vhoa, ou des cinq fleurs, nommée ainſi à cauſe de ſes cinq ſommets tres-hauts & ſemblables les uns aux autres; on eſcrit que chaque ſommet a bien mille perches de hauteur.

Proche de Iungfu eſt la montagne de Caocai, celebre & fort haute, & la ſeptieſme entre les fameuſes des livres de Taoxu, agreable pour ſes vieilles foreſts, & celebre pour ſes monaſteres.

*Les rivieres.*

La riviere de Min paſſe au Zud-eſt de la ville, ſa ſource eſt aux confins de la Province de Chekiang, proche de la cité de Lungciuen; de là elle paſſe par Puching, puis par la ville de Kienning & les bourgs de Ienping & de Xuikeu, & apres s'eſtre accruë d'une grande quantité d'eaux, elle entre dans le territoire de la capitale, d'où elle ſe va deſcharger dans la mer. De Puching juſqu'à la petite ville de Xuikeu, elle court au travers des rochers avec grande impetuoſité, elle devient apres fort douce & fort paiſible; & toute violente & bourbeuſe qu'elle eſt, les Chinois ne laiſſent pas d'y naviger avec l'adreſſe qui leur eſt naturelle, & par le moyen de certains petits bateaux faits avec un merveilleux artifice; ces bateaux n'ont point le gouvernail comme les autres, mais deux qui s'avancent fort loin, l'un vers la poupe, & l'autre vers la prouë; avec ces gouvernails ils conduiſent leurs barques avec grande facilité & viteſſe au travers des rochers & des eſcueils, les manient comme des chevaux par la bride. I'ay fait deux fois ce chemin, & ſuis deſcendu dans ces bateaux, mais ce n'a pas eſté ſans crainte; car ſouvent le canal, qui eſt entre les rochers, eſt ſi eſtroit, que la barque a de la peine à y trouver paſſage, tant il eſt reſſerré par les rochers : auſſi les naufrages y font fort frequens. Ce qui fait dire aux Chinois, que les bateaux font de papier, & les matelots de fer. Ces barques font faites d'aix & de planches minces, les gouvernails attachez avec de l'ofier ; c'eft pourquoy quand le vaiffeau vient à heurter contre les rochers, il ne fe rompt pas à caufe qu'il plie. Vous pouvez aifément juger avec quelle violence & impetuofité ces torrens tombent & fe precipitent ; de ce qu'on ne met que trois journées pour defcendre de Puching à la capitale ; & qu'on employe quinze jours tous entiers à faire le mefme chemin en remontant.

## La feconde ville CIVENCHEV.

CETTE ville eft grande à caufe du trafic, & remarquable par la majefté de fes edifices, de fes temples, de fes ruës, pavées fort nettement de briques, & renfermées de deux rangs de pierres quarrées. Il n'y a point de ville où les maifons foient plus magnifiques ; fans parler des autres baftimens fuperbes, ni de quantité d'arcs triomphaux qu'on voit par tout; le temple de Caiyuen merite qu'on l'admire, à caufe de fes deux tours à fept étages : chacune a cent vingt-fix perches de haut ; car on compte dix-neuf perches entre-deux eftages : elles ont autour des faillies & des galeries à chaque eftage, qui s'avancent en telle forte, qu'on peut marcher tout au tour de ces tours par le dehors, ces baftimens font de pierre & de marbre. Dans chaque eftage on a mis une ftatuë de l'idole de Fe, de cuivre ou de marbre : ces ftatuës font fi ingenieufement, taillées, que les Chinois ofent bien fe vanter, que ce n'eft pas un ouvrage d'homme, mais de quelqu'un de fes Xinfiens ou hommes immortels, comme ils les appellent.

*Temple admirable.*

Civencheu eft proche de la mer, & fituée dans un lieu fort agreable, & capable de recevoir des deux coftez les plus grands vaiffeaux au dedans de fes murailles, par le moyen d'un Golfe de mer : elle eft baftie fur un promontoire tout environné d'eau, fi ce n'eft au Nord & au Zud-eft : au delà de l'eau il y a fur le rivage de petites villes fort peuplées & marchandes, principalement au quartier vers le Nord-oueft, nommé Loyang, qui pourroit tenir fon rang entre les plus grandes citez, & où commence un pont qui porte le mefme nom. Ie doute s'il a fon pareil dans tout le monde. Voici comme en parle l'Hiftorien Chinois. Le pont de Loyang eft au Nord-oueft de la ville, baty fur la riviere de Loyang ; on le nomme auffi le pont de Vangan: il a efté bafty par un Gouverneur de la ville nommé Eaüang : il a plus de trois cens foixante perches de longueur, & de largeur une perche & demie : on y paffoit en bateau avant que ce pont fuft fait ; mais à caufe de la violence des marées il s'y en perdoit tous les ans un grand nombre avec les paffagers. çaijangus confiderant que la force humaine ne pouvoit venir à bout de cet ouvrage, & que la grande profondeur empefcheroit qu'on n'en pûft affeurer les fondemens ; aprés avoir invoqué l'efprit de la mer, il le pria de retenir la violence de fes eaux, ce qu'il obtint ( difent-ils.) La mer eftant demeurée calme pendant vingt jours, on y pofa les fondemens, & l'on y dépenfa quatorze cens mille ducats : voila ce qu'il en dit. Ie l'ay veu deux fois, toufiours avec eftonnement : il eft tout d'une mefme pierre noiraftre, il n'a point d'arcades, mais plus de trois cens pilliers faits de fort grandes pierres : elles ont toutes la figure d'un grand navire, finiffent & fe terminent de part & d'autre en un angle aigu, afin de rompre avec plus de facilité la violence de l'eau. Cinq pierres égales occupent toute la largeur d'un pillier à l'autre ; chaque pierre a en longueur dix-huit de mes pas ordinaires, dont je me fervois pour les mefurer en me pro-

*Loyang eft marqué dans la Carte à l'E.N.E.*

*Pont fort renommé & celebre.*

*Il faut qu'il y ait 1505. de ces pierres ou plus.*

( V ij

menant tout doucement, l'épaisseur est la mesme, il y a mille & quatre cens de ces grosses poutres de pierre, pour ainsi dire, qui sont toutes semblables & égales. Ouvrage admirable pour le grand nombre de ces lourdes pierres, & pour la maniere dont on les soustient entre ces pilliers. Il y a des garde-foux ou appuis de chaque costé, faits de la mesme pierre, avec des lions au dessus, posez sur leurs bases, & plusieurs autres ornemens de cette nature. Vous remarquerez qu'en cette description, je ne parle que d'une partie de ce pont, sçavoir de celle qui est entre la petite ville de Logan, & le château qui est basti sur le pont, car après avoir passé le Château on trouve l'autre partie du pont qui n'est guere moindre que la premiere. Pour ce qui est de la dépense, on doit considerer que dans la Chine la plus grand part des ouvriers doivent travailler pour rien, quand on bastit quelque edifice public; & pour ceux à qui on donne salaire, c'est si peu de chose, que le salaire d'un seul ouvrier dans l'Europe en contenteroit une dixaine de ceux de la Chine.

*La Zarte de M. Paul de Venise.*

C'est de cette ville & des autres lieux qui en dependent, qu'il va d'ordinaire quantité de navires dans les pays estrangers pour y trafiquer, comme ils l'ont fait autrefois; ce qui m'oblige de croire que la ville de Zarte de M. Paul Polo n'est pas fort éloignée de celle-cy; car il dit qu'il n'y a que cinq journées de chemin jusqu'à Focheu qu'il nomme Fugui; or cette ville est dans la mesme distance: je sçay bien que le mot de Zarte n'est pas Chinois; de façon qu'il est croyable que les Tartares & estrangers appelloient quelque port & havre fameux de ce nom là: j'ay encore d'autres raisons de le croire, comme l'on le verra dans la description de la ville suivante, où il reste plusieurs vestiges & memoires des Chrestiens qui y ont esté autrefois.

*Noms anciens.*

Cette ville commande à sept citez, dont la premiere est Civencheu, 2. Nangan, 3. Hoeigan, 4. Tehoa, 5. Ganki, 6. Tunggan, 7. Iungchung. Elle appartenoit autrefois aux Seigneurs de Min. Leangus la nomma Nangan, & le Roy Suius Venling; la famille de Sunga l'appella Pinghai; pour le nom qu'elle a à present elle le tient de celle de Tanga. Nous parlerons de Ganhai, qui est une petite ville tres-marchande, & qui releve de Civencheu; mais ce sera quand nous ferons la description des Forts.

*Les plus rares montagnes.*

Paocai est une montagne, sur le sommet de laquelle il y une tour à neuf estages, qui sert de phare à ceux qui naviguent: on la voit au Midy de la ville.

## La troisiéme Ville CHANGCHEV.

CHANGCHEV est la plus meridionale de la Province: elle tire ce nom de la grande riviere de Chang: elle est située sur ses bords du costé du couchant: le flux & reflux de la mer va jusques là. Au midy, où la riviere passe devant la ville, il y a un pont fort magnifique tout de pierre de taille, composé de trente-six arcades fort grandes & hautes, qui forment un chemin si large qu'il y a de petites maisons de part & d'autre avec des boutiques, où l'on vend tout ce qui se trouve de rare dans la Chine, & qui s'apporte des royaumes étrangers; toutes sortes de marchandises y montent continuellement de Hiamuen, qui est un lieu de grand trafic, comme je diray lors qu'il en sera temps.

*Pont fort celebre.*

Cette ville a dix citez sous son obeïssance, dont la premiere est Changcheú, 2. Changpu, 3. Lugnien, 4. Nancing, 5. Changtai, 6. Changping, 7. Pingho, 8. Chaogan, 9. Haicing, 10. Ningyang. Ie trouve que ce nom luy a esté donné premierement sous la famille de Tanga, & qu'en mesme temps elle eut le rang & la qualité de ville: peu de temps après la famille

# DE FOKIEN.

de Iuena la reconnut pour telle, & baſtit la cité de Nancing; ce qui me perſuade de croire que dés lors il y abordoit quantité de navires, & qu'il faloit que la Zarte de M. Polo fuſt icy quelque part. On a encore trouvé dans cette ville des veſtiges de Chreſtiens, & beaucoup de pierres taillées & gravées du ſigne de la ſainte Croix, avec l'image de la Vierge Marie Mere de Dieu, devant qui les Eſprits celeſtes ſe proſternoient, & deux petites lampes pendantes ſur ces croix meſme dans le palais d'un certain Gouverneur, on y trouva une fort belle croix de marbre, que les Chreſtiens en tirerent aprés avoir eu permiſſion, & qu'ils mirent dans l'Egliſe, que nous avons dans cette ville, avec beaucoup de devotion & de pompe. J'ay auſſi veu avec mes compagnons un vieux livre chez un homme docte, fort bien écrit en lettres Gothiques ſur du parchemin fort delié, où il y avoit la plus grande partie de l'Eſcriture ſainte en latin; je fis tout mon poſſible pour l'avoir, mais je ne pûs obliger celuy qui en eſtoit le maiſtre de me le donner, quoy qu'il fuſt payen, encore que je l'en priaſſe, & que je luy offriſſe de l'argent; me diſant qu'on gardoit ce livre dans ſa famille comme une choſe fort rare que ſes anceſtres y avoient conſervé pluſieurs années.

*Monumens de la Religion Chrétienne.*

Cette ville eſt fort peuplée, & fameuſe pour la beauté de ſes edifices, & pour l'eſprit de ſes habitans: ſes marchands ont de l'induſtrie. Ceux de ce pays ſont naturellement trópeurs, & addonnez à leurs plaiſirs. Il croiſt dans le terroir de cette ville, auſſi bien que dans celuy de la precedente, une grande quantité d'excellentes oranges, ſemblables aux plus groſſes que l'on a en l'Europe, mais qui ont bien meilleur ſenteur & meilleur gouſt: l'arbre qui les produit reſſemble aſſez aux noſtres, mais il y a cette difference pour le fruit, qu'il a le meſme gouſt en le mangeant qu'ont nos raiſins muſcats, & la meſme odeur: ce fruit quitte naturellement & avec facilité ſon écorce & ſa peau dorée & épaiſſe; il en eſt de meſme de la chair qui eſt entre des pellicules: on confit ce fruit avec l'écorce, aprés l'avoir mis entre des preſſes: il ſe garde toute l'année; ils ne ſont pas ſeulement ces delicateſſes pour les autres Chinois, mais auſſi pour les eſtrangers chez qui ils les envoyent.

*Excellentes oranges.*

Vers l'Orient de la ville, il y a une montagne qui ſe nomme Cio, où on dit qu'il y a une pierre de cinq perches de hauteur, & de dix-huit d'épaiſſeur, qui branſle & ſe remuë pendant le mauvais temps.

*Les montagnes.*

Il y en a un autre plus proche de la ville qui ſe joint avec la precedente, & ſe nomme Kieulang, recommandable pour ſa fontaine qui eſt claire comme du criſtail.

## La quatriéme Ville KIENNING.

ELLE eſt ſituée ſur le bord oriental de la riviere de Min: elle cede bien à la verité à ſa Capitale pour les marques de nobleſſe, mais non pas en grandeur; car ſon territoire eſt de grande eſtenduë: il y a ſept citez, Kienning, 2. Kienyang, 3. çunggan, 4. Puching, 5. Chingho, 6. Sungki, 7. Xeuning. Elle appartenoit autrefois aux Seigneurs de Min: la famille de Tanga la nomma Kiencheu; mais celle de Sunga luy a donné le nom qu'elle a à preſent: j'ay deſja fait voir que l'endroit où Marco Polo l'a placée, témoigne aſſez que c'eſtoit ſa Quelinſu. Cette ville a eſté fort ruinée dans ces dernieres guerres des Tattares; car s'eſtant revoltée contre eux, & ayant eſté priſe pour la ſeconde fois aprés un long ſiege, elle fut entierement brulée; & tous ceux qui s'y trouverent paſſez au fil de l'eſpée: le feu & l'embraſement n'ont pas épargné une Egliſe que noſtre Compagnie y avoit, n'y ayant que ce beau pont qui eſt ſur la riviere de Min qui ait eſté conſervé de ſa violence; ce pont eſtoit couvert de coſté & d'autre, il y avoit des maiſons & des boutiques, tous les piliers eſtoient fort

*Ruine de cette ville.*

(V iij)

hauts, de pierre de taille, & le reste de bois ; c'estoit par ce pont que l'on montoit dans un téple fort superbe, & basty sur l'autre costé de la riviere: on l'a remis en sa premiere magnificence: on a aussi commencé de rebastir la plus grande partie des maisons, mais il s'en faut pourtant beaucoup que qu'elles n'approchent de la beauté des premieres. Les villes de la Chine se peuvent plus facilemēt rebastir, lors qu'elles ont esté brûlées, que celles de l'Europe, à cause qu'elles sont de bois pour la pluspart. Il y a aussi un autre pont magnifique qui se nomme Choking, il est proche de Kienyang, & si long qu'il y a dessus soixante & treize boutiques, & tout couvert.

La ville de Kienning est assez marchande ; car toutes les denrées qui montent & descédent sur la riviere passent par là, & lors qu'elles sont arrivées à la cité de Pucing, on les desbarque, pour les faire porter par des portefaix jusqu'au bourg de Pinghu qui est du ressort de la cité de Kiangxan, à travers des montagnes qui sont fort hautes & de profondes vallées : on y compte trois journées de chemin, & on en rapporte d'autres de mesme façon de Pinghu à Puching. Ce chemin a esté applani autant qu'il a esté possible : il est tout pavé de pierres quarrées, & il y par tout des bourgs pour y recevoir les passans. On donne à garder les marchandises toutes pesées aux hostes, apres leur avoir payé ce qui leur est deu & leur droit ; les hostes les font porter ailleurs par des portefaix ; de façon que les marchands reçoivent fidelement leurs marchandises & sans peine ; s'il se perd quelque chose, l'hoste est obligé de le payer & de le faire bon. Ceux de l'Europe auront de la peine à croire qu'il y ait tousjours dix mille portefaix, qui sont prests à porter leurs charges qu'ils attendent avec impatience ; car ils gagnent leur vie à aller & venir continuellement à travers ces montagnes ; & les Chinois sont fort entendus à porter des fardeaux ; de façon que les paysans de ces pays là donneroient bien de la besoigne à nos ingenieurs, s'ils leurs voyoient mettre les plus gros canons & semblables fardeaux de part & d'autres sur des leviers ; en sorte qu'ils les portent avec grande facilité par les chemins les plus estroits des montagnes : & quoy qu'il en ait qui aillent devant, & que d'autres suivent, & soient esloignez du fardeau de plusieurs pas ; si ne laissent-ils pas de sçavoir partager la pesanteur & leurs cordes si également, que l'un n'en a pas davantage que l'autre ; soit qu'il en soit plus esloigné ou plus proche : c'est ainsi que les Chinois portent sur leurs espaules de grands marbres & des arbres tous entiers.

*Les Chinois sont d'admirables portefaix.*

Il y a un bureau dans la cité de P'uching pour le droit du passage des marchandises : ce droit est employé à reparer & à entretenir les chemins & les ponts. On voit prés de la cité de P'uching au Levāt ce pont fait de bateaux qui sont liez & attachez ensemble. Il y a deux temples qui sont les plus considerables, celuy de Chúvencungus, qui a si bien expliqué la Philosophie de Cungfutius, & qui se lit dans toutes les Vniversitez ; de sorte qu'on est contraint, par le commandement de l'Empereur, de se servir de son explication.

*Les montagnes.*

Vers le Nord-est il y a une fort haute montagne nommée Xin, où l'on void par dessus les autres montagnes le Soleil se lever de la mer.

Proche de Kienyang est la montagne d'Vlung, où il y a cinq costeaux qui en renferment & environnent un autre ; il se nomme en langue Chinoise la Perle, & les costeaux se nomment les cinq dragons.

Là mesme est la montagne de Ciaoyuen, la treiziesme dans les Livres de Taoxu ; mais celle qui les surpasse en grandeur & en reputation est la montagne de Vuy proche de la cité de çúnggan. Il y a plusieurs temples, des convents & des Hermites, entre lesquels il se trouve quantité de Gouverneurs qui servent aux Idoles, la teste rase, apres avoir meprisé les richesses du monde & les dignitez ; toutefois Dieu a choisi des serviteurs parmy ces esclaves du demon, dont le succez & l'evenement sont tout à fait admirables. Entre ces sacrificateurs, un, qui estoit comme le Prieur & Gouverneur de deux Temples, nommé Chang, convertit ses deux Temples d'Idoles en autant d'Eglises pour y servir le vray Dieu, aprés avoir brisé & mis en pieces toutes les idoles qui y estoient : il mit dans une de ces Eglises l'image de Iesus-Christ nostre Sauveur, & dans l'autre celle de la bien-heureuse Vierge Mere de Dieu. On l'avoit mis dans sa jeunesse chez un des principaux de cette secte pour en apprendre les mysteres & les ceremonies, mais il arriva que ce chef de secte estant fort malade, fort âgé, & prés de sa mort, son disciple l'interrogea, s'il croyoit que la Loy qu'il luy avoit enseignée jusqu'à lors, fust suffisante pour faire son salut, le vieillard luy répondit, non, mon enfant, mais nous n'en sçavons point de meilleure ; toutefois ayes bon courage, car dans quarante ans il se trouvera des personnes qui t'enseigneront le vray chemin de ton salut. Il mourut sur ces paroles ; Changus ne se contenta pas d'avoir bien retenu les dernieres paroles de son maistre, comme autant d'oracles d'une Divinité plus sainte que n'estoit celle à qui il servoit, il les écrivit & les garda avec beaucoup de soin : peu d'années aprés, le Gouverneur de la cité de Puching s'estant fait Chrestien avec toute sa famille, & invitant fort souvent le R. P. Simon de Cunha de le venir voir de la ville de de Kiening, pour s'instruire dans les mysteres de nostre religion, & recevoir les Sacremens, un jour aprés avoir achevé le divin service, il mena ce Pere pour voir cette montagne de Vuy si celebre : tous les Sacrificateurs s'y rencontrerent pour recevoir leur Gouverneur, entre lesquels Changus estoit aussi ; mais comme en discourant on faisoit parfois mention de la Loy Chrestienne, il parut tout estonné : C'est sans doute, dit-il aprés au Gouverneur, cette Religion, & c'est le mesme homme, monstrant le Pere avec le doigt, qui doit m'enseigner le vray chemin de salut, comme mon maistre me l'a predit il y a long-temps : on regarde dans le livre où il avoit écrit les dernieres paroles de son maistre, avec l'année, & il se trouva qu'il y avoit quarante ans passez qu'il estoit mort. Il renversa toutes les idoles, les foula aux pieds, & tout transporté d'un saint zele, il leur reprocha qu'elles l'avoient si long-temps trompé. C'est là mesme où il y a à present plusieurs Chrestiens, & quantité d'Hermites qui vivent religieusement & en commun, & sans ces dernieres guerres on en auroit veu sortir d'excellens Predicateurs de la parole de Dieu ; mais nous ne doutons pas que cela n'arrive dans son temps, & que la moisson n'en soit un jour tres-ample. *Prediction merveilleuse.*

Yú Leang est une montagne proche de Puching, qui est une de ces dix montagnes qui sont estimées les plus grandes de toute la Haute Asie. Pour les rivieres, il n'y a rien de particulier horsmis les noms que l'on peut voir dans la Carte.

### *La cinquiéme Ville* IENPING.

CEtte ville du bord de la riviere de Min va peu à peu en montant sur la pente de la montagne : ceux qui naviguent la voyent toute d'une veüe, & en trouvent l'aspect tres-agreable. Il y a deux grandes rivieres qui se joignent vers la porte de l'Orient, celle de Min & de Si, qui y forment un lac; c'est pourquoy elle reçoit des navires de toute la Province : elle n'est pas des plus grandes, mais bien des plus belles. Les montagnes sur lesquelles elle est bastie sont inaccessibles par le dehors, cette ville est tres-forte par cette raison, & comme la clef de toute la Province : elle a cela de particulier, que les habitans y parlent communément la langue des Sçavans ; car on y amena autrefois une colonie de Nanking : je ne sçay que cette ville où on fasse venir l'eau des montagnes dans chaque maison, par des canaux. On y compte trois temples considerables, avec deux ponts, un sur chaque riviere ; ces ponts sont faits de bateaux liez ensemble.

## L'ONZIÉME PROVINCE

*Noms anciens.*    Cynus le premier Roy la nomma Ienping; la famille de Tanga Kiencheú, celle de Sunga Nankien, mais la famille de Taiminga l'appella derechef Ienping. Cette ville commande à sept citez, Ienping, 2. Cianglo, 3. Xa, 4. Yeuki, 5. Xunchang, 6. Iunggan, 7. Tatien. On dit communément de la cité de Xa, qu'elle est d'argent, à cause de la fertilité de son fonds & de ses fruits. Cette cité estoit autrefois bastie sur l'autre bord de la riviere; mais l'Empereur commanda qu'on la demolist, & transporta les habitans de l'autre costé à cause qu'un fils avoit tué son pere là où elle avoit esté premierement bastie, les loix de la Chine jugeans qu'un tel crime ne pouvoit estre expié que par ce changement. Cette cité a aussi un pont couvert, tout à fait magnifique, sur lequel il y a plusieurs boutiques. La Compagnie de Iesus y a aussi une Eglise.

*Les montagnes.*    Fung est une montagne qui environne presque toute la cité de Cianglo de ses costeaux; là est aussi la grande montagne de Pechang, qui s'estend au delà des frontieres de la Province de Kiangsi.

Dans le territoire de la cité de Xa il y a une fort grande montagne & fort roide, nommée Huon. Ils écrivent qu'il s'y trouve un animal couvert de poil, qui ressemble à un homme.

Yúevang est une montagne, où les Rois de Iue avoient accoûtumé de passer les chaleurs d'Esté, ils y ont fait bastir plusieurs palais qui ne sont pas loin de la cité.

### La sixiéme Ville TINGCHEV.

LE territoire de cette ville appartenoit aussi autrefois aux Seigneurs de Min. Le Roy Cynus le nomma Sinlo : c'est la famille de Tanga, qui luy a donné le nom qu'elle a à present, sous laquelle ce n'estoit qu'une cité; la famille de Taiminga l'erigea en ville, & luy donna jurisdiction sur huit citez, Tingcheu, 2. Ninghoa, 3. Xanghang, 4. Vúping, 5. Cinglieu, 6. Lienching. 7. Queihoa, 8. Iungting. Ce territoire est fort plein de montagnes, mais il ne laisse d'y avoir abondance de tout ce qui est necessaire à la vie; toutefois le pays en est mal sain. En un endroit où les montagnes de trois Provinces se joignent il y a un peuple farouche & sauvage, qui vit au fond de ces montagnes en liberté & sans reconnoistre les Chinois.

*Les montagnes.*    çuihoa est une agreable montagne couverte de fleurs, qui donne beaucoup de plaisir & de divertissement aux habitans de Ninghoa, sur tout au Printemps. La montagne de Kin ou dorée luy ressemble, elle se nomme de la sorte : à cause de ses mines d'or, dont la famille de Sunga fit l'ouverture : cette montagne proche de Xanhang, est si agreable que l'on en pourroit faire la plus belle peinture du monde. Il y a trois petits estangs, où le fer crud se change en cuivre. La montagne de Fung est fort haute, proche de Cinglieu, & inaccessible.

*Les rivieres.*    Cingçao est un estang au Levant de la ville de Tingcheu, qui n'a qu'un arpent de terre d'étendüe, dont les eaux sont fort basses: là proche les arbres conservent toute l'année leur verdeur & leurs feüilles. Proche de Vuping est le lac de Loxui ou d'eau verte, à cause de la couleur de son eau, de telle nature que tout ce qui s'y lave prend cette couleur.

En la riviere par où on va à Ienping, il y a plusieurs cascades, & des endroits fort dangereux, deux principalement proche de Cinglieu, l'un qui se nomme Kieulung, & l'autre Changeung : quand les batteaux passent, de peur que tombant avec l'eau, ils ne viennent à se rompre & à se fracasser, les matelots jettent premierement quelques bottes de paille, afin que le batteau heurte en suite moins rudement.

## DE FOKIEN.

### La septiéme Ville HINGHOA.

LE territoire de cette ville est le plus beau & le plus fertile de toute la Province. La ville mesme est propre, & recommandable pour le grand nombre de gens doctes, & pour les excellens esprits qui y sont. Il y a quantité d'arcs de triomphe, & de sepulcres sur les costeaux qui en sont proches. Vous pouvez juger de la fecondité de son terroir, de cela seul que n'ayant de jurisdiction que sur deux villes, elle ne laisse pas de payer de tribut au Roy 72000. sacs de ris. Ses citez sont, la première Hinghoa, 2. Sienlieu. Tout ce pays est si remply de petits villages & de bourgs, que son territoire pourroit passer pour une seule ville. Tous les chemins y sont pavez de pierres quarrées, & ont une perche de largeur durant plus de soixante stades: je n'ay jamais rien veu de plus propre. Cette ville a aussi deux ponts magnifiques, l'un au Septentrion, & l'autre au Midy. Tout ce pays abonde en soye: il n'y a point d'endroit dans toute la Chine, où le fruit de Lichi soit meilleur, ny où l'on trouve de meilleurs poissons, semblables aux mulets de France. Il y a cinq temples dediez aux Heros, plus considerables que les autres. Le Roy Suius nomma cette ville Putien: le nom de Hinghoa qui signifie une fleur naissante, luy vient de la famille de Sunga: la mesme famille l'appella en suite Hingan, mais celle de Taiminga luy a rendu son premier nom.

La montagne de Hucung est au Midy de la ville: ceux qui discourent des montagnes y remarquent beaucoup de particularitez & de merveilles. Ils y distinguent huit plans ou faces, comme si elle representoit un cube. *Les montagnes.*

La montagne de Goching se voit au Zud-est de la ville, au bas de laquelle il y a un bourg, où demeurent de fort riches marchands, qui trafiquent par toute la Chine. Ce bourg pourroit pretendre d'estre mis au rang des villes, pour la magnificence des bastimens & pour sa grandeur; toutefois il n'a pas de murailles ny les privileges de villes. Au bas de la montagne de Chinyuen au Septentrion est le lac de Chung, au bord duquel on a basti un fort grand palais, où il y a dix salles. Quand la pluye ou le mauvais temps doit venir, on y entend comme le son d'une cloche. Au sommet de la montagne de Hucung il y a un puits nommé Hiai; où l'eau entre & sort, avec des periodes semblables à celles du flux & reflux de la mer. *Les rivieres.* *Un puis où il y a flux & reflux.*

### La huitiéme Ville XAOVV.

CEtte ville est la plus septentrionale de sa Province: elle n'estoit pas considerable du temps des Seigneurs de Min; car on commença premierement de la renfermer de murailles sous la famille de Tanga, qui luy donna le rang de ville. Elle commande à quatre citez, dont la premiere est Xaoúú, 2. Quangçe, 3. Taining, 4. Kienning. Elle est située dans un lieu fort & commode: aux endroits où le passage est difficile, on a basti quelques Forts, qui pour la pluspart ne sont guere differens des citez ny des villes, que par leur garnison: du reste leurs murailles & leurs rües sont toutes de mesme: ce n'est pas comme dans l'Europe, où le plan des Forts est different de celuy des villes: ce qui se doit entendre de tous les autres; jay pris le soin de les faire marquer dans la Carte, comme des Forts, pour les distinguer exactement par là des Villes qui ne sont pas de guerre. Cette ville s'appelle aussi la clef de la Province d'Occident. Le doux & paisible ruisseau de Ciao y passe, duquel on en a derivé d'autres plus petits dans les rües. Elle a au Nord un pont magnifique sur la riviere de çuyun, long de soixante-trois perches, qui ressemble assez aux precedens. Il y a aussi deux temples fort considerables. On fait dans cette ville de fort belle toile de chanvre crud, qu'on recherche fort, & qui est chere, à cause qu'elle est fraische en Esté, & qu'elle ne se salit point lors qu'on suë.

*Les montagnes.*  Au Zud-est il y a une fort grande montagne qui se nomme Cietai, qui va jusqu'aux confins de Tingcheu & de Ienping, où il y a une fontaine dont l'eau est bonne pour quantité de maladies.

Kinyao est aussi une fort grande montagne de quatre cens stades de circuit, qui touche aux limites de Kienning & de Ninghoa, & commence au pays de Taining.

### La grande Cité de FONING.

FONING a trois citez sous sa dependance, la premiere est Foning, 2. Fogan, 3. Ningte : elles sont situées dans un territoire large & de grande estenduë, mais traversé de montagnes ; toutefois le necessaire n'y manque pas. Foning est une belle & grande cité, qui reçoit beaucoup de commoditez de la mer dont elle est proche. Il y a bien de la peine au reste d'aller par les montagnes, il n'est pas mesme possible d'y passer vers le Nord & le Zud-est. Au couchant de la ville est une montagne riche en argent, à ce que disent les Geographes Chinois. Il y a un temple dedié aux Heros, & une Eglise des Chrestiens dans un bourg nommé Tingteu, qui a esté bastie depuis peu par les Religieux de l'Ordre de S. Dominique, qui est la seule Eglise qu'ils ayent dans tout l'Empire de la Chine : ils ont eu cy-devant une Chapelle en un autre bourg nommé Moyang, dans la maison d'un Chrestien ; mais tout s'est dissipé & perdu pendant ces dernieres guerres ; j'en ay voulu dire quelque chose en cet endroit, afin que ceux qui jetteront la veuë sur la carte, ne s'étonnent point de voir toutes les Eglises marquées du nom de Iesus, & non pas de celuy d'aucun autre Ordre ; car comme je n'ay representé que les villes & les citez dans mes cartes, aussi m'a-t-il esté impossible de marquer ce temple qui est dans un village, à cause qu'il y en a une si grande quantité, & du peu d'espace de la carte, & pour d'autres raisons encore ; & ne l'ayant pû faire paroistre dans la carte, j'ay crû qu'il suffiroit d'en faire icy mention.

*Les montagnes.*  Lungxeu est une fort haute montagne, au bas de laquelle est la cité de Foning.

La montagne de Hung est au Midy, elle s'éleve extremement haut.

La montagne de Nankin est au Midy de Foning sur le bord de la mer ; on dit que les navires avoient accoustumé d'y aborder anciennement.

La montagne de Talao est au Nord-est de Foning, elle a trente-six sommets fort hauts.

*Les rivieres.*  En Automne il sort un ruisseau de la montagne de Talao, l'eau en est bleuë : & c'est en ce temps-là que les habitans de ce pays donnent cette teinture à leurs draps & estoffes, en les y lavant.

### Les Forts.

*Places fort celebres & renommées pour le negoce & trafic.*  IL ne faut pas manquer à décrire Ganhai & Hiamuen, que les Chinois qualifient du nom de Forts, quoy qu'ils surpassent bien des villes pour la magnificence de leurs edifices, pour l'affluence de leur peuple, & pour leur commerce.

Lors que je me mis en chemin pour retourner en nostre Europe, je partis du Fort de Ganhai dans un navire Chinois pour les Isles Philippines : il y a beaucoup de marchandises & de vaisseaux de la Chine, l'havre estant assez commode & assez seur, & l'ancrage & la rade assez bonne pour les navires ; il est basti & situé sur une riviere, où le flux & reflux monte souvent & encore plus haut. Cette ville a à l'Orient un pont tout à fait magnifique, qui a deux cens cinquante pas de long, & est tout de pierre, avec plusieurs arcades.

Ie pourray dire la mesme chose de Hianuen, car il est situé dans une Isle qui n'est pas fort éloignée du continent. Pour Ganhai il touche à la terre ferme. Enfin c'est de ces deux endroits d'où on envoye les marchandises & denrées dans toutes les Indes. Iquon, ce grand & fameux pyrate, a esté autrefois maistre de ces pays, tres-bien connu des estrangers, sur tout des Espagnols, Portugais & Hollandois: il s'est souvent veu une armée de trois mille grands vaisseaux Chinois. Enfin, ce qui rend en quelque sorte ces deux places recommandables c'est que les Hollandois, pour les avoir seulement veuës quelquefois, disent par tout que ce sont de fort grandes villes & fort riches; cependant les Chinois ne les tiennent pas telles.

Pour les autres Forts, ils ont esté construits pour garder la coste de la mer, comme sont, 1. Pumuen, 2. Foning, 3. Tinghai, 4. Muihoa, 5. Xe, 6. Haikeu, 7. Vangan, 8. Chungxe, 9. Tungxan, 10. Hivenchung, 11. Iungring.

## *L'Isle* FORMOSA, *autrement* BELLE-ISLE.

CEtte grande Isle, qui depuis quelques années est si celebre, appartient aussi à cette Province, quoy qu'elle ne soit point sans l'obeïssance des Chinois, & que ceux qui y demeurent soient libres. Les Chinois la nomment Talieukieú, c'est à dire, la grande Lieukieú, pour la distinguer de la petite: *Divers* les Portugais, qui en corrompent un peu le vray nom, l'appellent Lequio; *noms.* pour moy j'estime que ce sont les Espagnols qui luy ont donné ce nom de Formosa, lors qu'ils bastirent le Fort de Kilung dans son promontoire qui est au Nord, & du costé où il s'avance en pointe vers la mer. Les Hollandois ont aussi un Fort qu'ils nomment la nouvelle Zelande, dans une petite Isle appellée Taïvan, proche de Formosa. Ce chasteau est un quarré avec quatre bastions, & basti à la Hollandoise; & quoy que la rade y soit tres difficile & peu asseurée pour les navires, si est-ce que cela n'empesche pas qu'ils ne gardent ce havre avec beaucoup de jalousie. Quant aux Espagnols, ou ils ont abandonné volontairement leur Fort de Kilung, ou les Hollandois les en ont chassez; de façon qu'à present on en a abbatu & entierement rasé les murailles & les maisons. La petite Isle de Taivan est éloignée de celle de Formosa d'environ une lieuë, & est au Midy éloignée du continent de la Chine prés de quarante lieuës d'Alemagne. Formosa commence environ le vingt & uniéme degré, & va jusques par delà le vingt-cinquiéme, ou un peu davantage. Cette Isle gist au Nord, comme la coste de la Chine qui la regarde: elle a esté autrefois habitée par les Chinois, mais les habitans en ont oublié à present les mœurs & les façons de faire; ils ont neantmoins retenu quelque chose de la disposi- *Condition* tion du corps, les hommes y sont d'une stature haute, robuste, mais paresseux, *& naturel* & nullement propres au travail; c'est pourquoy ce fonds, qui autrement se- *tans.* roit tres-bon s'il estoit cultivé, demeure en friche, ayans bien de la peine à cultiver autant de terre qu'il leur en faut seulement pour vivre, & pour leurs autres necessitez. Pour subvenir à leur manque de vivres, ils s'adonnent à la chasse des cerfs, dont il y a quantité. Ils n'ont point de Roy, ny de Chef, chacun y est libre: ce n'est pas à dire qu'ils vivent en paix parmi eux, & qu'ils s'accordent & soient en bonne intelligence avec leurs voisins; car un village fait souvent la guerre à l'autre. Ils sont assez courtois & civils, & n'ont point d'aversion pour les estrangers. Ils peuvent avec leurs arcs & fleches empescher que l'ennemy n'entre de force dans leur pays. Il y a bien eu des Religieux Espagnols qui ont essayé à diverses fois de trouver quelque moyen

(X ij)

## 164　LA ONZIEME PROVINCE

pour les convertir à la Religion Chrestienne, mais on n'a pas beaucoup effectué, à cause de l'humeur de ce peuple trop sauvage & trop farouche; & s'il y en a eu quelques-uns qui ayent receu nostre croyance, ç'ont esté principalement ceux qui y estoient venus du continent de la Chine pour y trafiquer & negocier. Lors qu'ils voyent quelque nouveauté qui leur plaist, ils n'ont point de honte de la demander, quoy qu'indiscretement & sans jugement, comme font d'ordinaire les enfans; & si on leur en donne la moindre chose, les voilà aussi-tost contens & satisfaits. En Esté ils vont tous nuds, & fort mal couverts en Hyver. Les femmes sont de petite taille, sont honteuses quand les hommes les regardent. La plus grand part de ce peuple demeure dans les plus hautes montagnes, sans permettre que personne les vienne voir, il en descend pour faire ses affaires.

*Abondance de choses necessaires.*

Cette Isle abonde en cerfs, sangliers, lievres, faisans, pigeons, vaches & autres animaux privez & sauvages. On dit que la chair la plus douce & la plus delicate qui y soit est celle de vache; celle de sanglier n'est pas si commune, aussi l'estime-on plus delicieuse & friande. Il y a grande quâtité de gingembre, du bois de senteur d'aigle, des noix de palmes d'Inde, du fruit nommé Musa, & autres. Le fonds & le terroir est par tout gras & fertile, & s'il estoit cultivé par des Chinois, sans doute il produiroit beaucoup. On sçait assez qu'il se trouve de l'or dans ses montagnes; toutefois il n'y a personne qui jusques icy y ait osé entrer. Il y a des rivieres & des ruisseaux qui sortent & sourdent des montagnes, qui arrousent cette Isle & la rendent fertile. Les habitans de cette Isle trafiquent principalement en peaux de cerfs, & en chairs de ces animaux seichez, que les Chinois troquent pour des draps & de la soye; car ils les recherchent fort, comme des morceaux friands pour leurs tables. Elles sont en effet fort delicates, si on les fait tremper dans l'eau & puis cuire en suite; de façon que ceux de la Chine croyent que cette nourriture contribuë quelque chose à prolonger la vie; peut-estre à cause que les cerfs vivent fort long-temps; c'est pourquoy ils ont coustume de

*L'idole de l'immortalité.*

peindre leurs hommes immortels de cette sorte: ils vous representent petit homme d'un pied & demy, grasset, ramassé, & joufflu, avec une grosse panse, qui a les jambes croisées: à sa droite il y a un cerf qui regarde son maistre de costé, mais c'est d'un regard qui signifie des influences tout à fait favorables; au costé gauche, une cigogne, qui presente son bec recourbé & crochu à son maistre, qui a ses mains croisées dans ses manches, sa barbe venerable & longue, & l'estomac un peu descouvert, habillé & vestu fort magnifiquement. Ces Payens adorent en quelques endroits cette peinture comme leur Idole, & croyent que c'est une marque de felicité & de bonheur.

DE QVANGTVNG.   165

LA
DOVZIEME PROVINCE
QVANGTVNG.

LA Province de Quangſi borne cette Province au Couchant, *Les bornes*
& au Nord-oueſt; celle de Kiangſi la touche du coſté du
Septentrion: mais ce ne ſont que des montagnes qui en font
la ſeparation: au Nord-eſt elle a pour bornes celle de Fokien,
qui la borne par ſes hautes montagnes & par la riviere de Ting:
la mer en environne tout le reſte. On y trouve quantité de
ports & d'havres fort commodes. On compte dix villes dans
cette Province, & ſeptante trois citez, parmy leſquelles je ne comprens point
celle de Macao, qui appartient aux Portugais, ville fort renommée pour ſon
trafic, comme j'en parleray plus à propos dans ſon lieu. On dit qu'il y a 483360.
familles, & 1978022. hommes. Le tribut qu'elle paye pour le ris, eſt de 1017772.
ſacs; de poids de ſel 37380. ſans parler des autres droits que payent les marchandiſes & les vaiſſeaux.

Cette Province abonde en ce qui eſt neceſſaire à la vie & en marchandiſes de *Abondant*
prix qu'elle produit, ou qui s'y font par l'induſtrie de ſes habitans. Le pays eſt en *de toutes choſes.*
partie montagneux, & en partie plat, principalement au Midy; ſes campagnes
ſont ſi fertiles, qu'elles produiſent du grain deux fois par an, & ne ſentent point
aucune des incōmoditez de l'Hyver. On dit en commun proverbe, qu'il y a trois
choſes qui ſont particulieres à cette Province, un ciel ſans neiges, des arbres toûjours verds, & ſes habitans qui crachent du ſang; en effet on n'y void jamais de
neige, les arbres ne quittent point leurs fueilles, & ceux du pays ſe ſervent des
fueilles de Betel & de l'Areca, qui ſe prepare avec de la chaux, de ſorte qu'elle
teind leur ſalive en rouge, comme on le pratique auſſi dans toutes les Indes, ce
que Matthiole ne vouloit pas croire.

On y trouve beaucoup d'or, de pierres precieuſes, de perles, de ſoye, d'e- *Marchandiſes.*
ſtain, d'argent vif, de ſucre, de cuivre, de fer, d'acier, de ſalpeſtre, de bois
aquila, & d'autres bois de ſenteur. Les canons des armes à feu qui s'y fondent
ſont d'un fer fort doux, & peut-eſtre auſſi que le charbon de bois dont ils ſe ſervent pour le fondre y adjouſte quelque choſe, & rend le fer plus doux & plus
maniable, ce que ne fait pas le charbon de mine, qui l'endurcit trop & le reſſerre.

Il y a auſſi par tout d'excellens fruits, de ceux meſmes que nous avons dans
l'Europe; comme des grenades, des raiſins, des poires, des noix, des chaſtaignes:
elle a des bananas, des noix d'Indes, des ananas, des lichia, des lungyen, des
oranges & des citrons de toutes ſortes, meſme de ces oranges excellentes, dont
j'ay fait la deſcription plus haut dans la Province de Foxien. Outre tous ces
fruits, il y en a une ſorte que les Chinois nomment Yeuçu, les Portugais Iamboa,
& les Hollandois *Pompelmoes*; il croiſt ſur des arbres plus grands que les citroniers,
eſpineux comme ces citroniers qui ont la meſme fleur blanche, qui ſent extreme- *Limons qui*
ment bon, & dont on tire par diſtillation une eau tres-agreable. Pour les fruits, ils *ſe nomment Iamboa,*

( X iij )

sont beaucoup plus gros que ne sont nos plus gros citrons, c'est à dire pour le moins aussi gros que la teste d'un homme. Pour la couleur de la peau, elle ressemble aux autres oranges. La chair est rougeastre, aigre-douce, & a le goust d'un raisin qui n'est pas tout à fait meur ; c'est pourquoy on en fait & exprime une liqueur & breuvage, tout de mesme qu'on en tire dans l'Europe des cerises, poires, & pommes, dont on fait du citre : ce fruit se garde un an entier suspendu.

*Le naturel de ceux du pays.* Le peuple de cette Province est tout à fait industrieux ; il ne semble pas avoir l'esprit des plus prompts à inventer, mais il imite avec grande facilité les ouvrages des autres. Les Portugais ny les autres ne leur sçauroient rien montrer de rare qui vienne de l'Europe, qu'ils ne fassent aussi-tost ; mesme depuis peu ils font du verre (qui se fait de ris, & est plus mince & delié que le nostre, & par consequent plus fragile) toute sorte de lunettes, mesme des relevées en bosses, & des concaves, qu'ils mettent & enchassent dans des boëstes sans qu'elles se cassent : bien davantage, ils fondent aussi des verres triangulaires, à la verité ils n'approchent pas à la perfection de ceux qui se font dans l'Europe, mais ils n'en sont pas fort éloignez ; je ne croy pas qu'ils sçeussent l'art de faire du verre, avant que les Peres de nostre Societé eussent entré dans la Chine : ils font aussi ces horloges qui ont des roües dentelées, grandes & petites, quoy qu'ils ne comprenent pas encor comment se font nos petites monstres, qui sont si delicates, & qui sont à ressort. Ils font avec beaucoup d'industrie & d'adresse de petites chaisnes d'or fort deliées, qui sont d'or trait ; comme aussi des layetes & autres petits meubles & gentillesses semblables ; & il ne me souvient pas d'avoir jamais veu ailleurs de ces ouvrages, que les Espagnols nomment communément *obras de hiloy grana*. Ils font aussi diverses sortes de gentillesse fort curieuses par le moyen de leur colle de Cie ; & ce qui doit le plus estonner, c'est que tout cela est à tres-bon marché & à vil prix : car comme il est aisé d'y avoir la vie & le vestement, aussi les artisans se contentent-t'ils d'un fort petit gain.

*L'honneur & dignité de la charge de Gouverneur.* Le Viceroy de Quantung passe pour un des premiers Gouverneurs ; car comme cette Province est situéeà l'extremité du Royaume, fort éloignée de la Cour, & toute maritime, les chemins y sont dangereux à cause des voleurs, & la mer ne l'est pas moins du costé des pyrates. On a trouvé à propos par cette raison, que le Gouverneur de Quantung eust aussi pouvoir dans la Province de Quangsi (encore que la derniere ait aussi bien son Gouverneur que les autres ;) mesme c'est pour les raisons que je viens de dire, que ce Viceroy, contre la coustume ne fait pas sa residence à Quantung, qui est la capitale, mais dans la ville de Chaoking, qui est confiné à la Province de Quangsi, pour donner plus à propos les ordres ; l'Admiral fait sa residence dans la capitale, les Chinois le nomment Haitao, c'est luy qui prend garde aux entreprises des pyrates.

*Noms anciens.* Cette Province commença d'obeïr aux Empereurs de la Chine sous la fin de la famille de Cheva, & on l'appella pour lors le Royaume de Nanive : elle ne demeura pas long-temps dans la dependance des Chinois ; elle secoüa leur joug, & ne voulut plus connoistre que ses Rois de Nanive. Hiaoüüs de la famille Imperiale de Hana, reconquit ces peuples comme j'y estois, & les assujettit à son Empire, ils sont demeurez depuis dans l'obeïssance de l'Empereur Chinois. J'ay *La quantité qu'il y a de canes & d'oiseaux de rivieres.* admiré fort souvent le grand nombre d'oiseaux de riviere qu'il y a dans cette Province, & l'industrie particuliere de ceux du pays à les nourrir. Bien qu'on en éleve par toute la Chine, si est-ce qu'il n'y a point de lieu où il y en ait tant : ils mettent les œufs pour les faire éclore dans un four tiede, ou dans du fumier. Ils en nourrissent souvent de grandes bandes qu'ils mettent sur de petits bateaux, & les meinent paistre au bord de la mer ou des rivieres, afin que lors que la mer est basse, ils y puissent trouver des huistres, des chevrettes, & autres tels insectes de mer. Il y a d'ordinaire quantité bateaux qui y vont de compagnie, & plusieurs bandes de canards par consequent, qui se meslent sur le rivage quand la nuit

# DE QVANGTVNG. 167

vient, chacune retourne dans son bateau, comme les pigeons à leur colombier, pourveu qu'on frappe seulement sur un bassin; ce qui est leur signal de retraite: on a aussi accoustumé de les saler, sans qu'elles perdent rien de leur bon goust ny de leur premiere saveur; on sale aussi les œufs, en meslant du sel avec de l'argile ou terre glaise, dont on les couvre; de sorte que ce mélange & composition penetre au travers mesme de la coque des œufs; ce qui paroistra sans doute nouveau à ceux de l'Europe, & leur fait voir que les Chinois sont gens d'esprit: car si on met des œufs dans la saumure, ils n'en serõt pas plus salez pour cela; mais si on les frotte d'argile, ils s'imbibent de sel. Les Medecins de la Chine tiennent ces œufs fort sains, & en permettent l'usage à leurs malades. Il ne faut pas oublier la rose de la Chine, j'entens celle qui change deux fois de couleur tous les jours, & qui tantost est de couleur de pourpre, & tantost devient tout à fait blanche; elle est au reste sans odeur, & croist sur un arbre: ce changement de couleurs m'a tousjours semblé une de ces qualitez occultes & de ces secrets de nature, dont je laisse l'explication & la recherche plus exacte aux Naturalistes qui veulent expliquer la nature des couleurs par les differentes manieres dont la lumiere se reflechit. *œufs salez. Rose qui change de couleur.*

### *La premiere ou capitale Ville* QVANGCHEV.

LE territoire de cette ville appartenoit autrefois aux Rois de Nanive, elle estoit alors peu considerable, & se nommoit Iangching. Lors que Hiaovus eut conquis toutes les Provinces du Midy, il estendit un peu cet territoire, & la mit en consideration, y establissant un petit Roy son feudataire. Cynus le nomma Sinhoei; Suius Fancheu; les familles de Tanga & de Sunga luy donnerent le nom de Cinghai; mais celle de Taiminga luy a rendu son vieux nom de Quangcheu. Cette ville a sous elle quinze citez, entre lesquelles je ne compte pas Macao, quoy qu'elle soit située dans ce mesme ressort, 1. Quangcheu, 2. Xunte, 3. Túnguon, 4. Cengching, 5. Hiangxan, 6. Sinhoei, 7. Cingyúen, 8. Sinning, 9. çunghoa, 10. Lungmuen, 11. Sanxui, 12. Lien, 13. Iangxan, 14. Lienxan, 15. Sangan. *Noms anciens.*

Ce pays est renfermé de montagnes au Levant, au Septentrion, & au Couchant; le reste est environné de mers: il est par tout arrosé d'eaux, & a des campagnes agreables & fertiles: la capitale n'est pas renommée seulement pour sa grandeur, qui a bien prés de quatre lieües d'Alemagne, y comprenant les faux-bourgs, mais elle est aussi fort celebre pour la magnificence des bastimens publics, pour le grand nombre de ses habitans, & pour sa situation; & bien qu'elle soit un peu éloignée de la mer, si est-ce que les plus grands vaisseaux peuvent venir jusques sous ses murailles par les larges canaux qui l'environnent. Le trafic y est grand. Les Portugais de Macao tirent de grandes richesses de cette ville, leur estant permis d'y venir à la foire deux fois l'an, & d'y sejourner aussi long-temps qu'elle dure. Ils avoient accoustumé d'en tirer ces dernieres années mille trois cens quaisses de toute sorte d'étoffes de soye, chaque caisse en contenoit cent cinquante pieces, deux mille cinq cens pains (comme ils les appellent) ou lingots d'or, chacun de dix Toel, & le Toel pese environ treize onces: huit cens livres de musc, sans parler de la soye cruë, de l'or filé, des pierres precieuses, des perles, & d'autres semblables richesses. Les Marchands de Sion, de Camboya, & des endroits des Indes qui sont les plus proches, y viennent aussi: & il y a si grand nombre de vaisseaux, que le port vous paroist comme une forest entiere. Il faut vous imaginer la mesme chose de cette fameuse cité de Hiangxan, où demeurent les principaux marchands & les plus riches. *Les bornes & limites de cette ville. Les richesses. Le Toel poids de 13. onces.*

Macao passe il y a long-temps pour une des plus opulentes villes de tou-

## LA DOVZIEME PROVINCE

*La description de Macao.*

tes les Indes : elle est située dans une petite Peninsule, qui tient d'une plus grande Isle : elle est sur un promontoire, qu'on peut dire ne pouvoir pas estre aisément forcée : de tous costez environnée de la mer, à la reserve de cette petite langue de terre par laquelle elle tient à l'Isle. La mer qui la bat n'a pas grand fonds ; c'est pourquoy les navires n'en sçauroient approcher, si

*Macao ville extremement forte.*

ce n'est par le havre qui est defendu par un tres-beau Fort, sous les murailles duquel il faut que les vaisseaux passent. On voit dans ce Fort quantité de belles pieces d'artillerie & de fort gros canons de fonte, je ne pense pas qu'il s'en fasse un si grand nombre ailleurs, ni de si bons ; car c'est où on enfond tous les jours du cuivre, qui vient du Iapon & de la Chine, & qu'on en fournit toutes les Indes. Du costé de la terre, vous ne voyez aucun arbre dans le chemin, ni aucun empeschement, tout estant libre & découvert ; seulement il y deux chasteaux sur les prochains costeaux, bien munis, & qui augmentent beaucoup la force de la ville. Au mesme lieu où la ville est à present, estoit autrefois l'Idole nommée Ama. Vn havre en Chinois s'appelle Gao, c'est d'e là qu'est venu le mot d'Amacao. Ce lieu commença d'estre peuplé par les Portugais, qui s'y établirent du consentement des Chinois : peu de temps après elle devint tres-peuplée, à cause du trafic de l'Europe, que les Portugais y transporterent. Ses richesses sont tres-grandes ; mais elle tire son principal éclat de ces Seminaires de Prestres & de bons Religieux, qui fournissent toutes les Missions des Indes, du Iapon & de la Chine, & qui y hazardent tous les jours leur vie. Les Rois de Portugal l'ont erigée en ville, & le Pape en a fait un Evesché. Ce qu'il y a de rare dans cette Province est cet arbre que les Portugais nomment bois de fer, & avec raison, puisqu'il luy ressemble, tant par sa couleur, par sa pesanteur & par sa dureté, qu'il ne flote point sur l'eau, mais va au fonds.

*Les montagnes.*

La Compagnie de Iesus a aussi une Eglise à Quangcheu. Il y a trois costeaux remarquables pour leurs beaux edifices, le premier se nomme Iuesieu, l'autre Fan, le troisiéme Gheu. Proche de Xunte est la montagne de Lungnien, avec une fontaine tres-claire ; on y trouve de certaines pierres brutes, qui representent des grotesques ; les Chinois les recherchent fort, & s'en servent pour faire leurs montagnes artificielles.

La montagne de Tahi est proche de Tunguon au bord de la mer, où l'on compte trente-six petites isles.

Le mont de Huteu est proche de Tunguon, il forme une isle dans la mer fort grande & fort élevée, qui sert de Phare aux navigateurs.

La montagne Lofeu commence prés de Changching, va jusqu'à la cité de Polo', qui est de la dependance de la ville de Hoeicheu.

Proche de Sinhoei est l'Isle de Yaimuen, d'où le dernier des Empereurs de la famille de Sunga, se voyant chassé par les Tartares de la famille de Iuena, se precipita dans la mer avec un de ses plus fideles ministres.

Talo est une grande montagne proche de Cingyuen, qui de là s'avance dans le territoire de la cité de Hoaicie, jusqu'à la Province de Quangsi ; il y a encore à present un peuple sauvage qui ne reconnoist point l'Empereur de la Chine.

*Isles.*

Au Zud-est de Quangcheu on voit l'Isle de Pipa, & une autre au Levant nommée Liechi, qui a bien cinquante stades.

Proche de Tunguon est l'Isle de Xanhu, c'est à dire du coral, à cause qu'un pescheur en tira autrefois une branche de coral rouge.

## DE QVANGTVNG.

### La seconde Ville XAOCHEV.

IL n'est fait mention de cette ville que sur la fin de la famille de Cheva; pour lors on l'appelloit Pegao: elle vint apres sous l'obeïssance des Rois de çu: sous la famille de Cina elle fut comprise dans les terres de Nanhai; la famille de Hana la nomma Queyang; pour le nom qu'elle a eu depuis, elle l'a receu de la famille de Tanga. Le R. P. Trigaut la descrit un peu au long, mais fort elegamment, selon sa coustume. La ville de Xaocheu, dit-il, est entre deux rivieres navigables, qui s'assemblent icy & se joignent, l'une est au Levant, & vient de la ville de Nanhiung; l'autre vient de la Province de Huquang, & est au couchant de la ville. Mais comme ces rivieres laissoient peu d'espace pour bastir, son peuple s'est étendu sur les bords de ces rivieres. Le bord qui est au couchant, est plus habité, & est joint à la ville par un pont de bateaux. On compte cinq mille familles dans cette ville. Ce pays est tout à fait fertile en ris, pommes, poissons, bestail & herbages, l'air mal sain, rude & grossier. Il adjouste un peu plus bas. Il y a un convent de plus de mille sacrificateurs dans une fort belle campagne, environnée de tous costez d'agreables costeaux. Sur l'un de ces costeaux est le bastiment de leur Saint nommé Lausu, qui avoit passé sa vie dans la retraitte, chargé d'une grosse chaisne de fer, il cribloit tous les jours autant d'orge qu'il en faut pour cent Moines, & a donné sujet à cette fondation: ils disent que les vers s'estans mis dans les endroits de son corps où la chaisne portoit, s'il en tomboit quelqu'un il le ramassoit avec soin, le remettoit à l'endroit d'où il estoit tombé, & luy demandoit, pourquoy me quittes-tu, est-ce que tu ne trouves plus à manger sur moy? te traitay-je mal? Dans ce convent on garde son corps, où l'on vient en pelerinage de toute l'Empire. Ces sacrificateurs ou moines sont divisez en douze classes, qui ont chacune leur Prefet, & un Superieur de toute la maison.

*Noms anciens.*

*Au liu. 3. chap. 1.*

La montagne où est ce convent se nomme Nanhoa; la fontaine qui y prend sa source s'appelle çao, & est au Zud-est de Xao. On compte dans cette ville trois autres temples. La Compagnie de Jesus y a aussi eu autrefois une Eglise.

Ce pays est presque par tout montagneux, aussi le nomment-t'ils la Porte Septentrionale du Royaume de Iue; il contient six citez, Xaocheu, 2. Lochang, 3. Ginmhoa, 4. Iuyuen, 5. Vngyuen, 6. Ingte.

Proche de Lochang est la montagne de Chang, où il croist des roseaux noirs, dont on fait des flutes, & plusieurs autres instrumens qu'on croiroit estre d'ebene.

*Les montagnes.*

La montagne de Lichi est proche de Vngyuen: il y a un lac qui se forme de huit petits ruisseaux, son eau est estimée medicinale.

La riviere qui est au Midy se nomme Siang ou Kio, elle vient de la conjonction des rivieres de Chin & de Vu; la premiere descend de Nanhiung, & l'autre de Quangsi. Le lieu où elles s'assemblent est fort à craindre à cause des naufrages qui s'y font; ce danger a fait bastir au bord un temple, où les matelots font leurs offrandes pour obtenir une navigation heureuse.

*Les rivieres.*

Proche de Ginhoa est le ruisseau de Kinxe: les habitans coupent & divisent en des filets si deliez & si menus les roseaux qui sont sur ses bords, qu'ils en peuvent mesme faire des habits.

Le ruisseau de Tao, c'est à dire des pavies, est proche de Ingte; il y a beaucoup de cette sorte d'arbres plantez sur ses bords.

(Y

## LA DOVZIEME PROVINCE

### *La troisiéme Ville* NANHIVNG.

CEux qui remontent la riviere de Chin, voyent de loin la ville de Nan-hiung; aussi est-elle proche de sa source & la plus septentrionale de cette Province. Cette ville est fort marchande, quoy que toutes les marchandises qui y entrent soient portées par des portefaix qui ont un jour de chemin à faire; les marchands y payent des droits, mais de peu de chose, en quoy les plus habiles de l'Europe trouveront à apprendre d'un peuple qu'on a cy-devant fait passer pour barbare. On ne tire ny ne desbarque jamais les marchandises des vaisseaux pour les visiter, pourveu que les marchands fassent voir leurs livres, où le nombre des marchandises est marqué; les voyageurs qui ne sont point marchands ne payent rien pour les marchandises; & les Chinois ne sçavent ce que c'est de foüiller les gens, ny de les faire deshabiller pour voir s'ils portent des hardes qui doivent quelque droit.

*Chemin ap-plani.* Ce ne sont que montagnes aux environs de cette ville. Celle de Muilin rendoit autrefois ce chemin fort difficile: un Gouverneur de la ville fit sauter à ses despens, & rendit tout le chemin si aisé, que les hommes à cheval & les porteurs de chaise y passent fort aisément. Les Chinois par une reconnoissance fort raisonnable ont basty un temple à ce Gouverneur, où on luy brusle tousjours de l'encens. On void aussi une fort belle tour à neuf estages sur le plus haut de ce chemin.

*Noms anciens.* Ce pays reconnoissoit autrefois les Rois de çu sous la famille de Cina: il estoit de Nanhai, sous celle d'Hana de Queiyang; Nanhiung s'appelloit pour lors Hiungcheu; la famille de Sunga luy a donné le nom qu'elle a à present. Cette ville ne commande qu'à deux citez, à Nanhiung, & à Xihing.

On trouve dans ce pays une sorte de pierre si dure, qu'on en peut faire des haches & des couteaux; il y a aussi une petite pierre qui ressemble fort à l'encre de la Chine; l'on s'en sert comme nous faisons du crayon ou pierre noire.

*Les montagnes.* Muilin est cette montagne, où est le temple de Iunfung, dedié au Gouverneur Changkieulingus qui la fit applanir.

Tienfung montagne fort haute & fort grande, au Nord de la ville; la montagne de Siecung est l'une des plus belles de la Chine proche de Xihing.

*Les rivieres.* La riviere de Chin prend icy sa source, elle coupe toute cette Province par le milieu: elle change souvent de nom, tantost on l'appelle Siang, & tantost Kio.

La riviere de Mekiang ou d'encre; car l'eau en est fort noire, a de tres-excellens poissons.

### *La quatriéme Ville* HOEICHEV.

*La qualité de son fonds.* LE territoire de cette ville est estimé le meilleur de toute cette Province: il est découvert, & le fonds en est gras; il y a quantité de sources d'eaux.
*Les citez qui en relevent.* On y compte dix citez, Hoeicheu, 2. Polo, 3. Haifung, 4. Hoiúen, 5. Lungchuen, 6. Changlo, 7. Hingning, 8. Hoping, 9. Changning, 10. Iunggan.
*Noms anciens.* Leanghus la nomma Leanghoa; Suius Lungcheu; la famille de Tanga Haifung; mais celle de Sunga luy a donné le nom qu'elle garde encore à present. Elle est proche de la mer, aussi abonde-t-elle en poissons, en huistres, escrevisses, *Tortuës grosses comme des rochers.* & en cancres ou erables de tres-bon goust. Cette mer produit des tortuës si grosses, qu'à les voir de loin on diroit que ce sont des escueils ou des rochers; ils passent plus loin, & disent qu'ils en ont veu qui portoient sur leurs dos des arbrisseaux & des herbes. Les Chinois sçavent fort bien servir de l'escaille de tortuës, & en font mille jolies choses. On y pesche aussi l'Hoangcioyú, qui est

## DE QVANGTVNG. 171

un poisson jaune, ou pluſtoſt un oiſeau : car durant l'Eſté il vole ſur les monta- *Hoangcio, à* gnes, quand l'Automne eſt paſſé il ſe jette dans la mer, & devient poiſſon *poiſſon jau-* qui ne ſe peſche qu'en Hyver, & qui eſt fort delicat. *tout enſem-ble.*

L'on y remarque trois temples avec deux ponts : celuy qui eſt à l'orient de cette ville eſt de quarante grandes arcades, & joint les bords des deux rivieres qui s'y aſſemblent ; & l'autre eſt au couchant, ſur le lac de Fung, tout de pierre : ce lac eſt reveſtu tout au tour d'une digue de pierre avec des eſcluſes, pour en faire ſortir autant d'eau, qu'il en faut pour arrouſer les champs ſemez de ris.

Lofeu eſt une montagne proche de Polo, & l'une des dix plus grandes de *Les monta-* toute la Chine : elle ſe forme de la rencontre des montagnes de Lo & de Feu, *gnes.* & s'eſtend juſqu'au territoire de Houcheu : on dit qu'elle a trois mille ſix cens perches de haut, & trois cens ſtades de circuit, quinze coſteaux qui vont en montant, & quatre cens trente-deux cavernes ; ſans parler d'une infinité d'autres choſes que les Chinois y remarquent, tant ils ſont grands obſervateurs des montagnes ; mais comme cette curioſité va juſques à la ſuperſtition, je paſſe pluſieurs de leurs remarques. Il y croiſt de fort longs roſeaux & fort gros, dont *Roſeaux* les troncs ont par fois plus de dix palmes de circonference. *qui ſont fort gros.*

La grande montagne de Ho eſt proche de Lungchuen, l'on y compte trois cens ſeptante-deux coſteaux.

La riviere de Tung prend ſa ſource dans les montagnes de la ville de Can- *Les rivieres.* cheu dans la Province de Kiangſi, elle paſſe par la cité de Hayuen & par Hoeicheu, & delà entre dans la mer.

Le lac de Fung eſt au couchant de la ville, il a dix ſtades de circuit, avec deux Iſles, où les habitans ont fait baſtir quelques maiſons pour s'y divertir. Ce lac eſt reveſtu d'une digue de pierre tout à l'entour : il y a un pont qui le partage par le milieu, & qui va d'une Iſle à l'autre, & les joint à ſes bords : le rivage eſt orné de beaux arbres qu'on y a plantez, avec des jardins de plaiſance ; retraites tres-propres pour ceux qui veulent eſtudier.

### La cinquiéme Ville CHAOCHEV.

CE pays eſt le plus oriental de toute la Province, & n'eſt ſeparé de celle de Fokien, que par des montagnes ; il y a des eaux qui rendent ce terroir fertile, ſi ce n'eſt en peu de lieux où il eſt couvert de pierres & de rochers. Cette ville commande à dix citez, Chaocheu, 2. Chaoyang, 3. Kieyang, 4. Chin- *Les citez.* ghiang, 5. Iaoping, 6. Tapu, 7. Hoeilai, 8. Cinghai, 9. Puning, 10. Pingyven.

Le flux & refl ux de la mer va juſques ſous les murailles de cette ville : elle a au Levant un pont nommé Cichuen fort magnifique, dont la largeur eſt de cinq perches, & la longueur de quatre-vingt : il eſt ſur la riviere de Go : il y a auſſi deux temples remarquables.

Sous le Roy Cyn Chaocheu ſe nommoit Ygan, Leangus l'appella Ingcheu ; *Noms an-* Suius luy a donné le nom qu'elle a à preſent ; la famille de Tanga la nom- *ciens.* ma Chaoyang ; mais celle de Taiminga luy a rendu ſon nom de Chaocheu.

La montagne de Sangpu eſt proche de Kieyang, elle va juſques à la mer, *Les monta-* au bord de laquelle elle pouſſe un ſommet extrémement haut : on dit qu'il *gnes les plus* s'y trouve des fleurs & des oiſeaux fort rares, qui ne ſe trouvent point ailleurs. *notables.*

Proche de Kieyang eſt une montagne qui porte le meſme nom, & ſe diviſe en deux branches, dont l'une va vers la cité de Hingning, & l'autre vers celle de Haifung.

La montagne de Pehoa eſt proche de Hoeilai, elle tire ſon nom des fleurs,

(Y ij)

car aussi en produit-elle toute l'année de differentes, selon la diversité des saisons.

Proche de Chinghiang il y a de grandes montagnes avec de grands precipices, où ils disent qu'il s'y est perdu beaucoup de gens, qui y estoient allez pour en faire la recherche.

*Les rivieres.* Au Levant de la ville est le lac de Tung, & un autre au Couchant, nommé Si: chacun d'eux a environ dix stades: les forests, les costeaux & les bastimens qu'on y voit, en rendent la veüe fort agreable.

La riviere de ço est au levant de cette ville, il s'y trouve des Crocodyles.

### La sixiéme Ville CHAOKING.

*Noblesse de cette ville.* UN Gouverneur de deux grandes Provinces y fait sa residence : elle est considerable par ses edifices & par cette grande riviere, qui en sortant de la Province de Quangsi, s'enfle d'une grande quantité d'eaux, & passe par cette ville vers le Midy. Hors de la ville vers l'Orient, sur le bord de la riviere on voit une tour à neuf estages fort superbe, qui est une de celles dont ce peuple, par une superstition fort ancienne parmy eux, s'est imaginé que dependoit la felicité & le bonheur du pays. Il y a aussi un temple fort magnifique, où l'on *Statuë fort rare.* voit la statuë d'un Gouverneur : la coustume est fort ordinaire à ces peuples, de faire paroistre par là leur reconnoissance & leur gratitude à la memoire des Gouverneurs qui les ont bien traitez. Hors de la ville il y a un village, ou plustost un faux-bourg planté de fort beaux arbres & rempli de jardins. La ville commande à onze citez, Chaoking, 2. Suhoei, 3. Sinhing, 4. Yangchun, 5. Yangkiang, 6. Caoming, 7. Genping, 8. Tekingo, 9. Quangning, 10. Fuchuen, 11. Caikien.

*Des Paons.* On trouve dans ce pays quantité de Paons, sauvages & privez, qui sont rares dans les autres Provinces, & on les y porte d'icy. Il y a une riviere où on pes- *Poisson vache.* che un poisson, que ceux de la Chine nomment la vache qui nage : elle vient souvent à terre, & se bat parfois contre les vaches domestiques, qu'elle heurte de sa corne, mais quand elle a demeuré long temps hors de l'eau, sa corne s'amollit, & l'oblige à se retirer dans l'eau, où elle recouvre sa premiere dureté. Ce pays *Bois rares.* produit aussi beaucoup de bois d'Aquila, & celuy que les Portugais nomment *Pao de rosa*, ou bois de rose, dont ils se servent d'ordinaire pour faire des tables, des chaires & autres ameublemens ; c'est le meilleur bois de cette espece qui se puisse trouver ; car il est d'un noir qui tire sur le rouge, marqué de veines, & peint naturellement, comme de la main du plus habile peintre du monde.

Ce pays, sous la famille Imperiale de Cheva estoit du Peago, sous celle de *Noms anciens.* Cina du Nanhai; Leangus le nomma Caoyang, & Suius Sigan; la famille de Tanga l'appella Xuicheu ; pour le nom qu'il a à present, c'est de celle de Sunga qu'il le tient.

*Les montagnes.* Au Nord de la ville est la montagne de Ting : ils disent qu'il y a une roche de deux cens perches de hauteur.

*Exemple de chasteté.* La montagne de Chin ou de la Chasteté, à cause d'une jeune fille qui y garda sa chasteté jusques à la mort : elle s'enfuit dans cette montagne apres la mort d'un homme à qui elle avoit esté promise, & qui fut tué sur le point de l'espouser, elle s'y retira, ses parens la voulant contraindre de se marier à un autre. Cette montagne est dans le territoire de la cité de Suhoei, où il y a encore un autre temple dedié à cette fille ; tant cette nation a d'estime pour ces exemples de vertu, qui y sont fort rares & extraordinaires.

*Fontaine admirable.* Proche de Sinhing est la montagne de Tienlu, pleine de cavernes, & dont la veüe donne de l'horreur ; on dit qu'il y a une fontaine ou plustost un estang, où si on jette la moindre petite pierre, on entend aussi-tost un bruit comme

DE QVANGTVNG.

d'un tonnerre, que l'air se brouille incontinent, & qu'il tombe de la pluye; on l'appelle l'estang du dragon. On rapporte la mesme chose d'un lac qui est dans les Alpes.

Hailing est le nom d'une montagne ou d'une Isle qui a trois cens stades; elle se nomme aussi Locheu, & est proche de la cité de Yangkiang.

Caoleang est une montagne proche de Teking, elle produit de grands arbres qu'ils appellent bois de fer, à cause de la dureté & de la pesanteur de leur bois.

### La septiéme Ville KAOCHEV.

CE pays a esté autrefois aux Rois de Iue: quand la famille de Cina les eut défais, elle le mit dans le ressort de Nanhai; la famille de Hana nomma cette ville Caoking; pour le nom qu'elle a à present, c'est le Roy Leangus qui le luy a donné. Elle gouverne six citez, & est bordée de la mer, & des montagnes qui la renferment comme autant de murailles: ses citez sont, Kaocheu, 2. Tienpe, 3. Sing, 4. Hoao, 5. Vuchuen, 6. Xeching. *Noms anciens.*

On y trouve quantité de paons, & d'excellens oiseaux pour la volerie: on y tire aussi des pierres qui sont comme du marbre, qui se taillent en fueilles, dont ceux de la Chine se servent pour faire des tables & autres semblables ameublemens; elles representent naturellement des montagnes, des eaux & des paysages. Les habitans du pays peschent des perles dans la mer qui en est proche. La pesche qui se fait entre cette Province & l'Isle de Hanan est fort ancienne: on y trouve aussi une sorte de poisson, qui a quatre yeux, six pieds, & qui a en quelque sorte la forme d'un foye: les Chinois asseurent que ce poisson crache des perles, peut-estre que ce poisson avale les huistres, & rend aprés les perles. *Poisson qui a quatre yeux.*

Ils écrivent aussi qu'il y a un autre animal dans cette mer, qui a la teste d'un oiseau & la queuë d'un poisson, & qu'on trouve dedans certaines petites pierres precieuses; il est tres-vray qu'il y a de certains cancres de mer qu'on prend vifs dans l'eau, entre cette ville & l'Isle de Hainan, qui ne different presque point des cancres ordinaires, si ce n'est que tout aussi-tost qu'on les tire de l'eau & qu'ils sentent l'air, ils s'endurcissent comme les pierres les plus dures, conservant leur premiere forme de cancres. Les Portugais & ceux de la Chine s'en servent contre les fievres chaudes. Il y en a de cette mesme espece dans un certain lac de l'Isle de Hainan. *Cancres qui deviennent pierres.*

Le flux & reflux de la mer monte jusqu'à Kaocheu par la riviere de Lien, de façon que les navires y peuvent entrer; de là vient l'abondance de cette Ville.

La montagne de Feu est au levant de cette ville: elle est si haute, qu'on asseure qu'il n'y a eu que le sommet seul de cette montagne qui ait surpassé les eaux au temps du deluge de la Chine; & que ce fut là que quelques hommes se sauverent. *Les montagnes.*

La montagne de Caoleang est proche de Tienpe; ceux qui y demeurent n'ont point à craindre les chaleurs de l'Esté, ni le froid de l'Hyver, tant elle est temperée.

Proche de la cité de Hoa ils decrivent une montagne nommée Pao, c'est à dire la precieuse, qui fournit un lieu de divertissement à ses habitans.

### La huitiéme Ville LIENCHEV.

CEtte ville gouverne quatre citez, Liencheu, 2. Kingo, 3. Lingxan, 4. Xehen. C'est le pays le plus occidental de la Province de Quantung, il touche au Royaume de Tungking, dont il n'est separé que par des monta-

(Y iij)

174　LA DOVZIEME PROVINCE

gnes & par la riviere de King : on a bien de la peine à entrer dans Tungking, à cause que les montagnes en sont inaccessibles ; il semble que la nature ait separé ces deux pays. Ceux de Tungking n'ont pas laissé d'y adjouster l'artifice, & se sont mis assez à couvert de ce costé là des forces des Chinois.

*Ses anciens noms.* Ce pays estoit autrefois de Nangao, la famille de Cina l'avoit placé dans le pays de Siang ; celle de Hana le nomma Hopu, & Suius Hocheu ; c'est la famille de Tanga, qui luy a donné la premiere le nom qu'elle a, celle de Sunga le changea pour celuy de Taiping ; mais la famille de Taiminga luy redonna son nom de Liencheu.

On tire de ce pays des paons, des perles, & plusieurs beaux ouvrages d'escaille de tortuës. Il y a deux temples considerables.

*Les montagnes.* Au Nord de la ville est une fort grande montagne, où il y a un destour extremement caché, on le nomme Vhoang : voicy le conte que les Chinois en font ; ils disent qu'on y void des fruits qui ne se trouveront jamais ailleurs, qu'il est permis d'en manger, mais non pas d'en emporter ; qu'autrement on ne pourroit jamais trouver le chemin pour sortir des detours de cette montagne ; ne seroit-ce point quelqu'un de ces pays de Lotophages ? certes la fable y a assez de rapport.

La cité de King a la montagne de Heng tout proche de son fossé.

La montagne de Loyang est proche de Lingxan, si haute au reste qu'il faut mettre deux jours entiers pour aller jusqu'au sommet : le chemin en est fort difficile de la cité de King en tirant vers le couchant par les montagnes. Lors que Mayúenus prit les armes pour se rendre maistre de Tungking, il y dressa des colomnes d'airain pour reconnoistre le chemin en retournant : on en void encore une, comme on descend du sommet de Fuenmao, où sont les bornes entre le Tungking & la Chine.

*Les rivieres.* Liencheu a la mer au Zud-est : il y a un fort bel havre pour les vaisseaux, nommé le port de Chung.

La riviere de King prend sa source dans les confins de la Province de Quangsi, & de là passe à l'orient de la cité de King, à qui elle donne le nom, & entre dans la mer par une fort large embouchure.

La riviere de Lungmuen prend sa source dans les montagnes qui sont au couchant de la cité de King, & puis passe dans le Royaume de Tungking.

Il y a cinq petits lacs nommez V, qui environnent la cité de King.

## La neufiéme Ville LVICHEV.

*Sa situation.* LVICHEV est située dans un fonds fort agreable, & la plus fertile & abondante de toutes les villes occidentales de cette Province ; elle a la mer à l'Orient : le tonnerre a donné le nom à cette ville, ils disent qu'il fit sortir une agreable fontaine d'une montagne ; les habitans y ont basty un magnifi-*Opinion de ceux de la Chine touchant le foudre.* que temple à l'esprit ou au dieu des foudres ; ils croyent que la foudre est une piece de marteau rompu, & que c'est ce marteau qui fait le bruit de la foudre ; le tonnerre y gronde presque toute l'année. Cette ville est aussi embellie du lac de Lohu, qui est à son couchant, dont il s'en forme un autre dans la ville par le moyen d'un canal qu'on a tiré du premier. Elle a trois citez sous sa jurisdi-*Noms anciens.* ction, Luicheu, 2. Suiki, 3. Siúuen. On l'appelloit anciennement le pays de Gao, & sous la famille de Hana Siúuen ; Leangus le nomma Hocheu ; pour le nom qu'elle a à present, c'est la famille de Taiminga qui le luy a donné.

*Vn poisson vache, qui court fort viste.* On tire de ce pays des poissons, des paons, & des perles : il y a aussi un animal que les Chinois nomment la vache, qui va viste : il se defend d'une corne fort longue & ronde qu'il a sur son front : ils disent qu'il peut faire plus de trois cens *Vne sorte d'osier qui s'appelle la* stades en un jour. Il croist dans tous ces pays cette sorte d'osier si admirable, que les Chinois nomment Teng, & les Portugais la roüe ; vous diriez que c'est

# DE QVANGTVNG. 175

une corde naturellement entortillée; ces fions sont fort longs, il rampe & traisne *Roüë, & son* par terre comme une corde; cet osier a des espines, il est verd, & a de longues *usage.* fueilles; il n'est pas tout à fait si gros que le doigt: il s'estend de la longueur d'une stade; & il y en a si grande quantité sur les montagnes, que cette plante venant à s'entortiller, embarrasse en sorte le passage, que les cerfs mesmes n'y sçauroient passer. Cet osier est tres-souple, il ne se rompt pas aisément, aussi a-t'on accoustumé d'en faire des cables & des cordages de navires : on le coupe aussi, & on le separe en filets fort menus & deliez, dont on fait des corbeilles, des paniers, des clayes, des sieges & autres choses semblables; mais sur tout des nattes fort commodes, qui servent de matelats à la pluspart des Chinois; cette garniture de lit est tousjours nette, ils en forment aussi des lits de repos, & des coussins qu'ils parfument.

La montagne de Kinglui, où le foudre fit foudre une fontaine, est au Midy *Les montagnes.* de cette ville.

Tasunglai est une montagne proche de Suiki, en une Isle qui est dans la mer, qui a bien septante stades de circuit. Il y a huit gros bourgs qui sont fort peuplez, où tout le monde s'occupe à pescher des perles.

La mer entre dans cette ville à l'orient; le lac de Lohu luy est au couchant, *Les rivieres.* il se nomme aussi le lac de Si.

## La dixiéme Ville KIVNCHEV.

IL faut passer un bras de mer pour venir dans cette ville; car elle est dans l'Isle de Hainan, située sur un promontoire qui regarde le levant, tellement que les vaisseaux peuvent venir aisément iusques sous ses murailles. Elle est la capitale de l'Isle, & a jurisdiction sur treize citez qui sont aussi dans cette Isle, Kieuncheu, 2. Chingyu, 3. Lincao, 4. Tingan, 5. Venchang, *Les cinq.* 6. Hoeitung, 7. Lohoei, 8. Cheono, 9. Changhoa, 10. Vano, 11. Lingxui, 12. Yaio, 13. Cangen. Cette Isle est presque toute couverte de montagnes & de vieilles forests, & abonde en tout ce qui est necessaire aux besoins de la vie. Les places, qui sont sur le rivage dependent des Chinois, & obeïssent à l'Empire. Pour ceux qui sont au cœur du pays, ils sont libres, sans reconnoistre les Gouverneurs de la Chine, se contentans de negocier avec les Chinois, qui demeurent sur le rivage, dont ils tirent principalement du sel & des habits. Les Chinois escrivent qu'il y a des mines d'or & d'argent dans les montagnes; toutefois ces montagnards n'en veulent pas tirer, ou à tout le moins ne s'en soucient gueres; ils amassent bien à la verité un peu d'or çà & là dans le sable des rivieres. Il ne se trouve point ailleurs tant de perles que sur les rivages de l'Isle du costé du Septentrion. Le bois d'Aquila, qui est un bois de senteur, croist dans les *Bois d'Aigle* montagnes; comme aussi l'Ebene, le bois de Rose, & celuy qu'on nomme d'or- *& de Bresil.* dinaire bois de Bresil, dont ils se servent dans toute la Chine pour en faire leurs teintures: il y croist aussi par tout des noix d'Indes, des grosses & des petites, & un autre fruit estimé le plus gros du monde, appellé Iaca dans les Indes: à cause *Iaca le plus* de sa grosseur il ne croist pas sur les branches des arbres, quoy qu'il en ait pour- *gros fruit* tant d'assez grosses, mais sur le tronc mesme; comme si les branches craignoient *du monde.* de ne pouvoir supporter une si pesante charge: l'escorce du fruit est si dure & si epaisse, qu'il est besoin d'une hache pour la fendre & pour l'ouvrir; il y a dedans quantité de logettes qui contiennent une chair jaune; quand elle est meure, elle est fort douce & agreable; si on la cuit dans les cendres, elle a le mesme goust qu'ont nos chastaignes. Cette Isle produit aussi par tout de l'osier ou de la roüé, dont nous avons fait mention cy-dessus; mais sur tout de celle qu'on nomme osier blanc: elle est aussi pleine de cerfs, de diverses sortes d'oiseaux, de quantité d'animaux privez, & aussi de bestes sauvages. Les Chinois prenent des Baleines au Se-

# 176  LA DOVZIE'ME PROVINCE DE QVANG

ptentrion de l'Isle, de la mesme façon que les Hollandois les peschent vers le Nord proche de Groenland : ils en tirent une huile dont ils se servent diversement. Il y a une merveilleuse herbe qu'ils appellent Chifung, c'est à dire qui monstre le vent ; car les gens de mer asseurent qu'ils peuvent sçavoir toute l'année en quel temps il y aura de grands vents, en observant les nœuds de cette herbe ; car moins il y a de nœuds, moins doit-on craindre les tempestes cette année ; ils adjoustent, que par la distance des nœuds de la racine ils peuvent mesme predire en quel temps les tempestes doivent arriver.

*l'Herbe de Chifung.*

Les Chinois disent que cette Isle a mille stades. La Compagnie de IESVS y a des Eglises, avec un grand nombre de Chrestiens. Autrefois on la nommoit la terre de Gao, avant qu'elle fust sous l'obeïssance des Chinois. Ce grand Empereur Hiaovus de la famille de Hana s'en est rendu maistre le premier ; & parce qu'il y trouva quantité de perles, il la nomma Chuyai, & y bastit une ville, qui est celle qui se nomme à present Kiuncheu ; car Chuyai signifie le rivage aux perles : Leangus l'appella Yaicheu ; pour le nom qu'elle a à present, c'est la famille de Tanga qui le luy a donné, il vient de Kiún, qui signifie marbre rouge, dont il y en a beaucoup. Toute cette Isle se nomme communément Hainan, c'est à dire au Midy de la mer.

*Abondance de perles.*

*Noms anciens.*

Au Zud-est de la ville est la montagne de Tao, la vingt-quatriesme entre les celebres de Taoxu, il en sort un ruisseau qui fait trente-six destours.

*Les montanes.*

Au Midy est la montagne de Kiún, où l'on trouve du marbre rouge, dont la ville tire son nom.

Proche de Lincao est la montagne de Pisie, fameuse pour les contes fabuleux que les Chinois en font ; car ils disent qu'il s'y trouve un animal extremement rusé, qui a la forme d'un chien ; & ils veulent que ç'ait esté un de ces animaux, qui conduisit autrefois l'armée de ces Insulaires par des routes & des chemins inconnus, pour couper chemin à leurs ennemis les peuples de Cochinchina, qui estoient entrez dans leur Isle ; qu'ainsi ceux de l'Isle remporterent & obtinrent une fort grande victoire ; & en ce mesme endroit ils bastirent un temple à l'honneur de cet animal.

*Animal fort rusé, à qui on a dedié un temple.*

Proche de la cité de Van est l'Isle de Tocheu, qui a cent stades. Il y a une montagne qui va au de là des nuës. Il y en a une autre proche de la cité de Yai, qui s'appelle Hoeifung : on assure qu'elle est au dessus de la region de l'air où la pluye se forme, aussi la nomme-on Hocifung, c'est à dire qui appaise le vent.

Pour ce qui est de la mer le long de la coste de la cité de Kiún, les Geographes Chinois escrivent qu'elle a cecy de remarquable ; c'est qu'on n'y apperçoit point le flux ny le reflux de la mer, qui toutefois est fort sensible dans les autres endroits qui en sont proche, mais que l'eau monte durant quinze jours vers l'orient, & descend le reste du mois vers le couchant.

*Les rivieres.*

Le lac de Tung est proche de la ville au levant ; ce lac s'est formé en un lieu où la terre s'entr'ouvrit & engloutit une grande ville.

### Les Forts.

ON compte dix Forts, 1. Taching, 2. Tungo, 3. Hanxan, 4. Cinghai, 5. Kiaçu, 6. Kiexe, 7. Ciexing, 8. Hiung, 9. Iungching, 10. Ciunling.

LA
# TREIZIE'ME PROVINCE
# DE QVANGSI.

CETTE Province ne peut pas entrer en comparaison avec les precedentes, pour sa grandeur, pour le commerce, ny pour sa beauté; elle est passablement pourveuë de ce qui est necessaire à la vie. Elle a onze villes avec une ville de guerre, & quatre-vingt dix-neuf citez sous leur dependance. Tout ce pays est montagneux, hormis celuy qui approche le plus du Midy, & qui va jusqu'au bord de la mer, où tout est fort bien cultivé, à cause que le fonds & le terroir est plat, & que l'air y est plus doux. Le quartier qui tire vers le Midy n'est point sujet à l'Empereur de la Chine, une partie est du Royaume de Tungking. Ces lieux sont distinguez dans la carte par des lignes ponctuées, d'avec ceux qui appartiennent aux Chinois.

Cette Province est arrousée de plusieurs grosses rivieres, & elle en reçoit *Les rivieres.* quelques-unes qui viennent des autres Provinces, comme aussi elle donne la naissance à d'autres rivieres qui prennent leur source, considerables en ce qu'elles se joignent & se rendent toutes au mesme lieu vers l'Orient de cette Province, comme si c'estoit par un dessein formé, tant celles qui vont du Septentrion au Midy, que celles qui passent du couchant vers l'Orient, car s'estant vnies ensemble, elles se jettent avec impetuosité dans la Province voisine de Quangtung.

Les limites de cette Province sont à l'Orient & au Zud-est, & plus avant *Ses bornes* vers le Midy; la Province de Quangtung: au Zud-ouest elle confine au Royau- *& limites.* me de Tungking ou de Ganan; la Province de Iunnan la borne au couchant; au Nord-ouest elle aboutit à celle de Queicheu, la Province de Huquang borne le reste. La partie qui est vers le Septentrion est un peu plus rude & moins cultivée, à cause des montagnes qui y sont plus frequentes, plus hautes, & les bois presque par tout plus épais. Le pays est meilleur vers l'Orient, & a des rivieres navigables, bien qu'elles soient fort rapides; il y a des Chinois qui y demeurent, & qui reconnoissent l'Empereur; au couchant il n'y a que des montagnes qui ne sont aucunement sujetes à la Chine. Dans le roolle de tout *Nombre des* l'Empire de la Chine, on trouve qu'il y a dans cette Province 186719. familles, *hommes.* & 1054760. hommes: le tribut du ris est de 431359. sacs.

Avant cette derniere guerre des Tartares, dont nous avons veu la funeste tragedie, l'Evangile n'avoit point penetré dans cette Province; mais le dernier Empereur s'y estant retiré avec plusieurs de ses principaux Officiers qui estoient Chrestiens, nos Peres eurent par là une occasion favorable de le prescher, comme nous le dirons cy-apres.

La carte fait assez voir la commodité que toute cette Province tire des rivieres & des eaux qui l'arrousent; pour moy je ne croy pas qu'on puisse trouver ailleurs un pays qui ressemble à cetui-cy. La grande riviere de Ly borne la partie Meridionale de cette Province; celle de Puon la coupe par le milieu, & coule aussi du couchant au levant; celle de Tugni autrement la Gauche, & celle de ço arrou-

(Z

178    LA TREIZIEME PROVINCE

sent tout le reste & y font plusieurs detours, de sorte qu'il ne se peut rien ajouster au plaisir & à la commodité qu'on en reçoit : toutes ces rivieres s'assemblent enfin proche de la ville de Gucheu, & de là elles entrent dans la Province de Quangtung.

### La premiere ou capitale Ville QVEILIN.

AVant que ce pays fust sous l'obeïssance des Empereurs de la Chine, il estoit de la Seigneurie de Pegao, & c'estoient pour lors les dernieres terres de cet Empire vers le Septentrion, c'estoient aussi les bornes du Royaume de çu. Ceux de la famille de Cina ont esté les premiers, qui après s'en estre rendus les maistres, les ont nommées Queilin ; Leangus les appella Queicheu, la famille de Tanga Kienling, celle de Sunga Cingkiang ; la famille de Taiminga luy a rendu le nom de Cingkiang, qu'elle tient principalement des fleurs de Quei. L'on en trouve par toute la Chine, mais plus dans cette Province, & sur tout dans le territoire de cette ville ; c'est de là qu'elle tire son nom de Queilin, qui signifie une forest de fleurs de Quei. Cette fleur naist sur un arbre fort haut, les fueilles ressemblent à celles d'un laurier ou d'un arbre de canelle, la fleur est fort petite, jaune, & vient par bouquets, elle se conserve sur l'arbre fort long temps sans se flaistrir ; lors qu'elle tombe, l'arbre pousse au bout d'un mois, une nouvelle fleur en Automne ; elle rend une odeur si agreable, qu'elle parfume tout le pays où ces arbres croissent. Ie n'ay pû luy trouver de nom en Latin ; c'est de cette fleur dont les Turcs se servent pour teindre le crin de leurs chevaux, après l'avoir fait tremper dans du suc de limons ; ceux de la Chine en servent sur leurs tables au dessert.

*Ses anciens noms.*

*La fleur de Quei.*

*Sa situation & ses citez.*

Queilin est proche de la riviere de Quei ou de Ly, à l'Orient ; cette riviere passe avec une tres-grande rapidité au travers de vallées fort étroites. Queilin a neuf citez sujettes, Queilin, 2. Hinggan, 3. Lingchuen, 4. Yangso, 5 Iungning, 6. Iungso, 7. Yning, 8. Cineno, 9. Quonyang.

*Iunglie dernier Empereur de la Chine, dont la mere, la femme, & le fils sont Chrestiens.*

Il y a un Lieutenant qui y fait sa residence, & un petit Roy descendu de la famille de Taiminga. Dans cette derniere guerre contre les Tartares, les Chinois, qu'ils n'ont pas encore subjuguez, l'ont élû pour l'Empereur ; il se nomme Iunglie, est maistre de cette Province, & fait encore quelque resistance aux Tartares ; c'est le sixiéme des Empereurs que les Chinois ont choisi successivement en divers endroits pour faire teste aux Tartares qui ont fait mourir les autres comme c'est leur coustume ; mais cetuy-cy se defend encore avec beaucoup de courage. Sa mere, sa femme, & son fils font profession de la Religion Chrestienne, pour laquelle il n'a pas d'aversion, ayant tousjours des Peres de nostre Société prés de sa personne, & des principaux Officiers qui se sont rendus Chrestiens, comme on le peut voir dans plusieurs relations des Peres de nostre Compagnie, qui parlent aussi d'un Ambassadeur que la mere de cet Empereur envoya au Pape. On prend en ce pays des oiseaux dont les plumes sont de diverses couleurs, tres-vives : ceux de la Chine les entrelacent dans leurs estoffes & draps de soye. On y tire aussi de fort bonnes pierres, dont les Chinois se servent pour preparer leur encre, qu'ils employent avec un pinceau & non pas avec la plume, & peignent bien plus mignonement & proprement leurs lettres & caracteres, que s'ils escrivoient avec une plume.

*Oiseaux de diverses couleurs.*

*Puits d'une qualité admirable.*

Il y trois temples remarquables dediez aux Heros, & un puits proche de Hingan, dont la qualité est merveilleuse, la moitié de l'eau en est trouble, & l'autre claire comme cristal ; que si on les mesle ensemble, elles se separent, & chacune reprend sa premiere qualité.

*Les montagnes.*

La montagne de Quei est au Nord de la ville ; elle a ce nom à cause de la

DE QVANGSI.

quantité d'arbres de Quei; c'est de là que la ville mesme tire son nom: le fonds où ces arbres croissent n'en souffre point d'autres.

La montagne de Tosieu est proche de Queilin: il y a un lieu fort propre pour les speculations des gens de lettres.

La montagne de Ly est au Zud-est, elle a la figure d'un elephant, & elle est sur le bord de la riviere.

La montagne de Xin est au Nord-est, elle a trois sommets qui sont fort hauts: sur l'un de ces sommets l'on voit un Palais, qui est au dessus des nuës.

La montagne de Haiyang est proche de Hinggan, elle s'avance jusques vers Lingchuen, il y a une caverne pleine d'eau, où on trouve des poissons à quatre pieds, & qui ont une corne dont ils heurtent: ce peuple superstitieux dit que le dragon en fait ses delices; c'est pourquoy ils n'osent en tuer aucun. *Poisson qui frappe de la corne.*

La montagne de Hoa est sur le bord de la riviere de Quei proche de Yangso. Hoa signifie la fleur, epitete qui luy convient assez à cause de la diversité des couleurs qu'on y remaque.

Prés de Iungso est la montagne de Fungçao, c'est à dire nid du Phœnix. On écrit qu'il s'y trouva autrefois une pierre d'un prix inestimable.

Proche de la cité de Civen est la montagne de Siang, où on voit un magnifique temple avec un convent.

Comme on va de la ville vers le Septentrion, il y a un chemin qui va en montant par les montagnes, au bout duquel on trouve sept eminences ou collines disposées comme les estoiles de la grande ourse qui est au Ciel; c'est de là qu'elles tiennent le nom de Ciesing, c'est à dire les eminences des sept estoiles.

La riviere de Ly ou de Quei renferme la ville du Nord au Midy; elle prend sa source dans les confins de la Province de Huquang, de là elle passe au travers des montagnes & des vallées, avec rapidité & un grand bruit qu'elle fait en tombant, elle amasse çà & là plusieurs ruisseaux & rivieres moins considerables. Le lac de Si contient soixante & dix arpens de terre, & est au couchant de la ville: on y void le costeau de In qu'on prendroit pour une Isle. *Les rivieres.*

### La seconde Ville LIEVCHEV.

LE territoire de cette ville, pour parler avec nostre autheur Chinois, est de grande estenduë, plein de montagnes, & a de belles eaux. Lieucheu signifie la ville aux saules; elle a jurisdiction sur douze citez, Lieucheu, 2. Coyung, 3. Loching, 4. Lieuching, 5. Hoaiyuen, 6. Yung, 7. Lainpin, 8. Siango, 9. Vuciuen, 10. Pino, 11. Cienkiang, 12. Xanglin.

Ce pays dependoit anciennement de celuy de Pegao: sous la famille de Cina il estoit du ressort de Queilin, sous celle de Hana de celuy de Hyolin: le Roy Chin le nomma Siang; la famille de Tanga le nomma premierement Lucing, & luy donna peu de temps aprés celuy de Lieucheu, qu'elle a gardé jusques à present. Elle produit des herbes qu'on recherche fort pour la medecine; entre autres l'herbe de Pusu, qu'ils nomment l'immortelle, parce qu'on la peut garder tousjours verte. Elle a deux temples remarquables qui sont dediez aux Heros, l'un se nomme Lieuheu, proche du petit lac de Lochi, fameux pour ses pavillons & ses bastimens, où ceux de Lieucheu vont fort souvent se divertir. *Les anciens noms.*

Ceux de la Chine estiment fort la cité Vuciven, à cause de la vivacité de l'esprit de ses habitans: aussi à chaque examen il y a plusieurs Docteurs à qui on donne des gouvernemens.

( Z ij

*Les montagnes.*    La montagne de Sienye est au Midy de la ville: les Chinois y remarquent bien des raretez; une fort grande caverne entre autres, & un sommet fort haut, tout à plomb, & escarpé comme une muraille avec une maison de pierre, ou creux dans la roche, qui est une de ces remarques qui leur font principalement estimer les montagnes.

Sur le bord de la riviere & au Zud-est est la montagne de Hocio, separée des autres.

La montagne de Xintang est proche de la cité de Siang, fort haute & roide, de sorte qu'on a bien de la peine à y monter; il y a au sommet un lac fort agreable & fort poissonneux, environné de tous costez de fleurs & d'arbres: les Chinois qui sont naturellement tres-curieux, prennent la peine d'y monter: ils disent que ces hommes immortels, qu'ils nomment Xinçieu, y alloient fort souvent, attirez par la beauté du lieu.

*Les rivieres.*    La riviere de Cin vient du territoire de Hoaiyuen, d'où elle descend & passe par Loyung, & par la cité de Siang.

La riviere de Lieu passe au couchant de Lieucheu; elle se nomme aussi la riviere de ço & de Kung: & prend sa source proche du chasteau de Cingping; de là ayant passé la ville de Tucho, elle entre dans cette Province par le territoire de Kingyuen.

La riviere de Tolo entre dans cette Province au couchant de la cité de Haiyuen, & puis continuant vers le Midy, elle se joint proche de la ville avec la riviere de ço; elle prend sa source dans la Province de Queicheu, vers le territoire de la ville de Liping, proche du Fort de Cheki.

### La troisiéme Ville KINGYVEN.

CEtte ville est presque par tout environnée d'horribles montagnes: elle a dans son voisinage ces montagnes affreuses de la Province de Queicheu. Les rivieres de Tugni & de ço viennent de la Province de Queicheu, & entrent dans cette Province. Kingyven a neuf citez dans sa dependance, Kingyven, Tienho, 3. Sugen, 4. Hochi o, 5. Hinching, 6. Nanchuen o, 7. Lypo, 8. Tunglan o, 9. Pangti.

Ce pays selon les autheurs Chinois produit de l'or; mais les habitans n'en amassent que dans les rivieres: on y trouve par tout de l'Areca, des petites noix d'Inde, & du fruit de Lichias: il a esté autrefois entre les terres de Pegao; sous la famille de Hana une partie appartenoit à Kiaochi, & l'autre aux Seigneuries *Noms anciens.* de Genan: la famille de Tango nomma cette ville Gaocheu; la famille Imperiale de Sunga, luy a donné le nom qu'elle a à present. On y marque deux temples plus considerables que les autres.

*Les montagnes.*    La montagne d'Y se fait remarquer par sa bassesse, qui paroist d'autant plus que les autres montagnes qui en sont proche sont fort hautes: elle est au Nord de Kingyven: l'on voit aussi de ce costé là la grande montagne de Tienmuen, ou la porte du Ciel, ainsi nommée à cause de ses deux sommets.

*Les rivieres.*    La riviere de Lung passe au Septentrion de la ville, on la nomme aussi Cokiang & Lieu: nous en avons parlé cy-dessus.

### La quatriéme Ville PINGLO.

PINGLO est bastie sur le bord oriental de la riviere de Ly qui passe dans le territoire de cette ville entre des vallées fort étroites & entrecoupées de rochers, où elle fait un tres-grand bruit: on y compte trois cens soixante sauts ou cheutes d'eau; c'est pourquoy à peine est-elle navigable. Cette ville commande à huit citez, toutes environnées de fort grandes montagnes;

DE QVANGSI. 181

Pinglo, 2. Cunching, 3. Fuchuen, 4. Ho, 5. Lipu, 6. Siengin, 7. Iunggano, *Noms an-*
8. Chaoping. Sous la famille de Cina cette ville estoit dans le pays de Quei- *ciens.*
lin, celle de Hana l'appella çangcu, la famille de Tanga Locheu; la famille
de Iuena luy a donné le nom qu'elle a à present.

On y trouve de cette cire blanche que font ces petits insectes dont j'ay
parlé cy-dessus. Il s'y fait aussi une estoffe de fueilles rouges de musa: il y a par
tout grande quantité de Lichias, dont les arbres ont donné à une cité le nom
de Lipu.

Au Zud-ouest de la ville est la montagne de Cai, qui s'avance jusques vers *Les monta-*
Lipu. La montagne de Iung est fort grande & roide vers l'Orient: elle a neuf *gnes.*
sommets fort rudes. Au couchant est celuy qu'ils nomment Monien, c'est à
dire le sommet des yeux, à cause qu'il y a tout au haut une pierre qui represente naturellement deux gros yeux; car la prunelle s'y distingue aisément,
& mesme les couleurs differentes des humeurs de nos yeux.

La montagne de Cin est proche de la cité de Fuchuen, où un coup de
foudre ouvrit huit cavernes.

La montagne de Kiñe est proche de la cité de Ho, & se nomme ainsi à cause de la quantité d'oranges qui s'y trouve; car le mot de Kiñe signifie des
oranges.

Le sommet de To qui est dans les mõtagnes proche de Sieuginr, est assez grand:
par le dehors on n'y sçauroit monter; mais la nature y a creusé un degré à vis
au dedans de la montagne par où l'on peut monter avec facilité.

Pour les rivieres il n'y a rien de remarquable, si ce n'est deux fort belles *Les rivieres.*
fontaines, dont l'une est au Nord de la ville, nommée Caning, & l'autre Yo-
xan, proche de la cité de Xo.

### La cinquiéme Ville GVCHEV.

IL semble que toutes les rivieres de cette Province se soient donné rendez-
vous dans cette ville, car elles s'y assemblent toutes: la ville de Gucheu est *Il y a faute*
fort proche de la Province de Quangtung à l'Orient, & surpasse les autres *dans l'ori-*
pour le trafic & pour la commodité qu'elle reçoit des rivieres: cette place est *ginal.*
de si grande importance, qu'elle passe pour la clef de la Province.

On tire du cinabre ou vermillon des montagnes de ce territoire en plusieurs
endroits: il produit aussi de fort gros serpens; ceux de la Chine écrivent qu'on
en a veu de dix perches de longueur: si cela est, je ne croy pas qu'il y en ait de
plus longs dans tout le monde. Il y a aussi des Rhinoceros: & un arbre nommé Quanglang, qui au lieu de moëlle a une poulpe ou chair molle, dont on *Arbre qui*
se sert faute de farine; le goust n'en est pas mauvais, & on la peut employer *produit de*
à tous les usages ausquels on employe ordinairement la farine. Il y a des singes *la farine.*
semblables à des chiens, qui ont le poil jaune, & le visage comme celuy d'un
homme, la voix graile & aiguë, comme l'est d'ordinaire celle des femmes.

Vers le Zud-ouest, comme on sort de la cité de Pelieu, il y a une vallée
profonde, & dont le passage est difficile, n'y ayant qu'un seul chemin; par
lequel on peut entrer dans le royaume de Tungking de ce costé là. On dit
que plusieurs personnes sont peries dans ce chemin, tant il est difficile. Les
uns le nomment Tienmuen, ou la porte du ciel, à cause qu'il est fort
estroit; d'autres l'appellent Queimuen, c'est à dire la porte des demons. Il
y a dans cette ville deux temples dediez aux Heros. Autrefois sous la famille de Hana on la nommoit Kiaocheu, sous Leangus Chincheu, sous Suius Fungcheu; pour le nom qu'elle a à present, c'est la famille de Tanga *Anciens*
qui le luy a donné. Cette ville a dix citez dans sa dependance, Gucheu, 2. *noms.*

(Z iij)

Teng, 3. Yung, 4. Cengki, 5. Hoaicie, 6. Yolin, 7. Pope, 8. Pelieu, 9. Lochuen, 10. Hingye.

*Les montagnes.*   La montagne de Tayun est au Nord-est de la ville, & commence dés le territoire de la capitale.

Proche de la cité de Teng est la montagne de Nan fort recreative : les Chinois y remarquent diverses particularitez qui ne meritent pas d'estre rapportées icy.

Proche de la cité d'Yung commence la montagne de Tayúng, on la tient la plus grande de toutes : elle entre dans le territoire des citez de Pelieu, de Hingye, d'Yolin, & de la ville Cin. Là mesme est la montagne de Tukiao, la vingtiesme dans les livres de Taoxu : il y a huit collines, & au pied vingt cavernes.

*Montagnes froides.*   La montagne de Han est proche d'Yolin ; on l'appelle la froide : personne n'y peut demeurer à cause du froid, quoy qu'elle soit dans la Zone torride.

Proche de Pope est la montagne de Fiyun, remarquable en ce que l'on y void quantité de traces & de figures d'hommes marquées dans les pierres & dans les rochers ; il y en a de quatre palmes de long : toute cette montagne est rude, & pleine d'antres & de cavernes fort obscures.

La montagne de Kiulieu est la plus grande qui soit dans tout le territoire de Pelieu : elle a plusieurs sommets : c'est la vingt-deuxiesme dans les livres de Taoxu.

*Vers luisans de nuits.*   La montagne de Ho ou de feu, parce qu'il y paroist de la lumiere toutes les nuits, comme si c'estoient des chandelles allumées ; les Chinois pensent que ce soient de petits animaux que nous appellons de vers luisans, qui sortent de nuit de la riviere, & rendent cette clarté.

La montagne de Xepao est considerable pour ses grandes forests d'arbres, & de roseaux ou cannes d'Inde ; elle produit les plus cruels tigres de tout le pays.

*Les rivieres.*   Au Midy de la ville est la riviere de Takiang, où s'assemblent toutes les autres, sçavoir celles de Quei, de Fu, de Tugni, d'Yeu, qui y perdent toutes leur nom.

La riviere d'Yung prend sa source proche de la cité d'Yung au couchant ; de là elle court au Midy, puis retournant vers le Nord, laisse la cité d'Yung au couchant, à qui elle donne le nom ; enfin elle descharge ses eaux dans la riviere de Takiang, à l'occident de la ville de Gucheu.

L'Isle de Hi Lung est dans la riviere de Takiang à l'Orient de Gucheu : il y a des forests d'arbres fort vieux.

*Ceux qui estoient innocens n'estoient point endommagez des crocodiles.*   Au levant de Gucheu est le petit lac de Go, où le Roy de Pegao nourrissoit autrefois dix crocodiles, ausquels il faisoit devorer les criminels. On dit que ceux qui estoient innocens n'en recevoient jamais de mal ; & on prenoit cette marque pour une preuve convainquante.

### La sixiéme Ville CINCHEV.

*Noms anciens.*   LE territoire de cette ville dependoit de la Seigneurie de Pegao ; sous la famille de Cina il estoit dans le pays de Queilin. Leangus appella cette ville Queiping, Suius Iungping, la famille de Tanga la nomma premierement Cinkiang, puis Cincheu, qui est le nom qu'elle retient encore à present. Cincheu est située à l'embouchure de deux grandes rivieres : le territoire est assez agreable, & n'est pas si rude que celuy des autres. On y void un temple magnifique dedié aux Heros. Elle a sous elle quatre citez, Cincheu, 2. Pingnan, 3. Quei, 4. Vucing.

Ce pays produit de tres-excellente canelle, differente de celle de Ceilan en

## DE QVANGSI.

ce que l'odeur en est plus agreable, & qu'elle est plus mordicante quand on la met sur la langue. C'est là où on trouve l'arbre de fer, beaucoup plus dur que nostre buis. On y void aussi un animal cornu, qui ressemble assez à une vache, dont les cornes sont plus blanches qu'yvoire; cet animal aime extremement le sel, c'est pourquoy on luy en jette des sacs pleins, il se laisse lier cependant qu'il leche le sel qui est dans ces sacs. On y tire aussi une certaine terre toute jaune, qui sert d'un souverain antidote contre toute sorte de venins: l'on y fait des draps de l'herbe de Yu, qui sont meilleurs & plus cher que ceux de soye. *Animal qui aime extrememement le sel.*

La montagne de Pexe est au Midy de la ville, la vingt-uniesme dans les livres de Taoxu. La montagne de Langxe est fort grande & fort haute au Nord de Gucheu, agreable pour ses forests & pour ses campagnes. *Les montagnes.*

La grande montagne de Nan est proche de la cité de Quei; on y compte ving-quatre sommets.

Sur la montagne de Pexe le sommet de Toceiu est fort remarquable par sa hauteur, & s'esleve au dessus des nuës.

### La septiéme Ville NANNING.

LE territoire de cette ville est de fort grande estenduë, & s'advance jusques aux bords des rivieres de Puon & de Ly; mais sa largeur n'est pas fort considerable. On y compte six citez, Nanning, 2. Lunggan, 3. Heng o, 4. Yunhiang, 5. Xangsuo, 6. Sinning o. Le pays est en partie plat, & en partie montagneux: Nanning est située à la jonction de deux rivieres, qui se meslent prés de ses murailles au Midy, dont l'une perd son nom dans la riviere de Taxiang. La partie Meridionale du territoire ou ressort de cette ville, a esté envahie par les Rois de Tungking, lors qu'ils se revolterent contre les Empereurs de la Chine. C'est icy où l'on commence à trouver des elephans, dont les habitans se servent en guerre & pour se monter. Les perroquets y apprennent aussi facilement à parler, & sont aussi gros que nos vautours, & leur ressemblent fort: mais il y a une chose fort rare, c'est une sorte de poules qui vomit le coton par longs filets que ces poules avalent derechef, si on n'a soin de l'amasser, comme font aussi les araignées. Il y a des porcs espics des plus grands, qui dressent souvent leurs épines & aiguillons à la hauteur d'une coudée, & les sçavent darder & lancer fort à propos contre ceux qu'ils veulent, en faisant un certain mouvement de leurs corps. Il y a trois temples remarquables dediez aux Heros. *Animaux.*

Ce pays dependoit de la Seigneurie de Pegao, avant qu'il fust sous l'Empire de la Chine: la famille de Cina le comprit dans le territoire de Queileu; celle de Hana le nomma Yolin, & le Roy Cyn Xihing: sous le Roy Suius ce lieu fut premierement nommé la cité de Yhoa; la famille de Tanga l'appella Vure, & celle de Sunga luy a donné le nom qu'il a à present. *Anciens noms.*

A l'Orient de la ville est la haute montagne de Heng, qui a ce nom, parce qu'estant au milieu de la riviere, les eaux la heurtent & la choquent avec beaucoup d'impetuosité & de violence. La famille de Sunga y fit bastir un chasteau pour defendre & garder le pays. *Les montagnes.*

Siculin est une montagne nommée la forest fleurissante, à cause de la beauté & divertissement de ses bois, elle est proche de la cité de Heng.

Proche de Yunghiang est la montagne de Suchung, d'où on tire du fer.

## La huitiéme Ville TAIPING.

CE pays estoit bien le meilleur de toute la Province, fort peuplé & fort cultivé cy-devant à cause de la fertilité de son terroir; mais comme il est au delà des montagnes, il a esté retranché de l'Empire, & obeït à present aux Rois de Tungking. On y compte vingt-trois citez, qui sont fort proches les unes des autres, dont voicy les noms, Taiping, 2. Taiping, 3. Ganping, 4. Yangli, 5. Vanching, 6. çoo, 7. Civenmingo, 8. Suchingo, 9. Chingyveno, 10. Sutung, 11. Kieuluno, 12. Mingyngo, 13. Xanghiao, 14. Kiegano, 15. Lunging o, 16. Tuxieo, 17. çungxen, 18. Iunkang, 19. Loyang, 20. Toling, 21. Lung, 22. Kiang, 23. Lope. C'est ainsi que les gens de lettres entre les Chinois les nomment; car j'ignore les noms que ceux de Tungking leur ont donnez: je suis fasché au reste que quelqu'un des nostres n'ait point fait une carte exacte de ce Royaume, où on vist les noms en langue de Tunking avec leurs lettres & caracteres, ou à tout le moins leur signification; mais je sçay qu'ils se donnent un employ bien plus relevé, & principalement la conversion de ces peuples. Vne pareille occasion m'auroit bien empesché d'entreprendre cet ouvrage, si le commandement de mes Superieurs ne m'en avoit retiré en m'appellant en Europe; car ce n'est que depuis que j'ay receu cet ordre que j'y ay travaillé, & que j'ay passé dans cette occupation les ennuis & les chagrins d'une navigation fort longue, avec le secours principalement d'une cinquantaine de livres Chinois. Le Geographe Chinois appelle les habitans de ce pays barbares; aussi ils ont quitté les mœurs de ceux de la Chine avec leur Empire: ils marchent pieds-nus, les cheveux épars; on ne parle ny de devoir ny d'obeïssance entre les peres & les enfans: ils se querellent les uns contre les autres, & se tüent souvent pour peu de chose; ils retiennent les caracteres de ceux de la Chine, avec leur façon d'escrire; mais ne laissent pas d'avoir un lágage particulier: ils entendent les livres Chinois, quoy qu'ils pronôcent autrement les lettres. Il y a cela d'admirable dans les characteres Chinois, que tous ceux des Royaumes voisins, les Iaponois, les Tungkiniens, les Cochin-Chinois, ceux de Siam & de Cambogia les entendent, bien qu'ils les lisent diversement. Si vous en voulez davantage, voyez ce qu'en a escrit le R.P. Alexandre de Rhodes, en son traité du Royaume de Tungking, imprimé depuis peu en François.

Sieuling est une des plus hautes montagnes de tout ce pays, elle est proche de la cité de Lung, & ne pourroient passer que pour des costeaux; comme ceux de Peyun & de Gomui au levant de Taiping. La montagne de Kin est un peu plus haute, elle est proche de la cité de ço.

## La neufiéme Ville SVMING.

L'Autheur Chinois dit que le Roy de Tungking ou de Gannan y tient sa Cour; si cela est, ce sera celle que les habitans nomment Sinhoa; d'ailleurs je me souviens d'avoir souvent oüy dire que ce Roy avoit deux endroits où il tenoit sa Cour, l'un au Midy, & l'autre au Septentrion. Ce pays a esté autrefois dans la Seigneurie de Pagao; la famille de Hana la nomma Kiaoehi, celle de Tanga fut la premiere qui bastit la cité de Suming: la famille de Taiminga luy donna le rang & la qualité de ville: mais dans la revolte des Gouverneurs de Ly, elle fut separée de l'Empire. Les Chinois comptoient six citez, sur lesquelles cette ville avoit jurisdiction, Suming, 2. Sumingo, 3. Xangxe, 4. Hiaxe, 5. Pingciang, 6. Chungo.

Pelo est une fort belle & agreable montagne, & couverte de vieilles forests proche de Hiaxe.

## DE QUANGSI.

### La dixiéme Ville CHINGAN.

TOut le territoire de cette ville est aussi du Royaume de Tungking; elle n'a aucune cité dans sa dependance. La famille de Taiminga, d'une petite bicoque qu'elle estoit en fit une ville, aprés l'avoir agrandie & fermée de murailles. Ces peuples sont fort peu differens des Chinois : ils aiment d'aller vestus de noir. Le pays produit du miel & de la cire, & abonde en tout ce qui est necessaire à la vie. On n'y remarque que la montagne de Iun, fort haute & fort divertissante.

### La onziéme Ville TIENCHEV.

CE pays a aussi esté separé du Royaume de la Chine, & obeït à present au Roy de Tungking : on y compte cinq citez, Tiencheu, 2. Xanglin, 3. Lungo, 4. Queiteo, 5. Cohoao.

### Vne Ville de guerre SVGEN.

LE territoire de Sugen contient trois citez: les soldats demeuroient autrefois pesle mesle avec les bourgeois, à present tout est dans l'obeïssance du Roy de Tungking : les citez sont, Sugen, 2. Vúyuen, 3. Funghoa. Ce pays a esté long-temps dans une grande ignorance de bonnes lettres : les mœurs & la façon de vivre en estoit barbare; mais comme il fut incorporé à l'Empire de la Chine sous la famille de Taiminga, il receut par mesme moyen la Morale, les Sciences, les Arts, & la Politesse des Chinois; il en secotia bien-tost aprés le joug, & ne laissa pas de conserver les bonnes teintures qu'il avoit pris des Chinois.

Tosieu est une montagne à l'Orient proche du fossé de la ville; elle est toute seule. *Les montagnes.*

Proche de Vúyuen est la montagne de Kifung : là mesme est la montagne de Moye.

### La premiere grande cité SVCHING.

CEtte cité en a une autre sous elle nommée Ching : l'une & l'autre appartiennent au Royaume de Tungking. Proche de la cité de Suching est la montagne de Lengyun, qui est fort haute, & qui fait peur à ceux qui la regardent.

### Diverses Citez.

IL reste diverses citez, les unes plus grandes, & les autres plus petites, que j'ay distinguées par des marques; la premiere Sucheuo, 2. Siping, 3. Suling, 4. Fulao, 5. Fukang, 6. Funyo, 7. Lio, 8. Queixun, 9. Hiangun.

Proche de Fulao est la montagne de Tangping, qui est fort haute, proche de *Montagnes.* Tuxang la montagne de Ciecung, & celle de Kytang proche de Suling : là mesme est la montagne de Xipi.

### Les Forts.

IL y avoit deux Forts bastis sur les confins de cette Province, où elle se joint à celle de Iunnan; mais ils sont tous deux à present au Roy de Tungking; le premier est Xanglui, 2. Ganlung. On y compte ces montagnes, Loifung, çangling, & çanpa. Les Chinois escrivent que les mauvaises mœurs regnent principalement en ces quartiers ; que les habitans y vont pieds nuds, & font des chapeaux de paille; que les enfans & les peres ne demeurent pas dans un mesme logis, ny les uns avec les autres ; qu'ils ne font point de distinction entre l'un & l'autre sexe, mais vivent confusément pesle mesle, sans avoir aucun égard, & sans aucune bien-seance.

# LA QVATORZIEME PROVINCE DE QVEICHEV.

*Qualité du pays.*

CETTE Province est la moins cultivée de toutes celles de la Haute Asie, pleine de montagnes la pluspart inaccessibles. On y trouve un fort grand peuple sauvage, qui ne reçoit point les loix de la Chine, & n'en sçauroit souffrir les mœurs. Il depend de divers Seigneurs; les courses frequêtes qu'ils font donnent bien souvent des affaires aux Chinois, qui demeurent dans les lieux les plus cultivez : tantost ils sont en paix avec eux, tantost en guerre, mais ils ne reçoivent pourtant jamais parmi eux ceux de la Chine, qui demeurent tous dans les petites villes, & dans les Forts. L'Empereur entretient des soldats en garnison dans tous les lieux de cette Province. Ie n'ay pourtant pas voulu les representer dans la carte sous le nom commun de Forts, de peur qu'on ne creust qu'il n'y eust point dans cette Province d'autres places; puisque, comme j'ay dit ailleurs, ils ne sont differens des citez, qu'en ce qu'il y a des soldats qui gardent les chemins, par où l'on va dans la Province de Iunnan. Les Empereurs, pour rendre cette Province plus habitée, y ont souvent envoyé des Colonies; on y a mesme souvent envoyé des Gouverneurs en exil avec toute leur famille.

Ce pays anciennement n'estoit pas compté pour Province, mais une partie pour dependante de celle de Suchuen, l'autre d'Huquang, & des autres Provinces voisines : la famille de Taiminga la reduisit en forme de Province : la famille Tartare de Iuena y avoit basti quantité de chasteaux & de Forts; car c'est par cette Province que les Tartares entrerent, aprés avoir conquis les royaumes de Mien, de Iunchang, & d'autres royaumes des Indes, situez *Par quel chemin M. Polo le Venitien entra dans la Chine.* au delà du Gange. Ce fut avec eux que Marco Polo de Venise entra dans la Chine : ils penetrerent par la partie orientale de la Province de Suchuen jusqu'au Royaume de Tibet, & aux terres du Prete-Iean; de là dans les Estats du Royaume de Tanyn : & aprés s'en estre rendus maistres, ils retournerent derechef par le costé d'occident de la Province de Xensi, & entrerent dans le Catay, c'est à dire les Provinces septentrionales de la Chine, & aprés avoir fait la guerre aux Tartares de Kin, & les avoir defaits, ils se rendirent maistres du Mangin, c'est à dire des Provinces meridionales de la Chine: ce qui est fort necessaire pour entendre ce que Marco Polo a écrit.

Il n'y a que huit villes dans cette Province, que vous pourriez nommer avec plus de raison des bourgades. De citez il y en a dix, quatre places de guer-

# DE QVEICHEV.

re, & autant de citez de guerre ; pour des Forts & des Chasteaux, il y en a quantité : j'en ay marqué les plus grands dans les cartes, comme si c'estoient des citez ; aussi ne leur en doivent-ils gueres de reste ; pour les petits, j'en ay fait la distinction, comme je l'ay averti cy-dessus.

Le livre du denombrement de la Chine compte dans cette Province 45305 familles sujetes aux Chinois, & 231365. hommes. Le tribut du ris ne passe pas 47658. sacs, elle paye 5900. pieces de draps faits de chanvre & d'herbe ; ce revenu ne suffit pas pour entretenir les garnisons, c'est pourquoy l'Empereur envoye le reste pour la garde de la Province ; car si on l'avoit perduë, il n'y auroit point de communication avec la Province de Iunnan. Les Chinois écrivent que les montagnes de ce pays sont pleines d'or, d'argent, de mercure, & d'autres choses fort precieuses, dont on pourroit jouïr si on avoit dompté ces montagnars : tout le profit qu'ils en tirent à present, c'est qu'ils donnent & échangent ce qu'ils ont volontairement, pour du sel, & pour d'autres choses dont ils ont plus de besoin. *Le tribut & le nombre des hommes.*

Les limites de cette Province sont, la Province de Suchuen, qu'elle regarde au Nord, au Nord-ouest, & au couchant ; vers le Nord-est elle touche au bout de la Province de Huquang ; au Levant & au Zud-est à celle de Quangsi ; la Province de Iunnan environne le reste. *Les bornes.*

J'ay oüy dire à un Gouverneur de mes amis, qui avoit long-temps demeuré dans cette Province dans sa jeunesse, son pere y ayant esté envoyé en exil, qu'il y avoit d'agreables & de fertiles vallées dans les montagnes, principalement dans les lieux où passent les grandes rivieres : & qu'il y a d'autres rivieres plus petites, qui y prennent leurs sources : il adjoustoit que si on pouvoit cultiver ce pays, il produiroit de tout à foison : on y trouve aussi tout ce qui est necessaire à la vie & à fort bon marché, horsmis les estoffes de soye qui y manquent. Il abonde en vaches & en pourceaux ; ce pays nourrit des chevaux fort courageux & les meilleurs de toute la Chine : la Province de Suchuen, qui en est proche, a le mesme avantage. Il n'y a point de lieu où on trouve plus grande quantité d'argent vif.

## La premiere ou capitale ville QVEIYANG.

LE territoire de Queiyang est en quelque façon plus plat qu'en est pas celuy des autres endroits de la Province, & par consequent mieux peuplé : le peuple de ce pays s'appelloit anciennement Sinany, c'est à dire les barbares du Zud-ouest ; parce que ce pays est situé de la sorte à l'égard de la Chine ancienne. Il faisoit autrefois partie du Royaume de Louquei ; sous famille de Hana il fut conquis par l'Empereur Hiaouvus ; il en fit la Seigneurie de Ciangco : la famille de Sunga le reduisit derechef en Province, & y mit une grosse garnison dans la cité qu'elle avoit bastie : la famille de Iuena, qui avoit conquis ces terres avec beaucoup de facilité, les nomma Sunjuen, c'est à dire favorables à Iuena ; la famille de Taiminga luy a imposé le nom qu'elle a à present, luy a donné le titre & le rang de ville, & a voulu qu'elle eust jurisdiction sur dixneuf Forts au lieu d'autant de citez. Il y a plusieurs de ces Forts qui approchent ou surpassent les citez pour leur grandeur ; Queiyang, 2. Kinkiun, 3. Moqua, 4. Tahoa, 5. Chingfan, 6. Gueifan, 7. Fangfan, 8. Hungfan, 9. Golung, 10. Kinxe, 11. Siaolung, 12. Lofan, 13. Talung, 14. Siaoching, 15. Xangua, 16. Luxan, 17. Lufan, 18. Pingfa, 19. Mohiang.

Les Chinois font mention de plusieurs peuples, qui demeuroient anciennement dans ce pays, dont les mœurs estoient differentes ; mais il faudroit trop de temps pour en faire la description. Ce fut sous la famille de Taiminga qu'ils receurent les bonnes lettres & les mœurs Chinoises, & il y en eut plu-

188  LA QUATORZIÉME PROVINCE

fieurs qui furent paffez Docteurs. Les Tartares de la famille de Iuena baftirent un temple affez magnifique hors des murailles de la ville au Midy.

*Les montagnes.* A l'orient de la ville eft la montagne de Tungeu, c'eft à dire le tambour de cuivre, parce qu'on y entend battre le tambour toutes les fois qu'il doit pleuvoir.

Nanuang eft une montagne fort haute, qui eft au Septentrion de Queiyang : il y a peu de perfonnes qui y ofent monter, à caufe qu'elle eft fort efcarpée.

Venpi eft une montagne au Midy de la ville ; elle eft feule, & a la figure d'un triangle ifofcele, dont le fommet eft extremement pointu, & s'éleve fort haut.

*Les rivieres.* Il n'y a pas beaucoup de chofes à dire des eaux de ce pays, fi ce n'eft d'une fontaine au Zud-eft de la ville, dont l'eau eft excellente & tres-claire : l'eau tombe dans une foffe de fix coudées, & on a remarqué qu'elle ne diminuë point, quelque effort que l'on faffe pour l'épuifer.

## *La feconde Ville* SUCHEV.

*Noms anciens.* IL n'eft point fait de mention du territoire de cette ville, que fous la famille de Cina : elle s'appelloit pour lors Kinchung ; celle de Hana la mit dans le pays de Vulin ; la famille de Tanga a efté la premiere qui a nommé cette ville Sucheu, puis Ningii ; celle de Taiminga luy donna le rang & la qualité de ville : elle a jurifdiction fur quatre Forts, dont le premier eft Sucheu, 2. Tufo, 3. Xiki, 4. Hoangtao.

*Naturel du peuple.* Ce pays abonde en vif argent, en cinabre & autres mineraux : les montagnards de ces quartiers fe vantent de leur force : ils font hardis, ignorent des bonnes lettres, marquent leurs contracts avec je ne fçay quelles notes fur des tables de bois : lors qu'ils fe rencontrent dans les perils, ils fe fervent de morceaux de tuiles pour faire leurs fortileges, & offrent des facrifices aux diables, pour divertir les maux qu'ils apprehendent ; ils ont les cheveux épars, vont pieds-nuds, qui s'endurciffent tellement qu'ils ne craignent point de marcher fur les rochers ny fur les épines ; une civilité qui leur eft naturelle leur a fait recevoir en quelque forte la langue Chinoife ; & bien qu'ils retiennent leurs vieilles habitudes & façons de faire, fi eft-ce pourtant qu'ils ne font pas fi barbares que les autres. Voila à peu prés comme l'autheur Chinois les depeind.

*Les montagnes.* La montagne de Go eft proche du foffé de la ville au Midy ; on a de la peine d'en approcher, tant elle eft roide & difficile : on void la montagne de Tienyng au couchant de cette ville.

## *La troifiéme Ville* SUNAN.

CE pays eft un de ceux qui a efté dés les premiers temps dans la fujettion des Chinois, & compris dans le Royaume de çu : la famille de Cina, aprés *Noms anciens.* avoir défait les Rois, l'appella Kinchung ; celle de Hana le mit dans le pays de Vulin. Suius le nomma Vucheu, & la famille de Tanga Sucheu ; celle de Taiminga l'appella Sunan, & l'honora du titre de ville. Elle a fous fa jurifdiction deux citez & cinq Forts, Sunan, 2. Vuchuen, 3. Inkiang, 4. Xuite, 5. Manii, 6. Langki, 7. Ieuki.

*Les montagnes.* La montagne de Vanxing eft au Midy de la ville, & eft efcarpée de tous coftez. Il n'y a qu'un chemin pour y monter, & encore fort eftroit : les habitans, qui s'y retirent en temps de guerre, font là en affeurance.

Au Zud-oueft de la ville eft la montagne de Lungmuen.

Proche de Vuchuen eft la grande montagne de Tanien : je n'en trouve point d'autres; il y a beaucoup de montagnards inconnus aux Chinois, qui s'y tiennent cachez, & évitent leur communication.

### La quatriéme Ville CHINYVEN.

CEtte ville n'a qu'une cité sous elle & quatre Forts, Chinyuen, 2. Xikien, 3. Kinyung, 4. Pienkyao, 5. Inxui, 6. Taiping. Cette partie de Province estoit aussi autrefois dans le Royaume de çu, mais la famille de Iuena a basti cette ville.

Ce pays produit les plus belles fleurs & les plus estimées de toute la Chine, des grenades, des oranges, & des poules sauvages ou gelinotes. Voicy ce que dit l'Historien Chinois d'un peuple particulier qui habite dans ses montagnes: ces gens sont à la verité barbares, mais simples & civils à leur mode, ils n'ont point de sel, & se servent en sa place des cendres de l'herbe de Kiue qu'ils brûlent. *Cendres au lieu de sel.*

La montagne de Xeping va jusqu'au fossé de la ville; on l'appelle la muraille de pierre, parce qu'il y a un rocher, qui est tout uny & s'esleve en forme de paroy: on escrit qu'elle a bien cent perches de hauteur. *Les montagnes.*

Suxiung est une montagne au Zud-est de la ville, sur laquelle estoit jadis la cité de Suúang, qui est toute ruinée. Il y a aussi une fontaine tres-agreable au couchant de la ville, nommée Vi, dont l'eau est fort bonne.

### La cinquiéme Ville XECIEN.

CEtte ville est située entre les deux villes de Sunan & de Sucheu: la famille Tartare de Iuena l'a fondée, car elle y fit bastir un Fort considerable, que la famille de Taiminga agrandit, & dont elle fit une ville. Elle commande à quatre Forts, Xecien, 2. Miaomin, 3. Lungciuen, 4. Coihang. Les montagnards de ce pays ont leurs caracteres particuliers; mais ils ne se servent point d'encre pour escrire, se contentans de graver sur des tablettes de bois fort tendre avec une touche. Les hommes & les femmes y vont indifferemment pieds-nuds: quand ils sont malades, ils n'invoquent point les esprits, mais les demons, jusques à ce qu'ils meurent ou qu'ils soient gueris.

Ce pays produit du vif argent.

Pipa est une montagne au Midy de la ville: au levant est la montagne de Heu. *Les montagnes.*

### La sixiéme Ville TVNGGIN.

LE ressort de Tunggin occupe la partie septentrionale & orientale de toute la Province: elle touche à la Province de Huquang: on l'appelloit autrefois le pays de Kimau: la famille de Iuena y fit premierement bastir un Fort, qui fut agrandi par celle de Taiminga, qui luy donna les immunitez & franchises de ville, & luy assujettit huit Forts, Tunggin, 2. Sengxi, 3. Tiki, 4. Vanxan, 5. Vlo, 6. Pingten, 7. Pingnan, 8. Pinchai.

Ce pays abonde en or, principalement proche de Tiki; & on y tire par tout du cuivre.

Ceux de ses peuples qui demeurent dans les montagnes estoient cy-devant fort cruels, barbares, superbes, opiniastres à conserver leurs droits, trompeurs, & qui avoient accoustumé de tuer ceux qui estoient avancez en âge; ils ont appris quelque civilité & quelque justice, en nous frequentant, comme dit l'Historien Chinois.

Au Levant de la ville on voit la montagne de Tung, qui en est extremement proche, & luy sert de rempart: au Midy est la montagne de Tungyai: la *Les montagnes.*

(A a iij)

plus haute de toutes est celle de Venpi au Zud-est, elle s'éleve au dessus des nuës.

*Fontaine admirable.* La montagne de Pechang est agreable & couverte de forests ; elle est au Couchant de la ville. Il y a une admirable fontaine proche de Pingten, d'où il sort de l'eau de deux façons ; l'une claire & l'autre trouble, quoy qu'elles sortent toutes deux d'une mesme ouverture : quand elles sortent de leur source, l'une va d'un costé & l'autre de l'autre, comme si elles dédaignoient d'aller ensemble : on se sert de la plus claire, pour faire une sorte de breuvage de ris tres-excellent : cette fontaine se nomme Cankeng.

### La septiéme Ville LIPING.

LE territoire de cette ville est proche de la Province de Quangsi : on y compte quatre citez & onze Forts, Liping, 2. Iuncung, 3. Tanki, 4. Pacheu, 5. Hungo, 6. çaotie, 7. Cuo, 8. Sixan, 9. Huul, 10. Leangsai, 11. Geúyang, 12. Sinhoa, 13. Chunglin, 14. Cheki, 15. Lungli.

Sous la famille de Hana ce pays s'appelloit Yangco ; sous celle d'Vtai, elle dependoit de la ville de Sucheu : la famille de Iuena y bastit le chasteau de Tanki, dont celle de Taiminga fit la ville de Liping. On a accoustumé d'en nommer les montagnards Hiunúon. Ils parlent une langue tout à fait inconnüe aux Chinois ; les malades offrent les ossemens de leurs poules aux demons.

Ce pays produit la plus excellente racine de China, nommée Fulin. Les habitans font des draps de chanvre crud, ou d'une herbe qui ressemble fort au chanvre, que les Chinois appellent Co. Les habits qu'on en fait sont excellens & fort propres pour l'Esté. Il y a un temple dedié à un Heros.

*Pont rare.* Il y a un pont qui est rare, & se nomme Tiensem, c'est à dire fait par le ciel : nous l'appellerons pont naturel : il est tout d'une seule pierre, assez grande pour traverser le torrent de Tanki : il a deux perches de largeur & vingt de long.

*Les montagnes.* La montagne de Palung est au Zud-est de la ville.

La montagne de Kinping, qu'on nomme la muraille dorée à cause de sa beauté, est au Levant de la ville.

La montagne de Tungquon proche de Tanki est fort haute & grande, inaccessible par tout, horsmis par un petit chemin ; elle a pourtant une fort belle campagne sur son sommet.

La montagne de Taiping est à l'orient de la ville, où est le sommet de Motien, & cette belle caverne de Túngni au Nord-est de la ville, creusée en forme de sale carrée, dont l'un des costez a trois stades, avec un petit ruisseau qui passe par le milieu comme un ruban d'argent, selon l'Auteur Chinois.

### La huitiéme Ville TVCHO.

CETTE ville est située au Zud-ouest de celle de Liping, & fort proche de la Province de Quangsi, dont on dit communément en langue Chinoise, qu'elle en est les dents & les levres, à cause que ses montagnes & sa situation qui la rendent forte, couvrent aussi & defendent cette Province, qui tire cet avantage d'estre proche de cette ville. La ville de Tucho est bastie proche de la riviere de Co, sur le bord qui regarde le Couchant, qui court dans la Province de Quangsi, aprés s'estre grossie & enflée de quantité d'eaux. Les montagnars de ces quartiers sont plus doux que les autres, mais tres-braves dans les combats. Cette ville a trois citez & neuf Forts sous son obeïssance, Tucho, 2. Toxano, 3. Mahoo, 4. Cingping, 5. Pangxui, 6. Pinglang, 7. Pingcheu, 8. Lotung, 9. Hokiang, 10. Loping, 11. Pingting, 12. Fungning.

*Les montagnes.* La montagne de Caiyang est proche de Pinglang, il y a un chasteau sur le haut

# DE QVEICHEV.

la montagne est fort grande & fort haute. La montagne de Chiny n'a qu'un seul chemin pour monter à une plaine qui est sur son sommet, avec un Fort pour la defendre.

La montagne de Hinglang est proche de Fungning ; on n'y peut monter que par un degré taillé dans le roc en forme d'échelle qui fait toute la defense de ceux qui y demeurent. Proche de Pincheu est la montagne de Lotung : elle a un sommet, qui va en montant l'espace de mille deux cens perches de longueur : il se nomme le sommet de Hianglu ; il semble toucher au ciel, & est proche de Cingping.

### La premiere Cité PVGAN.

LA premiere cité est Pugano, qu'on dit estre la clef de trois Provinces; car elle est située entre les confins de celles de Queicheu, de Iunnan & de Quangsi. Ce pays est un peu plus cultivé & plus habité que les autres, & ceux qui y demeurent dans les montagnes plus civilisez : ils ne se fient pourtant point aux Chinois. Ils sont fort addonnez au trafic, & grands asserteurs de la doctrine de la metempsychose ou du passage des ames : ils adorent l'idole Fe, qui represente l'inventeur de cette doctrine.

Les Tartares de la famille de Iuena, au sortir de la Province de Iunnan, bastirent cette cité, & l'appellerent Pugan, qui signifie prolongeant le repos. Ce pays abonde en vif argent, & vermillon, & produit le fruit de Musa si connu dans les pays chauds.

Vers le Nord-est on trouve la grande montagne de Puonkiang, qui s'avance jusqu'au Fort de Gannan & de Ganchoang. *Les montagnes.*

La montagne de Tanpi est au Zud-ouest, l'on en tire de l'argent vif & un mineral qu'ils nomment Huinghoang.

### La seconde Cité IVNGNING.

LA famille de Iuena a aussi basty cette cité : elle a deux petits Forts sous son obeïssance, Múyo & Tinging : toutefois son territoire est grand, mais montagneux, habité de cinq sortes de peuples : ils n'en disent autre chose, si ce n'est qu'ils se servent de fleches, d'arcs & de petits couteaux fort pointus ; & qu'ils ne portent point les fardeaux sur des leviers, mais sur leur dos ; que les hommes & les filles s'y marient à l'insçeu de leurs parens ; ce que les Chinois tiennent fort mal honneste.

La montagne de Hungyai, proche de Múyo, est fort haute & affreuse à voir. *Les montagnes.*

Là mesme est le costeau de Lungcing, il paroist tout verd à cause de ses bambus ou gros roseaux.

La cité de Quanso a la montagne de Tinging fort proche, elle est de cent stades, avec un chasteau pour defendre le chemin.

### La troisième Cité CHINNING.

CEtte cité gouverne deux Forts, celuy de Kangço & de Xeul.

Les montagnards de ce pays qui n'obeïssent point aux Chinois, abondent en or & en argent : ceux qui en ont beaucoup ne s'en estiment pas plus riches, mais bien ceux qui ont le plus de vaches & de bœufs.

Magan est une montagne proche de Xeul, ainsi nommée à cause de la *Les montagnes.* ressemblance qu'elle a à une selle de cheval.

La fontaine de Caici est au levant de Chianing, digne d'estre remarquée pour son eau fort froide, quoy qu'elle deust estre échauffée d'un feu soûterrain.

### La quatriéme cité GANXVN.

SELON l'histoire tout le territoire de cette cité, aussi bien que celuy des precedentes, appartenoit autrefois à la Seigneurie de Hoangfo; la famille de de Iuena en fit une cité, & la comprit dans la Province de Iunnan; celle de Taiminga l'assujettit à cette Province; les Chinois y décrivent trois ponts, dont la famille de Iuena en a basti deux; le premier est à l'Orient de la cité, & l'autre au Couchant; le troisiéme se nomme Tienseng, c'est à dire naturel; il a plus de mille perches de longueur, & va tout autour des murailles de la ville, l'eau passe par dessous; on diroit que ce sont les arcades d'un pont: car on y a pratiqué un chemin qui regne tout autour des murailles de cette ville. Ganxun commande à deux Forts, dont le premier est Ningco, le second Sipeo.

*Les montagnes.* Ie ne trouve point d'autre montagne que celle de Niencung, à l'orient de Ganxun: elle est fort haute, encore qu'elle n'ait que dix stades de circuit.

### Les villes de guerre PVTING.

CETTE ville est libre, fondée par la famille de Iuena, & bastie sur le chemin par où l'on va à la Chine; car ce sont aussi les Chinois qui la gardent: ils veulent que le peuple de Lotien y ait habité autrefois. Ceux qui demeurent dans les montagnes vers le Nord sont sauvages & farouches, ne se soucians & ne faisans estat ny des sciences ny des loix; chacun fait ce que bon luy semble, leurs mœurs sont tout à fait grossieres.

*Les montagnes.* Au Nord-ouest est la montagne de Ki fort haute & fort difficile.
Au Levant est la montagne de Magan.
Il y a aussi une agreable fontaine au Zud-est de la ville, dont l'eau est fort bonne & propre pour ce breuvage ou vin de la Chine qu'on compose de ris.

### La seconde ville de guerre SINTIEN.

SINTIEN commande à quatre Forts, Pingfa, Paping, 3. Cheuping, 4. Cheuing. Les mœurs des montagnards de ce pays sont presque les mesmes que celles des autres: ils ont pourtant cela de particulier, qu'ils s'affligent fort de la mort de leurs peres & de leurs meres; & ils se coupent les cheveux, pour en témoigner leur douleur.

*Les montagne.* Au Midy de Sintien est cette haute montagne de Pie, qui va au dessus des nuës, & dont un des sommets s'éleve en forme de pyramyde; c'est par cette raison que la montagne se nomme Pie, c'est à dire un pinceau.
La montagne d'Yang Pao, qui est au Septentrion de la ville, est fort belle; elle est merveilleusement diversifiée de couleurs. La montagne de Caimiao est au Nord-est, il en tombe de l'eau, qui represente les couleurs de l'arc en ciel.
Au Nord-est de la ville il y a une agreable fontaine nommée Fi.

### La troisiesme ville de guerre PINGYVE.

LE territoire de cette ville sous la famille de Cina estoit dans la Seigneurie de Kiucung; à present elle gouverne deux Forts, le premier Yangy, 2. Loping. Ce pays produit des fleurs de Iasmin, d'excellentes fueilles de Cha, des oranges de toutes les sortes. Ceux du pays font des draps de chanvre crud, que les Chinois appellent Co, il semble que ce soit une autre sorte de chanvre que celuy de l'Europe.

## DE QVEICHEV.

La montagne de Pie est fort haute, & au Midy de la ville.

La montagne de Mocing proche de Yangy est affreuse à cause de ses roches, fort difficile à monter, d'ailleurs creuse en beaucoup d'endroits, avec plusieurs antres fort obscurs.

### La quatriéme Ville LVNGLI.

CETTE ville est située au couchant de celle de Sintien, & commande à deux chasteaux, Pingfa & Taping. Ceux qui demeurent dans les montagnes ont pris quelque chose des mœurs & des façons de faire des Chinois, à cause qu'ils trafiquent continuellement ensemble; toutefois ils marchent encore armez, se plaisent à la guerre, & font beaucoup d'estat des armes. Cette ville a au Zud-ouest un pont de pierre assez magnifique, qu'on nomme Quangcy.

Iungtao est une fort grande montagne proche de Pingfa; proche de Taping *Les montagnes.* est la montagne de Cohia inaccessible, & toute de roches.

### Les Forts.

VOICY les noms de divers Forts, bastis pour asseurer les chemins contre les montagnards. Ils attaquent souvent ceux qui voyagent; mais principalement, quand les Chinois leur ont fait quelque tort. Le premier, est Picie, 2. Gueicing, 3. Ganchoang, 4. Cingping, 5. Pingpa, 6. Gannan, 7. Vsa, 8. Hinglung, 9. Chexúi, 10. Caili.

Vers l'Occident de celuy de Picie, dans une vallée fort profonde, où un tor- *Pōt de chaisnes de fer.* rent roule une grande quantité d'eaux avec violence, les Chinois, pour faire un passage ont arresté des anneaux & des crochets des deux costez des montagnes, ausquels ils ont attaché de fort grosses chaisnes de fer, avec des aix par dessus; & ainsi ont fait un pont fort ingenieux.

Pingpa est le seul chasteau qui soit dans cette Province: il y a une campagne aussi grande que la veuë se peut étendre, avec des terres fort fertiles, & semées de ris. Il y a aussi des terres labourables fort fertiles proche d'Vma.

La montagne de Mohi est au Levant de Picie, tout à fait pierreuse & qui *Les montagnes.* fait peur à la veüe, le chemin n'a qu'autant de largeur qu'il en faut pour un cavalier; ce chemin est fort long: les deux costez de la montagne paroissent comme deux murailles, tant ils sont escarpez.

La montagne de Lochung est proche de Cingping au Nord, vis à vis de la montagne de Kocung, où demeurent quantité de montagnards.

La montagne de Loco, c'est à dire les testes des cerfs, à cause de ses grosses pierres & roches qui s'y trouvent par tout.

Vily est une montagne au Midy de Gannan, ils remarquent que son sommet est tousjours couvert de nuages.

Là mesme au Couchant est la montagne de Peki, dont les sommets sont fort hauts & couverts de bois.

Dans le Fort de Picie est la source d'une fontaine fort belle, nommée Fo: *Les rivieres.* là mesme au levant il tombe une eau de la montagne, qui fait un tres-grand bruit.

Prés de Ganchoang l'on voit une cheute d'eau, qui tombe de douze perches de hauteur.

Au dedans des murailles de Cingping il y a un petit lac qui se nomme Cifeng, où les habitans puisent de l'eau pour leurs necessitez, car ils n'y peuvent pas creuser de puits, à cause de la dureté des roches qu'on y rencontre. Puon est une riviere qui passe au Levant de Gannan: au Midy du mesme Fort il

(Bb

194 LA QVATORZIE'ME PROVINCE

y a une fontaine nommée Pelo, dont l'eau est fort bonne.

*L'vsage des cartes fort commun parmy les Chinois.*    Il y a quelques autres places moins considerables, qui sont toutefois fortifiées, & gardées par les Chinois, avec un Gouverneur dans chacune. Ils ont tous une carte fort exacte de tout leur gouvernement, ce qui s'observe par tous les Gouverneurs de la Chine. Ie tiens par cette raison qu'il n'y a pas de lieu au monde où l'on trouve des cartes plus exactes de tout le pays: on trouve des Forts presque sur tous les chemins, pour brider les montagnards, & pour les tenir dans l'obeïssance des Chinois, s'il est possible. Les noms des principales places sont ceux-cy, la premiere est Iungning, 2. Xúitúng, 3. Lokeu, 4. Xangtang, 5. Vatien, 6. Hoanglien 7. Cugni. Les cartes feront voir le nom des autres.

*Les montagne.*    Au Nord de Xúitung est la montagne de Xetung, où ils remarquent une grande caverne: pour le reste je m'en remets à la carte.

# LA
# QVINZIE'ME PROVINCE
# DE IVNNAN.

*Sa situation & son excellence.*    IVNNAN est de toutes les Provinces meridionales de l'Empire de la Chine, la plus avancée vers l'Occident, & la plus proche des Indes: elle n'est pas fort éloignée du golphe de Pegu ou de Bengala; aussi on y respire l'air des Indes, & on y jouit de la temperature d'un climat plus chaud: elle est toute coupée de rivieres, elle a des lacs qui l'arrosent, & dont plusieurs rivieres tirent leur source. Il y a aussi des montagnes qui sont agreables, & dont le pays tire diverses commoditez; mais elles ne sont pas frequentes: elle est plate presque par tout.

*Les limites.*    Pour limites, on luy donne le Royaume de Laos, & celuy de Tungking ou de Gannan; la Province de Quangsi la borne à l'Orient & au Zud-est; au Zud-ouest elle s'estend presque jusqu'au détroit de Bengala, où elle regarde les Royaumes de Pegu & de Aracan; au couchant elle est opposée au Royaume de Mien & de Pey, comme ceux de la Chine les nomment; au Nord-ouest, les Royaumes que les Chinois appellent generalement Sifan, que je croy estre le Royaume de Tibet, confinent à cette Province; au Nord est la Provincede Suchuen, & celle de Queicheu.

*Ses richesses.*    Cette Province est la plus riche: on a à tres-bon marché tout ce qui est necessaire à la vie: l'or qu'ils amassent dans le sable, quand ils le lavent, leur rend des sommes fort considerables; & les Chinois asseurent que si on pouvoit ouvrir les mines, qu'il n'y a point de lieu où on en trouvast davantage: de là vient que voulans railler quelqu'un, quand ils voyent qu'il vit magnifiquement, ils luy demandent d'ordinaire, si son pere est Receveur des droits du Roy dans la Province de Iunnan. Ce pays produit aussi de l'ambre, mais un peu plus rouge que celuy de Pologne; on n'y en trouve point de jaune. Il y a aussi d'excellens chevaux & des elephants: on tire encore de cette Province des rubis, des saphirs, des agathes, qu'on nomme d'ordinaire yeux de chats, avec plusieurs pierres precieuses & des perles: elle abonde pareillement en

# DE IVNNAN.

mufc, foye, benjoin, & en cet encens fi eftimé, qui diftille des arbres : nous avons auffi toutes ces chofes des Provinces de Pegu, de Laos & de Quangnan.

On compte dans cette Province douze villes fort remarquables, huit autres places de guerre, & quatre-vingt-quatre citez, comme auffi quelques autres places d'armes & Forts, dont nous parlerons cy après ; il y a déja long-temps qu'on en a retranché quelques-uns de l'Empire de la Chine, & quoy qu'ils foient à prefent fous l'obeïffance du Roy de Tungking ou de Gannan, nous ne laifferons pas d'en dire un mot dans la defcription de cette Province. *Nombre des villes, & des autres places.*

Les Chinois y comptent 132958. familles, & 1433110. hommes. Cette Province eft habitée de plufieurs peuples, dont le nombre n'eft pas affeuré, car ils n'obeïffent pas aux Chinois : il y a quelques Seigneurs que ceux de la Chine nomment Tuquon, dont le pouvoir eft abfolu, ( je ne me fouviens pas qu'il y en ait de femblable authorité dans toute la Chine. ) Ils reconnoiffent bien l'Empereur de la Chine ; mais cela n'empefche pas qu'ils ne foient abfolus dans leurs terres, & cette puiffance ne paffe pas en la perfonne de leurs enfans. Le tribut de ris eft de 1400568. facs, elle paye 56965. pefées de fel, outre plufieurs autres impofts qui fe levent fur les marchandifes & fur les terres. *Nombre des hommes.* *Le tribut.*

Comme cette Province eft proche des Indes, auffi tient-elle quelque chofe des mœurs & de la façon de vivre des gens de ce pays là ; on n'y obferve point ce qui fe pratique prefque dans toute la Chine, que les femmes demeurent renfermées dans la maifon fans voir les hommes, & fans avoir aucune familiarité ny converfation avec eux ; dans cette Province on les rencontre dans les ruës, comme dans les Pays-bas & dans l'Alemagne. La plufpart brûlent les corps morts, & les reduifent en cendres, fans les enterrer, dont ces Chinois font fort foigneux ; encore que les plus grands de leurs Philofophes imitent les autres Chinois, & fe fervent de fepulcres, toutefois ils ne jettent perfonne en vie pour le brûler avec les corps morts, comme les Indiens ont accoouftumé de faire ; car les Chinois eftiment cette couftume barbare. *Mœurs & façons de faire particulieres.*

Ceux de cette Province furpaffent les autres Chinois en force & en courage : ils apprennent aux Elephans à fe battre, & s'en fervent dans les combats : ils font courtois, fociables, l'efprit doux, plus propres que beaucoup d'autres pour comprendre les Myfteres de noftre Religion. Divers empefchemens ont ofté à nos Peres l'entrée de cette Province ; ils n'ont pas laiffé d'en convertir quelques-uns employez dehors en des gouvernemens, ou qui eftoient à la Cour pour prendre leurs degrez, & ceux-là ont mieux confirmé par leur bonne vie la verité qu'ils avoient embraffée que les autres Chinois : ce qui nous donne beaucoup d'efperance d'une moiffon fort heureufe dans cette Province : faffe Dieu qu'on y envoye autant de Moiffonneurs qu'une fi riche recolte demande. *Le naturel de ceux du pays.*

L'Empereur Xius, qui fonda la famille de Cina, a efté le premier qui ait occupé ce pays ; mais comme il fe fut rebellé peu de temps après, ils furent de nouveau fubjuguez par Hiaouvus ce vaillant chef de la famille de Hana : les Tartares mefmes de la famille de Iuena ont embelli ces quartiers, en y envoyant des Colonies ; c'eft pourquoy il y a quantité de chofes dans cette Province dont Marco Polo de Venife fait mention, & que ceux de l'Europe ont jufques icy mal entendu, à caufe de la confufion des noms dont il s'eft fervi, de l'ignorance des caracteres & langue Chinoife, & du peu d'ordre qu'il a apporté dans fes defcriptions : pour la verité de fa Geographie je croy l'avoir affez juftifiée dans cet ouvrage, où j'en donne une fort exacte ; & auffi avoir rendu fervice en mefme temps à la Sereniffime Republique de Venife, pour avoir defendu un de fes Nobles, & pour l'avoir mis à couvert des fauffetez & des autres calomnies qu'on luy impofoit. *Quand c'eft qu'ils ont efté fubjuguez par les Chinois.* *Preuve de la fcience de Geographie, & M. Polo Venitien defendu.*

(Bb ij)

## LA QVINZIEME PROVINCE
### *La premiere ou capitale Ville* IVNNAN.

*Son nom & antiquité.*

ELLE a le mesme nom que la Province où elle est. Iunnan signifie le Midy des nuës. Il n'est fait mention de ce pays que sous les Rois de çu, qui en possedoient la partie la plus septentrionale: elle s'appelloit le royaume de Tien, ce nom estant pris d'un de ses grands lacs. Pour la ville, il n'en est parlé que sous la famille de Hana ; ce n'estoit qu'une cité qu'on nommoit Yecheu ; ce nom fut aprés changé en celuy de Iunnan, que l'Empereur Hiaouvus luy donna, y ayant remarqué des nuages merveilleux pour la diversité de leurs couleurs. Cynus la nomma Nincheu, & la famille de Tanga Nauning ; & comme elle ne la pouvoit conserver qu'avec peine, à cause de son éloignement, elle en divisa tout le territoire en six Seigneuries, avec autant de Seigneurs qui luy devoient payer tribut tous les ans. Quand la famille de Iuena les eut tous defaits, elle nomma cette ville Chungking ; mais la famille de Taiminga luy rendit son premier nom. Elle commande à treize citez, Iunnan, 2. Fumin, 3. Yleang, 4. Caoming o, 5. Cynning, 6. Queihoa, 7. Chingcung, 8. Ganning o, 9. Loçu, 10. Lofung, 11. Quenyang, 12. Sanpao, 13. Ymuen.

*Les citez.*

Le territoire de cette ville est fort agreable & fertile, renommé pour ses collines & pour ses excellentes eaux : il s'éleve de toutes parts en petites collines, & puis s'étend dans une grande & large campagne : il est encore recommandable pour la bonne temperature de l'air, pour ses fontaines, pour les bons esprits qui s'y rencontrent, pour la vigueur & force de ses habitans, & pour l'abondance de toutes choses. Pour la ville, elle peut avec raison entrer en parallele avec les plus grandes de la haute Asie; riche par son trafic, superbe par la magnificence de ses bastimens, par la grandeur de ses temples, & par sa situation fort agreable, car elle est bastie sur le bord septentrional du grand lac de Tien qui passe le long les murailles de la ville vers l'Occident, & donne l'entrée aux navires par le moyen des canaux qu'on y a conduits. On voit aussi une montagne dans la ville, remarquable par les temples qui y sont, par ses bastimens publics & particuliers, par les jardins & par ses bois.

Outre plusieurs palais pour les Gouverneurs, il y en a un où demeure le grand Seigneur qu'on nomme Moquecung ; le fondateur de la famille de Taiminga ayant donné cette dignité à un de ses Generaux d'armée, de la famille de Mo, qui luy avoit rendu des services considerables, lors qu'il chassa les Tartares de la famille de Iuena ; & Moquecung, d'une personne privée qu'il estoit, parvint à la dignité de General d'armée, & rendit cette charge hereditaire dans sa famille. Cette dignité est la mesme que celle de Duc parmi nous, à laquelle ses heritiers & descendans succedent encore à present.

*Les mœurs de ce peuple.*

Il y a eu autrefois diverses sortes de peuples ; mais comme les noms en sont inconnus, je n'en fais icy aucune mention : leurs mœurs estoient aussi bien differentes ; quoy qu'ils embrassassent tous la religion de Fe, chantans tousjours les livres de cette secte ; leur principale occupation & employ estoit la guerre, l'exercice des armes, & l'agriculture ; personne n'espousoit de fille parmi eux qu'un autre n'eust eu premierement sa compagnie ; ce sont les paroles de nostre Auteur Chinois. Les uns estoient noirastres comme les Indiens, & les autres blancs ; ils prennent plaisir d'aller à cheval, & ne mettent qu'un tapis au lieu de selle.

*Abondance de toutes choses.*

Ce pays produit de tres-bons chevaux, de basse taille pour la pluspart, mais forts & hardis : il n'y a point de lieu où on fasse de meilleurs tapis : on y tire de la pierre d'azur, du verd, & quantité d'excellent marbre : le bois de rose,

DE IVNNAN.

comme les Portugais le nomment, y croist aussi: il y a deux temples dediez aux Heros, plus magnifiques que les autres.

La montagne d'Vhoa est dans la ville, où il y a un magnifique temple, & un convent, avec quantité d'autres edifices, comme j'ay dit cy-dessus. *Les montagnes.*

Au couchant du lac & de la ville est la montagne de Kingki, fort grande, qui va jusqu'au bord du lac.

Xang est une montagne vers le Nord, avec une fontaine qui est tres-froide, & qui ne laisse pas pourtant de soulager merveilleusement les paralytiques. *Fontaine d'eau qui guerit les paralytiques.*

Lo est une fort haute montagne au Nord de la ville, qui represente un limaçon; on la voit au Septentrion du lac, & celle de Kinki au couchant: elles sont beaucoup plus hautes que les autres, aussi paroissent-elles davantage.

Yoyang est une montagne au Nord-ouest, où il y a plusieurs convens de sacrificateurs.

Sieúcao est une montagne proche de Caoming, qui est si haute, qu'on croit qu'elle surpasse la moyenne region de l'air.

Proche de Cynning est la montagne de Kinna, riche en or.

Le lac de Tien est au Midy de la ville, il s'avance jusques au pied de ses murailles au couchant: on dit qu'il a cinq cens stades de tour. La riviere de Kinxa en tire sa source, & sortant du costé du lac qui est au Midy, coule aprés vers le Septentrion: or ce lac croist & s'enfle par le moyen de la riviere de Puon, qui descend des montagnes de Caoming: ce lac se nomme aussi le lac de Quenming. *Les rivieres.*

On a conduit un grand canal du lac de Tien, jusqu'aux citez de Ganning, de Quenyang & de Fumin; on l'appelle communément le canal de Tangcie.

## La seconde Ville TALI.

TALI est bastie sur le bord occidental du lac Siul, dont les habitans tirent beaucoup de commoditez & de divertissement. Ceux de la Chine luy donnent le nom de mer à cause de sa grandeur; il est plus long qu'il n'est large. Tali est la plus occidentale de tout l'Empire, son terroir est fort recreatif, le fonds en est fertile, si ce n'est où il est couvert de roches: il est arrousé de quantité d'eaux, l'air en est doux, la ville est fort vaste, & comprend une fort grande espace; car il y a dedans un palais basti pour s'y divertir; dont les murailles ont cinq stades de circuit, dix perches de hauteur; d'où l'on peut juger, que tout le bastiment doit estre d'une grandeur prodigieuse: elle est fort peuplée, & il y a de fort beaux bastimens publics & particuliers, & deux temples fort remarquables, dediez aux Heros, sans parler d'une infinité d'autres temples. *Sa situation & sa grandeur.*

Lors que ce pays n'estoit point sujet aux Chinois, il estoit habité par les peuples du Royaume de Quenni: du temps des Roys, celuy de çu s'en rendit maistre, & y forma un grand & puissant Royaume. Hiaovus, Empereur de la famille de Hana, apres s'estre emparé de toutes les Indes au delà du Gange, fut le premier qui posa les fondemens de cette ville, luy donnant le nom de Yechu; la famille de Tanga l'appella Yaocheu: lors qu'elle eut secoüé le joug des Chinois, ce fut le Royaume de Mung, & pour lors on la nomma Nanchao. Vn Empereur de la famille de Iuena fut le premier qui luy donna le titre & la qualité de Ville, avec le nom qu'elle a à present, luy ayant adjousté six citez sur lesquelles elle a jurisdiction, Tali, 2. Chao o, 3. Iunnan, 4. Tenchuen, 5. Langkiung 6. Pinchuen. *Ses noms & son antiquité.*

(Bb iij)

Marbre fort beau.

Les Chinois y coupent en tables des pieces d'un marbre fort beau, naturellement si bien marqueté de diverses couleurs, qu'on diroit que le pinceau de quelque excellent peintre y auroit voulu representer des montagnes, des rivieres, des arbres & des fleurs. Ceux de la Chine en font des tables, & d'autres ornemens qu'ils appellent Tiençang, du nom de la montagne d'où on tire ce marbre. Il croit aussi des figues dans ce quartier, comme celles de de l'Europe, que les Chinois nomment Vuhoaquo, c'est à dire fruit sans fleur, ce nom leur ayant esté donné parce que le figuier ne fleurit point. Il y croist aussi des feuïlles de Cha, & il y a quantité d'excellens poissons.

Les montagnes.

La montagne de Tiençang a plus de trois cens stades, & est au couchant de la ville ; on y compte dix-neuf sommets fort hauts, avec un estang si profond, qu'on n'en a jamais sceu trouver le fonds.

Grande défaite & tuerie d'hommes.

Proche de la cité de Chao est la montagne de Fungy, avec un grand costeau de terre amassée, sous lequel plus de deux cens mille hommes du Roy Nanchao furent enterrez, aprés avoir esté défaits par les Chinois dans un combat que leur donna le general Tangsienyuo : aprés cette victoire le Royaume de Nanchao fut conquis par la famille de Hana, & ce royaume comprend tout le pays qui est au Midy jusques au Gange.

Proche de Tengchuen est la montagne de Kiço, fameuse pour quantité de magnifiques temples & convens de sacrificateurs ; c'est de là qu'est venuë dans la Chine la premiere connoissance de la doctrine idolatre de Fe ; la famille de Hana retint la religion & les ceremonies de ce peuple, dont elle avoit subjugué le pays ; car les Chinois n'adoroient auparavant que le Xangti, qui signifie le souverain Empereur ; de façon qu'il y a bien de l'apparence que par ce nom ils ont voulu entendre la divinité. Je ne diray rien d'une infinité d'autres petites montagnes, qui ne sont aucunement remarquables ; mais il ne faut pas oublier le sommet de Tingsi, qui est dans les montagnes de la cité de Chao, car on escrit qu'il est plus haut de mille perches que ne sont les autres ; au pied est un chasteau pour defendre & asseurer les chemins.

Les rivieres.

Le lac de Siul s'estendant fort en longueur, divertit les habitans par son bel aspect ; comme aussi par la diversité & abondance de ses poissons. Il y a trois montagnes qui forment autant d'Isles, & quatres autres Isles toutes plates qui sont tres-fertiles : les bords de ce lac forment en deçà neuf golfes : il commence prés de la ville de Tali, & finit à la cité Kiung. La grande riviere de Mosale en sort : apres avoir passé au travers de cette Province, elle se jette avec violence dans le Royaume de Tungking, où enflée par un grand nombre d'eaux, elle forme en suite ce canal, qui porte les vaisseaux jusques dans la ville capitale du Royaume de Tungking.

*La troisiéme Ville* LINGAN.

CETTE ville à dix citez sous soy, Lingan, 2. Kienxui o, 3. Xeping o, 4. Omio, 5. Ningo, 6. Sinping, 7. Tunghai, 8. Hosi, 9. Siego, 10. Mungçu ; de plus neuf Forts, dont le premier est Naleu, 2. Kiaohoa, 3. Vanglung, 4. Hiyung, 5. Kichu, 6. Suto, 7. çoneng, 8. Locung, 9. Gannan. L'Empereur de la Chine y entretient de grosses garnisons contre les entreprises de ceux de Tunking ; tout le pays de la Province qui est à l'orient de cette ville, a esté conquis par le Roy de Tungking, & est dans son obeïssance.

Noms anciens.

Le territoire de cette ville estoit anciennement du Royaume de Kiuting : quand ceux de la famille de Hana s'en furent rendus maistres, ils y fonderent la Seigneurie de Ciangho : il fut aprés compris dans le Royaume de Mung, & on nomma l'endroit où estoit cette ville, Tunghai. La famille de Sunga l'appella Sieuxan ; celle de Iuena en fit une ville, & l'entoura de fortes murailles.

## DE IVNNAN.

Son territoire s'estend en partie en plaines, & s'esleve aussi quelquefois en costeaux & en montagnes: il a deux grands lacs: il est coupé de rivieres, plein de citez, de Forts, de petites villes, & de bourgs. Il y a abondance de ris, de froment, de miel, & de cire, & produit les mesmes fruits qui se trouvent dans les Indes. Il n'y a qu'un temple dedié aux Heros, & un pont magnifique au Nord de la ville, basti par les Tartares de la famille de Iuena.

La montagne de Vchung est proche de la cité de Omi, qui a trois sommets, au milieu desquels est une cité. Proche de la cité de Ning est la montagne de Vansung, ainsi nommée à cause de ses vieux pins. *Les montagnes.*

Proche de Tunghai est la montagne de Sieu, où on dit qu'il y a une fontaine dont l'eau rend la chair blanche si on en boit, & engraisse à merveille ceux qui sont maigres. *Fontaine qui blanchit & engraisse.*

Proche de Mungçu on voit la montagne appellée Monce, fort grande & fort haute, où on compte vingt sommets.

La montagne de Puonchang est au Midy de la ville, on dit qu'elle est fort haute.

Proche de la cité de Xeping est le lac de Ylung, qui a cent cinquante stades de circuit, & trois petites Isles. Il y a aussi un autre lac proche de la cité de Tunghai, qui a le mesme nom, & est de quatre-vingt stades en quarré: il prend sa source proche de Hosi. *Les rivieres.*

### La quatriéme Ville ÇVHIVNG.

CEtte ville est au centre de la Province, son territoire est arrousé de rivieres agreables, renfermé de tous costez de fort belles montagnes, qui luy servent d'un fort rempart contre ses ennemis. Il y a quantité de grains par tout, force beaux pasturages: l'air y est fort sain: on y trouve de la pierre d'asur & de fort beau verd. Ce pays estoit autrefois dans le Royaume de çu, puis dans le pays de Yecheu sous la famille de Hana: le Roy Cynus le nomma Gancheu, la famille de Tanga Gueiçu; mais celle de Taiminga luy a donné le nom qu'il retient à present. Cette ville gouverne sept citez, çuhinug, 2. Quangtung, 3. Tingyuen, 4. Tingpien, 5. Okia, 6. Nangano, 7. Chinnan. *Noms anciens.*

L'Autheur Chinois assure qu'au Septentrion de ce territoire, avant la venuë des Tartares de la famille de Iuena, estoit le Royaume de Kinchi, (c'est à dire dents d'or;) on les nommoit ainsi, à cause que ses peuples garnissoient leurs dents de petites plaques d'or: c'est peut-estre la Province d'Arelada selon M. Polo, mais il nous en faudra bien-tost parler plus amplement. Ce peuple avoit aussi accoustumé de faire une chose qu'il observe encore à present; c'est que proche de la cité de Nangan ils couvrent d'or tous les ans une grosse pierre qu'ils adorent; cette pierre a environ dix perches de hauteur, ils l'appellent Xinxe, qui signifie pierre spirituelle, ayans retenu cette superstition depuis le temps des Rois de Mung. *L'Arelada de M. Polo de Venise.*

Au couchant de la ville est la montagne de Minfung & de Vixi: il y a plus de cent petits ruisseaux qui tirent leur source de la derniere; ainsi elle est couverte par tout de verdure, fertile & tres-agreable. *Les montagnes.*

Kieupuon est une haute montagne, qui semble se retirer en elle-mesme proche de Quantun ou elle fait un grand gouffre. Proche de Nangan est la montagne de Piaolo, où il y a une mine d'argent fort considerable.

### La cinquiéme Ville CHINKIANG.

CE pays a autrefois esté dans le Royaume de Sinany, & s'appelloit le pays de Tien. La famille de Hana a jetté les premiers fondemens de cette ville,

## LA QVINZIE'ME PROVINCE

apres avoir basty la cité d'Yniuen; Suius la nomma Quencheu, & les Rois de Mung Hoyang; pour le nom qu'elle a à present, c'est la famille de Iuena qui le luy a donné. Elle a jurisdiction sur cinq citez, Chinkiang, 2. Kiangchuen, 3. Sinhing o, 4. Yangcung, 5. Lunan o. Le territoire de cette ville n'est pas fort grand, mais fort agreable, à cause de ses lacs & de ses rivieres. Pour la ville, elle est assez grande, plus celebre encore pour l'abondance de son *Poisson qui sert contre la gale.* poisson: il y en a une sorte entr'autres, dont les Medecins tirent un souverain remede contre toute sorte de gale. Ceux du pays font aussi de fort beaux tapis de coton. Au Septentrion de la ville, on void encore à present une fort grande pierre, où Sinulo Roy de Mung, recevant les Ambassadeurs d'un autre Roy, qui ne luy donnoient point la satisfaction qu'il attendoit, frappa sur cette pierre de son espée avec tant de force, qu'il y fit de ce seul coup une fente qui avoit prés de trois coudées de profondeur, & dit à ces Ambassadeurs: Allez, & faites sçavoir à vostre Roy, de quelle trempe sont nos espées. Cela arriva sous Hiaovus le premier de la famille de Hana, qui adjouta à l'Empire de la Chine le puissant Royaume de Mung, que les Chinois nommoient le pays de Nanchao.

*Les montagnes.* La montagne d'Yokcu est au Zud-ouest de la ville, sur le bord du lac de Vusien; elle est toute couverte de bois, & n'a qu'un sommet.

La montagne de Kinlien est au levant de la ville, & située tout au milieu des montagnes, elle paroist toute d'or quand le Soleil se leve.

La cité de Kiangchuen a une fort grande montagne, qui se nomme Si, d'où sortent une infinité de petits ruisseaux: la montagne de Puonquen est proche de Kiangchuen, rude à monter à cause de ses roches, fort inegale & interrompuë par quantité de cavernes qui s'y trouvent: on a basty au milieu de ses rochers & deserts steriles un convent & un temple, avec un logement pour un grand nombre de sacrificateurs.

*Les rivieres.* Ses rivieres sont marquées dans la carte. Au Midy de la ville est le grand lac de Fusien, qui occupe cent mille arpens de terre.

Le lac de Ming est proche d'Yangcung; on y pesche de tres-bons poissons; entr'autres une sorte qui tire sur le noir, que les Chinois nomment Cing: ils escrivent qu'il est bon à plusieurs maladies.

### La sixiéme Ville MVNGHOA.

SInulo Roy de Mung a basty cette ville, & l'a appellée Mungre: la famille de Hana l'annexa au pays d'Yecheu; celle de Iuena luy a donné le nom qu'elle a à present: elle n'a que deux villes dans sa dependâce, la premiere Munghoa, 2. Linglung. Il n'y a point de Province en toute la Chine où il y ait tant de musc qu'en celle-cy.

*Les montagnes.* Gueipao est une montagne au Zud-est de la ville, la plus haute qui soit dans tout le pays. La montagne de Funghoang est au Zud-ouest, & tire son nom d'un Phœnix de la Chine, qu'on dit qui mourut sur cette montagne, apres y avoir chanté fort melodieusement. Ils disent que tous les oiseaux d'alentour s'assemblent tous les ans dans ce lieu sur la fin de l'Automne, & pleurent en quelque façon sa mort: les habitans du pays remarquent ces jours; & avec du feu qu'ils font de nuit sur la montagne, ils prennent une infinité de rares & d'excellens oiseaux.

La montagne de Tienul est au Nord de la ville, & se nomme l'oreille du ciel, parce qu'il y a un Echo si subtil, qu'on ne sçauroit parler si bas qu'il ne renvoye distinctement les mesmes paroles.

## DE IVNNAN.

### *La septiéme Ville* KINGTVNG.

KINGTVNG est la seule, entre toutes les villes qui sont dans ces hautes & larges montagnes, qui soit libre. Ses habitans ont esté les derniers à recevoir les sciences des Chinois: plusieurs mesmes retiennent encore la façon d'escrire du Royaume de Mien, qui ne differe pas beaucoup de celle dont les marchands de Bengala & des Indes ont accoustumé de se servir. Nanchao Roy de Mung est celuy qui a jetté les premiers fondemens de cette ville, il la nomma Inseng, c'est à dire argét naissant, à cause des mines d'argét qui se trouvét dans les terres qui en sont proche: la famille de Iuena l'appella Cainan; celle de Taiminga l'agrandit, & la renferma de murailles qui ont bien huit stades de circonference. Tout ce pays est fort abondant en ris. A l'occident de la ville est un pont sur une vallée fort profonde, composé de chaisnes de fer; il y a vingt chaisnes, qui ont chacune douze perches de longueur; il branle quand plusieurs personnes y passent toutes à la fois, & se remuë, ce qui ne donne pas peu d'epouvante aux voyageurs, à cause des precipices qui sont dessous. L'Empereur Mingus, de la famille de Hana, bastit ce pont environ l'an soixante-cinquiesme apres la naissance de Christ. *Pont fait de chaisnes de fer.*

Munglo est une fort haute montagne qui a plus de trois cens stades, & est au Septentrion: là-mesme est la montagne de Pingtai, avec un chasteau pour la defendre. *Les montagnes.*

### *La huitiéme Ville* QVANGNAN.

CETTE ville a esté démembrée de l'Empire de la Chine, & est dans l'obeïssance du Royaume de Tungking avec une autre cité qui se nomme Fuoo. Le territoire de cette ville est separé des terres qui dependent de la Chine, par de grandes montagnes: on la nomme d'ordinaire la terre d'or, tant elle est fertile. Ses habitans sont barbares, à ce qu'en disent les Chinois, se tuent les uns les autres pour le moindre sujet, les hommes & les femmes y vont nuds-pieds, portent des habits courts, mangent toutes sortes d'insectes, des vers, des serpens, & des souris. *Mœurs des habitans.*

La montagne de Lienhoa est au levant de la ville; & parce qu'elle a la forme & la figure d'une fleur qui se courbe en dehors, elle se nomme Lienhoa, ou la fleur de Lien. *Les montagnes.*

Proche de la cité de Fu est la montagne de Yocyuen, la fontaine qui est sur son sommet luy a donné ce nom. Le torrent ou plustost le ruisseau de Nanmo est proche de la cité de Fu, l'eau en est tousiours chaude: elle est bonne pour les bains, & guerit diverses maladies.

### *La neufiéme Ville* QVANGSI.

CETTE ville avec son territoire est aussi dans l'obeïssance du Roy de Tungking, elle commande à quatre citez, Quangsi, 2. Suçungo, 3. Mileo, 4. Vimaoo. Elle estoit autrefois dans le Royaume de Tien; sous la famille de Hana c'estoit une partie du pays de Yecheu, & on l'appelloit le quartier de Ciangho, sous la famille de Tanga on la nommoit Kimi; pour le nom qu'elle a à present, c'est la famille de Iuena qui la luy a donné.

La montagne de Faco est au Nord de Quangsi & proche de ses murailles: dans la ville est la montagne de Chunsien, où estoit le college de la ville. *Les montagnes.*

La montagne de Siaolung environne la cité de Mile.

(Cc

## La dixiéme Ville CHINYVEN.

CETTE ville est presque au milieu de la Province, au Midy de la ville de Kingtung, riche en mines d'argent : elle a sous elle un chasteau ou Fort nommé Loco. Ce pays est fort montagneux : il y a des Paons sauvages & domestiques. Pour les noms qu'il a eu anciennement, je trouve que c'ont esté les mesmes que ceux de Kingtung, qui est la ville la plus proche qu'elle ait.

*Les montagnes.* Polung est une montagne au couchant de la ville, où des costeaux s'eslevent peu à peu, & se succedent les uns aux autres, de sorte que vous diriez que ce sont les eaux de la mer qui s'enflent lors qu'elle s'émeut : c'est de là qu'elle tire son nom de Polung, c'est à dire la grace des eaux.

Nalo est une montagne au Nord-est, dangereuse pour ses tigres & ses leopards.

## La onziéme Ville IVNGNING.

CETTE ville est la plus septentrionale de toute la Province, elle confine au Royaume de Sifan, & commande à cinq Forts ; le premier est Iungning, 2. Laçu, 3. Ketien, 4. Hianglo, 5. Valu. On y trouve de ces vaches, dont parlent ceux qui ont fait la description du Royaume de Tibet, on les appelle communément les vaches de Ly ; les Chinois se servent de leurs queuës pour enrichir & parer leurs drapeaux & leurs casques ; du poil ils en font d'excellens tapis & des estoffes, qui resistent à la pluye. Ce pays se nommoit autrefois Talang, la famille de Iuena luy a donné le nom qu'elle a à present.

*Les montagnes.* La montagne de Canmo est au Zud-est de la ville, seule & découverte ; car c'est une roche au milieu d'une grande plaine.

La montagne de Lopu est proche de Volu.

La montagne de Pouo est proche de Hianglo, & celle de Loni proche de Loçuho.

*Les lacs.* Lucu est un grand lac à l'Orient de la ville, où il y a trois Isles fort égales, chacune a un costeau de cent perches de hauteur.

## La douziéme Ville XVNNING.

LEs Chinois n'ont rien remarqué du pays de cette ville avât la famille de Iuena : les Tartares de la famille de Iuena s'en sont rédus les maistres les premiers, & luy ont imposé ce nom : la ville a deux stades de circuit. Ces montagnards, à ce qu'en disent les Chinois, sont fort barbares, fort rudes & grossiers ; le pays mesme est difficile & sterile presque par tout : on n'y sçauroit entrer que par un endroit, encore est-ce entre des vallées fort étroites : ils portent les cheveux longs & éparpillez, vont pieds nuds, mangent avec les mains, sans se vouloir servir de bastons, devorent toutes sortes d'insectes, ne sçavent point tailler d'habits, ni en filer, & se contentent de s'envelopper simplement d'un drap : voila comme nostre Geographe Chinois les depeint. J'ay mes raisons, tirées de la connoissance que j'ay de la Carte de ce pays, pour croire qu'il a esté autrefois une partie du Royaume de Iunchang, auquel aussi il touche ; mais nous en discourerons plus amplement cy-aprés.

*Les montagnes.* Loping est une montagne qui s'éleve au Nord-ouest de la ville.

La montagne de Mengpo est au Midy de la ville, habitée par un peuple farouche & sauvage.

*Les rivieres.* La riviere de çanglang passe au couchât de la ville, elle est fort grâde, & prend sa source au Royaume de Sifan, de là elle descend vers le Midy, & elle entre

# DE IVNNAN.

dans cette Province prés de Iungping, elle la coupe & divise par le milieu; puis tout auſſi-toſt qu'elle eſt entrée dans le Royaume de Tungting, elle ſe décharge dans la mer avec la riviere de Xale ou de Moxale. Pour le puits de Quonin, (qui eſt le nom d'une idole tres-fameuſe en forme de femme, comme nous l'avons repreſenté dans les cartes;) on écrit qu'un vieillard y fit ſourdre de l'eau, ayant frappé la terre de ſon baſton, au lieu qu'auparavant il n'y avoit point d'eau; & qu'on ne vit plus aprés le vieillard.

## LES VILLES DE GVERRE.

### *La premiere ville de guerre* KIOCING.

IE me ſouviens d'avoir dit cy-deſſus, que dans ces villes les bourgeois eſtoient peſle meſle avec les ſoldats. Le territoire de cette ville eſt proche du Royaume de Tungxing, & bien fortifié contre toutes les entrepriſes & efforts de ſes ennemis; car outre qu'il y a ſix citez qui ſont parfaitement bien baſties, avec quelques chaſteaux; il eſt de plus renfermé des rivieres de Pepuon & de Naupuun, qui tirent leur ſource de ce territoire. Les citez ſont, premierement Kiocing, 2. Yeco, 3. Chenyeo, 4. Loleango, 5. Malungo, 6. Lohiungo. Les habitans de ce pays ſont merveilleuſement ſoigneux de l'agriculture; mais ils ſont querelleux & chicaneurs; c'eſt pourquoy il arrive ſouvent, que tout ce que ces payſans ont gagné avec beaucoup de peine, & à la ſueur de leurs corps, s'en va pour payer les vacations des Iuges. Ceux de la Chine écrivent, qu'il s'y trouve une choſe veritablement rare, ſçavoir de certains petits oiſeaux qui reſſemblent à des hirondelles, dont auſſi ils prennent leur nom; (car ils les appellent *Hirondelles* Xeyen, c'eſt à dire hirondelles de pierre) qui ont ſous le ventre de grandes *de pierre.* marques blanches & d'autres moindres; les Medecins Chinois nomment ceux qui ont les grandes marques les maſles, & ceux qui les ont plus petites les femelles; ils en font un collyre excellent contre les maladies des yeux.

La montagne de Fukin eſt au couchant de la ville: on écrit qu'il y a une *Les monta-* fontaine dont l'eau augmente l'eſprit aux enfans; les Chinois peut-eſtre ſe ſer- *gnes.* vent de cette invention, comme on fait en quelques endroits de l'Europe, pour *Eau qui* leur perſuader plus aiſément à boire de l'eau, & à laiſſer le vin; ils adjouſtent *& accroiſt* par la meſme raiſon, que cette eau leur rendra les cheveux dorez & les yeux *l'eſprit.* plus beaux.

Proche de Chenye eſt la montagne de Xingung, toute couverte de foreſts & de bois.

La montagne de Xemuen eſt proche de Loleang, où il y a un chemin de dix ſtades de longueur entre les rochers.

La montagne d'Yceng eſt proche d'Yeço, elle tire ce nom d'une fontaine; Y, en la langue de ce pays, ſignifie de l'eau, & en Chinois Xui.

La cité de Malung a le haut ſommet de Quenſo, où il y a un chemin avec un chaſteau pour le defendre.

La riviere de Pexe commence au Nord de la ville, mais change tout auſſi- *Les rivieres:* toſt ce nom pour celuy de Pepuon; elle ſe nomme auſſi Ven.

Chungyen eſt un lac ou marais proche de Loleang, au pied des montagnes de Kieyung.

### *La ſeconde Ville* YAOGAN.

CEtte ville de guerre eſt au Nord-oueſt de la capitale, remarquable principalement pour l'abondance du muſc, qui s'y trouve. Elle commande à trois citez, la premiere eſt Yaogan, 2. Yaoo, 3. Tayao. Son territoire eſt

(Cc ij)

considerable & renfermé de forests & de montagnes, où il y a plusieurs vallées tres-fertiles. Ce pays faisoit autrefois une partie du Royaume de Tien. Sous la famille de Hana il appartenoit à celuy d'Yecheu, qui y bastit la cité de Lungtung. La famille de Tanga le nomma Yaocheu ; mais c'est la famille de Iuena qui luy a imposé le nom qu'il a à present. L'Auteur Chinois dit, que ce peuple est fou & insensé, mais fort & robuste ; qu'il prefere la guerre à la paix, quoyque selon eux la paix soit la meilleure & la plus souhaitable de toutes les choses, que Dieu ait donné aux hommes.

*Les montagnes.* La montagne de Kiensieu est au couchant de la ville : proche de ses murailles, il en sort un petit ruisseau qui emplit le fossé, & le petit lac de Pien. La montagne de Tung est au Levant, remarquable pour ses belles forests. La montagne de Lolo est au Nord de la ville ; & la montagne de Luki proche de Tayao.

Vers le Nord-est & assez prés de la ville il y a un puits d'eau salée ; on en puise pour faire du sel qui est tres-blanc, dont on se sert dans tout le pays, & s'appelle Peyencing, c'est à dire le puits du sel blanc : on dit qu'il se trouva par des brebis, qu'on remarqua qu'elles avoient accoustumé de lecher la terre, & de la gratter avec leurs pieds, qu'en ayant fait l'experience, on y rencontra de la terre & de l'eau salée.

*Les rivieres.* La riviere de Kinxa, qui vient de Sifan, passe au Septentrion du territoire de cette ville, celle de Linsi entre dans cette Province vers l'Orient, & aprés avoir fait amas d'autres eaux, elle se va rendre dans la Province de Suchuen le long des frontieres de Queicheu : on l'appelle Kinxa, à cause de son sable doré.

### La troisiéme Ville CIOKING.

LE pays de Cioking appartenoit sous la famille de Hana au Royaume de Iungchang ; celle de Tanga le nomma Ciocheu, & celle de Iuena Cioking. Il comprend trois citez, dont la premiere est Cioking, 2. Kiencheüen o, 3. Xun o. Il est tout environné de montagnes. Les habitans sont forts & courageux, vont armez d'arcs & de fleches, & non point d'évétails & de parasols comme les Chinois. Ce pays produit du musc & des pommes de pin : on y fait de fort beaux tapis.

*Les montagnes.* Kinhoa est une montagne proche de la cité de Kienchuen, qui s'étend du Royaume de Sifan jusques ici : on écrit qu'il y a grande abondance d'or, & un de ses sommets principalement qui semble estre tout d'or.

Fauchang est une fort grande montagne au Midy.

Proche de Kienchuen est la montagne de Xepao, avec une colomne de pierre, & la statuë de l'Idole de Fe. On y voit aussi des figures de pierre, un elephant, un lion, une cloche & un tambour : chaque statuë a sa couleur particuliere ; on ne dit point qui les y a mises.

*Les rivieres.* La riviere de Kinxa arrose aussi ce pays.

Le lac de Kien est proche de Kienchuën, il a soixante stades de circuit, il en sort trois petits ruisseaux, qui representent le caractere des Chinois qu'ils nomment Chuen, qui signifie de l'eau, c'est de là qu'une cité tire son nom.

Au Zud-est de la ville il y a une fontaine d'eau chaude, dont les Phthisiques, & ceux qui sont sujets aux obstructions, reçoivent de grands secours.

## DE IVNNAN.

### La quatriéme Ville VVTING.

LE reſſort de Vuting a auſſi eſté une partie du Royaume de Tien : la famille de Hana le mit dans les terres de Yecheu : Suius la nomma Quencheu, & la famille de Tanga Tacheu ; la famille de Iuena luy a donné le nom qu'elle a à preſent. Elle gouverne quatre citez, dont la premiere eſt Vuting, 2. Hokioo, 3. Yuenmeu, 4. Lokiüeno. Elle eſt ſituée proche de ſa capitale, & s'il y a un pays agreable & fertile, c'eſt ſans doute cetui-cy ; car les deux rivieres de Kinxa y paſſent avec d'autres eaux qui le rendent fertile. Vuting eſt une place de guerre, il y a une garniſon aſſez conſiderable, elle eſt frontiere de Queicheu, dont on doit craindre les montagnards. Elle abonde auſſi en muſc, & en beſtes à laine, à cauſe de ſes paſturages.

Vmong eſt une fort grande montagne au Levant de la ville, qui s'éleve en douze ſommets. *Les montagnes.*

La montagne de Hingkieu eſt proche de Lokiuen, affreuſe & roide par tout; elle eſt neantmoins unie au ſommet, il n'y peut monter qu'un homme ſeul à la fois, tant le paſſage eſt étroit. Les habitans de ce pays s'en ſervent comme d'un refuge aſſeuré en temps de guerre.

çokieu eſt une montagne proche de Hokio, on la nomme communément le Printemps continuel ; car on n'y remarque aucun changement ny viciſſitude dans les ſaiſons, il y a touſjours de la verdure : au Couchant eſt une grande caverne, où on voit la ſtatuë d'un homme, & d'un certain animal ; on écrit que ſi quelqu'un regarde par hazard la ſtatuë, & qu'en meſme temps il parle un peu haut, qu'il s'y éleve auſſi toſt des tempeſtes & des tonnerres.

Hoeiniao eſt un lac au Nord-oueſt de la ville, qui a cinq ſtades & eſt tout environné d'arbres : il s'appelle le lac qui rend des oiſeaux ; parce que des feüilles d'un certain arbre, tombans dans ce lac ſe changent en petits oiſeaux noirs, avec un ſi grand eſtonnement des habitans, qu'ils croyent que ce ſont des eſprits, ſelon ce qu'en dit l'Hiſtorien Chinois. *Les rivieres. Feüilles qui ſe changent en petits oiſeaux.*

La fontaine de Hiangxui, c'eſt à dire de l'eau odoriferante, ſent bon au Printemps : en ce temps ceux du pays font des ceremonies à l'honneur de cette fontaine, à cauſe de la nouveauté de la choſe, & boivent de cette eau meſlée avec de leur vin, ou avec une liqueur faite de ris.

### La cinquième Ville CINTIEN.

LA campagne de cette ville n'eſt pas moins graſſe & fertile que celles des autres, à cauſe du grand nombre de bergers & de laboureurs qui la cultivent avec grād ſoin. Elle a pluſieurs gros bourgs, mais elle n'a pas une ſeule cité : la ville eſt fort proche de la Province de Queicheu : ce pays a eſté autrefois dans le Royaume de Tien, on le nommoit alors Cintien comme on fait encore à preſent.

Iuecu eſt une montagne au Nord-eſt de la ville, qui contient cinquante ſtades : vers le couchant eſt la montagne de Into, dont l'air eſt ſi doux & ſi temperé, que ceux qui y demeurent ne connoiſſent point de maladies ; il y fait fort bon en Eſté, & on n'y ſent point les chaleurs de la canicule. *Les montagnes.*

Che eſt un grand lac qui ſe nomme auſſi la mer de Cingxui ; il eſt entre les montagnes au couchant de la ville, & tous les petits ruiſſeaux qui ſortent des montagnes s'y déchargent. *Les rivieres.*

(Cc iij

## LA QVINZIEME PROVINCE

### La sixiéme Ville LIKIANG.

*Naturel & mœurs du peuple.*

LEs habitans de ce pays sont tous sortis des colonies de ces anciens Chinois, qu'on y avoit menez; & bien qu'ils ne suivent pas tout à fait les loix de la Chine, à cause que le voisinage & la proximité des autres nations les ont corrompus; si ne laissent-ils pas d'imiter les Chinois en beaucoup de choses: ils sont fort adonnez à boire, s'enyvrent, & puis se divertissent à chanter & à sauter: ils sçavent fort bien monter à cheval, & tirer de l'arc: le pays où ils demeurent est tres-bon, tres-gras, & fort riche en or: ils ont aussi de l'ambre & des pommes de pin. Pour la ville, elle est située dans la partie la plus occidentale de la Province, au Nord de la ville de Tali ; la riviere de Kinvius, où on trouve de l'or, en coupe le territoire; celle de Lançang la renferme & l'environne au couchant. Il y a un pont de chaisnes de fer sur Kinxa, entre deux montagnes, & tel que je l'ay décrit cy-dessus. Elle commande à cinq citez, Likiang, 2. Paoxano, 3. Lano, 4. Kiucin, 5. Linsi. La famille de Hana a appellé ce lieu Iúehi; celle de Tanga Hicheu; mais c'est la famille de Iuena qui luy a donné le nom qu'elle a à present.

*Les montagnes.*

La montagne de Sive est au Nord-ouest de la ville vers le Royaume de Tibet : elle tire ce nom des neiges continuelles qui y sont, & ne se fondent jamais; car le mot de Sive signifie neige.

Proche de Kiucin est la montagne de Kinma, ainsi nommée à cause de ses pierres de differentes couleurs qui representent un cheval.

*Les rivieres.*

La riviere de Lançang passe au couchant de la cité de Lan, & sort du Royaume de Tufan; c'est de là aussi que sort la riviere de Kinxa qui se nomme Li, la derniere passe au levant, & l'autre au Midy, où s'enflant & grossissant de quantité d'eaux, aprés avoir traversé toute la Province & le Royaume de Tungking, elle décharge finalement ses eaux dans la mer, avec celles de la riviere de Xale, comme j'ay dit cy-devant.

Au Zud-est de la ville est la riviere de Kinxa, elle s'estend au large, & forme un lac de trente stades; on dit qu'elle est si profonde & si creuse, qu'on ne l'a pû sonder jusques ici.

### La septiéme Ville IVENKIANG.

CE pays a esté autrefois de l'Empire de la Chine, sous la famille de Tanga, il faisoit partie de celuy d'Inseng; sous la famille de Sunga il fut conquis & gagné par Nungchicao, & detaché de l'Empire de la Chine; mais la famille de Iuena le reprit & le nomma Iuenkian, parce qu'il est proche des Royaumes de Tungking & de Laos; aussi y a-t-il un Fort pour la garde & defense du pays, qui se nomme Lopie. Ce pays abonde en soye & en ebene, & produit la palme & l'herbe de Areca, que ceux du pays maschent aussi bien que la feuille de Betel: les autres Indiens en font le mesme, & l'appellent dans leur langue Maxinnang. Il y a aussi quantité de Paons.

*Les anciens noms.*

Leukia est une montagne au Nord-est de la ville : la montagne de Yotai est à l'Orient, la plus grande de toutes: on y compte vingt-cinq sommets : elle est si agreable qu'on luy a donné le nom de tour riche & precieuse.

### La huitiéme ville IVNGCHANG.

IVNGCHANG a autrefois esté la capitale du Royaume de Gailao, & se nommoit Puguei: l'Empereur Hiaovus issu de la famille de Hana, donna les commencemens à cette ville; elle commandoit à un pays qui estoit envi-

# DE IVNNAN.

ronné de la riviere de Lancang, de là vient qu'elle en a porté le nom : quelque temps aprés elle se rebella, & recônut le royaume de Iungchang, en ce temps on l'appella Iungchang. L'auteur Chinois dit que ses habitans ont des mœurs parti- *Mœurs du peuple.* culieres: qu'il y en a qui couvrent leurs dents de plaques d'or, qu'on appelle Kin-chi, c'est à dire aux dents d'or; d'autres qui se plaisent à avoir les dents fort noires, qu'ils peignent avec du vernis, ou bien avec quelque autre drogue; d'autres se marquent diverses figures sur leur visage, le perçans avec une aiguille, & appliquans du noir, comme plusieurs Indiens ont accoustumé de faire : ils vont à cheval, un tapis leur sert de selle : ils ont de l'or, de la cire, du miel, du marbre, de l'ambre, du lin & de la soye.

La ville de Iungchang est grande & peuplée, elle estoit autrefois la capitale du grand Royaume de Kinchi, elle est à present sous l'obeïssance des Chinois. Elle commande à quatre citez & à trois Forts, Iungchang, 2. Layeo, 3. Lukiang, 4. Iungping. Les Forts sont, premierement Fungki, 2. Xitien, 3. Luxiang.

Ie croy fermement que cette ville & le pays d'alentour est l'Vnchiang *Liv.2.c.42.* de Marco Polo, ce qui me le fait dire, est le rapport & la convenance qu'il y a entre les noms, les mœurs de ce peuple, & la situation du pays; car il touche au Royaume de Mien, dont nous parlerons cy-apres: il n'est pas fort eloigné de Bengala, & est plein d'elephants, dont ils se sont servis pour combatre les Tartares, qu'ils ont vaincus; il n'y a point d'elephants dans les pays Septentrionaux, & on ne s'en est jamais servy pour combattre dans toute la Chine, si ce n'est dans cette Province de Iunnan, & dans le Royaume de Kiaochi ou de Tungking; & d'ailleurs si Marco Polo escrit Vn pour Iun, il ne s'en faut point estonner, car il n'y a point de caractere Chinois qui se prononce Vn; c'est pourquoy ceux de la Chine ont employé Iun pour Vn. Ce qui me confirme & fortifie dans mon opinion, c'est ce que j'ay dit assez souvent, qu'il n'y a eu que les Tartares de la famille de Iuena qui ayent entré dans la Chine du costé du Midy, & que c'est par là qu'ils se sont ouvert le chemin à l'Empire, apres avoir subjugué tout le pays qui est au deça du Gange, avec quantité d'autres qui sont au delà : mais je renvoye le lecteur à Marco Polo.

La montagne de Gailo ou de Ganlo est à l'Orient de la ville, il y a un puits fort *Les montagnes.* profond, duquel les habitans tirent un presage de l'abondance ou de la sterilité de l'année, on remarque au Printemps jusques où l'eau monte: il y a aussi une pierre qui represente la figure d'un nez d'homme, avec des narines, une fontaine chaude sort de l'une, & une froide de l'autre.

La montagne de Caoli, qui est proche de Layue, est grande & haute.

Iungping a la montagne de Ponan qui en est proche, elle est tout à fait difficile.

Proche de Xitien est la montagne de Mocang, dont le sommet est fort haut.

Le Fort de Fungki est sur la montagne de Fungki.

La riviere de Lu ou autrement de Nu passe proche de la ville : elle prend sa *Les rivieres.* source dans le Royaume de Tufan.

Le lac de Chinghoa est à l'Orient de la ville, il est plein de fleurs de Lien.

## Les Citez militaires.

Aprés les villes de guerre, restent encore deux citez militaires, qui ne dependent d'aucune ville, & où les soldats & les bourgeois vivent indifferemment les uns avec les autres; la premiere est Pexing, la seconde Sinhoa, l'une est au Septentrion de la Province, & l'autre au Midy.

Au Midy de Pexing est la haute montagne de Kieulung. La montagne de *Les montagnes.*

Tung est à l'Orient, & celle de Vtung au couchant: pour la cité de Sinhoa elle a au Nord-ouest la montagne de Falung, & au Nord celle de Checung, où il y une fontaine chaude.

*Les rivieres.* Au Midy de Pexing il y a un lac qu'on nomme Chin, qui s'est formé des ruines d'une fort grande ville, que les Chinois disent avoir esté engloutie à cause des crimes de ses habitans; ils asseurēt que ceux qui y demeuroient estoient de la famille de Chin, & que c'est de là que ce lac avoit tiré son nom : ils écrivent, qu'il n'y eut qu'un petit enfant porté sur du bois & sur des aix, qui échapa la punition de tout ce peuple, car c'est ainsi qu'il faut entendre M. Polo. Ceux de l'Europe le mettent d'ordinaire dans leurs cartes au quarantiesme degré; pour appuyer l'erreur où ils sont pour le Catay, & la mauvaise explication qu'ils donnent aux paroles de M. Polo.

### Les Forts de la Province.

Entre ces Forts, les plus grands ne dependent que de leur Gouverneur, & les autres en reconnoissent d'autres au dessus d'eux: je nommeray par ordre ceux qui sont independans, le premier est Chelo, 2. Tengheng, 3. Cheli, 4. Laochua, 5. Lungchuen, 6. Guciyuen, 7. Vantien, 8. Chincang, 9. Taheu, 10. Neuki, 11. Mangxi.

Celuy de Cheli produit du bois d'aigle : Laochua nourrit des Rhinoceros: il y a du Benjoin & d'autres bois de senteur, il est assez proche du Royaume de Laos.

*Les montagnes.* Munglo est une montagne proche de Chelo, où il y a une fontaine dont les eaux sont si dangereuses, que les hommes & les animaux en meurent aussitost, pour peu qu'ils en boivent.

Proche de Taheu est la montagne de Olun, affreuse & roide.

Cingxe est une montagne pierreuse & pleine de cavernes, elle est proche de Mangxi.

*Les rivieres.* Tache est un grand lac proche de Tengheng, au milieu duquel il y a une grande montagne, lors qu'on la regarde de ses bords elle ne laisse pas de paroistre assez petite à cause de la grandeur du lac.

### Le Fort de LANÇANG.

La cité de Langkiuo depend de ce Fort, dans laquelle il y a garnison: sous la famille de Iuena elle appartenoit à Pexing; mais celle de Taiminga l'en détacha: ce pays est proche de la Province de Suchuen, où il y a grande *La montagne de Peco.* quantité de musc, de fort beaux tapis, des pommes de pin, & force cerfs sur les montagnes, dont la plus grande est celle de Peco.

### Le Fort de MOPANG.

Ce pays est le plus meridional & le plus occidental de toute la Province : au Midy il regarde le Royaume de Mien, il est proche de Pegu & de Bengala; & comme il n'obeit que difficilement aux Chinois, aussi n'en ont ils guere de connoissance : voicy pourtant ce qu'ils en disent. Il produit du poivre, de fort bon estain, d'excellens chevaux, & de l'ambre : le reste estoit autrefois des dependances du Royaume de Mien, dont il a esté la capitale; *Mœurs & naturel du peuple.* mais la famille de Iuena la rasa & en fit un Fort avec une grosse garnison. Les hommes y vont pour la pluspart vestus de blanc, peignent leurs corps de diverses figures comme ceux du Pegu, s'arrachent le poil de la barbe avec des pincettes, ornent & embellissēt leurs sourcils, portent les moustaches longues, se parent les bras & les jambes de cercles d'or & d'yvoire, portent les oreilles longues & percées avec des bagues dedans: ils traitent les femmes comme leurs esclaves; s'adonnent à la marchandise, & à l'agriculture; sont naturellement doux, traitables & dociles, mais trompeurs: ils frottent leurs corps de musc & de bois de Sandal: les moins riches se servent pour le mesme effet de la ratissure d'un certain bois jaune: les riches se font porter en des litieres, ou bien sur des Elephans: ils adorent l'idole de Fe, & suivent la doctrine de la metempsychose, honorent leurs sacrificateurs: ils ont des murailles & des citez. Voila ce que l'Auteur Chinois en dit; à quoy je n'ay presque rien à adjouter, sinon que ce recit contribuë beaucoup à la parfaite intelligence du livre de M. Polo. On trouve dans la carte de la Chine les lieux & places qui suivent; la premiere est Mopang, 2. Mengyang o, 3. Mengking o, 4. Menglien, 5. Mengli, 6. Mengting o, 7. Mengtien, 8. Mengco, 9. Mengchang.

Ie ne trouve qu'une montagne qui soit digne de remarque proche de Mengyang, qui se nomme Queikiue, dont la montée est si difficile & si fascheuse, qu'on croit en la Chine que c'est le diable qui l'a taillée.

### Le Fort de MIEN.

Voicy ce qu'en dit l'Auteur Chinois. Ce pays a esté anciennement compris dans les terres de Sinan; j'ignore quel peuple ce peut estre: ils nous ont autrefois fait la guerre, & pris cinq villes; mais la famille de Iuena les défit: ils ont des villes, des elephans & des chevaux, des batteaux & des ponts pour traverser les lacs & les rivieres; ils ont leur façon d'écrire particuliere, & leurs caracteres. Les riches écrivent sur des feüilles d'or, les autres se servent de papier, & quelques-uns de fueilles de Areca. Le teint de ce peuple tire sur le noir: il est naturellement fourbe: pour le reste, c'est presque la mesme chose que ce qu'il a dit cy-dessus. Ce pays produit de l'huile de pierre, qui est un souverain remede contre la gale. I'infere de ce rapport, que le Royaume de Mien, dont Marco Polo de Venise fait mention, a esté proche d'icy, les Chinois ayant basty ce Fort pour empescher leurs courses & leurs entreprises. Ce Fort en a six autres sous luy, qui sont Mien, 2. Pape, 3. Santihiung, 4. Sochung, 5. Mungyang, 6. Mitien. Il y a d'autres places moins remarquables representées dans la carte.

# LE PAYS DE LEAOTVNG.

CE grand pays se trouve renfermé entre le golfe de çang & la grande muraille. Les Chinois le nomment Leaotung, il semble assez grand & assez peuplé pour meriter le nom & la dignité de Province; si est-ce pourtant que la famille de Taiminga ne le luy a pas voulu donner, y ayant aboly presque par tout le nom de villes & de citez pour en faire des Forts commandez par des gens de guerre, à la reserve de quelques lieux seulement, où le Viceroy & le Visiteur du Royaume devoit faire sa demeure, les lieux de leur residence devant avoir plus de marques de grandeur & de commandement que les autres. L'Empereur de la Chine a esté obligé d'entretenir une grosse garnison dans tout ce pays, à cause qu'il est fort proche de Niuche & de Niulhan, principalement depuis que sous l'Empereur Kiacingus les Tartares passerent la muraille, & enleverent un riche butin de tout ce pays. Cette guerre se ralluma pour la seconde fois sous Vanlieus, & les Tartares n'eurent jamais de repos qu'ils ne se fussent rendus maistres de tout l'Empire, com-

## LA QVINZIEME PROVINCE

me je l'ay fait voir plus amplement dans mon petit traité de la guerre de Tartarie.

*Les bornes.* Les bornes de ce pays sont, à l'orient la riviere d'Ylao, & un Golfe de mer qui la separe de la peninsule Corea; car il y a une riviere, qui vient de Tartarie, qui separe la Corée d'avec le pays de Leaotung. Au bord occidental de cette riviere commence cette fameuse muraille, qui s'estend du levant au couchant, sçavoir de C'aiyuen jusqu'à Kichin, de mesme elle separe le pays de Leatung de la Tartarie: à l'occident c'est la Province de Pecheli qui la borne; la riviere de Linohang, & le Golfe de çang la couvrent du costé du Midy.

*Sa division & ses anciens noms.* Dans la distribution qu'en fit Yvus, une partie de ce pays avoit esté comprise dans celuy de Ki, & l'autre dans la Province de Cing; mais sous Xunus les terres qui estoient au Nord-est furent adjoutées au pays de Ieu; sçavoir cette partie où est à present Quangning, & furent mises sous les constellations de Vi & de Ki. Ce pays du temps des Rois s'appelloit Yen: l'Empereur Xuus fondateur de la famille de Cina le nomma Leaosi; mais Hiaovus de la famille de Hana, apres avoir subjugué & conquis la Corea, & emmené plusieurs habitans de cette penninsule, y planta des colonies, & appella cette Province Caokiuli. Le fondateur de la famille de Tanga s'estant rendu maistre de ce pays & de la Corea, y bastit deux grandes villes; l'une se nommoit Caï, & l'autre Leao. Les Rois de Vtai nommerent la cité de Leao Tungking, & la famille Tartare de Kina Leaoayang, nom qu'elle a retenu & conservé jusques à pre-

*Nombre des villes.* sent, quoy qu'un peu changé. Il n'y a que deux grandes villes dans tout ce pays avec quelque citez, mais plusieurs Forts, qui surpassent mesme en grandeur & en quantité de peuple quelques-unes des premieres citez: les deux villes sont, la premiere Leaoyang, 2. Ningyuen, 3. Ycheu o, 4. Caïyuen, 5. Quangning, 6. Ningyuen, 7. Chinyang, 8. Kincheu, 9. Cai o. Les Forts les moins remarquables, sont Hai o, 2. Tieling, 3. Chungcu, 4. Puho, 5. Kin o, 6. Fo o, 7. Luixun, 8. Chekiao, 9. Chehai, 10. Quangning, 11. Tingleao, 12. Ganlo, 13. Pieyang, 14. Sanuan, 15. Tanyang. Ceux du troisiesme ordre, sont 16. Chuagtun, 17. ço, 18. Ieu, 19. Heutun, 2. Yeutun.

Celles qui sont les plus proches de la Province de Xantung dependent du Gouverneur des soldats de cette Province, comme sont les citez de Kin o, de Fo o, & de Liuxun.

*L'esprit & le naturel de ceux du pays.* Les habitans de cette Province sont peu propres aux lettres; mais la plupart fort bien taillez, vigoureux, hardis, forts, propres à la guerre, & accoustumez à la fatigue & au travail; leur pays ayant esté presque tousjours en guerre, à cause du voisinage des Tartares; de façon qu'apres avoir esté tourmenté durant plusieurs années par leurs courses & pillages, enfin les Chinois, sous l'Empereur Kiacingus, perdirent presque tout le quartier d'Orient, où les Tartares victorieux firent un grand butin. Peu de temps apres, ils y entrerent de force & s'en rendirent maistres sous Vanlieus; c'est pourquoy tout ce peuple est presque imbu des mœurs & façons de faire des Tartares, à cause de leur voisinage, du commerce, & qu'ils y ont esté les maistres tantost dans un lieu & tantost dans l'autre; mais principalement du costé de l'orient, car ce peuple se mit en suite du costé des Tartares contre les Chinois: & parce que la partie orientale avoit esté envahie par les Tartares, l'Empereur de la Chine mit en la place de Kiecyang dont ils s'estoient saisis, une autre capitale nommée Ningyuen; mais ce quartier avec toute la Chine est à present assujettie aux Tartares. Ce pays produit cette excellente racine qu'ils nomment Ginseng, comme aussi de ces peaux riches & precieuses de castor, de martes, de martes Zibelines, dont cette nation, à l'exemple des Tartares, a accoustumé de se servir pour se defendre du froid, & dont elle fait part à tout le reste de la Chine. Ie n'ay point veu de lieu dans toute cette Haute Asie, où il y eust plus grand nombre de noisettes sauvages qu'en ce pays, qui fournit aussi de grosses & excellentes pommes de pin. Il abonde *Abondance* en froment & en millet; mais il n'y a point de ris: il produit quantité de legumes, *de toutes choses.* & toutes sortes d'herbes potageres, principalement des choux qu'on ne trouve presque dans aucun autre endroit de la Chine. Il y a aussi des raisins, des figues, pommes, poires, & autres fruits, de mesme que ceux de l'Europe ; c'est pourquoy on a bien raison de le qualifier un pays veritablement beau & agreable, veu qu'en plusieurs endroits il n'a point de montagnes, & reçoit toutes les commoditez de la mer dont il est proche. Si ce peuple estoit plus paisible & pacifique, il n'y a point de doute que le pays ne se rendist une des plus considerables Provinces de la Chine ; car il est naturellement tres-fertile ; mais les guerres continuelles empeschent presque tousjours qu'on ne s'occupe à le cultiver. Ils ont la mesme religion que les Chinois, attachez au culte des Idoles, & per- *La Religion.* suadez de la doctrine de la transmigration ou passage des ames: mais ils ont cela de particulier, qu'ils se servent des prestresses qui dansent; qui sont des fem- *Des sauteuses & danseuses.* mes comme peuvent estre ces basteleuses qu'on nomme communément Gitanillas en Espagne, & en France des Egyptiennes : ces trompeuses estans priées de chasser les maladies des maisons, ou en détourner le sort & la mauvaise destinée, ou bien d'en faire sortir les spectres & phantosmes, (si par avanture on a la croyance qu'il y en ait;) elles ne font jour & nuit que batre les tambours & faire bruit sur des bassins, sautant & dansant sans cesse. Je l'ay veu faire dans la Chine à ce peuple qui estoit à la solde des Tartares, & me suis bien estonné, comment ces personnes pouvoient sauter si long-temps, & d'ailleurs comment les malades avoient la patience de souffrir un si grand bruit & si penetrant.

Funghoang est une montagne au levant de Leaoyang. La montagne de Hun- *Les montaglo* est proche de Chungtun. Celle de Tatuon est proche de Ningyuen. Proche *gnes.* de Quangning est la montagne de Vansung: la montagne de Lungxeu est proche de Tieling. Cu est cette montagne proche de laquelle le Fort de Xanghai forme une Isle dans la mer. L'Isle de Lienyun est proche de la cité de Cai. Taohoa est une Isle dans la mer, où il y aborde grand nombre de navires, à cause de la commodité du Havre. La montagne de Changpe est proche du lieu où commence la muraille, & s'avance jusques dans la Tartarie, elle est tres-grande & tres-haute : il y a un lac de quatre-vingt stades & extremement profond, d'où deux grandes rivieres tirent leur source ; celle qui passe au Midy se nomme Yalo, & celle qui tourne au Septentrion, & de là au levant, s'appelle Quentung, dont j'ay parlé dans le Royaume de Niuche, qui est dans la Tartarie.

La riviere de Leao, dont la source est dans la Tartarie au delà de la muraille, *Les rivieres.* & au couchant du Fort de Sanuan, se descharge dans la mer, elle est fort marescageuse principalement du costé de l'occident, où ses bords sont pleins & couverts de limon ; c'est pourquoy les Chinois escrivent que l'Empereur Taiçungus de la famille de Tanga, voulant faire passer son armée dans Corea, fut contraint de faire bastir un pont, ou plustost une digue de deux cens stades ; c'est la riviere d'Yalo, dont j'ay souvent parlé.

### La Peninsule COREA ou de CHAOSIEN.

CEux de l'Europe doutent si la Corea est une Isle ou un continent ; pour *Corea Peninsule.* moy je sçay de science certaine, que c'est une Peninsule, encore que quelques-uns asseurent qu'ils ont esté tout à l'entour: cette erreur vient de ce qu'ils ont crû que la grande Isle de Fungma, qui est au Midy de la Corea, fust la *L'Isle de Fungma.* Corea. En cela je suis l'autheur Chinois (lequel selon mon jugement je dois plustost croire que tous les autres;) je fais la Corea du mesme continent que le Niuche des Tartares ; de mesme façon que les Cosmographes Chinois la re-

## LA QVINZIE'ME PROVINCE

presentent, encore qu'ils ne la nomment pas Corea, mais Chaosien ; car le mot dont nous l'appellons vient du Iapon. Voicy ce que les Chinois en disent. Au Septentrion elle touche au Royaume de Niuche ; au Nord-ouest c'est la riviere d'Yalo qui la borne, la mer environne le reste. C'est ce pays que l'Empereur Vúus, fondateur de la famille de Chéva, donna en titre de fief & d'hommage à Kicius, allié de l'Empereur & de la famille de Xanga, environ l'an de nostre Seigneur mil cent vingt-vn, lors que la famille de Xanga fut ruinée & esteinte par la mort de ce meschant Empereur Kicus, qui, apres avoir esté vaincu par Vúus, se brûla tout vif dans ce superbe palais qu'il avoit basty ; mort digne d'une vie infame par ses desbauches. Sous la famille de Cina elle s'appelloit Leaotung. Hiaovus, de la famille de Hana, contraignit le Roy de Corea de la reprendre derechef à titre fief, & luy rendit son nom de Chaosien. Sur la fin de la famille de Cyna, apres que le dernier de cette famille eut esté desfait, il entra dans cette peninsule, & avec la permission du Roy de Corea, on luy permit de demeurer au Midy dans la Province de Ciuenlo ; ce qui fut cause que le fondateur de la famille de Tanga fit la guerre au Roy de Coréa, & s'en rendit maistre & de la capitale Pingjang, apres avoir défait le Roy de Caosien, auquel il remit toutefois le Royaume, en luy prescrivant l'hommage & l'obeïssáce qu'il luy devoit rendre. Mais côme Hunguus, le fondateur de la famille de Taiminga eut chassé les Tartares de la Chine, le Roy de Corea, qui avoit aussi esté tourmenté par les Tartares, envoya des Ambassadeurs à Hunguvus, pour se feliciter de sa victoire & luy rendre hommage : Il receut un cachet d'or de l'Empereur, semblable à ceux que l'Empereur de la Chine a accoustumé d'envoyer aux Rois qui tiennent leurs estats à fief & en hommage. Le Roy de Corea luy rendit cette soumission, à cause qu'il se voyoit sur le point d'avoir guerre avec les Iaponois ses voisins, & du secours qu'il esperoit de la Chine, qu'il eut aussi à diverses fois. Enfin les Rois de Corea furent contraints de payer tribut aux Iaponois avec cette condition ; de plus que quand le Roy seroit mort, celuy qui seroit éleu viedroit tousjours luy-mesme en personne vers l'Empereur à Pekin, ou qu'il y envoyeroit des Ambassadeurs, pour luy rendre les marques d'obeïssance que doit un vassal & tributaire à son Seigneur. De mon temps le Roy mesme vint vers l'Empereur Chungchinius, & contracta à Pekin une grande amitié avec les Peres de nostre Société, qui se servirent de cette occasion pour en baptiser plusieurs ; & entr'autres le grand Eunuque du Roy, qui desiroit bien emmener nos Peres avec luy dans la Corea, conformément au desir de ce Roy ; mais nos Peres ne se trouverent pas en assez grand nombre pour le satisfaire.

L'Autheur Chinois escrit que ce Roy, qui fut le premier tributaire, & qui se mit sous la protection de Hunguvus, estoit un homme de mauvaise foy, dont les mœurs n'avoient rien que de bas ; qu'il fut tué seditieusement par ses sujets ; qu'un des Gouverneurs du pays nommé Ly, s'empara du Royaume, se declara vassal de l'Empire, & en tenir son Royaume à hommage, de sorte qu'on le fit Roy de Chaosien. Il n'y a plus eu d'interruption depuis ce temps-là, comme dit tres-bien l'Autheur Chinois ; & encore à present ceux de la Corea font les mesmes soumissions à l'Empereur des Tartares. Lors que je vins en l'Europe, l'an mil six cens cinquante-un, ils se rebellerent contre l'Empire des Tartares, à cause qu'on leur avoit fait commandement de se raser & d'aller vestus & habillez à la Tartare ; l'on commença en ce temps-là de leur faire une rude guerre. Toute cette Peninsule est divisée en huit Provinces ; celle qui est au milieu se nomme Kinki, où est la ville de Pingjang, si celebre & si fameuse, où les Rois tiennent leur Cour. La Province qui est à l'Orient se nomme Kiangyuen, & s'appelloit autrefois Gueipe ; celle qui est au couchant se nomme Hoanchai, qui à proprement parler s'appelloit autrefois Chaosien ; comme la Province qui est au Midy, qui se nomme à present Civenlo, & cy-devant Pienhan : celle qui

# DE LVNNAN.

est au Zud-est se nommoit autrefois Xinhan, & à cette heure Kingxan : celle du Zud-ouest a esté appellée cy-devant Mahan, & à present Chungcing ; celle qui est au Nord-est a à present le nom de Hienking, & eut autrefois celuy de Caokiuli ; & celle qui est au Nord-ouest s'appelloit auparavant Pingan.

Ie ne trouve pas que le nombre des villes & des citez soit asseuré ny exact, il y en a pourtant plusieurs & fort peuplées, lesquelles sont toutes basties & fortifiées à la Chinoise ; leur forme de gouvernement est de mesme leurs habits & leurs autres manieres, leur langue & leur escriture : ils ont aussi les mesmes ceremonies, la mesme religion & la mesme croyance de la transmigration des ames : ils adorent la mesme idole qui est celle de Fe : ils s'addonnent à la Philosophie, sont assidus à l'estude : ils n'enterrent les corps que trois ans apres leur decez ; les gardent durant ce temps-là dans leurs maisons à la façon des Chinois, dans des bieres & cercueils fort propres & parfaitement fermez ; ils leurs rendent mesmes des honneurs & des respects pendant quelquesjours, comme s'ils estoient encore en vie, pour leur tesmoigner leur gratitude & leur recōnoissance. Ils different d'avec les Chinois, en ce qu'ils ne retiennent pas leurs femmes au logis avec tant de precaution ny si estroitement, en sorte qu'elles ne se trouuent quelquefois dans les compagnies & assemblées d'hommes ; c'est pourquoy ceux de la Chine les font passer pour des foux. Leur façon de faire en matiere de nopces & de mariages est bien contraire à celle de la Chine ; chacun choisit & fait election de celle que bon luy semble pour sa femme, ils s'engagent de paroles & se marient, quand les deux parties sont d'accord, sans avoir aucun égard aux sentimens de leur pere & de leur mere. La coustume & la pratique des Chinois est bien differente : car il n'y a que les parens qui fassent les mariages à l'insçeu du fils & de la fille, de sorte que chacun est contraint de recevoir pour femme celle que son pere luy destinée ; & on croit communément qu'il y a de la barbarie à en user autrement : la raison qu'ils apportent, est que les filles doivent estre si modestes, si pudiques, si chastes, que lors mesme qu'on leur demande si elles se veulent marier, elles sont obligées de respondre qu'elles ne le veulent point ; tant ceux de la Chine aiment la modestie exterieure & apparente, quoy que leurs enfans ne laissent pas naturellement d'estre assez enclins à toute sorte d'impudicitez & de paillardise, & d'avoir assez de liberté, les parens n'en faisant pas grand bruit, pourveu qu'elles se passent en cachette.

*Les mœurs & le naturel de ceux du pays.*

*Coustumes differentes qui s'observent dans les nopces & mariages.*

Il n'y a rien que le pays de Corea ne produise ; il abonde principalement en froment & en ris, dont il y a de deux sortes, comme au Iapon, sçavoir de celuy qu'on seme & qui croist dans l'eau, & de l'autre qui vient dans les campagnes seiches, comme le froment ; & cette derniere sorte ne croist seulement qu'au Iapon, & est bien plus excellente que l'autre : ce pays est merveilleusement fertile & abondant en bleds & autres legumes, comme aussi en quantité de fruits, semblables à ceux que nous avons dans l'Europe ; sur tout en poires qui sont excellentes. Il s'y fait du papier de differentes sortes, aussi bien qu'au Iapon, & d'excellens pinceaux de poil de loup, dont ceux de Corea & de la Chine se servent pour escrire. Il ne se trouve point ailleurs de meilleure gomme de Sandaracha, ou de Cie a la couleur de l'or, dont aussi bien qu'au Iapon ils ont accoustumé de vernir toute sorte de meubles. Il y a aussi force racines de Ginseng ; & plusieurs montagnes riches en or & en argent ; toutesfois ce peuple n'a aucune correspondance ny trafic avec les estrangers, si ce n'est avec ceux du Iapon & de la Chine. On pesche des perles dans la mer Orientale.

*Abondance de toutes choses.*

Ceux de la Chine remarquent quelques montagnes dans Corea : la premiere est Peyo ; ils veulent qu'elle soit située au Septentrion de la Province de Kingki, & qu'elle soit fort longue & fort haute.

*Les montagnes.*

La montagne de Vatu est au Nord de la ville Royale de Pingyang, où le Roy de Ing tenoit sa cour du temps de la famille de Hana.

( Dd iij )

214 ADDITION AV ROYAVME

Xincao est une montagne; Luyang en est une autre proche de Pingyang vers le Nord-est.

Hoang est une montagne dans la Province de Chungcing.

*Les rivieres.* La riviere de Ly passe par la ville Royale de la Province de Kingki, & se jette vers le couchant de cette ville avec impetuosité dans la mer.

Tatung est une riviere dans la Province de Pingan.

## ADDITION AV ROYAVME
# DV IAPON.

I'AVOIS bien promis d'ajouter quelque chose du Iapon; mais parce que d'autres l'ont desja fait, & sur tout les Peres de nostre Compagnie, principalement Maffee & Tursellin, je me contenteray d'inserer icy quelque chose qui serve d'appendice à la description assez particuliere & assez exacte qu'ils en ont faite; aussi ay-je tasché dans tout cet ouvrage, de ne point tomber dans l'inconvenient de repeter les choses que d'autres ont desja escrites, ce qui n'est que trop commun entre les Escrivains de ce siecle, qui employent en cela fort mal leur temps, qui doit estre tres-precieux à ceux qui en peuvent faire un meilleur usage.

Premierement la carte que je donne du Iapon est tres-fidele & tres-exacte, l'ayant tirée des autheurs les plus approuvez, pour moy je n'ay iamais esté au Iapon, & mesme je ne trouve pas que ceux de la Chine en ayent fait la description, encore qu'on la trouve, & qu'ils l'ayent representé dans leurs cartes; c'est pourquoy il a fallu qu'en cet endroit je m'en rapportasse à la foy d'autruy.

*L'origine de ceux du pays.* La pluspart veulent que les Iaponois soient venus des Chinois; dont je suis d'accord; ce n'est pas pourtant que je croye que tous ceux du Iapon soient absolument sortis des Chinois, n'y ayant point de doute que les Tartares orientaux n'ayent habité le Iapon, & qu'ils n'y soient entrez par les terres de Yedo, qui en sont proches & voisines, n'estans separées ny destachées du Iapon que par un petit destroit, qu'on peut traverser avec de petits bateaux; ou peut-estre y sont-ils entrez lors que les eaux estoient gelées & prises de glace; car il est constant qu'il y fait grand froid, & que les hyvers y sont fort rudes. Trois choses m'obligent de le croire; la premiere, est que ceux du Iapon coupent leurs cheveux comme les Tartares, & n'en laissent que fort peu, le reste de la teste est ras, comme s'ils estoient chauves; ils s'arrachent le poil du menton avec des pincettes; ce qui n'a iamais esté en usage ny pratiqué dans la Chine : la seconde, est qu'en parlant ils se servent & employent quelquefois le D, & l'R, ce qui n'est point usité parmy les Chinois, qui n'ont aucun de ces deux caracteres; pour l'R, c'est une lettre qu'ils ne peuvent iamais prononcer, quelque soin & diligence qu'ils y employent : la troisiesme raison, est que la langue du Iapon est fort differente de celle de la Chine, avec laquelle elle n'a aucun rapport ny convenance.

*Erreur insi-* Or ceux là se trompent qui escrivent, que les grands & principaux de la

Chine furent releguez au Iapon & dans les autres Isles pour punition de leur re- *chant l'ori-*
volte; là ils changerent presque toutes leurs anciennes coustumes & façons de *gine des Ia-*
faire, & en prirent de nouvelles, pour cacher par ce moyen leur origine & l'hi- *ponois.*
stoire de leur rebellion qu'ils tirent en effet des Chinois. Ceux du Iapon tirerent
leur religion & leurs sciences de ceux de la Chine, environ 600. ans apres la naissance de Christ; comme je le prouve manifestement dans mon Abregé de l'histoire des Chinois, qui contient leurs commencemés & leur origine jusqu'au siecle
où nous sommes ; il est bien vray que ceux du Iapon ont changé quelques-uns de
leurs caracteres, & en ont ajouté d'autres d'un usage plus commode, & pour écrire en leur langue avec plus de facilité. Du reste il n'est fait aucune mention de
ce bannissement ou exil dans toute l'Histoire de la Chine ; quoy qu'elle ne laisse
pas de remarquer de petites choses, & qui sont d'une bien moindre consequéce:
ajoutez que l'habit dont ceux du Iapon se servent, est le mesme que celuy
dont les Chinois s'habilloient dés le temps de la famille de Hana, sous laquelle on inventa le rezeau pour lier les cheveux, avec les robes qui descendent
jusqu'aux talons, qui avoient les manches fort longues & fort larges, comme
une espece de surplis, & autres semblables habits qu'on portoit de ce temps-
là, & dont les Chinois se servent encore à present; par où il est aisé de voir,
que tant s'en faut que ceux du Iapon ayent changé de mode pour les habits,
qu'au contraire ils la gardent & retiennent encore aujourd'huy.

Ie remarque au reste dans les histoires de la Chine, dont j'ay apporté avec *Opinion*
moy leurs principaux livres aussi bien que ceux de Geographie, que beaucoup *plus verita-*
de Chinois furent au Iapon sous le regne de Xius, & que mesme ils y demeurerent; ce qui arriva de cette sorte. S'il y eut jamais Empereur de la Chine considerable pour ses belles actions, ce fut Xius sans doute ; mais n'estant point content d'avoir conquis & subjugué toute la Chine, il en voulut aux Tartares principalement, & aux autres nations estrangeres; il envoya pour ce dessein des armées
navales dans les prochaines Isles, mesme jusqu'aux Indes ; ses armes furent par
tout victorieuses sous la conduite de ses Lieutenans ; mais son jugement l'abandonna au milieu de ses plus heureux succez & de tant belles qualitez ; il tomba
dans une folie ordinaire aux grands Seigneurs de la Chine, qui n'ont aucune
connoissance de l'autre monde ; il s'imagina qu'on pouvoit trouver quelque
moyen de rendre perpetuelle cette vie qui ne dure qu'un moment, & despensa beaucoup pour ce dessein, comme je le remarque ailleurs. Enfin un de
ses Admiraux qui avoit esté au Iapon, & avoit veu que ce grand & excellent
pays n'estoit peuplé & gardé que de peu de personnes, & encore grossieres &
sauvages, se mit en teste de s'en faire un Royaume ; il donna avis à l'Empereur d'un nouveau pays qui avoit esté descouvert, où on trouvoit un remede qui rendoit les hommes immortels; mais que pour y faire une descente, il avoit besoin de trois cens jeunes hommes à marier, & d'autant de filles, qui sembloient estre destinées & ordonnées par le Ciel pour le trouver. Xius
escoute une proposition si vaine, & luy accorde une armée navale avec tout ce
qu'il desiroit ; l'Admiral retourne au Iapon, & y meine cette jeunesse au nombre de six cens, & beaucoup d'autres qui luy voulurent tenir compagnie : il
commença de faire cultiver un pays si fertile, & de dresser ce peuple à la douceur & à la civilité : & jetta ainsi les premiers fondemens du Royaume du Iapon.
Ceux qui sçavent de quel poids & authorité est l'histoire de la Chine, & avec
quel soin & diligence elle est escrite, sçauront aisément par mesme moyen (comme je le dis ailleurs) si on doit douter de ce recit. Les Chinois escrivent aussi, que
le Roy du Iapon avoit accoustumé d'envoyer des Ambassadeurs & des presens
à l'Empereur de la Chine ; mais ces Ambassades ont cessé depuis que l'Empereur Tartare & fondateur de la famille de Iuena, apres avoir subjugué entierement la Chine, commença d'envoyer des armées navales au Iapon : car

les Iaponois ne s'estans pas contentez de les avoir repoussez, chasserent de leur pays tous les Tartares qu'ils pûrent trouver; de sorte qu'ils n'ont rien osé entreprendre sur le Iapon depuis ce temps-là : c'est là dessus qu'ils reprochent aux Chinois qu'ils ont manqué de courage en s'assujettissant aux Tartares; c'est de là que sont venuës ces haines naturelles, qui ont fort souvent degeneré en cruelles guerres entre ceux du Iapon & les Chinois : ceux du Iapon ayans souvent fait des descentes dans la Chine, & pillé les principales places maritimes, sur tout l'Isle de Corea, qu'ils ont souvent mis à feu & à sang. M. Polo de Venise traite de cette guerre des Tartares de la famille de Iuena contre ceux du Iapon, mais brievement.

*D'où vient le nom de Iapon.* Ceux de la Chine nomment le Iapon Gueique, Voçu, & Gepuen. Quant au premier nom, il vient de ce que cet Admiral qui fut envoyé au Iapon par Xius, estoit de la famille Chinoise de Guei. Pour le nom de Voçu, c'est le nom d'un peuple & non pas d'un pays, ils appellent ainsi ceux du Iapon, comme des hommes qui parlent une langue barbare; le nom propre est Gepuen, qui signifie le lever & la naissance du Soleil, parce que c'est le plus éloigné de tous ceux qui sont connus vers l'Orient, & que c'est la premiere terre, qui, à l'égard de ceux de la Chine, est esclairée du Soleil; car c'est de là qu'ils le voyent lever & paroistre, ne croyans pas qu'il y eust d'autre monde, ny par consequent que le Soleil en fist le tour. Les Chinois appellent aussi le pays qui est à leur couchant, & le plus proche d'eux, Ieuco, c'est à dire la vallée obscure, où ils croyent que le Soleil se cache quand il est nuit. Le nom de Gipuen dont ceux du Iapon s'appellent, ne differe pas beaucoup de celuy de Ieuco, & peut estre un dialecte ou un mot corrompu de la langue Iaponoise : Marco Polo l'a nommé Zipangri, y ajoutant l'R à la façon des Tartares, comme si on disoit Gepuengin : car Ge signifie le Soleil, Puen le lever ou la naissance, & Gin un homme. Mais je ne sçaurois comprendre d'où c'est que le Royaume de Iapon a pû aussi recevoir le nom de Chryse : peut-estre est-ce un mot Tartare, dont ils nomment le Iapon, de mesme que la Chine le Catay. Quand les Tartares, que j'ay dessein d'aller voir, m'en auront mieux informé, & que j'en auray tiré d'eux plus de certitude, je ne manqueray pas d'en éclaircir le public, en l'adjoustant à cette Relation.

F. N.

# RAPPORT QVE LES DIRECTEVRS DE la Compagnie Hollandoise des Indes Orientales ont fait à leurs Hautes Puissances, premierement de bouche, & en suite deliuré par écrit, touchant l'estat des affaires dans les Indes Orientales tel qu'il estoit lors que la Flotte qui est depuis peu arriuée en ces Païs partit de là, conformément aux lettres & avis que l'on en a eus.

HAVTS ET PVISSANS SEIGNEVRS,

D'autant que le decez du Sieur Theodore Steur, Conseiller ordinaire, & Commandant la Flotte qui est reuenuë sous le Pauillon en Zeelande, empesche les Directeurs de la Compagnie des Indes Orientales de ces Pays de presenter le mesme Commandeur à V. H. P. suiuant l'ordre de l'Estat, pour faire rapport de l'estat des affaires dans les Indes Orientales, ils n'ont pas veulu manquer de suppléer à ce que cet accident ne leur a pas permis de faire.

Cette Flotte est composée de neuf Nauires qui partirent de Battauia le 20. Octobre de l'année passée, & de deux autres Nauires qui suiuirent les premiers le 17. Ianuier de la presente année. Les neuf premiers arriuerent au Cap de Bonne Esperance à la fin du mois de Mars, & les autres deux le 7. & 9. Auril. Ils en partirent tous de concert, & firent voile le 16. du mesme mois, apres auoir chargé les rafraischissemens necessaires, & arriuerent en ces Pays, graces à Dieu, au mois d'Aoust dernier.

La valleur que ces Nauires ont apporté n'est pas fort grande, en comparaison des années precedentes, parce que l'on n'a employé à l'achapt des Cargaisons qu'enuiron cinq millions 500. mil liures, monnoye du Pays. Nous esperions que ces Nauires nous apporteroient des nouuelles de trois Vaisseaux qui partirent de Battauia en 1661. mais d'autant que depuis ce temps-là l'on n'en a rien appris, ny à Battauia, ny au Cap de Bonne Esperance, on n'en espere plus rien, de sorte que cette perte jointe à celle du Nauire Arnhem couste à la Compagnie plus de cinq millions de liures. En recompense de cette perte tous les Vaisseaux qui sont partis d'icy, sont graces à Dieu heureusement arriuez dans les Indes, où ils ont porté 3728. hommes, y compris les 1606. Soldats, en chemin il en est mort 490.

Et pour passer aux Gouuernemens, Residences, & Bureaux ou Comptoirs particuliers, que la Compagnie possede dans les Indes sous la Souueraineté de vos Hautes Puissances; Nous commencerons premierement par les quartiers les plus Orientaux, où la Compagnie a premierement cette considerable Isle d'Amboyna, sous laquelle plusieurs autres Isles ressortissent. Ces Isles, & principalement celle d'Amboyna, sont celles qui fournissent presentement presque tout l'Vniuers de Cloud de Girofle; mais depuis quelque temps la recolte en a esté fort petite, & l'année passée on n'en a transporté à Battauia que 49000. liures au tres-grand prejudice du commerce qui se fait dans les Indes, & au tres-grand dommage de la Compagnie, parce que l'on en débite vne tres-grande quantité à vn assez haut prix dans les Indes mesmes, & l'on enuoye le reste en ces Pays : ce qui est cause que la derniere Flotte n'a pas rapporté vne seule liure de Cloud de Girofle, & cause vne grande incommodité en Europe, en sorte que si la Compagnie n'en auoit encore vne bonne quantité de reserue des années precedentes, elle n'en auroit plus du tout, & se trouueroit fort incommodée. Les apparences ne sont point belles non plus pour l'année prochaine, de sorte que s'il n'y a pas plus de fruit que ce que l'on peut esperer presentement, il en arriuera vn grand desordre, tant dans les Indes qu'icy dans le Pays, ce qui sera vne tres-grande perte pour la Compagnie,

*Amboina*

Σ A

parce qu'elle sera frustrée d'vne si considerable somme que celle qui procede de la vente des Cloux de Girosles: & cependant elle ne laisse pas de demeurer chargée de la dépense excessiue qu'elle est obligée de faire pour la subsistance des garnisons, & pour la conseruation & l'entretien des Forteresses de ces quartiers là ; neantmoins on ne laisse pas non plus de faire de la dépense à planter d'autres arbres en tres-grande quantité, afin d'en recueillir le fruit auec le têps, mais ce ne sera pas de quelques années, parce qu'il leur faudra donner le loisir de croistre.

Religion. Depuis 50. ans, nous auons trauaillé à faire enseigner la Religion Chrestienne aux Payens & aux Mores, faisant pour cet effet de tres-grands frais à entretenir des Pasteurs, des Suruueillans, & des Maistres d'Escole, mais nous sommes obligez d'auoüer que nous y auons fait fort peu de progrez, à cause du peu de zele des Pasteurs dont nous disons à nostre grand regret que nous n'auons pas beaucoup de sujets de nous loüer.

Banda. Dans les Isles de Banda, où croissent les Muscades & le Macis, tout estoit en fort bon estat. L'on auoit enuoyé quelques Chaloupes vers la nouuelle Guinée, & vers les autres Isles situées plus vers l'Orient pour y faire de nouuelles découuertes, & pour voir ce que l'on y pourroit executer pour l'auantage de la Compagnie, quel commerce on y pourroit establir : mais leur voyage n'a pas eu le succez qu'on s'en promettoit, & les Chaloupes sont retournées à Banda sans autres nouuelles.

Pouleron. Pour ce qui est de l'Isle de Pouleron que l'on doit rendre aux Anglois, le General & les Conseillers écriuent qu'ils en sont entierement d'accord auec eux. Ils auoient pour cet effet vn Commission du Roy de la Grand-Bretagne qui estoit si sale, si vilaine & si grasse, que les nostres eurent grande raison de douter si c'estoit vne veritable Commission, parce que l'on a accoustumé de serrer & conseruer soigneusement des Actes de cette nature ; ce qui a esté cause de plusieurs contestations & negociations, ausquelles on a employé plusieurs semaines qui se sont passées deuant que l'on ait pû conclure : Neantmoins apres que les Anglois ont asseuré que c'estoit la veritable Commission & le Sceau du Roy, ce qu'ils ont confirmé de leur Seing, l'on est enfin demeuré d'accord. Nos gens croyoient que les Anglois prendroient aussi-tost cette route là pour prendre possession de l'Isle, mais on a sceu qu'ils n'auoient ny gens ny Nauires pour cela, & qu'ils attendoient l'vn & l'autre d'Angleterre à ce qu'ils disent : ce qui fait cônoistre qu'ils n'ont produit cette Commission ainsi sale & barboüillée, qu'afin de nous obliger à la refuser, & afin d'en prendre occasion de faire des protestations, & de former de grandes pretentions ; mais puisqu'il y a grande apparence qu'ils poursuiuront enfin leur dessein, nous auons esté necessitez de renforcer les garnisons des Forts que nous auons dans le voisinage de cette Isle là, afin de preuenir par là les desordres qui en pourroient naistre, ce qui incommode bien fort la Compagnie, qui d'ailleurs a sujet de craindre que ce voisinage ne soit cause de quelque déplaisir & querelle, parce que cette Isle n'ayant point d'eau ny aucune des choses necessaires à la vie, ils auront besoin de tout, quoy que de temps en temps nous ayons donné des ordres bien exprés à ce que nos gens se donnent garde d'offenser ces gens là, ou de leur donner aucun sujet de se plaindre : cependant nous auons sceu que deux de leurs Vaisseaux estans en ces quartiers là, ont trouué moyen de debaucher quelques-vns de nos habitans, & d'en tirer vne bonne quantité d'Epiceries, en sorte que l'on a esté contraint de leur faire sentir la peine qu'ils ont meritée. Nous auons sujet d'apprehender qu'ils ne se seruent que trop souuent de ces menées & artifices, & que ces desordres n'arriuent : & si l'on leur refuse les choses necessaires, dont ils auront besoin tous les iours, bien que quelquesfois nous n'en ayons pas trop nous-mesmes, ils nous décrieront comme des inciuils, des cruels & des barbares. Nous n'auons pas voulu manquer de faire remarquer cecy en passant, parce que nous croyons preuoir de loin ce desordre & ces déplaisirs : Dieu veuille qu'il n'en arriue point.

Ternate. Dans les Isles de Ternate ou Moluques, qui autrefois fournissoient le plus de Cloux de Girofle, on a depuis quelques années extirpé tout ce qu'il y auoit d'arbres : tout est en mesme estat, sinon que les Espagnols qui y ont residé depuis vn fort long-temps, & qui y ont possedé la celebre Ville de Gammalamma, ont tout quitté, & se sont retirez auec leurs familles aux Manilhes, sans laisser la moindre marque de retention de possession, tellement que les habitans de Gammalamma estoient sur le point de démolir les Fortifications de la Ville. Nous ne sçauons pas quelles raisons peuuent auoir obligé les Espagnols à cette retraite; mais on croit que les Espagnols voyant que non seulement ils n'en tiroient point de profit, mais au contraire qu'ils estoient chargez d'vne grande dépense qu'ils ne pouuoient plus supporter, ils se sont portez à cette resolution.

On ne voit pas entre les Rois de Ternate & de Tidor, que nous auons establis tous deux, l'intelligence & la confiance que la Compagnie pourroit bien souhaiter pour son repos, mais on espere que par le moyen du Commandeur Van Vvorst on les contiendra dans les termes de leur deuoir. Ternate & Tidor.

Nous auons vne garnison à Manado à l'extremité de Celebes, laquelle sert principalement à y faire vn Magazin du Ris qui y croist: mais dautant qu'il y en vient de petite quantité, il y a de l'apparence que l'on ostera cette garnison. Manado.

La Compagnie a restabli vn Bureau à Macassar, où il se fait vn assez bon commerce: Ce Roy & les plus Grands de son Royaume protestent qu'ils executeront ponctuellement le contract qu'ils ont fait auec nous, & le continueront tant que le Soleil & la Lune continueront leurs cours au Ciel; neantmoins ils sont fort occupez à ceindre leur Ville d'vne muraille qui aura plus de six lieuës de circuit. En execution du contract ils ont fait sortir tous les Portugais de la Ville, à la reserue de trois ou quatre petites familles composées de chetiue canaille. Macassar.

Les affaires sont tousiours en mesme estat à Timor, où la Compagnie a aussi sa garnison: il y a encore quelques Portugais çà & là, mais ils sont en petit nombre & pauures, c'est pourquoy les habitans les abandonnent, & se souleuent contre eux par troupes, & commencent à se mettre sous nostre protection. Il y a long-temps que l'on sçait qu'il y a de l'or dans les Montagnes de ces quartiers là, mais iusqu'icy l'on n'a pû sçauoir s'il y en a assez grande quantité pour payer la dépense & la peine qu'on y employeroit, il semble qu'il y a plus d'apparence de profit dans le cuiure. Timor.

Le Radia de Rima tesmoigne vouloir viure en bonne amitié & intelligence auec la Compagnie. En son Pays il ne se trouue que du Ris & du bois de Sapan, & c'est là tout le commerce que nous y faisons. Rima.

La Compagnie frequente ce lieu là, qui est situé dans l'Isle de Borneo à cause du Poiure qui y croist, comme aussi à cause de quelque Or qui s'y trouue: mais la derniere année la Compagnie en a tiré peu de Poiure, pource qu'il y est vn peu trop cher. Mattapura.

La grande Isle de Sumatra est sans doute le lieu le plus considerable de tous ceux qui fournissent le Poiure, & où il en croist: La Compagnie y a plusieurs Places, où elle fait son commerce. 1. à Iamby, où nous auons eu de tout temps vn de nos principaux Bureaux pour y faire vn Magazin de Poiure, & nous y en auons vn presentement; nous y auons aussi de temps en temps acheté du Poiure. Pour le mesme effet, la Compagnie a aussi vn Magazin à Patimbuan dans la mesme Isle, & aussi de temps en temps fait quelque commerce à Andrigiri: mais la Compagnie a vn contract de pouuoir seule acheter & transporter du Poiure en la coste Occidentale de l'Isle: & ce contract a depuis peu encore esté augmenté de plusieurs autres auantages fort considerables, pour la Compagnie auec les Deputez que les peuples de ces quartiers là auoient enuoyé à Battauia, & ntr'autres que la Compagnie aura seule le commerce sur cette coste là, à l'exclusion de toutes les autres Nations sans reserue, & que ceux qui feront le contraire, & qui auront quelque commerce auec d'autres, seront punis: Que les Seigneurs du Pays, les Pays & les habitans se mettront en la protection de la Compagnie, laquelle de son costé a promis de les defendre & proteger contre tous leurs ennemis par mer de tout leur pouuoir sans reserue: mais lors que ces Deputez retournerent chez eux, il s'y trouua d'abord quelque difficulté à faire ratifier ce Traité, l'on esperoit neantmoins que ces difficultez seroient bien-tost leuées. La Compagnie a encore eu de tout temps vn Bureau à Atchem dans la mesme Isle, mais depuis quelque temps elle l'a osté pour plusieurs raisons. Sumatra.

Dautant que iusqu'icy le Prince de Queda n'a pas voulu entendre à l'accommodement des differens qu'il a auec la Compagnie, elle a enuoyé quelques Vaisseaux sur la Riuiere, afin de tenir la Place comme assiegée de ce costé là, & d'empescher autant que l'on peut qu'il Queda.

A ij

y entre des Vaisseaux ou des Barques de dehors ; neantmoins le commerce de l'Estain à Perach, à Ligor & en ces quartiers a esté assez bon l'année passée.

*Perach.* Depuis que l'on a osté le Bureau qui estoit à Atchem, sous lequel Perach ressortit, nos gens se sont retirez aussi de là, laissans dans la Riviere quelques Vaisseaux, jusques à ce que le Radia revienne à luy : & nous sçavons qu'il a resolu d'envoyer ses Deputez à Malaca pour accommoder tous ces differens.

*Malaca.* Malaca est une Ville que la Compagnie a prise depuis quelques années sur les Portugais. Elle est située dans le Détroit qui donne son nom à la Ville, laquelle commande aussi principalement au Détroit : la Compagnie y fait une grande dépense à cause de la garnison qu'elle est obligée d'y entretenir ; ce qui est cause qu'on s'est resolu de la faire beaucoup plus petite, afin de la rendre de plus petite garde, & d'en pouvoir diminuer la dépense ; l'on fait estat que les frais du retranchement de cette Ville montent à 20. mille, mais en diminuant la Garnison on menagera tous les ans 4000. livres, & cela n'empeschera pas que l'on n'y continüe le commerce avec la mesme liberté & seureté que l'on y a à present.

*Tanaçerim.* Tout le commerce de Tanacerim & de Gudiansalang depend aussi du Gouvernement de Malaca, mais il est presentement de peu d'importance.

Quelques-uns de nos gens du Navire nommé la Pie, ont commis un crime execrable à l'occasion d'un Navire More, dans lequel ils ont tué 33. ou 34. personnes, & mesme les femmes apres les avoir violées ; mais estant arrivez à Malaca on en a roüé quatre, & pendu cinq, ce qui a donné grande satisfaction au peuple de ces quartiers là.

*Siam.* A cause des affronts & outrages que nos gens ont souffert à Siam, & particulierement à cause d'une pretention impertinente de 84000. pour un jonque dont un Vaisseau de guerre s'estoit saisi, le General & le Conseil ont donné ordre que nostre Bureau fust osté de là sans bruit, ce qui a esté executé, à dessein pourtant de le restablir au plustost, si l'on peut porter les affaires à un accommodement raisonnable. Sur cela le Roy a envoyé deux Deputez aux Navires, pour nous informer sur la Riviere, de la cause de cette retraite, laquelle nos gens ayant fait sçavoir au Roy par une Lettre, il leur renvoya les mesmes Deputez au bout de quelques jours, & leur fit dire qu'il n'avoit point connoissance du tout des déplaisirs que nous avions receus, & qu'il en estoit bien marri, priant de faire en sorte que cela n'allast pas plus avant, & qu'il n'arrivast pas de desordre entre sa Majesté & la Compagnie : & l'on croid fermement que le Roy envoyera au premier jour un Ambassadeur à Battavia, pour tascher d'accorder les differens.

Ces petits demeslez sont cause que l'on a aussi osté le Bureau de Ligor, qui est une Ville située au Royaume de Siam, où entr'autres marchandises se trouve aussi de l'Estain.

Le Roy de Siam a envoyé de là deux Navires au Iapan avec une somme tres-considerable pour y trafiquer, & il faut craindre qu'il n'y prenne goust, & qu'il ne continüe son commerce en ces quartiers là.

*Aracam.* La Compagnie fait tous les ans un grand commerce à Aracam de quantité de Ris & d'un bon nombre d'Esclaves, mais dautant que l'on apporte assez de Ris à Battavia, l'on se contente d'y continuer l'autre commerce, & d'y acheter des Esclaves que l'on porte de là à Battavia, pour y estre employez au service de la Compagnie, ou bien pour estre vendus à des particuliers qui ne s'en peuvent passer.

*Tunquim.* Le commerce de Tunquim qui n'a pas rendu grande chose depuis quelques années, commence à se remettre, & à cause de cela il a esté resolu d'y faire un bon establissement, & d'y faire une résidence ; outre la Soye qui s'y fait, l'on y fait aussi commerce d'une bonne quantité d'or, que l'on y apporte de Yunnan, qui est une des Provinces du Royaume de la Chine. La Riviere y avoit esté tellement enflée, qu'ayant rompu plusieurs Digues qui la bordent, elle avoit inondé trois Provinces dans le haut Pais ; ce qui avoit gasté presque toute la Soye que l'on esperoit y pouvoir faire, de là vient aussi que l'on n'y a pas sceu acheter la quantité d'estoffes de Soye, d'Or & de Musc que l'on a accoustumé d'en transporter tous les ans.

Le Roy a fait faire deffenses à ses Suiets de se faire baptiser, & auoit chassé les Iesuites de son Royaume.

L'Intendant du Commerce qui est de la part de la Compagnie en Iapan, & qui sui- Inpan.
uant l'ordre de cét Empire la est obligé de faire tous les ans vn voyage de Nangasaqui à
Iedo pour y porter des presens & faire la reuerence à l'Empereur, est reuenu de son voyage & n'y auoit rien veu de remarquable, sinon que l'Empereur est allé de Iedo à Tudo visiter le Sepulchre de son Pere, & auoit en vnze ou douze iours qu'il auoit employé à ce
voyage, depensé plus de trois millions, y compris quelques presens qu'il auoit baillé au
Temple de leur Pagode.

La Cargaison qui est arriuée pour la Compagnie à Nangasaqui, monte à 830. mil
liures, elle y auoit aussi enuoyé les Vaisseaux, la Balle de Poiure & Vollenhouen auec
vne Cargaison de 280. mil liures, mais ils n'y sont pas arriuez, & il y a des coniectu-
res qui font croire qu'ils sont peris; ces deux Nauires eussent rapporté la valleur de plus de
500000. liures, ce qui est vne grande perte pour la Compagnie, au reste le Commerce y
esté assez bon, puisque l'on en a rapporté plus de 1600. mil liures, mais le Nauire nommé
Sgrauesand ou Sgrauland, qui estoit party de là pour aller à Malaca auec vne Cargaison de 250000. liures, ayant esté separé par la tempeste des autres Nauires, auec lesquels
il alloit de conserue ne paroist pas encore, ce qui fait croire qu'il s'est perdu au grand
regret de la Compagnie: ces pertes ont presque absorbé tous les profits que l'on auoit
faits cette année là en Iapan, la Mer y est fort orageuse, & sa Nauigation tres-diffi-
cile, ce que l'on rapporte du Iapan n'est presque que de l'argent & du cuiure, parce que
iusqu'icy l'Empereur n'a pas voulu que l'on en ait transporté de l'or.

Pour remettre les affaires en bon estat vers le Nord, & pour faire reüssir l'intention de Chine.
la Compagnie en ces quartiers là, le General & le Conseil y ont enuoyé vne Flotte considerable de 17. Vaisseaux de guerre montez de 1200. Soldats, sans les Matelots, sous la
conduite du Commandeur Balthazar Bort. Ces Vaisseaux estoient partis des Isles de Pes-
cadores où ils auoient leur rendez-vous, & arriuerent à Honcheu sur la coste de la Chine:
Le sieur Robel qui y estoit demeuré l'année precedente en qualité de Commis auec quelqu'autre vint aussi-tost à bord, & fi rapport de ce qu'il auoit fait depuis ce temps là pour
tascher d'obtenir la liberté du Commerce en ce Royaume là, & pour la ionction des forces contre Coxinga & contre ses gens, mais que iusques alors il n'auoit pû obtenir vne
response absoluë & categorique sur le premier point: les Tartares ne voulant pas s'expliquer, mais qu'ils auoient témoigné beaucoup d'inclination sur le second, & que sur ces of-
fres les apparences de la Paix entre Coxinga & les Tartares s'estoient entierement dissipées.

SAVIA, ce grand Marchand Chinois, Oncle de Coxinga, auoit voulu traiter auec
les Tartares apres la mort de son Neueu, & se soûmettre à eux, ce qu'vn des fils du defunt ayant decouuert, il l'auoit fait mettre en prison où l'autre s'estoit tué luy-mesme;
c'estoit vn homme si puissamment riche, que du reuenu de son Commerce il fournissoit
aux frais de la guerre que Coxinga faisoit.

Les Ecclesiastiques Catholiques Romains faisoient de grands progrez en ce Royaume, en propageant le Christianisme, à Pequin, à Honcheu & ailleurs, ils auoient desia
basty plusieurs Eglises.

En cette expedition nos Armes ont eu ce mal-heur, qu'en vogant vers la Chine pour se
ioindre aux Tartares, le Vaisseau nommé les Armes de Zéelande a touché vn Roc, & y a
esté brisé, mais les gens ont esté sauuez.

Estant arriuez deuant Quemoy, nos gens voulurent emporter la Ville d'emblée, &
y donnerent l'assaut, mais la grande resistence qu'ils y trouuerent les obligea à se retirer,
mais en recompense l'auantage qu'ils ont eu sur Mer a esté extrémement grand. L'Armée
Nauale des ennemis estoit composée de 80. grands Ionques & 20. petits, tous armez en
guerre, & s'estant trouuez en presence auprès de Quemoy, il y eut vn Combat furieux,
les ennemis faisant voir qu'ils entendoient la Mer & la guerre, & qu'ils ne manquoient
point de courage, ils firent des merueilles de leur grosse Artilerie, dont ils auoient bonne
quantité, & se seruirent auec beaucoup d'adresse de leurs feux d'artifice, mais nos Vais-

A iij

seaux les ioignant de prés, & faisant continuellement feu de leurs Mousquets, les chargerent si brusquement qu'ils furent contraints de quitter la partie, & de s'enfuir, chacun cherchant à se sauuer ; & dautant que l'Armée des Tartares qui estoit là auprés, & qui auoit veu le Combat n'auoit bougé, le Commandeur Bort enuoya demander au Chef pourquoy de son costé il n'auoit pas attaqué l'ennemy commun & ce qu'il auoit dessein de faire ; le Tartare luy fit dire que la consternation auoit esté si grande, qu'il ne les auoit pas osé mener au combat, mais que si nous voulions faire approcher nostre Flotte pour attaquer encor l'ennemy qui s'estoit retiré de ce costé là, ils feroient mieux : Surquoy nostre Flotte s'estant approchée recommença le Combat & dissipa les forces Nauales de Coxinga, mais les Tartares demeurerent encore les bras croisez, & ne se trouuerent point au Combat, du succez duquel ils ennoyerent complimenter nostre Commandeur, & luy promirent de grandes recompenses, apres le combat on trouua que les gens de Coxinga auoient abandonné les Villes de Bemos & Quemoy auec toutes les Isles, Chasteaux, Forts & Forteresses voisines, & qu'ils s'estoient embarquez auec leurs femmes, enfans & plus precieux meubles en 260. Ionques, mais que l'on ne sçauoit pas le lieu de leur retraite, apres cela, les Tartares s'estoient rendus maistres de toutes ces Places qu'ils ont toutes brulées, ruinées & destruites ; Nous auons coulé à fonds dix de leurs Ionques, & en auons ruiné plusieurs autres, 4. Ionques qui s'alloient rendre aux Tartares sont tombez entre nos mains, & ensuite encore 4. autres Nauires chargez de Rys & de Padi.

Nos gens ont trouué dans l'Isle de Gontzieu 37. pieces de Canon de fer, dont 8. ont esté faites en Europe, les autres dans la Chine.

Pour bien faire reüssir ces desseins, il a fallu que nos Vaisseaux se soient trouuez en corps d'Armée, ce qui nous a esté l'occasion d'en former sur les Ionques Marchands, sur lesquels nous eussions fait grand butin sans cela.

Apres le Combat, le Commandeur Bort est allé voir le General & Vice-Roy Tartare, qui luy auoit fait connoistre qu'il desiroit luy parler, afin de concerter auec luy les desseins que l'on pourroit encor former, nous ne sçauons pas ce qu'ils ont resolu entr'eux, mais on ne pouuoit pas croire à Battauia que les Tartares voulussent se resoudre à aller auec les nostres à la reduction de Tayouan, quelque promesse qu'ils eussent faite pour cela, parce que ce ne sont pas des gens de qui on puisse esperer aucun secours par Mer : nonobstant cela, nos gens faisoient estat d'aller auec l'Armée Nauale à Tayouan, soit que les Tartares les suiuissent ou non, parce qu'il y auoit beaucoup d'apparence de pouuoir recouurer cette Place.

On a ordonné à nos gens de tascher à faire vne bonne Place d'Arme dans l'vne des Isles que ceux de Coxinga ont abandonnées, & l'on attendoit auec impatience la resolution que le Tartare prendroit touchant sa conduite à nostre égard, depuis qu'il void son Royaume deliuré d'vn si formidable ennemy dont il ne se seroit iamais défait sans nous, & s'il tient la promesse qu'il nous a faite ; l'on croit que la consideration des forces que nous auons en ces quartiers là l'obligeront à nous accorder la liberté du Commerce : Le Gouuerneur de la Prouince de Chincheu auoit cependant enuoyé complimenter nostre Commandeur, & l'auoit fait prier de venir faire son Commerce chez luy l'année prochaine. Il a aussi enuoyé deux Deputez à Battauia prier le General de luy permettre d'y enuoyer ses Ionques, ce qui est vn bon signe.

Choromandel.   La Compagnie a vn Commerce tres-important sur la coste de Choromandel, & les marchandises que l'on en a tirées l'année passée qui consistent principalement en Toiles de Cotton, pour estre distribuées, tant en Hollande que dans les Indes, montent à 2400000. & plus.

Les Places & Bureaux que la Compagnie y a, sont premierement le Chasteau de Gueldria à Palacatte, où le Gouuerneur a sa residence ; & secondement Negapatuan, Ville qui a esté prise depuis quelques années sur les Portugais, les Bureaux qu'elle a en ces quartiers là sont vers le Nord Masulpatuan, duquel dependent plusieurs autres petits Bureaux, comme Palicot, Datscheron, Bincolapatucmet, & vers le Sud Tequenepatuan, & plusieurs autres petits Bureaux, le Commerce continuë d'y estre en fort bon estat.

De la coste de Choromandel depend aussi le Commerce qui se fait au Royaume de Pegu, où la Compagnie a aussi ses Bureaux, scauoir à Aua & à Serian, mais d'autre-part depuis quelques années ce Royaume là est tout remply de troubles, à cause de l'inuasion que les Chinois mestifs y ont faite, il a fallu y faire cesser le Commerce, presentement il recommence à se remettre en bon train.

La Compagnie a aussi un Commerce fort important au Royaume de Bengale, & il y a pour cet effet plusieurs Bureaux comme à Vguli, Cayumabasar, Deca, Patena, Pipilipatan, &c. Les marchandises que la Compagnie tire de ces quartiers là, consistent principalement en étoffes de Soye, Toiles de Coton, Salpêtre, Sucre, Musc, Ris, Beurre, &c. Le Commerce y estoit florissant à souhait, & dautant qu'il vient quantité de Salpêtre à Patena que l'on fait descendre en de petites Barques sur la Riuiere du Gange, laquelle est fort dangereuse; la Compagnie y a perdu depuis peu par la tempeste neuf Barques, dans lesquelles estoit plus de 9. milliures de Salpêtre, & sans cette perte la derniere Flotte en eust apporté vne bien plus grande quantité qu'elle n'a fait. {Bengale.}

De Bengale l'on va aussi de temps en temps au Royaume d'Orixa, où l'on va querir du Ris & d'autres viures & rafraichissemens pour l'Isle de Ceylon qui en a besoin presque par tout. {Orixa.}

L'Isle de Ceylon est presentement vn des plus precieux gages que la Compagnie ait dans les Indes, ce qu'elle produit consiste principalement en Canelle, & l'on y achepte aussi des Elephans de l'Areca & autres denrées, les Villes & Forteresses que la Compagnie possede dans la mesme Isle sont Colombo, Gale, Negombo, Manar, & Iasanapatan, où elle entretient de fortes Garnisons, qui à la derniere reueuë montoient à 2500. hommes, dont l'on est obligé d'employer vne bonne partie à l'escorte de ceux qui font la Canelle à la Campagne, parce que l'on ne peut pas se fier aux Suiets du Roy, quoy que depuis quelque temps ils se tiennent en repos & n'incommodent personne : Nos gens luy ont depuis peu enuoyé vn Ambassadeur auec vn beau Present, & l'on a eu auis qu'il auoit fort bien receu, on a sceu aussi qu'en la derniere Saison de l'année passée la Canelle auoit esté faite & escortée sans aucun empeschement. {Ceylon.}

Les étables de Iasanapatan & de Matura estoient aussi fort bien pourueuës d'Elephans, de sorte que les Marchands qui y arriueront trouueront dequoy choisir. On trauaille aussi de plus en plus à y faire venir du Ris & auec succez. A Tutacouri sur la coste de la Terre-ferme, vis à vis de Ceylon, la Compagnie a aussi vne residence & son trafic, & l'on y fait grand Commerce de Toiles de Coton, & l'on y pesche aussi des Perles. Il y a aussi vn banc à Manar où l'on peut faire vne pesche de Perles, mais iusqu'icy l'on ne s'en est point serui.

Les premieres Conquestes de la Compagnie ont esté faites sur les Portugais en la coste de Malabar, où elle a pris sur eux la celebre Ville de Cochin, comme aussi Cranganor, Coulan & Cananor: toute cette coste ne fournit presque que du Poivre & de la Canelle sauuage: Par les Traittez que la Compagnie a fait auec le Samorin & auec les autres Princes de ces quartiers là, ils ne peuuent vendre leur Poivre qu'à la Compagnie, à l'exclusion de tous les autres; iusques icy la Compagnie n'a pas tiré grand auantage de toute cette coste, parce que les grandes Garnisons ont absorbé tous les profits, leur nombre montant à plus de 1000. hommes, c'est pourquoy l'on a iugé à propos de reduire la Ville de Cochin, qui est fort grande à vn plus petit circuit, afin qu'elle ne soit plus de si grande garde, & d'en faire vne espece de Citadelle qui soit de facile defense, autrement le Pays y est fort beau & fertile, & les viures y sont à bon marché. {Cochin.}

L'intention de la Compagnie estoit de demanteler la Ville de Cananor lors qu'elle seroit prise, & de n'y conseruer qu'vn Bureau, mais à cause de son assiete auantageuse, & que c'estoit comme la clef de toutes les Conquestes de ces quartiers là, & que cy-deuant son Commerce a esté fort considerable, on a iugé qu'il estoit necessaire d'y entretenir vne Garnison de 200. hommes. La Compagnie se trouue extraordinairement chargée de la dépense de toutes ces Garnisons, tant sur la coste de Malabar que dans l'Isle de Ceylon, de sorte qu'elle emporte presque tout le profit qu'elle tire de la Canelle. {Cananor.}

Incontinent apres la prise de Cananor, nostre Armée tourna son front vers Cochin, & en {Porca.}

Σ A iiij

suitte vers Porca à dessein aussi d'attaquer cette Place, mais le Radia voyant qu'on alloit à luy alla au deuant d'elle, & promit d'abord qu'il seroit aussi fidele à la Compagnie qu'il l'auoit esté aux Portugais, qu'il ne permetteroit pas qu'en son Pays on pesast ou vendist de la Canelle & du Poivre que du consentement du Roy de Cochin & de la Compagnie, à laquelle seule il declaroit que suiuant les Loix du Pays ce droict est acquis, que pour cet effet la Compagnie pourroit faire bastir en son Pays vn Magazin de pierre pour la seureté de ses marchandises & la conseruation de son droict, & qu'au reste elle iouïroit de tous les auantages & de toutes les preeminences que les Portugais ayent iamais euës, ainsi que cela se voidt compris mot à mot au Contract solemnel qui a esté fait sur ce suiet.

Quoy que les Anglois ayent esté exhortez, tant par le Roy de Cochin que par le Radia de se retirer de Porca, ils n'ont pas trouué à propos d'y deferer, mais y sont demeurez sans que nous les ayons pressez de se retirer, bien que nous eussions droit de le faire aussi bien que le pouuoir en disant vn seul mot au Roy de Cochin, mais non contens de cela, ils sont venus pour la seconde fois à la Rade de Porca auec leur Nauire le Hoaperel, encore qu'il n'y eust rien à vendre, & que nous-mesmes n'y eussions achepté vn seul grain de Poivre, de sorte qu'il a esté contraint de s'en retourner à vuide, dont ils ont voulu se prendre à nous selon leur coustume, ils ont fait de belles protestations, quoy que nous ne leur eussions pas fait & donné le moindre empeschement, ainsi qu'il paroist par des attestations confirmées par serment, que ny alors, ny lors que le Nauire le Leopard arriua deuant Cochin à dessein d'aller à Porca, il ne se trouua pas vne seule liure de Poivre dans leurs Magazins, & neantmoins ils n'ont pas laissé de faire de semblables protestations.

*Vuin-gourla.* Le Commerce que la Compagnie a presentement à Vuingourla n'est pas de fort grande importance, pource que la Loge & le Bureau n'y ayant esté principalement establis qu'auec intention de tirer de là les viures & les rafraichissemens necessaires pour la Flotte pendant la guerre auec les Portugais, & lors que nostre Armee Naualle estoit deuant Goa, cette Place est comme inutile depuis la Paix.

*Surate.* Mais en échange, le Commerce de Surate & dans les Royaumes d'Indostan & de Guzerat est d'autant plus considerable, le premier Bureau estant comme le Bureau general est à Surate, où le Directeur a residence, & les Bureaux d'Amadabat & d'Agra en dependent, la Compagnie y auroit fait de grands profits l'annee derniere sans l'accident qui nous arriua au Nauire le Dauphin, qui en allant de Surate à Battauia s'entrouurit & alla à fonds à la veuë de Punto di Gala de l'Isle de Ceylon, dont la Cargaison qui consistoit la pluspart en argent comptant, valloit 430000. liures, dont on n'a sauué que 28000. liures.

Le Sultan, que l'on appelle aussi le Grand Mogol est encore detenu prisonnier dans le Chasteau d'Agra par vn de ses fils, qui ayant fait courir le bruit que le Pere estoit mort s'est mis sur le Trosne, ce Prince More ne craignant point de dieu qu'il sent maintenant les effets du iuste iugement de Dieu, en ce que ses fils le traittent à cette heure, de la mesme façon qu'il a autrefois traitté son Pere, & que sans doute ses enfans receuront le mesme traittement des leurs iusqu'à ce que toute la race ait esté exterminée; pendant ces accidens & reuolutions, on a obligé la Compagnie à enuoyer vne Ambassade solemnelle à ce nouueau Roy, pour le complimenter à son auenement à la Couronne, & pour le prier de confirmer à la Compagnie les auantages & prerogatiues dont son Pere l'a fauorisée pour le Commerce en ses Royaumes, & de faire expedier pour cela les Lettres necessaires, ce qu'il a fait, cette Ambassade couste à la Compagnie plus de 60000. liures, & le Roy a enuoyé des Presens au Gouuerneur General, qui est vn honneur assez extraordinaire, il semble qu'il choisira la Ville de Delli pour sa demeure plustost que celle d'Agra.

On s'estonne fort que les excez commis, & les prises faites par Hubert Hugo en la Mer Rouge, n'ont pas donné suiet à de plus grands desordres contre la Compagnie à Surate.

Les auis apportez par quelques Nauires Anglois, qui depuis peu sont arriuez de là, disent qu'vn Voleur nommé Sucali a surpris la Ville de Surate & l'a pillée, mais nos gens se sont defendus en nostre Loge, & l'on a empesché de la prendre.

 Les affaires de la Compagnie en Perse, où elle a aussi vn tres-important commerce, sont en si bon estat, que l'on ne peut pas le souhaiter meilleur : Le Bureau General est à Gamron, duquel celuy d'Ispahan depend. La Compagnie est obligée par contract de prendre tous les ans du Roy de Perse 600. Balles de Soye à vn certain prix, moyennant quoy elle ne paye point de droict d'entrée ny de sortie : mais dautant que cette quantité de Soye rend peu de profit en Europe si l'on compte le port & la risque, l'on tasche de la diminuer de temps en temps, de sorte que presentement à peine en prend-on la moitié.  Perse.

 La Compagnie auoit autrefois son commerce à Mocha & à Bassara, mais elle l'a discontinué pendant quelque temps, toutefois depuis que ceux de Mocha ont fait esperer qu'on y trafiquera auec plus d'auantage à l'auenir, on y est retourné depuis peu.  Mocha & Bassara.

 La Compagnie ne s'est mise en possession du Cap de Bonne Esperance qu'afin d'y auoir vn lieu commode où les Nauires puissent prendre leurs rafraichissemens, tant en allant qu'en venant, & elle est paruenuë à cette fin, tellement que l'on y trouue des rafraichissemens en abondance. Nos gens ont fait plusieurs voyages iusques à 100. lieuës auant dans le Pays, mais ils n'y ont treuué qu'vn terroir sec, sterile & fort peu peuplé.  Cap de Bonne Esperance.

 L'Isle Maurice que nous auions abandonnée il y a quelques années, est si fort à nostre bien-seance, que nous auons iugé à propos d'en prendre possession, & pour cet effet nous y auons enuoyé du monde.  Isle Mauricc.

 On a apporté de la Prouince de Mataran dans l'Isle de Iaua vne si grande quantité de Ris à Battauia, que non seulement de memoire d'homme on n'en auoit tant veu, mais aussi qu'il n'y auoit plus de Magazins pour le serrer, & ce à 15. ou 20. Reales le Lest : on en auoit aussi apporté toute sorte de bois.  Mataran.

 La Compagnie a son Bureau à Iapara, & a encore son commerce en plusieurs autres Havres de ces quartiers là. Le Sousouhaman qui est le Prince du Pays, est vn fort puissant Seigneur & fort absolu sur ses Suiets, & tient mesme les Voisins en des craintes continuelles par les allarmes qu'il leur donne : son plus grand diuertissement est auiourd'huy à faire voller des Cerfs Vollans, & il veut que les Seigneurs de sa Cour le fassent aussi à son exemple : cy-devant il se plaisoit à faire combattre des Cocs, mais depuis quelque temps il a quitté ce diuertissement.  Iapara.

 Ce Prince tesmoigne qu'il seroit bien aise de voir chez luy vne Ambassade solennelle de nostre part, parce qu'il croid que cela luy donneroit vne plus grande reputation auprés des Princes ses Voisins, parce qu'il leur fait accroire que cette ciuilité est vne espece d'hommage ; mais le General & le Conseil s'en excusent, faisant semblant de ne comprendre pas son intention.

 Ceux de Bantam où nous auons aussi vn Bureau, quoy qu'il ne soit pas de fort grande importance, continuent tousiours à nous retenir nos Esclaues, ce qui cause de grands dommages aux habitans de Batauia, & les incommode fort, car dés que l'on leur dit ou fait quelque chose qui ne leur plaist pas, ils s'enfuient à Bantam où l'on leur donne retraite : car cette Ville n'est qu'à enuiron 12. lieuës de Battauia, ils sont asseurez d'y trouuer protection contre le Traité que nous auons encore depuis peu fait auec ceux de Bantam.  Bantam.

 La Ville de Battauia est maintenant asseurée d'auoir du Ris à bon marché : la culture des Cannes de Sucre n'a pas le mesme succez, mais elle n'y diminuë pas : on y fait de temps en temps des jardinages, & l'on y plante toute sorte d'arbres fruictiers, de sorte que l'on y trouue toute sorte d'herbes potageres, des legumes & des fruits en grande abondance.  Battauia.

 Le nombre des Bourgeois Hollandois y augmente sans doûte tous les ans, mais il semble que leurs richesses diminuënt ; toutefois ils ne s'en doiuent prendre qu'à leur paresse, puisque les moyens d'y faire fortune n'y manquent point, pourueu que l'on les veuille employer.

*La Compagnie entretient dans les Indes* 28. *Pasteurs, qui sont dispersez en plusieurs endroits; lors qu'elle possedoit encore l'Isle Formosa, leur nombre estoit reglé à* 32. *outre cela elle entretient encore vn grand nombre de surveillans & de Maistres d'Escole.*

*Presentement on trauaille à Battauia à vn Moulin à Papier, qui rendra tous les ans plus de* 50000. *liures à la Compagnie quand il sera achevé.*

*Elle fait estat aussi d'y establir vne bonne Eschole Latine pour la jeunesse; & pour cet effet elle a pris icy à son seruice vn bon Regent.*

*La dépense que la Compagnie a faite à Battauia l'année passée, y compris les gages des Officiers, des Soldats, & les Equipages, monte à* 1937000. *liures. D'où l'on peut iuger comment elle se trouue chargée en ces quartiers là.*

| | |
|---|---|
| *La dépense que l'on a faite l'année passée en l'Isle de Ceylon, monte à* | 866000. |
| *Celle d'Amboyna, à* | 196000. |
| *De Banda, à* | 184000. |
| *De Choromandel, à* | 262000. |
| *De Malaca, à* | 190000. |

*La dépense que l'on a faite icy en ces Pays l'année passée, monte à plus de* 9335000.

*La Compagnie, pour entretenir le commerce dans les Indes, pour garder & conseruer tous les Pays, toutes les Places, & tous les Bureaux qui y sont en fort grand nombre, pour les pouruoir de toutes choses necessaires pour en rapporter les Marchandises, & pour y porter tous les ans les hommes & toutes les choses necessaires que l'on enuoye d'icy; a presentement à son seruice plus de* 140. *Vaisseaux montez d'hommes & & d'Artillerie, de prouisions, de munitions de guerre & de bouche, & de toutes les autres choses necessaires, & entretient plus de* 25000. *hommes, tant Soldats que Matelots, à où l'on peut iuger aisément quel auantage l'Estat en tire.*

*Les deux ou trois millions que l'on employe tous les ans aux Equipages, doiuent estre pris sur les Marchandises que l'on apporte des Indes, dont la valeur monte à* 9. 10. *ou* 11. *millions, tantost plus, tantost moins selon les saisons & le prix des Marchandises; en sorte que le surplus de ce que les Marchandises qui viennent rendent, plus que celles qu'on y enuoye, reuient au profit de l'Estat & de ses habitans. Par exemple, ce que l'on apporte tous les ans des Indes rend enuiron* 9. 10. *ou* 11. *millions, ainsi qu'il vient d'estre dit, & ce que l'on enuoye aux Indes en argent comptant, marchandises, viures & autres choses necessaires, y compris la deterioration des Nauires, monte à* 2. *millions & demy, ou à* 3. *millions, tellement que le surplus qui monte à plusieurs millions demeure dans le Pays, à quoy il faut adjouster que les Marchandises apres qu'elles ont esté vendues icy, sont transportées ailleurs, ayant premierement payé le Droict de sortie, ceux de Garde, le trauail de ceux qui sont employez à les transporter, & le fret des Vaisseaux qui le transportent, outre la grande correspondance & le commerce que la Compagnie a par tout, & plusieurs autres grands auantages; tellement que l'on peut dire auec raison que ce n'est pas vne Compagnie de particuliers, mais de l'Estat, puisque l'Estat en tire le plus grand auantage: d'où l'on peut iuger combien il est necessaire pour le bien de l'Estat, que cette Compagnie qui fait subsister tant de centaines de milliers de personnes, tant dans les Indes qu'en ces Prouinces, & qui donne de si grands auantages à l'Estat, soit conseruée & maintenuë, auquel effet les Directeurs de la mesme Compagnie supplient bien humblement vos hautes Puissances de vouloir prester toute faueur & assistance.*

*Ainsi rapporté & presenté le* 22. *Octobre* 1664.

Signé P. Van Dam.

# CHARGEMENT DES ONZE NAVIRES
Hollandois arriuez des Indes Orientales en Hollande l'an 1664.

103000. Pieces de toiles fines de Cotton.
30673. liures de fil de Cotton.
3300. pieces d'Armoisines blanches.
434. liures de Florette tres-fine.
102. liures de fil nommé Tessel pour tapisserie tres-fine.
725581. liures de bois d'Ebene de Siam.
1474604. liures de Salpetre.
53724. liures de Gomme Lack.
8004. liures de Cire rouge à cacheter.
44. liures de Musc.
12000. liures de Camphre.
836. liures de Aloes Socotrine.
126. onces de Ciuette.
3800. liures d'Encens.
331. liures de chandelles de Noix de Muscade.
7. liures d'huile de Macis ou de fleur de Muscade.
40. pieces, de Pierres de Bezoar.
44943. pieces de Porcelaine du Iapan fort rares.
400. liures de Thé.
1. Caisse de toutes sortes de belles couleurs pour la Peinture.
18. pieces de Brocat ou toiles d'or fort rares.
101. pieces de Cabinets de Iapon.
2332. de Vvatte du Iapon pour des Robbes.
45. pieces de Robbes du Iapon.
100. pieces Chitzen.
925. liures de terre rouge.
1700. liures de Tamarinde.
30. liures d'huile de Noix Muscade.
13775. liures de Canoa.
6356. liures de Cauris.
150639. liures de Macis ou de fleur de Muscade.
399696. liures de Noix de Muscade.
130936. liures de Gingembre confit.
211095. liures de Sucre.
64080. liures d'Indigo.
516800. liures de Canelle fine de Ceylon.
31280. liures d'autre Canelle.
4286532. liures de Poivre.
49896. liures de Soye de Bengale.
34500. liures de Soye legere de Perse.
200. liures en petites bouteilles d'huille de Canelle de Ceylon.
63000. liures de Cuivre du Iapon.
1034. pieces de Diamans.
8850. pieces de Rubis.
1788. Poids des Indes en Perles.
9010. Poids de pieces de huit de Perles en poudre.
13816. liures de Sucre Candy & autres Marchandises venuës par les deux derniers Nauires, dont la Cargaison n'est pas specifiée icy.

## CHARGE DE NEUF NAVIRES
de retour des Indes Orientales, partis de Batavia au mois de Decembre, 1662. & arrivez à la Patrie au mois de Iuillet 1663.

28814. pieces de toile de Guinée de plusieurs sortes.
8280. pieces Salampouris.
7100. pieces Moures.
10520. pieces percalles.
6280. pieces plusieurs sortes de gingans.
3840. pieces d'estoffes pour faire des habits aux Negres.
11000. pieces Adatais.
5500. pieces Sanées.
3720. pieces Hamans.
1500. pieces Malemolens.
2480. pieces Casa Bengala.
2700. pieces Garras.
14240. pieces toile de voiles de Bengala.
3086. pieces Chauters derabady.
1330. pieces Mamodys.
7280. pieces plusieurs sortes de Baftas.
7900. pieces beaticlles de plusieurs sortes.
2220. pieces Chiavonis a Orinal.
500. pieces Semianes.
300. pieces Couvertures.
4000. pieces Canequins.
208. pieces Diamants.
3425. pieces Armozins blancs.
7418. pieces Pelinsse de Tonquin.
84227. livres de fil de Coton.
24003. pieces d'Indigo de plusieurs sortes.
60728. livres de Legia de Persia.
74135. livres de soye de Bengala.
2918. livres de soye blanche de China.
30. livres de Ditto.
732197. livres de Clous de Girofle.
72632. livres de Noix de Muscade.
160. pieces Robbes de Iapon.
440000. catti de Cuivre de Iapon.
14254. catti de Camphor de Iapon.
151923. livres de plusieurs sortes de Sucre.
1234220. livres de Salpetre de Bengala de Cormandel.
724941. livres de Bois de Sapan de Ciam.
9660. livres de Cire Azelleer.
363520. livres de Canelle de Ceylon.
6991. realles de Pois de Perles de Bondigne.
68. realles de Pois d'Ambregris.
3929488. catti de Poivre.
110600. livres
870. catti de The.
290. Moten de bois rouge de Dindigh.
Quelques estoffes de soye.

## CHARGE GENERALE DE ONZE
Navires de retour des Indes Orientales, partis de Batavia le 24. Decembre 1664.

27494. pieces de toile de Guinée de diverses sortes.
12873. pieces de Gingans de diverses sortes.
9450. pieces de Betilles de diverses sortes.
9020. pieces de Salampouris blanchy.
5000. pieces de Moures blanchies.
8920. pieces de Chiavonys blanchies.
12800. pieces d'Habits pour des Esclaves.
39741½. livres de fil de Cotton de diverses sortes.
6520. pieces de toile à voile de diverses sortes.
7800. pieces de Baftas de diverses sortes.
2800. pieces de Kambekins blanches.
2739. pieces de Mammoedis.
10440. pieces de Chaulters Darriabadys.
806. pieces de Semianes.
17000. pieces d'Addatays.
4300. pieces de Casse de Bengale.
3200. pieces de Sanes.
135. pieces de tours de lits brodez.
830. pieces de Chits de diverses sortes.
3100. pieces d'Hammans.
100. pieces de toile pour faire des lits.
100. pieces de Sesthiennes.
10000. pieces d'Assumamas.
240. pieces de Cintures Chindes.
450. pieces d'Armoisin de Bengale.
121600. livres de Macis.
314027. livres de Noix Muscades.
440209. livres de Cloux de Girofle.
30998. livres de Gomme-Lac de diverse sortes.
8901. livres de Laccre rouge pour signer.
22010. livres d'Indigo.
393241. livres de bois de Sappan.
1666139. livres de Salpetre.
7965. Cassettes de cuivre de Iappan.
8. pieces Alcatives entremeslées d'or.
5535. pieces de Pelings de diverses sortes.
18009. livres de bois d'Ebene.
86865½. catti de Soye de la Chine.
53245. livres de bois de Caliatour.
700. pieces de Garras.
1200. pieces de Malemolens.
1560½. livres de fil de Turquie.
10400. catti de soye de Toulaquin Legia.
41968. livres de soye de Persia Legia.
54394. livres de soye de Bengala Legia.
117. catti de Musc.
12. pieces Coffres de Laccre de Iapan.
306. pieces Robbes de soye de Iapan.
129. pieces Vuates de soye.
16580. pieces de Porcelaines de diverses sortes.
14. pots d'Huile de Terre.
244. pieces de Vaisselle d'argent de diverse sorte.
456. livres d'Aloe.
3084. pieces de Diamans non polis.
2933. pieces Rubins.
18151. onces de Perles à piler.
16 3/10. Cheer de pierre de Besoar.
569920. livres de Canelle de Ceylon.
4089422. catti de Poivre.
16689. Catti de Camphre.

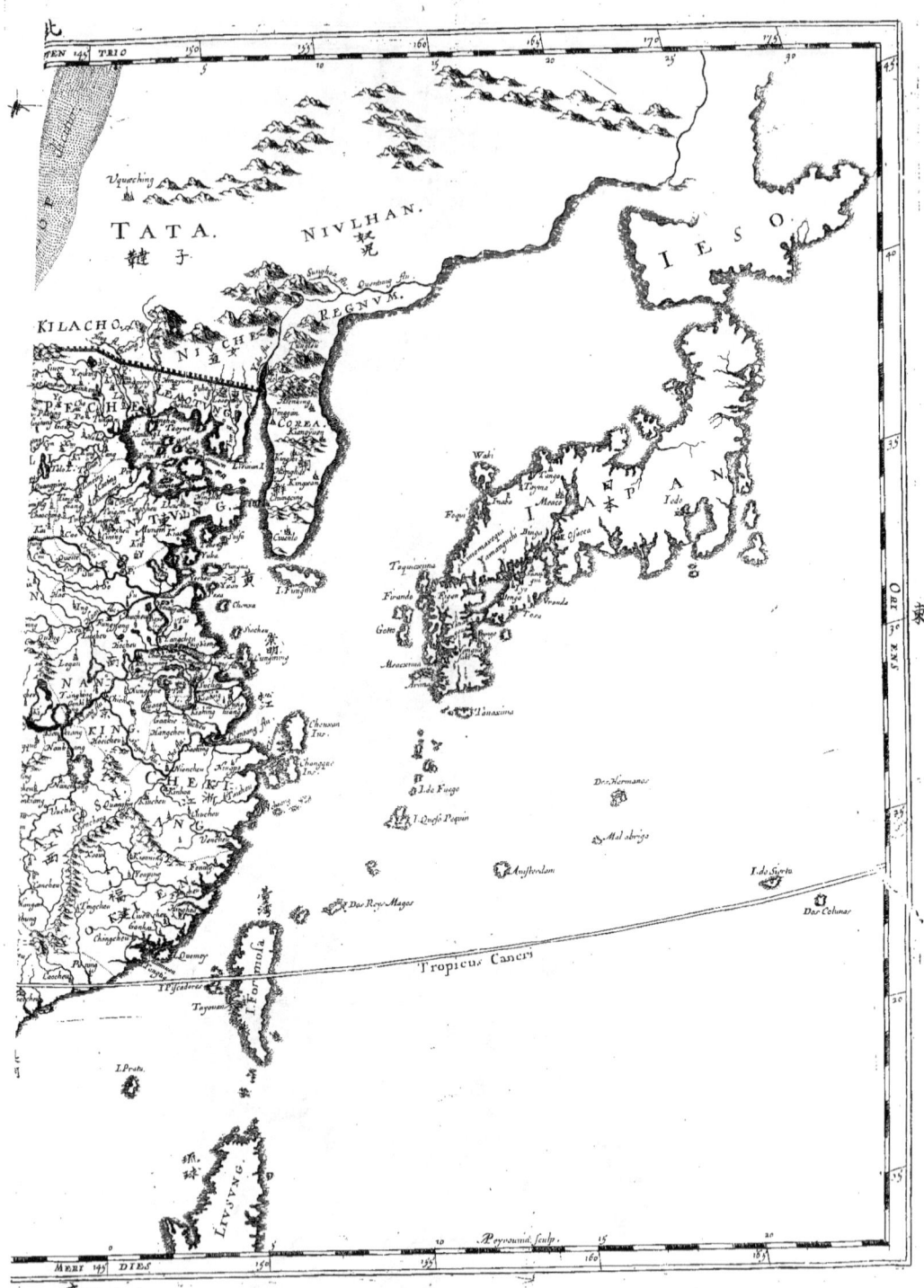

www.ingramcontent.com/pod-product-compliance
Lightning Source LLC
Chambersburg PA
CBHW070627160426
43194CB00009B/1390